成都文物考古研究院／编著

成都考古史

科学出版社

北京

内 容 简 介

本书是成都文物考古研究院编著的系统回顾成都考古发展历史的著作。全书分作三章，分别介绍了成都文物考古工作简史，成都考古发现与研究史，成都科技考古、文物保护、古建研究及文化遗产保护方面的历程。其中，成都考古发现与研究史全面覆盖了新石器时代、商周、汉六朝、唐宋、明清五个时段的内容，包含遗址、墓葬、宗教考古、陶瓷考古、城市考古等多个专题内容。

本书可供从事中国考古学、历史学研究的学者，以及大学考古专业的学生参考、阅读。

图书在版编目（CIP）数据

成都考古史 / 成都文物考古研究院编著 . —北京：科学出版社，2022.9
ISBN 978-7-03-073117-3

Ⅰ.①成… Ⅱ.①成… Ⅲ.①考古工作 – 成都 Ⅳ.① K872.711

中国版本图书馆 CIP 数据核字（2022）第 168913 号

责任编辑：柴丽丽 / 责任校对：邹慧卿
责任印制：肖　兴 / 封面设计：张　放

科 学 出 版 社 出版
北京东黄城根北街16号
邮政编码：100717
http://www.sciencep.com
中国科学院印刷厂 印刷
科学出版社发行　各地新华书店经销

*

2022 年 9 月第 一 版　　开本：889×1194 1/16
2022 年 9 月第一次印刷　　印张：16 3/4　插页：88
字数：475 000
定价：**398.00 元**
（如有印装质量问题，我社负责调换）

编 委 会

主　　编：颜劲松

编委成员：江章华　蒋　成　周志清　谢　林

　　　　　陈　剑　陈云洪　肖　嶙　易　立

　　　　　杨占风　谢　涛　余书敏　杨颖东

　　　　　张雪芬　马春燕

目　　录

第一章

成都文物考古工作简史

第一节　第一阶段：中华人民共和国成立前

一、1940 年以前

　　这个时期的考古工作主要是由外国人主持开展的，以调查为主，有零星发掘。外国汉学家个人名义的调查包括伊东忠太[①]、恩斯特·伯施曼（Ernst Boerschmann）[②]、鲁道夫（R. P. Hommel）[③]等对包括成都在内的中国古建筑的调查研究，陶然士（Thomas Torrance）[④]、色伽兰[⑤]等在调查岷江、嘉陵江等流域时，在成都地区发现崖墓、砖室墓、石阙等古代遗存。

　　皇家亚洲文会北华支会和华西边疆研究学会作为近代中国重要的汉学组织，其创办的刊物刊发了较多研究成都古建筑、考古学及民族学的文章[⑥]。华西边疆研究学会的创办者华西协合大学

---

　　① 〔日〕伊东忠太著，薛雅明、王铁钧译：《中国纪行——伊东忠太建筑学考察手记》，中国画报出版社，2017 年；〔日〕伊东忠太原著，中国建筑工业出版社改编，刘云俊、张晔、胡连荣等翻译：《中国古建筑装饰》，中国建筑工业出版社，2006 年。

　　② 〔德〕恩斯特·伯施曼著，段芸译：《中国的建筑与景观（1906—1909 年）》，中国建筑工业出版社，2010 年；〔德〕恩斯特·伯施曼著，赵省伟编，贾金明译：《中国祠堂》，重庆出版社，2020 年。

　　③ 〔美〕鲁道夫·P·霍梅尔著，藏吾三等译：《手艺中国——中国手工业调查图录（1921—1930）》，北京理工大学出版社，2012 年。

　　④ 〔英〕陶然士著，吴达民、谌海霞整理：《陶然士作品选译》，巴蜀书社，2016 年；〔英〕陶然士（Torrance Thomas）：《四川的丧葬习俗》（Burial customs in Sze-chuen），《皇家亚洲文会北华支会会刊》，上海科学技术文献出版社，2013 年，第 507—547 页。

　　⑤ 〔法〕色伽兰著，冯承钧译：《中国西部考古记》，商务印书馆，1930 年。

　　⑥ 上海图书馆整理：《皇家亚洲文会北华支会会刊》，上海科学技术文献出版社，2013 年。所载相关文章如斐焕章（Vale. Joshua）《成都平原灌溉系统》（Irrigation of the Cheng-tu Plain），E. T. Shields《华西圣山峨眉山》（Omei san: The scared mountain of West China），陶然士《成都平原水利工程的起源和历史》（The origin and history of the irrigation work of the Chengtu Plain），叶常青（J. Huston Edgar）《藏民及其生存环境》（The Tibetan and his environment: An interpretation）等。该书中的部分游记也涉及四川建筑，如伟烈亚力（Alexander Wylie）的《湖北、四川和陕西三省旅行记》（Itinerary of a journey through the provinces of Hoo-pih, Sze-chuen and Shense），立德（Archibald J. Little）的《四川及长江峡谷小记》（Notes on Szechuen and the Yangtse Valley），谢立山（Alex. Hosie）的《华西商路》（Trade routes to Western China）等。

于 1914 年筹建的古物博物馆（四川大学博物馆前身），更是成都最早开展考古工作的机构。戴谦和（Daniel Sheets Dye）任古物博物馆馆长期间开始收集大量有关学术之古物①。1932 年，美国哈佛燕京学社鉴于古物博物馆之重要性，派葛维汉博士（Dr. David Crockett Graham）到成都接任馆长。葛维汉对四川考古做出了重要贡献，他除了进行民族学②、宗教遗存③、古物调查④研究外，还主持了广汉燕氏院子太平场⑤、琉璃厂窑⑥、邛窑十方堂（亦名"什邡堂"）窑址⑦等遗存的调查发掘工作。该期的重要发现还包括 20 世纪 20 年代成都西门白马寺坛君庙出土的一批青铜器。文物保护方面，高毓灵开创性地运用科技考古手段对邛窑和琉璃厂窑出土瓷器进行了化学分析⑧。

二、1940 年至中华人民共和国成立前

随着 1940 年四川博物馆的成立，在与中央研究院历史语言研究所、中央博物院筹备处等机构联合的情况下，中国人自己开展了一系列的考古工作。该期的重要发现有前蜀王建永陵遗址⑨、四川大学唐墓⑩等。调查工作包括冯汉骥对成都"大石遗迹"的调查⑪，杨枝高⑫、商承祚⑬等对川渝地区崖墓的调查。古建考古方面，中国营造学社进行了川康古建筑的系统调查测绘工作⑭，学社在四川其

---

① Daniel Sheets Dye, *A Grammar of Chinese Lattice*（《中国窗棂的语法》），Harvard University Press, 1949; Daniel Sheets Dye, *Chinese Lattice Designs*（《中国窗棂设计》），Dover Publications, 2012.

② 葛维汉：《羌人的习俗》（The customs of the Ch'iang），《华西边疆研究学会杂志》第十四卷 A，1942 年，第 3531～3562 页。其他相关文章还有《川南苗族》《四川的"倮倮"》等。

③ 葛维汉：《峨眉山寺庙的新近变化》（Recent changes among the temples of Mt. Omei），《华西边疆研究学会杂志》第八卷，1936 年，第 1805～1807 页。其他研究论文还有《叙府寺庙》。

④ 葛维汉：《川西出土的汉砖和瓦当》（Ornamented bricks and tiles from Western Szechwan），《华西边疆研究学会杂志》第十卷，1938 年，第 2521～2544 页。

⑤ 葛维汉：《汉州（广汉）发掘简报》，原文刊于《华西边疆研究学会杂志》第六卷，1934 年，第 1130～1203 页；收入三星堆研究院、三星堆博物馆编：《三星堆研究》第一辑，天地出版社，2006 年，第 85～95 页。

⑥ 〔美〕葛维汉著，成恩元译：《琉璃厂窑址》，《四川古陶瓷研究》（一），四川省社会科学院出版社，1984 年，第 154～168 页。

⑦ 〔美〕葛维汉著、成恩元译：《邛崃陶器》，《四川古陶瓷研究》（一），四川省社会科学院出版社，1984 年，第 101～113 页。

⑧ 高毓灵著，曾中懋译，秦学圣校：《四川瓷器的化学分析鉴定》，《四川古陶瓷研究》（一），四川省社会科学院出版社，1984 年，第 1～15 页。

⑨ 冯汉骥：《前蜀王建墓发掘报告》，文物出版社，1964 年。

⑩ 冯汉骥：《记唐印本陀罗尼经咒的发现》，《文物参考资料》1957 年第 5 期。

⑪ 冯汉骥：《成都平原之大石文化遗迹》，《冯汉骥考古学论文集》，文物出版社，1985 年，第 7～10 页。

⑫ 杨枝高：《四川崖墓考略》，《华文月刊》1942 年第 1 卷第 6 期。

⑬ 商承祚：《四川新津等地汉崖墓砖墓考略》，《金陵学报》1940 年第 10 卷第 1、2 期。

⑭ 刘敦桢：《川、康古建筑调查日记》，《刘敦桢全集》第三卷，中国建筑工业出版社，2007 年，第 271～291 页；梁思成著，林洙整理：《梁思成西南建筑图说》，人民文学出版社，2014 年；梁思成等：《未完成的测绘图》，清华大学出版社，2007 年；刘致平：《四川住宅建筑》，《中国居住建筑简史——城市、住宅、园林》（第二版），中国建筑工业出版社，2000 年，第 248～366 页。

他地区还调查了不少墓葬、崖墓 [①] 等遗存。

该期佛教考古处于零星发现阶段 [②]，如成都市龙泉驿区的北周文王碑、万佛寺佛教石刻造像 [③]、邛崃龙兴寺造像 [④]、新津萧渊藻背屏式造像 [⑤]、彭县龙兴寺调查 [⑥] 等。

第二节　第二阶段：中华人民共和国成立至 1973 年

一、历史背景及机构建设

成都市在 1950 年对全市进行了地面文物的普查登记、保护工作，成都市政府陆续拨出专款对杜甫草堂、武侯祠、大慈寺、青羊宫等著名的文物古迹进行了整修，并对外开放。1958 年 9 月，成都博物馆在这个历史背景下创立，当时称"成都市地志博物馆筹备委员会"，由著名作家、成都市副市长李劼人同志亲任筹委会主任，担负全市文物的征集、调查、发掘和保管工作。

这个时期的考古发现多集中在中华人民共和国成立后至 20 世纪 60 年代初期，且因为成都市的考古文博机构处于成长时期，业务力量不足，成都地区的考古工作主要由四川省文物管理委员会办公室（1953 年成立，是四川省文物考古研究院的前身）[⑦]、四川省博物馆开展和实施，四川大学历史系考古教研室、重庆建筑工程学院等也参与了部分工作。

20 世纪 60 年代中期到 20 世纪 70 年代中期，文物保护、博物馆建设受到严重破坏。1962 年，四川省文化局决定暂缓成立成都市地志博物馆，各文博单位的文物征集、宣传和研究陷于停顿，许多重要文物古迹遭到破坏。

二、重要考古工作

该期开展的一项重要考古工作是完成了全国第一次文物普查工作（四川部分），并在此基础上完成了四川省第一批全国重点文物保护单位、省级文物保护单位的申报工作。1961 年，永陵（王建墓）、武侯祠、杜甫草堂被列为全国重点文物保护单位。

---

① 莫宗江：《宜宾旧州坝白塔宋墓》，《中国营造学社汇刊》第七卷第一期，知识产权出版社，2006 年，第 95～110 页；王世襄：《四川南溪李庄宋墓》，《中国营造学社汇刊》第七卷第一期，知识产权出版社，2006 年，第 129～139 页；陈明达：《崖墓建筑（下）——彭山发掘报告之一》，《建筑史》第 18 辑，清华大学出版社，2003 年。

② 大部分资料现存于四川省博物院，参见刘志远、刘廷璧编：《成都万佛寺石刻艺术》，中国古典艺术出版社，1958 年；四川博物院、成都文物考古研究所、四川大学博物馆：《四川出土南朝佛教造像》，中华书局，2013 年；袁曙光：《成都万佛寺出土的梁代石刻造像》，《四川文物》1991 年第 3 期。

③ 刘廷璧：《成都万佛寺石刻造像》，《成都文物》1987 年第 1 期。

④ 成恩元：《邛崃龙兴寺遗物的发现与研究》（节要），《邛崃县文物志》（内刊），1981 年，第 24 页。

⑤ 游寿：《梁天监五年造像跋尾》，《图书月刊》1943 年第 3 卷第 1 期，第 10～11 页。

⑥ 叶济澜：《四川彭县破塔何以不全倒塌》，《东方杂志》第二十五卷第十七号，1918 年 9 月 10 日出版。笔者未见到此文，而是据庄巨川先生《关于龙兴寺塔建筑年代的探讨》一文注释所转，庄氏文刊于《成都文物》1985 年第 1 期。

⑦ 四川省文物管理委员会办公室成立于 1953 年，1958 年与四川省博物馆合署办公，1981 年二者分离，2004 年更名四川省文物考古研究院。

商周时期的重要考古发现有羊子山土台遗址[①]、羊子山 M172[②]、新繁水观音遗址[③]、彭县竹瓦街窖藏[④] 等。

汉晋时期重要遗存有成都火车站青杠包东汉砖室墓[⑤]、羊子山（亦名"扬子山"）汉晋墓地[⑥]、天回山巫家坡崖墓地[⑦]、凤凰山龙家巷西汉墓[⑧]、昭觉寺青杠林画像砖墓[⑨] 等。

唐宋时期重要考古发现有新津普兴乡隋墓[⑩]、成都站东乡前蜀高晖墓[⑪]、华阳后蜀李韺墓[⑫]、邛崃铁屎坝宋代冶铁遗址[⑬] 等，此外，还发现数量众多的宋墓[⑭]。琉璃厂窑址[⑮]、邛窑[⑯] 继续开展调查试掘工作，新发现青羊宫窑址[⑰]、双流牧马山窑址[⑱]、郫县横山子窑址[⑲] 等。

该期发现的宗教类遗存包括城西万佛寺旧址南朝至唐代石刻造像[⑳]、百花潭南河石刻造像和经幢[㉑]、青城山建福宫碑刻[㉒] 等。

成都考古人在成都地区以外的重要考古工作有理县箭山寨遗址的调查与试掘[㉓]。

① 四川省文物管理委员会：《成都羊子山土台遗址清理报告》，《考古学报》1957 年第 4 期。

② 四川省文物管理委员会：《成都羊子山第 172 号墓发掘报告》，《考古学报》1956 年第 4 期。

③ 邓伯清：《四川新凡县水观音遗址试掘简报》，《考古》1959 年第 8 期。

④ 王家祐：《记四川彭县竹瓦街出土的铜器》，《文物》1961 年第 11 期；四川省博物馆、彭县文化馆：《四川彭县西周窖藏铜器》，《考古》1981 年第 6 期。

⑤ 徐鹏章：《成都站东乡汉墓清理记》，《考古通讯》1956 年第 1 期。

⑥ 沈仲常：《成都扬子山发现六朝砖墓》，《考古通讯》1956 年第 6 期；沈仲常：《成都扬子山的晋代砖墓》，《文物参考资料》1955 年第 7 期。

⑦ 刘志远：《成都天回山崖墓清理记》，《考古学报》1958 年第 1 期。

⑧ 四川省博物馆：《成都凤凰山西汉木椁墓》，《考古》1959 年第 8 期。

⑨ 刘志远：《成都昭觉寺汉画像砖墓》，《考古》1984 年第 1 期。

⑩ 四川省博物馆：《四川牧马山灌溉渠古墓清理简报》，《考古》1959 年第 8 期。

⑪ 徐鹏章、陈久恒、何德滋：《成都北郊站东乡高晖墓清理简报》，《考古通讯》1955 年第 6 期。

⑫ 任锡光：《四川华阳县发现五代后蜀墓》，《考古通讯》1957 年第 4 期。

⑬ 成都文物考古研究所、日本爱媛大学法文学部：《中日铁器合作研究报告·2006 年度》，内部资料。

⑭ 刘志远、坚石：《川西的小型宋墓》，《文物参考资料》1955 年第 9 期。

⑮ 林坤雪：《四川华阳县琉璃厂调查记》，《文物参考资料》1956 年第 9 期；丁祖春：《成都胜利公社琉璃厂古窑》，《四川古陶瓷研究》（一），四川省社会科学院出版社，1984 年，第 171～180 页；陈万里、冯先铭：《故宫博物院十年来对古窑址的调查》，《故宫博物院院刊》1960 年（总第 2 期）。

⑯ 徐鹏章：《川西古代瓷器调查记》，《文物参考资料》1958 年第 2 期；陈万里、冯先铭：《故宫博物院十年来对古窑址的调查》，《故宫博物院院刊》1960 年（总第 2 期）。

⑰ 四川省文物管理委员会：《成都青羊宫古遗址清理简报》，《考古通讯》1956 年第 2 期；江学礼、陈建中：《青羊宫古窑址试掘简报》，《文物参考资料》1956 年第 6 期；黎佳：《青羊宫隋唐瓷窑遗址》，《成都文物》1983 年第 1 期。

⑱ 林向：《成都附近古窑址调查记略》，《文物》1966 年第 2 期。

⑲ 支沅洪：《四川崇宁县铁砧山的古窑址》，《文物参考资料》1956 年第 3 期。

⑳ 冯汉骥：《成都万佛寺石刻造像——全国基建出土文物展览会西南区展览品之一》，《文物参考资料》1954 年第 9 期。

㉑ 袁明森：《成都西郊发现唐代石刻》，《考古》1959 年第 9 期。

㉒ 王家祐：《〈青城山道藏记〉校录记》，《成都文物》1991 年第 2 期。

㉓ 短绠：《四川茂汶羌族自治县考古调查》，《考古》1959 年第 9 期；四川大学历史系考古教研组：《四川理县汶川县考古调查简报》，《考古》1965 年第 12 期。

古建考古方面，重庆建筑工程学院辜其一、叶启燊、邵俊仪等在四川省开展了崖墓[①]、汉阙、摩崖石刻[②]、祠庙会馆[③]、民居[④]、园林[⑤]等建筑遗存的调查测绘工作，其中有不少涉及成都地区[⑥]。

第三节　第三阶段：1974～1991 年（成都博物馆期间）

一、历史背景及机构建设

1974 年初，成都市文化局根据工作需要，组建"成都市文物管理处"（内设考古组），办公地点设在文殊院内，成都市的文博业务工作逐渐得以恢复。1980 年，成都市开展第二次不可移动文物普查工作，对其中有较高历史、艺术、科学价值的则公布为各级文物保护单位，并按照"四有"的要求，竖立了保护标志，确定专人管理，划定了保护范围，建立了资料档案。1982 年国家颁布了《中华人民共和国文物保护法》，成都市被国务院批准公布为全国首批的 24 个历史文化名城之一。各级政府把文物保护、博物馆事业的建设纳入工作议程，1982 年成立成都市文物保护管理委员会，恢复"成都市博物馆"。《成都文物》（1983 年）和《四川文物》（1984 年）的创刊，更是为成都文博事业的发展提供了坚实的阵地。

1984 年，成都市文物管理处并入成都博物馆（内设考古队），成都有了自己的考古专业队伍。成都的行政区划也做了调整，范围有所扩大。到 1986 年底，全市 17 个区、县成立了 13 个文物管理所。

二、重要考古工作

该期考古工作仍以配合基建为主，成都考古机构越来越多地作为发掘者参与发掘工作中，并开始作为发掘主持单位，或单独发掘，或联合四川大学博物馆开展发掘工作。

该期发现的商周时期重要遗存有十二桥遗址[⑦]、指挥街遗址[⑧]、方池街遗址[⑨]、上汪家拐街遗

---

① 辜其一：《乐山、彭山和内江东汉崖墓建筑初探》，《中华古建筑》，中国科学技术出版社，1990 年。

② 辜其一：《四川唐代摩崖中所反映的建筑形式》，《文物》1961 年第 11 期。

③ 辜其一：《四川成渝路祠庙会馆建筑调查》，重庆建筑工程学院油印（内部资料），1958 年曾在北京建筑科学研究院建筑历史学术讨论会报告；陈振声：《四川邛崃石塔寺宋塔》，《文物》1982 年第 3 期；辜其一：《江油县圆山云岩寺飞天藏及藏殿勘查记略》，《四川文物》1986 年第 4 期。

④ 叶启燊：《四川成渝路上的民间住宅初步调查报告》，内部资料，重庆建筑工程学院油印，1958 年；辜其一：《四川传统建筑的地方风格如何在建筑创作中体现》，成都：建筑理论座谈会汇报材料，1961 年。

⑤ 叶启燊：《成都祠庙建筑的园林绿化》，内部资料，未公开发表。

⑥ 该阶段调查测绘的建筑有：荣昌县罗氏宗祠、内江市朱氏宗祠、隆昌县罗氏宗祠、隆昌县彭氏宗祠、内江市团结街王爷庙、资中县王爷庙、资阳县火神庙、资阳县文庙、资中县文庙、内江市文庙、资阳县关帝庙、荣昌县安富镇湖广会馆、隆昌县湖广会馆、简阳县广东会馆、资中县广东会馆、内江市湖光会馆等。详见张著灵：《建筑理论及历史研究室重庆分室研究（1959～1965）》，重庆大学硕士学位论文，2017 年，第 32 页。

⑦ 四川省文物管理委员会、四川省文物考古研究所、成都市博物馆：《成都十二桥商代建筑遗址第一期发掘简报》，《文物》1987 年第 12 期。

⑧ 四川大学博物馆、成都市博物馆：《成都指挥街周代遗址发掘报告》，《南方民族考古》第一辑，四川大学出版社，1987 年，第 172～201 页。

⑨ 成都市博物馆考古队、成都市文物考古研究所：《成都方池街古遗址发掘报告》，《考古学报》2003 年第 2 期。

址 [1]、新都马家公社大型木椁墓 [2] 等，其中十二桥遗址还是当年的重要考古发现。

汉晋时期重要遗存有金牛区曾家包画像砖石室墓 [3]、金堂姚渡公社光明大队画像砖墓 [4]、桓侯巷成汉墓 [5]、彭县通济镇钱币窖藏 [6]、蒲江鹤山镇"蜀汉五铢"钱币窖藏 [7]、都江堰渠首鱼嘴发现李冰等石像 [8] 等。

唐宋时期重要遗存有笮桥门遗址 [9]、金堂云顶山宋代石城 [10]、成都唐代钱币窖藏 [11] 等。青羊宫窑 [12]、邛窑 [13]、琉璃厂窑址 [14] 等继续开展调查发掘工作，新发现彭县磁峰窑 [15]、都江堰玉堂窑 [16]、都江堰瓦岗坝窑 [17]、金堂金锁桥窑 [18]、崇州天福窑 [19] 等。该期墓葬材料较为重要的有成都化工厂隋墓 [20]、成都东郊保和公社后蜀张虔钊墓 [21]、金牛区青龙乡后蜀孙汉韶墓 [22]、成华区五桂桥后蜀徐铎夫妇

① 成都市文物考古队、四川大学历史系：《成都市上汪家拐街遗址发掘报告》，《南方民族考古》第五辑，四川科学技术出版社，1993 年，第 325～358 页。

② 四川省博物馆、新都县文物管理所：《四川新都战国木椁墓》，《文物》1981 年第 6 期。

③ 成都市文物管理处：《四川成都曾家包东汉画像砖石墓》，《文物》1981 年第 10 期。

④ 成都市文物管理处：《成都市出土东汉画像砖》，《考古与文物》1982 年第 1 期。

⑤ 王毅、罗伟先：《成汉墓考古记》，《成都文物》1986 年第 2 期。

⑥ 成都博物馆、彭州文管所：《成都彭县出土"直百五铢"窖藏钱币——兼谈"蜀五铢"与"直百五铢"》，《中国钱币》2007 年第 2 期。

⑦ 曾咏霞、夏晖：《蒲江县出土的窖藏"蜀汉五铢"钱》，《中国钱币》2010 年第 1 期。

⑧ 四川省灌县文教局：《都江堰出土东汉李冰石像》，《文物》1974 年第 7 期；四川省博物馆、灌县工农兵文化站：《都江堰又出土一躯汉代石像》，《文物》1975 年第 8 期。

⑨ 成都市博物馆考古队：《成都罗城 1、2 号门址发掘简报》，《南方民族考古》第三辑，四川科学技术出版社，1991 年，第 369～379 页。

⑩ 市博考古队：《成都市一九八八年田野考古工作纪要》，《成都文物》1989 年第 1 期。

⑪ 王黎明：《我市东通顺街发现唐代钱币窖藏》，《成都文物》1985 年第 1 期；成都市文物考古工作队：《成都市人民中路发现的唐代钱币窖藏》，《成都考古发现》(2001)，科学出版社，2003 年，第 236～263 页。

⑫ 四川省文管会、成都市文管会：《成都青羊宫窑发掘简报》，《四川古陶瓷研究》(二)，四川省社会科学院出版社，1984 年，第 113～154 页；成都市博物馆考古队曾咏霞整理：《成都市博物馆考古队一九八五年全年考古发掘清理简况》，《成都文物》1986 年第 1 期。

⑬ 丁祖春：《四川邛崃十方堂古窑》，《四川古陶瓷研究》(一)，四川省社会科学院出版社，1984 年，第 120～130 页。

⑭ 丁祖春：《成都胜利公社琉璃厂古窑》，《四川陶瓷史资料》第 1 辑，内部资料，1979 年。

⑮ 陈丽琼、魏达议、丁祖春：《四川彭县瓷峰窑调查与试掘的收获》，《中国古代窑址调查发掘报告集》，文物出版社，1984 年，第 292～309 页；刘钊：《四川彭县磁峰窑址调查记》，《考古》1983 年第 1 期。

⑯ 四川省文物管理委员会、灌县文物管理所：《四川灌县古瓷窑遗址试掘简报》，《中国古代窑址调查发掘报告集》，文物出版社，1984 年，第 276～291 页。

⑰ 成都市文物考古工作队、都江堰市文物局：《都江堰市金凤乡瓦岗坝窑发掘报告》，《成都考古发现》(2001)，科学出版社，2003 年，第 262～305 页。

⑱ 陈丽琼：《成都金堂县金锁桥古窑址》，《四川陶瓷史资料》第 1 辑，内部资料，1979 年。

⑲ 成都文物考古研究所、崇州市文物管理所：《四川崇州公议镇天福窑址考古调查简报》，《成都考古发现》(2008)，科学出版社，2010 年，第 436～454 页。

⑳ 罗伟先：《成都化工厂隋墓清理简报》，《四川文物》1986 年第 4 期。

㉑ 翁善良：《成都市东郊后蜀张虔钊墓》，《文物》1982 年第 3 期。

㉒ 毛求学、刘平：《五代后蜀孙汉韶墓》，《文物》1991 年第 5 期。

墓^①、双流籍田后蜀徐公夫妇墓^②、蒲江后蜀李才墓^③、成都东郊圣灯乡北宋张确夫妇墓^④等。

明清时期重要遗存有青羊区二十四中清代冶铁遗址^⑤、青羊区后子门明代瓷器窖藏^⑥、新都粮食局明代银锭窖藏^⑦、彭县清代银锭窖藏^⑧，以及数量众多的张献忠"大顺通宝"钱^⑨、锦江区王家坝街清代钱币^⑩等。明清时期重要墓葬遗存有金牛区凤凰山明蜀王世子朱悦燫墓^⑪、龙泉驿区正觉山明蜀僖王（朱友壎）陵^⑫、龙泉驿区正觉山蜀僖王罗江王妃陵^⑬、龙泉驿区白鹤村明蜀昭王（朱宾瀚）陵^⑭、金沙庵明代宦官腾英墓^⑮、桂溪乡明代宦官苏荣墓^⑯、机投乡明代宦官杨旭墓^⑰、草堂路明代宦官墓群^⑱、营门口明代宦官墓群^⑲、五块石明代宦官墓群^⑳等，其他重要墓葬材料还有永陵明墓出土的"落花流水锦"蜀锦纹样衣物^㉑、四川省邮电工业公司清墓、新津县顺江县清代朝议大夫汉中府周淦墓碑^㉒等。

佛教考古方面的遗存有长顺中街隋代福感寺塔基^㉓、龙泉驿区石佛寺石刻^㉔、彭县龙兴寺^㉕、商业

---

① 毛求学、王黎明：《成都无缝钢管厂发现五代后蜀墓》，《四川文物》1991年第3期；年公、黎明：《五代徐铎墓清理记》，《成都文物》1990年第2期。

② 成都市文物考古研究所、双流县文物管理所：《成都双流籍田竹林村五代后蜀双室合葬墓》，《成都考古发现》（2004），科学出版社，2006年，第323～363页。

③ 龙腾、李平：《蒲江发现后蜀李才和北宋魏训买地券》，《四川文物》1990年第2期。

④ 翁善良、罗伟先：《成都东郊北宋张确夫妇墓》，《文物》1990年第3期。

⑤ 成都市博物馆考古队曾咏霞整理：《成都市博物馆考古队一九八五年全年考古发掘清理简况》，《成都文物》1986年第1期。

⑥ 曾咏霞：《我市一九八四年第四季度出土文物概述》，《成都文物》1985年第2期。

⑦ 新都县文管所：《新都县文物考古的新收获》，《成都文物》1985年第3期。

⑧ 丹古：《成都市师专四川发现银锭窖藏》，《成都文物》1986年第4期。

⑨ 张善熙：《漫谈成都地区出口的历代钱币》，《成都文物》1994年第3期。

⑩ 张善熙：《漫谈成都地区出口的历代钱币》，《成都文物》1994年第3期。

⑪ 中国社会科学院考古研究所、四川省博物馆成都明墓发掘队：《成都凤凰山明墓》，《考古》1978年第5期。

⑫ 成都市文物考古研究所：《成都明代蜀僖王陵发掘简报》，《文物》2002年第4期。

⑬ 成都市文物考古工作队、明蜀王陵博物馆：《成都明代十陵综述》，《成都文物》1996年第1期。

⑭ 雷玉华：《一九九一年成都市田野考古工作纪要》，《成都文物》1992年第1期；王毅、蒋成、江章华：《成都地区近年考古综述》，《四川文物》1999年第3期；薛登、方全明：《明蜀王和明蜀王陵》，《四川文物》2000年第5期。

⑮ 王黎明：《成都明蜀藩门副腾英墓清理简报》，《成都文物》1993年第3期。

⑯ 蒋成、王黎明：《明代苏荣墓清理记略》，《成都文物》1992年第1期。

⑰ 成都市博物馆考古队：《明代杨旭墓清理发掘简况》，《成都文物》1989年第2期。

⑱ 成都市博物馆考古队曾咏霞执笔：《成都市博物馆考古队1986年考古发掘简况》，《成都文物》1987年第1期。

⑲ 刘致远：《成都三座坟明墓第一次清理报告》，《成都文物》1988年第2期。

⑳ 市博考古队：《成都市一九八九年田野考古工作纪要》，《成都文物》1990年第1期。

㉑ 王君平：《浅析成都明墓出土的"落花流水锦"》，《成都文物》1986年第3期。

㉒ 颜开明：《清代汉中知府周淦墓碑》，《成都文物》1993年第3期。

㉓ 李思雄、冯先诚、王黎明：《成都发现隋唐小型铜棺》，《考古与文物》1983年第3期。

㉔ 成都市文管会办公室、龙泉驿区文管所：《石佛寺石刻简目》，《成都文物》1987年第3期。

㉕ 周述烈：《龙兴寺古塔始创年代考》，《成都文物》1984年第3期；周述烈：《彭州龙兴寺古塔年代再探》，《成都文物》2002年第2期。

街石刻造像^①等。重要的道教遗存有都江堰青城山宋代建福宫遗址^②。

古建考古方面，美国地理学家那仲良（Ronald G. Knapp）在中国开展民居调查中涉及成都平原的穿斗民居^③，四川省文物管理委员会对省内重要建筑进行了测绘和修缮。该期也是对 20 世纪六七十年代停滞工作的梳理重建时期，在四川省建设委员会的主导下，汇集全省古建、文博院校机构编著《四川古建筑》^④《四川民居》^⑤。

三、科技考古与文物保护

这个时期科技考古应用较为薄弱，只是零星的尝试阶段。植物遗存多为历史时期墓葬内出土的果核、粮食类种子等，如指挥街遗址各类果核^⑥、凤凰山西汉木椁墓的稻谷^⑦、新都马家公社大墓的桃核^⑧、蒲江东北公社船棺墓的桃核^⑨、蒲江朝阳乡船棺墓的疑似荞子种子^⑩等。冶金考古方面，开始有学者对蒲江县冶铁遗址进行系统调查^⑪，曾中懋^⑫、何堂坤^⑬等在成都青铜器鉴定分析上填补了此前的空白。环境考古方面，主要是围绕成都平原的史前古城址和古洪水遗迹来讨论人地关系^⑭，研究手段较为单一。

文物保护方面，1980 年开始，保护修复工作重启，对武侯祠、杜甫草堂、永陵（王建墓）等全国重点文物保护单位率先开展修缮工作。该期被列为全国重点文物保护单位的有都江堰（1982 年）、辛亥秋保路死事纪念碑（1988 年）。

---

① 资料现存于成都文物考古研究院。

② 中国社会科学院考古研究所四川工作队、成都市文管会、都江堰市文物局：《四川都江堰市青城山宋代建福宫遗址试掘》，《考古》1993 年第 10 期；叶茂林：《青城山建福宫遗址试掘收获及其意义》，《成都文物》1993 年第 4 期。

③ Ronald G. Knapp, *China's Traditional Rural Architecture*: *A Cultural Geography of the Common House*, North Clarendon, VT: Tuttle, 2005；〔美〕那仲良著，〔菲〕王行富摄影，任羽楠译：《图说中国民居》，生活·读书·新知三联书店，2018 年。

④ 四川省建设委员会、四川省勘察设计协会、四川省土木建筑学会编：《四川古建筑》，四川科学技术出版社，1992 年。

⑤ 四川省勘察设计协会编：《四川民居》，四川人民出版社，1996 年。

⑥ 成都市博物馆、四川大学博物馆：《成都指挥街唐宋遗址发掘报告》，《南方民族考古》第二辑，四川科学技术出版社，1990 年，第 289 页。

⑦ 四川省博物馆：《成都凤凰山西汉木椁墓》，《考古》1959 年第 8 期。

⑧ 四川省博物馆、新都县文物管理所：《四川新都战国木椁墓》，《文物》1981 年第 6 期。

⑨ 四川省文物管理委员会、蒲江县文物管理所：《蒲江县战国土坑墓》，《文物》1985 年第 5 期。

⑩ 龙腾、李平：《蒲江朝阳乡发现古代巴蜀船棺》，《四川文物》1991 年第 3 期。

⑪ 何平山：《蒲江县秦汉以来的炼铁遗址》，《成都文物》1986 年第 2 期。

⑫ 曾中懋：《鎏锡——铜戈上圆斑纹的制作工艺》，《四川文物》1989 年第 6 期；曾中懋：《出土巴蜀铜器成分的分析》，《四川文物》1992 年第 3 期。

⑬ 何堂坤：《部分四川青铜器的科学分析》，《四川文物》1987 年第 4 期。

⑭ 刘兴诗：《成都平原古城群兴废与古气候问题》，《四川文物》1998 年第 4 期；四川大学博物馆、成都市博物馆：《成都指挥街周代遗址发掘报告》，《南方民族考古》第一辑，四川大学出版社，1987 年，第 172～201 页。

第四节　第四阶段：1992～2002 年（成都文物考古工作队成立以后）

一、历史背景及机构建设

为了加强文物保护管理，1993 年四川省人大常委会批准实施《成都市文物保护管理条例》，之后又于 1999 年进行修订，适用于成都市行政区域内的文物保护管理活动。1992 年成都市文物考古工作队从成都博物馆分离，考古专业力量不断壮大，由此开始了成都考古的转折与飞跃时期，尤其是 1996 年与日本早稻田大学、四川大学、中国社会科学院考古研究所等科研院校开展的史前城址群联合调查项目，开启了成都考古对外开放合作的新篇章。

二、重要考古发现

该期新石器时期的重要考古工作是对新津宝墩遗址[①]、都江堰芒城遗址[②]、温江鱼凫城遗址[③]、崇州双河古城遗址[④]、崇州紫竹古城遗址[⑤] 等史前城址群开展的调查与试掘工作。其中，成都平原史前城址群获得 1996 年度全国十大考古新发现，郫县古城遗址获 1998 年度国家文物局田野考古奖三等奖，并被评为 1998 年度中国重要考古发现。

商周时期的重要考古发现有金沙遗址祭祀区[⑥]、十二桥遗址新一村地点[⑦]、商业街船棺[⑧] 等遗址，围绕金沙遗址祭祀区还发现大量十二桥文化聚落不同功能区遗存[⑨]。其中，商业街船棺遗址、金沙遗

---

① 成都市文物考古工作队、四川联合大学考古教研室、新津县文管所：《四川新津县宝墩遗址调查与试掘》，《考古》1997 年第 1 期。

② 成都市文物考古工作队、都江堰市文物局：《四川都江堰市芒城遗址调查与试掘》，《考古》1999 年第 7 期；中日联合考古调查队：《都江堰市芒城遗址 1998 年度发掘工作简报》，《成都考古发现》（1999），科学出版社，2001 年，第 54～98 页；中日联合考古调查队：《都江堰市芒城遗址 1999 年度发掘工作简报》，《成都考古发现》（1999），科学出版社，2001 年，第 99～126 页。

③ 成都市文物考古工作队、四川联合大学历史系考古教研室、温江县文管所：《四川省温江县鱼凫村遗址调查与试掘》，《文物》1998 年第 12 期；成都市文物考古研究所：《温江鱼凫村遗址 1999 年度发掘》，《成都考古发现》（1999），科学出版社，2001 年，第 40～53 页。

④ 成都市文物考古工作队：《四川崇州市双河史前城址试掘简报》《考古》2002 年第 11 期。

⑤ 陈剑：《文井江考古侧记》，《成都文物》2001 年第 4 期；叶茂林、李明斌：《崇州市紫竹古城遗址》，《中国考古学年鉴 2001》，文物出版社，2002 年，第 281 页；叶茂林、李明斌：《宝墩文化发现新遗址》，《中国文物报》2000 年 7 月 12 日第 1 版。

⑥ 成都市文物考古研究所、北京大学考古文博学院：《金沙淘珍——成都市金沙村遗址出土文物》，文物出版社，2002 年。

⑦ 成都市文物考古研究所：《成都十二桥遗址新一村发掘简报》，《成都考古发现》（2002），科学出版社，2004 年，第 201～208 页。

⑧ 成都文物考古研究所：《成都商业街船棺葬》，文物出版社，2009 年。

⑨ 成都市文物考古研究所：《成都市黄忠村遗址 1999 年度发掘的主要收获》，《成都考古发现》（1999），科学出版社，2001 年，第 164～181 页；成都市文物考古研究所：《成都市金沙遗址"兰苑"地点发掘简报》，《成都考古发现》（2001），科学出版社，2003 年，第 1～32 页；成都市文物考古研究所：《金沙村遗址人防地点发掘简报》，《成都考古发现》（2003），科学出版社，2005 年，第 89～119 页；成都市文物考古研究所：《金沙遗址蜀风花园城二期地点发掘简报》，《成都考古发现》（2001），科学出版社，2003 年，第 33～53 页。

址分别获得 2000、2001 年度全国十大考古新发现。该期还发现了较多东周时期墓葬[①]。

汉晋时期的重要考古发现有青羊区 611 所汉墓群[②]、青白江区跃进村汉墓群[③]、青白江区马坪村杨家山—老虎山汉晋墓地[④]等。

唐宋时期重要城市考古遗存包括成都罗城东、南、西城垣[⑤]及内姜街街坊遗址[⑥]、大科甲巷街坊遗址[⑦]、迎曦下街街坊遗址[⑧]、蒲江宋代铁钱窖藏[⑨]、蒲江盐井遗址[⑩]等。青羊宫窑[⑪]、琉璃厂窑[⑫]、磁峰窑[⑬]等窑址的调查发掘工作继续开展，开始展开都江堰瓦岗坝窑[⑭]、崇州天福窑的调查发掘工作[⑮]，新发现都江堰金凤窑[⑯]，其中金凤窑被评为 2000 年度中国重要考古发现。唐宋时期墓葬遗存较丰富，

① 成都市文物考古研究所、龙泉驿区文物管理所：《成都龙泉驿区北干道木椁墓群发掘简报》，《文物》2000年第 8 期；成都市文物考古工作队：《成都西郊金鱼村发现的战国土坑墓》，《文物》1997 年第 3 期；成都市文物考古研究所、郫县博物馆：《郫县风情园及花园别墅战国至西汉墓群发掘报告》，《成都考古发现》（2002），科学出版社，2004 年，第 277~315 页；谢涛：《成都运动创伤研究所发现土坑墓》，《成都文物》1993 年第 3 期；成都市文物考古工作队：《成都市金沙巷战国墓清理简报》，《文物》1997 年第 3 期；成都市文物考古工作队：《成都西郊省水利设计院土坑墓清理简报》，《考古与文物》2000 年第 4 期；成都市文物考古研究所、成都市文物考古工作队：《成都西郊石人小区战国土坑墓发掘简报》，《文物》2002 年第 4 期；成都市考古队：《成都化成小区战国墓发掘清理简报》，《成都文物》1996 年第 4 期。

② 成都市文物考古工作队：《成都市一九九二年田野考古工作概况》，《成都文物》1993 年第 1 期。

③ 成都市文物考古工作队、青白江区文物管理所：《成都市青白江区跃进村汉墓发掘简报》，《文物》1999 年第 8 期。

④ 市考古队：《成都市一九九七年田野考古概述》，《成都文物》1998 年第 1 期。

⑤ 成都市文物考古工作队：《一九九四年成都市田野考古工作概况》，《成都文物》1995 年第 2 期；成都文物考古研究所：《成都市清安街城墙遗址发掘简报》，《成都考古发现》（2008），科学出版社，2010 年，第 411~435 页；谢涛：《成都市 1994~1995 年城垣考古》，《四川文物》2001 年第 1 期；雷玉华：《唐宋明清时期的成都城垣考》，《四川文物》1998 年第 1 期；成都市文物考古工作队：《成都市一九九八年田野考古工作概述》，《成都文物》1999 年第 1 期；谢涛：《府南河沿岸城垣遗址分布状况》，《成都文物》1994 年第 4 期。

⑥ 成都文物考古研究所：《成都市内姜街遗址发掘报告》，《成都考古发现》（2004），科学出版社，2006 年，第 364~391 页。

⑦ 成都市文物考古工作队：《成都市一九九五年田野考古工作概述》，《成都文物》1996 年第 1 期；成都市文物考古队：《1996 年成都田野考古概述》，《成都文物》1997 年第 1 期。

⑧ 成都市文物考古工作队：《成都市一九九八年田野考古工作概述》，《成都文物》1999 年第 1 期。

⑨ 龙腾、陈志勇：《蒲江惠民监遗址发现宋代的窖藏铁钱》，《四川文物》1994 年第 1 期。

⑩ 成都文物考古研究所：《成都市蒲江县古代盐业遗址考古调查简报》，《中国盐业考古——长江上游古代盐业与景观考古的初步研究》（一），科学出版社，2006 年，第 126~144 页。

⑪ 刘雨茂：《成都中医药大学晋至唐代烧瓷遗址》，《中国考古学年鉴 1998》，文物出版社，2000 年，第 223 页；四川省文物考古研究院、成都文物考古研究所：《成都十二桥》，文物出版社，2009 年，第 163~203 页。

⑫ 蒲存忠：《成都琉璃厂窑北宋窑工印记》，《四川文物》2004 年第 6 期。

⑬ 成都市文物考古研究所、彭州市博物馆：《2000 年磁峰窑发掘报告》，《成都考古发现》（2000），科学出版社，2002 年，第 167~221 页。

⑭ 成都市文物考古研究所、都江堰市文物局：《都江堰市金凤乡瓦缸坝窑发掘报告》，《成都考古发现》（2001），科学出版社，2003 年，第 262~305 页。

⑮ 陈剑：《文井江考古侧记》，《成都文物》2001 年第 4 期。

⑯ 成都市文物考古工作队、成都市文物考古研究所：《都江堰市金凤窑址发掘简报》，《文物》2002 年第 2 期；成都市文物考古研究所、都江堰市文物局：《都江堰市金凤窑发掘报告》，《成都考古发现》（2000），科学出版社，2002 年，第 222~287 页。

其中重要的墓葬遗存有武侯区桐梓林唐代爨公墓[①]、龙泉驿区前蜀王宗侃墓[②]、成华区建设路谢定夫妇墓[③]、成都西郊外化成小区唐宋墓群[④]、西窑村唐宋墓群[⑤]、洪河大道南延线唐宋墓群[⑥]、石墙村宋墓群[⑦]、东桂村宋墓群[⑧]、青龙村宋墓群[⑨]、二仙桥南宋墓[⑩]等。

明清时期重要遗存有水井街酒坊遗址[⑪]、明蜀王府宫城北垣及广智门[⑫]、天府广场明代城墙[⑬]、大科甲巷清代"正心堂"遗址[⑭]、万里桥明代桥梁遗址[⑮]、明代"浣花桥"[⑯]等。其中，水井街酒坊遗址被评为1999年度全国十大考古新发现。该期对龙泉驿区十陵镇的明代蜀王墓群进行了较全面的考古调查与勘探[⑦]。该期发掘的明蜀王墓葬有锦江区琉璃乡蜀端王（朱宣圻）及妃子陵[⑱]、锦江区琉璃乡蜀定王次妃墓[⑲]。其他重要明墓有琉璃乡电管站明代宦官墓群[⑳]、琉璃乡皇经楼村明代宦官墓群[㉑]、

① 王方等：《成都市南郊桐梓林村唐代爨公墓发掘》，《成都考古发现》（1999），科学出版社，2001年，第202～210页。

② 薛登：《五代前蜀魏王墓》，《成都文物》2000年第2期；成都文物考古研究所、龙泉驿区文物保护管理所：《成都市龙泉驿五代前蜀王宗侃夫妇墓》，《考古》2011年第6期。

③ 刘骏：《成都东郊北宋谢定夫妇墓清理简报》，《成都文物》1995年第2期。

④ 程远福：《成都市西郊外化成小区唐宋墓葬的清理》，《考古》2005年第10期。

⑤ 成都市文物考古研究所：《成都西郊西窑村唐宋墓葬发掘简报》，《东南文化》2003年第7期。

⑥ 成都市文物考古研究所、龙泉驿区文物保管所：《成都市龙泉驿区洪河大道南延线唐宋墓葬发掘简报》，《成都考古发现》（2001），科学出版社，2003年，第163～177页。

⑦ 张擎：《成都市高新区石墙村宋墓发掘简报》，《成都考古发现》（2001），科学出版社，2003年，第252～259页。

⑧ 成都文物考古研究所：《成都市保和乡东桂村宋墓发掘简报》，《成都考古发现》（2002），科学出版社，2004年，第359～383页。

⑨ 朱章义、刘雨茂、毛求学等：《成都市龙泉驿区青龙村宋墓发掘简报》，《成都考古发现》（1999），科学出版社，2001年，第278～294页。

⑩ 成都市文物考古研究所、成都市文物考古工作队：《成都市二仙桥南宋墓发掘简报》，《考古》2004年第5期。

⑪ 成都文物考古研究所、四川省文物考古研究院、四川省博物院：《水井街酒坊遗址发掘报告》，文物出版社，2013年。

⑫ 成都市文物考古工作队：《成都明蜀王府北城垣发掘简报》，《成都文物》1997年第4期；成都市文物考古工作队：《明"蜀王府"城城垣考古发掘》，《中华人民共和国地方志·四川省·成都市勘测志》，中国建筑工业出版社，1997年，第314、315页。

⑬ 成都市文物考古研究所：《成都市2001年田野考古工作述要》，《成都文物》2002年第1期。

⑭ 成都市文物考古队：《1996年成都田野考古概述》，《成都文物》1997年第1期。

⑮ 成都市文物考古工作队：《成都市一九九五年田野考古工作概述》，《成都文物》1996年第1期。

⑯ 成都市文物考古研究所：《成都市老西门明代桥址发掘简报》，《四川文物》2004年第6期。

⑰ 成都市文物考古工作队、明蜀王陵博物馆：《成都明代十陵综述》，《成都文物》1996年第1期。

⑱ 谢涛：《成都发掘锦江区琉璃乡潘家沟村明蜀王及王妃墓》，《中国文物报》1998年2月22日第1版；谢涛：《成都市潘家沟村明蜀王、王妃墓》，《中国考古学年鉴1998》，文物出版社，2000年，第224、225页；市考古队：《成都市一九九七年田野考古概述》，《成都文物》1998年第1期。

⑲ 刘俊、朱章义：《明蜀定王次妃王氏墓》，《成都考古发现》（1999），科学出版社，2001年，第295～314页。

⑳ 成都市文物考古工作队：《成都市一九九五年田野考古工作概述》，《成都文物》1996年第1期。

㉑ 成都市文物考古研究所：《成都市2000年田野考古工作述要》，《成都文物》2001年第1期。

青龙乡明万历间家族墓①、新都明代杨升庵家族墓②等。

该期是对成都地区摩崖造像发起小规模调查的初始阶段，成都市区尤以邛崃、蒲江、龙泉、大邑等地摩崖造像集中的区域为主开展工作③。佛教考古的重要发现还有西安路南北朝时期佛教埋藏坑④、商业街南朝佛教埋藏坑⑤、青羊区宽巷子南朝佛头像⑥、东门大桥佛顶尊胜陀罗尼经幢⑦、杜甫草堂唐五代寺院遗址⑧、彭州龙兴寺地宫⑨、蒲江松华乡松花村宋代石刻⑩、蒲江五星乡元觉村明代石刻⑪等。该期还与北京大学考古文博学院、地方文物管理所联合对成都市区以外的巴中市、广元市等地石窟进行了全面的考古调查。

三、成都考古人在成都地区以外的重要考古工作

2000 年左右开始，随着知识的积累和提升，为探寻西南地区文明起源及其演变进程，成都考古人与中国社会科学院考古研究所、四川省文物考古研究院、云南省考古研究所及地方文物管理所开展密切合作，开始走出成都，在川西北、川西南、川南、峡江、云南等地区开展考古工作。

（1）川西北地区：对岷江上游、大渡河上游、大渡河中游展开了系统调查和试掘。岷江上游地区共发现 82 处新石器时代文化遗址，并对其中的茂县营盘山遗址⑫、理县箭山寨遗址⑬、茂县白水寨

---

① 成都市文物考古工作队：《成都青龙场明墓发掘简报》，《成都文物》1997 年第 3 期。

② 田春春、陈云洪、李跃：《新都五星啤酒厂工地宋明墓发掘简报》，《成都文物》1998 年第 3 期。

③ 黄微曦：《花置寺石刻造像》，《成都文物》1987 年第 1 期；魏尧西：《邛崃石笋山摩崖造像》，《成都文物》1984 年第 1 期；胡文和：《邛崃石笋山摩崖造像艺术》，《成都文物》1987 年第 1 期；古元忠、骆奇南：《邛崃鹤山弥勒造像》，《成都文物》1989 年第 3 期；杨晓杰、王家祐：《蒲江县二郎滩摩崖造像》，《成都文物》1987 年第 1 期；周香洪、丁祖春：《蒲江飞仙阁摩崖造像琐议》，《成都文物》1988 年第 2 期；龙腾：《蒲江看灯山唐代十六罗汉造像》，《成都文物》1996 年第 4 期；赵纯义、王家祐：《北周文王碑考查报告》，《成都文物》1987 年第 3 期；成都市文管会办公室、龙泉驿区文管所：《石佛寺石刻简目》，《成都文物》1987 年第 3 期；薛登：《〈文王碑〉录文标点》，《成都文物》1987 年第 3 期；小文：《〈唐三教道场碑〉琐谈》，《成都文物》1987 年第 3 期；薛登：《龙泉山元堡摩崖造像》，《成都文物》1987 年第 4 期；薛登：《观音岩摩崖造像》，《成都文物》1991 年第 2 期；成都市文化局（市文物局）、成都市文物管理办公室、成都文物考古研究所等：《四川大邑县药师岩石窟寺和摩崖造像考古报告》，四川科学技术出版社，2014 年；谢思道：《大邑药师岩的摩崖造像》，《成都文物》1985 年第 1 期。

④ 成都市文物考古工作队、成都市文物考古研究所：《成都市西安路南朝石刻造像清理简报》，《文物》1998 年第 11 期。

⑤ 张肖马、雷玉华：《成都市商业街南朝石刻造像》，《文物》2001 年第 10 期。

⑥ 雷玉华：《成都地区的南朝佛教造像》，《魏晋南北朝史论文集》，巴蜀书社，2006 年，第 273、274 页。

⑦ 成都市文物考古研究所：《成都东门大桥出土佛顶尊胜陀罗尼石经幢》，《文物》2000 年第 8 期。

⑧ 成都市文物考古研究所、成都杜甫草堂博物馆：《成都杜甫草堂唐宋遗址发掘报告》，《成都考古发现》（2002），科学出版社，2004 年，第 209～265 页。

⑨ 沈洪民：《彭州龙兴塔始建溯源》，《成都文物》1999 年第 3 期；彭州市博物馆、成都市文物考古研究所：《四川彭州龙兴寺出土石造像》，《文物》2003 年第 9 期。

⑩ 龙腾：《蒲江县出土一批宋代石刻》，《成都文物》1996 年第 2 期。

⑪ 龙腾：《蒲江县出土一批明代石刻》，《成都文物》1995 年第 3 期。

⑫ 成都市文物考古研究所、阿坝藏族羌族自治州文管所、茂县博物馆：《四川茂县营盘山遗址试掘报告》，《成都考古发现》（2000），科学出版社，2002 年，第 1～77 页。

⑬ 成都文物考古研究所、阿坝藏族羌族自治州文物管理所、理县文物管理所：《四川理县箭山寨遗址 2000 年的调查》，《成都考古发现》（2005），科学出版社，2007 年，第 15～24 页。

遗址^①、茂县波西遗址^②等进行了试掘。大渡河上游地区发现和确认了马尔康孔龙村遗址^③、马尔康白赊村遗址^④等10余处新石器时代至秦汉时期的古文化遗址。大渡河中游地区共发现和确认了10余处新石器时代至商周时期的古文化遗址，对其中的汉源麦坪村、麻家山和姜家屋基三处遗址进行了试掘^⑤。

（2）川西南地区：对安宁河流域展开系统调查。

（3）川南地区：参与了沱江中游考古调查，该期重要考古发现有泸县宋墓^⑥。

（4）峡江地区发掘的重要遗址有：巫山锁龙遗址、奉节哨棚嘴遗址^⑦、忠县杜家院子遗址^⑧、忠县罗家桥遗址^⑨等。

（5）云南地区：联合中国社会科学院考古研究所、云南省文物考古研究所在中缅、中越边境开展考古调查工作，并对发现的永仁菜园子遗址、磨盘地遗址^⑩等进行了发掘。

四、科技考古工作

随着金沙遗址等大型遗址的发现，科技考古受到重视，进入了谋求发展的初始阶段。开始在宝墩、金沙等重要遗址发掘中使用全站仪开展布方和测绘工作。植物考古方面，在金沙遗址的发掘过程中有意识地收集了大量土壤样品。遗存重要发现有商业街船棺葬墓地出土的梅、桃、薄皮甜瓜^⑪等。

---

① 成都文物考古研究所、阿坝藏族羌族自治州文物管理所、茂县羌族博物馆：《四川茂县白水寨及下关子遗址调查简报》，《成都考古发现》（2005），科学出版社，2007年，第8～14页。

② 成都文物考古研究所、阿坝藏族羌族自治州文物管理所、茂县羌族博物馆：《四川茂县波西遗址2002年的试掘》，《成都考古发现》（2004），科学出版社，2006年，第1～12页。

③ 成都文物考古研究所、阿坝藏族羌族自治州文物管理所、马尔康县文化体育局：《四川马尔康县孔龙村遗址调查简报》，《成都考古发现》（2005），科学出版社，2007年，第41～50页。

④ 四川省文物考古研究院、阿坝藏族羌族自治州文物管理所、成都文物考古研究所等：《四川马尔康县白赊村遗址调查简报》，《成都考古发现》（2005），科学出版社，2007年，第51～61页。

⑤ 中国社会科学院考古研究所、四川省文物考古研究院、成都市文物考古研究所：《四川汉源县麦坪村、麻家山遗址试掘简报》，《四川文物》2006年第2期。

⑥ 四川省文物考古研究所、成都市文物考古研究所、泸州博物馆等：《泸县宋墓》，文物出版社，2004年。

⑦ 北京大学考古文博学院三峡考古队、成都市文物考古研究所等：《重庆市忠县哨棚嘴遗址商周时期遗存2001年发掘报告》，《成都考古发现》（2001），科学出版社，2003年，第421～438页。

⑧ 成都市文物考古研究所、重庆市忠县文物管理所：《重庆市忠县杜家院子遗址2001年度发掘报告》，《成都考古发现》（2001），科学出版社，2003年，第384～420页。

⑨ 成都市文物考古研究所、重庆市忠县文物管理所：《重庆市忠县罗家桥战国秦汉墓地第一次发掘报告》，《成都考古发现》（2001），科学出版社，2003年，第439～459页；成都市文物考古研究所、重庆市忠县文物管理所：《重庆市忠县罗家桥战国秦汉墓地第二次发掘报告》，《成都考古发现》（2001），科学出版社，2003年，第460～483页。

⑩ 云南省文物考古研究所、中国社会科学院考古研究所云南工作队、成都市文物考古研究所等：《云南永仁菜园子、磨盘地遗址2001年发掘报告》，《考古学报》2003年第2期。

⑪ 成都文物考古研究所：《成都商业街船棺葬》，文物出版社，2009年，第41、168～169页。报告中仅提及了少量植物遗存，仍有大量果核实物存放于成都文物考古研究院库房内。

五、文 物 保 护

不可移动文物保护方面，为响应市委市政府对杜甫草堂、武侯祠、永陵（王建墓）、明蜀王陵4个国家重点文物保护单位提出的"一年一个样，三年大变样"的要求，相关文物保护单位开展了新一轮的修缮建设工作。其他文物保护单位如隋唐窑址、明蜀王陵、邛崃十方堂窑址、邛崃石笋山唐代摩崖造像等文物保护单位也进行了维修，且完成了万里桥、九眼桥的测绘和异地搬迁保护。该期十方堂邛窑遗址、明蜀王陵墓群、杨升庵祠及桂湖、刘氏庄园于1996年被公布为全国重点文物保护单位；成都水井街酒坊遗址、成都十二桥遗址、成都古蜀船棺合葬墓、新都宝光寺、成都平原史前城址、邛崃石塔寺石塔、崇州罨画池、新津观音寺于2001年被公布为全国重点文物保护单位。

可移动文物保护方面，20世纪90年代中期，随着化保室及专业人才的引进，文物保护工作也开始科学成长起来，该期重要文保工作除了商业街船棺、金沙遗址、江南馆街遗址、永陵（王建墓）等原址保护项目需要开展系统性文物保护工作外，其他专项类文物保护工作还包括明蜀定王次妃墓空气质量测试 ①、商业街船棺葬漆木器保护、金沙商周遗址出土古象牙 ②和玉石器等珍贵文物的保护等。

六、重要学术会议、课题及获得奖励

该期成都市文物考古研究所参与举办的重要会议有：1997年12月9日，纪念王建墓科学发掘55周年暨五代历史文化座谈会。1998年3月9、10日，四川省历史学会第五次会员代表大会。1998年5月中旬，首届"西南片区考古工作协作会"。1999年11月26日～12月1日，中国考古学会第十次年会。2002年6月23～26日，长江上游城市文明起源学术研讨会暨中国古都学会2002年学术年会。2002年8月3～10日，第七届全国考古与文物保护化学学术交流会。

该阶段成都文物考古研究院参与或主持的省部级课题共计7项，其中包括中华人民共和国科学技术部"十五"国家科技攻关计划"中华文明探源及其相关文物保护技术研究"子课题"遗址大型饱水木构件原址保护技术研究"；国家文物局文化遗产保护学和技术研究课题有"岷江上游新石器时代文化研究""四川地区宋代金银器研究""巴中石窟研究""巴蜀文化区的形成及其进一步整合的历史过程""微生物对永陵（王建墓）地宫石刻文物腐蚀原因及治理的研究""有机硅材料用于金沙遗址出土象牙及象牙器封存保护的研究"。

该阶段获得省部级奖励的研究成果共计5项：《四川新津县宝墩遗址调查与试掘》，1998年获四川省第八次哲学社会科学优秀科研成果二等奖；《人类共有的遗产：中日历史文化名城保护与发展——京都·成都的历史文化与现代化》，1998年获四川省第八次哲学社会科学优秀科研成果三等奖；《四川温江县鱼凫村遗址分析》，2000年获四川省第九次哲学社会科学优秀成果奖；《成都平原早期城址及其考古学文化初论》，2002年获四川省第十次哲学社会科学优秀成果一等奖；《四川成都水井街酒坊遗址发掘简报》，2002年获四川省第十次哲学社会科学优秀成果奖。

---

① 肖璘：《成都市琉璃乡明蜀定王次妃墓内空气质量及汞的测试与防护》，《四川文物》1999年第6期。

② 成都市文物考古研究所：《有机硅材料用于金沙遗址出土象牙器的封存保护》，《中国文化遗产》2004年第3期；肖璘、白玉龙、孙杰：《金沙遗址出土古象牙的现场清理加固保护》，《文物保护与考古科学》2004年第3期。

成都
考古史

第五节　第五阶段：2003～2016年（成都博物院期间）

一、历史背景及机构建设

我国文化遗产保护事业进入了新的发展阶段，国家制定了一系列促进文化遗产保护事业发展的法律、法规，包括2003年《文物保护法实施条例》《文物保护工程管理办法》、2005年《文物保护法实施细则》、2006年《世界文化遗产保护管理办法》等法律文件，《成都市文物保护管理条例》也于2006年通过了第二次修订。

2003年，为整合市属文博资源，加快成都市文博事业健康有序发展，经中共成都市委机构编制委员会批准（成机编〔2003〕15号），将成都博物馆、成都金沙遗址博物馆、成都船棺遗址博物馆、成都十二桥古蜀遗址博物馆、成都隋唐窑址博物馆整合组建了成都博物院，取消成都博物馆独立法人资格。成都博物院、成都市文物考古工作队具有独立法人资格，为独立核算单位。成都博物院期间，我院先后筹备成都金沙遗址博物馆（2007年开馆）、水井街酒坊遗址博物馆（2013年开馆）、成都博物馆新馆（2016年开馆）等博物馆项目建设和展陈。

2010年底，成都市进行机构改革，成都市文物保护管理委员会办公室（成都市文化局文物处）更名为成都市文物管理办公室，并继续管理全市文物和博物馆事业。

2014年，成都博物院被四川省人力资源与社会保障厅批准为博士后创新实践基地，2015年9月又被中华人民共和国人力资源和社会保障部全国博士后管理委员会批准设立国家级博士后科研工作站，成为成都市教科文卫系统唯一拥有博士后科研工作站的科研单位，也是国内继陕西省考古研究院之后第二家设立博士后科研工作站的考古研究机构。

2015年12月2日，中共成都市委机构编制委员会颁发《关于撤销成都博物院设立成都博物馆和成都金沙遗址博物馆的通知》（成机编〔2015〕43号），原成都博物院管理的成都隋唐窑址博物馆、成都十二桥遗址博物馆、成都船棺遗址博物馆划转成都市文物考古工作队（成都文物考古研究所），调整后，成都市文物考古工作队（成都文物考古研究所）为市文广新局所属正处级公益二类事业单位。

二、重要考古发现

这个时期是成都地区基本建设高速发展的时期，配合基建开展的考古发现数量大增，考古工作者的课题研究意识逐渐提高，多学科合作日益受到重视。该期也是成都考古以积极开放的心态，广泛开展对外合作，展现全新面貌的时期。成都文物考古研究所与哈佛大学、美国圣路易斯华盛顿大学、日本京都造型艺术大学、日本吉田生物研究所（株）、台湾大学、北京大学、四川大学、北京科技大学、成都理工大学等国内外高等院校或研究所，以及中国社会科学院考古研究所、上海博物馆、龙门石窟研究院、荆州文物保护中心等文博单位在考古发掘研究、科技考古及文物保护等各领域开展深入合作。

该阶段引入多层次、多学科交互的区域聚落系统调查法，对成都平原史前城址群展开了系列调查①，继续开展新津宝墩遗址②、大邑高山古城遗址③等新石器时期城址的考古工作，新发现温江红桥村遗址④等。其中，高山古城遗址被连续评为2015、2016年度中国重要考古发现。

商周时期重要遗存有金沙遗址"黄河"地点墓地⑤、青白江区双元村春秋战国墓地⑥、蒲江飞虎村战国船棺墓地⑦、青羊区张家墩战国秦汉墓地⑧等。其中，张家墩战国秦汉墓地被评为2016年度中国重要考古发现。

汉晋时期重要考古发现有成都天回镇老官山汉墓⑨、金堂赵镇李家梁子墓地⑩、青白江区包家梁子墓地⑪、新津邓双镇老虎山墓地⑫、邛崃羊安墓群⑬、天府广场东北侧遗存⑭、天府广场汉碑⑮、金沙遗址汉代廊桥⑯、彭州致和镇白虎夷王城⑰等。特别是天回镇老官山汉墓出土了完整的人体经穴髹漆人

① 成都平原国际考古调查队：《成都平原区域考古调查（2005—2007）》，《南方民族考古》第六辑，科学出版社，2010年，第255~278页；提莫西·郝思利著，陈伯桢译：《地球物理技术在成都平原考古工作中的应用》，《南方民族考古》第六辑，科学出版社，2010年，第279~294页；周志清、陈剑、刘祥宇等：《区域系统调查方法在成都平原大遗址聚落考古中的实践与收获——以高山古城遗址为例》，《中国文化遗产》2015年第6期。

② 成都文物考古研究所、新津县文管所：《新津宝墩遗址调查与试掘简报（2009~2010年）》，《成都考古发现》（2009），科学出版社，2011年，第1~67页；成都文物考古研究所、新津县文物管理所：《新津县宝墩遗址鼓墩子2010年发掘报告》，《成都考古发现》（2012），科学出版社，2014年，第1~63页；成都文物考古研究所、新津县文物管理所：《2010年新津宝墩遗址外城罗林盘地点发掘简报》，《成都考古发现》（2012），科学出版社，2014年，第64~77页；成都文物考古研究所、新津县文物管理所：《新津宝墩遗址2012~2013年度考古发掘简报》，《成都考古发现》（2014），科学出版社，2016年，第14~39页；成都文物考古研究所、新津县文物管理所：《成都市新津县宝墩遗址治龙桥地点的发掘》，《考古》2018年第1期；四川大学历史文化学院考古学系、成都文物考古研究院、新津县文物管理所：《成都市新津县宝墩遗址田角林地点2013年的发掘》，《考古》2018年第3期。

③ 成都文物考古研究所、大邑县文物管理所：《2012~2013年度大邑县高山古城遗址调查试掘简报》，《成都考古发现》（2013），科学出版社，2015年，第1~44页；成都文物考古研究所：《成都平原史前聚落考古的新收获》，《中国文物报》2016年6月3日第6、7版。

④ 成都文物考古研究所：《成都平原史前聚落考古的新收获》，《中国文物报》2016年6月3日第6、7版。

⑤ 成都文物考古研究所：《成都市金沙遗址"黄河"地点墓葬发掘简报》，《成都考古发现》（2012），科学出版社，2014年，第177~217页。

⑥ 王天佑：《成都市青白江区双元村东周墓群》，《中国考古学年鉴2017》，中国社会科学出版社，2018年，第406、407页。

⑦ 刘雨茂、龚扬民：《蒲江县飞虎村战国船棺葬墓群》，《中国考古学年鉴2017》，中国社会科学出版社，2018年，第408页。

⑧ 易立、杨波：《成都青羊区张家墩战国秦汉墓地》，《中国考古学年鉴2017》，中国社会科学出版社，2018年，第409页。

⑨ 成都文物考古研究所、荆州文物保护中心：《成都市天回镇老官山汉墓》，《考古》2014年第7期。

⑩ 成都文物考古研究院、金堂县文物保护管理所：《金堂李家梁子墓地》，文物出版社，待刊。

⑪ 成都文物考古研究院：《成都包家梁子墓地考古发掘报告》，科学出版社，2018年。

⑫ 资料现存于成都文物考古研究院。

⑬ 资料现存于成都文物考古研究院。

⑭ 成都文物考古研究所：《成都天府广场东北侧古遗址发掘报告》，文物出版社，2016年，第260、261页。

⑮ 成都文物考古研究所：《成都天府广场东御街汉代石碑发掘简报》，《南方民族考古》第八辑，科学出版社，2012年，第1~8页。

⑯ 成都文物考古研究所：《成都市青羊区金沙村汉代廊桥遗址发掘简报》，《成都考古发现》（2008），科学出版社，2010年，第249~270页。

⑰ 索德浩：《成都蜀汉遗存概述》，《诸葛亮与三国文化》（九），科学出版社，2018年，第125~136页。

像、我国迄今发现的唯一有出土单位且完整的西汉时期木质蜀锦提花机模型，以及可能是失传了的中医扁鹊学派经典书籍等珍贵文物，入选中国社会科学院"2013年中国考古新发现"论坛六大成果之一、2013年度全国十大考古新发现。

　　唐宋时期重要考古发现中，城市考古相关遗存有江南馆街唐宋街坊遗址[①]、东华门遗址[②]、下东大街遗址[③]、四川大剧院街坊遗址[④]、正科甲巷街坊遗址[⑤]、实业街街坊遗址[⑥]、摩诃池池苑遗址[⑦]、金河路池苑遗址[⑧]等。其中，江南馆街唐宋街坊遗址获得2008年度全国十大考古新发现，东华门遗址被评为2014年度中国重要考古发现。地方军镇、县城类重要遗存有大邑新场镇石虎村遗址（思安寨）[⑨]、双流华阳镇古城村遗址（唐代广都县）[⑩]、蒲江西来镇残城子遗址（临溪县城）[⑪]、金堂淮口镇怀安军城址[⑫]、简阳草池镇平泉坝遗址（平泉县城）[⑬]等。本阶段继续开展邛窑[⑭]、青羊宫窑[⑮]、

　　① 成都市文物考古研究所：《成都江南馆街唐宋时期街坊遗址》，《2008中国重要考古发现》，文物出版社，2009年，第150～155页；成都市文物考古研究所：《成都江南馆街唐宋街坊遗址》，《成都文物》2009年第3期。

　　② 易立、张雪芬、江滔：《四川成都东华门遗址》，《2014中国重要考古发现》，文物出版社，2015年，第108～111页。

　　③ 成都文物考古研究所：《成都市下东大街遗址考古发掘报告》，《成都考古发现》（2007），科学出版社，2009年，第452～539页。

　　④ 成都文物考古研究所：《成都天府广场东北侧古遗址发掘报告》，文物出版社，2016年，第150、151页。

　　⑤ 资料现存于成都文物考古研究院。

　　⑥ 资料现存于成都文物考古研究院。

　　⑦ 成都文物考古研究所：《成都市博物馆新址发掘简报》，《成都考古发现》（2009），科学出版社，2011年，第330～416页；易立、张雪芬、江滔：《四川成都东华门遗址》，《2014中国重要考古发现》，文物出版社，2015年，第108～111页。

　　⑧ 成都文物考古研究院：《成都金河路古遗址发掘报告》，《成都考古发现》（2015），科学出版社，2017年，第320～416页。

　　⑨ 成都文物考古研究所、大邑县文物管理所：《四川大邑县新场石虎村唐宋遗址试掘简报》，《成都考古发现》（2009），科学出版社，2011年，第417～454页。

　　⑩ 市考古工作队、双流县文管所：《双流县广都遗址调查报告》，《成都文物》1999年第1期；成都文物考古研究院：《唐广都城遗址调查简报》，《成都考古发现》（2015），科学出版社，2017年，第583～590页。

　　⑪ 成都文物考古研究所、蒲江县文物保护管理所：《蒲江"残城址"遗址试掘简报》，《成都考古发现》（2006），科学出版社，2008年，第279～298页；成都文物考古研究所、蒲江县文物保护管理所：《四川蒲江"残城址"2010年度发掘简报》，《成都考古发现》（2010），科学出版社，2012年，第396～414页。

　　⑫ 索德浩：《"怀安军"城的调查与发掘》，《中国文化遗产》2015年第6期。

　　⑬ 成都文物考古研究院、简阳市文物管理所：《简阳市平泉坝遗址调查简报》，《成都考古发现》（2017），科学出版社，2019年，第276～288页。

　　⑭ 黄晓枫：《四川邛崃邛窑什邡堂遗址》，《2006中国重要考古发现》，文物出版社，2007年，第145～150页；成都文物考古研究所、北京大学考古文博学院、邛崃市文物保护管理所：《四川省邛崃市大渔村窑址调查报告》，《成都考古发现》（2005），科学出版社，2007年，第308～336页；成都文物考古研究所、邛崃市文物局：《邛崃市尖山子窑址2013年调查简报》，《成都考古发现》（2012），科学出版社，2014年，第403～419页。

　　⑮ 市考古队：《成都市一九九七年田野考古概述》，《成都文物》1998年第1期。

琉璃厂窑①、崇州天福窑②等的调查发掘工作。2006年，国务院将四川邛崃的十方堂窑址、瓦窑山窑址和大渔村窑址合并，以"邛窑遗址"为名称将其公布为国家重点文物保护单位。唐宋时期墓葬遗存重要发现有通锦路净众寺隋墓③、红色村唐代王怀珍墓④、金沙村唐代鲜腾墓⑤、龙泉驿区后蜀赵廷隐墓⑥、青白江区艾切斯工地唐宋墓群⑦、邛崃羊安工业区唐五代墓群⑧、成华区成华广场宋墓⑨、金牛区任家碾M4⑩、青龙乡海滨村宋墓⑪、青龙乡石岭村宋墓⑫、武侯区川音大厦墓地⑬等。

明清时期重要遗存有天府广场明蜀王府三川社稷坛基址⑭、东华门明蜀王府建筑群⑮、锦江区宾隆街明蜀王府宫殿遗址⑯、青羊区江汉路明代蜀藩府邸遗址⑰、东丁字街明代官府衙署建筑遗址⑱、彭

① 成都文物考古研究所：《成都市琉璃厂古窑址2010年试掘报告》，《成都考古发现》（2010），科学出版社，2012年，第352～395页。

② 成都文物考古研究所、崇州市文物管理所：《四川崇州公议镇天福窑址考古调查简报》，《成都考古发现》（2008），科学出版社，2010年，第436～454页。

③ 成都文物考古研究院：《成都市通锦路遗址隋唐至明代墓葬清理简报》，《成都考古发现》（2015），科学出版社，2017年，第642～681页。

④ 成都文物考古研究所：《成都市西郊红色村唐代王怀珍墓》，《成都考古发现》（2005），科学出版社，2007年，第301～307页。

⑤ 成都文物考古研究所：《成都市金沙村唐墓发掘简报》，《成都考古发现）（2004），科学出版社，2006年，第312～322页。

⑥ 王毅、谢涛、龚扬民：《四川后蜀宋王赵廷隐墓发掘记》，《中国社会科学报》2011年5月26日第8版。

⑦ 成都文物考古研究所、青白江区文物保护管理所：《成都青白江区艾切斯工地唐、宋墓葬发掘简报》，《成都考古发现》（2006），科学出版社，2008年，第228～251页。

⑧ 成都文物考古研究所、邛崃文化局：《成都邛崃羊安工业区墓群唐宋墓发掘简报》，《成都考古发现》（2009），科学出版社，2011年，第515～525页。

⑨ 成都文物考古研究院：《成都市成华区成华广场宋墓发掘简报》，《成都考古发现》（2015），科学出版社，2017年，第694～714页。

⑩ 成都文物考古研究院：《成都市金牛区任家碾墓地M4发掘简报》，《成都考古发现》（2015），科学出版社，2017年，第682～693页。

⑪ 成都市文物考古研究所：《成都市青龙乡海滨村墓葬发掘简报》，《成都考古发现》（2003），科学出版社，2005年，第266～307页。

⑫ 成都市文物考古研究所：《成都市青龙乡石岭村宋墓发掘简报》，《成都考古发现》（2003），科学出版社，2005年，第397～417页。

⑬ 成都文物考古研究院：《成都市武侯区川音大厦工地唐宋墓葬发掘简报》，《成都考古发现》（2015），科学出版社，2017年，第591～641页。

⑭ 成都文物考古研究所：《成都市博物馆新址发掘简报》，《成都考古发现》（2009），科学出版社，2011年，第329～416页。

⑮ 成都市文物考古研究所：《成都市东华门古遗址2013～2014年度发掘收获》，《成都文物》2015年第1期。

⑯ 成都文物考古研究院：《成都市锦江区宾隆街古遗址发掘简报》，《成都考古发现》（2016），科学出版社，2018年，第268～318页。

⑰ 成都文物考古研究所：《成都市江汉路古遗址发掘简报》，《成都考古发现》（2014），科学出版社，2016年，第389～419页。

⑱ 成都文物考古研究所：《成都市东丁字街古遗址发掘简报》，《成都考古发现》（2014），科学出版社，2016年，第321～388页。

州清代曾文辅神道碑①、蒲江唐宋至明清时期冶铁遗址②、清代万福楼建筑遗址③等。明清时期重要墓葬遗存有三圣乡明蜀怀王（朱申鈘）及妃子陵④、金牛区凤凰山明蜀献王正妃蓝妃墓⑤，该期还对双流县黄龙溪镇皇坟村、大河村、川江村的明蜀藩王墓进行了调查⑥。重要宦官墓有永丰乡明代宦官墓群⑦、五块石明代宦官墓群⑧、新北小区明代宦官墓群⑨、营门口乡明代宦官墓群⑩、琉璃乡明代宦官墓群⑪、五大花园明代宦官墓群⑫、金像寺明代宦官墓群⑬、成龙街道明代宦官墓群⑭等。其他重要明墓有温江区万春镇明弘治五年墓⑮、温江区明正德间赵氏家族墓⑯、邛崃羊安镇明墓群⑰、高新区双柏村明墓群⑱等。

① 成都文物考古研究所、彭州市文物保护管理所：《彭州市濛阳镇出土曾文辅碑》，《成都考古发现》（2011），科学出版社，2013年，第595～597页。

② 成都文物考古研究所、蒲江文物管理所：《2007年蒲江冶铁遗址调查试掘简报》，《成都考古发现》（2006），科学出版社，2008年，第209～227页；成都文物考古研究所、日本爱媛大学东亚古铁研究中心、蒲江县文物管理所等：《2007年度蒲江县铁牛村冶铁遗址发掘简报》，《成都考古发现》（2009），科学出版社，2011年，第302～328页。

③ 成都市文物考古研究所：《成都市2004年田野考古工作述要》，《成都文物》2005年第1期。

④ 成都文物考古研究所：《成都市三圣乡明蜀"怀王"墓》，《成都考古发现》（2005），科学出版社，2007年，第382～428页。

⑤ 成都文物考古研究所、金牛区文物管理所：《成都凤凰山明蜀王妃墓》，《成都考古发现》（2008），科学出版社，2010年，第489～495页。

⑥ 成都文物考古研究所、双流县文物管理所：《双流县黄龙溪镇明蜀藩王墓调查与试掘报告》，《成都考古发现》（2011），科学出版社，2013年，第521～561页。

⑦ 成都市文物考古研究所：《成都市红牌楼明蜀太监墓群发掘简报》，《成都考古发现》（2003），科学出版社，2005年，第426～488页。

⑧ 成都市文物考古研究所：《成都市2003年田野考古工作述要》，《成都文物》2004年第1期。

⑨ 成都文物考古研究所：《成都"新北小区四期"明代太监墓群发掘简报》，《成都考古发现》（2016），科学出版社，2018年，第335～351页。

⑩ 何一民、王苹主编：《成都历史文化大辞典》，社会科学文献出版社，2018年，第935页。

⑪ 市考古队：《成都市2005年田野考古工作纪要》，《成都文物》2006年第1期。

⑫ 成都文物考古研究所：《成都武侯区"沙竹苑"明代太监墓发掘简报》，《成都考古发现》（2007），科学出版社，2009年，第593～607页。

⑬ 何一民、王苹主编：《成都历史文化大辞典》，社会科学文献出版社，2018年，第935页。

⑭ 向导、谢涛：《成都市锦江区农科院科研楼汉代及明代墓地》，《中国考古学年鉴2017》，中国社会科学出版社，2018年，第410页。

⑮ 成都文物考古研究所、温江区文物保护管理所：《成都市温江区万春镇明墓发掘简报》，《成都考古发现》（2005），科学出版社，2007年，第429～439页。

⑯ 成都文物考古研究所、温江区文物保护管理所：《成都市温江区中粮包装厂明墓发掘简报》，《成都考古发现》（2005），科学出版社，2007年，第440～457页。

⑰ 成都文物考古研究所、邛崃市文物局：《邛崃市羊安区工业区明墓发掘简报》，《成都考古发现》（2011），科学出版社，2013年，第569～594页；成都文物考古研究所、邛崃市文物局：《四川邛崃市羊安墓群24号点宋明墓发掘简报》，《成都考古发现》（2010），科学出版社，2012年，第598～612页。

⑱ 成都文物考古研究所：《成都市高新西区双柏村宋、明墓发掘简报》，《成都考古发现》（2013），科学出版社，2015年，第605～643页。

佛教考古重要发现有下同仁路造像坑[①]、邛崃龙兴寺遗址[②]、通锦路唐、五代园林遗址（净众寺、万佛寺）[③]、实业街实业寺院遗址（福感寺）[④]、蒲江大悲寺[⑤]、蒲江大梵寺[⑥]等，其中通锦路唐、五代园林遗址被评为2015年度中国重要考古发现。摩崖造像系统调查继续开展，重要的有大邑药师岩[⑦]、新津老虎山明代造像[⑧]、蒲江看灯山[⑨]等。此外，还与北京大学考古文博学院、地方文物管理研究所联合对成都市区以外的安岳县、中江县、仁寿县等地石窟进行了全面的考古调查。

古建考古方面，2004年成都文物考古研究所古建部正式成立，并积极参与到全国第三次文物普查及2008年汶川地震灾后重建项目中。该期开展的重要古建调查工作有青白江区明教寺觉皇殿[⑩]、盐亭花林寺大殿[⑪]、蓬溪金仙寺藏殿[⑫]等。参与编制《雅安观音阁修缮设计方案》《水井坊文物建筑维修保护设计方案》等。

三、成都考古人在成都地区以外的重要考古工作

（1）川西北地区：在岷江上游地区继续开展茂县营盘山遗址[⑬]、白水寨遗址[⑭]、沙乌都遗址[⑮]、波西遗址[⑯]等的调查试掘工作，新发现黑水河流域遗址群。其中，茂县营盘山遗址获2003年度中国重要考古发现，并于2006年被纳入全国重点文物保护单位。大渡河上游地区继续开展系统性调查，

---

① 成都文物考古研究所：《成都市下同仁路遗址南朝至唐代佛教造像坑》，《考古》2016年第6期；成都文物考古研究院：《成都下同仁路——佛教造像坑及城市生活遗址发掘报告》，文物出版社，2017年。

② 成都文物考古研究所、邛崃市文物局：《邛崃龙兴寺遗址考古勘探、发掘简报》，《成都考古发现》（2005），科学出版社，2007年，第486～502页。

③ 易立、张雪芬、江滔：《四川成都通锦路唐、五代园林建筑址》，《2015中国重要考古发现》，文物出版社，2016年，第132～135页。

④ 资料现存于成都文物考古研究院。

⑤ 成都文物考古研究所、蒲江县文物保护管理所：《蒲江大悲寺莲池发掘简报》，《成都文物》2006年第4期。

⑥ 成都文物考古研究所、蒲江县文物保护管理所：《蒲江大梵寺遗址发掘简报》，《成都文物》2007年第2期。

⑦ 成都市文化局（市文物局）、成都市文物管理办公室、成都文物考古研究所等：《四川大邑县药师岩石窟寺和摩崖造像考古报告》，四川科学技术出版社，2014年。

⑧ 成都文物考古研究院：《新津县老虎山摩崖造像调查简报》，《成都考古发现》（2015），科学出版社，2017年，第742～748页。

⑨ 龙腾、夏晖：《蒲江看灯山摩崖造像考察》，《成都文物》2005年第1期。

⑩ 成都文物考古研究所：《成都市青白江区明教寺觉皇殿调查报告》，《四川文物》2011年第5期。

⑪ 蔡宇琨、赵元祥、张宇：《四川盐亭新发现的元代建筑花林寺大殿》，《文物》2017年第11期。

⑫ 赖西蓉：《四川蓬溪县新发现元代建筑金仙寺》，《四川文物》2012年第5期；汤诗伟、蔡宇琨、张宇：《四川蓬溪县金仙寺藏殿建筑尺寸探讨》，《四川文物》2018年第6期。

⑬ 成都文物考古研究院、阿坝藏族羌族自治州文物管理所、茂县羌族博物馆：《茂县营盘山新石器时代遗址》，文物出版社，2018年。

⑭ 成都文物考古研究所、阿坝藏族羌族自治州文物管理所、茂县羌族博物馆：《四川茂县白水寨和沙乌都遗址2006年调查简报》，《成都考古发现》（2006），科学出版社，2008年，第15～30页。

⑮ 成都文物考古研究所、阿坝藏族羌族自治州文物管理所、茂县羌族博物馆：《四川茂县白水寨和沙乌都遗址2006年调查简报》，《成都考古发现》（2006），科学出版社，2008年，第15～30页。

⑯ 成都文物考古研究所、阿坝藏族羌族自治州文物管理所、茂县羌族博物馆：《四川茂县波西遗址2008年的调查》，《成都考古发现》（2008），科学出版社，2010年，第1～24页。

并对其中的重要遗址如哈休遗址[①]、石达秋遗址[②]等进行了试掘。新发现壤塘县新石器至秦汉时期遗址群[③]、九龙县查尔村石棺葬墓地[④]等遗存。

（2）川西南地区：对2001年安宁河流域调查中发现的重要遗址如西昌大兴横栏山[⑤]、咪咪啷[⑥]、楼木沟[⑦]、马鞍山[⑧]、营盘山[⑨]等遗址进行了发掘。该期除继续开展安宁河流域系统调查外，还对喜德县孙水河流域、越西县越西河流域、会理县金沙江流域、泸沽湖周边、盐源盆地展开系统调查，并对在调查中新发现的汪家坪遗址[⑩]、董家坡遗址[⑪]、赵家湾遗址[⑫]、高坡遗址[⑬]、沙坪站遗址[⑭]、东咀遗址[⑮]、雷家山墓地[⑯]、郭家堡墓地[⑰]、饶家地遗址[⑱]、皈家堡遗

① 阿坝藏族羌族自治州文物管理所、四川省文物考古研究院、成都文物考古研究所：《四川马尔康县哈休遗址2003、2005年调查简报》，《成都考古发现》（2006），科学出版社，2008年，第1～15页；阿坝藏族羌族自治州文物管理所、成都文物考古研究所、马尔康县文化体育局：《四川马尔康县哈休遗址2006年的试掘》，《南方民族考古》第六辑，科学出版社，2010年，第295～373页。

② 阿坝藏族羌族自治州文物管理所、成都文物考古研究院、马尔康县文化体育局：《马尔康县石达秋遗址试掘报告》，《成都考古发现》（2015），科学出版社，2017年，第466～506页。

③ 资料现存于成都文物考古研究院。

④ 成都文物考古研究所、甘孜藏族自治州文物局、九龙县旅游文化局：《四川九龙县查尔村石棺葬墓地发掘简报》，《成都考古发现》（2006），科学出版社，2008年，第63～66页。

⑤ 成都文物考古研究所、凉山彝族自治州博物馆、西昌市文物管理所：《四川西昌市大兴横栏山遗址调查试掘简报》，《成都考古发现》（2004），科学出版社，2006年，第20～38页。

⑥ 凉山彝族自治州博物馆、成都文物考古研究所、西昌市文物管理所：《四川西昌市咪咪啷遗址调查试掘简报》，《成都考古发现》（2004），科学出版社，2006年，第39～52页。

⑦ 成都文物考古研究所、凉山州博物馆、西昌市文物管理所：《四川西昌市楼木沟遗址2006年度试掘简报》，《成都考古发现》（2006），科学出版社，2008年，第67～92页。

⑧ 成都文物考古研究所、凉山彝族自治州博物馆、西昌市文物管理所：《四川西昌市经久乡马鞍山遗址调查试掘简报》，《成都考古发现》（2005），科学出版社，2007年，第88～113页。

⑨ 成都文物考古研究所、凉山彝族自治州博物馆、西昌市文物管理所：《四川西昌市营盘山遗址发掘简报》，《成都考古发现》（2005），科学出版社，2007年，第62～87页。

⑩ 成都文物考古研究所、凉山州博物馆、德昌县文管所：《四川凉山州德昌县汪家坪遗址调查简报》，《成都考古发现》（2007），科学出版社，2009年，第215～228页。

⑪ 成都文物考古研究所、凉山彝族自治州博物馆、德昌县文物管理所：《2010年德昌县董家坡遗址发掘简报》，《成都考古发现》（2010），科学出版社，2012年，第316～350页。

⑫ 成都文物考古研究所、凉山州博物馆、冕宁县文物管理所：《2010年四川省冕宁县赵家湾遗址调查简报》，《成都考古发现》（2009），科学出版社，2011年，第280～287页。

⑬ 成都文物考古研究所、凉山彝族自治州博物馆、冕宁县文物管理所：《2010年凉山彝族自治州冕宁县高坡遗址调查简报》，《成都考古发现》（2010），科学出版社，2012年，第303～315页。

⑭ 资料现存于成都文物考古研究院。

⑮ 成都文物考古研究所、凉山州博物馆、会理县文物管理所：《2006年度四川会理县东咀遗址发掘简报》，《成都考古发现》（2006），科学出版社，2008年，第93～112页。

⑯ 成都文物考古研究所、凉山彝族自治州博物馆、会理县文物管理所：《2012年会理县饶家地遗址发掘报告》，《成都考古发现》（2015），科学出版社，2017年，第53～90页。

⑰ 资料现存于成都文物考古研究院。

⑱ 成都文物考古研究所、凉山州博物馆、会理县文物管理所：《2006年度四川会理县东咀遗址发掘简报》，《成都考古发现》（2006），科学出版社，2008年，第93～112页。

址①等遗存进行了试掘。该期为配合"中国古代盐业考古"（国家文物局指南针计划项目之一）课题的开展，对盐源地区盐业遗存进行了考古调查。

（3）川中南地区：对岷江中游（眉山地区）、青衣江流域（雅安地区）进行考古调查，并对其中的重要遗址如武阳古城②、王华遗址③等进行了重点复查。该期武阳古城被公布为四川省文物保护单位。

（4）长江中游地区：为配合南水北调中线工程（湖北省丹江口区域）的建设工作，对十堰市斜窝河遗址④、丹江口潘家岭墓地⑤和万家沟墓地⑥等遗存进行了考古发掘工作。

（5）云贵地区：主持或参与发掘的重要遗址有耿马石佛洞遗址⑦、贵阳市贵安新区招果洞遗址⑧等，其中招果洞遗址获得2020年度全国十大考古新发现。

（6）青藏地区：参与青海民和喇家遗址的发掘。为配合"三江源地区青海玉树藏族自治州古墓群考古与文物保护"项目的开展，对青海玉树地区进行系统调查，并对重要遗址如普卡贡玛石棺墓群进行发掘。参与西藏林芝地区的考古调查工作。

四、科技考古工作

科技考古工作日益受到重视，2014年成立科技考古中心，设立动物考古、植物考古、冶金考古、空间信息考古、环境考古五个实验室，并大量引进自然科学手段，加强与中国社会科学院考古研究所、四川大学等之间的合作，促使成都考古在多学科综合研究中取得了长足进步⑨。

动、植物考古方面，浮选法开始在田野考古中应用并推广开来，对前期金沙遗址采样的土壤样品开展了有序的浮选和鉴定工作。木材鉴定用于复原古环境的工作也开始逐步推进。学者开始结合

---

① 成都文物考古研究所、凉山彝族自治州博物馆、盐源县文物管理所：《盐源县皈家堡遗址2015年度调查试掘简报》，《成都考古发现》（2015），科学出版社，2017年，第18～52页。

② 成都文物考古研究所、眉山市文物局、彭山县文物管理所：《彭山县汉晋武阳城遗址调查简报》，《成都考古发现》（2013），科学出版社，2015年，第338～345页。

③ 成都文物考古研究所、眉山市文物局、洪雅县文物管理所：《洪雅县王华遗址调查简报》，《成都考古发现》（2012），科学出版社，2014年，第388～402页。

④ 成都文物考古研究所：《湖北省十堰市斜窝河遗址发掘简报》，《湖北南水北调工程考古报告集》第一卷，科学出版社，2013年，第386～406页。

⑤ 湖北省文物局、湖北省移民局、南水北调中线水源责任公司：《丹江口潘家岭墓地》，科学出版社，2013年。

⑥ 报告撰写完成，待出版。

⑦ 云南省文物考古研究所、中国社会科学院考古研究所、成都文物考古研究所等：《耿马石佛洞》，文物出版社，2010年。

⑧ 张兴龙、吕红亮、何锟宇：《揭示旧石器时代晚期穴居人群的行为和生存策略》，《中国文物报》2021年4月2日第8版。

⑨ 闫雪、王树芝、姜铭等：《2013～2014年度宝墩遗址出土木炭遗存的初步研究》，《南方民族考古》第十三辑，科学出版社，2017年，第311～328页；姜铭、玳玉、何锟宇等：《新津宝墩遗址2009年度考古试掘浮选结果分析简报》，《成都考古发现》（2009），科学出版社，2011年，第68～82页；北京大学考古文博学院、成都文物考古研究所：《新津县宝墩遗址2010～2011年出土植物遗存分析报告》，《成都考古发现》（2013），科学出版社，2015年，第66～87页；成都文物考古研究所：《新津县宝墩遗址2013～2014年出土植物遗存分析报告》，《成都考古发现》（2013），科学出版社，2015年，第88～103页；陈涛、江章华、何锟宇等：《四川新津宝墩遗址的植硅体分析》，《人类学学报》2015年第2期。

环境研究的相关成果，对十二桥文化时期生业形态进行探讨[①]。

空间考古方面，引进专业测绘人员，尝试并推广新的技术手段如物探、GIS、遥感影像、无人机航拍等。

环境考古方面，地球化学、孢粉分析、磁化率分析、粒度分析等古环境分析方法开始大量运用到环境考古研究中，用以探讨成都平原全新世气候与古蜀文明的发展关系[②]。本阶段开始在宝墩遗址、红桥村遗址、三星村遗址等开展系统环境考古采样工作，用以研究微观古环境对聚落布局及生业模式的影响[③]。在金沙遗址全新世时期地层中发现了震积岩[④]，开始引发地震对于古蜀文明的变迁影响的讨论[⑤]。

冶金考古方面，该期与日本爱媛大学、四川大学考古学系等联合开展的考古工作，对邛崃、蒲江等地冶铁遗址进行了系统调查和试掘工作[⑥]，推动了成都冶金考古的迅速发展。该期发掘的重要冶铁遗址有邛崃铁屎坝[⑦]、蒲江古石山[⑧]、蒲江铁牛村[⑨]、蒲江许鞋匾[⑩]等，其他零星发现的重要冶铁遗址还有大邑新场镇宋代炼铁熔炉[⑪]等。成都考古人的足迹还深入川西南地区，重要发现有西昌东

① 刘建：《成都金沙遗址脊椎动物及古环境研究》，成都理工大学硕士学位论文，2004 年；何锟宇：《十二桥遗址出土动物骨骼及其相关问题研究》，《四川文物》2007 年第 4 期；Chen N, Li J, Liu L, et al., Post-earthquake denudation and its impacts on ancient civilizations in the Chengdu Longmenshan region, China, *Geomorphology*, Vol. 309(2018), pp. 51-59.

② 罗丽萍、朱利东、杨文光等：《成都平原 4 ka 以来地层磁化率特征及气候变化意义》，《成都理工大学学报》（自然科学版）2007 年第 3 期；罗丽萍、朱利东、向芳等：《成都平原 4000 a BP 以来的孢粉记录与环境变化》，《古生物学报》2008 年第 2 期；陈碧辉、李巨初、李奎等：《成都金沙古人类遗址亚粘土层的元素特征及其环境意义》，《成都理工大学学报》（自然科学版）2003 年第 6 期；罗虹、朱利东、张擎等：《成都平原 4 ka BP 以来黏土矿物记录的古气候变化》，《海洋地质与第四纪地质》2007 年第 4 期；文星跃、曾娜、黄成敏等：《成都金沙遗址沉积物微量元素特征及环境意义》，《西南大学学报》（自然科学版）2011 年第 8 期；付顺：《古蜀区域环境演变与古蜀文化关系研究》，成都理工大学博士学位论文，2006 年；黄明：《新津宝墩遗址古地理变迁的初步研究》，成都理工大学硕士学位论文，2013 年。

③ 黄明：《新津宝墩遗址古地理变迁的初步研究》，成都理工大学硕士学位论文，2013 年。

④ 何碧、朱利东、杨文光等：《成都金沙遗址区全新统震积岩的发现及其地质意义》，《沉积与特提斯地质》2016 年第 1 期。

⑤ 范念念、吴保生、刘乐：《地震导致河流改道与古蜀文明的变迁》，《山地学报》2010 年第 4 期。

⑥ 邛崃十方堂邛窑遗址冶铁实验考古临展厅资料。

⑦ 成都文物考古研究所、邛崃市文物保护管理所：《邛崃市平乐镇冶铁遗址调查与试掘简报》，《成都考古发现》（2005），科学出版社，2007 年，第 365～381 页。

⑧ 成都文物考古研究所、蒲江文物管理所：《2007 年蒲江冶铁遗址调查试掘简报》，《成都考古发现》（2006），科学出版社，2008 年，第 209～227 页。

⑨ 成都文物考古研究所、蒲江文物管理所：《2007 年蒲江冶铁遗址调查试掘简报》，《成都考古发现》（2006），科学出版社，2008 年，第 209～227 页；成都文物考古研究所、日本爱媛大学东亚古铁研究中心、蒲江县文物管理所等：《2007 年度蒲江县铁牛村冶铁遗址发掘简报》，《成都考古发现》（2009），科学出版社，2011 年，第 302～328 页。

⑩ 成都文物考古研究所、蒲江文物管理所：《2007 年蒲江冶铁遗址调查试掘简报》，《成都考古发现》（2006），科学出版社，2008 年，第 209～227 页。

⑪ 成都文物考古研究所、大邑县文物管理所：《四川大邑县新场石虎村唐宋遗址试掘简报》，《成都考古发现》（2009），科学出版社，2011 年，第 417～454 页。

坪冶炼遗址[①]、会理浑水塘炼铜遗址[②]等。金沙遗址出土青铜器[③]的科技分析工作也在有序开展中。

五、文 物 保 护

（一）不可移动文物保护

该期被列入全国重点文物保护单位的遗存情况：金沙遗址、望江楼古建筑群、孟知祥墓、洛带会馆建筑群、领报修院、彭州佛塔、邛崃石窟、瑞光塔、蒲江石窟、圣德寺塔于2006年被公布为全国重点文物保护单位；江南馆街街坊遗址、平安桥天主教堂、四川大学早期建筑、北周文王碑、寿安陈家大院、玉堂窑址、灵岩寺及千佛塔、灌口城隍庙、奎光塔、青城山古建筑群、茶马古道（都江堰段、邛崃段、蒲江段）于2013年被公布为全国重点文物保护单位。其中，金沙遗址还被列入"十一五"期间100处国家重点保护大遗址、中国申报世界文化遗产预备名录，并于2010年进入我国第一批国家考古遗址公园名单。

该期开展了对明蜀王陵、锦江区青莲上街古城墙等的保护维修工程、都江堰宋瓷窑址搬迁保护工程以及成汉墓复原保护工程等项目。通过了金沙遗址、武侯祠、杜甫草堂、永陵、明蜀王陵墓群、成都水井街酒坊遗址、邛窑遗址、邛崃龙兴寺遗址、邛崃石窟、蒲江石窟等国家级、省级文物保护单位保护规划。

2007年成都市开展第三次不可移动文物普查工作，截至2010年成都市普查文物点总计9371处（其中新发现6795处、复查1464处、消1112处），调查发现总量位居四川省之首[④]。第三次不可移动文物普查工作的开展促进了基层的文物保护工作，建立了四川省内各类不可移动文物古迹点的数据库。

2008年，受5·12汶川大地震影响，成都市不可移动文物损毁严重，中央和地方政府高度重视文物的灾后修复、重建工作，截至2011年4月底，四川、甘肃、陕西三省列入国家《汶川地震灾后恢复重建公共服务设施建设专项规划》的294个灾后文化遗产抢救保护项目中，完成项目237项，完成率为80.6%，基本完成了中央提出的"用三年左右时间完成恢复重建的主要任务"的目标。

2010年启动的大遗址保护成都片区也是本期考古工作的重要内容。2010年11月17日，签署共建大遗址保护成都片区框架协议，大遗址保护包括成都平原史前城址群、古蜀文化遗址群、宋元遗址群、古窑址群、大型墓葬群、酒坊遗址6类24处35个遗址点。2011年，大遗址保护成都片区被纳入国家文物博物馆事业发展"十二五"规划。2013年，成都市在全国率先颁布实施针对大遗址

---

① 严弼宸、刘思然、李延祥等：《四川西昌东坪遗址炉渣分析与冶炼技术研究》，《中国文物科学研究》2018年第2期。

② 成都文物考古研究所、会理县文物管理所、四川大学考古系等：《2009年度会理县新发乡考古调查简报》，《成都考古发现》（2008），科学出版社，2010年，第213～230页。

③ 肖璘、杨军昌、韩汝玢：《成都金沙遗址出土金属器的实验分析与研究》，《文物》2004年第4期；金正耀、朱炳泉、常向阳等：《成都金沙遗址铜器研究》，《文物》2004年第7期；魏国峰、毛振伟、秦颖等：《金沙遗址出土铜片的加工工艺研究》，《有色金属》2007年第1期；向芳、蒋镇东、张擎：《成都金沙遗址青铜器的化学特征及矿质来源》，《地球科学与环境学报》2010年第32卷第2期。

④ 四川省第三次全国文物普查领导小组办公室：《四川省第三次全国文物普查重要新发现》，四川文艺出版社，2012年。

保护的综合性管理办法——《成都市大遗址保护管理办法》，并在此框架下制定《王建墓保护规划》《水井街酒坊遗址保护规划》《邛窑遗址保护规划》等遗址的专项保护规划。2016年，《邛窑遗址保护规划》荣获首届中国考古学大会"考古资产保护金尊奖"。

成都考古人参与的成都地区以外的文物保护工作，包括中德合作文物保护科技项目之"安岳石窟"的文物保护工作。

（二）可移动文物保护

随着设备的增加及人才的大量引进，化保室逐渐成长为文物保护与修复中心，并先后与日本京都造型艺术大学、日本吉田生物研究所、法国卢浮宫文物保护中心（C2RMF）及中国社会科学院考古研究所、上海博物馆、龙门石窟研究院、荆州文物保护中心、北京科技大学、成都理工大学等多家国内外大学与科研机构开展交流合作。该期继续开展金沙遗址[①]、商业街船棺[②]出土珍贵器物的保护、检测分析工作，并将经验和新技术应用到老官山汉墓群出土竹木漆器及简牍[③]等珍贵文物的保护中，建立起了出土木漆器保护国家文物局重点科研基地成都工作站。其他重要文保科研工作还有2008年地震受损文物修复、成都博物馆馆藏文物修复、巴蜀青铜器的系统检测分析[④]、五代后蜀赵廷隐墓壁画保护、天府广场出土石犀保护、邛崃羊安汉墓M39出土铜车马修复等。

六、重要学术会议、课题及获得奖励

为增进学术交流，提升学术水平，扩展学术视野，成都文物考古研究所自2010年开始，不定期举办学术沙龙活动40余场。2014年开始，与四川大学合作开展冯汉骥系列学术讲座共计80余场。2017年开始，每年举办年度考古汇报会，对本年度重要发掘、研究成果进行汇报。这些学术讲座极大地促进了同行之间交流互动，提升了成都地区考古工作及研究的水准，促进了考古学术事业的繁荣发展。

该期成都文物考古研究所参与举办的其他重要会议有：2004年4月22～24日，"长江上游地区文明化进程学术研讨会"。2005年4月9、10日，"青藏高原东麓史前考古学术研讨会暨第二届西部考古协作会"。2006年5月20日，第三届"中国古代玉器与传统文化研讨会"。2008年3月30日，"文化遗产保护与考古学论坛"。2009年2月9～13日，"中日文化遗产地震对策研讨会"。2009年7月22～25日，"藏彝羌走廊暨中国西部石棺葬文化研讨会"。2010年11月18、19日，国家文物局大遗址保护会议暨首批国家考古遗址公园授牌仪式。2011年5月，全国文物系统5·12汶川特大地震灾后抢救保护工作总结大会在成都召开。2012年12月8、9日，"四川盆地及中国古代早期冶铁与中国古代社会"国际学术研讨会。2013年9月14～16日，"国家考古遗址公园创新发展学术研讨会暨第三届联席会议"。2015年3月10～12日，"南方丝绸之路学术研讨会"。2016年10月

---

① 成都文物考古研究所、成都金沙遗址博物馆编：《金沙遗址考古资料集》（三），科学出版社，2016年，第3～44页。

② 《成都商业街船棺葬竹木漆器保护修复方案》文物博函〔2011〕790号。

③ 《四川省成都天回镇汉墓群出土竹木漆器和简牍保护修复方案》，文物博函〔2013〕730号；罗群：《成都老官山汉墓出土织机复原研究》，《文物保护与考古科学》2017年第29卷第5期。

④ 姚智辉：《晚期巴蜀青铜器技术研究及兵器斑纹工艺探讨》，科学出版社，2006年；白玉龙、王宁、肖璘：《成都商业街船棺葬出土青铜器的初步检测分析》，《成都商业街船棺葬》，文物出版社，2009年，第71页。

22～25 日，"中国古都学研究高峰论坛"和"中国古都学会第七届会员代表大会暨成都古都文化学术研讨会"。

该阶段成都文物考古研究所主持或参与立项的国家级课题共计 9 项，其中国家社科基金重大项目有"金沙遗址祭祀区考古发掘研究报告""西南唐宋石窟寺遗存的考古调查"；国家社科基金一般项目有"西藏史前时期农业的植物考古学研究"；国家社科基金西部项目有"长江上游古文化与中国文明的起源——从宝墩文化、三星堆文化到金沙遗址""长江流域礼乐文明的起源和发展——从成组（成批）玉石璧的性能和功能研究入手"；国家社科基金青年项目有"成都平原宝墩文化时期的聚落与环境研究"；国家自然科学基金面上项目有"四川三星堆文明消失和金沙文明兴起成因的环境考古研究"；国家自然科学基金青年项目"常态下出土木材干缩湿胀经时演变及其影响机制""金沙土遗址劣化过程中微生物群落结构演替研究"。

成都文物考古研究所主持或参与的省部级课题共计 27 项，其中中华人民共和国科学技术部"十五"国家科技攻关计划"文物保护关键技术研究"子课题有"高新技术在文化遗存保护中的应用研究""高新技术在古环境及其与古蜀文化关系研究中的应用"；中华人民共和国科学技术部国家科技支撑计划"中华文明探源及其相关文物保护技术研究"子课题有"出土灰化纺织物保护关键技术研究""出土有机质文物现场提取技术研究与应用示范""中华文明起源过程中区域聚落与居民研究"；中华人民共和国科学技术部国家科技支撑计划"文化遗产保护关键技术研究"重点项目有"铁质文物综合保护技术研究"；国家文物局文化遗产保护学和技术研究课题有"巴蜀带斑纹青铜兵器的锈蚀机理及表面工艺研究""成都——中国皮影博物馆馆藏皮影文物的保护研究""三江源地区青海玉树藏族自治州古墓群考古与文物保护项目""四川省石刻佛经的考古调查与研究""城市中大遗址保护与利用的探索及实践——以金沙国家考古遗址公园为例""潮湿地区古代墓葬中丝织品保存状况的预判研究"；国家文物局"指南针计划——中国古代发明创造的价值挖掘与展示"专项课题有"中国古代水利工程遗产科学价值挖掘研究与展示""中国古代酿酒技术的价值挖掘与展示研究""中国古代发明创造门户网站""汉代提花技术复原研究与展示——以成都老官山汉墓出土织机为例"；教育部人文社会科学重大项目普通高等学校人文社会科学重点研究基地北京大学中国考古学研究中心基地重大项目有"滇东黔西的青铜文化"；教育部省属高校人文社会科学重点研究基地四川师范大学巴蜀文化研究中心重点资助项目有"四川地区宋代瓷器的生产与销售""夜郎考古的发现与研究""岷江上游石棺葬的发现与研究""四川地区西汉土坑墓研究""四川地区 11—13 世纪青铜器研究""绵阳地区隋唐佛教造像的调查与研究""四川早期道教遗物的新发现与研究""四川漆器的早期发展概述""巴蜀考古研究要览"；四川省科技支撑项目有"金沙出土石磬铜铃玉石璧音乐声学性能及考古学综合研究"。

该阶段成都文物考古研究所获得的省部级奖励的研究成果共计 12 项：《巴蜀佛教碑文集成》，2004 年获四川省第十一次哲学社会科学优秀成果二等奖；《四川彭州宋代金银器窖藏》[①]《四川茂县营盘山遗址试掘报告》，2004 年获四川省第十一次哲学社会科学优秀成果三等奖。《采用 PEG（聚乙二醇）复合液脱水加固定型出土饱水木构件》，2005 年获湖北省人民政府科学进步奖三等奖。《泸县宋墓》[②]《试论鄂西地区商周时期考古学文化的变迁——兼谈早期巴文化》，2006 年获四川省第十二次哲学社会科学优秀成果三等奖。《渝东地区商周时期考古学文化研究》，2008 年获四川省第

---

① 该报告还于 2004 年获成都市第七次哲学社会科学优秀科研成果一等奖。

② 该报告还于 2006 年获成都市第八次哲学社会科学优秀科研成果二等奖。

十三次哲学社会科学优秀成果三等奖。《金沙遗址的初步分析》《四川马尔康县哈休遗址 2006 年的试掘》[①]，2012 年获四川省第十五次哲学社会科学优秀成果三等奖。《四川地区西汉土坑墓》[②]《遂宁金鱼村南宋窖藏》[③]《水井街酒坊遗址发掘报告》[④]，2014 年获四川省第十六次社会科学优秀成果三等奖。获得市级奖励的研究成果共计 22 项：《长江上游的巴蜀文化》《试论鄂西地区商周时期考古学文化的变迁——兼谈早期巴文化》《大渡河中游先秦考古学文化的分期及相关问题》，2006 年获成都市第八次哲学社会科学优秀科研成果二等奖。《渝东地区商周时期考古学文化研究》，2008 年获成都市第九次哲学社会科学优秀科研成果二等奖；《巴中石窟内容总录》《浅议滇东黔西地区与巴蜀的关系》《试论四川盆地的秦人墓》《川西彩陶的发现与初步研究》，2008 年获成都市第九次哲学社会科学优秀科研成果三等奖。《龙门山地区史前遗址分布的地质学观察——"5·12"大地震对四川省史前考古的几点启示》《巴中石窟研究》，2013 年获成都市第十次社会科学优秀成果二等奖；《试论十二桥文化的生业方式》《再论温江鱼凫村遗址第三期文化遗存的性质》《金沙遗址的初步分析》《金沙遗址聚落形态的初步认识》，2013 年获成都市第十次社会科学优秀成果三等奖。《成都出土历代墓铭券文图录综释》，2014 年获成都市第十一次社会科学优秀成果二等奖；《茂县牟托一号石棺墓》《茂县营盘山石棺葬墓地》《丹江口潘家岭墓地》《关于四川安岳卧佛院的几个问题》，2014 年获成都市第十一次社会科学优秀成果三等奖。《成都平原都市酒文化与水井坊酒史考述》，2015 年获成都市第十二次社会科学优秀成果二等奖；《四川大邑县药师岩石窟寺和摩崖造像考古报告》《成都平原先秦聚落变迁分析》，2015 年获成都市第十二次社会科学优秀成果三等奖。

第六节　第六阶段：2017 年至今
（成都文物考古研究院期间）

一、历史背景及机构建设

"十三五"期间，成都市公布了《成都市历史建筑与文化街区保护条例》，修编了《成都市历史文化名城保护规划》和《成都市文物保护管理条例》。

2017 年 6 月 13 日，根据《中共成都市委机构编制委员会办公室关于调整成都市文物考古工作队机构编制事项的通知》（成机编〔2017〕70 号），同意成都市文物考古工作队不再挂成都文物考古研究所牌子，加挂成都文物考古研究院牌子，其他机构编制事项不变。

2020 年，成都市在 20 个区（市）县共设立文物管理局 2 个（即都江堰市文物局、邛崃市文物管理局）、文物保护管理所 15 个（即温江区、青羊区、金牛区、龙泉驿区、新都区、新津区、蒲江县、青白江区、郫都区、崇州市、彭州市、简阳市、金堂县、大邑县、双流县文物保护管理所）、文化文物科 3 个（即武侯区文化体育旅游局文化文物科、成华区文化体育和旅游局文化文物科、锦江区文化广播电视和新闻出版局文化科）。

截至目前，成都文物考古研究院（成都市文物考古工作队）内设部门有：办公室、人事部、财

---

①　该简报还于 2013 年获成都市第十次社会科学优秀成果二等奖。

②　该论文还于 2014 年获成都市第十一次社会科学优秀成果一等奖。

③　该报告还于 2014 年获成都市第十一次社会科学优秀成果二等奖。

④　该报告还于 2014 年获成都市第十一次社会科学优秀成果三等奖。

务部、保卫部、工程部、资产管理部、文物勘探（发掘）管理办公室、文物保管部、考古勘探发掘一部、考古勘探发掘二部、考古勘探发掘三部、宝墩遗址工作站、天府新区工作站、文物保护研究所、古建研究所、科技考古中心、文物信息科研管理部、西南先秦考古研究所、秦汉考古研究所、唐宋考古研究所、佛教考古研究所等。现有在岗在编人员78人（具有硕士以上学历50人，国务院政府特殊津贴获得者1人，四川省学术与技术带头人1人，四川省有突出贡献的专家1人，副研究员以上职称25人），其中，管理人员8人（七级职员4人，八级职员3人，十级职员1人）；专业技术人员总数69人（正高级聘任8人，副高级聘任17人，中级聘任24人，初级聘任20人）；工勤技能人员1人（技师1人）；另聘用专业技术人员91名。

成都文物考古研究院（成都市文物考古工作队）拥有国家文物局颁发的田野考古团体领队资质，可移动文物保护修复设计甲级资质、可移动文物保护修复一级资质，文物保护工程勘察设计甲级资质、文物保护工程监理甲级资质，文物保护规划编制的勘察设计甲级资质。

二、重要考古发现

这个时期成都文物考古研究院积极谋求变革，开展了一系列卓有成效的机制创新工作，如全国首创行政审批考古前置"成都模式"[①]；全国率先推行考古勘探限时承诺制和建设单位满意度评价制；划定地下文物埋藏区及重点监测区，在全省率先将两个区域纳入城市控制性详细规划；与青羊、金牛、成华、锦江、简阳等建设任务较重区域的文物保护单位共建"考古工作站"，强化市区协同联动，扩大考古文勘人才储备。在新机制的保障下，成都文物考古研究院考古调查勘探项目逐年攀升，从2017年的700项、2018年的1300项、2019年的近1900项，到2020年的2300余项，有力地保障了众多城市发展重大项目顺利开工建设，考古力量助力城市建设与经济社会发展能力不断增强。2020年8月，成都文物考古研究院被中共成都市委、成都市人民政府评为"2019年度成都国际化营商环境建设先进集体"。

商周时期重要的考古发现有青羊区光华村战国至秦墓地[②]、高新区中和街道双龙村战国墓地[③]。

汉晋时期重要考古发现有高新区新川创新科技园墓群[④]、金堂十里村崖墓群[⑤]、成华区东林村墓地[⑥]、青白江区城厢镇茶花村汉代遗址[⑦]、郫都区指路村遗址[⑧]、新津桥津上街汉六朝遗址[⑨]、青羊区实业街（原福感寺）石刻造像[⑩]等。

---

① 建设项目在土地出让前便已完成考古勘探发掘工作，有效解决城市建设与文化遗产保护矛盾，得到国家文物局、自然资源部肯定并向全国推广。

② 李佩、易立：《成都市青羊区光华村战国晚期至南宋墓地》，《中国考古学年鉴2018》，中国社会科学出版社，2020年。

③ 资料现存于成都文物考古研究院。

④ 资料现存于成都文物考古研究院。

⑤ 龚扬民：《四川金堂十里村崖墓群》，《大众考古》2018年第5期。

⑥ 资料现存于成都文物考古研究院。

⑦ 资料现存于成都文物考古研究院。

⑧ 资料现存于成都文物考古研究院。

⑨ 资料现存于成都文物考古研究院。

⑩ 资料现存于成都文物考古研究院。

唐宋时期重要遗存有青羊区鼓楼北街文化宫街坊遗址[①]、青羊区唐代砖室墓[②]、武侯区群众路墓地[③]、成华区五桂桥五代后蜀赵进善墓[④]、简阳方家寺宋代画像石室墓[⑤]、龙泉驿区洪河村南宋高氏家族墓地[⑥]、龙泉驿区太平村南宋杨氏家族墓地[⑦]、金牛区柳家碾元墓[⑧]等。继续开展邛窑、琉璃厂窑[⑨]、玉堂窑[⑩]等的调查发掘工作。

明清时期重要遗存有青羊区政府街明代郡王庆符王府建筑遗址[⑪]、龙泉驿区洪安镇明代家族墓群[⑫]、简阳玉成乡明代墓群[⑬]、新津宝资山明代墓群[⑭]、双流景山村盐井[⑮]等。

佛教考古重要工作有都江堰三佛洞摩崖造像[⑯]。其中，龙藏寺于2019年被公布为全国重点文物保护单位。

古建考古方面的工作有九寨沟中查村传统村落调查[⑰]。

三、成都考古人在成都地区以外的重要考古工作

（1）川西北地区：岷江上游以营盘山遗址为核心的调查发掘工作继续开展，新发现茂县下南庄

---

① 资料现存于成都文物考古研究院。

② 成都文物考古研究院：《成都市青羊区唐代砖室墓》，《考古学集刊》第21集，社会科学文献出版社，2018年，第59～71页。

③ 成都文物考古研究院：《成都市武侯区群众路唐宋墓地发掘简报》，《成都考古发现》（2016），科学出版社，2018年，第319～344页。

④ 资料现存于成都文物考古研究院。

⑤ 资料现存于成都文物考古研究院。

⑥ 资料现存于成都文物考古研究院。

⑦ 资料现存于成都文物考古研究院。

⑧ 资料现存于成都文物考古研究院。

⑨ 易立、王瑾、侯晓宁：《四川成都琉璃厂五代至宋元时期瓷窑遗址》，《2019中国重要考古发现》，文物出版社，2020年，第139～143页；易立、王瑾：《四川成都五代至宋元琉璃厂窑遗址》，《大众考古》2019年第8期。

⑩ 成都文物考古研究所、都江堰市文物局：《2007年玉堂窑遗址调查报告》，《成都考古发现》（2007），科学出版社，2009年，第322～392页；成都文物考古研究所、都江堰市文物局：《2007年四川都江堰玉堂窑遗址17号窑包试掘简报》，《南方民族考古》第六辑，科学出版社，2010年，第409～456页；成都文物考古研究所、都江堰市文物局：《都江堰市玉堂窑遗址马家窑包（6号）2013年试掘简报》，《成都考古发现》（2012），科学出版社，2014年，第418～448页。

⑪ 成都市文物考古工作队：《成都市2019年田野考古工作纪要》，《成都文物》2020年第1期。

⑫ 成都市文物考古工作队、龙泉驿区文物保护管理所：《成都市龙泉驿区洪安镇红光村明墓群发掘简报》，《成都考古发现》（2017），科学出版社，2019年，第502～521页。

⑬ 成都文物考古研究院、简阳市文物管理所：《简阳市朱家湾墓地发掘简报》，《成都考古发现》（2017），科学出版社，2019年，第423～453页。

⑭ 重庆师范大学历史与社会学院、成都文物考古研究院：《新津县宝资山墓地Ⅲ区明代石室墓发掘简报》，《成都考古发现》（2017），科学出版社，2019年，第454～479页；成都文物考古研究院、新津县文物保护管理所：《新津县宝资山墓地Ⅰ、Ⅱ区明代石室墓发掘简报》，《成都考古发现》（2017），科学出版社，2019年，第480～501页。

⑮ 资料由双流区文物管理所李国提供。

⑯ 都江堰市文物局：《四川都江堰市三佛洞摩崖造像调查简报》，《四川文物》2019年第3期。

⑰ 余书敏：《四川九寨沟县中查村传统村落的遗产价值及保护研究》，《四川文物》2020年第2期。

战国石棺葬墓地。

（2）川西南地区：继续对皈家堡遗址展开发掘工作，开始对冕宁县境内雅砻江流域进行考古调查，该期发掘的重要遗址有盐源老龙头墓地、越西东大扎子遗址、嘉顺营明清遗址。该期对会理浑水塘炼铜遗址[①]再次进行发掘，并对黎溪镇黎溪盆地周边进行了矿冶遗址调查。

（3）峡江地区：发掘了奉节王家包遗址。

（4）贵州地区：招果洞遗址继续开展发掘工作。

四、科技考古工作

科技考古工作在稳固前期成果的同时，又有了新的发展。空间信息考古方面，物探工作的大规模开展，为筹建"空间信息数据库系统"提供了可能。除本单位考古项目外，成都文物考古研究院还广泛参与省级重要项目如广汉三星堆遗址、广元罗家坝遗址等考古项目的测绘工作。

环境考古工作蓬勃发展，继续开展宝墩遗址的系统环境采样工作，并发表了许多重要的研究成果[②]，也促使越来越多的学者开始关注整个成都平原的人地关系综合研究。本阶段还与四川农业大学合作对蒲江飞虎村船棺的埋藏环境[③]进行取样检测。

冶金考古方面，新发现蒲江铁溪村宋代冶铁遗址、蒲江南街炒钢炉[④]等。冶金考古鉴定手段进一步多样化[⑤]，且更加注重以系统的考古与科技考古方法讨论铜器的生产问题[⑥]。为进一步了解冶铁过程，与四川大学联合开展汉代冶铁过程复原实验[⑦]。

五、文 物 保 护

大遗址保护方面，2017年通过《大遗址保护成都片区总体规划》，并在该规划指导下逐步完成《成都平原史前城址——郫县古城遗址保护规划》《成都平原史前城址——宝墩遗址保护规划》《什邡堂邛窑遗址保护规划》《金沙遗址保护规划（修编）》《孟知祥墓保护规划》《朱悦燫墓保护规划》

① 成都文物考古研究院、凉山彝族自治州博物馆、会理县文物管理所：《会理县浑水塘冶炼遗址2017年调查报告》，《成都考古发现》（2017），科学出版社，2019年，第522～536页。

② 徐佳佳：《成都平原中晚全新世典型遗址环境考古研究》，南京大学博士学位论文，2017年；黄明：《成都平原中晚全新世古环境演变与人类活动耦合关系研究》，南京大学博士学位论文，2019年；李兰、何锟宇：《成都平原宝墩遗址土壤理化特征及其环境意义》，《南方民族考古》第二十辑，科学出版社，2020年，第385～387页；黄明、朱诚、刘德成等：《成都宝墩遗址刘林盘地点古河道沉积物分析及其环境影响初探》，《南方民族考古》第十八辑，科学出版社，2020年，第139～151页。

③ 成都文物考古研究院、四川农业大学资源学院：《蒲江飞虎村战国墓地船棺赋存环境初步研究》，《成都考古发现》（2018），科学出版社，2020年，第344～351页。

④ 邱艳、姜铭等：《蒲江县南街唐代～清代遗址》，《中国考古学年鉴2021》，中国社会科学出版社，待出版。

⑤ 黎海超、崔剑锋、周志清等：《成都金沙遗址星河路地点东周墓葬铜兵器的生产问题》，《考古》2018年第7期。

⑥ 黎海超、崔剑锋、周志清：《金沙遗址"祭祀区"出土铜器的生产问题研究》，《边疆考古研究》第25辑，科学出版社，2019年，第335～348页；杨颖东、周志清、王占奎：《金沙遗址祭祀区出土铜器科技分析报告》，《金沙遗址祭祀区发掘报告》，文物出版社，待出版。

⑦ 资料现存于四川大学历史文化学院。

《明蜀王陵保护规划》等的编制工作。成都文物考古研究院还参与了成都东华门遗址公园、蒲江县博物馆、邛窑考古遗址公园（2018年开放）等项目的规划筹备工作，其中邛窑考古遗址公园2017年进入全国第三批国家考古遗址公园立项名单。

可移动文物保护方面，文物保护中心进一步提升硬件设施，配备了体视显微镜、偏光显微镜、超景深显微镜、X射线衍射仪、超高效液相色谱仪、离子色谱仪、动态热机械分析仪、金相显微镜－扫描电子显微镜联用系统、同步热分析－中/近红外－气相色谱质谱联用系统、X射线探伤仪等大型分析测试设备20余台。建立了包括分析检测中心、多种材质文物保护修复研究、考古发掘现场保护、室内考古发掘清理保护同步实施、文物预防性保护等多个功能板块的现代化综合文物保护中心，具备文物本体研究、病害分析检测、病害治理、保护修复、保存环境调控研究等技术能力，基本建立了从考古发掘现场文物保护、脆弱质文物提取，到多种材质文物的科学检测分析研究、本体保护修复，再到预防性保护、科学收藏、管理、保存等链条在内的完整的文化遗产保护工作体系。该期开展的重要工作有三星堆遗址"祭祀坑"、蒲江飞龙村战国船棺、青白江双元村战国墓群、高新区双龙村战国墓地、新川科技园古墓群等项目出土珍贵器物保护与修复，以及对五代后蜀赵廷隐墓彩陶和石质文物、南宋高克民家族墓石券、东华门遗址珍贵瓷器、成都博物馆馆藏出土金属文物等进行保护修复。

六、重要学术会议、课题及获得奖励

这个时期成都文物考古研究院参与主办的重要学术会议有：2017年9月24～26日，"夏商时期玉文化国际学术研讨会"。2018年9月21日，"中意文物保护及博物馆规划与管理研讨会"。2018年10月22～24日，"第二届中国考古学大会"。2019年8月20～22日，"茂县营盘山遗址与古蜀之源"学术研讨会。2019年11月15～17日，"中国西南与东南亚冶金技术的起源与传播暨临邛冶铁实验考古"国际学术研讨会。2020年8月9、10日，"古蜀文明及周边考古"暨"考古发现与历史记录"学术会议。2020年10月24日，"《成都考古发现》出版20周年专家座谈研讨会"。

该阶段成都文物考古研究院主持或参与立项的国家级课题共计8项，其中国家社科基金重大项目有"成都实业街南朝造像发掘报告及资料整合""四川出土南朝佛教造像的渊源及背景研究"；国家社科基金一般项目有"盐源皈家堡遗址的整理与研究""四川新津瑞麟寺山墓地发掘报告""高山古城宝墩文化人类骨骼考古研究"；国家社科基金西部项目有"成都平原先秦时期人口与社会、环境、资源研究"；国家社科基金后期资助一般项目有"茶马古道（成都段）考古调查及研究"；国家社科基金青年项目有"河西走廊史前文化互动与社会研究"。

成都文物考古研究院主持或参与的省部级课题共计4项，其中国家重点研发计划"中华文明形成进程中的生业、资源与技术研究"子课题有"宝墩遗址及成都平原文明起源进程中的生业经济研究""长江流域文明进程之宝墩高山古城研究""中华文明起源过程中的古环境和人地关系研究"；四川省社科规划项目有"新津宝墩遗址聚落环境考古资料整理研究"。

该阶段成都文物考古研究院获得省部级奖励的研究成果有4项：《绵阳崖墓》[①]《滇东黔西青铜时代的局面》[②]，2017年获四川省第十七次社会科学优秀成果三等奖；《金沙遗址：阳光地点二期地

---

① 该报告还于2016年获绵阳市第十五次社会科学优秀科研成果二等奖。

② 该专著还于2015年获成都市第十二次社会科学优秀成果二等奖。

点发掘报告》，2019 年获四川省第十八次社会科学优秀成果二等奖；《成组玉石璧在"同律度量衡"改革中的作用——兼论中国礼乐文明的形成》，2019 年获四川省第十八次社会科学优秀成果三等奖。市级奖励有 4 项：《川北佛教石窟和摩崖造像研究》，2017 年获成都市第十三次社会科学优秀成果一等奖；《成都郫县波罗村商周遗址发掘报告》，2017 年获成都市第十三次社会科学优秀成果二等奖；《成都天府广场东北侧古遗址发掘报告》，2017 年获成都市第十三次社会科学优秀成果三等奖；2017 年成都文物考古研究院获成都市第一次全国可移动文物普查工作先进集体。此外，该阶段我院在站博士还获得有中国博士后科学基金会第 65 批面上资助二等奖，中国博士后科学基金会第 69 批面上资助"地区专项支持计划"二等奖。

截至 2020 年，成都文物考古研究院承担"考古中国""中华文明探源工程""四川省古蜀文明保护传承工程"等 50 余项国家、省部级重大研究课题，立项国家重大社科基金招标课题、科技部及国家指南针计划课题、国家文物局文物保护重大项目 10 余项。出版《成都考古研究》等研究丛书 3 部、考古报告 50 部、科研专著 45 部，发表论文和发掘简报近 1500 篇，其中获得省级奖励的研究成果约 21 项，市级奖励的研究成果约 33 项。自 2001 年开始出版的《成都考古发现》更是开创了国内考古报告集年度出版的先河，该报告集由科学出版社公开出版发行，至 2020 年已连续出版 20 册，共计 2000 余万字，共计发表考古调查、发掘年度报告 425 篇，内容涵盖成都平原、川西北高原山地、川西南山地、川东北地区、川东三峡地区等地域，包括了各个时期的考古发现，并有相当数量的科技考古和文物保护成果。

（邱艳　陈剑）

成都

考古史

第二章

成都考古发现与研究史

第一节　新石器考古发现与研究

成都平原是长江上游文化最为发达的地区，在长江上游的文明起源与发展过程中具有主导与领先的地位。该区域考古工作开展得比较早，新石器时代遗存也早有发现，但真正认识清楚却是比较晚的事。依据各时期考古工作的特点与学术研究的重点，大致可以分为以下四个阶段。

一、第一阶段：中华人民共和国成立前

最早是外国学者进行的考古调查与发掘。

1929 年，广汉市月亮湾农民燕道诚在淘洗水渠时意外发现玉石器。不久，董笃宜（V. H. Donnithorne）、戴谦和等考察了玉石器出土现场[1]。

1934 年，时任华西大学博物馆馆长的葛维汉对燕氏院子太平场附近进行了发掘，在其撰写的《汉州（广汉）发掘简报》中对发掘材料进行了详细报道，从其报告发表的照片可以看出，在未经扰动的文化层中，出土大量宝墩文化的陶片。报告将此次所获遗物的年代上限推定为铜石并用时代，下限系周代初期（大约公元前 1100 年），并提出了"广汉文化"的命名。当时，旅日学者郭沫若肯定了此次发掘工作，并认为所发掘之玉石器与华北和中原地区的出土器物极其相似，证明了西蜀文化很早就与华北、中原有文化接触[2]。林名均则在《广汉古代遗物之发现及其发掘》一文中，认为溪岸发掘（即遗址文化层）出土遗物的年代为新石器时代末期，而溪底墓中所出玉石器为周代遗物[3]。郑德坤则认为坑中玉石器年代为东周时期，为公元前 700～前 500 年，文化层为新石器时代

①　戴谦和：《四川古代遗迹和文化》，原文刊于《华西边疆研究学会杂志》第四卷，1931 年；收入三星堆研究院、三星堆博物馆编：《三星堆研究》第一辑，天地出版社，2006 年，第 1～19 页。

②　葛维汉：《汉州（广汉）发掘简报》，原文刊于《华西边疆研究学会杂志》第六卷，1934 年；收入三星堆研究院、三星堆博物馆编：《三星堆研究》第一辑，天地出版社，2006 年，第 85～95 页。

③　林名均：《广汉古代遗物之发现及其发掘》，原文刊于《说文月刊》1942 年第 3 卷第 7 期；收入三星堆研究院、三星堆博物馆编：《三星堆研究》第一辑，天地出版社，2006 年，第 96～103 页。

末，年代在公元前 1200～前 700 年[①]。此次考古发掘所获新石器文化遗物，是成都平原最早发现的新石器文化遗存，虽然当时没能将其明确区分开来，但已经认识到文化层出土遗物可到新石器时代，并与商周时期的玉石器不同时。

二、第二阶段：中华人民共和国成立至 1994 年

该阶段四川的文物考古部门在成都平原开展了一些科学的考古调查与发掘工作，但新石器时代遗存发现很少，主要发现于三星堆遗址，对其认识也有一个过程。

1963 年四川省文物管理委员会与四川大学历史系考古教研室在三星堆遗址月亮湾地点进行了发掘，但当年未发表材料，直到 1992 年马继贤才依据有限的材料写了一个追记。依据马先生的追记，当年发掘分 3 个地点，发表的陶器基本出自第一地点燕家院子，其中第 2 层下的墓葬和第 3 层为宝墩文化遗存。追记也认为第 3 层与后来划分的三星堆遗址第一期具有共同特点，其时代应大体相当[②]。

1980～1981 年，四川省文物管理委员会等单位对三星堆遗址进行了较大规模的发掘，发掘者将此次发掘的文化遗存分为三期。报告介绍第一期与第二期之间变化明显，二者判然有别，第一、二期文化的年代相去甚远。而第二、三期文化差异不大，两期文化年代衔接紧密。第一期 ^{14}C 测年加树轮校正为距今（4500±150）年，依据地层陶器特征，认为三星堆遗址的年代从新石器时代晚期至相当于中原夏、商时期。报告还建议将以三星堆遗址为代表的考古学文化命名为"三星堆文化"[③]。此次发掘者已认识到第一期与第二、三期有明显的区别，而且年代也可到新石器时代晚期，但在文化命名时并未将第一期从"三星堆文化"中明确区分开来。加之报告发表的第一期陶器标本只有 1 件圈足豆，这在客观上影响了学术界对成都平原新石器文化的认识。

1982～1986 年，四川省文物考古研究所等单位又对三星堆遗址发掘过三次，但迄今均未发表考古报告，只有三星堆遗址发掘者之一的陈显丹在其《广汉三星堆遗址概况、初步分期——兼论"早蜀文化"的特征及其发展》一文中公布了部分材料。陈显丹将三星堆遗址分为四期，新石器文化遗存为第一期，年代推定在距今 4740～4070 年。陈先生也认为三星堆遗址的年代上限大致在新石器时代晚期，却没有将三星堆遗址第一期新石器文化遗存与后来青铜时代的第二至四期文化明确地区分开来，统归入了"早蜀文化"的范畴[④]。

宋治民在未见到陈文发表之前，曾撰文将整个成都平原的先秦文化分为五期，第一期包括三星堆第一期和月亮湾下层，归入新石器时代晚期，认为第一期与第二期（三星堆第二、三期）之间有一段缺环，并明确从三星堆第二期开始为早期蜀文化，第一期为蜀文化的前身[⑤]。三星堆遗址的发掘者之一陈德安也认为三星堆第一期遗存与川北、川东新石器时代遗存有一定的联系，是四川盆地内

① 郑德坤：《四川史前文化》，原载于《学思》1942 年第 2 卷第 9 期；郑德坤：《四川古代文化史》，巴蜀书社，2004 年，第 45～57 页。
② 马继贤：《广汉月亮湾遗址发掘追记》，《南方民族考古》第五辑，四川科学技术出版社，1993 年，第 310～324 页。
③ 四川省文物管理委员会、四川省博物馆、广汉县文化馆：《广汉三星堆遗址》，《考古学报》1987 年第 2 期。
④ 陈显丹：《广汉三星堆遗址概况、初步分期——兼论"早蜀文化"的特征及其发展》，《南方民族考古》第二辑，四川科学技术出版社，1990 年，第 213～229 页。
⑤ 宋治民：《早期蜀文化分期再探讨》，《考古》1990 年第 5 期。

成都

考古史

有代表的一支新石器时代文化，绝对年代距今约 4800~4000 年 [1]。

孙华将三星堆遗址分为三期，认为这三期遗存属于同一文化系统下的三种不同的考古学文化。其中，第一期的年代推定在龙山时代晚期至二里头文化时代初期，其文化面貌与四川北部的绵阳边堆山、广元邓家坪等遗存颇为类似，并建议将这类遗存命名为"边堆山文化"，明确与第二期的三星堆文化、第三期的十二桥文化区分开来 [2]。

可以看出这一时期已逐渐认识到成都平原青铜文化之前存在一个新石器文化阶段，由于发现太少，对其面貌尚未有一个清晰的认识。

三、第三阶段：1995~2004 年

这一阶段是成都平原新石器时代考古的转折与飞跃时期。首先是 1995 年底新津宝墩新石器时代城址的调查确认，由此引发对都江堰芒城、郫县古城、温江鱼凫城、崇州双河古城和紫竹古城的调查与确认，一下子打开了成都平原新石器考古研究的新视野。

1995 年底，成都市文物考古工作等单位第一次正式调查试掘新津宝墩遗址，此次调查解剖发掘了内城东北真武观处城墙。初步确认遗址面积 50 万平方米，城址面积约 25 万平方米。报告第一次将该遗址的年代推定在距今 4900~4000 年，在真武观处发现了新石器时代文化层叠压在墙内侧墙脚上，可以确认夯土墙与遗址同时，为新石器时代。发掘者认为与该遗址文化面貌接近的有三星堆遗址第一期、绵阳边堆山和汉源狮子山等 [3]。1996 年，成都市文物考古工作队、四川联合大学（四川大学）与日本早稻田大学联合对宝墩遗址进行了调查发掘。此次调查发现了内城西南部城墙，确认城址面积 60 万平方米。发掘者将遗址分成了早、晚两期，进一步将宝墩遗址的年代上限推定在距今 4500 年左右，并建议将这类遗存命名为"宝墩文化" [4]。

1996 年 11 月~1997 年 4 月，成都市文物考古工作队对都江堰芒城遗址进行了两次试掘。该遗址早在 1989、1990 年中国社会科学院考古研究所四川队就进行过调查，并试掘了探沟，由于当时对成都平原新石器文化认识不清，没有意识到遗址属新石器时代。宝墩遗址确认后，成都市文物考古工作队的考古人员将当年试掘的陶片清洗后，才发现与宝墩遗址的陶器完全一致。通过这两次试掘，发现芒城遗址陶器特征更接近宝墩遗址的晚期，因此推测当晚于宝墩遗址 [5]。1998、1999 年成都市文物考古工作队与日本早稻田大学联合又对芒城遗址进行了两次较大规模的发掘 [6]。

郫县古城遗址第一次调查试掘是在 1996 年底，确认了遗址属新石器时代，文化属性与宝墩、芒城遗址相同，但陶器特征与宝墩和芒城有一定差异，应是年代有早晚的原因 [7]。1997~1999 年，

① 陈德安：《三星堆遗址》，《四川文物》1991 年第 1 期。

② 孙华：《试论广汉三星堆遗址的分期》，《南方民族考古》第五辑，四川科学技术出版社，1993 年，第 10~24 页。

③ 成都市文物考古工作队、四川联合大学考古教研室、新津县文管所：《四川新津县宝墩遗址调查与试掘》，《考古》1997 年第 1 期。

④ 中日联合考古调查队：《四川新津县宝墩遗址 1996 年发掘简报》，《考古》1998 年第 1 期。

⑤ 成都市文物考古工作队、都江堰市文物局：《四川都江堰市芒城遗址调查与试掘》，《考古》1999 年第 7 期。

⑥ 中日联合考古调查队：《都江堰市芒城遗址 1998 年度发掘工作简报》，《成都考古发现》（1999），科学出版社，2001 年，第 54~98 页；中日联合考古调查队：《都江堰市芒城遗址 1999 年度发掘工作简报》，《成都考古发现》（1999），科学出版社，2001 年，第 99~126 页。

⑦ 成都市文物考古工作队、郫县博物馆：《四川省郫县古城遗址调查与试掘》，《文物》1999 年第 1 期。

又进行了两次较大规模的勘探发掘。1997 年在城址中心部位发掘揭露出一座面积达 551 平方米的大型公共建筑（F5）。城墙解剖处发现了两次筑墙的现象①。发掘者将遗址分为早、晚两期。

1996 年秋，成都市文物考古工作队等单位对温江鱼凫城遗址进行调查试掘，发掘者将遗址分为三期，城墙属第二期遗存。发掘者认为第一、二期与宝墩遗址、月亮湾下层、三星堆第一期年代大致相当或略有早晚，不晚于距今 4000 年。第三期与第二期间存在较大差别，年代当晚于三星堆遗址第一期，而早于三星堆遗址第二期②。1999～2000 年，成都市文物考古研究所对遗址进行了大规模的钻探，重新确认城址面积约 40 万平方米③。

崇州双河古城遗址是成都市文物考古工作队在发掘芒城遗址时，得到线索后调查发现的。1997 年秋，成都市文物考古工作队钻探试掘了该遗址。发掘证实该遗址与宝墩遗址文化属性相同，报告推测年代在距今 4500～4000 年左右④。

崇州紫竹古城遗址于 1997 年调查发现，该城址有两圈城墙⑤。2000 年，成都市文物考古研究所与中国社会科学院考古研究所四川队联合进行过一次小规模试掘。该遗址文化属性与宝墩遗址相同，发掘者推测其年代在距今 4300 年左右，认为属宝墩文化较早的遗存⑥。

随着上述遗址的调查与发掘，学术界对这些遗址的文化属性、年代、分期、与三星堆文化及周邻文化的关系等问题展开了研究与讨论。

首先是发掘者认为上述遗址属同一性质的考古学文化，依据宝墩、芒城、郫县古城和鱼凫城 1996、1997 年的发掘材料，提出了"宝墩文化"的命名，并将这一文化分为四期，年代推定在距今 4500～3700 年左右。认为三星堆遗址第一期属于宝墩文化的范畴，边堆山遗址与宝墩文化有较多相似因素，但更接近川东北新石器文化。川东北的通江擂鼓寨、巴中月亮岩也有部分特征与宝墩文化相近，但擂鼓寨总体上应属于峡江地区的哨棚嘴文化。而宝墩文化与哨棚嘴文化存在较大差别，但又有较多的联系与相似之处，应属一个大的文化区系中的两个小的区域文化。宝墩文化的发展去向就是三星堆文化⑦。

孙华也同意将原来"边堆山文化"的命名改为"宝墩村文化"，但孙先生将边堆山遗址也归入宝墩文化的范畴。将该文化的年代推定在距今 4800～4000 年，并排序为边堆山—宝墩—三星堆遗址第一期已公布材料，认为边堆山遗址与宝墩遗址的差异应当主要不是地域差异，而是年代差异。同时认为川东北广元张家坡、巴中月亮岩、通江擂鼓寨遗址的文化面貌比较接近，它们可能属于同

---

① 成都市文物考古研究所、郫县博物馆：《四川省郫县古城遗址 1997 年发掘简报》，《文物》2001 年第 3 期；成都文物考古研究所、郫县博物馆：《四川省郫县古城遗址 1998～1999 年度发掘收获》，《成都考古发现》（1999），科学出版社，2001 年，第 29～39 页。

② 成都市文物考古工作队、四川联合大学历史系考古教研室、温江县文管所：《四川省温江县鱼凫村遗址调查与试掘》，《文物》1998 年第 12 期。

③ 成都市文物考古研究所：《温江鱼凫村遗址 1999 年度发掘》，《成都考古发现》（1999），科学出版社，2001 年，第 40～53 页。

④ 成都市文物考古工作队：《四川崇州市双河史前城址试掘简报》，《考古》2002 年第 11 期。

⑤ 陈剑：《文井江考古侧记》，《成都文物》2001 年第 4 期。

⑥ 叶茂林、李明斌：《崇州市紫竹古城遗址》，《中国考古学年鉴 2001》，文物出版社，2002 年，第 281 页；叶茂林、李明斌：《宝墩文化发现新遗址》，《中国文物报》2000 年 7 月 12 日第 1 版。

⑦ 江章华、颜劲松、李明斌：《成都平原的早期古城址群——宝墩文化初论》，《中华文化论坛》1997 年第 4 期；江章华、王毅、张擎：《成都平原早期城址及其考古学文化初论》，《苏秉琦与当代中国考古学》，科学出版社，2001 年，第 699～721 页；江章华、王毅、张擎：《成都平原先秦文化初论》，《考古学报》2002 年第 1 期。

一种文化遗存，而与宝墩村文化有所不同。将重庆峡江地区的"哨棚嘴第一期类型"尤其是中坝早期晚段遗存与宝墩村文化当作四川盆地有密切关系的同一大文化下的两种亚文化[①]。

关于宝墩遗址、鱼凫城、三星堆第一期文化的关系，这一时期学术界也曾有不同的意见。例如，宋治民就认为宝墩遗址与鱼凫城第一、二期似乎不是早晚继承发展的关系，它们的时代应大体同时。两处遗址的共性占主导地位，各自的个性占从属地位，也就是说两处遗址的先民是属于一个大的文化系统。郫县古城遗址与宝墩遗址差异较大，而与鱼凫城遗址大同小异，可视为同类型遗存。而三星堆第一期文化吸收、继承了许多鱼凫城遗址、宝墩遗址的文化因素。三星堆第一期的陶器既有盆地北沿诸遗址的因素，也有成都平原诸遗址的因素，二者均是三星堆第一期文化的源头所在。三星堆第一期文化可能是盆地北沿新石器文化向南发展，在继承边堆山遗址的同时受到了成都平原诸遗址的强烈影响[②]。

由于宝墩文化第四期（鱼凫村第三期）遗存与前几期相比，变化相对较大，有学者认为这一期文化呈现出宝墩文化与三星堆文化之间的过渡性特征，建议将鱼凫村遗址第三期称为宝墩文化晚期的"鱼凫村第三期类型"[③]。宝墩文化第四期遗存在郫县古城和鱼凫城遗址发现较少，面貌还不是十分清晰。1998年在成都市南郊发掘的十街坊遗址[④]，1999年在成都西郊发掘的化成村遗址[⑤]，均为宝墩文化第四期阶段的遗存，丰富了这时段的材料。

关于宝墩文化的渊源问题，当2002年茂县营盘山遗址试掘材料公布后，有学者开始注意到宝墩文化很可能源于岷江上游以营盘山为代表的新石器文化[⑥]。

20世纪八九十年代，在中国黄河中下游、长江中下游、内蒙古高原河套地区等相继发现不少龙山时期的城址。学术界一般认为城是聚落发展到一定阶段的产物，因此这些城址的发现引起了学术界的高度重视，成为探索中华文明起源的重要信息[⑦]。严文明就曾认为："到龙山时代大量城址出现之时，便已进入小国林立的局面。""龙山时代大体相当于古史传说的五帝时代，当时有了城也就有了国，从而也就有了最初的文明。"[⑧]因此，宝墩文化城址群的发现也引起了学术界对成都平原文明起源的探索，对城的性质、城墙功能出现了不同的意见。一般常识性地认为大型工程城墙的修建体现了公共权力的出现，大型城址与小型聚落的差异表明聚落出现分化，出现了中心聚落，郫县古城遗址中心大型建筑为礼仪性建筑，反映宗教仪式活动的存在。证明这一时期成都平原已出现早期

① 王毅、孙华：《宝墩村文化的初步认识》，《考古》1999年第8期。

② 宋治民：《试论四川温江鱼凫村遗址、新津宝墩遗址和郫县古城遗址》，《四川文物》2000年第2期；宋治民：《略论广汉三星堆遗址一期文化及相关问题》，《夏商文明研究·五·殷商文明暨纪念三星堆遗址发现七十周年国际学术研讨论论文集》，社会科学文献出版社，2003年，第27～36页。

③ 李明斌：《试论鱼凫村遗址第三期遗存》，《考古与文物》2001年第1期。

④ 成都文物考古研究所：《成都市南郊十街坊遗址年度发掘纪要》，《成都考古发现》（1999），科学出版社，2001年，第1～28页。

⑤ 成都文物考古研究所：《成都市西郊化成村遗址1999年度发掘报告》，《成都考古发现》（1999），科学出版社，2001年。第127～145页。

⑥ 江章华：《岷江上游新石器时代遗存新发现的几点思考》，《四川文物》2004年第3期；黄昊德、赵宾福：《宝墩文化的发现及其来源考察》，《中华文化论坛》2004年第2期。

⑦ 严文明：《龙山时代城址的初步研究》，《农业发生与文明起源》，科学出版社，2000年，第115～129页；任式楠：《中国史前城址考察》，《考古》1998年第1期；钱耀鹏：《中国史前城址与文明起源研究》，西北大学出版社，2001年；赵辉：《中国新石器时代城址的发现与研究》，《古代文明》第1卷，文物出版社，2002年。

⑧ 严文明：《龙山时代城址的初步研究》，《农业发生与文明起源》，科学出版社，2000年，第115～129页。

文明的一些因素^①。或者认为宝墩时期"一个个相对独立的对峙酋邦已经在四川盆地出现"。"一套基于原始宗教的政治管理机制已经在形成过程中，四川盆地的早期文明已经露出了它的绚丽的曙光。"^②甚至有人认为："宝墩文化古城的政治组织是发展比较充分，形态比较典型的酋邦组织，由各座古城共存形成的古城群，则是考古所见成都平原最早出现的酋邦社会，它预示着文明时代的即将到来。"^③关于城墙的功能有认为主要是防御^④，也有学者认为主要是防洪^⑤。

四、第四阶段：2005 年至今

这一时期从前一阶段以文化研究为重点转为以聚落考古为重点。为了进一步探索宝墩文化阶段的环境、生业、聚落结构及其变迁，进而结合各方面信息综合分析成都平原社会复杂化进程及其动因。成都文物考古研究所在成都平原开展了一系列聚落考古的调查、研究与探索。意在获取聚落的选址、空间分布及其变迁，聚落的内部区划结构、居住形态，环境、生计模式与聚落形态及其变迁的关系等多方面信息。田野考古的重点先后选择在郫县古城、新津宝墩、大邑高山和温江红桥村等典型遗址所在区域，采取了区域大范围的地面调查，遗址区的系统钻探，选择遗址的重要区域进行重点发掘，并辅以环境考古、植物考古、动物考古、体质人类学等多学科综合研究。

2005～2010 年，成都文物考古研究所、北京大学考古文博学院、台湾大学人类学系及美国圣路易斯华盛顿大学艺术史与考古系、哈佛大学人类学系联合围绕郫县古城遗址进行了大范围的聚落考古调查。调查的目的是研究这一区域的史前聚落模式，进而了解该地区在公元前第二千纪的长时段的文化变迁和社会复杂化进程，调查关注的聚落从宝墩文化时期至汉代。调查采取了拉网式地表调查、地下钻探、地球物理勘探和地貌调查相结合。这是一次在成都平原进行区域聚落系统调查的首次尝试，实践证明这种多层次、多学科交互的区域考古调查方法在成都平原的聚落考古研究中是行之有效的。目前调查的信息、分析结果尚未完全公布，但对 2005～2007 年调查的一些情况有报道^⑥。

宝墩遗址的考古工作从 2009 年重启以来，一直至今，并纳入了"中华文明探源"工程的子课题。在 2009 年遗址的大范围调查中又发现了外城墙，以外墙计算，遗址面积达 276 万平方米。解剖发掘可以确认新发现的外城墙的修筑年代当为宝墩文化第二期初，上限或可至第一期 2 段末，使用年代在宝墩文化第二期，外城墙的修筑时间当晚于内城墙。系统钻探获取了遗址区遗存的分布状况，反映出聚落内有若干个散点式的居住区，这些居住区的分布与环境地貌有关。重点发掘主要选择在内城田角林区域，还在内城的鼓墩子、蒋林、田角林等多处居住区勘探发掘，发现了大型公共

① 江章华、李明斌：《古国寻踪：三星堆文化的兴起及其影响》，巴蜀书社，2002 年，第 82～84 页。

② 孙华、苏荣誉：《神秘的王国：对三星堆文明的初步理解和解释》，巴蜀书社，2003 年，第 44 页。

③ 段渝、陈剑：《成都平原史前古城性质初探》，《天府新论》2001 年第 6 期。

④ 陈云洪、颜劲松：《成都平原宝墩文化史前城址群初步分析》，《文明起源与城市发展研究》，四川大学出版社，2004 年，第 49～60 页。

⑤ 刘兴诗：《成都平原古城群兴废与古气候问题》，《四川文物》1998 年第 4 期；黄昊德、李蜀蕾：《温江鱼凫村遗址的分期研究与土墙功能考察》，《四川文物》2005 年第 4 期。

⑥ 成都平原国际考古调查队：《成都平原区域考古调查（2005—2007）》，《南方民族考古》第六辑，科学出版社，2010 年，第 255～278 页；提莫西·郝思利著，陈伯桢译：《地球物理技术在成都平原考古工作中的应用》，《南方民族考古》第六辑，科学出版社，2010 年，第 279～294 页。

成都
考古史

建筑^①。近年加强了多学科的综合研究，在环境考古、动物考古、植物考古、人类骨骼考古、石器分析、测绘技术等领域开展了大量工作，获得许多对聚落考古研究有用的信息^②。比如植物考古方面，浮选收集的炭化植物种子和植硅体的研究均证明宝墩先民的经济结构以稻作农业为主，兼有粟作农业。应该说近年的田野考古发掘所获信息对于研究宝墩遗址的空间结构、聚落形态具有重要价值，有助于成都平原龙山时代的社会复杂化程度及文明进程的研究^③。

2012 年 11 月～2014 年 12 月，成都文物考古研究所开始以高山古城遗址为中心进行区域系统调查。调查方法以区域系统钻探为主，传统地面踏查为辅，在调查基础上选点发掘，以了解各点文化面貌和获取相关测年数据。经过三个年度的工作，基本弄清了城址的范围和保存现状^④。2015 年 11 月～2016 年 3 月，成都文物考古研究所对高山古城进行第一次正式发掘。此次发掘的新石器文化遗存可分为两期，第一期陶器特征明显与目前宝墩文化第一期陶器风格不同，推测应早于宝墩文化第一期。第二期遗存是高山遗址发掘区内新石器时代堆积的主体，时代推测为宝墩文化第一期。另外，开展了植物考古、动物考古和人类骨骼考古分析等^⑤。

温江红桥村遗址是一处除宝墩等几座城址外比较大型的聚落址，有 19 万余平方米，时代属宝墩文化第三、四期。该遗址的考古工作是配合房地产开发进行的，自 2011～2016 年连续多年对其展开了系统性的考古调查与发掘。对整个遗址进行了系统性的钻探，并进行了测绘，建立 GIS 系统。在钻探基础上，采取布点性试掘和重点区域大规模发掘相结合的发掘方法。通过多年的努力，基本搞清了遗址的文化面貌和聚落布局，在环境考古研究方面也取得了一定的成果^⑥。

该阶段还有一个重要发现，就是 2009 年四川省文物考古研究院在什邡桂圆桥遗址下层发现的距今约 5000 年的新石器文化遗存，暂称"桂圆桥第一期遗存"，该期遗存的陶器特征与岷江上游以

① 成都文物考古研究所、新津县文管所：《新津宝墩遗址调查与试掘简报（2009～2010 年）》，《成都考古发现》（2009），科学出版社，2011 年，第 1～67 页；成都文物考古研究所、新津县文物管理所：《新津县宝墩遗址鼓墩子 2010 年发掘报告》，《成都考古发现》（2012），科学出版社，2014 年，第 1～63 页；成都文物考古研究所、新津县文物管理所：《2010 年新津宝墩遗址外城罗林盘地点发掘简报》，《成都考古发现》（2012），科学出版社，2014 年，第 64～77 页；成都文物考古研究所、新津县文物管理所：《新津宝墩遗址 2012～2013 年度考古发掘简报》，《成都考古发现》（2014），科学出版社，2016 年，第 14～39 页；成都文物考古研究所、新津县文物管理所：《成都市新津县宝墩遗址治龙桥地点的发掘》，《考古》2018 年第 1 期；四川大学历史文化学院考古学系、成都文物考古研究院、新津县文物管理所：《成都市新津县宝墩遗址田角林地点 2013 年的发掘》，《考古》2018 年第 3 期。

② 闫雪、王树芝、姜铭等：《2013～2014 年度宝墩遗址出土木炭遗存的初步研究》，《南方民族考古》第十三辑，科学出版社，2017 年，第 311～328 页。

③ 姜铭、玳玉、何锟宇等：《新津宝墩遗址 2009 年度考古试掘浮选结果分析简报》，《成都考古发现》（2009），科学出版社，2011 年，第 68～82 页；北京大学考古文博学院、成都文物考古研究所：《新津县宝墩遗址 2010～2011 年出土植物遗存分析报告》，《成都考古发现》（2013），科学出版社，2015 年，第 66～87 页；成都文物考古研究所：《新津县宝墩遗址 2013～2014 年出土植物遗存分析报告》，《成都考古发现》（2013），科学出版社，2015 年，第 88～103 页；陈涛、江章华、何锟宇等：《四川新津宝墩遗址的植硅体分析》，《人类学报》2015 年第 2 期。

④ 成都文物考古研究所、大邑县文物管理所：《2012～2013 年度大邑县高山古城遗址调查试掘简报》，《成都考古发现》（2013），科学出版社，2015 年，第 1～44 页。

⑤ 成都文物考古研究所：《成都平原史前聚落考古的新收获》，《中国文物报》2016 年 6 月 3 日第 6、7 版；周志清、陈剑、刘祥宇等：《区域系统调查方法在成都平原大遗址聚落考古中的实践与收获——以高山古城遗址为例》，《中国文化遗产》2015 年第 6 期。

⑥ 成都文物考古研究所：《成都平原史前聚落考古的新收获》，《中国文物报》2016 年 6 月 3 日第 6、7 版。

茂县营盘山为代表的新石器文化十分相近^①。而从高山古城下层陶器特征分析，正好介于桂圆桥第一期与宝墩文化之间，这对探讨宝墩文化与川西高原以营盘为代表的新石器文化的关系提供了重要的证据。结合其植物考古信息，在此阶段有一个从粟作农业向以稻作农业为主、粟作为辅的转变过程。对解释营盘山—桂圆桥第一期—宝墩文化的变迁过程与原因提供了重要信息。

这一时期在成都平原配合基本建设的考古勘探、发掘中，发现的小型聚落遗址据已发表的材料统计有近50处。

通过十年左右的考古工作，在积累了一定聚落方面的材料基础之上，江章华、何锟宇等通过对成都平原史前时期聚落的分布、密度、规模、结构分析，并结合环境、生计模式等对成都平原史前聚落变迁、社会复杂化进行了初步的探讨。认为宝墩文化时期成都平原河流沼泽环境众多，气候温暖湿润。宝墩人的生计模式农业以水稻种植为主，少量小米，家畜、采集渔猎作为食物的补充。人们选择台地营建聚落，聚落的基本结构是以家户为基本单元，由家户组成聚落，再由聚落组成聚落群。聚落群或聚落的规模大小取决于群体人口的数量，有单个家户的聚落，也有多个家户（家族）的聚落，以及多聚落组成的聚落群。聚落或聚落群的空间布局形式与所在区域的环境地貌有关，因地制宜。第四期与第四期之前区别明显。第四期之前，大型聚落群与小型聚落的基本结构并无根本性的区别。除聚落大小规模有别外，大型聚落与一般聚落相比，也没有发现什么特殊的重要遗存，尚无明显的分级、分层证据。从墓葬看，社会成员没有明显的分化现象。目前还没有证据显示宝墩文化第四期之前，已出现拥有权力的特殊阶层，尽管存在工程浩大的城墙建设，但简单社会，出于某种共同的利益，群体也能组织起来营建较为大型的公共设施。综合目前已知信息，宝墩文化第四期之前，社会整体来看似乎还是比较简单。到第四期明显发生了变化，重要证据是从墓葬反映出来的，首先属小型聚落的十街坊、化成村等，个别墓葬开始随葬骨饰品或石工具。尤其是代表大型聚落的三星堆仁胜村墓地，部分墓葬随葬代表特殊身份的贵重物品。可以推测在宝墩文化的第四期，群体内部出现了分化，开始出现拥有一定权力的特殊阶层。重要的是聚落之间也出现了分化，三星堆聚落可能掌控了一些特殊资源，或某些特殊物品的贸易渠道，逐步强大起来，成为众多聚落中的强势聚落，其他弱势聚落自愿或被迫依附于三星堆聚落。伴随着群体间的整合，社会成员趋于复杂，管理也趋于复杂，特殊阶层的权力逐渐强化，于是逐步向复杂社会迈进^②。

这一时期对于宝墩文化第四期遗存的性质仍然有争议。首先是李明斌在其原"鱼凫村第三期类型"的基础上进一步提出了"鱼凫村文化"的命名^③。也有学者从绳纹的比较分析，主张将其归入三星堆文化^④。后来江章华通过一些单纯的宝墩文化第四期遗址，归纳出宝墩文化第四期的特征，再与之前宝墩文化的典型器物群及相关特征比较，认为宝墩文化第四期总体还是继承与保存着宝墩文化的传统与典型特征，其性质仍然属于宝墩文化^⑤。周丽通过成都平原史前陶器纹饰的分析研究，认为陶器纹饰在文化变迁过程中更具有保守性与传承性。基于这样的认识，对比了宝墩文化第三、四期

---

① 四川省文物考古研究院、德阳市博物馆、什邡市博物馆：《四川什邡桂圆桥新石器时代遗址发掘简报》，《文物》2013年第9期；万娇、雷雨：《桂圆桥遗址与成都平原新石器文化发展脉络》，《文物》2013年第9期。
② 江章华：《成都平原先秦聚落变迁分析》，《考古》2015年第4期；江章华、何锟宇：《成都平原史前聚落分析》，《四川文物》2016年第6期。
③ 李明斌：《再论温江鱼凫村遗址第三期文化遗存的性质》，《华夏考古》2011年第1期。
④ 杨占风：《从绳纹演变看成都平原先秦文化变迁》，《四川文物》2014年第4期。
⑤ 江章华：《宝墩文化四期遗存分析》，《成都考古研究》（二），科学出版社，2013年，第69~79页。

的纹饰，得出结论将原宝墩第四期文化（鱼凫村第三期）遗存归入宝墩文化是恰当的[①]。

由于桂圆桥第一期的发现，以及植物考古的信息，关于宝墩文化的渊源又引起了部分学者的关注。从陶器群反映出宝墩文化的主源当是川西北以姜维城、营盘山遗址为代表的马家窑文化类型，也有部分长江中游、峡江地区的因素，挖壕筑城、水稻种植技术明显是来自长江中游[②]。

也有学者仍然关注城的性质与社会问题，何锟宇、左志强等通过对成都平原宝墩城址的类型及其演变、筑城选址、城墙、壕沟与环境地貌的关系等分析，认为成都平原宝墩文化城墙的功能当以治水与防御为主，其次是管理水资源为农耕生产服务，大型公共工程的出现，说明社会结构开始改变，社会复杂化程度也开始加深，文明的曙光开始闪现[③]。

这一阶段有关宝墩文化的渊源已基本明晰，学术界的看法也趋于一致。而基于环境考古、植物考古、动物考古、人类骨骼考古等多学科综合分析研究的聚落考古研究取得了长足的进展，对宝墩文化时期的社会及其复杂化进程也有了一些初步的认识。

（江章华）

第二节　商周考古发现与研究

成都商周考古始于 20 世纪 30 年代，至今已有近百年历史，其发生、发展与四川考古紧密相连。依据考古发现、考古学文化体系的建立及考古学理论、方法的完善，可将之发展分为四个阶段。

一、第一阶段：20 世纪 30 年代至中华人民共和国成立前

三星堆燕家院子玉器坑的发现叩开了四川古文化的大门，促成了四川首次考古发掘，命名了"广汉文化"。1937 年后学者云集四川，推动了成都考古工作的开展，对成都平原的"大石遗迹"进行了调查，通过对白马寺坛君庙出土的青铜器进行的研究，提出了"巴蜀文化"的概念。

1929 年，广汉市月亮湾农民燕道诚在疏淘灌渠时无意间发现石璧、石凿、石斧、石矛等玉石器。但当时这批遗物并未得到重视，大多散落遗失，考古工作在 5 年后才得以进行。1931 年，广汉（时称汉州）的一位开明官员将部分玉石器带给牧师董笃宜，不久二人与戴谦和一起考察了玉石器出土现场[④]。1932 年秋，成都金石名家龚熙台从燕氏购得 4 件玉器，撰写了《古玉考》[发表于《成都东方美术专科学校校刊》创刊号（1935）]，文中认为燕宅旁发现的玉器坑为蜀望帝葬所，使这批玉石器名声大噪，也引起了时任华西协合大学古物博物馆馆长葛维汉的注意。1934 年，葛维汉借助当地官员的帮助在燕家院子附近进行了发掘，发掘出大量玉石器和陶器，撰写了《汉州（广汉

---

① 周丽：《成都平原史前文化陶器纹饰研究》，《江汉考古》2017 年第 1 期。

② 何锟宇：《试论宝墩文化的源头》，《南方民族考古》第十二辑，科学出版社，2016 年，第 10～26 页；左志强、何锟宇、白铁勇：《略论成都平原史城址的兴起与聚落变迁》，《"城市与文明"学术研讨会论文集》，上海古籍出版社，2016 年，第 166～182 页。

③ 何锟宇、左志强：《试论成都平原龙山时代的城址》，《"城市与文明"学术研讨会论文集》，上海古籍出版社，2016 年，第 154～165 页。

④ 戴谦和：《四川古代遗迹和文化》，原文刊于《华西边疆研究学会杂志》第四卷，1931 年；收入三星堆研究院、三星堆博物馆编：《三星堆研究》第一辑，天地出版社，2006 年，第 1～19 页。

发掘简报》，将发掘所得遗存命名为"广汉文化"，认为其年代上限为铜石并用时代，下限系周代初期，约当公元前 1100 年①。此次发掘是三星堆遗址的首次发掘，也拉开了四川考古的大幕。发掘结束不久，郭沫若便肯定了此次发掘，并认为发掘之玉石器与华北和中原地区的出土器物极其相似，证明四川很早就与华北、中原有文化接触，陶器为周代早期也许是可靠的，四川别处会有新的发现来展现这个文化的分布范围，会出现更可靠的证据②。郭先生的远见如今得到了证实。

全面抗战爆发后学者云集四川，郭沫若、卫聚贤等发起成立了巴蜀史地研究会，以研究巴蜀史地为宗旨，推动了成都考古工作的开展。

1938 年，冯汉骥对成都平原的"大石遗迹"进行了调查，指出大石遗迹的年代为新石器时代至周代③。这是成都地区的首次考古调查。

1941 年，卫聚贤在《说文月刊》第 3 卷第 4 期发表了著名的《巴蜀文化》一文。该文对从成都市场上收到的白马寺坛君庙青铜兵器、容器的形制、纹饰④进行了细致分析，认为春秋以前古蜀人有着自己的文字，在春秋战国时仿中原文字。1942 年，卫聚贤在《说文月刊》第 3 卷第 7 期中仍以"巴蜀文化"为名，刊布了 150 张图，对之前发表的《巴蜀文化》一文进行材料补充，指出巴蜀异国——古代的巴国在今汉中，可能因渝水（嘉陵江）而得名；白马寺后的土阜可能是蜀国的社稷坛，蜀国都城应在成都北门外高阜之地。对这群青铜兵器进行了辨伪，推定其年代在商末至战国⑤。

卫文的刊布在学术界掀起了轩然大波，由于受到"中原中心论"的支配，当时的学者大多不认可"巴蜀文化"的概念⑥，并认为卫文所举青铜器应为中原兵器或伪器，只有陆侃如等少数学者支持⑦。

一些学者对"广汉文化"的分期、年代及玉石器坑性质等进行了研讨。1942 年，林名均将"广汉文化"分为两期，认为文化遗址的年代为新石器时代末期，坑中所出玉石器为周代遗物⑧。同年，郑德坤认为文化层为新石器时代末，年代在公元前 1200～前 700 年；出土玉石器的土坑不是墓葬，而是晚周祭山埋玉遗址，时代为东周时期，为公元前 700～前 500 年⑨。

"广汉文化"的提出表明当时的学者对四川古文化与中原文化的异同给予了关注，不过该文化并没有引起更多学者的特别重视。"巴蜀文化"是依据白马寺出土的器形、纹饰具有地方特色的青

① 葛维汉：《汉州（广汉）发掘简报》，原文刊于《华西边疆研究学会杂志》第六卷，1934 年；收入三星堆研究院、三星堆博物馆编：《三星堆研究》第一辑，天地出版社，2006 年，第 85～95 页。

② 葛维汉：《汉州（广汉）发掘简报》，原文刊于《华西边疆研究学会杂志》第六卷，1934 年；收入三星堆研究院、三星堆博物馆编：《三星堆研究》第一辑，天地出版社，2006 年，第 85～95 页。

③ 冯汉骥：《成都平原之大石文化遗迹》，《华西边疆研究学会会志》1946 年第 16 期。

④ 早在 20 世纪 20 年代，成都西门北面白马寺坛君庙时有青铜器出土，以兵器为多，形制、花纹与中原青铜器有异，流传各地，有的还传入海外，被人当作"夏器"。

⑤ 赵换：《卫聚贤学术研究》，华东师范大学硕士学位论文，2010 年，第 34～36 页。

⑥ 商承祚：《成都白马寺出土铜器辨》，《说文月刊》1942 年第 3 卷第 7 期；郑德坤：《四川古代文化史》，华西大学博物馆，1946 年。

⑦ 陆侃如：《评卫聚贤巴蜀文化》，《文化先锋》1942 年第 1 卷第 12 期。

⑧ 林名均：《广汉古代遗物之发现及其发掘》，原文刊于《说文月刊》1942 年第 3 卷第 7 期；收入三星堆研究院、三星堆博物馆编：《三星堆研究》第一辑，天地出版社，2006 年，第 96～103 页。

⑨ 郑德坤：《四川史前文化》，原载于《学思》1942 年第 2 卷第 9 期；郑德坤：《四川古代文化史》，巴蜀书社，2004 年，第 45～57 页。

铜器而提出的，还不能说是一种考古学文化。但其从青铜器的角度同中原文化进行了初步比较，提出了巴蜀有文字的初步看法。同时，从文献研究的角度透视了巴蜀古史，第一次把巴蜀作为具有独立历史文化发展历程的古国来看待。这些成果，虽然由于资料的限制无法深入，但却涉及了当代巴蜀文化研究的几个基本层面，而这几个层面正是今天学术界关于文化与文明史研究的基础所在。在当时能够提出这些问题，是难能可贵的。

二、第二阶段：中华人民共和国成立至 20 世纪 70 年代末

在党和政府的关怀下，考古工作深入开展，新发现大量问世，研究继续深入，从考古学上确认了"巴蜀文化"。

（一）考古发现

1953 年，为配合砖瓦厂建设，四川省文物管理委员会羊子山工作小组对羊子山土台上的古墓群进行了清理，发现战国墓葬[①]。这是成都商周考古的首次发掘，也是成都地区考古的首次发掘。1955 年，四川省文物管理委员会清理了羊子山 M172，该墓是羊子山战国墓葬中最大的一座，随葬的器物较多，包括陶器、铜器、漆器、玉器、石器、车马器饰及其他七大类遗物，其中铜器和车马器饰较多[②]。1956 年，羊子山土台由于砖厂取土只存中心部分，四川省文物管理委员会对其进行了清理，复原出一座四方三级土台建筑，推测其是观望、集会或祀典之所。认为台址出土的石璧与燕家院子出土的石璧制法一致，陶片与 1934 年葛维汉在燕氏院子附近发掘的陶片一样，又与绵阳边堆山所出陶片有些相似，年代上限为西周晚期至春秋前期，下限以土台之上的战国墓为参考，当在战国末年[③]。

1954 年，四川省文物管理委员会清理了青羊宫古遗址，出土了矮圈足豆、尖底杯、觚形器等[④]，属西周和战国时期遗物。这是成都商周考古第一次发掘遗址且是主动发掘。1958 年，四川省博物馆对青羊宫遗址再次进行了小规模的主动试掘，亦出土了战国时期遗物[⑤]。

1956 年，四川省文物管理委员会田野组调查了新繁水观音遗址和广汉中兴乡横子梁遗址、三星堆遗址，调查所得陶片与四川各时代墓葬出土的陶器及成都青羊宫遗址的陶片有显著区别，年代为殷周时期，与战国以下的文化分属不同的系统[⑥]。1957 年和 1958 年，为了进一步探索遗址的性质，四川省博物馆文物工作队先后对新繁水观音遗址进行了两次试掘，共清理了 8 座墓葬，获得了大量陶器和少量石器、铜器、兽骨。发掘者认为地层出土的陶器与三星堆、月亮湾遗址采集陶片的陶质、器形相似，晚期墓葬出土的青铜戈与郑州二里冈、湖北黄陂出土的同类器相似，推测年代为春秋或西周，早期墓比晚期墓早些，可能会到殷商时代[⑦]。

① 四川省文物管理委员会：《成都羊子山土台遗址清理报告》，《考古学报》1957 年第 4 期。
② 四川省文物管理委员会：《成都羊子山第 172 号墓发掘报告》，《考古学报》1956 年第 4 期。
③ 四川省文物管理委员会：《成都羊子山土台遗址清理报告》，《考古学报》1957 年第 4 期。
④ 四川省文物管理委员会：《成都青羊宫古遗址清理简报》，《考古通讯》1956 年第 2 期。
⑤ 四川省博物馆：《成都青羊宫遗址试掘简报》，《考古》1959 年第 8 期。
⑥ 王家祐、江甸潮：《四川新繁、广汉古遗址调查记》，《考古通讯》1958 年第 8 期。
⑦ 邓伯清：《四川新凡县水观音遗址试掘简报》，《考古》1959 年第 8 期。

1959 年，在兴建成汶铁路时，新繁县民工大队在彭县竹瓦街五显庙发现了一个大陶缸，里面盛放 21 件青铜器，包括 8 件容器和 13 件兵器。王家祐推断这批铜器的制作时代可能在商末周初，下埋时间或要更晚些[①]。

1963 年，四川省文物管理委员会清理了成都无线电机械工业学校战国土坑墓，出土了陶尖底盏和青铜兵器、工具，发掘者认为其时代为战国中期，是蜀文化墓葬[②]。

1972 年，郫县红光公社七大队第四生产队在杨家旱地取土烧窑时，发现了两座土坑墓。出土了一批战国铜器，包括戈 1 件、矛 6 件、剑 2 件、钺 3 件、镰 1 件、胄顶 2 件、印章 1 枚、半两钱币 1 枚，以及残釜、鍪、甑、锯和环等。因有秦半两钱出土，报道者推断这两座墓的时代应在秦灭巴蜀以后。铜矛上发现的成行巴蜀符号在四川地区属首次，推测为蜀文字[③]。

1976 年，郫县晨光公社向阳大队二队灌溉渠旁发现了战国时期船棺葬，仅残存底部。出土了铜剑 1 件、铜戈 1 件、残铜矛 1 件、铜钱 2 枚、铜釜残片。在铜戈上有一行符号，简报认为其与红光公社铜矛上的符号一样，均是古蜀文字[④]。

1976 年，成都印刷二厂在交通巷修建宿舍楼时发现了一批青铜器，有戈 4 件、矛 1 件、斧 1 件、刀 1 件、勺 1 件。报道者将这 4 件戈分为四式，发表了其中Ⅰ～Ⅲ式 3 件铜戈的图片，认为Ⅰ式戈年代为西周时期，Ⅱ式戈时代略晚于Ⅰ式戈，Ⅲ式戈的年代属于战国时期。其中，Ⅰ式戈饰"蚕纹"，该纹饰在成都属首次发现[⑤]。

其他的发现还有，1957 年在成都南郊距成都南门约 2 千米处清理了一座出土战国兵器的墓葬[⑥]。1965 年，四川省博物馆清理了百花潭中学 M10，出土随葬品 48 件，包括 1 件陶尖底盏和 47 件铜器。报道者认为其时代为战国时期的秦灭巴蜀前后，约当公元前 4 世纪末[⑦]。1973 年，成都西郊青羊宫修建医院大楼时发现了一座战国墓，出土了较多铜器。简报推断该墓时代为战国中、晚期。此墓从墓葬形制、器物组合到器物形状都有浓厚的楚文化特色，是蜀、楚文化交流的重要例证[⑧]。1978 年，成都市南一环路东段的五一二四工地在挖排水沟时出土了 1 件大型铜罍。报道者推断这件铜罍年代为西周中、后期[⑨]。

这些发现促使学者更多地从考古角度思考巴蜀古史，并产生了许多新的学术增长点。

（二）考古研究

学者逐渐认识到"巴蜀文化"的提出有其合理性，并对其内涵进行了研究。其中，较著名的当属徐中舒撰写的《巴蜀文化初论》，该文运用了大量文献材料和已刊布的考古材料，对巴蜀文化的经济、政治、民族、地理及文字等问题进行了系统阐述，指出四川古代是一个独立的经济文化区，

---

① 王家祐：《记四川彭县竹瓦街出土的铜器》，《文物》1961 年第 11 期。
② 四川省文物管理委员会：《成都战国土坑墓发掘简报》，《文物》1982 年第 1 期。
③ 李复华：《四川郫县红光公社出土战国铜器》，《文物》1976 年第 10 期。
④ 郫县文化馆：《四川郫县发现战国船棺葬》，《考古》1980 年第 6 期。
⑤ 石湍：《记成都交通巷出土的一件"蚕纹"铜戈》，《考古与文物》1980 年第 2 期。
⑥ 赖有德：《成都南郊出土的铜器》，《考古》1959 年第 8 期。
⑦ 四川省博物馆：《成都百花潭中学十号墓发掘记》，《文物》1976 年第 3 期。
⑧ 四川省博物馆：《成都西郊战国墓》，《考古》1983 年第 7 期。
⑨ 平文：《西周铜罍》，《成都文物》1986 年第 3 期。

并与中原地区存在经济联系，还明显受到了中原文化的影响①。蒙文通②、缪钺③等也就巴蜀文化提出了自己的看法。此外，巴文化和蜀文化遗存逐渐从考古文化研究上进行区分，遗址出土的部分陶器、铜器被认为属于蜀文化，与关中及中原地区相似；而宝轮院、冬笋坝发现的船棺葬及青铜兵器则被认为是与巴人相关的遗存④。还对一些遗址（物）的年代⑤进行了分析。

整体来看，该阶段最重要的意义在于"巴蜀文化"得到了考古材料的证实，考古学研究也以探索"巴蜀文化"为主，考古发现的增多和遗物之间的差别让学者开始细致审视和区分"巴""蜀"的概念，以三星堆、水观音、羊子山等遗址为代表的古遗存被认为是蜀文化的典型代表。但是这一阶段的"巴蜀文化"研究主要从历史角度研讨，只是使用了一些考古材料，呈现出以文献为主、考古材料为辅的特点。

三、第三阶段：20世纪80年代初至20世纪90年代末

改革开放后经济快速发展，为配合基本建设，商周考古新发现不断涌现。夏鼐提出的考古学文化定名原则⑥和苏秉琦提出的"区系类型"理论⑦被普遍接受和应用，商周考古命名了一批考古学文化，构建了考古学文化体系。考古研究也从前两阶段以文献研究为主、考古材料为辅转变为以考古学方法为主。

（一）考古发现

1. 三星堆文化和十二桥文化

该阶段发现的三星堆文化、十二桥文化遗址共计9处，广汉三星堆遗址发掘如火如荼，成都地区方池街、十二桥、清江村等一批重要遗址问世，金沙遗址初露端倪。

1980～2001年，四川省文物管理委员会、四川省文物考古研究所对三星堆遗址展开了系统的发掘工作，前后共计发掘13次，出土了大量遗迹和遗物，使三星堆的研究逐渐火热。1980～1981年的发掘材料已经公布，据此命名了"三星堆文化"⑧，引起了强烈反响。此后，三星堆遗址发掘继续进行，但材料报道不多，相关研究也不温不火。直到1986年三星堆器物坑的发现⑨，大量前所未见的青铜器出土，强烈刺激着学术界的神经，不同角度的研究也随之展开，形成了成都平原继"巴蜀文化"研究后的又一波学术高潮。

1982～1987年，成都市博物馆考古队、成都市文物考古研究所连续四年对方池街遗址进行了抢救性发掘，发现人工卵石埂，出土了一批陶器、石器、骨器。发掘者认为该遗址包含夏商至春秋

---

① 徐中舒：《巴蜀文化初论》，《四川大学学报》（社会科学版）1959年第2期。

② 蒙文通：《巴蜀史的问题》，《四川大学学报》（社会科学版）1959年第5期。

③ 缪钺：《〈巴蜀文化初论〉商榷》，《四川大学学报》（社会科学版）1959年第4期。

④ 冯汉骥：《西南古奴隶王国》，《历史知识》1980年第4期。

⑤ 徐中舒：《四川彭县濛阳镇出土的殷代二觯》，《文物》1962年第6期。

⑥ 夏鼐：《关于考古学上文化的定名问题》，《考古》1959年第4期。

⑦ 苏秉琦、殷玮璋：《关于考古学文化的区系类型问题》，《文物》1981年第5期。

⑧ 四川省文物管理委员会、四川省博物馆、广汉县文化馆：《广汉三星堆遗址》，《考古学报》1987年第2期。

⑨ 四川省文物管理委员会、四川省文物考古研究所、四川省广汉县文化局：《广汉三星堆遗址一号祭祀坑发掘简报》，《文物》1987年第10期。

时期遗存，年代比三星堆遗址略早[①]。

1985 年 12 月～1986 年 7 月、1986 年 9 月～1987 年 4 月，为配合成都干道指挥室修建地下综合楼，四川省文物管理委员会、四川省文物考古研究所、成都市博物馆发掘了十二桥遗址，出土了大量陶器、石器及大型木构建筑。发掘者将遗址第 10 层以下遗存分为三期，即第 13 层、大型木构建筑为早期，第 12 层为中期，第 10、11 层为晚期，早期年代为商代早期，中期年代相当于殷墟第一期，晚期年代为商末周初[②]。1995 年，成都市文物考古研究所发掘了成都十二桥遗址新一村地点，其文化面貌属于十二桥文化晚期，是构建十二桥文化序列的重要发现[③]。

1999 年 12 月～2000 年 1 月，成都市文物考古研究所会同郫县博物馆对清江村遗址进行了调查和发掘，出土了宝墩文化、三星堆文化和十二桥文化三种不同时期的考古学文化遗存[④]。通过该遗址的发掘，更进一步证实了成都平原先秦时期从宝墩文化—三星堆文化—十二桥文化的文化发展演进序列，意义十分重大。

1995～2000 年，成都市文物考古研究所开始对现在所认识的金沙遗址范围内的三处地点进行了不同规模的考古发掘，三处地点均位于金沙村摸底河以北的金牛区黄忠村，原遗址名为"黄忠村遗址"。当时仅认识到黄忠村遗址是一处典型的十二桥文化遗址，并未认识到它是一处相当于都邑规模的大型遗址，也未认识到摸底河南岸的金沙村一带还分布着大面积的同期遗存。1995～1996 年，为配合基本建设，在金牛区黄忠村的"黄忠小区"地点发现了商周时期遗存，随即进行了抢救性考古发掘，当时命名为黄忠村遗址，这是对金沙遗址进行的首次考古发掘[⑤]。1999～2000 年，在黄忠村的"三和花园"地点再次进行了大规模的考古发掘[⑥]。此次发掘是金沙遗址确认之前对金沙遗址最大规模的发掘，最大收获是发现了一组大型建筑基址，认识到黄忠村遗址是一处分布面积约 100 万平方米的重要商周遗址。2000 年，在金牛区"金都"和"御都花园"地点也进行了发掘工作，发现了大量灰坑及少量墓葬和陶窑[⑦]。该阶段金沙遗址的工作特点主要只是对单个遗址点进行发掘与研究，发掘工作区域主要集中于摸底河北岸，南岸地区尚未涉及，没有进行区域系统调查与研究，对遗址的性质和重要性认识不足。

① 成都市博物馆考古队、成都市文物考古研究所：《成都方池街古遗址发掘报告》，《考古学报》2003 年第 2 期。

② 四川省文物管理委员会、四川省文物考古研究所、成都市博物馆：《成都十二桥商代建筑遗址第一期发掘简报》，《文物》1987 年第 12 期。

③ 成都市文物考古研究所：《成都十二桥遗址新一村发掘简报》，《成都考古发现》（2002），科学出版社，2004 年，第 201～208 页。

④ 成都市文物考古研究所、郫县博物馆：《四川省郫县清江村遗址调查发掘收获》，《成都考古发现》（1999），科学出版社，2001 年，第 146～163 页；成都市文物考古研究所、郫县博物馆：《四川郫县清江村遗址发掘简报》，《文物》2003 年第 1 期。

⑤ 资料现存于成都文物考古研究院。1995 年 12 月～1996 年 4 月。成都市文物考古研究所对黄忠村的"黄忠小区"地点进行了文物勘探和考古发掘，发掘面积约 700 平方米。黄忠小区位于黄忠村的东部，东临同和路。该次发掘出土了大量陶器，典型器类有陶尖底杯、尖底盏、圈足罐、高领罐、器盖等，时代约当商代晚期至西周早期，是一处典型的商周时期文化遗址。

⑥ 成都市文物考古研究所：《成都市黄忠村遗址 1999 年度发掘的主要收获》，《成都考古发现》（1999），科学出版社，2001 年，第 164～181 页。

⑦ 资料现存于成都文物考古研究院。

其他发现还有成都指挥街遗址、新都桂林乡遗址及成都抚琴小区遗址[①]、成都岷江小区遗址。1985 年 12 月，指挥街施工过程中发现许多文物。1986 年 1 月 2 日~2 月 18 日，四川大学博物馆、成都市博物馆对指挥街遗址进行了抢救性发掘。发掘者将周代遗存分为两期，早期即第 6 层，年代是西周早期，晚期即第 5B 层，年代是春秋前期。并认为该遗址与"以前发掘的成都羊子山土台遗址、广汉中兴月亮湾遗址、新繁水观音遗址、成都青羊宫遗址，以及近年来发掘的成都方池街遗址、成都岷山饭店遗址、成都十二桥遗址、成都抚琴小区遗址、广汉中兴三星堆遗址有许多相同之处，与这些遗址应属于同一个文化系统"[②]。1992 年 7 月，成都市文物考古工作队发掘了新都桂林乡遗址，出土了一批商周时期遗存，发掘者认为其年代介于三星堆遗址第二、三期之间，接近第三期，为商代中期[③]。1998 年 12 月~1999 年 2 月，成都市文物考古工作队发掘了岷江小区遗址，出土了少量铜器，有尊、镞、削等。发掘者推断岷江小区遗址商周时期堆积年代为商代末期至西周早期[④]。

2. 东周时期

该阶段发现的东周时期遗存 31 处，其中较重要的有彭县竹瓦街青铜器窖藏、新都马家木椁墓、上汪家拐遗址，其他发现均是墓葬。

1980 年 2 月，彭县竹瓦公社七大队四队社员在取砖瓦土时发现了一处铜器窖藏，出土地点东南距 1959 年发现的铜器窖藏约 25 米。铜器盛放在一个大陶缸内，有 4 件铜罍，其中的 2 件铜罍中盛放 15 件铜兵器。报告认为这批铜器的器形和纹饰都与 1959 年发现的窖藏铜器相类似，它们的时代上限应不早于商末周初，下埋时间可能都在西周末期或春秋初期，可能是杜宇族退隐西山时埋下的[⑤]。

1980 年 3 月，四川省博物馆和新都县文物管理所在新都马家公社清理了一座战国时期大型木椁墓。椁内出土了陶豆、陶罐、陶釜、铜印章及小件铜器和漆器残片。腰坑内出土 188 件青铜器。报告认为该墓年代约当战国早、中期之际，也可能是在秦灭巴蜀以前，墓主人可能是古蜀开明王，为开明九世至十一世中之一的可能性较大[⑥]。新都马家公社大型木椁墓规模宏大，被盗甚残，仍出土了大量随葬品，是成都地区发现的第一座高等级墓葬，为研究探讨古蜀历史和相关文化的关系提供了重要资料。

1991 年，成都市文物考古工作队、四川大学历史系发掘了上汪家拐遗址，出土了大量的战国时期遗存[⑦]，这是成都地区发现的首个战国时期遗址。

其他东周时期墓葬共计 28 处。1980 年 2 月，成都市金牛区圣灯公社圣灯十队发现 2 座战国墓

---

① 资料现存于成都文物考古研究院。

② 四川大学博物馆、成都市博物馆：《成都指挥街周代遗址发掘报告》，《南方民族考古》第一辑，四川大学出版社，1987 年，第 171~210 页。

③ 成都市文物考古工作队、新都县文物管理所：《四川新都县桂林乡商代遗址发掘简报》，《文物》1997 年第 3 期。

④ 李明斌、王方：《岷江小区遗址 1999 年第一期发掘》，《成都考古发现》（1999），科学出版社，2001 年，第 189~191 页。

⑤ 四川省博物馆、彭县文化馆：《四川彭县西周窖藏铜器》，《考古》1981 年第 6 期。

⑥ 四川省博物馆、新都县文物管理所：《四川新都战国木椁墓》，《文物》1981 年第 6 期。

⑦ 成都市文物考古队、四川大学历史系：《成都市上汪家拐街遗址发掘报告》，《南方民族考古》第五辑，四川科学技术出版社，1993 年，第 325~358、407、408 页。

葬，其中一座（80圣M1）已被社员扰乱，成都市文物管理处对另一座墓进行了清理。两墓均出土了巴蜀系统青铜器，简报认为两墓均为秦灭巴蜀以后的战国晚期墓[1]。1980年11月，成都市博物馆考古队清理了成都中医学院战国土坑墓，出土了1件陶釜、4件陶尖底盏、15件铜器。简报认为墓葬的年代为战国早、中期之际[2]。1980年12月，彭县太平公社二大队社员发现船棺1具。此前曾在船棺处取出过铜剑2柄、铜钺1件、双耳铜鍪1件，还有部分残陶片。此次取出船棺时，又在舱内北部发现残存的铜器11件，有钺、戈、斤、镞、璜形饰等。报道者推断其年代为战国中期。船棺两端截齐，没有翘首，与巴县冬笋坝、昭化宝轮院、绵竹清道、郫县等处出土的翘角船棺不同，应是另一类型的船棺，可称之为"独木舟式船棺"或"独木棺"，为巴蜀船棺葬的研究补充了新材料[3]。1980年12月，蒲江县城东500米处，社员挖沼气池时发现1座船棺，出土铜剑2件、铜钺2件、铜凿1件、陶碗1件，龙腾认为是巴族武士墓[4]。1981年，成都市建一公司四队在市区新西门外枣子巷施工中发现一土坑墓内出土战国时期铜兵器数十件。报道者推断该墓年代应属于战国晚期[5]。1981年和1982年，蒲江县东北一公社发现2座战国土坑墓。两墓共出土铜器7件。报道者推断两座墓的时代为战国中期[6]。1982、1983年，四川省文物管理委员会、大邑县文化馆在大邑五龙公社机砖厂先后清理战国土坑墓4座（M1～M4），出土铜器31件。发掘者推断M4可能为战国早期墓葬，M3为战国中期前后，M1、M2为战国中晚期（公元前3世纪上半叶）[7]。1983年11月，成都西门外三洞桥青羊小区修建西干道拆迁居民住宅，发现多座古井及古墓葬。民工随后挖房基发现一批铜器，大部分卖给省文物商店。成都市文物管理处将所卖铜器收回，并从民工手里收回几件铜器。在对残存的4座墓葬进行清理的过程中又发现一些文物。报道者推断青羊小区古墓为战国时期墓葬[8]。1984年5～6月，四川省文物管理委员会、大邑县文化馆在大邑县五龙机砖厂又清理土坑墓2座（M18、M19），均出土铜器，发掘者推断两座墓的时代相当于秦[9]。1986年1月，成都京川饭店战国墓出土了一批战国晚期青铜器[10]。1986年1月，彭县文物管理所在彭县致和乡清理了一座土坑墓，出土了一批战国青铜器[11]。1986年11～12月，成都市博物馆考古队在成都抚琴小区清理了1座战国土坑墓[12]。1987年1月，崇庆县文物管理所在崇庆大划乡清理了1座战国土坑墓[13]。1987年5月，成都白果林小区甲十幢住宅基建工地发现船棺1具，大部分文物从民工手中收回，共出土随葬铜器24件。报道者推断该墓葬的入葬时间在战国早期，有

① 成都市文物管理处：《成都市金牛区发现两座战国墓葬》，《文物》1985年第5期。
② 成都市博物馆考古队：《成都中医学院战国土坑墓》，《文物》1992年第1期。
③ 四川省文管会（赵殿增、胡昌钰）：《四川彭县发现船棺葬》，《文物》1985年第5期。
④ 龙腾：《四川蒲江县巴族武士船棺》，《考古》1983年第12期。
⑤ 四川省文物管理委员会：《成都市出土的一批战国铜兵器》，《文物》1982年第8期。
⑥ 四川省文物管理委员会、蒲江县文物管理所：《蒲江县战国土坑墓》，《文物》1985年第5期。
⑦ 四川省文管会、大邑县文化馆：《四川大邑五龙战国巴蜀墓葬》，《文物》1985年第5期。
⑧ 成都市文物管理处：《成都三洞桥青羊小区战国墓》，《文物》1989年第5期。
⑨ 四川省文管会、大邑县文化馆：《四川大邑县五龙乡土坑墓清理简报》，《考古》1987年第7期。
⑩ 成都市博物馆考古队：《成都京川饭店战国墓》，《文物》1989年第2期。
⑪ 廖光华：《彭县致和乡出土战国青铜器》，《四川文物》1989年第1期。
⑫ 蒋成、刘雨茂：《成都市抚琴小区战国土坑墓》，《中国考古学年鉴1987》，文物出版社，1988年，第237、238页。
⑬ 施权新：《崇庆县出土战国铜器》，《成都文物》1987年第4期。

可能早到春秋之际①。1987 年 6 月，成都罗家碾省水电科研所基建工地发现 2 座土坑墓，均出土有铜器。发掘者认为两座墓的时代大体相当，皆为战国早期或战国早、中期之际。采集的 1 件铜钺时代为战国中、晚期②。1990 年 3 月，成都市西郊光荣小区发现战国土坑墓 1 座（92CGM5），随葬器物 60 余件，除铜剑和铜矛各 1 件出土于椁室上部填土中，其余均出自椁室内，共出土铜器 44 件。发掘者推断该墓的时代上限应当在秦灭巴蜀之后，时代下限不晚于西汉初年③。1990 年 4 月，蒲江县朝阳乡农民挖出 1 具巴蜀时期的船棺，出土铜器 5 件，包括铜匙、钺、釜、锅、锯各 1 件，抢救收集回铜钺、铜锯、铜釜碎片及铜虎头像 1 件。报道者推断这批文物的年代应为公元前 7～前 4 世纪古代巴蜀开明王朝时期④。1992 年 5～6 月，发掘了龙泉驿区北干道木椁墓群，清理了一批战国晚期木椁墓，带有强烈的楚文化色彩，可能与秦灭巴蜀后向巴蜀地区的移民有关⑤。1992 年 10～12 月，为配合工程施工，在成都西郊金鱼村清理战国时期土坑墓 4 座（92CJM1、92CJM7、92CJM14、92CJM18），出土铜器 16 件。发掘者推断出土铜器的 92CJM1 时代为战国早、中期之际，92CJM14、92CJM7 为战国晚期⑥。1992 年 12 月～1993 年 3 月、1993 年 8～12 月，成都市文物考古研究所、郫县博物馆在"西部民族风情园"和"花园别墅"两个工地共发掘战国至西汉时期的土坑墓 27 座，除钱币外，出土的 15 件铜器见于 7 座墓⑦。1993 年 3 月，位于成都市西南郊的"成都市运动创伤研究所"门诊大楼在基建过程中发现 1 座土坑墓，随葬器物仅残剩 7 件铜器，发掘者推断墓葬年代为战国中期⑧。1993 年 6 月，在成都市金牛区光荣小区金沙巷南侧发现战国土坑墓 4 座，其中一座破坏殆尽，另外三座大小形制相近（93CGM1～93CGM3）。93CGM1 墓坑大部分被施工破坏，随葬器物已被扰乱，出土铜器 11 件；93CGM2 除墓口被破坏外，墓坑内基本保存完整，出土铜器 25 件。发掘者推断 93CGM1 的时代为战国晚期偏早，93CGM2 的时代晚于 M1，属战国晚期⑨。1994 年 12 月，成都市文物考古工作队在成都市西郊的四川省水利设计院地点清理 2 座土坑墓（M5、M9），出土铜器 16 件，其中 15 件出自 M5，1 件出自 M9。发掘者推断 M5 的时代为战国中晚期，M9 为战国晚期⑩。1994 年底，成都市文物考古工作队在西郊石人小区发现并清理 2 座战国时期土坑墓（94CSM8、94CSM9），随葬品以铜器为主，94CSM8 随葬铜器 33 件，94CSM9 随葬铜器 34 件。发掘者推断两座墓的时代为战国早期⑪。1995 年，成都市考古队在成都市化成小区清理了一

① 罗开玉、周尔泰：《成都白果林小区四号船棺》，《成都文物》1990 年第 3 期。

② 罗开玉、周尔泰：《成都罗家碾发现二座蜀文化墓葬》，《考古》1993 年第 2 期。

③ 成都市文物考古工作队、成都市文物考古研究所：《成都市光荣小区土坑墓发掘简报》，《文物》1998 年第 11 期。

④ 龙腾、李平：《蒲江朝阳乡发现古代巴蜀船棺》，《四川文物》1991 年第 3 期。

⑤ 成都市文物考古研究所、龙泉驿区文物管理所：《成都龙泉驿区北干道木椁墓群发掘简报》，《文物》2000 年第 8 期。

⑥ 成都市文物考古工作队：《成都西郊金鱼村发现的战国土坑墓》，《文物》1997 年第 3 期。

⑦ 成都市文物考古研究所、郫县博物馆：《郫县风情园及花园别墅战国至西汉墓群发掘报告》，《成都考古发现》（2002），科学出版社，2004 年，第 277～315 页。

⑧ 谢涛：《成都运动创伤研究所发现土坑墓》，《成都文物》1993 年第 3 期。

⑨ 成都市文物考古工作队：《成都市金沙巷战国墓清理简报》，《文物》1997 年第 3 期。

⑩ 成都市文物考古工作队：《成都西郊省水利设计院土坑墓清理简报》，《考古与文物》2000 年第 4 期。

⑪ 成都市文物考古研究所、成都市文物考古工作队：《成都西郊石人小区战国土坑墓发掘简报》，《文物》2002 年第 4 期。

批战国土坑墓①。1995 年发掘的成都十二桥遗址新一村 M1 出土铜器 17 件，发掘者推断 M1 的年代约当战国中期②。1996 年 7 月，成都市文物考古工作队在成都市北郊发掘战国墓葬 2 座，出土铜器 7 件，半两钱 11 枚，报道者推断墓葬的年代为战国晚期③。1998 年 9 月，蒲江县鹤山镇飞龙村西侧的小河边有一船棺墓被河水冲出，里面出土铜带钩、镦、剑首各 1 件，以及铜印章 3 枚、半两钱 20 枚。发掘者推断墓葬的年代为战国晚期至秦④。

（二）考古研究

1. 三星堆文化和十二桥文化

三星堆遗址考古新发现不断涌现，尤其是祭祀坑的发现轰动了学术界。1986 年 11 月，召开了首届"巴蜀的历史与文化学术讨论会"，会议围绕着巴蜀的族属与源流、巴蜀的历史与文化两个中心议题，标志着巴蜀史研究揭开了新的篇章。此后开始有学者将目光聚焦在三星堆文化分期和来源问题上。十二桥遗址的发掘影响较大，其与三星堆遗址的关系问题，以及以之命名的十二桥文化与三星堆文化的关系问题成为研究热点。这一阶段以典型遗址分期并命名了一批考古学文化成为主流，以巴蜀文化为名的讨论仍在继续，对羊子山土台、一些遗物及社会经济、文化交流、文物保护等也进行了讨论。

（1）巴蜀文化

巴蜀文化研究的代表是宋治民。1983 年，宋治民指出考古学上的蜀文化是指从商周到汉初这一段时间在四川省西部存在的具有浓厚地方色彩的一种考古学文化，分为早、晚两期，早期包括商代、西周、春秋；晚期包括战国时期和秦代，其下限可到汉初。早期蜀文化的材料主要是遗址，发展序列为广汉月亮湾遗址下层（商代）—广汉月亮湾遗址上层、成都羊子山土台基址上层（西周早期）—新繁水观音遗址和墓葬（西周晚期—春秋）。晚期蜀文化分前、后两段，前段为战国前期，以新都马家大墓、百花潭中学 M10 为代表；后段包括战国后期、秦代及汉初，以羊子山 M172 为代表⑤。1990 年，宋治民进一步指出蜀文化是以族称命名的考古学文化，并对早期蜀文化分期进行了再讨论。他将月亮湾、水观音、羊子山、三星堆、十二桥、指挥街、方池街、抚琴小区、岷山饭店等遗址从早至晚分为八期，即①三星堆第一期—②月亮湾下层—③三星堆第二期—④三星堆第三期—⑤月亮湾上层、羊子山土台基址上层—⑥十二桥早期—⑦十二桥中期、指挥街早期、水观音早期—⑧十二桥晚期、指挥街晚期、水观音晚期，三星堆第一期、月亮湾下层为新石器时代晚期至夏代初期，三星堆第二期、第三期为商代，月亮湾上层、羊子山土台基址上层为西周前期，十二桥早、中期与指挥街早期、水观音早期为西周后期，十二桥晚期、指挥街晚期、水观音晚期为春秋时期。以上八期从第三期开始为早期蜀文化，第一、二期为蜀文化的前身。其还指出蜀文化是土生土长的土著文化，蜀人是本地区原始社会诸部落居民发展而来，而不是从其他地区迁来，起码其主要成分不是从外地迁来；蜀应是一个族称，以他们为主建立的王国即是历史上的蜀国；蜀文化出土的

① 成都市考古队：《成都化成小区战国墓发掘清理简报》，《成都文物》1996 年第 4 期。

② 成都市文物考古研究所：《成都十二桥遗址新一村发掘简报》，《成都考古发现》（2002），科学出版社，2004 年，第 201～208 页。

③ 成都市文物考古工作队：《四川成都市北郊战国东汉及宋代墓葬发掘简报》，《考古》2001 年第 5 期。

④ 成都市文物考古工作队、蒲江县文物管理所：《成都市蒲江县船棺墓发掘简报》，《文物》2002 年第 4 期。

⑤ 宋治民：《关于蜀文化的几个问题》，《考古与文物》1983 年第 2 期。

器物中，有些和中原地区某种文化的一些器物有相似或相同之处，反映了当时蜀和中原地区的文化交流；就目前材料看蜀文化的分布范围乃是以成都平原为中心的川西地区①。随着资料的积累和认识的深化，1998 年，宋治民又将蜀文化早期分为两段，前段相当商、西周前期，后段相当西周后期、春秋时期②。1999 年，宋治民以考古资料及一些综合研究论著为基础，系统地讨论了蜀文化和巴文化，内容包括蜀文化的命名、渊源、分期、族属，巴文化的命名、渊源、分期、族属，蜀文化、巴文化、白马石类型三者的关系，巴蜀文化的消失。其指出蜀文化是以族称命名的考古学文化，源于川西以中子铺、邓家坪、边堆山等遗址为代表的新石器时代文化。蜀文化陶器的发展演变看可以分为三大段，第一阶段以小平底罐、高柄豆、圈足盘、鸟头形把勺为代表，遗址主要有广汉三星堆遗址第二、三期，月亮湾遗址第二期，成都羊子山土台基址的上层；第二阶段的代表性器物是各类尖底器，有尖底罐、尖底杯、尖底盏，另有器座，前一阶段的小平底罐、高柄豆仍然流行，还发现少数圜底陶釜，主要遗址有广汉三星堆遗址第四期、成都十二桥遗址、成都指挥街遗址、新繁水观音遗址和雅安沙溪遗址；第三阶段的代表性器物是圜底釜、圜底罐、无把圈足豆，第二阶段流行的尖底盏在本阶段也有不少出土，而第一阶段、第二阶段流行的小平底罐、高柄豆，第二阶段流行的尖底罐、尖底杯等已经消失，主要遗存为战国及稍后的墓葬和遗址。第一阶段的年代为商至西周前期，第二阶段为西周后期至春秋，第三阶段为战国时期。蜀文化应是以蜀族为主的共同体的物质遗存，而不是来自不同地区、不同民族（部族）先后建立的蜀国的遗存。巴文化是以香炉石遗址为代表的考古学文化，还包括宜昌中堡岛、秭归朝天嘴，时代为夏商，这支考古学文化的生产工具以石斧、石锛、石铲、石凿及骨铲为主。主要陶系为夹砂褐陶和夹砂灰陶，陶器纹饰主要有绳纹、方格纹、篮纹、"S"纹、"回"形纹等，陶器器类主要为罐、釜，还有豆、小平底罐、尖底杯。香炉石遗址可分为四期，第一期为第 7 层，时代为夏代；第二期为第 5、6 层，时代为商代；第三期为第 4 层，时代为商末至西周；第四期为第 3 层，时代为东周。巴文化是源自鄂西长江沿岸以"白庙遗存"为代表的新石器时代晚期文化。川西的蜀文化、鄂西的巴文化、陕南的白马石类型属于三支不同的考古学文化，形成三角之势，相互交流、影响。战国中期，秦举巴蜀，巴蜀作为两个独立王国消失，成为秦国的一部分，但是作为物质遗存的文化并没有随着巴、蜀两国的消亡而绝迹，它们还延续了一段时间，大约至西汉中期巴蜀文化基本绝迹，全面融入了汉文化之中③。

1983 年，赵殿增从考古学范畴对巴蜀文化进行了研究，其认为"考古学上的巴蜀文化，不光是指巴国和蜀国的文化，而应包括巴蜀整个民族文化发展的全过程"，"是从距今四千多年前到西汉时期，主要分布在四川盆地之内的具有独特面貌的地方文化"。其将巴蜀文化分为早、中、晚三期，早期为新石器时代晚期，称为"早期巴蜀文化"；中期为青铜时代前期，从殷代开始下至春秋战国之际，称为"中期巴蜀文化"；晚期为青铜时代后期，大约为春秋中晚期至西汉中晚期，主要为战国时期，称为"晚期巴蜀文化"④。

1991 年，李复华、王家祐将蜀文化分为早、晚两期，每期又各分为两段，其早期第一阶段相

① 宋治民：《早期蜀文化分期的再讨论》，《考古》1990 年第 5 期。

② 宋治民：《蜀文化尖底陶器初论》，《考古与文物》1998 年第 2 期。

③ 宋治民：《试论蜀文化和巴文化》，《考古学报》1999 年第 2 期。

④ 赵殿增：《巴蜀文化的考古学分期》，《中国考古学会第四次年会论文集》，文物出版社，1985 年，第214~224 页。

当夏至商中叶，第二阶段相当商末至鳖灵入蜀；晚期的第一阶段相当鳖灵入蜀至战国中叶，第二阶段为战国晚期至西汉初年[1]。

1984 年，沈仲常、黄家祥指出广汉古代文化遗址与水观音遗址是目前发现的早期古蜀文化遗址，只是这种同一类型的文化分布在两个不同的地点，广汉遗址出土的文化遗物时代的上限也早于水观音遗址，水观音遗址的文化遗物主要就是继承广汉文化遗物发展而来的[2]。

1990 年，陈显丹提出以广汉三星堆遗址为代表的早期蜀文化在西周以前就存在了，其典型器物均在成都十二桥商周遗址、新繁水观音商周遗址、成都指挥街周代遗址、雅安沙溪西周遗址都有出土，具有一定的承袭关系，春秋战国时期的蜀文化也是继广汉三星堆早期蜀文化发展而来的[3]。

该阶段对巴蜀文化的讨论，主要从考古学层面进行讨论，宋治民、赵殿增甚至认为其是一个考古学文化概念。一般将巴蜀文化分为早、晚两期，晚期主要指战国时期。关于巴蜀文化的年代下限比较统一，主要为战国时期，可延至西汉。而关于巴蜀文化的年代上限，学者略有分歧，赵殿增认为应从新石器时代晚期开始，而宋治民、李复华、王家祐等认为从夏开始。

（2）重要遗址分期及考古学文化体系

1987 年，三星堆遗址 1980～1981 年发掘者将这批遗存分为三期，并将三期遗存统一命名为"三星堆文化"，年代为"从新石器时代晚期至相当于中原夏、商时期"[4]。这是成都平原第一个科学命名的考古学文化，标志着以考古学文化来研究成都平原先秦历史的开始。

1990 年，陈显丹在三星堆遗址 1980～1981 年发掘的材料[5]基础上，增加了 1982～1986 年发掘的材料，将三星堆遗址划分为四期，并认为其年代上限在新石器时代晚期，下限在商末周初[6]。陈文关于三星堆遗址四期的划分，在很长时间内为大多数学者所用。

1992 年，赵殿增认为三星堆遗址反映了巴蜀文化历史进程，可将这古文化分为四个考古文化"期"。三星堆四期文化体现了巴蜀史三个重要历史时期，第一时期，即三星堆第一期文化，属于新石器时代晚期阶段，距今 4800 年左右至 4000 年。第二个历史时期包括三星堆第二期文化和第三期文化，距今 4000 年左右至 3200 年，相当于中原的夏代、商代早中期和殷商前期。第三个历史时期即三星堆第四期文化，距今 3200 年至 2600 年，十二桥商周遗址、指挥街西周春秋遗址、羊子山西周土台、水观音商周遗址也包括在这一时期内，相当于中原的商代晚期经西周到春秋中期[7]。

1993 年，孙华结合三星堆遗址 1980～1981 发掘材料和陈显丹的《广汉三星堆遗址发掘概况、初步分期——兼论"早蜀文化"的特征及其发展》所刊布的材料对三星堆遗址进行了梳理，将三星堆遗址分为三期，并推断"第一期为龙山时代至二里头文化时代初期，第二期为二里头文化时代

① 李复华、王家祐：《巴蜀文化的分期和内涵试说》，《巴蜀历史民族考古文化》，巴蜀书社，1991 年，第174～185 页。

② 沈仲常、黄家祥：《从新繁水观音遗址谈早期蜀文化的有关问题》，《四川文物》1984 年第 2 期。

③ 陈显丹：《广汉三星堆遗址发掘概况、初步分期——兼论"早蜀文化"的特征及其发展》，《南方民族考古》第二辑，四川科学技术出版社，1990 年，第 213～231 页。

④ 四川省文物管理委员会、四川省博物馆、广汉县文化馆：《广汉三星堆遗址》，《考古学报》1987 年第 2 期。

⑤ 四川省文物管理委员会、四川省博物馆、广汉县文化馆：《广汉三星堆遗址》，《考古学报》1987 年第 2 期。

⑥ 陈显丹：《广汉三星堆遗址发掘概况、初步分期——兼论"早蜀文化"的特征及其发展》，《南方民族考古》第二辑，四川科学技术出版社，1990 年，第 213～231 页。

⑦ 赵殿增：《三星堆考古发现与巴蜀古史研究》，《四川文物》1992 年增刊。

晚期至殷墟第一期前段，第三期为殷墟文化时期第一期后段至第三期"①。孙华与陈显丹的分期方案虽有不同，但他们对各自最早、最晚阶段与中间阶段在遗存面貌上存在较大差距的认识是一致的。孙华将这三期遗存视为同一文化系统下的三种不同的考古学文化。将三星堆第二期这类遗存称为"三星堆文化"，将三星堆第一期这类遗存和三星堆第三期这类遗存分别命名为"边堆山文化"和"十二桥文化"，以便与三星堆文化相区别②。

1998年，江章华通过对十二桥遗址研究，同意以十二桥遗址为代表的遗存命名为十二桥文化，建议将十二桥遗址第10～13层陶器为代表的文化遗存命名为十二桥下层文化，新一村第6～8层为代表的文化遗存命名为十二桥上层文化。其把下层文化分为二期3段，第13层为第一期1段，第12层为第一期2段，第10、11层为第二期。认为第一期1段的年代为殷墟第三期，第一期2段为殷墟第四期至周初，第二期的年代为西周前期。其把新一村第8层定为上层文化第一期，年代为西周后期，第7层为第二期1段，年代为春秋前期偏早，第6层为第二期2段，年代为春秋前期偏晚。且指出长期以来战国以前的文化统称为"早期蜀文化"是不科学的，应根据不同遗存的同一性与变异程度，以考古学文化命名的惯例进行各自的文化命名，建立区域文化发展序列③。

1999年，王毅、张擎将三星堆文化分为四期，将鱼凫村遗址第三期、桂林乡遗址及水观音早期墓归入三星堆文化，水观音第4层和晚期墓归入十二桥文化④。

2000年，孙华将以上汪家拐遗址为代表的战国时期遗存称作"上汪家拐遗存"⑤。

2002年，江章华、王毅、张擎从文化发展的角度出发，将成都平原先秦时期文化遗存划分为四个大的文化阶段，即宝墩文化—三星堆文化—十二桥文化—上汪家拐遗存，其中宝墩文化分为四期7段（距今4500～3700年），三星堆文化分为三期（二里头文化第四期至殷墟第二期），十二桥文化分为两期4段（殷墟第三期至春秋前期），上汪家拐遗存分为三期（战国至西汉初年）⑥。该文的考古学文化体系及分期方案被国内外学者普遍接受，至此成都先秦时期考古学文化的时空框架和谱系关系基本确立，一直沿用至今。

（3）羊子山土台

1988年，林向重新考证了羊子山土台建筑，认为其建筑技术较为先进，年代上限可能为商代始建，至少在商末周初前，年代下限至少在战国时期不能再晚，年代尚不能定论，取决于其上211座墓葬中有无更早的墓葬⑦。

1993年，孙华认为羊子山土台与蜀开明氏王朝有着密切的联系，土台的建立是在开明氏建都成都之时，羊子山土台的废弃年代也应与蜀开明氏王朝的灭亡有关，最晚也不得晚于秦国所封的第

① 孙华：《试论广汉三星堆遗址的分期》，《南方民族考古》第五辑，四川科学技术出版社，1993年，第10～24页。

② 孙华：《试论广汉三星堆遗址的分期》，《南方民族考古》第五辑，四川科学技术出版社，1993年，第10～24页。

③ 江章华：《成都十二桥遗址的文化性质与分期研究》，《四川大学考古专业创建三十五周年纪念文集》，四川大学出版社，1998年。

④ 王毅、张擎：《三星堆文化研究》，《四川文物》1999年第3期。

⑤ 孙华：《成都十二桥遗址群分期初论》，《四川盆地的青铜时代》，科学出版社，2000年，第68～88页。

⑥ 江章华、王毅、张擎：《成都平原先秦文化初论》，《考古学报》2002年第1期。

⑦ 林向：《羊子山建筑遗址新考》，《四川文物》1988年第5期。

三个（也是最后一个）蜀侯被废、巴蜀完全改用郡县制之时①。

（4）遗物研究

1988 年，吴怡对方池街出土的石刻人像进行了研究，认为其是以羌人形象的"石俑"作祭品②。

1998 年，宋治民对蜀文化尖底陶器进行了专门讨论③，认为从商代到战国有代表性的陶器发展变化经历三个大的阶段，即从以小平底罐为代表到尖底器流行再到圜底器普遍使用，这个三大阶段是对蜀文化进行分期断代的基础。当然在各大阶段之间是有连续性而非一刀切断，且有相互交错的情况。尖底陶器流行的时间大体上是西周后期到春秋时期，下限可延续到战国时期。根据尖底陶器的型式变化，将出土尖底陶器的诸遗存时代推定如下：①广汉三星堆一号祭祀坑、四期文化，成都十二桥遗址第 12、13 层，成都指挥街遗址第 6 层，新繁水观音遗址早期，雅安沙溪下文化层早期（第 4 层），为西周后期；②成都十二桥遗址第 10、11 层，成指挥街第 5 层，新繁水观音晚期（包括晚期墓葬），雅安沙溪遗址下文化层晚期（第 3 层），为春秋时期；③成都上汪家拐街遗址第 5、6 层及同期灰坑，成都青羊宫遗址第 3、4 层，成都中医学院土坑墓，为战国时期。关于尖底陶器的渊源，有可能是由本地区的小平底罐发展而来，也可能受四川东部、湖北西部、陕西宝鸡及汉中地区尖底陶器影响，在本来稳定性能差的小平底陶器的基础之上发展成尖底器，该问题尚不能完全解决。

2003 年，徐鹏章提出尖底器是巴蜀特有陶器，可能与四川的土质有关，无论放置室外的凹处还是室内火塘边的灰烬中方便使用④。

（5）社会经济

1992 年，巴家云对成都平原商周时期的社会经济进行了研究，提出农业、手工业和冶炼等行业都是较为发达的。在冶炼、玉石器加工等行业中，业已摆脱了最初的家庭作业的生产方式，转变成有一支比较稳定的生产者、多人集体生产的作坊生产方式。其生产者应该是长期从事该项工作，并受到较严格训练的专业人员。当时已经完成了第二次社会大分工，即手工业已从农业中分离出来，成为一个独立的经济行业⑤。

（6）文化交流

1990 年，陈亮通过文献和考古材料综合分析，指出至少在商末周初，商周文化已逐渐渗透到巴蜀之地，并与当地土著文化相结合而得以迅速发展。沿着连接关中西陲和汉中盆地的捷径——褒斜道，而达四川盆地，乃是商周文化入蜀的一条重要途径⑥。

（7）文物保护

1986 年，李昭和、陈古全提出了对十二桥遗址的保护建议⑦。

2. 东周时期研究

这一阶段新增了很多考古新发现，关于春秋战国时期文化遗存的研究也大量涌现，主要包括以

---

① 孙华：《羊子山土台考》，《四川文物》1993 年第 1 期。

② 吴怡：《成都方池街出土石雕人像及相关问题研究》，《四川文物》1988 年第 6 期。

③ 宋治民：《蜀文化尖底陶器初论》，《考古与文物》1998 年第 2 期。

④ 成都市博物馆考古队、成都市文物考古研究所：《成都方池街古遗址发掘报告》，《考古学报》2003 年第 2 期。

⑤ 巴家云：《试论成都平原早蜀文化的社会经济》，《四川文物》1992 年增刊。

⑥ 陈亮：《商周文化入蜀时间及途径初探》，《四川文物》1990 年第 6 期。

⑦ 李昭和、陈古全：《试论十二桥遗址及其保护》，《成都大学学报》（社会科学版）1988 年第 1 期。

下七个方面。

（1）巴蜀文化的命名

基于这一阶段的一些考古新发现，童恩正、佟柱臣、宋治民等根据巴国与蜀国境内遗存的差异性，主张将巴蜀文化分为巴文化与蜀文化两个独立的考古学文化[①]。但是，张勋燎认为根据巴、蜀活动地域简单划分巴文化与蜀文化的做法并不妥当，应该统称为"巴蜀文化"[②]；傅征也从考古学文化命名原则的几个标准入手，进一步论述了"巴蜀文化"的命名[③]。

（2）战国墓葬的分期研究

罗开玉将巴蜀墓葬统分为五期，即春战之际到战国早期、战国中期、战国晚期至秦并巴蜀之前、战国晚期到秦代、西汉前期[④]。霍巍和黄伟将蜀墓分为三期5段，早期蜀墓的年代为商至西周中晚期，可分前、后两段，前段以新繁水观音早期墓为代表，后段以新繁水观音晚期墓为代表；中期蜀墓的年代为战国早、中期，以新都战国木椁墓、成都百花潭中学M10及成都西郊战国墓为代表；晚期蜀墓的时代范畴，大体是秦灭蜀后至西汉早、中期，以秦统一全国为界，又分为前、后两段，前段以成都羊子山M172和郫县船棺墓为代表，后段以成都石羊木椁墓和绵阳木板墓为代表[⑤]。

毛求学对川西地区墓葬进行分类讨论，将墓葬分成三类。第一类为船棺墓，第二类为土坑墓，第三类为土坑木椁墓。每一类都可以分成早、中、晚三期，其对应的绝对年代大致为战国早期、中期和晚期[⑥]。

宋治民以秦举巴蜀之年为界将晚期蜀文化墓葬分成2段，前段是以成都百花潭中学M10和新都战国木椁墓为代表的战国前期，后段是以绵竹清道战国墓和成都羊子山M172为代表的战国后期至汉初[⑦]。

李明斌通过分析成都地区战国的遗存（主要是墓葬），将其分为三期5段。第一期为战国早期或略晚，又细分为前、后两段。前段以百花潭中学M10为代表，具体年代为战国早期；后段以成都中医学院土坑墓为代表，具体年代为战国早期末年前后。第二期为战国中期，以新都马家木椁墓为代表。第三期为战国晚期至秦统一，又细分为前、后两段。前段以大邑五龙M3和蒲江东北公社M2为代表，具体年代为战国晚期；后段以大邑五龙M2为代表，年代为秦统一[⑧]。

江章华和张擎对晚期巴蜀文化墓葬进行了分区与分期研究，将墓葬大致分为成都平原、川西南和川东三个大的区域，其中成都平原晚期蜀文化墓葬分为四期。第一期的年代为战国早期，以

① 中国大百科全书总编辑委员会《考古学》编辑委员会、中国大百科全书出版社编辑部编：《中国大百科全书·考古学》，中国大百科全书出版社，1986年，第29、30页。该书中的"巴蜀文化"词条为童恩正先生撰写。佟柱臣：《巴与蜀考古文化对象的考察》，《南方民族考古》第二辑，四川科学技术出版社，1990年，第177～192页；宋治民：《试论蜀文化和巴文化》，《考古学报》1999年第2期。

② 张勋燎：《古代巴人的起源及其与蜀人、僚人的关系》，《南方民族考古》第一辑，四川大学出版社，1987年，第45～71页。

③ 傅征：《关于"巴蜀文化"的命名》，《文史杂志》1993年第6期。

④ 罗开玉：《晚期巴蜀文化墓葬的初步研究（上）》，《成都文物》1991年第3期；罗开玉：《晚期巴蜀文化墓葬的初步研究（下）》，《成都文物》1991年第4期。

⑤ 霍巍、黄伟：《蜀人的墓葬分期》，《巴蜀历史·民族·考古·文化》，巴蜀书社，1991年，第224～238页。

⑥ 毛求学：《试论川西地区战国墓葬》，《华西考古研究》（一），成都出版社，1991年，第211～240页。

⑦ 宋治民：《蜀文化与巴文化》，四川大学出版社，1998年，第117页。

⑧ 李明斌：《成都地区战国考古学遗存初步研究》，《四川文物》1999年第3期。

百花潭中学 M10 为代表；第二期的年代为战国中期，以新都木椁墓为代表；第三期的年代为战国晚期，以大邑五龙墓地 M2 和 M3 为代表；第四期的年代为秦，以大邑五龙墓地 M19 为代表[①]。

（3）船棺葬的研究

宋治民对百花潭中学 M10 进行了研究，认为其可能为船棺，年代定在战国早期[②]。蒲江县东北公社船棺墓的发掘者认为"独木舟"式的葬具属于独木棺而非船棺，不能纳入巴人的船棺葬系统[③]。后来刘雨茂对川西地区发现的船棺葬进行了系统的梳理后，把川西平原船棺墓分成早、中、晚三期。早期船棺葬制作粗糙，船棺两端平齐，无盖。中期船棺的船舱挖得较深，为圆弧形舱室，有盖，且棺内髹漆，开始出现一端平齐、一端略上翘的船棺。晚期为一头平齐、一头上翘，船舱挖得很深，舱内置小棺，使船棺实质上变成了船椁，且将船舱分成头、中、脚箱三部分。他认为蜀人船棺是受巴人影响所致[④]。

（4）器物研究

江章华将巴蜀地区已出土的百余件柳叶形青铜剑进行了分型分类的研究，将柳叶形青铜剑分为A、B、C、D 四种形制，并提出了柳叶形青铜剑是与巴蜀地区的自然条件紧密结合的产物[⑤]。随着柳叶形青铜剑的大量出土，江章华进一步将柳叶形青铜剑划分为六型，并将其大致分为四个时期，即商代晚期（初始期）、西周早期至战国早期（发展期）、战国中期至战国晚期（成熟期）、秦至西汉早期（衰落期）[⑥]。

卢连成认为中国的柳叶形青铜剑可能受到西亚杰姆代特·奈斯文化及后来的苏美尔-阿卡德青铜文化的影响，经伊朗高原传至中亚、南西伯利亚和蒙古高原[⑦]。林梅村先生对这一观点表示赞同，并且在《商周青铜剑渊源考》一文中，进一步认为柳叶形青铜剑是由印欧人于公元前 2000 年迁徙到罗布泊和哈密盆地时随同带至[⑧]。

李学勤在以往蜀戈五式划分法的基础上，部分式别又细分出亚型，并指出"蜀国的兵器演变自有脉络，与中原有别"[⑨]。

霍巍、黄伟重点讨论了四川地区出土无胡蜀式戈的式别与年代，认为其很可能是在泾渭流域三角援戈的影响下逐步发展起来的。文中还由无胡蜀式戈分析了战国晚期蜀人南迁的史实[⑩]。

李健民对四川地区出土的铜矛进行了梳理，重点讨论了战国时期的铜矛。他对铜矛进行类型学研究后，提出巴蜀青铜矛多饰巴蜀符号和各种纹饰，确是最明显的地方性特点。但是，巴蜀青铜矛在形制上也有区别于内地同时代青铜矛的鲜明的地方特征[⑪]。

① 江章华、张擎：《巴蜀墓葬的分区与分期初论》，《四川文物》1999 年第 3 期。

② 宋治民：《略论四川战国秦墓葬的分期》，《巴蜀考古论文集》，文物出版社，1987 年，第 46～59 页。

③ 四川省文物管理委员会、蒲江县文物管理所：《蒲江县战国土坑墓》，《文物》1985 年第 5 期。

④ 刘雨茂：《川西地区船棺研究》，《华西考古研究》（一），成都出版社，1991 年，第 172～183 页。

⑤ 江章华：《巴蜀柳叶形剑渊源试探》，《四川文物》1992 年增刊。

⑥ 江章华：《巴蜀柳叶形剑研究》，《考古》1996 年第 9 期。

⑦ 卢连成：《草原丝绸之路：中国同域外青铜文化的交流》，《史念海先生八十寿辰学术文集》，陕西师范大学出版社，1996 年。

⑧ 林梅村：《商周青铜剑渊源考》，《汉唐西域与中国文明》，文物出版社，1998 年，第 39～63 页。

⑨ 李学勤：《论新都出土的蜀国青铜器》，《文物》1982 年第 1 期。

⑩ 霍巍、黄伟：《试论无胡蜀式戈的几个问题》，《考古》1989 年第 3 期。

⑪ 李健民：《论四川出土的青铜矛》，《考古》1996 年第 2 期。

范勇采用童恩正《我国西南地区青铜戈研究》一文的体例，将西南地区的青铜斧钺按巴蜀地区、西南夷地区分别加以研究。他将巴蜀地区的青铜钺分成五型七式，并分别论述其年代①。宋治民则将巴蜀铜钺分成弧刃长身的蜀式钺和圆刃折腰的巴式钺两类②。

蜀文化中最具代表的陶器非尖底盏和釜莫属了。关于尖底盏的研究以宋治民的《蜀文化尖底陶器初论》一文为代表，他对尖底盏进行类型划分，并讨论其演变规律③。陶釜研究以李明斌的《巴蜀文化陶釜略论》一文为代表，他将巴蜀陶釜分成二型，并提出二型釜共出，是晚期蜀文化中典型的陶器，后来随着文化交流向外传播出去④。

陈文领博最早对巴蜀文化铜鍪进行综合研究，在铜鍪类型划分与分期编年的基础上，指出铜鍪为巴蜀人创制，秦人吸收改造并加以传播⑤。而刘弘则认为铜鍪的向外传播与巴蜀之师的活动有关，尤其战国晚期至西汉早中期，铜鍪的分布与秦汉帝国统一过程中巴蜀军队的活动有密切关联⑥。

这一时期对于巴蜀印章的研究主要集中在印文的解读和识别，以及印章的族属和文化背景等方面⑦。罗伯特·琼斯在对巴蜀印章进行类型划分后，提出印章的用途是随身佩戴的饰件或护身印⑧。刘豫川则在对巴蜀文化印章形制划分基础上探讨了各形制的流行时间，还推测巴蜀印章有"标识、领有、称谓、徽记"等功能⑨。何元粲认为巴蜀文化铜印在开明王朝时期是官方颁发给商人的通关证明，到了秦汉时期则演变成与边民部族进行贸易的信物，具有名片和商标的功能⑩。胡昌健则认为其功能为官印，印章的形制、大小与印面内容则表明了持有者官阶地位与族属⑪。吴怡对蒲江船棺墓和新都木椁墓出土的印章进行研究，认为巴蜀印章可能是显示墓主人身份地位和象征某种权力的佩戴物⑫。

罗开玉认为桥形饰叫桥形币，在巴蜀王国时期是货币；在秦灭巴蜀王国后相当长一段时间内，也是货币之一；在秦统一六国后，即在统一全国货币时，桥形币才被废除，此后它在巴蜀地区一度作为一种"阴钱"或"压胜钱"；在个别边远地区，也不排除作为装饰品的可能性⑬。黄士斌认为桥形饰作为巴蜀王国的货币是不可能的，罗文所论的理论很难说通，其理由欠充足，很难使人信明。铜璜作为装饰品较可信⑭。岳洪彬对全国出土的璜形器进行了综合研究，并结合出土情境和相关文

① 范勇：《我国西南地区的青铜斧钺》，《考古学报》1989年第2期。

② 宋治民：《蜀文化与巴文化》，四川大学出版社，1998年，第73页。

③ 宋治民：《蜀文化尖底陶器初论》，《考古与文物》1998年第2期。

④ 李明斌：《巴蜀文化陶釜略论》，《考古与文物》1996年第6期。

⑤ 陈文领博：《铜鍪研究》，《考古与文物》1994年第1期。

⑥ 刘弘：《巴蜀铜鍪与巴蜀之师》，《四川文物》1994年第6期。

⑦ 高文：《巴蜀铜印浅析》，《四川文物》1999年第2期；龙腾：《蒲江新出土巴蜀图语印章探索》，《四川文物》1999年第6期。

⑧ Robert A. Jones, Late Bronze Age seals of Szechwan, *Monumenta Serica*, Vol.37, 1986, issue1；中译本参见罗伯特·琼斯著，杨秋莎译：《四川出土青铜晚期印章》，《四川文物》1992年第2期。

⑨ 刘豫川：《巴蜀符号印章的初步研究》，《文物》1987年第10期。

⑩ 何元粲：《"巴蜀印章"与古代商旅》，《四川文物》1990年第2期。

⑪ 胡昌健：《巴蜀铜印探微》，《四川文物》1995年第5期。

⑫ 吴怡：《蒲江船棺墓与新都木椁墓出土印章的研究》，《四川文物》1994年第3期。

⑬ 罗开玉：《话说巴蜀桥形币》，《考古与文物》1990年第3期。

⑭ 黄士斌：《巴、蜀王国的桥形铜币质疑》，《考古与文物》1992年第1期。

献分析，指出桥形饰起源于中原地区，后来通过各种途径传入四川盆地，其功能并非货币，而是装饰品①。

（5）文化因素和族属分析

这一阶段最为重要的考古发现就是新都马家木椁墓。关于新都马家墓的文化性质，学术界主要有楚文化墓②和蜀文化墓③两种说法，不过大多数人更倾向于蜀文化墓葬。关于该墓墓主身份，则有开明王朝创始人鳖灵④、开明氏九至十一世中的某位蜀王⑤、秦灭巴蜀后的蜀侯恽⑥、屯驻蜀地的楚贵族昭氏支裔⑦和蜀国"司马"⑧等说法。当时学术界的主流观点认为该墓年代为战国中期前后，为蜀王的可能性较大。

段渝对巴蜀文化"尚五观念"进行了详细论述，提出蜀人尚五观念在整个先秦时期都是其支配文德武功、社会教化的核心力量，是古蜀文化的灵魂，并认为这一观念也体现在新都马家木椁墓中⑨。

叶小燕对巴蜀文化中的铜器做了初步研究，探讨了巴蜀文化铜器的区域性特征，并对巴蜀文化与中原文化的关系发展与融合进程进行了研究⑩。

（6）巴蜀符号研究

这一时期对巴蜀符号的研究主要集中在巴蜀符号的类别和性质的研究。李学勤在《四川船棺葬发掘报告》的分类基础上，将巴蜀符号分为"符号"和"似汉字而又非汉字者"两类，分别称为"巴蜀文字甲"和"巴蜀文字乙"，并且前者又可分两种，一种用以表音，即波浪线、括号、王字形、山字形等比较简化的符号，另一种用以表义，即手形、星形、兽形、鱼形、鸟形、蠕虫形、人首形等较为复杂而象形的符号⑪。后来，段渝亦进行了重新分类，但其分类结果与李氏观点基本一致，即将"巴蜀文字甲"称为"符号象形文字"，将"巴蜀文字乙"称为"方块表意文字"，且"符号象形文字"又可分为"巴蜀符号Ⅰ"和"巴蜀符号Ⅱ"，分别相当于李氏用以表义与表音的两种符号⑫。

① 岳洪彬：《我国古代铜桥形饰及相关问题》，《考古求知集——'96 考古研究所中青年学术讨论会文集》，中国社会科学出版社，1997 年，第 387～405 页。

② 沈仲常：《新都战国木椁墓与楚文化》，《文物》1981 年第 6 期；徐中舒、唐嘉弘：《古代楚蜀的关系》，《文物》1981 年第 6 期。

③ 四川省博物馆、新都县文物管理所：《四川新都战国木椁墓》，《文物》1981 年第 6 期；孙智彬：《新都战国木椁墓文化因素剖析》，《江汉考古》1986 年第 1 期；宋治民：《关于蜀文化的几个问题》，《考古与文物》1983 年第 2 期；段渝：《论新都蜀墓及所出"邵之饮鼎"》，《考古与文物》1991 年第 3 期。

④ 李盛铨：《蜀王铜印铭文解——兼论开明氏族探源》，《成都文物》1993 年第 3 期。

⑤ 沈仲常：《新都战国木椁墓与楚文化》，《文物》1981 年第 6 期。

⑥ 胡昌钰：《四川新都战国木椁墓主人身份的有关问题》，《民族论丛》第二辑，四川省民族研究学会，1982 年。

⑦ 徐中舒、唐嘉弘：《古代楚蜀的关系》，《文物》1981 年第 6 期。

⑧ 杜乃松：《论巴蜀青铜器》，《江汉考古》1985 年第 3 期。

⑨ 段渝：《先秦巴蜀文化的尚五观念》，《四川文物》1999 年第 5 期。

⑩ 叶小燕：《试论巴蜀文化的铜器——兼论巴蜀与中原文化的关系》，《中国考古学研究——夏鼐先生考古五十年纪念论文集》（二集），科学出版社，1986 年，第 121～134 页。

⑪ 李学勤：《论新都出土的蜀国青铜器》，《文物》1982 年第 1 期。

⑫ 段渝：《巴蜀古文字的两系及其起源》，《成都文物》1991 年第 3 期。

钱玉趾则将那种"似汉字而非汉字者"定性为拼音文字[1]。

刘瑛在对巴蜀符号进行系统搜集与初步分类后指出，巴蜀符号中单独成像的动物图案等"或作为代表某一氏族的族徽，与原始社会的'图腾'有关"[2]。胡大权认为巴蜀符号是图腾艺术，"体现了巴蜀人的原始图腾信仰和崇拜，是他们的图腾标记，氏族徽号和巫术礼仪符号，本质上是一种原始宗教现象"[3]。

王仁湘在考察巴蜀符号单元分类与组合特征的基础上提出了徽识说。他认为巴蜀符号除了少部分是部落联盟徽识和个人标记外，"大多是部族徽识和家族标志，这些徽识可能与图腾崇拜有关，也未必一定有关，更不是纯图腾崇拜的产物"[4]。

孙华认为巴蜀文化铜器上独具特色的图形符号不属于纹饰和文字，而是"巴蜀符号"。它们大多数与战争有关，是"一种带有原始巫术色彩的吉祥符号"，其用途是"祐护使用者，使使用者免于伤害，给使用者以力量和勇气，激励使用者奋勇杀敌"[5]。李复华与王家祐认为部分巴蜀符号"可能是一种看图像以解语意的图画语意符号"，故称其为"巴蜀图语"；而"巴蜀图语"中的动植物图像及手心纹等可能具有"族徽""部落或氏族徽号""神意或徽号、旗帜的专用标识"等意义[6]。罗开玉认为那些独特的图形符号应该是一种符号，其中有的是"作坊主打的吉祥、避邪图语、商品宣传"，有的可能是"具有地方特征的爻卦"，当然也有少数符号是族徽[7]。

（7）科技考古和文物保护

随着考古新发现和大量器物的出土，这一阶段也适时开展了不少相关的文物保护和科技考古，如曾中懋从青铜器锈蚀[8]、椁板颜料[9]、巴蜀青铜器成分分析[10]、巴蜀青铜器制作工艺[11]等方面进行了研究。此外，何堂坤也对部分青铜器进行了科学分析[12]。亚历山大·科索拉波茨和约翰·特威利对青铜剑上的虎斑纹进行了成分分析[13]。

较之上一阶段而言，这一阶段考古学研究较为丰富。围绕着新出土的考古材料，研究手段和研

① 钱玉趾：《古蜀地存在过拼音文字——成都百花潭战国墓出土的铜盉盖考》，《四川文物》1988 年第 6 期；钱玉趾：《古蜀地存在过拼音文字再探——四川出土的几件铜器铭文考》，《四川文物》1989 年第 6 期。

② 刘瑛：《巴蜀铜器纹饰图录》，《文物资料丛刊》（7），文物出版社，1983 年，第 1～12 页。

③ 胡大权：《巴蜀符号是图腾艺术》，1986 年油印本。转引自管维良：《巴蜀符号》，重庆出版社，2011 年。

④ 王仁湘：《巴蜀徽识研究》，《中国考古学会第七次年会论文集 1989》，文物出版社，1992 年，第 213～235 页。

⑤ 孙华：《巴蜀符号初论》，《四川文物》1984 年第 1 期。

⑥ 李复华、王家祐：《关于"巴蜀图语"的几点看法》，《贵州民族研究》1984 年第 4 期。

⑦ 罗开玉：《晚期巴蜀文化墓葬初步研究（下）》，《成都文物》1991 年第 4 期。

⑧ 曾中懋：《试探新都战国墓出土青铜器不锈之原因》，《考古与文物》1982 年第 3 期；曾中懋：《新都出土的战国青铜器为什么不锈蚀》，《成都文物》1984 年第 4 期。

⑨ 曾中懋：《四川新都战国墓椁板颜料鉴定》，《考古与文物》1983 年第 6 期。

⑩ 曾中懋：《磷——巴蜀式青铜兵器中特有的合金成分》，《四川文物》1987 年第 4 期；曾中懋：《鎏锡——铜戈上圆斑纹的制作工艺》，《四川文物》1989 年第 6 期；曾中懋：《出土巴蜀铜器成份的分析》，《四川文物》1992 年第 3 期。

⑪ 曾中懋：《巴蜀式青铜剑虎斑纹的铸造工艺》，《四川文物》1993 年第 5 期。

⑫ 何堂坤：《部分四川青铜器的科学分析》，《四川文物》1987 年第 4 期。

⑬ 亚历山大·科索拉波茨、约翰·特威利著，曾中懋译：《中国古代巴蜀式青铜剑上的虎斑纹装饰——古代锡汞齐的证据》，《四川文物》1999 年第 5 期。

究方法都越来越多样，研究越来越深入，研究成果也越来越丰富。

四、第四阶段：21世纪初至今

随着经济蓬勃发展和科技不断进步，这一阶段商周考古呈现出四个特点，一是考古发现层出不穷，尤其是金沙遗址祭祀区的发现和金沙遗址的确认，享誉世界；二是考古学文化时空框架和谱系关系进一步完善；三是聚落考古方兴未艾；四是科技考古迅速发展。

（一）考古发现

1. 金沙遗址

2001年，金沙遗址祭祀区发现确认该地点是一处大型的专门祭祀活动区，认识到以前发现的黄忠村遗址实际上是金沙遗址的一个重要的组成部分，把该遗址统一命名为金沙遗址。2001～2011年，为弄清遗址的范围、性质，同时为配合基本建设，开展了大规模的、密集的文物勘探及考古发掘。

2001年2月8日下午，中房集团成都房地产开发总公司在位于成都市西郊的青羊区金沙村一组修建蜀风花园大街，在开挖下水沟时发现了大量的玉石器、铜器和象牙。成都市文物考古工作队闻讯后立即派员赶赴现场，开展清理和追缴流失文物的工作，随后在遗址范围内进行了大规模的抢救性清理、文物勘探及发掘工作，与此同时在道路周边和南部的中房成都地产"梅苑"地点约22万平方米范围内进行了大面积勘探。经考古勘探确认金沙遗址"梅苑"地点北部商周时期的文化堆积分布面积约8万平方米，其中以大量珍贵文物集中出土为特征的遗存，分布于"梅苑"东北部约8000平方米的范围内，该范围也就是我们后来俗称的"祭祀区"。该遗存毗邻古河道，所发现的遗迹和出土遗物具有鲜明的祭祀遗存的特征，与周边同时期遗存形成明显的差异。自2001年起对金沙村"梅苑"地点进行数次考古发掘，发现了很多与祭祀活动相关的遗迹，出土了数以千计的铜、金、玉、石等珍贵文物，确认这是一处大型专门的祭祀区。与此同时，在对周边地区进行大规模系统的考古钻探与调查时，除了初步厘清该祭祀区的范围外，还相继发现了兰苑地点[1]、燕沙庭院墓地[2]、金沙上城[3]等多个遗址点，这些新发现遗址点与黄忠村遗址无论文化属性抑或是时代特征都有着非常紧密的联系，它们应属同一文化体系大型聚落遗址的不同部分，故将其纳入同一遗址，统一命名为"金沙遗址"。勘探表明金沙遗址的分布面积有5平方千米以上，主要分布于青羊区金沙村、龙嘴村和金牛区的黄忠村、红色村、郎家村等。依据发掘地点的分布位置，将该遗址共编为50个发掘区，各发掘点依据发掘区位和实际地名命名。先后对遗址内的30余处地点进行了考古发掘，发掘面积70000余平方米，发现房址、灰坑、墓葬、窑址和礼仪性堆积等各种遗迹2000余处，出土了金器、铜器、玉器、石器4000余件，以及数百根象牙和数以万计的陶器。

2012年至今，为配合基建的小规模发掘及整理阶段。2012年之后，随着金沙遗址周边地区大规模基本建设的减少，勘探与发掘工作也相应急剧减少，大约发掘了30余处地点，但大多规模较

---

① 成都市文物考古研究所：《成都市金沙遗址"兰苑"地点发掘简报》，《成都考古发现》（2001），科学出版社，2003年，第1～32页。

② 资料现存于金沙遗址工作站。

③ 资料现存于金沙遗址工作站。

小。金沙遗址的整理与研究工作随之提上日程。这之前公布的一系列考古简报基本上是对金沙遗址商周遗存材料在数量上的丰富，同时也在一定程度上进行了补充，但一些亟待解决的重要问题仍然扑朔迷离。随着考古发掘与整理工作的持续深入，也对今后工作提供了新的思路，目前在金沙遗址范围内的考古发掘工作可能无法解释这一成都平原先秦时期极为重要的遗址内相关疑问，需将其置于成都平原商周时期聚落群的视野予以长时段观察，以期更为全面认识当时古蜀国的聚落结构及分区，从而深化金沙遗址的相关研究。这个时期的特点是个案和系统研究严重滞后于发掘，没有形成有影响的成果，金沙遗址的文化内涵与时代特质及聚落体系等方面研究没有得到充分的挖掘，这主要是囿于之前金沙遗址尚未出版一本正式的考古发掘报告，极大地阻碍了对金沙遗址的深入研究。为了尽快改变这一局面，2010 年，成都文物考古研究所出台了金沙遗址发掘与整理五年规划；2012年，国家社科基金重大项目"金沙遗址祭祀区考古发掘研究报告"（12&ZD192）正式立项，使金沙遗址最核心的祭祀区地点报告整理加快进行，其他一系列报告整理也加快了进程。随着金沙遗址阳光地带二期地点报告的出版（2017 年）和金沙遗址祭祀区报告的完成（2018 年），以及其他地点如黄忠小学、三和花园等地整理工作的相继展开，金沙遗址丰富而深邃的文化内涵将逐步得以揭示。

2. 其他发现

（1）商至西周时期（三星堆文化和十二桥文化时期）

该阶段发现的包含三星堆文化、十二桥文化遗存的遗址近 200 处，已公布材料的遗址 60 余处。

发表的遗址有 2001 发掘的新都区正因村遗址[①]，2003 年发掘的新都区正因小区[②]、高新西区国腾二期遗址[③]、高新西区"大唐电信二期"遗址[④]、高新西区"万安药业包装厂"遗址[⑤]、高新西区航空港遗址[⑥]、郫县西南交通大学新校区一期和二期遗址[⑦]、青白江区宏峰村遗址[⑧]，2004 年发掘的金牛区中海国际 2 号地点遗址[⑨]、金牛区中海国际 4 号地点遗址[⑩]、金牛区中海国际 1 号和 3 号地

① 成都市文物考古研究所、新都区文物管理所：《成都市新都区正因村商周时期遗址发掘收获》，《成都考古发现》（2001），科学出版社，2003 年，第 54～79 页。

② 成都文物考古研究所：《成都市新都区正因小区工地考古勘探发掘收获》，《成都考古发现》（2003），科学出版社，2005 年，第 120～136 页。

③ 成都文物考古研究所：《成都市高新西区国腾二期商周遗址试掘简报》，《成都考古发现》（2003），科学出版社，2005 年，第 137～144 页。

④ 成都文物考古研究所：《成都市高新西区"大唐电信二期"商周遗址试掘简报》，《成都考古发现》（2003），科学出版社，2005 年，第 145～164 页。

⑤ 成都文物考古研究所：《成都市高新西区"万安药业包装厂"商周遗址试掘简报》，《成都考古发现》（2003），科学出版社，2005 年，第 186～217 页。

⑥ 成都文物考古研究所、郫县文物管理所：《成都市高新西区航空港古遗址发掘简报》，《成都考古发现》（2003），科学出版社，2005 年，第 218～233 页。

⑦ 成都文物考古研究所、郫县文物管理所：《成都市郫县西南交通大学新校区一、二期古遗址试掘简报》，《成都考古发现》（2003），科学出版社，2005 年，第 234～243 页。

⑧ 成都文物考古研究所、青白江区文物保护管理所：《成都市青白江区宏峰村古遗址发掘简报》，《成都考古发现》（2005），科学出版社，2007 年，第 273～287 页。

⑨ 成都文物考古研究所：《成都中海国际社区 2 号地点商周遗址发掘报告》，《成都考古发现》（2010），科学出版社，2012 年，第 171～254 页。

⑩ 成都文物考古研究所：《成都市中海国际社区商周遗址发掘简报》，《成都考古发现》（2005），科学出版社，2007 年，第 114～140 页。

点遗址①、青白江区三星村遗址②，2005年发掘的高新西区四川方源中科遗址③、郫县西华大学新校区六号教学楼遗址④、高新西区摩甫生物科技遗址⑤、高新西区新锦犀包装厂遗址⑥、高新西区顺江小区二期遗址⑦，2006年发掘的郫县西华大学网络技术学院遗址⑧、高新西区普天电缆遗址⑨、成都电子科技大学清水河校区实验楼遗址⑩、成都电子科技大学清水河校区行政楼遗址⑪、温江区"西藏地质花园"遗址⑫，2007年发掘的新都区斑竹园忠义遗址⑬、青白江区大夫村遗址⑭、郫县宋家河坝遗址⑮、金堂金海岸二期A区遗址⑯、郫县"蓝光绿色饮品二期"遗址⑰、新津柳河村遗址⑱、

① 成都文物考古研究所：《成都市中海国际社区古遗址发掘简报》，《成都考古发现》（2005），科学出版社，2007年，第141～207页。

② 成都文物考古研究所、青白江区文物保护管理所：《成都市青白江区三星村遗址试掘简报》，《成都考古发现》（2004），科学出版社，2006年，第255～282页。

③ 成都文物考古研究所：《成都高新西区四川方源中科地点古遗址发掘简报》，《成都考古发现》（2004），科学出版社，2006年，第53～68页。

④ 成都文物考古研究所、郫县博物馆考古队：《西华大学新校区六号教学楼地点古遗址发掘简报》，《成都考古发现》（2004），科学出版社，2006年，第59～81页。

⑤ 成都文物考古研究所：《成都高新西区摩甫生物科技地点古遗址发掘简报》，《成都考古发现》（2004），科学出版社，2006年，第82～97页。

⑥ 成都文物考古研究所：《成都新锦犀包装厂地点古遗址发掘简报》，《成都考古发现》（2004），科学出版社，2006年，第98～110页。

⑦ 成都文物考古研究所：《成都市高新西区顺江小区二期遗址发掘简报》，《成都考古发现》（2005），科学出版社，2007年，第222～232页。

⑧ 成都文物考古研究所、郫县博物馆：《成都市郫县西华大学网络技术学院商周遗址发掘简报》，《成都考古发现》（2005），科学出版社，2007年，第208～221页。

⑨ 成都文物考古研究所：《成都高新西区普天电缆遗址古遗址发掘简报》，《成都考古发现》（2006），科学出版社，2008年，第113～139页。

⑩ 成都文物考古研究所：《成都电子科技大学清水河校区实验楼地点古遗址发掘简报》，《成都考古发现》（2006），科学出版社，2008年，第140～189页。

⑪ 成都文物考古研究所：《成都电子科技大学清水河校区行政楼地点商周遗址发掘简报》，《成都考古发现》（2006），科学出版社，2008年，第190～208页。

⑫ 成都文物考古研究所、温江区文物保护管理所：《成都市温江区"西藏地质花园"商周遗址发掘简报》，《成都考古发现》（2014），科学出版社，2016年，第163～233页。

⑬ 成都文物考古研究所：《成都市新都区斑竹园镇忠义遗址发掘收获》，《成都考古发现》（2007），科学出版社，2009年，第29～45页。

⑭ 成都文物考古研究所：《成都市青白江区大夫村古遗址试掘收获》，《成都考古发现》（2007），科学出版社，2009年，第46～72页。

⑮ 成都文物考古研究所：《成都市郫县三道堰镇宋家河坝遗址发掘报告》，《成都考古发现》（2007），科学出版社，2009年，第104～137页。

⑯ 成都文物考古研究所：《金堂县金海岸二期A区商代遗址发掘报告》，《成都考古发现》（2007），科学出版社，2009年，第156～214页。

⑰ 成都文物考古研究所：《成都郫县"蓝光绿色饮品二期"发掘简报》，《成都考古发现》（2008），科学出版社，2010年，第180～193页。

⑱ 成都文物考古研究所：《新津县柳河村先秦遗址发掘简报》，《成都考古发现》（2012），科学出版社，2014年，第92～120页。

高新西区微波炉生产基地遗址 [1]、郫县西华大学艺术中心遗址 [2]、高新西区汇利包装厂遗址 [3],2008 年发掘的新都区褚家村遗址 [4]、高新西区富通光缆遗址 [5]、郫县李家院子遗址 [6]、都江堰梳妆台遗址 [7],2009 年发掘的金牛区四川如阳实业发展有限公司商住楼遗址 [8]、郫县三观村遗址 [9]、温江区柳岸村遗址 [10]、郫县波罗村遗址（2009～2011）[11],2010 年发掘的彭州梅花泉遗址 [12]、彭州米筛泉遗址 [13]、新都区大江村遗址 [14]、新都区朱王村 [15],2011 年发掘的郫县曹家祠遗址 [16]、温江区天乡路遗址 [17]、温江区范家碾遗址 [18]、

[1]　成都文物考古研究所:《2007 年成都高新西区亚光投资有限微波炉生产基地古遗址发掘简报》,《成都考古发现》(2010),科学出版社,2012 年,第 255～291 页。

[2]　成都文物考古研究所、郫县博物馆:《成都市郫县西华大学艺术中心古遗址发掘简报》,《成都考古发现》(2008),科学出版社,2010 年,第 206～212 页。

[3]　成都文物考古研究所:《成都高新西区汇利包装厂古遗址发掘简报》,《成都考古发现》(2009),科学出版社,2011 年,第 135～182 页。

[4]　成都文物考古研究所、新都区文物管理所:《成都市新都区褚家村遗址发掘报告》,《成都考古发现》(2008),科学出版社,2010 年,第 32～74 页。

[5]　成都文物考古研究所:《成都高新西区富通光缆通信有限公司地点古遗址发掘简报》,《成都考古发现》(2008),科学出版社,2010 年,第 152～178 页。

[6]　成都文物考古研究所:《四川郫县广福村李家院子古遗址发掘简报》,《成都考古发现》(2009),科学出版社,2011 年,第 83～134 页。

[7]　成都文物考古研究所、都江堰市文物局:《四川省都江堰市梳妆台商周遗址发掘简报》,《成都考古发现》(2010),科学出版社,2012 年,第 292～302 页。

[8]　成都文物考古研究所:《四川如阳实业发展有限公司商住楼地点古遗址发掘简报》,《成都考古发现》(2008),科学出版社,2010 年,第 194～205 页。

[9]　成都文物考古研究所、郫县望丛祠博物馆:《成都郫县三观村遗址试掘报告》,《成都考古发现》(2011),科学出版社,2013 年,第 14～59 页。

[10]　成都文物考古研究所:《成都市温江区柳岸村遗址先秦遗存试掘报告》,《成都考古发现》(2011),科学出版社,2013 年,第 235～279 页。

[11]　成都文物考古研究所、四川大学历史文化学院:《成都市郫县波罗村遗址Ⅱ区发掘简报》,《江汉考古》2014 年第 3 期;成都文物考古研究所、郫县望丛祠博物馆:《成都郫县波罗村商周遗址发掘报告》,《考古学报》2016 年第 1 期。

[12]　成都文物考古研究所、彭州市文物保护管理所、新都区文物保护管理所:《四川彭州市梅花泉商周遗址发掘简报》,《成都考古发现》(2009),科学出版社,2011 年,第 183～200 页。

[13]　成都文物考古研究所、彭州市文物保护管理所、新都区文物保护管理所:《四川彭州市米筛泉商周遗址发掘简报》,《成都考古发现》(2009),科学出版社,2011 年,第 201～216 页。

[14]　成都文物考古研究所、新都区文物管理所、北京联合大学:《成都新都区大江村遗址勘探试掘简报》,《成都考古发现》(2011),科学出版社,2013 年,第 175～195 页。

[15]　成都文物考古研究所:《成都市新都区朱王村遗址发掘报告》,《成都考古发现》(2011),科学出版社,2013 年,第 123～174 页。

[16]　成都文物考古研究所、郫县望丛祠博物馆:《郫县曹家祠遗址先秦文化遗存试掘简报》,《成都考古发现》(2010),科学出版社,2012 年,第 16～37 页。

[17]　成都文物考古研究所、温江区文物保护管理所:《温江天乡路遗址先秦文化遗存试掘简报》,《成都考古发现》(2010),科学出版社,2012 年,第 54～72 页。

[18]　成都文物考古研究所、温江区文物保护管理所:《温江范家碾遗址先秦文化遗存试掘简报》,《成都考古发现》(2010),科学出版社,2012 年,第 73～85 页。

温江区永福村三组遗址^①、新都区太平村遗址^②、郫县天台村遗址^③、郫县青杠村遗址^④、青白江区新华村遗址^⑤、新都区同盟村遗址^⑥、郫县陈家院子遗址^⑦，2012 年发掘的新都区高桥村遗址^⑧、新都区团结村遗址^⑨，2013 发掘的温江区天王村遗址^⑩、新都区和平村遗址^⑪、郫县仪隆村遗址^⑫，2014 年发掘的郫县双喜村遗址^⑬、新都区香城河畔遗址^⑭、新都区桂林小学遗址^⑮、郫县天台村遗址^⑯，2015 年发掘的郫都西华大学实验楼古遗址^⑰，2016 年发掘的新都二中遗址^⑱、新都区褚家村二组遗址^⑲，

---

① 成都文物考古研究所、温江区文物保护管理所：《温江永福村三组遗址先秦文化遗存试掘简报》，《成都考古发现》(2010)，科学出版社，2012 年，第 86～102 页。

② 成都文物考古研究所、新都区文物保护管理所：《成都市新都区新繁镇太平村遗址发掘简报》，《成都考古发现》(2010)，科学出版社，2012 年，第 103～126 页。

③ 成都文物考古研究所、郫县望丛祠博物馆：《郫县天台村遗址先秦文化遗存试掘简报》，《成都考古发现》(2010)，科学出版社，2012 年，第 127～170 页。

④ 成都文物考古研究所：《成都郫县青杠村遗址先秦时期文化遗存试掘简报》，《成都考古发现》(2011)，科学出版社，2013 年，第 91～122 页。

⑤ 成都文物考古研究所、青白江区文物管理所：《成都市青白江区新华村商周遗址发掘报告》，《成都考古发现》(2011)，科学出版社，2013 年，第 280～317 页。

⑥ 成都文物考古研究所、新都区文物管理所：《成都市新繁区同盟村遗址商周遗存发掘报告》，《成都考古发现》(2013)，科学出版社，2015 年，第 269～318 页。

⑦ 成都文物考古研究所：《成都郫县陈家院子遗址先秦时期遗存试掘简报》，《成都考古发现》(2011)，科学出版社，2013 年，第 58～90 页。

⑧ 成都文物考古研究所、新都区文物管理所：《成都新都区高桥村遗址试掘简报》，《成都考古发现》(2012)，科学出版社，2014 年，第 121～132 页。

⑨ 成都文物考古研究所：《成都新都区团结村商周遗址发掘简报》，《成都考古发现》(2012)，科学出版社，2014 年，第 134～152 页。

⑩ 成都文物考古研究所、温江区文物保护管理所：《成都市温江区天王村商周遗址试掘简报》，《成都考古发现》(2012)，科学出版社，2014 年，第 154～176 页。

⑪ 成都文物考古研究院：《成都市新都区新繁和平村遗址发掘简报》，《成都考古发现》(2016)，科学出版社，2018 年，第 51～77 页。

⑫ 成都文物考古研究所、郫县望丛祠博物馆：《郫县仪隆村遗址发掘报告》，《成都考古发现》(2013)，科学出版社，2015 年，第 179～231 页。

⑬ 成都文物考古研究所、郫县望丛祠博物馆：《郫县双喜村遗址试掘报告》，《成都考古发现》(2013)，科学出版社，2015 年，第 232～268 页。

⑭ 成都文物考古研究所、新都区文物管理所：《成都市新都区香城河畔地点发掘简报》，《成都考古发现》(2013)，科学出版社，2015 年，第 109～178 页。

⑮ 成都文物考古研究所、新都区文物管理所：《成都新都区桂林小学工地考古发掘简报》，《成都考古发现》(2014)，科学出版社，2016 年，第 234～248 页。

⑯ 成都文物考古研究所、郫县望丛祠博物馆：《成都市郫县天台村遗址"万达广场"地点发掘报告》，《成都考古发现》(2015)，科学出版社，2017 年，第 193～251 页。

⑰ 成都文物考古研究所：《成都市郫都区西华大学实验楼古遗址发掘简报》，《成都考古发现》(2015)，科学出版社，2017 年，第 252～294 页。

⑱ 成都文物考古研究所、新都区文物管理所：《成都新都二中遗址发掘报告》，《成都考古发现》(2015)，科学出版社，2017 年，第 153～192 页。

⑲ 成都文物考古研究所、新都区文物保护所：《成都新都区褚家村二组遗址发掘报告》，《成都考古发现》(2016)，科学出版社，2018 年，第 1～50 页。

2017年发掘的青羊区红碾社区7组小学遗址[①]，2018年发掘的成华区红花堰遗址[②]、新都区南桥街遗址[③]。未发表的遗址较重要的有新都区礼拜村遗址、温江区惠民村遗址、新都区桥楼村一组遗址、郫都犀园村遗址及彭州昌建星悦城遗址等。

上述遗址，含三星堆文化遗存的遗址数量不多，以十二桥文化遗存为主的遗址占绝大多数。青白江三星村遗址、新都礼拜村遗址、彭州昌建星悦城四期遗址是目前除三星堆遗址之外，三星堆文化遗存较为丰富的几处遗址，对于三星堆文化内涵、分期、聚落等方面研究意义重大。在十二桥文化遗址中，波罗村遗址面积大，遗存丰富，年代跨度从商末到西周中期，十二桥文化早中期的陶器识别、分期细化、生业形态、聚落研究等都具有重要意义。惠民村遗址西周中晚期遗存十分丰富，对于十二桥文化西周中晚期阶段研究意义重大。桥楼村一组、犀园村遗址出土了大量春秋时期遗存，对十二桥文化春秋时期的研究十分重要。

（2）东周时期

该阶段东周时期发现以墓葬为主，遗址数量不多。墓葬见报24处，较重要的有商业街战国时期大型船棺葬、金沙遗址"人防"地点春秋墓地、金沙遗址"黄河"地点春秋战国墓地、金沙遗址"星河路西延线"地点春秋战国墓地、青白江区双元村大型春秋战国墓地、蒲江鹤山镇飞虎村战国墓地、高新区中和街道双龙村战国墓地。遗址见报6处，有龙泉村遗址、小南街遗址、金河路59号的地块、下东大街遗址、高新西区亚光投资有限公司微波生产基地地点、犀园村遗址。

2000年8月～2001年1月，成都市文物考古研究所清理了商业街船棺葬，清理了17座船棺，随葬器物295件，有陶器、铜器、漆器、竹木器、角器、料珠，为王族或蜀王的家族墓地，时代为战国早期[④]。2002年9～12月，成都市文物考古研究所在金沙遗址"人防"地点清理了14座春秋时期的土坑墓[⑤]。2002年11月～2003年6月，成都市文物考古研究所在金沙遗址"黄河"地点发掘了170座土坑墓，其中有16座春秋战国时期墓葬见诸报道[⑥]。2008年9～11月，成都文物考古研究所在金沙遗址"星河路西延线"地点发现了40余座墓葬，其中包括24座春秋战国时期土坑墓[⑦]。2016年3月～2017年1月，成都文物考古研究所和青白江区文物保护中心在青白江区双元村发现

---

① 成都文物考古研究院：《成都市青羊区红碾社区7组小学项目商周遗址发掘简报》，《成都考古发现》（2018），科学出版社，2020年，第79～119页。

② 成都文物考古研究院：《2018年成都市成华区红花堰遗址发掘简报》，《成都考古发现》（2018），科学出版社，2020年，第145～161页。

③ 成都文物考古研究院：《成都市新都区南桥街商周遗址试掘简报》，《成都考古发现》（2018），科学出版社，2020年，第162～193页。

④ 成都文物考古研究所：《成都市商业街船棺、独木棺墓葬发掘简报》，《文物》2002年第11期；成都文物考古研究所：《成都市商业街船棺、独木棺墓葬发掘报告》，《成都考古发现》（2000），科学出版社，2002年，第78～136页；成都文物考古研究所：《成都商业街船棺葬》，文物出版社，2009年。

⑤ 成都市文物考古研究所：《金沙村遗址人防地点发掘简报》，《成都考古发现》（2003），科学出版社，2005年，第89～119页。

⑥ 成都市文物考古研究所：《成都市金沙遗址"黄河"地点墓葬发掘简报》，《成都考古发现》（2012），科学出版社，2014年，第177～217页。

⑦ 成都文物考古研究所：《金沙遗址星河路西延线地点发掘简报》，《成都考古发现》（2008），科学出版社，2010年，第75～140页。

一处墓地，共清理了 180 座春秋战国时期的墓葬①。2016 年 4 月～2017 年 2 月，成都文物考古研究所对实业街遗址进行了考古发掘工作，清理了 40 余座春秋战国时期墓葬②。2016 年 9～12 月，成都文物考古研究所对蒲江县鹤山镇飞虎村的一处墓地进行了考古发掘工作，清理了 60 座战国船棺墓③。2019 年 3～6 月，成都文物考古研究院在高新区中和街道双龙村墓地清理了 11 座战国时期土坑墓，这批墓葬保存较好，形制特殊，出土器物丰富④。

其他墓葬还有，2001 年成都市文物考古研究所在成都西郊苏坡乡西窑村七组发现战国末年至西汉初期土坑墓 4 座，其中的 M25 出土铜矛 1 件⑤。2001 年 5～7 月，成都市文物考古研究所在成都西窑村清理了 28 座墓葬，其中包括 2 座战国至秦代的土坑墓⑥。2002 年 9 月，新都区文物管理所在新都区清镇村清理了 1 座秦代土坑墓⑦。2003 年，在青羊区文庙西街实施的基建工程中于邻近石室中学的地方发现一些青铜器，后于此处清理了 2 座战国墓葬（M1、M2），出土青铜器 27 件。发掘者推断 M1 的年代为战国早期早段，M2 的年代为战国中期早段⑧。2003 年，成都市文物考古研究所在成华区青龙乡海滨村十组清理战国墓葬 2 座，出土铜器 3 件。发掘者判断两墓年代为战国晚期⑨。2004 年，在凉水井街的基建挖掘中，挖出一批青铜器和一些零散的人骨，经确认是一处古墓葬。施工方上缴挖掘出土的青铜器 18 件。报道者将该墓葬出土青铜器的年代判定为战国早期⑩。2004 年，成都文物考古研究所在金沙遗址"国际花园"地点清理了 60 余座墓葬，其中包括 14 座春秋战国时期土坑墓⑪。2006 年，成都文物考古研究所等单位在蒲江县鹤山镇飞龙村花样年拆迁安置房小区发掘了 5 座墓葬，均出土了青铜器。并采集到一批青铜器。发掘者推断 M1 为秦代墓葬，M2～M5 的年代均为战国晚（末）期至秦代⑫。2010 年 12 月，十二桥遗址新一村地点发现了 1 座战

① 王天佑：《成都市青白江区双元村东周墓群》，《中国考古学年鉴 2017》，中国社会科学出版社，2018 年，第 406～407 页。

② 资料现存于成都文物考古研究院，待刊。

③ 刘雨茂、龚扬民：《蒲江县飞虎村战国船棺葬墓群》，《中国考古学年鉴 2017》，中国社会科学出版社，2018 年，第 408 页。

④ 资料现存于成都文物考古研究院。

⑤ 成都市文物考古研究所：《成都市西郊土坑墓、砖室墓发掘简报》，《成都考古发现》（2001），科学出版社，2003 年，第 106、107 页。

⑥ 成都市文物考古研究所：《成都市西郊土坑墓、砖室墓发掘简报》，《成都考古发》（2001），科学出版社，2003 年，第 80～109 页。

⑦ 成都新都区文物管理所：《成都市新都区清镇村土坑墓发掘简报》，《成都考古发现》（2005），科学出版社，2007 年，第 289～300 页；成都市新都区文物管理所：《成都新都秦墓发掘简报》，《文物》2014 年第 10 期。

⑧ 成都市文物考古研究所：《成都市文庙西街战国墓葬发掘简报》，《成都考古发现》（2003），科学出版社，2005 年，第 244～265 页。

⑨ 成都市文物考古研究所：《成都市青龙乡海滨村墓葬发掘简报》，《成都考古发现》（2003），科学出版社，2005 年，第 266～271、304、305 页。

⑩ 成都文物考古研究所：《凉水井街战国墓葬出土的青铜器》，《成都考古发现》（2004），科学出版社，2006 年，第 306～311 页。

⑪ 成都文物考古研究所：《金沙遗址"国际花园"地点发掘简报》，《成都考古发现》（2004），科学出版社，2006 年，第 118～175 页。

⑫ 成都文物考古研究所、蒲江县文物管理所：《蒲江县飞龙村盐井沟古墓葬》，《成都考古发现》（2011），科学出版社，2013 年，第 338～371 页。

成都
考古史

国土坑墓^①。2013 年 2～8 月，成都文物考古研究所和青白江区文物保护中心联合对青白江区沿坨村墓地进行了考古发掘，共清理了 23 座战国土坑墓^②。2015 年 2 月～2016 年 5 月，成都文物考古研究所和四川大学考古学系对张家墩墓地进行了考古发掘工作，共清理古墓葬 222 座，包括部分战国至秦代的墓葬^③。2016 年 3～4 月，成都市文物考古工作队在成都市白果林清理了 20 余座战国时期土坑墓^④。2016 年 7～8 月，成都文物考古研究所对蒲江县鹤山街道办蒲砚村的一处墓地进行了考古发掘，共清理了 5 座战国时期船棺墓^⑤。2017 年 3～6 月，成都文物考古工作队对成都市青龙乡海滨村年家院子墓地进行了考古发掘，共清理 31 座墓葬，其中包括 10 座战国时期土坑墓^⑥。2017 年 3～8 月，成都文物考古研究院对青羊区光华村墓地进行了考古发掘，此次共清理了 75 座墓葬，包括部分战国至秦代的土坑墓^⑦。2018 年 3～5 月，成都文物考古工作队对成华区海滨湾社区一处墓地进行了考古发掘，共清理了 6 座战国时期土坑墓^⑧。此外，成都文物考古研究院在 2019～2020 年还在青白江区和成都主城区等地清理了一些春秋战国时期的墓葬^⑨。

2003 年，成都文物考古研究所、彭州市博物馆在彭州市太清乡龙泉村遗址发掘中，于第 4 层出土铜剑茎 1 件、半两钱 1 枚。H19 出土铜剑 1 件，残断，剑身有纹饰，据残痕知其通长约 32 厘米。发掘者推测龙泉村战国遗址的年代可能在公元前 316 年秦灭巴蜀之后至秦始皇统一六国这段时间^⑩。2007 年，成都文物考古研究所在高新西区亚光投资有限公司微波生产基地地点的发掘中，出土了少量铜器，包括削、刻刀、带钩、铃等。发掘推断其年代为战国晚期至西汉早期偏早^⑪。2012 年 10 月，成都文物考古研究所发掘了小南街遗址，该遗址包含战国时期的文化堆积^⑫。2007 年 8～11 月，成都文物考古研究所对金河路 59 号地块美邦广场进行发掘时，清理出了春秋战国时期

---

① 成都文物考古研究所：《成都市十二桥遗址新一村地点商周至隋唐时期遗址》，《中国文物报》2012 年 5 月 11 日第 8 版。

② 成都文物考古研究院、青白江区文物保护中心：《成都市青白江区沿坨村战国墓群发掘报告》，《成都考古发现》（2017），科学出版社，2019 年，第 109～145 页。

③ 易立、杨波：《成都市青羊区张家墩战国秦汉墓地》，《中国考古学年鉴 2017》，中国社会科学出版社，2018 年，第 409 页。

④ 资料现存于成都文物考古研究院。

⑤ 龚扬民：《蒲江县蒲砚村战国船棺葬墓群》，《中国考古学年鉴 2017》，中国社会科学出版社，2018 年，第 408～409 页。

⑥ 成都文物考古研究院：《成都市青龙乡海滨村年家院子墓地发掘简报》，《成都考古发现》（2016），科学出版社，2018 年，第 190～267 页。

⑦ 李佩、易立：《成都市青羊区光华村战国晚期至南宋墓地》，《中国考古学年鉴 2018》，中国社会科学出版社，2020 年。

⑧ 成都文物考古研究院、四川大学：《成都市青龙乡海滨村海滨湾社区墓葬发掘简报》，《成都考古发现》（2017），科学出版社，2019 年，第 146～157 页。

⑨ 资料现存于成都文物考古研究院。

⑩ 成都文物考古研究所、彭州市博物馆：《彭州市太清乡龙泉村遗址战国时期文化遗存 2003 年发掘报告》，《成都考古发现》（2004），科学出版社，2006 年，第 283～305 页。

⑪ 成都文物考古研究所：《2007 年成都高新西区亚光投资有限微波生产基地古遗址发掘简报》，《成都考古发现》（2010），科学出版社，2012 年，第 255～290 页。

⑫ 成都文物考古研究所：《成都市青羊区小南街古遗址发掘简报》《成都考古发现》（2013），科学出版社，2015 年，第 346～375 页。

的文化堆积①。2009 年 3 月，成都文物考古研究所发掘了下东大街遗址，清理出了战国时期的文化堆积②。

（二）考古研究

1. 商至西周时期（三星堆文化、十二桥文化）

（1）考古学文化体系

该阶段关于考古学文化体系研究，主要集中于三星堆文化与十二桥文化的区分及十二桥文化早期遗存的讨论。

2011 年，马兰认为以郎家村精品房地点为代表的一类遗存，处于三星堆文化至十二桥文化过渡时期，时代较十二桥文化一期早，应属于十二桥文化的早期阶段③。2011 年，于孟洲、夏微指出三星堆祭祀坑和精品房地点属于十二桥文化范畴。三星堆文化时期成都平原遗址较少，与该文化人群大量迁往三星堆地区有关，而进入十二桥文化阶段，成都平原的遗址数量大增，与此时峡江人群大量进入成都平原有关④。2018 年，于孟洲、张世轩对十二桥文化早期墓葬⑤、成都平原夏商西周时期的小平底罐⑥进行了研究。2019 年，于孟洲、吴超明对十二桥文化早期遗存进行了系统研究⑦。

2015 年，施劲松提出，尖底器不能成为区分三星堆文化和十二桥文化的标识性器物，最早的尖底器属于三星堆文化而非十二桥文化，成都地区应存在更多与三星堆城址同时的遗址，只是有些三星堆文化的遗址可能都被划入了十二桥文化，在一些遗址中三星堆文化遗存可能还处于十二桥文化的地层之下⑧。2020 年，施劲松从考古遗存所体现的精神内涵角度，进一步提出应将三星堆文化与十二桥文化合并为"三星堆—金沙文化"⑨。

其他研究还有，2001 年，林向根据金沙遗址出土的文物，提出在三星堆遗址毁于洪灾后，古蜀权力中心都邑很可能转移到成都市区来了。成都市区西部就是开明氏古蜀国的中心都邑，成都商业街船棺墓有可能是开明氏某蜀王的陵墓⑩。2006 年，段渝指出，三星堆文化时期古蜀国形成了主要以地缘来划分其国民的政治组织⑪。

（2）巴蜀文化

2006 年，宋治民将蜀文化分为五期，第一期以三星堆第二、三期为代表，又称三星堆文化，时代为商代；第二期以月亮湾第二期为代表，可能包括成都羊子山土台基址的上层，时代为西周前

① 谢涛、苏奎：《成都市金河路 59 号美邦广场春秋战国及唐宋遗址》，《中国考古学年鉴 2008》，文物出版社，2009 年，第 378、379 页。

② 成都文物考古研究所：《成都下东大街遗址战国时期文化遗存清理简报》，《四川文物》2010 年第 6 期。

③ 马兰：《金沙遗址郎家村"精品房"地点文化遗存初步研究》，《四川文物》2011 年第 3 期。

④ 于孟洲、夏微：《三星堆文化向十二桥文化变迁的相关问题——从金沙遗址兰苑地点谈起》，《南方民族考古》第七辑，科学出版社，2011 年，第 165～183 页。

⑤ 于孟洲、张世轩：《十二桥文化早期墓葬研究》，《边疆考古研究》第 23 辑，科学出版社，2018 年。

⑥ 于孟洲、吴超明：《成都平原夏商西周时期小平底罐研究》，《考古与文物》2018 年第 2 期。

⑦ 于孟洲、吴超明：《十二桥文化早期遗存初论》，《考古学报》2019 年第 2 期。

⑧ 施劲松：《十二桥遗址与十二桥文化》，《考古》2015 年第 2 期。

⑨ 施劲松：《论三星堆—金沙文化》，《考古与文物》2020 年第 5 期。

⑩ 林向：《寻找三星堆文化的来龙去脉——成都平原的考古最新发现》，《中华文化论坛》2001 年第 4 期。

⑪ 段渝：《从血缘到地缘——古蜀酋邦向国家的演化》，《中华文化论坛》2006 年第 2 期。

期；第三期以十二桥遗址、三星堆第四期及 1、2 号祭祀坑为代表，包括新繁水观音、成都指挥街、雅安沙溪遗址等，又称十二桥文化，时代为西周后期至春秋；第四期以金沙、新一村、岷江小区等遗址为代表，包括成都高新西区诸遗址、新都区郑因遗址、商业街船棺葬等，时代为春秋后期；第五期以成都上汪家拐街战国遗址、青羊宫战国遗址及成都地区众多的战国墓葬为代表，时代为战国时期。蜀文化源于宝墩文化，受到了中原、长江下游、长江中游等文化因素影响。十二桥遗址晚于三星堆遗址，金沙遗址是晚于十二桥遗址，羊子山土台与十二桥遗址同时。蜀人的政治中心由三星堆转移到十二桥之后，过了若干时间被洪水毁坏，便向西移到今日金沙之地再建政治中心，这便形成了两地时间上的差异。在金沙取代十二桥作为政治中心之后，羊子山土台依然存在并继续起着原有的作用[1]。

（3）羊子山土台

2003 年，李明斌认为羊子山台址的年代跟十二桥文化第一期的年代相近，其功能是带祭祀成分的盟誓遗存[2]。

（4）遗物研究

2005 年，宋治民据尖底器的特征，提出金沙遗址的繁荣期应在春秋后期[3]。

2012 年，幸晓峰、王方对金沙遗址出土的石磬进行了研究[4]。

（5）生业方式

2011 年，何锟宇指出十二桥文化成都平原类型农业发达、家畜饲养技术成熟稳定，渝东类型以狩猎作为获取肉食的主要手段、家畜饲养在肉食结构中发挥的作用较小。同属于一种考古学文化，但生业方式却有天壤之别，自然地理环境和区域经济传统的不同是其差异的主要原因，人口压力也可能是一个重要原因[5]。

（6）对外交流

2005 年，江章华提出三星堆文化通过长江三峡这一孔道与长江中下游发生着频繁的文化交流，三星堆文化向十二桥文化的变迁与发生在鄂西和三峡地区的民族移动有直接的关系，战国时期的古蜀文化遗存与中原文化和楚文化有比较深的联系[6]。2018 年，于孟洲等对三星堆文化东向交流的原因、区域性特征做了研究[7]。

2007 年，陈德安认为在二里头时期，良渚文化和二里头文化因素通过三峡进入四川。夏、商文化进入四川，催生了古蜀文明。春秋时期，由于秦、楚的兴起，阻断了蜀与中原的联系，使古蜀文明的发展一度走向低谷。战国早、中期，古蜀文明再度辉煌。秦灭蜀后，蜀文化一步步削弱。到西汉，汉文化逐渐取代了蜀文化[8]。

---

① 宋治民：《蜀文化研究之反思——为纪念三星堆祭祀坑发现二十周年而作》，《四川文物》2006 年第 4 期。

② 李明斌：《羊子山土台再考》，原载《古代文明》第二卷，文物出版社，2003 年；后收入《成都考古研究》（一），科学出版社，2009 年，第 246～255 页。

③ 宋治民：《蜀文化尖底陶器绪论——兼谈成都金沙遗址的时代》，《四川文物》2005 年第 6 期。

④ 幸晓峰、王方：《金沙遗址出土石磬初步研究》，《文物》2012 年第 5 期。

⑤ 何锟宇：《试论十二桥文化的生业方式——以动物考古学研究为中心》，《考古》2011 年第 2 期。

⑥ 江章华：《从考古材料看四川盆地在中华文明形成与发展过程中的地位》，《中华文化论坛》2005 年第 4 期。

⑦ 于孟洲：《三星堆文化东向扩张的原因分析》，《边疆考古研究》第 24 辑，科学出版社，2018 年；于孟洲、王玉霞：《三星堆文化东向交流的区域性特点研究》，《三代考古》（八），科学出版社，2018 年，第 124～139 页。

⑧ 陈德安：《古蜀文明与周边各文明的关系》，《中华文化论坛》2007 年第 4 期。

2010 年，王方提出古蜀玉器明显表现出受到了长江下游良渚文化，黄河地区的山东龙山文化、二里头文化、齐家文化等多元文化因素的冲击与影响①。

（7）信仰体系

2010 年，张肖马认为古蜀王国的山崇拜是其宗教信仰体系中重要的组成部分②。

2011 年，施劲松通过金沙祭祀区出土遗物及其与三星堆祭祀坑遗物的比较分析，认为三星堆城址废弃或三星堆两个器物坑形成前，人们已开始在金沙进行祭祀活动。金沙遗址与三星堆遗址在时代上有重叠，只不过金沙遗址的时代下限更晚。1 号坑的遗物反映的是祖先崇拜，2 号坑突出反映了崇拜太阳的信仰，三星堆文化中可能是王权和神权并存。金沙祭祀区出土遗物仍然突出了权力，以及崇拜太阳的信仰。金沙祭祀区器物组合多属祭祀用品，三星堆祭祀坑主要是祭祀者和被祭祀对象，这说明金沙祭祀区的遗迹、遗物可能是在长时间内由一次次实际进行的祭祀活动而留下的。这不同于三星堆器物坑是因发生某种特殊事件而将宗庙与神庙的器物毁坏并集中掩埋。这进一步表明了金沙时期的祭祀活动或许有所变化，即不再制作那些突出的祭祀对象和祭祀者形象供奉于庙宇中，但实际举行的小规模祭祀活动更为频繁③。

（8）音乐

2006 年，幸晓峰等对金沙遗址出土的玉石璧音乐声学性能进行了研究④。

（9）聚落考古

2003 年，姜世碧对成都平原自然环境与古蜀文化聚落建筑的相互关系进行了分析⑤。

2005～2010 年，成都文物考古研究所、北京大学考古文博学院、台湾大学人类学系、美国圣路易斯华盛顿大学艺术史与考古系、哈佛大学人类学系联合围绕郫县古城遗址进行了大范围的聚落考古调查。调查的目的是研究这一区域的史前聚落模式，进而了解该地区在公元前第二千纪的长时段的文化变迁和社会复杂化进程，调查关注的聚落从宝墩文化时期至汉代。调查采取了拉网式地表调查、地下钻探、地球物理勘探和地貌调查相结合。这是一次在成都平原进行区域聚落系统调查的首次尝试，实践证明这种多层次、多学科交互的区域考古调查方法在成都平原的聚落考古研究中是行之有效的。目前调查的信息、分析结果尚未完全公布，但对 2005～2007 年调查的一些情况有报道⑥。

2009 年，江章华对成都平原先秦时期农业转型与聚落变迁的关系进行了分析，指出三星堆文化在先秦农业与聚落发展中的重要特征⑦。

2015 年，江章华对成都平原先秦聚落变迁进行了研究⑧。这是成都平原商周时期聚落考古研究

① 王方：《试析古蜀玉器中的良渚文化因素》，《玉魂国魄——中国古代玉器与传统文化学术讨论会文集》（四），浙江古籍出版社，2010 年。

② 张肖马：《三星堆古蜀王国的山崇拜》，《考古与文物》2010 年第 5 期。

③ 施劲松：《金沙遗址祭祀区出土遗物研究》，《考古学报》2011 年第 2 期。

④ 幸晓峰、王其书：《三星堆、金沙、盐亭遗址出土玉石璧音乐声学性能的初步研究》，《音乐探索》2006 年第 2 期；幸晓峰、王方：《金沙遗址出土石磬初步研究》，《文物》2012 年第 5 期。

⑤ 姜世碧：《成都平原的环境对蜀文化聚落建筑与经济的影响》，《四川文物》2003 年第 2 期。

⑥ 成都平原国际考古调查队：《成都平原区域考古调查（2005—2007）》，《南方民族考古》第六辑，科学出版社，2010 年，第 255～278 页；提莫西·郝思利著，陈伯桢译：《地球物理技术在成都平原考古工作中的应用》，《南方民族考古》第六辑，科学出版社，2010 年，第 279～294 页。

⑦ 江章华：《成都平原先秦时期农业的转型与聚落变迁》，《中华文化论坛》2009 年第 11 期增刊。

⑧ 江章华：《成都平原先秦聚落变迁分析》，《考古》2015 年第 4 期。

的重要尝试，吹响了新时代背景下成都聚落考古的号角。

2015 年，傅罗文等对成都平原宋家河坝这一青铜时代小型聚落进行了田野调查和物理勘探，对聚落的大小与结构进行了研究[1]。

（10）植物考古

普遍应用浮选法，通过系统采样，从发掘工地获取到大量的植物遗存。研究对象集中在植物种子、果实、木材、炭屑上，并扩展到植硅石。

2009 年以前只是在金沙遗址祭祀区、"阳光地带二期"地点、金沙遗址金牛城乡一体化 5 号 C 地点、雍锦湾地点及中海国际社区等少数几个遗址和地点采集了土壤样品，这批土壤样品从 2009 年开始浮选，最终被用于植物考古的检测分析。部分学者在金沙遗址祭祀区浮选样品阶段性鉴定成果的基础上，开展了一些探讨。江章华认为，成都平原宝墩文化时期主要种植小米，从宝墩文化第三期开始，可能从长江中游学习了稻米种植技术，开始种植稻米，从三星堆文化开始，逐渐以种植稻米为主[2]。孙华认为，在新石器时代中期，四川盆地东部平行岭谷地区的人们已经开始了稻作农业；从新石器时代晚期开始，随着西北甘青地区的人们涌入四川盆地，来自黄河流域的粟作农业成为盆地内人们的主业；经过长期的传统和环境的冲突和调整，四川盆地的农业类型在青铜时代逐步从粟作开始向稻作转变，到了秦灭巴蜀前后，稻谷已经成为四川盆地的最主要的谷物种类[3]。霍巍结合相关文献史料加以分析，认为成都平原史前农业以粟、稻两种作物并存，其中一方面有文化传播的因素，如粟的传播以岷江和长江水道为通道，而水稻作物也是从外地引入，反映出这个区域史前农业与周边地区的密切联系；另一方面，气候变化与环境变迁也是成都平原形成多种作物并存的重要因素之一[4]。

自 2009 年开始，几乎所有重要遗址都进行土样采集，并逐步进行浮选分析。2011 年对郫县郫筒镇波罗村遗址"宽锦"地点商末周初时期样品的浮选结果进行分析后发现，该地点在商末周初时是以稻作为主、辅以粟作的农业形态，其中，稻作农业的副产品之一——稻秆可能为当时的烧窑作业的引火之物或燃料，而这批稻谷的尺寸明显大于成都平原其他地点的稻谷尺寸，十分引人注目，推测当地优越的微环境及高水平的田间管理促成了稻粒尺寸的突变，进而引发了当地人群的来源可能异于周边地点的猜测。虽然发现了果壳碎块及猕猴桃种子，但是数量太少，判断波罗村遗址是否有果树的栽培为时尚早[5]。2013 年，成都市文物考古工作队发掘了大邑县高山古城遗址的赵庵村地点和成功村地点，采集了一批宝墩文化早期和十二桥文化早期的浮选土样[6]，也形成了一批综合研究成果。2012 年，石涛通过对成都平原先秦时期 8 个遗址出土的植物遗存的鉴定、分析，认为：①成都平原先秦时期农业可分为三个发展阶段：宝墩早期、宝墩晚期—十二桥早期和晚期巴蜀

① 傅罗文、Tim Horsley、玭玉：《宋家河坝：成都平原青铜时代小型聚落的田野调查、发掘及地球物理勘探》，《南方民族考古》第十一辑，科学出版社，2015 年，第 231～245 页。

② 江章华：《成都平原先秦时期农业的转型与聚落变迁》，《中华文化论坛》2009 年第 S2 期。

③ 孙华：《四川盆地史前谷物种类的演变——主要来自考古学文化交互作用方面的信息》，《中华文化论坛》2009 年第 11 期增刊。

④ 霍巍：《成都平原史前农业考古新发现及其启示》，《中华文化论坛》2009 年第 S2 期。

⑤ 成都文物考古研究所：《郫县菠萝村遗址"宽锦"地点 2011 年浮选结果及分析》，《成都考古发现》（2012），科学出版社，2014 年，第 218～232 页。

⑥ 成都文物考古研究院：《大邑县高山古城遗址 2013 年度植物遗存浮选结果及分析》，《成都考古发现》（2016），科学出版社，2018 年，第 390～402 页。

时期。三个时期均以稻、粟混作为特点，宝墩早期以稻作农业为主，宝墩晚期—十二桥早期是两者相当，晚期巴蜀时期则又重新回到以稻作为主。②通过对稻米粒形进行的研究，认为成都平原由于环境较为封闭，文化发展较为独立，从宝墩早期到晚期巴蜀时期的粒形均没什么变化，一直保持小粒型的特点，显示出稳定性。③成都平原的农业系统整体上都是从长江中游传入的，时间大致上是在宝墩早期或稍早阶段。农业是以非常成熟的形态进入成都平原的，传播的路线最大可能应是从三峡地区进入成都平原，当然，也不排除由长江中游进入陕南汉水流域，然后南下进入成都平原或从贵州地区进入的可能。麦作农业始终未能进入成都平原，这是与成都平原与西部关系紧张，西部文化因素始终未能进入成都平原相关。④成都平原宝墩早期的农业结构与长江中游相同，而与西部山地、关中地区有较大差别。⑤成都平原农业形态的变化与成都平原及周边地区的文化发展是有联系的①。2014 年，韦丽果在成都平原已发表的植物种子浮选材料的基础上，从生业形态和技术系统的角度考察了成都平原先秦时期的农业，认为可能从宝墩文化晚期聚落大发展时期起，成都平原的聚落群就面临着种植农业发展、人口增殖与可控资源之间的压力。宝墩文化时期成都平原以稻作为主、兼营粟作的种植农业形态，是自然环境和人群交往互动的选择结果。与此对应的，成都平原的收割技术，也是稻作和粟作兼而有之，并结合生业形态与技术系统探讨了宝墩人群的来源②。2015 年，姜铭收集了成都平原先秦时期 18 个遗址或地点的植物遗存资料进行分析，认为可将成都平原先秦时期的农业分为 5 个发展阶段：桂圆桥第一期、宝墩文化早期、宝墩文化晚期—三星堆文化时期、十二桥文化时期、晚期蜀文化时期。在第二个发展阶段，成都平原的农业发生了由旱作传统向稻作农业的转变，此后一直保持着以稻谷为主、兼种粟类作物的局面，麦类作物曾在十二桥文化时期出现过，但是其重要性非常低。成都平原先秦时期的农业之所以呈现这样一种面貌，是因为最初的人群来自传统粟作区，面对成都平原陌生的生态环境，他们采取了相对保守但又稳妥有效的农业生产策略：一是继续沿用他们熟悉的粟作农业，二是停留在距离山地不远的山前地带，以同时获取平原和山地两种不同生态环境的食物资源。等到从长江中游传入的稻作农业兴起之后，此时的他们也已经积累了应对平原环境的足够经验，并且也拥有了比较雄厚的物质基础，使得他们有能力向平原腹心地带挺进，开拓出更多的聚落③。有学者从更广阔的地域背景中观察成都平原的农业，获得了一些关于成都平原农业特点、农业来源的认识。于孟洲、罗运兵等分别将成都平原置于四川盆地、长江上游的空间背景中，讨论了在复杂的地域文化和地理环境下农业种植的统一性与特殊性问题。于孟洲、夏微于 2015 年通过对四川先秦时期农业考古发现和研究成果的梳理，探讨了四川盆地早期农业的发生背景与开始时间、农作物种类、农业种植的发展进程与区域性特点等问题④。罗运兵、姚凌、袁靖于 2018 年通过对西藏高原、云贵高原、川西北高原与川西南山地、成都平原、川东岭谷五个区域先秦时期动植物考古资料的系统梳理，对长江上游先秦时期的取食经济开发过程形成了框架性认识⑤。2013 年，玳玉主要讨论了在农业向西南地区的扩散过程中，人类如何调整他们的农业生产策略或发明合适的技术，以应对西南地区复杂的生态环境所带来的挑战。具体到成都平原，

① 石涛：《成都平原先秦时期植物遗存研究》，北京大学硕士学位论文，2012 年。
② 韦丽果：《成都平原先秦时期农业研究》，四川大学硕士学位论文，2014 年。
③ 姜铭：《成都平原先秦时期农业的植物考古学观察》，四川大学硕士学位论文，2015 年。
④ 于孟洲、夏微：《四川盆地先秦时期农业考古研究述论》，《西华大学学报》（哲学社会科学版）2015 年第 34 卷第 1 期。
⑤ 罗运兵、姚凌、袁靖：《长江上游地区先秦时期的生业经济》，《南方文物》2018 年第 4 期。

成都
考古史

玳玉认为在新石器时代和青铜时代，水稻的稳定和集约化生产能够在成都平原的生态环境中实现，这刺激了人口的增长并最终导致该地的社会复杂化。而由水稻和小米组成的双重农业系统能够缓冲环境变化带来的风险。相似的陶器和城墙建造方式暗示了宝墩文化与长江中游文化的密切联系。宝墩文化也许是从长江中游迁徙至此地的农人所创造的。这些农人的迁徙路线目前尚不确定，存在可能性的路线有三条：一是经峡江地区，二是经汉水盆地，三是经贵州乌江流域①。赵志军于2020年讨论新石器时代植物考古与农业起源时，将成都平原作为长江上游地区代表，与西辽河流域、黄河上游、黄河中游、黄河下游、长江中游、长江下游6个区系的植物考古研究成果一并进行了梳理、对比，认为中国古代农业在新石器时代晚期形成了几个不同的发展模式和生产特点，具体到成都平原，认为其古代农业是传入的，早期受到甘青地区马家窑文化的影响，表现为旱作农业生产特点，后期受到长江中游地区的影响，呈现为稻作农业生产特点②。

在木材考古研究方面，除继续关注墓葬中葬具木材外，这一时期对遗址出土的木炭、木材也开展了鉴定、研究，尝试复原与遗址同期的古植被，并讨论人类对于森林资源的开发、利用。这些研究扩展了关于古人生存环境、生计策略等讨论的维度。

成都商业街船棺葬是一处大型长方形竖穴土坑多棺合葬墓，墓坑长30.5、宽20.3、残深2.5米，有船棺和独木棺17具，随葬有大型漆器漆案、漆鼓等礼器，另有漆木器杂件，青铜兵器、青铜工具、青铜装饰品和陶容器等。虽早期被盗掘厉害，但出土各类随葬品仍有200余件，且其地面有供祭祀用的礼仪建筑，均显示出该墓葬墓主人身份显赫，很可能是古蜀国王族甚至蜀王。商业街船棺葬6个棺木和垫木的抽样检测结果显示，其树种均为桢楠③。

王树芝等通过鉴定金沙遗址祭祀区出土的木材，确认了在距今4000年左右，遗址附近河边的植被有秋枫属林木。结合古地貌、气候和秋枫属木材埋藏特点，推测这一时期洪水灾害频发，河边的秋枫树被冲倒后淤积于河道回水漫滩处④。闫雪等鉴定了2013～2014年度宝墩遗址出土的木炭，结果表明宝墩文化早期阶段宝墩聚落周围分布着常绿落叶阔叶混交林和竹林。这一时期竹子是先民重要的生产、生活原材料，除用作燃料外，应较广泛用于建筑、制造生产生活工具⑤。

2. 东周时期

随着新的考古资料不断发现和公布，考古研究也在不断深入和推进，这一时期的研究极为活跃，主要包括以下7个方面。

① Jade d'Alpoim Guedes, *Adaptation and Invention during the Spread of Agriculture to Southwest China*, Cambridge: Harvard University, 2013；部分观点也见于 Jade d'Alpoim Guedes, Ming Jiang, Kunyu He, et al., Site of Baodun yields earliest evidence for the spread of rice and foxtail millet agriculture to South-west China, *Antiquity*, Vol.87 (2013), pp.758-771.

② 赵志军：《新石器时代植物考古与农业起源研究》，《中国农史》2020年第3期；赵志军：《新石器时代植物考古与农业起源研究（续）》，《中国农史》2020年第4期。

③ 成都市文物考古研究所：《成都市商业街船棺、独木棺墓葬发掘报告》，《成都考古发现》（2000），科学出版社，2002年，第78～136页；四川省技术监督局林产品及家具质量监督检验站：《成都商业街船棺葬出土棺木及垫木树种检验报告》，《成都商业街船棺葬》，文物出版社，2009年，第170页。

④ 成都文物考古研究所：《成都金沙遗址祭祀区古河道出土古树的鉴定报告》，《成都考古发现》（2015），科学出版社，2017年，第314～319页。

⑤ 闫雪、王树芝、姜铭等：《2013～2014年度宝墩遗址出土木炭遗存的初步研究》，《南方民族考古》第十三辑，科学出版社，2017年，第311～328页。

（1）巴蜀文化的命名

在这一时期，孙华提出根据最早发现或确认的典型遗址小地名命名原则，并提出了将战国时期遗存命名为"青羊宫文化"[①]。黄尚明则认为青羊宫遗址属于次生堆积，从而提出了"上汪家拐文化"的命名[②]。林向提出考古学中的"巴蜀文化"是指"中国西南地区以古代巴、蜀为主的族群的先民们留下的文化遗产，主要分布在四川盆地及其邻近地区，其时代大约相当于春秋战国秦汉时期"[③]。

（2）战国墓葬的分期研究

朱萍将东周秦汉时期巴蜀文化墓葬分为三期6段，各段年代分别为春秋晚期至战国早期、战国中期早段、战国中期晚段、战国中期末至战国晚期早段、战国晚期中晚段、秦代至西汉初[④]。黄尚明将川西平原晚期蜀文化墓葬分为五期，即战国早、中、晚期和秦代、西汉早期。战国早期墓以百花潭中学M10和中医学院墓葬为代表；战国中期以新都马家木椁墓和成都西郊青羊宫墓为代表；战国晚期以大邑五龙M1、M2、M3和绵竹清道M1为代表；秦代以大邑五龙M18、M19和成都羊子山M172为代表；西汉早期以绵竹西汉墓为代表[⑤]。赵殿增将巴蜀墓葬分成五期7段，各期年代为春秋战国之际到战国早期、战国中期、战国中晚期至秦并巴蜀之前、战国晚期到秦代、西汉前期[⑥]。洪梅将战国秦汉时期巴蜀文化墓葬分为七期，各期年代分别为战国早期早段、战国早期晚段、战国中期早段、战国中期晚段、战国晚期早段、秦代、西汉初期至汉武帝时期[⑦]。

向明文将东周秦汉时期巴蜀文化墓葬分成五期12段，第一期1段，春秋中期，上限或至春秋早期；第一期2段为春秋晚期；第二期3段为战国早期早段；第二期4段为战国早期晚段；第二期5段为战国中期早段；第三期6段为战国中期晚段；第三期7段为战国晚期早段；第四期8段为战国晚期中段；第四期9段为战国末期至秦；第四期10段为西汉早期早段；第五期11段为西汉早期晚段；第五期12段为西汉中期早段[⑧]。杨波将川西平原晚期蜀文化墓葬划分成四期9段，第一期年代为春战之交至战国早期偏晚；第二期年代为战国中期偏早至秦举巴蜀；第三期年代为秦举巴蜀至秦统一；第四期年代为秦统一至汉初[⑨]。总体而言，川西平原晚期蜀文化墓葬的期段划分越来越细，其考古学框架也越来越完善。

（3）船棺葬的研究

成都市商业街船棺墓葬发现之后，极大地推动了船棺葬的研究。报告编写者认为墓葬的年代应

① 孙华：《四川盆地的青铜时代》，科学出版社，2000年，第107页。

② 黄尚明：《蜀文化研究》，华中师范大学出版社，2007年，第54页。

③ 林向：《"巴蜀文化"辨证》，《巴蜀文化研究》第三辑，巴蜀书社，2006年，第5～11页。

④ 朱萍：《楚文化的西渐——楚国向西扩张的考古学观察》，《重庆·2001三峡文物保护学术研讨会论文集》，科学出版社，2003年，第175～188页；朱萍：《楚文化的西渐——楚国经营西部的考古学观察》，巴蜀书社，2010年。

⑤ 黄尚明：《成都平原地区青铜时代文化研究》，武汉大学博士学位论文，2003年；黄尚明：《蜀文化研究》，华中师范大学出版社，2007年，第93页。

⑥ 赵殿增：《巴蜀考古学文化序列研究的新进展》，《三星堆考古研究》，四川人民出版社，2004年，第32～56页。

⑦ 洪梅：《战国秦汉巴蜀墓葬及相关问题研究》，吉林大学博士学位论文，2001年。

⑧ 向明文：《巴蜀古史的考古学观察——以东周秦汉时期巴蜀文化墓葬为中心》，吉林大学博士学位论文，2017年。

⑨ 杨波：《川西平原晚期蜀文化墓葬研究》，四川大学硕士学位论文，2017年。

该在战国早期，推测该墓葬很可能是一处极为罕见的古蜀国开明王朝王族甚或蜀王本人的家族墓[①]。这一结论也得到了学术界的广泛认可。

陈云洪对金沙遗址发现的船棺葬进行分析研究后，提出了四点重要认识。其一，四川地区至迟在西周晚期已出现船棺葬。其二，金沙遗址船棺葬的埋葬习俗与竖穴土坑墓是一脉相承的。其三，金沙遗址发现的船棺类型有两端上翘、两端平齐、一端上翘一端平齐三类，这三类船棺同时在金沙遗址发现，且出现时间大致相同，表明三类船棺并没有发展演变关系，也不会有族属间的差异。这三类船棺在后期的四川地区船棺中，均有发现。其四，提出四川船棺葬是古蜀人的一种丧葬习俗，主要分布在以成都为中心的平原地区。在西周晚期出现后，经过不断发展，达到鼎盛，即使在秦灭蜀后，仍然顽强存在着，直至汉政权的建立，随着汉文化的不断发展，才渐渐退出历史舞台[②]。

此外，他还肯定船棺葬是开明一族人的墓葬。认为开明氏属于庸人，可能在西周晚期就已进入成都平原，但初到成都平原的庸人无法与蒲卑族即杜宇族抗衡，只有臣服于蒲卑族，庸人在墓葬习俗上除葬具采用船棺外，其他方面沿袭了当地蒲卑族的习俗，因而起源时期的船棺葬数量少，随葬品和葬式承袭了早期蜀文化的特征。春秋时期，庸人逐渐强大后，取代了蒲卑族的统治，建立了开明氏王朝，所以船棺葬得到进一步发展，数量增加。开明氏王朝建立后，经过发展，国势日益强大，并向外扩展。由于国力的强盛，船棺葬得到空前发展。船棺的体积增大，制作规整，出现像商业街船棺葬、马家木椁墓这样大型的、高等级的船棺葬。此时船棺葬也随着蜀国向外扩展而从成都平原的腹心地带向外扩散，因而在成都平原以外的荥经、昭化、巴县等地出现了船棺葬[③]。

陈云洪的两篇著作是对前人的补充和修正，基本梳理清楚了船棺葬的发展脉络，也对族属进行了细致的分析，将船棺葬的研究又推向了新的高度。

（4）器物研究

井中伟在前人的基础上对川渝地区的铜戈进行了系统梳理，结合新材料，将铜戈分成甲、乙两类，甲类分为六型，乙类分为五型。并指出川渝地区铜戈是在中原商周铜戈的基础上，通过不断仿制并大力改造，至战国时期最终形成了以甲类 C、D、E 型和乙类 A、B、D 型为主体的自身特色[④]。

这一时期关于巴蜀文化器物的研究，仍然集中在巴蜀青铜器研究上，尤其是巴蜀文化青铜器的综合性研究越来越受青睐。

郭继艳通过各遗址、墓葬出土的巴蜀陶质炊器的类型、演变、组合等方面来分析巴蜀文化自身的特点及其与其他文化的关系，将战国至汉初的陶釜分为五型[⑤]。

管维良分别从印纽与印体形制两方面对其进行了详细的类型学划分[⑥]；成家彻郎认为巴蜀印章是受印度河印章的影响而产生，其功能并非用于商业活动的印章，而是"护身符或服饰上的装饰用品"[⑦]；而松村一德认为巴蜀印的功能起初可能与商务活动有关，后来发展成为通关证明[⑧]。

① 成都文物考古研究所：《成都商业街船棺葬》，文物出版社，2009 年，第 132 页。

② 陈云洪：《成都金沙遗址船棺葬的分析》，《南方民族考古》第十辑，科学出版社，2014 年，第 45～59 页。

③ 陈云洪：《四川地区船棺葬的考古学观察》，《边疆考古研究》第 17 辑，科学出版社，2015 年，第 241～268 页。

④ 井中伟：《川渝地区出土铜戈及相关问题研究》，《边疆考古研究》第 5 辑，科学出版社，2007 年，第 70～99 页。

⑤ 郭继艳：《试论巴蜀文化的陶质炊器》，《四川文物》2001 年第 1 期。

⑥ 管维良：《巴蜀符号》，重庆出版社，2011 年。

⑦ 成家彻郎著，常耀华译：《巴蜀印章试探》，《四川文物》2004 年第 2 期。

⑧ 〔日〕松村一德：《巴蜀青铜器文化の巴蜀文字》，《長江流域と巴蜀、楚の地域文化》，雄山阁，2006 年。

明文秀对战国时期的漆器进行了系统梳理和研究，对漆器进行分期研究，讨论各期段的特点和演变，并探讨演变的动因①。

黄晓枫对四川地区出土的青铜工具进行了细致的分析，将其划分为木工工具和制箋工具两大类，并探讨了形制演变、年代分期、功用等相关问题②。

这一阶段又有多位学者讨论了柳叶形青铜剑的起源问题。张天恩③、孙岩④、代丽鹃⑤、田伟⑥、王炜⑦等利用考古材料对蜀地起源说做了不同程度的补充论证。段渝后来认为柳叶形青铜剑是古蜀人通过印度地区吸收采借的中亚、西亚文明的因素⑧。

李冬楠对战国秦汉时期巴蜀文化墓葬出土的戈、矛、剑、钺四种主要器类进行了综合研究，其中尤为值得关注的是关于兵器与墓葬等级关系的讨论，她认为兵器中出土虎纹戈的墓葬等级都比较高，墓主可能为军队中的高等军官，而单独随葬烟荷包钺的墓葬等级相对较低，墓主可能是普通居民，同时指出巴蜀文化以兵器来体现墓葬的等级，兵器种类越多，墓葬等级越高，否则反之⑨。

范晓佩在李文研究的基础上，对巴蜀文化兵器随葬制度做了更为详尽的系统论述，她将战国秦汉时期巴蜀文化墓葬中的兵器组合分为 15 种，并依据伴出青铜容器的种类与数量情况，将这 15 种兵器组合划分为三个类别，在考察了各类组合与墓葬等级的关系后，认为巴蜀墓葬虽以兵器来体现墓葬等级，但因统治阶层王权远不似西周那般强大，兵器随葬尚未形成一种规范上下的严格制度⑩。

代丽鹃对戈、矛、剑、烟荷包钺四种主要器类进行了综合研究。她对烟荷包钺的归属问题进行了辨析，认为烟荷包钺在制造、加工、装饰和墓内摆放位置四个方面均与戈、矛、剑等兵器相异，而与手工工具类同，进而主张将其从青铜兵器中分离出来，并提出了作为农具使用的可能性⑪。根据戈、矛、剑三类兵器在形制结构、装饰、功能等方面的风格演变，认为在公元前 6 世纪后半期川西平原兵器发展呈现出趋新与复古两个潮流，并且指出复古潮流主要是在楚文化等外来文化不断涌入的背景下产生的，体现了川西平原居民对"自身历史、文化、传统的自我意识"，其作用可能是"借兵器的复古，强化对本土文化的认同"⑫。

赵琦茗的研究对象较李、范二人的要广，不仅包含了戈、矛、剑、"钺"，而且增加了镞、戟、

① 明文秀：《战国秦汉时期四川漆器分期》，四川大学硕士学位论文，2004 年。

② 黄晓枫：《试论四川地区战国墓中的青铜工具》，《华夏考古》2002 年第 4 期。

③ 张天恩：《中原地区西周青铜短剑简论》，《文物》2001 年第 4 期。

④ 孙岩：《西周时期的柳叶形青铜短剑》，《巴蜀文化研究》第三辑，巴蜀书社，2006 年，第 113～122 页。

⑤ 代丽鹃：《由实验看扁茎柳叶形短剑原型为竹剑的可能性》，《四川盆地青铜兵器研究》，香港中文大学博士学位论文，2011 年。

⑥ 田伟：《试论两周时期的青铜剑》，《考古学报》2013 年第 4 期。

⑦ 王炜：《三星堆器物坑出土人身形铜牌饰辨析——兼论巴蜀地区柳叶形剑及剑鞘的起源》，《文物》2014 年第 4 期。

⑧ 段渝：《商代中国西南青铜剑的来源》，《社会科学研究》2009 年第 2 期。

⑨ 李冬楠：《晚期巴蜀文化出土兵器研究》，吉林大学硕士学位论文，2004 年。

⑩ 范晓佩：《晚期巴蜀文化墓葬中兵器随葬制度的研究》，吉林大学硕士学位论文，2009 年。

⑪ 代丽鹃：《名相之辨：四川盆地青铜"钺"研究》，《南方民族考古》第七辑，科学出版社，2011 年，第 212～224 页。

⑫ 代丽鹃：《四川盆地青铜兵器研究》，香港中文大学博士学位论文，2011 年。

弩机戟、弩机、胄等；在分期的基础上讨论了各期兵器组合的变化情况；指出巴蜀地区"存在一定的随葬制度"，即"墓葬的等级越高，随葬品数量越丰富，兵器的数量也越多，而且到后期，种类的齐全愈发成为显示等级高低的重要标识"，且有戈墓的等级相对较高，烟荷包钺单独出现多为平民墓葬，同时认为这种随葬制度并未形成一套完整而严格的制度，其原因可能是统治阶层没有强大的统治力来保证相应的"礼制"得到有效执行[①]。

袁艳玲对东周时期巴蜀文化墓葬出土的青铜器做了综合研究，认为巴蜀地区以外来青铜礼器的种类与数量来体现身份地位，并且这些器物的出现受到了楚式青铜礼器的强烈影响，但尚未形成一种完善的礼乐制度，原因是巴蜀地区农业不发达和社会组织相对落后[②]。杨文胜则认为巴蜀青铜文化是对中原地区器物器形的模仿与学习，但也有着自身特征[③]。张剑对巴蜀文化青铜礼器和兵器的发展规律与特点进行了研究[④]。朱世学对巴式青铜器的发现与研究做了辑录[⑤]。

（5）墓葬等级、文化因素和族属分析

黄尚明根据随葬品的种类组合和数量情况，将各期墓葬划分为3～5类，分别讨论了相关墓葬墓主身份问题，这些身份大体包含了高级贵族、中下级贵族、较富有的上层庶民、一般庶民、贫寒庶民或奴隶等[⑥]。宋治民把晚期蜀文化墓葬分成了大、中、小型[⑦]。江章华根据青铜器的种类和多寡将战国时期该地区墓葬分为六个等级，这些等级所代表的墓主身份包含了上至最高统治者、下至普通民众等各个层次[⑧]。袁艳玲根据铜礼器、实用容器、兵器及工具数量的不同，并参考墓葬规模的大小，将东周时期巴蜀文化墓葬分为四个等级[⑨]。范晓佩根据墓葬规模、葬具和随葬品的种类数量将"长方形竖穴墓"和"狭长形竖穴墓"各分为三个等级[⑩]。洪梅则从墓葬形制着手，以墓葬长度为主，参考墓葬附属结构与葬具等因素，将战国时期巴蜀文化各期墓葬划分为二或四个等级[⑪]。赵琦著以墓葬面积为主要依据，并参考葬具、随葬品的数量及有无高等级随葬品等情况，将巴蜀文化墓葬分为三个等级[⑫]。

向明文运用多元统计分析中的系统聚类和K-均值聚类法探讨了巴蜀文化墓葬等级分类的标准与原则，也比较了不同分类方案所得分类结果的异同程度，从而指出船棺墓与类船棺墓的等级分

① 赵琦著：《川渝地区出土先秦时期青铜兵器研究》，陕西师范大学硕士学位论文，2015年。
② 袁艳玲：《长江流域东周青铜器研究——以楚系青铜器为中心》，北京大学博士学位论文，2008年。
③ 杨文胜：《东周时期巴蜀青铜器与中原青铜器之比较研究》，《长江·三峡古文化学术研讨会暨中国先秦史学会第九届年会论文集》，重庆出版社，2011年，第758～767页。
④ 张剑：《巴蜀青铜礼器和兵器的探索》，《长江·三峡古文化学术研讨会暨中国先秦史学会第九届年会论文集》，重庆出版社，2011年，第464～487页。
⑤ 朱世学：《巴式青铜器的发现与研究》，科学出版社，2015年。
⑥ 黄尚明：《成都平原地区青铜时代文化研究》，武汉大学博士学位论文，2003年；黄尚明：《蜀文化研究》，华中师范大学出版社，2007年，第93页。
⑦ 宋治民：《蜀文化与巴文化》，四川大学出版社，1998年，第73页；宋治民：《蜀文化》，文物出版社，2008年，第71～92页。
⑧ 江章华：《战国时期古蜀社会的变迁——从墓葬分析入手》，《四川文物》2008年第2期。
⑨ 袁艳玲：《东周时期巴蜀青铜器使用礼制研究》，《江汉考古》2013年第3期；袁艳玲：《长江流域东周青铜器研究——以楚系青铜器为中心》，北京大学博士学位论文，2008年。
⑩ 范晓佩：《晚期巴蜀文化墓葬中兵器随葬制度的研究》，吉林大学硕士学位论文，2009年。
⑪ 洪梅：《战国秦汉巴蜀墓葬及相关问题研究》，吉林大学博士学位论文，2001年。
⑫ 赵琦著：《川渝地区出土先秦时期青铜兵器研究》，陕西师范大学硕士学位论文，2015年。

类应以土著文化青铜容乐器数量、土著文化青铜兵器数量和土著文化青铜工具数量为主要分类变量，而木椁墓与类木椁墓的等级分类应以外来加土著文化青铜容乐器数量、外来加土著文化青铜兵器数量和外来加土著文化青铜工具数量为主要分类变量，同时提出主要分类变量的总数可作为各自墓葬等级分类中亚类划分的主要参考依据；他将巴蜀文化墓葬分为 A、B、C 三类，各类之下又可细分亚类，亚类等级从高到低依次为 A1、A2、B1、B2、C1、C2 类。依据经济学中的巴特莱定律对上述各类墓葬的墓主身份进行初步判断，然后结合前人研究成果给出进一步的判定结果，即 A1 类为高级贵族、A2 类为中级贵族、B1 类为富裕低级贵族、B2 类为一般低级贵族、C1 类为富裕庶民、C2 类为一般庶民和贫穷庶民，其中前两类为社会上层、中间两类为社会中层、后两类为社会下层[①]。

杨波将晚期蜀文化墓葬分成甲、乙两类，按照期段分别讨论了其发展演变特征。甲类墓最早见于成都市区内，随着蜀文化的扩张和发展，甲类墓分布范围逐渐扩大，规模也不断扩大。在第二期的 2、3 段达到顶峰，形成一定的墓葬制度。秦举巴蜀之后，其埋葬制度受到冲击，逐渐瓦解[②]。

杨勇通过对虎纹戈的分析，认为四川地区发现的虎纹戈主要为巴戈，巴戈上的虎纹与巴人崇虎有着内在的联系[③]。井中伟支持钱玉趾的观点[④]，认为饰横向虎纹或侧虎首的类型应属于巴式，而饰竖向虎纹或正虎首的类型应属于蜀式戈[⑤]，他通过这个差异将蜀式戈与巴式戈区别开来，为进一步研究奠定了基础。

向明文和滕铭予根据巴蜀文化墓葬出土铜刀柄部形态将其划分为甲、乙、丙、丁、戊、己六类，在此基础上依据刀身形制对各类铜刀进行了较细致的型式划分，对巴蜀文化墓葬出土铜刀所包含的文化因素予以讨论，并对巴蜀文化墓葬出土铜刀与周边地区古代文化之关系作进一步的研究，并借以管窥巴蜀文化的发展进程[⑥]。

黄尚明在分期基础上考察了蜀文化墓葬所见楚文化因素，认为在秦灭蜀之前，列国文化中楚文化对蜀文化的影响最大[⑦]；魏楚楚认为蜀与楚除了内部之间相互影响外，还曾与西方文明产生过联系，蜀在楚与西方文明的交流中起到了桥梁作用[⑧]。

向明文认为巴蜀社会文化结构的变迁过程大致经历了四个阶段，即第一阶段为春秋时期，巴蜀文化一枝独秀；第二阶段为战国早期至战国晚期早段，多种外来文化与巴蜀文化形成"众星拱月"的结构；第三阶段为战国晚期中段至西汉早期早段，虽然仍为"众星拱月"结构，但"星"的内部结构发生了较大变动；第四阶段为西汉早期晚段至西汉中期早段，虽然苟存"众星拱月"的结构，

---

① 向明文：《巴蜀古史的考古学观察——以东周秦汉时期巴蜀文化墓葬为中心》，吉林大学博士学位论文，2017 年。

② 杨波：《川西平原晚期蜀文化墓葬研究》，四川大学硕士学位论文，2017 年。

③ 杨勇：《论巴蜀文化虎纹戈的类型和族属》，《四川文物》2003 年第 2 期。

④ 钱玉趾：《巴族蜀族彝族之虎考辨》，《四川文物》1996 年第 4 期。

⑤ 井中伟：《川渝地区出土铜戈及相关问题研究》，《边疆考古研究》第 5 辑，科学出版社，2007 年，第 70～99 页。

⑥ 向文明、滕铭予：《巴蜀文化墓葬出土铜刀文化因素分析——兼及巴蜀文化发展进程管窥》，《考古与文物》2017 年第 2 期。

⑦ 黄尚明：《试论楚文化对晚期蜀文化的影响》，《江汉考古》2006 年第 2 期。

⑧ 魏楚楚：《先秦蜀楚关系的几个问题》，四川省社会科学院硕士学位论文，2013 年。

但已是"星月两朦胧"的状态[1]。

杨波认为在晚期蜀文化墓葬第一期偏晚阶段开始出现楚文化器物，此时多见礼器。此后楚文化对蜀文化的影响逐渐加深，到第二期影响最为深刻，此时蜀文化的大型墓中包含较多楚文化的器物。虽然中原文化的器物出现早于楚文化器物，也多为礼器和兵器，但是其延续性不强，影响不如楚文化深刻。不过，秦举巴蜀之后，中原文化逐渐增多，楚文化逐步消亡[2]。

杨振威、左志强和陈云洪通过对金沙遗址黄河地点墓地出土随葬器物的类型学考察分析，对墓葬年代予以明确推定，并讨论了材料中透见的蜀楚关系等问题[3]。

（6）巴蜀符号研究

这一时期关于巴蜀符号的研究，除了符号类别和性质的研究之外，也有一些关于某种巴蜀符号的专题研究。成家彻郎将巴蜀符号定性为文字，并将之分为"图像文字"和"表音文字"两类[4]。小泽正人认为巴蜀符号可分为"巴蜀符号 A""巴蜀符号 B"两类，后者又分 B1、B2 两小类，并且将它们均定性为符号[5]。松村一德将巴蜀青铜器上的符号与汉字等均纳入"巴蜀文字"的体系中，认为它们分为 A、B、C、D、E、F 六类，并指出前四类为尚未释读出来的文字，最后两类属于汉字系统[6]。管维良将巴蜀符号分成 14 个基本元素符号，并对手心纹组合、虎纹组合、鸟纹组合等若干组合形式进行了详细分类，认为巴蜀符号是一个涉及多方面的复杂的学术系列，是一个关乎众多人文学科的载体，而且还是一个充满神秘色彩的难以解答的文化现象[7]。

关于某种符号的专题研究，主要涉及虎纹符号、鸟纹符号、蝉纹符号、钟形符号、罍形符号、栅栏形符号等。刘渝对虎纹类型划分、起源与发展及区域特征等方面进行研究，认为虎图形是起源于商周时期尤其西周时期兵器的一种造型艺术，由于社会经济、生活与族群的不同，虎纹在四川盆地产生了两种不同的区域风格[8]。代丽鹃认为虎纹、鸟纹符号和蝉纹符号均为本地因素，通过分析三者的区域特征，提出巴蜀两地存在着不同的兵器制造传统[9]。关于钟形、罍形、栅栏形符号的研究，虽然涉及者较多[10]，但对其进行专题研究的学者，以严志斌与洪梅为代表。他们从时间、空间、等级、组合四个方面，分别对钟形、罍形、栅栏形三种符号进行了综合研究，认为钟形符号均分布于蜀人生活区域，可能为蜀人的特征性符号；罍形符号较早出现并主要分布于蜀人生活区域；钟、罍形符号均是蜀人文化中具有标识社会等级的符号，拥有钟形符号器物的蜀人墓葬的墓主均为社会上层，拥有罍形符号器物的蜀人墓葬的墓主地位相对较高，拥有罍形符号器物的巴人墓葬规格较低，拥有钟、罍形符号组合印章的人是蜀人社会中的高地位者。与前两种符号不同的是，栅栏形符号主

① 向明文：《巴蜀古史的考古学观察——以东周秦汉时期巴蜀文化墓葬为中心》，吉林大学博士学位论文，2017 年。
② 杨波：《川西平原晚期蜀文化墓葬研究》，四川大学硕士学位论文，2017 年。
③ 杨振威、左志强、陈云洪：《成都金沙遗址"黄河"地点二层下墓葬年代及相关问题》，《四川文物》2017 年第 4 期。
④ 成家彻郎著，常耀华译：《巴蜀印章试探》，《四川文物》2004 年第 2 期。
⑤ 〔日〕小泽正人：《巴蜀符号から見た巴蜀青铜器文化の社会》，《長江流域と巴蜀、楚の地域文化》，雄山阁，2006 年。
⑥ 〔日〕松村一德：《巴蜀青铜器文化の巴蜀文字》，《長江流域と巴蜀、楚の地域文化》，雄山阁，2006 年。
⑦ 管维良：《巴蜀符号》，重庆出版社，2011 年。
⑧ 刘渝：《巴蜀文化青铜兵器的虎图形初步研究》，四川大学硕士学位论文，2004 年。
⑨ 代丽鹃：《晚期巴蜀文化兵器装饰性动物图像分析》，四川大学硕士学位论文，2004 年。
⑩ 吴怡：《浅析铜罍在巴蜀青铜文化中的地位及其特点》，《四川文物》2002 年第 5 期；高大伦：《四川茂县牟托石棺葬小议》，《四川文物》2011 年第 6 期；冯广宏：《巴蜀王玺印文字试解》，《文史杂志》2013 年第 5 期。

要分布于巴人区域，蜀人区域出土较少，可能主要是巴人所使用的一种符号，拥有栅栏形符号器物的墓主在墓地内处于社会阶层的上层[①]。

严志斌和洪梅全面搜集整理了迄今所刊布的巴蜀符号器物，并对每件巴蜀符号器物以器类、时代、地点、尺寸、著录情况、收藏情况、符号内容七种项目加以编录，为战国秦汉时期巴蜀文化特别是巴蜀符号的深入研究提供了基本条件[②]。

（7）科技考古和文物保护

姚智辉等对巴蜀文化青铜器合金成分与铸造工艺进行了探讨[③]。肖嶙等对商业街船棺[④]、巴蜀青铜器纹饰[⑤]、漆木器[⑥]等都进行了相关研究。何锟宇等对成都"金河路59号"春秋战国时期遗址出土动物骨骼[⑦]及商业街船棺葬出土动物骨骼[⑧]进行了鉴定和研究。王毅等对成都商业街船棺葬的棺木和枕木等木质文物做了保护工作[⑨]。

整体而言，这一阶段较之上一阶段而言，研究深度和广度都较上一阶段有明显提升。研究内容有了新的拓展，不仅重视考古遗存的类型与编年，而且注重文化联系、墓葬等级划分、青铜器器用制度等方面，都在一定程度上朝着"透物见人"的方向努力。伴随着新的考古发现，考古研究也一定会继续深入下去的。

（杨占风　杨波　田剑波）

第三节　汉六朝考古发现与研究

成都地区汉六朝时期遗存的发现在历史文献中时有记载。汉六朝时期墓葬营建活动在《华阳国志》中有所记述[⑩]，墓葬的发现也多有记载，汉代冯衍《显志赋》中所说的石室与崖墓形制最

---

① 严志斌、洪梅：《战国时期巴蜀文化罍形符号研究》，《中国国家博物馆馆刊》2015年第11期；严志斌、洪梅：《巴蜀印章钟形符号研究》，《四川文物》2015年第5期；严志斌、洪梅：《巴蜀文化栅栏形符号考察》，《四川文物》2016年第4期；严志斌、洪梅：《试析巴蜀文化中的箅形符号》，《四川文物》2017年第1期。

② 严志斌、洪梅：《巴蜀符号集成》，科学出版社，2019年。

③ 姚智辉：《晚期巴蜀青铜器技术研究及兵器斑纹工艺探讨》，科学出版社，2006年；姚智辉、孙淑云、肖嶙等：《巴蜀青铜兵器表面"虎斑纹"的考察、分析与研究》，《文物》2007年第2期；姚智辉、孙淑云：《巴蜀青铜兵器热镀锡工艺》，《北京科技大学学报》2007年第10期。

④ 肖嶙：《成都商业街船棺葬出土棺木的红外光谱研究》，《江汉考古》2014年增刊；肖嶙：《成都商业街船棺葬出土棺木保存状况的初步分析》，《文物保护与考古科学》2015年第2期。

⑤ 肖嶙、姚智辉、白玉龙等：《巴蜀带斑纹兵器的锈蚀产物分析及机理探讨》，《文物保护与考古科学》2006年第2期。

⑥ 肖嶙、杨弢：《战国秦汉时期巴蜀漆器制作工艺研究初探》，《江汉考古》2014年增刊。

⑦ 何锟宇、谢涛、苏奎：《成都"金河路59号"春秋战国—唐、宋时期遗址出土动物骨骼报告》，《成都考古发现》（2015），科学出版社，2017年，第417~447页。

⑧ 何锟宇、颜劲松、陈云洪：《成都市商业街船棺葬出土动物骨骼研究》，《四川文物》2006年第6期。

⑨ 王毅、肖嶙、白玉龙等：《成都商业街大型船棺葬棺木及枕木的保护工作简报》，《成都考古发现》（2000），科学出版社，2002年，第137~141页。

⑩ 《华阳国志·蜀志》"郫民杨伯侯奢侈，大起冢营"，《华阳国志·大同志》"蜀民家墓多种松柏"，从这些记述可知，汉六朝时期成都有专门的墓地，墓上起坟，墓上多种松柏。

为接近[①]，《元和郡县图志》中提到了司马相如、严君平等的墓葬[②]。明清时期关于各类汉墓的记载开始增多，盛行将汉墓附会为神仙洞府或历史名人墓葬，并编撰传说[③]，金石学家开始关注到汉墓，并进行了一些调查和研究[④]。除此之外，历史文献也保存了都邑聚落及摩崖石刻遗存方面的记载[⑤]。

成都地区汉六朝时期考古工作肇始于20世纪初，发展于中华人民共和国成立初，并兴盛至今。从20世纪初至今大致可以分为以下五个阶段。

一、第一阶段：20世纪初至中华人民共和国成立前

这一时期的考古工作主要以墓葬的发现与研究为主，偶有佛像等遗物发现。其间引入现代考古学的调查和研究方法，正式拉开成都地区汉六朝考古的序幕。

20世纪30年代以前，以外国人调查为主，有零星发掘。

1908年，英国传教士陶然士调查长江、岷江流域，其中涉及彭山、新津等地，发现崖墓多座，得出一些很有价值的结论。例如，陶氏将"蛮洞"判定为墓葬，依据有四：崖墓中发现瓦棺、石棺；墓中有人骨；墓中有大量的随葬品；崖墓内发现"永元十四年三月二十六日"纪年[⑥]。陶氏对崖墓族属进行了判断，"有些崖墓的随葬品显示出不同于汉族的艺术和技术，墓内男人和女人面貌的特征，表现出不同于汉族的轮廓和线条"，故"中国西部崖墓主人的族属不能笼统划为汉族，但他们是蜀人和汉人融合的产物"[⑦]。

1911年，葛维汉作为传教士来到中国四川，后任华西协合大学古物博物馆馆长，兼任人类学教授，对于四川考古调查、发掘与研究均做出了重要贡献，对汉墓亦有涉及。葛维汉对华西协合大学古物博物馆里的汉代文物进行过梳理[⑧]，对汉墓有了相当程度的了解。由于葛维汉的人类学背景，对汉代考古研究不免带有人类学倾向。葛维汉利用华西协合大学古物博物馆中的陶俑研究汉代的习俗，然后和今日之习俗进行比较，以说明习俗传统的持续性：汉画像砖上的房屋结构在今天中国的

---

① （宋）范晔撰，（唐）李贤等注：《后汉书》卷二十八《冯衍传》，中华书局，1965年，第999页。

② （唐）李吉甫撰，贺次君点校：《元和郡县图志》，中华书局，1983年，第774、785页。

③ 各地的崖墓仍常常被当作神仙洞府，常见于各类方志中。《金石苑》中记录了"汉安元年四月十八日会仙友"题记："在简州东三十里，上有逍遥洞，为荆棘所掩。"汉墓中的葬具及随葬品也有发现，《老学庵笔记》载："临邛夹门镇，山险处，得瓦棺，长七尺，厚几二寸，与今木棺略同，但盖底相反。骨犹不坏。棺外列置瓦器，皆极淳古。时靖康丙午岁也，李知几及见之。"

④ 金石学家重点关注铭文，以抄录和考释为主，如宋人洪适《隶释》、清人刘喜海《金石苑》、近人邓少琴《益州汉隶集录》等，很少注意墓葬形制、随葬品，但毕竟为成都部分汉墓形制、族属及相关背景研究提供了重要的依据。

⑤ 《三国志》《华阳国志》等对成都城位置、功能布局有一定的记载，如《三国志·蜀书·先主传》谓建安二十六年（221年），刘备"即皇帝位于成都武担山之南"。相关金石学和地方志著作中还记录了摩崖、碑刻等遗存，如《残崖碑》《三处阁石刻》等石刻均位于都江堰紫平铺附近，北周文王碑文最早见于南宋王象之《舆地碑记目》卷四《简州碑记》，完整录文见于清人刘喜海《金石苑》，后陆增祥《八琼室金石补正》中有补正。

⑥ 陶然士著，吴达民、谌海霞整理：《陶然士作品选译》，巴蜀书社，2016年。

⑦ 〔英〕T.托马斯著，朱小南译：《四川西部考古记》，《天府新论》1996年第4期。

⑧ D. C. Graham, Persistence of customas illustrated in the collection of Han Dynasty clay images in the West China Union University Museum, *Journal of the West China Border Research Society*, Vol.6(1933-1934).

庙宇和纪念性的建筑上有表现；背童俑、执箕帚俑、抚琴俑、击鼓俑、执鸟俑及陶俑穿的草鞋等在今日四川仍然流行[①]。后来葛维汉陆续介绍了华西协合大学古物博物馆收藏的汉代文物[②]，其中2件汉代铜灯，至今仍值得进一步研究。Dr. Carl. Schuster 认为和基督教中世纪早期埃及的科普特人使用的灯类似。这种灯在纽约大都会艺术博物馆和山东济南一家古玩店都见到过，但在早期金石学著作未有记载，可能表明古代埃及和中国汉朝有联系，但还需要作进一步的研究[③]。

1914年，色伽兰考察四川（含重庆）的岷江和嘉陵江流域，经过了成都地区。沿途发现了大量崖墓和部分砖室墓及石阙，对成都汉墓结构及随葬品的研究有一定参考价值[④]。

由于崖墓相对于砖室墓更容易发现，故此阶段发现以崖墓居多，集中讨论了"蛮洞"的时代和属性。部分研究者对砖室墓和崖墓的来源进行了讨论，其中色伽兰对砖室墓来源的判断无疑是正确的，提出的崖墓起源于西方说也对后世影响很大。

20世纪30年代末至1949年这一期间以中国学者调查发现为主，主要以崖墓和砖室墓为考古对象。

1934年，因为修筑公路，在成都北门外十里附近发现汉代砖室墓1座，墓内遗物全部散失[⑤]。

崖墓仍然是此期的讨论重点。杨枝高是最早对崖墓进行科学调查的国内人士。其重点是调查乐山地区崖墓，但也涉及成都地区。1942年，他由成都北至广元，再自广元沿嘉陵江至顺庆、蓬溪、简阳回成都，最后由成都沿岷江，经过彭山至乐山，考察了沿途的大量崖墓。确认"蛮洞"为汉代崖墓：其一，将崖墓的画像与河南、山东汉画比较，确认时代为汉代；其二，发现纪年题记；其三，墓中发现的陶盆、碗、俑、房屋、鸡、马、羊、虎及瓦棺均是汉代遗物；其四，崖墓被唐代以后的佛像、洞窟打破，也可证明其时代很早[⑥]。

罗希成很早就对新津堡子山、玉皇观山、多元山、宫斗山、胡家山、朝阳洞、瑞林寺山、老君山、木鱼山等区域崖墓进行了调查[⑦]。该地域崖墓密集，早在清末已有发现。此时盗墓之风刚刚兴起，大部分墓葬仍然保存良好，部分墓葬中有雕刻画像，器物多放置于原处[⑧]。罗希成调查发现的文化遗物时代主要为汉六朝时期，一是汉代遗物，包括"永平十三年"铭文砖、摇钱树、浮雕画像石棺；二是晋代遗物，包括"犍为太守零陵刘府君侯之墓晋泰康九年造""晋太康九年造"陶"罍"，这大概是成都地区六朝文物的首次正式披露。

1938~1939年，商承祚调查了新津、乐山、石门、重庆等地的崖墓，仅新津堡子山一处就调

① D. C. Graham, Persistence of customas illustrated in the collection of Han Dynasty clay images in the West China Union University Museum, *Journal of the West China Border Research Society*, Vol.6(1933-1934).

② D. C. Graham, Notes on the Han Dynasty grave colletions in the West China Union University Museum of Archaeology, *Journal of the West China Border Research Society*, Vol.9(1937).

③ D. C. Graham, Notes on the Han Dynasty grave colletions in the West China Union University Museum of Archaeology, *Journal of the West China Border Research Society*, Vol.9(1937).

④ 〔法〕色伽兰著，冯承钧译：《中国西部考古记》，商务印书馆，1930年。

⑤ 郑德坤：《四川古代文化史》，巴蜀书社，2004年，第187页。

⑥ 杨枝高：《四川崖墓考略》，《华文月刊》1942年第1卷第6期。

⑦ 罗希成：《蜀新津堡子山石窟内之石棺》，《美术生活》1937年第39期，第3、4页。

⑧ 索德浩2013年前后也对该区域进行过详细的调查，其分布密集程度确如罗氏所说。由于当时墓葬盗扰程度不如今日严重，罗氏所见墓内雕刻及器物比索德浩获得材料更为完整。索德浩曾在瑞林寺山发掘了400余座崖墓，竟无一座保存完好。

查 40 多天，收获最多。商承祚估计堡子山附近墓穴在 1000 座以上[1]，多为家族葬，墓葬形制可分为三种类型：单纯式、复形式、变体式。对墓中出土器物进行分类，金属器有服御器、用器、兵器三类。石器有侍者、翁仲、臣僚、乐师等。陶器最多，分为侍俑、牲畜、用器三类。据发现的年号判断崖墓为东汉的。商承祚在科学调查的基础上，对崖墓作了很有价值的探讨：其一，认为崖墓是受河南南阳等地石室墓的影响，石工也是来自河南，智慧之处在于将四川崖墓和芒砀山的梁王崖墓联系起来，敏锐地意识到四川崖墓可能与徐州附近的崖墓有关系；其二，崖墓的商业化行为，认为山上崖墓密集，几乎无空隙之地，但是少见相互破坏墓葬，可见是有规划的，因而判断"崖墓的风气盛行之后，不仅有治圹专工，代人设计，且有穿凿崖墓的专营者，凿好若干穴待人选购"；其三，认识到崖墓研究的重要意义，崖墓研究有扩大化的必要，"以了解汉人的经济文化，社会情形，建筑艺术"[2]。

1939 年中国营造学社入川调查，涉及新津地区的崖墓[3]。

此阶段对砖室墓和崖墓都一定程度的研究，取得了不少成果。部分研究涉及成都地区汉墓。

卫聚贤对砖室墓分布进行了初步总结。砖室墓除在重庆外，川地阆中、绵阳、松潘、汶川、灌县、郫县、成都、新津、眉山、嘉定都有发现。可分为两大系：一沿嘉陵江而下，如阆中、重庆、涪陵等地出土之砖，其形大而厚；一经绵阳、成都、新津至嘉定等地，其砖小而薄。从花纹来看，嘉陵江系多几何纹，岷江系则有人物图。岷江系中，以川北墓砖多，成都、新津、眉山次之，而嘉定甚少。但墓中明器相同[4]。限于当时的材料，卫氏论述误差较大。

郑德坤对之前的汉墓材料进行了综合性研究。将四川东汉墓分为崖墓和砖室墓两种。砖墓构造因砖形之大小而异，有大、小砖墓室二式。根据墓砖形制和构造方式，又将川中汉墓分成四类：横砖穹隆（应指券顶），用扇形砖；接枸穹隆，用子母榫砖构成券拱；尖顶穹隆，长方形接枸砖构造；薄砖穹隆，用楔形砖。墓砖花纹图案可分为八种：①直线图案，支线交叉成三角形、菱形、方形、梯形；②曲线图案，圆形或半圆形；③钱币纹，有五铢等字；④璧纹；⑤动物图案，两凤相对，单马奔驰，繁者十二生肖具备；⑥植物图案；⑦文字图案，纪年或年月日；⑧生活图案，举凡车马、楼阙、狩猎、游戏等。葬具有木棺、瓦棺、石棺。陶器、铜器主要根据功能分类。砖室外封土，前面立阙、碑和石兽。砖室墓多仿中原陵墓制度，内部布局颇具汉陵明中羡道之制。对川中崖墓分布总结得最为详细，崖墓分布于嘉陵江、岷江、沱江流域之石崖上。嘉陵江流域北起广元，经阆中、绵阳、南充、蓬溪南至重庆；岷江流域上起威州，经新津、彭山、乐山、犍为，下至宜宾；沱江流域上起简阳，经资阳、资中、内江，下至泸州，无不有崖墓之发现。各地域风格不能以简单和复杂来划分，"简单作风未必偏于东北，而繁复装饰亦未必限于西南。其构造装饰之简繁，应以死者之爵位、富力之高下为转移"。最后对砖室墓与崖墓关系进行了讨论，认为崖墓和砖室墓都是聚族而葬，葬具、建筑材料、随葬明器大致相同，故两种墓制所代表之信仰及其葬仪亦无分别，"同为一民族、一时代之风俗似无可疑"。墓葬的来源赞同色伽兰的观点[5]。可以看出，郑德坤对四川汉墓有相当程度的了解，在资料有限的情况下，能有如此认识，实属不易。

① 实际数据远多于此。据笔者调查结果，新津堡子山一带崖墓近万座。
② 商承祚：《四川新津等地汉崖墓砖墓考略》，《金陵学报》1940 年第 10 卷第 1、2 期，第 1～18 页。
③ 陈明达：《崖墓建筑——彭山发掘报告之一》，《建筑史论文集》第 17、18 辑，清华大学出版社，2003 年。
④ 卫聚贤：《汉代的重庆》，《说文月刊》1941 年第 3 卷第 4 期，第 108～123 页。
⑤ 郑德坤：《四川古代文化史》，巴蜀书社，2004 年，第 202～221 页。

此阶段以考古调查为主，调查者深受传统金石学影响，多未能接受现代考古学的训练，对墓葬和遗物的研究往往会和文献进行比对印证，重视铭文、题记的考释，记录以自己兴趣为主，很少测绘，这种研究倾向一直影响到中华人民共和国成立初的历史时期考古学。但这一阶段的研究颇具实证精神，已经开始逐步吸收和利用现代考古学的理论和方法。直到一批具有现代考古学背景的学者对彭山崖墓的发掘最终标志着四川汉代考古的形成。

本阶段重要发现不仅有当时学者主动调查发现的墓葬，也有因生产生活无意间发现的重要遗物，最为著名的是当时万佛寺石刻造像的发现。1937 年当地农民于万佛寺旧址挖掘出石造像 12 尊、佛头 26 个，均大如人身，其中以中大通元年释迦造像、北周阿育王造像为精美，1945～1946 年四川理学院建造校舍时据传出土佛像甚多[1]。20 世纪 40 年代，华西协合大学在成都新津收集到画像砖等一批文物，其中有一件天监五年（506 年）萧渊藻背屏式造像，并有"天监五年太岁在丙戌二月朔丙申"纪年[2]。

二、第二阶段：中华人民共和国成立初至 20 世纪 60 年代前期

这一时期仍以墓葬考古为主，有佛像、陶瓷窑址零星发现。

中华人民共和国成立初期，成都地区基本建设开展得如火如荼，如宝成铁路、牧马山灌溉渠、东山灌溉渠、蜀华砖瓦厂等，考古工作也随之大规模开展，发现大批汉六朝时期墓葬。

首要当提的是配合宝成铁路与蜀华砖瓦厂基本建设的考古工作。宝成铁路一线的考古发现新石器时代绵阳边堆山遗址，商周时期广汉三星堆遗址（中兴乡）、广元宝轮院船棺葬、汉六朝时期德阳黄许汉墓、青杠包汉墓、彭明佛儿崖墓、广元宝轮院崖墓等。蜀华砖瓦厂修建的考古工作主要为大、小羊子山的考古发掘，发现旧石器时代石器、商周时期人工土台、羊子山战国晚期大墓 M172 及大量汉晋砖室墓。可以说，这两地考古工作不仅是四川地区考古工作的起步，更是成都地区考古工作的滥觞，相关考古发现、年代认识及研究成果深刻影响了其后数十年成都乃至四川考古学的研究与发展。

1952 年 8 月在成都火车站东面的青杠包清理发掘了 24 座砖室墓[3]。这批墓葬皆以花纹砖构筑，有单双室之分，墓顶有的以扇形砖建成，葬具为木棺和陶棺，出土陶器有罐、钵、壶、仓、井、灶、灯及人俑和动物俑等，还有漆器、铜器和铁器，青杠包 M3 还发现画像砖，部分墓葬出土了货泉、五铢钱币。从刊发的信息看，青杠包墓葬形制多样，随葬器物丰富，年代应涵盖了东汉早期到晚期，但发掘者只对墓葬形制和随葬器物作了简单的介绍，年代笼统推断为东汉。

驷马桥北有两座土丘，为大、小羊子山（亦名"扬子山"），中华人民共和国成立初蜀华砖瓦厂在此修建、取土过程中发现较多战国至晋代墓葬。羊子山汉墓的重要发现为西汉竖穴土坑墓和东汉砖室墓[4]，其中 M1 为砖室墓，墓葬分为甬道、前室、后室，甬道与后室用花纹砖构筑，前室两壁以石条砌筑，以砖建顶。甬道两壁上嵌砌画像砖，前室两壁上嵌画像石[5]。此阶段画像砖墓发现很少，

① 刘志远、刘廷壁编：《成都万佛寺石刻艺术》，中国古典艺术出版社，1958 年。

② 游寿：《梁天监五年造像跋尾》，《图书月刊》1943 年第 3 卷第 1 期，第 10、11 页。

③ 徐鹏章：《成都站东乡汉墓清理记》，《考古通讯》1956 年第 1 期。

④ 沈仲常：《成都扬子山的西汉墓葬》，《考古通讯》1955 年第 6 期；于豪亮：《记成都扬子山一号墓》，《文物参考资料》1955 年第 9 期。

⑤ 于豪亮：《记成都扬子山一号墓》，《文物参考资料》1955 年第 9 期。

成都
考古史

而羊子山M1不仅发现画像砖，还发现画像石，对于汉画研究无疑是一重要发现。羊子山晋墓主要为M3、M23。1954年西南博物院、四川省文物管理委员会等清理发掘M3、M23等晋代墓葬[①]。M3全长7.65米，简讯称"墓分前、中、后三室"，根据M23线图，可推测M3"前室"为甬道，"中、后室"为前、后墓室。甬道、墓室皆为券顶，甬道、后室券顶高度相近，约1.6米，前室券顶高为2.4米。墓内用砖有几何形花纹砖，以及"泰始十年造""甲午秋月造""吉羊"三种铭文砖。前室残留葬具痕迹，残留朽木、红漆皮、棺钉等。随葬器物多分布于甬道与后室，器物类型有陶罐、陶钵、陶灯、青瓷碗、金戒指、银手镯等。据简讯"印花青瓷碗"腹部有一周网格纹，形制、纹饰与长江中下游孙吴至西晋时期同类器相近。结合"泰始十年"铭文、青瓷碗形制，推测该墓年代为西晋早期。M23为一座砖室墓，墓室全长11.07米，从发表的平、剖面图上看，墓葬结构由甬道和前、后两室组成。甬道墓门为两扇石门，石门两侧为石柱，上有门枋，下有门限。石门朝墓室面雕刻画像，右为"拥彗图"，左为"执版图"，与东汉画像砖双阙迎谒图中"持节""执笏"蕴意相近。后室有葬具。甬道发现小金珠、银圈、银指环、银顶针、玉猪、石猪、铁灯、铁镶等，前室出土瓷罐、瓷碗、灰陶灯、陶罐等，后室出土铅人、龟纽铜印及人骨、棺木等。从出土瓷器形制上看，该墓为西晋早中期墓葬。该墓体量较大，墓室长逾11米，伴出精美瓷、金、银等材质器物，规格较高。值得注意的有两点，一是该墓墓室内起砖柱护壁，同时作墓室内分隔，这种技术特征似乎具有长江中游柱券墓特征；二是该墓出土铅人、玉猪等，可能具有特定的宗教意义，也是《颜氏家训》中提及时人流行的"玉豕、锡人之属"葬俗的反映[②]。

　　1956年4月，四川省文物管理委员会在成都北郊洪家包清理了19座竖穴土坑墓。发掘者根据墓坑的长宽之比分为三类：第一类长宽比为3:1，东西向，葬具为狭长形木棺，随葬陶器置于人骨的头和脚两端，有豆、盂（折腹钵）等，铜器有弩机、戈、釜、甑等。此类墓随葬钱币皆为大半两，故该类年代在西汉初。第二类长宽比为2:1，东西向，葬具仍为木棺，有的墓有椁，随葬陶器置于人骨两侧，不见豆、盂（折腹钵），有甑、洗、钫、井，铁器较多，钱币有大半两、榆荚半两、四铢半两，年代在西汉前期。第三类长宽比仍为2:1，有东西向、南北向，随葬陶器有圈足钵、盘、鼎、灶、案等，钱币为西汉三种不同的五铢，年代在西汉中晚期。但简报在介绍随葬器物时，指出陶罐有圜底与平底之分，但未说明圜底罐与平底罐在三类墓中的随葬情况；在介绍出土钱币时特别标明出五铢钱的墓绝不出半两钱；釜、甑有陶质和铜质的[③]。根据简报来看，这批墓葬大部分年代当在西汉，但不排除有的墓葬可早至战国末，且以墓坑长宽比划分墓葬类型，并推断年代，似有不妥。1956年10月，又在此处清理土坑木椁墓1座，出土陶器有平底罐、折腹体、井、甑、三足釜等，铜器有镜、灯和盆，钱币有大小半两，漆器有盘、奁。发掘者根据出土陶器和钱币，推断年代在西汉中期。从出土钱币、陶罐、陶折腹钵及铜镜风格看，此墓年代应在西汉早期偏晚。据简报介绍，木椁以三横木把椁室分成四室的做法，在后来清理的汉代木椁墓中并未发现。三横木应是垫木，以垫木把椁室分隔成箱，底箱内放置器物，垫木上铺木板，板上放置木棺。这种做法在后来的西汉木椁墓中多有发现，如天回老官山M2等[④]。

　　① 沈仲常：《成都扬子山发现六朝砖墓》，《考古通讯》1956年第6期；沈仲常：《成都扬子山的晋代砖墓》，《文物参考资料》1955年第7期。

　　② 霍巍：《论成都羊子山晋墓出土的铅人与玉猪》，《成都文物》1989年第4期。

　　③ 四川省文物管理委员会：《成都北郊洪家包西汉墓清理简报》，《考古通讯》1957年第2期；四川省文物管理委员会：《成都洪家包西汉木椁墓清理简报》，《考古通讯》1957年第3期。

　　④ 成都文物考古研究所、荆州文物保护中心：《成都市天回镇老官山汉墓》，《考古》2014年第7期。

1957 年 2 月，四川省博物馆在成都北郊天回山巫家坡清理 3 座崖墓[①]。M2 为单室，葬具为木棺；M1 为前后双室，后室的北侧有三个侧室，葬具均为陶棺；M3 也为前后双室，前室南侧东端有一侧室，后室南侧有二侧室，后室北侧有一方形侧室，其北、东两面又各有一方形侧室，葬具有陶棺、石棺、砖棺。3 座崖墓出土器物丰富，陶器有釜、罐、盘、钵、仓、灯、水田模型、房楼模型及各种造型生动的人俑、马俑、狗俑、鸡俑等，铜器有釜、镜、摇钱树片等，铁器有锸、镰、权、削及错金书刀。三座崖墓均出土五铢，其中包括剪边五铢，M3 出土"光和七年广汉工官□□□服者尊长保子孙宜侯王□宜□"铭文的错金书刀，因而发掘者将墓葬年代推断在东汉晚期至蜀汉。根据陶器风格特征、钱币看，年代推断可靠。天回山 3 座崖墓的发掘、报告水平在 20 世纪 50 年代末来说是较高的，对成都地区往后崖墓的发掘、整理具有较高的指导意义。

1957 年 11 月，牧马山灌溉渠修建工程发现 11 座"南北朝"时期崖墓[②]。这批崖墓分布于双流县黄水乡陶家渡王山及九倒拐附近的牧马山，墓室一般近长方形，前窄后宽，墓门斜立，作门框，门框内有封门砖，有的墓室铺地砖作棺台，随葬品多置于墓口处或墓室后端。这批墓葬似乎是成都地区首次成片发掘的墓地。简报将墓葬年代判定为"南北朝时期"，但没有说明年代判定依据，笔者推测可能受到当时昭化宝轮院崖墓（尤其是那座有刘宋"元嘉十九年"题记但无任何随葬品的崖墓）认识的影响[③]。罗二虎曾推定为"蜀汉时期"[④]。现在来看，从墓葬形制、随葬品组合与形制来看，这批墓葬年代大多应为两晋时期。

1958 年 12 月，四川省博物馆在成都北郊凤凰山龙家巷清理了一座大型木椁墓[⑤]，墓坑口长 8、宽 6 米，底略小。坑内用 32 条大楠木构筑椁室，墓内随葬器物丰富，陶器有罐、瓮、壶、盆、折腹钵、灶、井等，铜器有印、衔镳等，还出土了大量的漆木器，有男女立俑、坐俑、猪、牛、马、案、盘等。铜印为穿带印，一面为"杨安国"、一面为"杨广成"。由于此墓没有发现钱币及纪年材料，简报依据墓葬的长宽比、陶器中无圜底罐和豆而有井与灶及随葬木俑三点，把墓葬年代推断在西汉后期。龙家巷木椁墓椁底是以横木相隔分箱，横木上铺木板，木板上放置棺，其形制与天回老官山 M2 相同，而并非简报所谓的木椁分为内外椁，从简报的平、剖面图上也能证明是椁底分箱。根据龙家巷木椁墓出土陶器组合及形制特征看，年代推断在西汉晚期偏早较为可靠。

1964 年郫县太平公社出土一件蜀汉景耀四年（261 年）制作的铜弩机[⑥]。该墓葬材料没有全面发表，学术界引用该墓的时代多定为晋代[⑦]。翻阅李复华执笔的《省文物管理委员会清理一座晋墓》报道消息，介绍出土钱币有："东汉的五铢和剪边五铢、王莽时期的货泉、蜀汉的五铢和直百，以及晋初蜀铸的太平百钱、定平一百和小直百等八种"[⑧]。过去有看法认为"太平百钱"等是西晋初期所

① 刘志远：《成都天回山崖墓清理记》，《考古学报》1958 年第 1 期。

② 四川省博物馆：《四川牧马山灌溉渠古墓清理简报》，《考古》1959 年第 8 期。

③ 张彦煌、龚廷万：《四川昭化宝轮院屋基坡崖墓清理记》，《考古通讯》1958 年第 7 期；沈仲常：《四川昭化宝轮镇南北朝时期的崖墓》，《考古学报》1959 年第 2 期。

④ 罗二虎：《四川崖墓的初步研究》，《考古学报》1988 年第 2 期。

⑤ 四川省博物馆：《成都凤凰山西汉木椁墓》，《考古》1959 年第 8 期。

⑥ 沈仲常：《蜀汉铜弩机》，《文物》1976 年第 4 期。

⑦ 四川省博物馆：《四川文物考古工作三十年》，《文物考古工作三十年（1949—1979）》，文物出版社，1979 年。

⑧ 李复华：《省文物管理委员会清理一座晋墓》，《成都晚报》1964 年 7 月 25 日第 6 版。

铸，至 20 世纪 80 年代中期仍有学者持有该看法[①]，直至 20 世纪 80 年代中后期张勋燎[②]、杨荣新[③]等从考古发现材料论定"太平百钱"等为蜀汉钱币，这场铸币时代的争论方才逐渐平息。如今看来这座墓为蜀汉时期墓葬可能性很大。依据该弩机铭文辞例，可推断 1976 年江油汉王台出土的弩机（藏号为 180-B68 号）亦为蜀汉弩机[④]。

另外，这一时期的发现还包括成都东北郊东山灌溉渠北干渠西汉墓[⑤]、金堂焦山东汉崖墓[⑥]、新津堡子山崖墓[⑦]、新繁清白乡东汉画像砖墓[⑧]、新繁清白乡砖室墓[⑨]、温江火星村汉墓[⑩]等。

由于此阶段成都地区没有文物考古机构建制，田野考古清理和发掘皆由四川省文物管理委员会或四川省博物馆进行。这一时期的汉墓田野考古水平上了一个台阶，配合基本建设，清理了大批汉代土坑墓。因土坑墓不易发现，如无田野考古学基础知识是无法正确发掘的，所以第一阶段极少发现。通过发掘和整理，对成都地区土坑墓的结构、随葬品及时代有了比较清晰的认识。崖墓和砖室墓的发掘水平参差不齐，但对墓葬形制结构和随葬品认识更加清晰。砖室墓中对楔形砖券墓和子母扇形砖券的时代关系判断颠倒[⑪]，后来为冯汉骥所更正[⑫]；崖墓由于对比材料较少，对一些墓葬时代认识有误，如前所述牧马山灌溉渠崖墓的年代问题，再如新繁清白乡砖室墓的年代，简报判定为魏晋时期[⑬]，该墓平面形制为长方形单室砖室墓，由七块梯形砖构筑横联券顶，出土陶折腹钵、盘、罐等生活器具，井、灶等模型，以及人、鸡、狗等俑群，钱币为百余枚大泉五十，从墓葬形制与随葬品特征来看，该墓应为新莽时期或略晚的砖室墓。

这一时期成都地区汉六朝墓葬考古的最突出特点，就是及时发表田野发掘资料或讯息，但限于当时的田野发掘水平，资料过于简略，术语不规范统一，给成都汉六朝墓研究带来极大困难。所以此阶段相关研究很少，主要讨论内容为汉代遗物。于豪亮对钱树进行专门研究，涉及成都出土的部分钱树座[⑭]。于先生还根据陶俑结合文献讨论了汉代农具——锸[⑮]。很多学者针对"桥形币"掀起了讨论[⑯]，对于认识成都东北郊西汉墓出土的类似器物也有帮助。冯汉骥根据彭县太平乡画像砖墓出

① 冯一下：《成都古代的钱币》，《成都文物》1985 年第 2 期。
② 张勋燎：《从考古发现材料看三国时期的蜀汉货币》，《四川大学学报》（哲学社会科学版）1984 年第 1 期。
③ 杨荣新：《"太平百钱"铸地及年代考》，《四川文物》1987 年第 1 期。
④ 曾昌林：《三国铜弩机考释》，《四川文物》1997 年第 2 期。
⑤ 四川省文物管理委员会：《成都东北郊西汉墓葬发掘简报》，《考古通讯》1958 年第 2 期。
⑥ 郭立中：《四川焦山、魏家冲发现汉代崖墓》，《考古》1959 年第 8 期。
⑦ 四川省博物馆文物工作队：《四川新津县堡子山崖墓清理简报》，《考古通讯》1958 年第 8 期。
⑧ 四川省文物管理委员会：《四川省新繁清白乡东汉画像砖墓清理简报》，《文物参考资料》1956 年第 6 期；《四川新繁县发现东汉墓葬》，《文物参考资料》1955 年第 6 期。
⑨ 四川省文物管理委员会：《四川新繁清白乡古砖墓清理简报》，《文物参考资料》1955 年第 12 期。
⑩ 郭永棣、高文：《温江县出土汉代石墓门画像》，《四川文物》1994 年第 3 期。
⑪ 西南博物院筹备处：《宝成铁路修筑工程中发现的文物简介》，《文物参考资料》1954 年第 3 期。
⑫ 冯汉骥：《四川的画像砖墓及画像砖》，《文物》1961 年第 11 期。
⑬ 四川省文物管理委员会：《四川新繁清白乡古砖墓清理简报》，《文物参考资料》1955 年第 12 期。
⑭ 于豪亮："钱树""钱树座"和鱼龙漫衍之戏》，《文物》1961 年第 11 期。
⑮ 于豪亮：《汉代的生产工具——锸》，《考古》1959 年第 8 期。
⑯ 史树青：《关于"桥形币"》，《文物参考资料》1956 年第 7 期；吴铭生：《并不是"桥形币"》，《文物参考资料》1956 年第 10 期；唐石父：《桥形币非钱之我见》，《文物参考资料》1957 年第 8 期。

土的盘舞画像砖，结合文献讨论了盘舞的流行年代及背景，旁证了沂南画像石墓的年代[①]。《四川的画像砖墓及画像砖》讨论了中华人民共和国成立以来四川地区发现的画像砖墓及画像砖，其中绝大部分材料来自成都平原，涉及较多成都画像砖墓。文中还讨论了画像砖的制作、区域差别和内容分类，并对画像砖墓进行了分期。该文把四川地区画像砖墓分为四期，对每期的墓葬形制、随葬品特征与组合进行了归纳和总结，这对现在成都地区砖室墓的发掘与研究，仍具有指导意义。应该说，该文代表了当时汉代画像砖墓研究的最高水平[②]。这一阶段还出版了一些图录著作，如《四川省出土铜镜》收录了羊子山、天回山等汉墓出土的铜镜[③]；画像及雕塑类图录有《四川汉代画象选集》[④]《重庆市博物馆藏四川汉画像砖选集》[⑤]《四川汉代雕塑艺术》[⑥]等，主要收录成都地区相关材料。

该阶段主要利用现代考古学的理论和方法对汉墓进行考古发掘与研究，但部分文章仍然延续了金石学的传统，利用历史文献来解释考古发现。

这一阶段还零星发现佛教遗存，并对青羊宫窑址进行小面积试掘。

1953年于万佛寺旧址挖掘出佛像、佛头、菩萨像、伎乐天像、须弥座等200余件，1954年以后亦时有出土。1958年刘志远等据此编著《成都万佛寺石刻艺术》[⑦]。冯汉骥发表了《成都万佛寺石刻造像——全国基建出土文物展览会西南区展览品之一》重要论述[⑧]。

1955年四川省文物管理委员会勘查证实青羊宫后院西北角三清殿后三座孤堆由黑色釉焦、红烧土、烧砖及各种古窑具、古陶瓷碎片堆积而成，初步调查范围为16万平方米以上。1955年为配合四川省人民医院建设工程，开掘了一个5平方米的探方，出土大量窑具，包括各类圈状"垫圈"和齿足式支钉。器具有碗、杯、盘、砚、罐、管及各种残器底和有纹饰的残片。釉色主要有酱褐、青白釉两种，施釉不到底，胎色赭红。纹饰风格简朴，有釉下彩绘、附加堆纹、印纹。器物厚重朴实，与邛窑产品类似。初步推定为唐宋器物，但花纹风格可能更早[⑨]。

三、第三阶段：20世纪60年代后期～70年代末期

1974年成都市文物管理处（内设考古组）成立，个别墓葬的清理由成都地区自己的考古队伍完成。该期考古发现和研究都很少，但仍有一些重要发现。考古发现主要集中在1972年以后，这一时期考古工作以墓葬考古为主，偶有遗址发现与发掘。

1966年2月，在成都北郊昭觉寺后面的青杠林，当地村民进行改土时发现砖室墓。四川省博物馆派人前往进行调查，确认青杠林是一处小土坡，有东汉时期砖室墓13座，并对土坡最西边的

---

① 冯汉骥：《论盘舞》，《文物参考资料》1957年第8期。

② 冯汉骥：《四川的画像砖墓及画像砖》，《文物》1961年第11期。

③ 四川省博物馆、重庆市博物馆：《四川省出土铜镜》，文物出版社，1960年。

④ 闻宥：《四川汉代画象选集》，群联出版社，1955年。

⑤ 重庆市博物馆编：《重庆市博物馆藏四川汉画像砖选集》，文物出版社，1957年。

⑥ 迅冰：《四川汉代雕塑艺术》，中国古典艺术出版社，1959年。

⑦ 刘志远、刘廷壁编：《成都万佛寺石刻艺术》，中国古典艺术出版社，1958年。

⑧ 冯汉骥：《成都万佛寺石刻造像——全国基建出土文物展览会西南区展览品之一》，《文物参考资料》1954年第9期。

⑨ 江学礼、陈建中：《青羊宫古窑址试掘简报》，《文物参考资料》1956年第6期。

一座画像砖墓进行了清理①。该墓为券顶砖室墓，以楔形砖砌成纵列券拱，用斜方格纹、联璧纹、卷云纹等花纹砖构筑墓室。墓室分为前后两室，前室有4具陶棺，后室有2具陶棺。墓葬虽然多次被盗，仍出土较多陶器，有罐、釜、仓、灶、庖厨俑及残俑头，并伴出五铢钱。此墓最重要发现就是出土了23块画像砖，画像砖不仅数量多，题材丰富，而且完整地保留在墓室壁上，对于研究画像砖在墓室中的空间配置和解释画像内容，具有重要意义。简报根据墓葬形制、陶俑风格特征及五铢钱特征，推断墓葬年代在东汉晚期，也可能在桓、灵之际。从陶器的组合及形制特征、墓葬形制和钱币看，年代推断可靠。

1966年4月，郫县犀浦公社二门桥出土1座券顶砖室墓，墓室内出土了"直百五铢"钱币②。该墓建造年代可能为蜀汉时期或更晚。该墓后壁外横放着"王孝渊碑"作护壁，石门右扇为"薄书"残碑。这两块东汉碑刻的出土当时便引起学术界热议，具有重大的史料价值③。

1973年11月，四川省文物考古培训班在大邑马王坟进行发掘实习，清理了2座砖室墓④。M1全长11.74米，由墓门、甬道、前室和后室组成，前后室纵列，墓壁以几何纹、菱形纹、联璧纹等花纹砖构筑。墓葬被盗扰严重，残存陶罐、盆、钵、盘、灯及俑碎片，但仍出土一件完整陶罐和铜玄武水注，后室还发现青瓷器残片，更重要的是在M1的甬道和墓室券拱上发现60块有"建安元年六月造作"铭文的砖，为推断该墓年代提供了纪年依据，表明M1的上限不可能早于建安元年（196年），墓室内起砖柱护壁并作墓室前后之分，这种建筑技术特征同于羊子山M23，具有长江中游东汉晚期至西晋时期技术特征，铜玄武水注与汉末三国时期开县M1⑤、崇庆五道渠蜀汉墓⑥同类器形制一致，此墓年代应在东汉末三国时期。M2出土了2件青瓷，为台肩式卵形六系青瓷罐，与汉末三国时期罗州城对面山M1⑦、开县红华村M2同类器形制相近，大口罐具有南方地区浓郁印纹硬陶风格，形制与东汉晚期同类器相近，因此M2年代大体为汉末三国时期，同M1年代相近。大邑马王坟墓葬的发掘，为研究成都地区东汉至三国时期砖室墓形制的发展演变，提供了不可多得的纪年材料。该墓出土的青瓷器，对于东汉末三国时期墓葬年代的判定及四川汉代的瓷器研究都有着非常重要的价值。

1975年，成都文物管理处在成都西郊涧槽村曾家包清理了2座画像砖石室墓⑧。两座墓规模大，总长度均都在10米以上，由墓道、墓门、甬道、前室、后室组成，后室为双室并列。两墓均有石门，石门的背面皆有石刻画像，后室都嵌画像石，其中M2的甬道和前室的两壁还嵌20块画像砖。曾家包画像砖石室墓规模大，当是一处高等级墓葬，画像砖、画像石发掘时均保持了原在墓中的位置，画像题材丰富，对汉画像研究具有重要意义。简报依据墓葬出土的大泉五十、五铢和剪轮五铢钱币，以及陶俑、模型明器组合，把墓葬年代推断在东汉晚期。但从墓葬出土的陶釜、陶盘、陶钵看，其风格特征与东汉中晚期的同类器物相比，已发生了明显变化，有学者根据类型学研究，把这

① 刘志远：《成都昭觉寺汉画像砖墓》，《考古》1984年第1期。

② 谢雁翔：《四川郫县犀浦出土的东汉残碑》，《文物》1974年第1期。

③ 张勋燎、刘磐石：《四川郫县东汉残碑的性质与年代》，《文物》1980年第4期。

④ 丁祖春：《四川大邑县马王坟汉墓》，《考古》1980年第3期。

⑤ 四川省文物管理委员会、开县图书馆：《四川开县红华村崖墓清理简报》，《考古与文物》1989年第1期。

⑥ 四川省文物管理委员会、崇庆县文化馆：《四川崇庆县五道渠蜀汉墓》，《文物》1984年第8期。

⑦ 黄冈市博物馆、湖北省文物考古研究所、湖北省京九铁路考古队：《罗州城与汉墓》，科学出版社，2000年。

⑧ 成都市文物管理处：《四川成都曾家包东汉画像砖石墓》，《文物》1981年第10期。

种陶釜年代推断在东汉末至蜀汉时期[①]。墓葬中还出土青瓷四系卵形罐和碗，罐、碗形制与湖北罗州城东汉末年墓葬对面山M1[②]、江西南昌孙吴前期高荣墓[③]同类器相近，所以此两墓尽管未出蜀汉钱币，但根据陶器和青瓷器的风格特征看，其年代应为东汉末至三国时期。另外，此阶段较重要的发现有金堂光明大队画像砖墓[④]、郫县新胜3座东汉砖室墓[⑤]、郫县犀浦东汉砖室墓[⑥]和大邑吴墩子西汉土坑墓[⑦]等。虽然墓葬发现数量不多，但重要的墓葬和文物出土不少，出土一大批画像砖、画像石，重要的文物还有郫县犀浦石碑。

该阶段田野发掘水平有很大提高，然而报道得仍较简略，对于汉墓研究仍有不少困难。两汉墓葬研究基本停滞，仅有零星的研究。张勋燎根据犀浦石碑研究了汉代豪族的迁徙[⑧]。刘志远根据广汉、彭县、新繁出土市井画像砖，结合文献，对汉代市的设置、形态及相关制度进行了研究[⑨]。刘志远还对汉代农业、盐业、宴饮、借贷、乐舞百戏、民族、讲学及制度等方面进行研究[⑩]。沈仲常根据出土的蜀汉铭文的弩机，对蜀汉铜弩机进行了研究，并对相关背景进行讨论[⑪]。

这一时期也有零星遗址考古发掘。例如，1975年在羊市街发现"别部司马"铜印、铜箭镞和汉代陶罐[⑫]；1976年包家巷发现汉代陶井[⑬]。

四、第四阶段：20世纪80年代初至90年代末

本阶段考古工作日益受到重视，考古队伍增强，发掘技术、方法、理念日益科学化。1983年《成都文物》创刊，成都地区汉六朝时期考古发现与研究著述逐渐增多。1984年成都博物馆（内设考古队）成立，成都有了自己的考古专业队伍，成都的行政区划作了调整，考古工作范围扩大。1992年，成都市文物考古工作队成立，考古专业力量不断壮大。这一阶段成都地区两汉墓葬资料报道增多，考古资料发表日益规范，考古工作除了墓葬考古外，也重视遗址考古发现与资料刊布。

（一）墓葬考古

1979年6月，四川省博物馆、新都县文物管理所配合当地页岩砖厂取土，在马家山清理了20

①　索德浩：《四川汉墓研究》，四川大学博士学位论文，2017年。

②　黄冈市博物馆、湖北省文物考古研究所、湖北省京九铁路考古队：《罗州城与汉墓》，科学出版社，2000年。

③　江西省历史博物馆：《江西南昌市东吴高荣墓的发掘》，《考古》1980年第3期。

④　成都市文物管理处：《成都市出土东汉画像砖》，《考古与文物》1982年第1期。

⑤　四川省博物馆、郫县文化馆：《郫县出土东汉画象石棺图象略说》，《文物》1975年第8期；四川省博物馆、郫县文化馆：《四川郫县东汉砖墓的石棺画象》，《考古》1979年第6期。

⑥　谢雁翔：《四川郫县犀浦出土的东汉残碑》，《文物》1974年第4期。

⑦　宋治民、王有鹏：《大邑县西汉土坑墓》，《文物》1981年第12期。

⑧　张勋燎、刘磐石：《〈王孝渊碑〉中的"汉徙豪杰"和汉初的法家路线》，《四川大学学报》（哲学社会科学版）1975年第1期。

⑨　刘志远：《汉代市井考——说东汉市井画像砖》，《文物》1973年第3期。

⑩　刘志远：《四川汉代画像砖反映的社会生活》，《文物》1975年第4期。

⑪　沈仲常：《蜀汉铜弩机》，《文物》1976年第4期。

⑫　张师俊：《成都地下文物分布概述》，《成都文物》1983年第1期。

⑬　张师俊：《成都地下文物分布概述》，《成都文物》1983年第1期。

成都考古史

座崖墓[①]。1982年又清理了1座，编号M22[②]。这批崖墓排列有序，没有打破关系；形制多样，有单室、多室，多室有六室、七室；葬具有木棺、陶棺、砖棺；排水沟有砖砌、砾石和陶水管几类。墓葬随葬品有陶器和铁器，陶器类型丰富，型式变化明显，有罐、钵、盆、瓮、壶、灯、仓、囷、井、灶及各类人俑、动物俑，出土的说唱俑，造型生动活泼，执刀挎盾俑、女舞俑等高大精美，是不可多得的艺术精品。铁器有锸、釜、权、削等。M6出土的锸有"蜀郡"铭文，M5出土了"永平八年八月十二日"的纪年砖。从墓葬形制、随葬器物看，这批墓葬年代跨度大，为研究成都地区崖墓的发展、演变及汉代成都的经济、丧葬等社会习俗提供了很好的材料。但简报对部分墓葬年代推断不准确，如简报根据M5封门砖和垫棺砖杂有永平八年（65年）纪年砖而把M5推定在东汉早期，但从M5出土器物看，陶器组合有罐、圈足钵、圆折腹平底钵、带双立耳釜、水田模型等，这些器物特征有早有晚，此墓墓室有7个之多，故时间跨度应较大，永平八年可能是墓葬的开凿年代，只是其上限，下限至少可到东汉中期。M3简报推断年代在东汉中期，罗二虎根据墓葬形制、器物的类型学研究，认为其年代在东汉早期偏晚[③]。M4为单室墓，出土了大量随葬品，从陶方唇束颈罐、陶卷方折沿盆、陶井等形制看，该墓年代当在汉末三国时期。M13、M14为短单室墓，出土陶圆囷、方仓、卷折沿平底釜、平底钵等，年代大体为两晋时期。研究这批崖墓需要对墓葬形制、随葬品进行严谨的分类排序，以及推断丧葬行为的过程，才能得出合理的分期与年代认识。

1981年7月，四川文物管理委员会、崇庆县文化馆配合五道渠砖瓦厂取土清理了1座砖室墓[④]。该墓平面呈长方形，有甬道，顶部为券顶，整个墓葬以斜方格纹砖构筑。墓葬虽早年被盗，但仍出土了铜器、陶器和钱币，铜器有锅、釜、玄武灯座、马，陶器有灯、罐等，钱币有直百和直百五铢。简报依据出土的钱币和铜锅、铜玄武灯座，把墓葬年代推定在三国时期。该墓只出直百和直百五铢，未见其他钱币，铜玄武灯座与大邑马王坟M1的玄武灯座相同，马王坟M1出土了建安元年（196年）纪年砖，铜锅、铜釜与虎头山成汉时期崖墓的同类器物特征相同，陶罐与虎头山矮领鼓腹罐相近，陶灯则具有东汉晚期风格。所以，把该砖室墓年代推定在三国时期是可靠的。此墓墓砖与东汉墓砖相比，已变得轻薄，花纹也发生变化。这是成都地区首次正式发表的蜀汉墓葬材料，该墓年代可能为蜀汉后期至晋初，为甄别成都地区三国时期墓葬提供了科学发掘材料，具有重要的学术意义。

1985年成都博物馆对四川医学院附属医院附近的桓侯巷墓进行正式考古发掘[⑤]。该墓曾于1966年对墓门位置略作清理，墓门口发现1件镇墓俑，墓门上砖侧有铭"玉衡二年"，据推测可能为成汉李雄之墓[⑥]。该墓封土高10.41米，最大底径约45米，墓室为长方形券拱砖室墓，墓门、门框、门楣均为青石凿琢而成。墓内全长12.75、最宽处达2.65、最高处为2.5米，墓室后部有长3.6、高0.12米的砖砌棺台，并列放置木棺两具，墓向为坐东朝西（偏北）。尽管此墓数次被盗，但仍出土了十分丰富的随葬品，特别是明器较多，其中近百件陶俑及陶动物模型最为典型，陶俑的体形、服

① 四川省博物馆、新都县文管所：《新都县马家山崖墓发掘简报》，《文物资料丛刊》第9辑，文物出版社，1985年，第93～121页。

② 新都县文物管理所：《新都马家山22号墓清理简报》，《四川文物》1984年第4期。

③ 罗二虎：《四川崖墓的初步研究》，《考古学报》1988年第2期。

④ 四川省文物管理委员会、崇庆县文化馆：《四川崇庆县五道渠蜀汉墓》，《文物》1984年第8期。

⑤ 王毅、罗伟先：《成汉墓考古记》，《成都文物》1986年第2期。

⑥ 四川省博物馆：《四川文物考古工作三十年》，《文物考古工作三十年（1949—1979）》，文物出版社，1979年，第355页。

饰、姿态各有特色，若干别具一格的发式突出反映出賨人民族习俗。此外，还出土有陶矮直领圆肩罐、瓷盘口壶、瓷高直领四系罐等[①]。出土铭文砖有特制砖"玉衡二十四年亲诏书立"（或"玉衡二十四年辛未诏书立"），出土其他年号砖较多，有西晋太康与成汉李雄玉衡、李期玉恒、李寿汉兴等不同时期，最晚年号砖为"汉兴四年"，部分砖铭为反书[②]。发掘者判定年代下限为成汉李寿时期，具体墓主尚不确切，但至少为"大人物"。该墓为四川地区首次科学发掘的一座成汉时期大型墓葬，对于探索历时甚短的成汉政权与社会具有重要意义，其颇具特色的陶俑特征为认识后来成都圣灯寺[③]、西昌西郊乡[④]、什邡虎头山[⑤]、华阳广福村[⑥]、金堂十里村[⑦]等地"成汉墓"提供了年代判定依据。值得一提的是，据陶俑形象推测为"賨人形象"或墓主族属的研究当以审慎，"成汉墓"的提法是指"成汉时期墓"抑或"成汉賨人墓"当以明确。

1986 年 4 月，内江市文物管理所、简阳县文化馆对简阳鬼头山一座崖墓进行了抢救性清理[⑧]。该崖墓平面大致呈凸字形，主室为横长方形，后壁带一后室。墓葬被扰，随葬器物集中在主室中部和北部，在主室和后室各放置了三具石棺，除 1、6 号棺外，2～5 号棺均有画像，画像分布在石棺的前后挡和左右两侧，其中 3 号石棺的发现，具有重要意义。3 号画像石棺的前后挡、左右两侧分别刻朱雀、伏羲、女娲、玄武、羽人日、羽人月、仙人六博、双阙、仙人骑鹿、鸟、龙、虎等图案，这些图案在汉画像中较为常见，但更为重要的是在这些图案上或相应位置有隶书榜题。整个石棺有 14 处，共计 29 字，榜题铭文有"大苍""天门""九""日月""先人骑""先人博""兹武"等。鬼头山崖墓 3 号画像石棺丰富的石刻画像和榜题，无疑是一重大考古发现，对汉代石刻图案的定名、释读及宗教思想等研究具有重要意义。

这一阶段砖室墓的重大发现无疑是六一一所汉墓[⑨]。1992 年在六一一所清理发掘了 3 座大型砖室墓，三墓处于同一封土堆下，东西并列，三墓的结构、规模基本一致，墓室总长在 15.5 米左右，由墓门、甬道、前室、左右并列后室组成，其中 M2、M3 有墓道，发现"永兴元年""永兴二年"的纪年砖，M3 发现了"永兴元年刘冀造宜子孙"铭文砖。墓葬出土大量遗物，有 200 余件，有陶器、石器、玉器和五铢钱。陶器有罐、碗、钵、盆、盘、壶等生活容器，鸡、狗、猪等动物模型，以及仓、井、灶、房、水田等模型和各类造型生动、表情丰富的俑；4 件石雕辟邪座，雕刻精美。4 件石雕辟邪座及表情夸张的倡优俑、高大的陶楼，都是四川地区汉墓难得一见的精品。从墓葬规模、随葬器物看，六一一所汉墓是一处高规格墓地，虽然三座墓葬有"永兴元年""永兴二年"的纪年砖或铭文砖，但墓葬中已出土带横系的青瓷卵形罐，所以其年代可能在东汉晚期或可至东汉末

① 资料现存于成都博物馆。

② 吴怡：《成汉墓小考》，《四川文物》1992 年第 2 期；邓代昆：《成汉"玉衡九年行中阎月十日始"砖铭考释》，《四川文物》1989 年第 1 期。

③ 文物编辑委员会编：《文物考古工作十年（1979—1989）》，文物出版社，1991 年，第 257 页。

④ 刘世旭、刘弘：《西昌市西郊乡发现成汉墓》，《四川文物》1991 年第 3 期。

⑤ 德阳市文物考古研究所、什邡市文物保护管理所：《四川什邡市虎头山成汉至东晋时期崖墓群》，《考古》2007 年第 10 期。

⑥ 索德浩：《峡江地区汉晋墓葬文化因素分析》，巴蜀书社，2012 年。

⑦ 龚扬民：《四川金堂十里村崖墓群》，《大众考古》2018 年第 5 期。

⑧ 内江市文管所、简阳县文化馆：《四川简阳县鬼头山东汉崖墓》，《文物》1991 年第 3 期；雷建金：《简阳县鬼头山发现榜题画像石棺》，《四川文物》1988 年第 6 期。

⑨ 成都市文物考古工作队：《成都市一九九二年田野考古工作概况》，《成都文物》1993 年第 1 期。

三国时期，可以说，六一一所汉墓的发现，对建立四川地区东汉墓葬的年代序列、研究四川汉代社会，尤其是东汉晚期至三国蜀汉时期社会变迁，提供了绝好材料。

1992 年 3 月，成都市文物考古研究所、龙泉驿区文物管理所在龙泉驿北干道抢救清理了 34 座土坑墓[①]。其中，30 座未被破坏的墓葬可分为有椁无棺墓和木板墓两类。墓葬出土了 169 件较完整的器物，有陶器、铜器、铁器、漆木器、半两钱等，陶器有瓮、甑、圜底釜、盆、折腹体、圈足豆、罐等，铜器有釜、鍪、釜甑、钺、矛、戈、剑、印章等，铁器主要有斧、锸、镰等。墓葬年代在战国晚期至西汉早期，随葬器物具有较多的楚文化因素。1992 年 12 月，成都市文物考古研究所、郫县博物馆在郫县"西部民族风情园"清理 16 座土坑墓，1993 年 8 月又在郫县"花园别墅地点"清理 11 座土坑墓[②]。两处发掘点均位于郫县外南望丛祠西侧，相距 100 多米，应是一处墓地，所以发掘者把两地点墓葬合在一起整理。郫县外南土坑墓葬具有木棺和木板，随葬器物更为丰富，有陶、铜、铁等器物 413 件及 851 枚钱币。陶器有鼎、瓮、罐、釜、钵、盆、甑、钫、壶、盒、耳杯、井等，类型多样，演变规律明显。铜器有釜甑、釜、钺、镜等，钱币有半两和五铢。墓葬年代在战国晚期至西汉中期。龙泉驿北干道和郫县外南两处墓地都及时进行了整理，墓葬年代推断准确，对甄别成都地区西汉早中期墓葬的形制、随葬器物组合及特征具有重要的指导意义。同时，对研究蜀文化融入汉文化和成都地区汉文化的进程提供了十分可贵的资料。

1996 年 2 月，成都市文物考古工作队、青白江区文物管理所在青白江跃进村清理 9 座汉墓[③]，包括 6 座木椁墓和 3 座砖室墓，其中 6 座木椁墓较为重要。发掘者把 6 座木椁墓分为二型，Ⅰ型墓包括 M1、M7～M9，这 4 座实际上共用一墓坑，大墓坑口残长 21、宽 4.2 米，大墓坑东西向排列4 座木椁墓，墓与墓之间以生土或熟土隔梁分开，每座墓有独立的木椁，椁室内放置木棺。Ⅱ型为单独的木椁墓，包括 M5 和 M6。从公开的资料看，M1 有 2 具木棺，M5 有 4 具木棺，其余墓葬木棺情况未公布。Ⅰ型木椁形制特殊，在四川地区汉墓中未见过，宋治民认为Ⅰ型墓是一个家族内几个家庭的二次合葬墓[④]。Ⅱ型墓 M5、M6 出土了较多的陶俑，种类多，比例协调，表情丰富，形象生动。以往陶俑皆发现于砖室墓，年代多在东汉，而Ⅱ型木椁墓年代在西汉晚期至东汉早期之间，Ⅱ型木椁墓出土的陶虎熊龙凤座、陶龟蛙斗拱座、人马陶灯 3 件模型明器，构思巧妙，造型优美，其上虎、熊、蛙等神怪俑很有特色。可以说，跃进村木椁墓的发现，为研究成都乃至四川地区西汉家族葬制、陶俑的起源及其汉代的神仙思想提供了不可多得的材料。

1997 年青白江区日新乡马坪村的杨家山、老虎山两处地点清理 36 座汉、晋、宋等历代墓葬[⑤]。以杨家山 M36 为代表的小型崖墓 7 座，墓室长不足 4 米，高、宽均在 1 米左右，墓室甚至比墓道还窄，出土文物较少。这批墓葬大体为两晋时期（"汉兴"钱很可能出自这批墓葬）。杨家山 M24 是一座未被盗掘的长方形单室砖室券顶墓，墓室长 3.42、宽 1.14 米，楔形砖一侧有"太康三年""吉祥"等铭文。随葬品放置有序，有铜镜、铜洗、铁釜、陶钵、陶盘、陶罐、瓷钵及金戒指、

① 成都市文物考古研究所、龙泉驿区文物管理所：《成都龙泉驿区北干道木椁墓群发掘简报》，《文物》2000年第 8 期。

② 成都市文物考古研究所、郫县博物馆：《郫县风情园及花园别墅战国至西汉墓群发掘报告》，《成都考古发现》（2002），科学出版社，2004 年，第 277～315 页。

③ 成都市文物考古工作队、青白江区文物管理所：《成都市青白江区跃进村汉墓发掘简报》，《文物》1999 年第 8 期。

④ 宋治民：《成都市青白江跃进村西汉墓三题》，《四川文物》2002 年第 1 期。

⑤ 市考古队：《成都市一九九七年田野考古概述》，《成都文物》1998 年第 1 期。

银手镯等，"长宜子孙"铜镜、瓷钵堪称精品。该墓年代为晋代。此墓保存完整，有明确纪年材料，是成都地区不可多得的典型晋代墓葬。

1997 年 10 月，成都市文物考古研究所、郫县博物馆在古城遗址进行考古发掘，在遗址中部清理 12 座土坑墓，在南城垣上清理 2 座砖室墓[①]。土坑墓一般长 3 米左右，宽 1.5 米左右，无二层台，不见葬具，为小型墓葬，砖室墓以扇形素面砖砌成，墓底中有卵石沟，应以木棺为葬具，也为小型墓，但这批墓葬出土器物丰富，以陶器为主，有罐、钵、盆、甑、簋、釜、鼎、壶、井、案、灶等，还有钱币 156 枚，有货泉、五铢。出土器物已不见西汉早期的大口瓮、圈足豆、绳纹圜底釜等具有蜀文化特征的器物，也不见半两钱。根据墓葬的出土钱币、墓葬间的打破关系及陶器的类型组合、形式变化，可把古城汉墓分为三期，即西汉中期、西汉晚期和东汉初期，西汉中期又可分为早、晚两段。古城汉墓虽然都是小型墓葬，但器物组合及形式变化比较明显，对认识成都地区西汉中晚期墓葬仍具有普遍意义，对研究成都地区西汉时期社会变化、建立西汉墓葬的编年序列提供了可贵的资料。

都江堰发现一批石刻。1974 年，四川灌县城西都江堰渠首鱼嘴附近的外江里发现了李冰石像。石像为直立全身的大型圆雕，在石像的衣襟中间和两袖上，有浅刻隶书题记 3 行，共 38字[②]。1975 年，又在该处发现持锸石人像一具，在"锸柄下部似有题记痕迹，但模糊不清，难以辨认"[③]。

该阶段发现的两汉三国时期墓葬无论是数量还是发现地点都较前一阶段大量增加，除上述很重要的墓葬外，另有简阳夜月洞[④]、双流黄佛乡[⑤]、双流应龙村[⑥]、双流沙河村[⑦]等崖墓，成都凤凰山园艺场[⑧]、成都石羊太平砖厂[⑨]等土坑墓，以及成都天回大湾[⑩]、成都燃灯寺[⑪]、新都胡家墩[⑫]、简阳黄泥坪[⑬]、成都园艺场[⑭]、成都青龙乡[⑮]、成都青龙包西南石油管理局[⑯]、成都棕北小区[⑰]、成都市北郊[⑱]、

① 成都市文物考古研究所、郫县博物馆：《四川郫县古城乡汉墓》，《考古》2004 年第 1 期。

② 四川省灌县文教局：《都江堰出土东汉李冰石像》，《文物》1974 年第 7 期。

③ 四川省博物馆、灌县工农兵文化站：《都江堰又出土一躯汉代石像》，《文物》1975 年第 8 期。

④ 方建国、唐朝君：《四川简阳夜月洞发现东汉崖墓》，《考古》1992 年第 4 期。

⑤ 毛求学：《双流黄佛乡发现岩墓》，《成都文物》1984 年第 3 期。

⑥ 成都市博物馆考古队：《双流县中河乡应龙村东汉岩墓群发掘简报》，《成都文物》1989 年第 2 期。

⑦ 李加锋：《双流华阳乡沙河村崖墓发掘简报》，《四川文物》1991 年第 6 期。

⑧ 石父：《本市北郊发现西汉木椁墓》，《成都文物》1984 年第 1 期；徐鹏章：《成都凤凰山发现一座西汉木椁墓》，《四川文物》1984 年第 1 期；徐鹏章：《成都凤凰山西汉木椁墓》，《考古》1991 年第 5 期。

⑨ 四川省文物管理委员会：《成都石羊西汉木椁墓》，《考古与文物》1983 年第 2 期。

⑩ 资料现存于成都市文物考古工作队。

⑪ 毛求学：《燃灯寺东汉墓》，《成都文物》1983 年第 1 期。

⑫ 张德全：《新都县发现汉代纪年砖画像砖墓》，《四川文物》1988 年第 4 期。

⑬ 方建国、唐朝君：《简阳黄泥坪汉墓清理简报》，《四川文物》1990 年第 2 期。

⑭ 成都市博物馆：《成都凤凰山发现一座汉代砖室墓》，《文物》1992 年第 1 期；刘雨茂：《凤凰山汉代砖室墓发掘简报》，《成都文物》1989 年第 3 期。

⑮ 李加锋：《成都青龙乡汉代砖室墓清理》，《文物》1997 年第 4 期。

⑯ 市博考古队：《成都市 1989 年田野考古工作纪要》，《成都文物》1990 年第 1 期。

⑰ 雷玉华：《一九九一年成都市田野考古工作纪要》，《成都文物》1992 年第 1 期。

⑱ 成都市文物考古工作队：《四川成都市北郊战国东汉及宋代墓葬发掘简报》，《考古》2001 年第 5 期。

成都西窑村①、新津筑路机械厂②、成都肖家村③、郫县娃娃坟④、大邑董家村⑤、大邑五龙机砖厂⑥、成都武侯七队⑦、龙泉驿碉堡田⑧、成都南郊十街坊⑨等砖室墓，在成都石人坝墓地⑩同时发现了土坑墓和砖室墓。20世纪90年代还曾在青羊区排水工程⑪、双流牧马山白塔村⑫、外东生物制品研究所102号基础⑬、棕北小区丙区⑭、市干道金鱼村工地⑮、化成小区建材中心、西南交大九里村⑯、蜀营街⑰等多处地点发现六朝时期墓葬，惜乎相关信息过于简略。

这一阶段发现的墓葬中，有些墓葬是在全国第二次文物普查中发现的，部分由区县文物管理所清理⑱。正因如此，田野发掘水平不高，如胡家墩汉墓是一座有纪年的画像砖墓，从简报来看，调查者并未对整个墓葬进行清理，使这座带有纪年的画像砖墓的学术价值大为降低。此时期资料绝大部分能以简报形式发表，少见发掘报告，简报多配墓葬和器物线图，文字描述更为翔实。但该段资料的整理水平参差不齐，早段的简报普遍较略，墓葬年代判断有的有误，如《新都县马家山崖墓发掘简报》；而后段简报很翔实，年代推断可靠，并能就以上相关问题进行探讨，如《成都龙泉驿区北干道木椁墓群发掘简报》和《郫县风情园及花园别墅战国至西汉墓群发掘报告》。更为遗憾的是，一些具有重要意义的墓葬，如天回大湾的西汉末期砖室墓、青龙包西南石油管理局三国画像砖墓、六一一汉墓等，至今未见简报或报告，给成都地区甚或四川地区汉代砖室墓研究带来不少困难。青白江马坪村两晋时期崖墓，出土器物丰富，也未整理刊发，给成都地区晋代墓葬的甄别和研究带来不少困难。

由于此阶段发现清理的汉墓大量增加，尤其是西汉时期墓，从初期到末期，都很丰富，西汉墓葬的分期及相关问题的研究已基本成熟，因而成都汉墓研究走向繁荣，著述众多，主要集中于以下几个方面。

（1）墓葬分期研究。宋治民的《战国秦汉考古》对四川汉墓进行了分期研究，初步建立了四川

---

① 成都市文物考古工作队：《成都西郊西窑村M3东汉墓发掘简报》，《四川文物》1999年第3期。

② 郑卫：《新津县出土两具汉代画像石棺》，《四川文物》1996年第5期。

③ 江章华、张肖马：《成都肖家村汉墓发掘纪要》，《成都文物》1990年第4期。

④ 梁文骏：《四川郫县东汉墓门石刻》，《文物》1983年第5期。

⑤ 大邑县文化局：《大邑县董场乡三国画像砖墓》，《四川考古报告集》，文物出版社，1998年，第383～398页。

⑥ 胡亮：《大邑县五龙机砖厂古墓群综述》，《成都文物》1990年第2期。

⑦ 徐鹏章、徐石：《东汉墓中发现"直百"钱的探讨》，《成都文物》2002年第1期。

⑧ 薛登：《成都龙泉魏晋墓清理简报》，《成都文物》2001年第3期。

⑨ 成都市文物考古研究所：《成都市十街坊遗址年度发掘纪要》，《成都考古发现》(1999)，科学出版社，2001年，第1～28页。

⑩ 成都市文物考古工作队：《四川成都市石人坝小区汉墓清理简报》，《考古》2000年第1期。

⑪ 成都市博物馆考古队：《成都市1990年田野考古工作纪要》，《成都文物》1991年第1期。

⑫ 资料现存于成都文物考古研究院。

⑬ 雷玉华：《一九九一年成都市田野考古工作纪要》，《成都文物》1992年第1期。

⑭ 雷玉华：《一九九一年成都市田野考古工作纪要》，《成都文物》1992年第1期。

⑮ 成都市文物考古工作队：《成都市一九九二年田野考古工作概况》，《成都文物》1993年第1期。

⑯ 成都市文物考古队：《1996年成都田野考古概述》，《成都文物》1997年第1期。

⑰ 市文物考古工作队：《成都市一九九九年田野考古工作概述》，《成都文物》2000年第1期。

⑱ 罗开玉：《成都地区历代古墓概况》，《四川文物》1990年第3期；马幸辛：《川东北历代古墓葬的调查研究》，《四川文物》2001年第2期。

汉墓的时间框架①。罗二虎的《四川崖墓的初步研究》②，通过对四川崖墓结构与类型的讨论，进行崖墓的类型学研究，结合纪年材料，对四川崖墓进行分期，并对每期崖墓的形制特征、随葬器物的组合与风格特点进行归纳总结，还对四川崖墓的出现、发展和消亡原因，进行了深入的分析。《四川崖墓的初步研究》，堪称四川崖墓研究的经典之作，其中涉及不少成都地区崖墓，至今仍对成都地区崖墓的发掘及相关研究具有指导意义。另外，《四川西汉土坑木椁墓初步研究》③和《浅论四川地区王莽时期墓葬》④均涉及成都地区相关墓葬，前者通过墓葬中出土钱币对西汉土坑、木椁墓进行研究，把出土大半两、榆荚半两、无郭四铢半两的墓葬定为西汉早期，只出土四铢半两的墓葬定为西汉中期，出土五铢钱的墓葬定为西汉晚期。从现在西汉墓葬发现看，这种分期并不科学，也导致有些结论有误。后者则针对王莽时期墓葬的形制特征、随葬器物风格等，对王莽时期墓葬进行讨论，并对相关墓葬进行甄别，二者都对成都地区汉墓研究具有借鉴和参考意义。

（2）汉画也是此阶段研究热点，主要是崖墓墓室、石棺、墓砖及墓石上的画像，多是结合文献考释图像名称，并阐释其意义。高文对四川汉墓画像资料介绍之功居首，并对部分内容做了初步研究⑤，龚廷万⑥等也发表了部分画像资料，都涉及了成都地区画像资料。有人对曾家包二号汉墓石门上图案进行考释，并讨论主人身份和地位问题⑦。新都出土的性题材画像引起了研究者关注⑧。刘志远利用四川汉墓出土的画像砖分析汉代社会⑨，其中大量使用成都地区出土的资料。

（3）郫县残碑得到很多研究者的关注⑩。张勋燎、袁曙光介绍了吕后族人墓葬中的石刻，并结合文献对相关问题做了细致的分析⑪。邓代昆、胡顺利对成都新发现的石阙铭文进行了考释⑫。高文、高

① 宋治民：《战国秦汉考古》，四川大学出版社，1993年。

② 罗二虎：《四川崖墓的初步研究》，《考古学报》1988年第2期。

③ 何志国：《四川西汉土坑木椁墓初步研究》，《远望集——陕西省考古研究所华诞四十周年纪念文集》，陕西人民美术出版社，1998年。

④ 何志国：《浅论四川地区王莽时期墓葬》，《考古》1996年第3期。

⑤ 高文、高成刚编著：《中国画像石棺艺术》，山西人民出版社，1996年；高文编：《四川汉代画像石》，巴蜀书社，1987年；高文编著：《四川汉代石棺画像集》，人民美术出版社，1998年；高文编：《四川汉代画像砖》，上海人民美术出版社，1987年；高文：《四川汉代石棺画像概论》，《四川文物》1997年第4期。

⑥ 龚廷万、龚玉、戴嘉陵编著：《巴蜀汉代画像集》，文物出版社，1998年。

⑦ 张建：《曾家包二号墓墓门画像考辨》，《成都大学学报》（社会科学版）1988年第1期。

⑧ 陈云洪：《四川汉代高禖图画像砖初探》，《四川文物》1995年第1期；杨孝鸿：《四川汉代秘戏图画像砖的思考》，《四川文物》1996年第2期；范小平：《四川汉代性题材画像研究》，《东南文化》1998年第4期；唐长寿：《荥经画像石棺"秘戏图"及其它——〈跋汉画赵苟哺父图〉读后》，《四川文物》1991年第1期。

⑨ 刘志远：《考古材料所见汉代的四川农业》，《文物》1979年第12期；刘志远、余德章、刘文杰：《四川汉代画象砖与汉代社会》，文物出版社，1983年。

⑩ 〔日〕好并隆司著，郝雁高译：《关于四川郫县犀浦出土的东汉残碑》，《四川文物》1984年第2期；秦晖：《郫县汉代残碑与汉代蜀地农村社会》，《陕西师范大学学报》（哲学社会科学版）1987年第2期；张勋燎、刘磐石：《四川郫县东汉残碑的性质和年代》，《文物》1980年第4期；胡顺利：《关于四川郫县东汉墓门石刻题字的看法》，《四川文物》1985年第4期。

⑪ 张勋燎、袁曙光：《四川省博物馆藏汉代吕后族人墓葬石刻文字及其相关问题》，《中国西南的古代交通与文化》，四川大学出版社，1994年，第107～125页。

⑫ 邓代昆：《成都汉阙刻石铭文考释》，《四川文物》1988年第3期；胡顺利：《成都郊区两块东汉墓阙铭文补说》，《四川文物》1989年第1期。

成刚在《四川历代碑刻》中收录了一批新出汉墓文字材料，涉及成都地区[①]。

（4）其他还有成都对外文化交流[②]、丧葬礼俗和制度[③]、农业[④]、手工业[⑤]等的研究。

（二）遗址考古

这一时期不仅有较多居址聚落，还发现冶铸、陶瓷烧造、盐业及其他生产生活遗存。

青白江区城厢镇古城桥遗址面积近 10 万平方米，1999 年发掘了 415 平方米。发现丰富的遗迹，有灰坑 43 个、柱洞 5 个和水沟 6 条，并出土了丰富的器物[⑥]。郫县晨光路县电讯大楼遗址紧邻民族风情园墓地，发现许多红烧土堆积和汉代陶水管残片，应为汉代陶窑区范围[⑦]。1998 年试掘的杜鹃城遗址汉代文化层一般厚 0.6～2 米，主要遗迹有灰坑、灰沟、柱洞及城墙夯土，出土了陶器、瓷器、残石器等。早期陶器多为残片，以泥质灰陶为主，器形包括小口罐、卷沿罐、长颈小罐、折腹钵、敛口钵、瘦长足扁腹盆形鼎、瓮、缸、折沿深腹盆、卷沿弧腹盆、形体较大的器盖、小圈足器、甑及大量的绳纹筒瓦、板瓦、井圈等[⑧]。成都军区后勤部、成空五石村综合楼工地[⑨]、横通顺街中学西大门侧的宿舍楼[⑩]等地都发现汉代遗迹，并出土了丰富的建筑构件，很有可能是居民生活区。

成都城区发现多处城内水利设施。抚琴小区金鱼街西侧发现一处汉代挡水坝，由木桩和鹅卵石构筑而成[⑪]。光明电器开关厂工地内发掘一段汉代水渠。该渠呈南北走向，开口宽约 2、底宽 0.5～0.6 米。清理水渠长度约 22 米，在基础外还应有所延伸。主渠与支渠间呈纵横状分布。玉林小区工地清理汉代水渠遗迹多处。其中，主渠长 33.9 米，与主渠交错分布着 3 条支渠。核动力研究院结构力学实验室工地清理一段汉代水渠，清理部分长 8.5 米，呈东北—西南走向。水渠形状仍是上宽下窄，上部宽 1～1.2、下部宽 0.8、深 1.1 米[⑫]。发现的水渠都不宽，估计是保证居民用水或者排水。水井与水渠相互配合保证城内居民用水。成都城内发现大量水井。青羊区西干道、包家巷[⑬]、省农业干部管理学校（一环路西三段宿舍楼）、省邮电器材公司、光荣小区、花牌坊成都军区后勤部、棕北住宅小区[⑭]、顺城街[⑮]、方池街[⑯]、汪家拐房管所蜀华街工地、蔬菜公司高升桥工地、成

---

① 高文、高成刚编：《四川历代碑刻》，四川大学出版社，1990 年。

② 童恩正：《试谈古代四川与东南亚文明的关系》，《文物》1983 年第 9 期；童恩正：《略谈秦汉时代成都地区的对外贸易》，《成都文物》1984 年第 2 期。

③ 蔡永华：《略谈龙泉驿群墓》，《四川文物》1994 年第 4 期。

④ 徐鹏章：《四川成都凤凰山出土的西汉炭化水稻及有关遗物》，《农业考古》1998 年第 3 期。

⑤ 宋治民：《汉代手工业》，巴蜀书社，1992 年。

⑥ 市文物考古工作队：《成都市一九九九年田野考古工作概述》，《成都文物》2000 年第 1 期。

⑦ 成都市文物考古工作队：《成都市一九九八年田野考古工作概述》，《成都文物》1999 年第 1 期。

⑧ 陈剑：《郫邑・郫城・郫县・小郫——杜鹃城遗址考古札记》，《四川文物》1999 年第 3 期。

⑨ 市博考古队：《成都市 1989 年田野考古工作纪要》，《成都文物》1990 年第 1 期。

⑩ 成都市文物考古队：《1996 年成都田野考古概述》，《成都文物》1997 年第 1 期。

⑪ 成都市博物馆考古队：《成都市 1990 年田野考古工作纪要》，《成都文物》1991 年第 1 期。

⑫ 王方：《从考古发现看汉代成都水利的发展》，《四川文物》1999 年第 3 期。

⑬ 张师俊：《成都地下文物分布概述》，《成都文物》1983 年第 1 期。

⑭ 雷玉华：《一九九一年成都市田野考古工作纪要》，《成都文物》1992 年第 1 期。

⑮ 成都市文物考古工作队：《成都市一九九二年田野考古工作概况》，《成都文物》1993 年第 1 期。

⑯ 王仲雄：《成都市方池街汉井清理简报》，《成都文物》1995 年第 1 期。

都水电校工地、玉林小区 1 号楼①、人民南路气象学院工地（气象学院对面）、汇丰房产公司小通巷②、人民南路干道工程、王建墓、包家巷、老西门外、省委办公厅泡桐树街 3 号楼工地③、锦江房屋开发公司、临江路省国税局④ 等地都发现汉代水井。西汉水井多用陶圈修建，东汉以后则流行用砖。少量用竹编，如 1995 年在玉林小区工地 1 号基础内清理一口竹编井，井用竹木编织，井底部较硬，似用某种坚硬的物质处理而成⑤。水井往往是附近居民生活的中心场所，大量的水井表明成都城内人烟繁密。

1980 年，成都市小通巷房管所的建筑工地上，发现大批锈烂的"太平百钱"和 1 件"太平百钱"铜铸母范，附近可能存在蜀汉时期的铸钱遗址⑥。岷江饭店发现两汉文化层，包含大量冶铁矿渣、绳纹瓦、瓦当、四铢半两钱、五铢钱等⑦，铁矿渣可能与铁器冶铸行为有关。

成都中医大学发现青羊宫窑作坊遗迹，有瓷窑 3 座、陶窑 4 座及灰坑、拌泥池、水沟、柱洞等。时代从西晋至隋代，出土物丰富，瓷器主要有碗、盆、罐、缸、钵、盏、筒瓦等⑧。四川省干部疗养所发现东汉时期烧制陶俑的遗址及数十个陶俑（舞乐、执飖扇俑）⑨，可能为陶俑作坊或商铺。1997 年于成都中医药大学 5 号住宅楼发现晋唐时期窑炉、灰坑、拌泥池、大水缸及柱洞等遗迹，并出土了 50 枚"汉兴"钱，该遗址时代连续性强，地层关系清楚，典型器物演变明显，特别是能够填补两晋时期的资料空白，对深入研究四川地区汉唐时期青羊宫窑址的分布与分期具有重要意义⑩。

第三次文物普查在蒲江、邛崃、双流发现一批盐业遗址。1998 年 9 月，成都市文物考古研究所会同蒲江县文物管理所组成联合调查小组，对蒲江县境内的盐井遗址进行专题调查和试掘⑪。盐井虽然以唐宋时期为主，但李水城认为"尽管未找到年代更早的遗存，但也不能说那些大口盐井都是唐代的"⑫。

1990 年成都市商业街出土了 9 件石刻造像⑬。1995 年成都市西安路发现 9 通石刻造像⑭。

① 成都市文物考古工作队：《成都市一九九五年田野考古工作概述》，《成都文物》1996 年第 1 期。
② 成都市文物考古队：《1996 年成都田野考古概述》，《成都文物》1997 年第 1 期。
③ 王方：《从考古发现看汉代成都水利的发展》，《四川文物》1999 年第 3 期。
④ 市考古队：《成都市一九九七年田野考古概述》，《成都文物》1998 年第 1 期。
⑤ 王方：《汉代成都水利发展概貌》，《成都文物》1997 年第 4 期。
⑥ 陈显双：《成都市出土"太平百钱"铜母范——兼谈"太平百钱"的年代》，《文物》1981 年第 10 期。
⑦ 成都市博物馆考古队曾咏霞整理：《成都市博物馆考古队一九八五年全年考古发掘清理简况》，《成都文物》1986 年第 1 期。
⑧ 市考古队：《成都市一九九七年田野考古概述》，《成都文物》1998 年第 1 期。
⑨ 黎佳：《1983 年我市出土文物概述》，《成都文物》1984 年第 1 期。
⑩ 刘雨茂：《成都中医药大学晋至唐代烧瓷遗址》，《中国考古学年鉴1998》，文物出版社，2000 年，第 223 页。
⑪ 成都文物考古研究所：《成都市蒲江县古代盐业遗址考古调查简报》，《中国盐业考古——长江上游古代盐业与景观考古的初步研究》（一），科学出版社，2006 年，第 126~144 页。
⑫ 李水城：《近年来中国盐业考古领域的新进展》，《盐业史研究》2003 年第 1 期。
⑬ 资料现存于成都文物考古研究院。
⑭ 成都市文物考古工作队、成都市文物考古研究所：《成都市西安路南朝石刻造像清理简报》，《文物》1998 年第 11 期。

1984 年冬彭县思文乡（今通济镇）梓柏村发现一土坑钱币窖藏。1980 年蒲江县天华镇（现鹤山镇）堡顶村农民耕作时发现一陶罐，内盛小型五铢钱，2004 年 5 月成都博物院与蒲江县文物管理所进行整理，确认这批钱为"蜀汉五铢"钱，共计 187 枚 [①]。这批钱币与前者所出窖藏钱币相近，形制更为多样。

1986 年成都市文物管理委员会与龙泉驿区文物管理所共同对龙泉驿区山泉乡石佛寺石刻情况做了考古调查 [②]，初衷在于调查过去鲜为人知的与北周文王碑共存的碑刻、题记、造像等情况，防止以讹传讹。北周文王碑在文物调查中被编为第 38 号龛，高 2.24、宽 1.25 米。之后陆续有学者对该造像群中的"北周强独乐为文王造像碑"作过释读及真伪考辨 [③]。

由于考古报道资料不多，相应的研究也很少。王方对成都地区汉代水利工程进行了探讨 [④]。

五、第五阶段：2000 年以后至今

配合建设清理发掘的汉六朝时期墓葬大量增加，而且有成片墓地的发掘，发掘的课题研究意识提高，多学科合作，一些科技考古手段逐步引入。资料整理进程加快，公开发表的简报较前一段大量增加，出版了一些汉墓考古报告。由于发现的墓葬和公布资料的增加，以及刊发的简报、报告质量的提高，相比于上一阶段以时空序列为主的基础性研究，本阶段研究范围日益广泛和深入。

（一）墓葬考古

此阶段清理发掘的墓葬数量多，公开发表的有简阳方古井山墓地 [⑤]、成都中和板栗湾崖墓 M17 [⑥]、新都五龙村木椁墓 [⑦]、新都凉水村和互助村崖墓 [⑧]、新津大云山崖墓 [⑨]、彭州青龙嘴崖墓 [⑩]、青白

---

① 曾咏霞、夏晖：《蒲江县出土的窖藏"蜀汉五铢"钱》，《中国钱币》2010 年第 1 期。

② 成都市文管会办公室、龙泉驿区文管所：《石佛寺石刻简目》，《成都文物》1987 年第 3 期。

③ 丁明夷：《从强独乐建周文王佛道造像碑看北朝道教造像》，《文物》1986 年第 3 期；赵纯义、王家祐：《北周文王碑考查报告》，《成都文物》1987 年第 3 期；刘节：《北周强独乐为文王造佛道二像碑记跋》，《成都文物》1987 年第 3 期；薛登：《北周文王碑及其造像问题新探》，《成都文物》1987 年第 3 期；荣远大、刘雨茂：《北周文王碑真伪考》，《成都文物》2000 年第 1 期；薛登：《〈北周文王碑〉及相关遗迹辨正》，《成都文物》2003 年第 3 期；荣远大：《关于北周文王碑的几个问题》，《成都考古研究》（一），科学出版社，2009 年。

④ 王方：《汉代成都水利发展概貌》，《成都文物》1997 年第 4 期。

⑤ 四川大学历史文化学院、成都文物考古研究院、简阳市文管所：《四川省简阳市金山村方古井山 M10、M13、M23 号崖墓发掘简报》，《江汉考古》2019 年第 6 期。

⑥ 四川大学考古学系、成都文物考古研究院：《成都市中和镇板栗湾西汉崖墓 M17 发掘简报》，《考古》2019 年第 4 期。

⑦ 成都市文物考古研究所、新都县文物管理所：《四川新都县三河镇五龙村汉代木椁墓发掘简报》，《成都考古发现》（2000），科学出版社，2002 年，第 157～166 页。

⑧ 成都文物考古研究所、新都区文物管理所：《成都市新都区东汉崖墓的发掘》，《考古》2007 年第 9 期。

⑨ 成都文物考古研究所、新津县文物管理所：《成都市新津县大云山东汉崖墓的清理》，《考古》2011 年第 5 期。

⑩ 成都文物考古研究院、彭州市文物保护管理所：《彭州市青龙嘴崖墓发掘简报》，《成都考古发现》（2015），科学出版社，2017 年，第 550～582 页。

江磷肥厂汉墓[①]、青白江肖家窝崖墓[②]、青白江花园村崖墓[③]、成都西窑村七组汉墓[④]、成都南郊勤俭村砖室墓[⑤]、成都天回砖室墓[⑥]、双流江西坟墓地[⑦]、金堂猫头山崖墓[⑧]、金堂李家梁子墓地[⑨]、青白江包家梁子墓地[⑩]、双流"家益欣城"墓地[⑪]、成都老官山汉墓[⑫]、都江堰潘家祠堂汉墓[⑬]、彭州红豆树墓地[⑭]、双流青枫村墓地[⑮]、双流庙山村崖墓[⑯]、大邑兔儿墩土坑墓[⑰]等。在这些清理发掘的墓葬或墓地中，老官山汉墓、李家梁子及包家梁子墓地意义甚为重大，以下简要介绍。

2012年7月，为配合成都地铁3号线施工，成都文物考古研究所对天回老官山墓地进行了抢救性发掘，共清理西汉早中期土坑木椁墓4座，出土大量漆木器、陶器及少量铜器、铁器等文物，其中以M1出土的木牍50枚、M3出土竹简736支和人体经穴漆木俑及M2出土的4部织机模型尤为重要。木牍内容有官府文书和巫术两类，竹简内容包括八部医书和一部律令，这些西汉简牍为四川地区首次发现，从出土的部分医书内容分析，部分医书极有可能是失传的中医扁鹊学派经典书籍，这是中医史上的重大发现。出土的人体经穴漆木俑是我国迄今为止发现最早的、最完整的人体经穴医学模型，与

① 成都文物考古研究所、青白江区文物保护管理所：《成都市青白江区大同磷肥厂工地汉墓发掘报告》，《成都考古发现》（2008），科学出版社，2010年，第292～367页。

② 成都文物考古研究所、青白江区文物保护管理所：《成都市青白江区肖家窝崖墓群发掘简报》，《成都考古发现》（2013），科学出版社，2015年，第442～467页。

③ 成都文物考古研究所、青白江区文物保护管理所：《成都市青白江区花园村东汉崖墓群发掘简报》，《成都考古发现》（2013），科学出版社，2015年，第468～509页。

④ 成都市文物考古研究所：《成都市西郊土坑墓、砖室墓发掘简报》，《成都考古发现》（2001），科学出版社，2003年，第80～109页；成都市文物考古工作队：《成都博瑞"都市花园"汉、宋墓葬发掘简报》，《成都考古发现》（2001），科学出版社，2003年，第120～162页。

⑤ 成都市文物考古研究所：《成都市高新区勤俭村发现汉代砖室墓》，《四川文物》2004年第4期。

⑥ 成都市文物考古研究所、金牛区文物管理所：《成都市天回乡东汉砖室墓发掘简报》，《成都考古发现》（2003），科学出版社，2005年，第319～330页。

⑦ 成都市文物考古研究所、双流县文物管理所：《成都市双流县华阳镇绿水康城小区发现一批砖室墓》，《成都考古发现》（2003），科学出版社，2005年，第347～396页。

⑧ 成都市文物考古研究所、金堂县文物管理所：《成都市金堂县猫头山崖墓》，《成都考古发现》（2003），科学出版社，2005年，第308～318页。

⑨ 成都文物考古研究院、金堂县文物保护管理所：《金堂李家梁子墓地》，文物出版社，待刊。

⑩ 成都文物考古研究院：《成都包家梁子墓地考古发掘报告》，科学出版社，2018年。

⑪ 成都文物考古研究所、双流县文物管理所：《四川双流华阳镇"家益欣城"地点西汉土坑墓及唐宋砖室墓清理简报》，《成都考古发现》（2010），科学出版社，2012年，第510～525页。

⑫ 成都文物考古研究所、荆州文物保护中心：《成都市天回镇老官山汉墓》，《考古》2014年第7期。

⑬ 成都文物考古研究所、都江堰市文物局：《都江堰市潘家祠堂汉墓发掘简报》，《成都考古发现》（2012），科学出版社，2014年，第310～387页。

⑭ 成都文物考古研究所、彭州市文物保护管理所：《四川彭州市红豆树墓群发掘简报》，《成都考古发现》（2010），科学出版社，2012年，第415～446页。

⑮ 成都文物考古研究所、双流县文物管理所：《四川双流县青枫村汉、唐、宋代墓地发掘报告》，《成都考古发现》（2010），科学出版社，2012年，第447～509页。

⑯ 成都文物考古研究所：《成都市双流县庙山村崖墓发掘简报》，《成都考古发现》（2007），科学出版社，2009年，第271～281页。

⑰ 四川大学考古学系、成都文物考古研究院、大邑县文物保护管理所：《四川大邑县兔儿墩土坑墓发掘简报》，《中国国家博物馆馆刊》2019年第9期。

墓中出土的经脉医书对照，为探寻中华医学经脉针灸理论的起源和发展具有重要意义。M2 的 4 部织机模型，是迄今我国发现的唯一有出土单位且完整的西汉时期织机模型，对研究中国乃至世界丝绸纺织技术的起源和发展有着重要意义。正因如此，老官山汉墓被评为 2012 年度全国十大考古发现。

为配合成都明达玻璃厂建厂工作，2006 年 10～12 月，成都文物考古研究所、金堂县文物保护管理所在金堂县赵镇李家梁子墓地清理 61 座墓葬，其中汉墓 47 座、唐宋墓 12 座、明清墓 2 座。其中，汉墓的发掘对于成都汉墓的研究具有重要的意义：M21～M23 规模较大，规格较高，形制较为特殊，平面呈横列式，在四川地区较为少见；出土了丰富的器物，特别是一大批陶俑，形制高大、制作精美，具有很高的科研和艺术价值。另外，发现的胡人形象面具、"三山式钱树座"、胡人执莲花器座、房形画像石棺等器物对于探讨四川东汉丧葬、升仙信仰、佛教传播、对外文化交流也具有重要意义。汉墓集中分布于 5 座小山顶部，墓葬排列规律，墓室之间绝少存在打破关系，是研究四川汉代家族墓地的重要资料。

2011 年 6 月，为配合青白江区青白江大道北段的施工建设，成都文物考古研究所与青白江区文物保护管理所联合对该道路所穿越的焦壁浅丘地段即包家梁子墓地进行考古钻探，基本搞清了墓葬的分布情况。2011 年 8 月～2012 年 4 月，对墓地进行抢救性发掘，共清理发掘秦汉时期墓葬 180 座 [1]。180 座秦汉时期墓葬形制丰富，包括土坑墓和砖室（棺）墓，以土坑墓为主，土坑墓又可分木椁墓、木棺墓、木板墓、瓮棺葬和无葬具墓五类。墓葬出土了大量的陶器、铜器、铁器和钱币等随葬器物，以陶器为主，类型丰富，钱币有半两、五铢钱和货泉。根据墓葬出土的钱币及陶器的形制特征、组合变化推断，墓葬年代在战国末至东汉中期，主要集中在战国末至西汉时期。在清理发掘中，注意多学科合作，对墓葬中随葬的动物进行鉴定，发现墓地有葬狗习俗。与四川大学考古学系合作，对提取的人骨材料进行鉴定分析，尝试利用这批资料对战国末至西汉中期的基本人口状况进行了一些探讨。包家梁子墓地的发掘，对建立成都平原战国末至汉代墓葬分期序列，以及研究成都地区乃至四川地区战国晚期至汉代的社会变化、汉文化在成都平原的进程和发展等提供了宝贵的资料，报告的及时出版，为相关研究提供了便利的条件。

除了上述汉代重大发现外，六朝时期考古也增添了重要科学材料，如金堂猫头山崖墓、成都"中海国际社区"晋墓等。

2004 年，金堂县清江镇猫头山清理一座南朝崖墓（M2），为狭小的单室墓，长 2、宽 0.72、高 0.7 米，以花纹砖、红砂石、瓦棺残片封门。墓室内未见葬具，可见人骨。随葬品有 1 件青瓷碗、1 枚四铢钱 [2]。四铢钱是南朝刘宋政权时期的货币，宋文帝元嘉七年（430 年）铸"四铢"钱，孝建元年（454 年）改铸"孝建四铢"。青瓷碗斜弧腹，大饼足，与天府广场东北侧遗址外地窑口 B 型 III 式瓷碗、II 式瓷盏风格相近 [3]。该墓时代为南朝时期。这是成都地区首次公布南朝时期墓葬，填补了考古发现的空白。

2004 年，成都市金牛区禾家村"中海国际社区"工地发掘 3 座西晋砖室墓（M1～M3），M1 和 M3 均出土"元康八年八月廿日"纪年砖，"元康"为晋惠帝司马衷的年号，元康八年即 298 年。M3 为带甬道的凸字形单室墓，墓室长 2.9、宽 2.04、残高 0.32～0.58 米。随葬品有青瓷碗、陶碗、

① 成都文物考古研究院：《成都包家梁子墓地考古发掘报告》，科学出版社，2018 年。

② 成都市文物考古研究所、金堂县文物管理所：《成都市金堂县猫头山崖墓》，《成都考古发现》（2003），科学出版社，2005 年，第 308～318 页。

③ 成都文物考古研究所：《成都天府广场东北侧古遗址发掘报告》，文物出版社，2016 年。

陶罐、陶灯等[①]。青瓷碗与鄂城六朝墓Ⅳ型Ⅰ式碗相近,陶碗口部弦纹呈宽槽状,陶罐为矮直领、圆肩。结合墓葬形制、纪年砖及器物组合特征,该墓年代为西晋前期。该简报发表全面,尤其陶碗、陶罐的形制为后来辨识西晋时期崖墓提供了可靠依据,因此该材料研究价值大大高于羊子山M3、M23等晋墓材料。

另外,近几年在配合基本建设中,还清理几处汉六朝重要墓地,如新津老虎山崖墓、邛崃羊安墓群、金堂十里村崖墓和新川创新科技园墓群等。

为配合新津县同森岷江置业有限公司房地产建设,2013年5月~2014年4月成都文物考古研究所、新津县文物保护管理所对新津县邓双镇金龙村三组老虎山墓地(民国时期称为瑞麟寺)进行了抢救性发掘[②]。共发掘汉六朝时期墓葬470座,有岩坑墓、砖室墓、崖墓三类,其中崖墓最多,出土大量文物,取得重大收获:墓地发现了一批早期崖墓,如M275发现"元延元年三月"纪年的题刻,可以确认西汉末已经出现崖墓,为崖墓的起源研究提供了重要线索。墓地的整理和研究将会为宝资山墓群乃至成都、四川两汉、六朝时期墓葬研究提供一个分期标尺,极大丰富了四川地区六朝时期墓葬资料,弥补了六朝考古资料的不足。

邛崃羊安墓群现存40余座汉墓封土堆。2009年5月,为配合羊安镇工业园区建设,对其中的9、26、30、31、40号封土堆进行了抢救性发掘,共清理汉墓66座,有土坑墓和砖室墓,出土大量文物,砖室墓中发现"蜀郡"铭文砖和永平、永元等纪年砖,为墓葬时代和行政区域变化的判定提供了最直接的依据。有些土坑墓部分用砖,体现了土坑墓向砖室墓的过渡,反映了社会意识、丧葬习俗的变化。此次考古发掘的重要收获搞清楚了汉墓的修建过程,每个墓地都有一个长期规划,经过长时间的扩展才形成较大的封土堆,对研究汉代家族、家庭关系有重要价值[③]。

2017年7月~2018年3月,成都文物考古研究院对金堂县十里村六组一带的崖墓群进行了抢救性发掘,共清理东汉中晚期至两晋时期崖墓90余座[④]。墓群分布于毗河东侧浅丘斜坡上,墓葬皆坐东向西,总体呈南北向分布。墓群出土随葬器物400余件,按质地主要有陶器、瓷器、铜器、银器、铁器等。陶器主要有罐、甑、釜、钵、鸡、狗、牛、马、舞俑、抚琴俑、镇墓俑等。瓷器主要有罐、盂、壶等。铜器主要有铜镜、印章、摇钱树叶等。银器主要有手镯和戒指等。铁器主要有锄、环首刀等。该崖墓群墓葬形制丰富、持续时间较长,是研究东汉晚期至两晋时期四川地区人口迁移、技术发展及丧葬习俗的重要考古材料。在本次清理的两晋崖墓中,有近30座据出土器物可确认为成汉时期墓葬,之前已发表资料的成汉墓葬不足10座,这近30座成汉墓葬的科学发掘对研究成汉政权性质、成汉时期科技水平及宗教信仰具有重大的意义。

新川创新科技园墓群是一处非常重要的两汉时期考古发现,从2015年发掘至今墓葬数量多达3000座。两汉墓葬数量庞大,典型墓地有红花沟、彭主山、黄家山边、大山坡、高高山、九龙山、李家山、蛮洞山、黄家官山、板凳湾等。可大体划分为三个阶段。早段墓葬发现地点甚多,主要位于浅丘邻近平坝处的山梁,墓葬形制为土坑墓、岩坑墓。墓葬平面形制为长方形,竖穴。少量岩坑墓为"架棺式"墓葬。葬式多为仰身直肢葬,少量为屈肢葬。出土器物有釜、釜甑、钵、盆、壶、

① 成都文物考古研究所:《中海国际社区晋墓发掘简报》,《成都考古发现》(2004),科学出版社,2006年,第111~117页。

② 资料现存于成都文物考古研究院。

③ 资料现存于成都文物考古研究院。

④ 龚扬民:《四川金堂十里村崖墓群》,《大众考古》2018年第5期。

成都

考古史

豆、井、罐、瓮、盘、钫、鼎等陶器，壶、鍪、带钩、印章、钺、矛等铜器，以及斧等铁器，还有少量漆木器，主要为耳杯、盘等。时代为西汉时期。中段墓葬形制包括带天井式崖墓、岩坑墓等，典型墓葬有板凳湾 M17、黄家官山 M8、李家山 M9 等。黄家官山 M8、李家山 M9 为带斜坡墓道竖穴岩坑墓，墓圹长达 10 余米，规格罕见。出土陶、铁器同成都平原西汉晚期至两汉之际器物组合相近，而形制有别。时代为西汉晚期至两汉之际。晚段墓葬发现甚广，遍布园区浅丘西半部，数量众多。墓葬形制包括崖墓、砖室墓。崖墓绝大多数为长单室墓，带侧室，多者达 13 座之众。盛行单室崖墓可能是该区域崖墓的地域性特色，区别于岷江流域等盛行前后纵列的多室崖墓。少量有雕刻仓廪、水田等。葬具多为陶棺。年代为东汉中晚期。新川创新科技园墓葬类型齐全，有土坑墓、砖室墓、崖墓等；时代序列完整，纵贯两汉时期，出土丰富的器物，"龙纹铅饼"、西王母铜耳杯、牌饰、画像石棺等具有较高的历史和艺术价值。新川创新科技园工地还发掘了六朝时期墓葬 600 余座，时代自蜀汉至南朝后期。其中，蜀汉至两晋时期是主体遗存，南朝时期墓葬发现甚少，目前仅发现 2 座。以王家山ⅠM5、五根松ⅡM191、杨家山 M54 为代表的蜀汉墓葬不仅出土了大量完整器，而且还出土了时代明确的"太平百钱"，为辨识成都地区蜀汉遗存提供了科学材料。依据外来青瓷、"泰和（太和）六年"题记甄别出西晋前期、西晋后期至东晋前期、东晋后期三个阶段的典型墓葬。同时还出土了"益州户曹从事""军司马印""立义行事"等身份明确的墓葬材料。新川创新科技园六朝墓葬为成都地区六朝墓葬编年等基础研究打下坚实基础，学术意义重大①。

此阶段逐渐采用科技手段对汉墓材料进行分析。例如，2012 年成都文物考古研究所科技考古中心对老官山汉墓出土的铁釜及其支架进行了检测分析，检测显示铁釜支架有不同金相结构，表明锻造该支架时采用了多种钢材，铁釜的铸造、分范、置芯撑和双耳的处理方式合理、普遍，综合体现了成都地区在西汉时期灵活、规范、成熟的生铁铸造和钢铁锻制技术②。

由于这一时期汉墓发现数量激增，资料整理加快，简报、报告质量显著提高，为汉墓研究提供了极大的便利条件，汉墓研究进入繁荣时期，研究著述多、范围广，研究层次得到提升，但对六朝时期墓葬的相关研究仍比较欠缺。研究成果时段主要为汉代，成果体现在以下几个层面③。

（1）梳理墓葬资料，对墓葬的年代及墓主族属进行推断。《成都市郫县外南战国秦汉墓地分析》④把郫县外南墓地发现的土坑墓进行分组、分期研究，探讨墓地战国晚期至西汉中期随葬陶器的特征与组合变化，并探寻其发展演变的原因。《成都老官山汉墓 M1 墓主族属考察》⑤以 M1 出土的"景氏"耳杯、官府文书为线索，结合文献等相关资料，认为其墓主应是楚国王族"景氏"后裔，并就相关背景进行探讨。

（2）在类型学基础上对四川汉墓进行分期、分区研究，基本建立了四川汉墓的时空序列，这些研究均涉及成都地区。《四川汉代砖石室墓的初步研究》⑥根据四川地区汉代砖石室墓的结构和平面形式变化，对四川地区砖石室墓进行类型研究，在此基础上，探讨四川汉代砖石室墓的分布规律，

---

① 资料现存于成都文物考古研究院。

② 成都文物考古研究所科技考古中心：《成都市天回镇西汉墓葬出土铁釜分析报告》，《成都考古发现》（2011），科学出版社，2013 年，第 431～434 页。

③ 以下的研究层面实际是有联系的，甚至是有重合地方。比如摇钱树、画像墓都是在类型研究的编年基础上的探讨，探讨到当时的社会历史及精神观念。

④ 颜劲松：《成都市郫县外南战国秦汉墓地分析》，《四川文物》2005 年第 1 期。

⑤ 索德浩：《成都老官山汉墓 M1 墓主族属考察》，《考古》2016 年第 5 期。

⑥ 罗二虎：《四川汉代砖石室墓的初步研究》，《考古学报》2001 年第 4 期。

进而分为川西和川东两区，川西地区以成都平原为中心，并依据墓葬类型变化，结合纪年材料，对四川地区砖石室墓进行分期，其中的川西地区涉及较多的成都汉代砖石室墓。该文对四川地区汉代砖石室墓的分期，以及对各期葬具、随葬器物组合规律的分析，在今天仍对成都地区汉墓的发掘、研究具有指导意义。《四川地区西汉土坑墓分期研究》[①]针对四川地区西汉土坑墓进行专门研究，根据四川地区土坑墓墓葬形制、随葬器物的形式与组合变化，结合墓葬中出土钱币，把四川地区西汉土坑墓分为四期6段，并探讨其发展演变的原因。该文利用了较多的成都地区西汉土坑墓材料，建立了成都地区西汉土坑墓的年代序列，对成都地区西汉土坑墓的发掘、研究具有参考和指导意义。《四川汉墓研究》虽然以整个四川地区汉墓为研究对象，但将成都平原作为巴蜀地区汉墓核心分布区，除了分期、编年等问题外，还重点讨论了成都地区的汉墓分布及双层木椁墓、"土墩墓"等问题[②]。

另外，《川西平原两汉墓葬研究》[③]《成都平原战国晚期至西汉墓葬研究》[④]《四川近年来汉代墓葬新发现》[⑤]等论著都涉及成都地区。罗二虎《秦汉时代的中国西南》主要利用考古资料对西南地区的道路、移民、农牧业、商业和手工业等进行了研究，均涉及成都地区[⑥]。

（3）其他针对汉代某一类墓葬或器物的专门研究。

四川地区汉代画像砖、画像石、画像石棺等具有地域特色，一直都是研究的热点。《西南汉代画像与画像墓研究》对西南地区（包括四川、重庆、贵州北部和云南北部）的汉代画像与画像墓进行了整体综合研究，涉及汉画内容分类、汉画的内容组合与主题、汉画的艺术特点与成就、汉画所反映的区域文化特征、汉画与神仙方术及与早期道教和佛教、画像墓的分区及年代与分期、画像墓的渊源与兴衰原因、画像墓的墓制与葬俗等[⑦]。这是一部四川地区汉画研究之集大成者，其研究广泛涉及成都地区汉画题材，如成都羊子山、昭觉寺、曾家包砖石室墓及新都、郫县、简阳等地的相关材料。罗二虎针对四川地区汉代画像石棺进行了专题研究，广泛收集整理四川地区汉代画像石棺资料，对石棺画像进行分类与解释，并对画像石棺进行综合研究，包括结构与类型、分布与分区、年代与分期、葬俗等[⑧]。罗二虎把四川汉代画像石棺分布区域分为岷江区、沱江区和长江沿岸区，其中岷江区和沱江区都涉及成都地区，对成都地区画像石棺研究具有重要参考和指导意义。还有学者对四川汉代画像砖进行分区与分期研究，针对成都地区汉画像砖特点，提出成都类型（成都区）这一说法[⑨]。

另外，还有对某一类墓葬或器物（包括附属信息）的研究，如双层木椁墓[⑩]、铜镜[⑪]、陶俑[⑫]、铜

① 陈云洪、颜劲松：《四川地区西汉土坑墓分期研究》，《考古学报》2012年第3期。
② 索德浩：《四川汉墓研究》，四川大学博士学位论文，2017年。
③ 燕妮：《川西平原两汉墓葬研究》，吉林大学硕士学位论文，2006年。
④ 朱连华：《成都平原战国晚期至西汉墓葬研究》，四川大学硕士学位论文，2009年。
⑤ 金国林、周科华：《四川近年来汉代墓葬新发现》，《汉代城市和聚落考古与汉文化》，科学出版社，2012年。
⑥ 罗二虎：《秦汉时代的中国西南》，天地出版社，2000年。
⑦ 罗二虎：《西南汉代画像与画像墓研究》，四川大学博士学位论文，2001年。
⑧ 罗二虎：《汉代画像石棺》，巴蜀书社，2002年。
⑨ 袁曙光：《四川汉画像砖的分区与分期》，《四川文物》2002年第4期。
⑩ 罗二虎、李晓：《论汉代岭南与巴蜀地区的文化交流——以双层木椁墓为中心的考古学考察》，《西汉南越国考古与汉文化》，科学出版社，2010年。
⑪ 苏奎：《四川邛崃发现的三段式神仙铜镜》，《文物》2008年第7期。
⑫ 索德浩、毛求学、汪健：《四川汉代俳优俑——从金堂县出土的俳优俑谈起》，《华夏考古》2012年第4期；魏崴：《从汉陶人物俑看汉代四川社会》，《文史杂志》2006年第4期。

背罐鸟[1]、陶灯[2]、胡人形象[3]、铭文[4]、吐舌镇墓俑[5]等。《四川汉代陶俑与汉代社会》一书主要利用了成都地区陶俑资料[6]。陶俑蕴含着大量历史信息，对于古代历史、文化研究有重要的价值。其最重要的特点是直观性强，直接表现三维立体形象，这是任何历史文献和画像材料所不具备的。东汉时期四川地区非常流行随葬陶俑，几乎每墓皆葬。但是长期以来，由于各种原因为研究者所忽视，至今未有系统研究，研究严重滞后。该书主要是通过考古类型学对四川汉代陶俑进行分类，对陶俑所代表的职业、身份有一个大致的认识。然后在此基础上分期、分区，建立一个较为系统的时空框架，为将来进一步的深入研究奠定基础。同时，在时空框架基础上探讨四川汉代陶俑的来源、流向及陶俑所表现的职业、阶层、着装情况。然后尝试深度挖掘陶俑背后的信息，以未被盗扰墓葬为线索，参考汉墓画像中同类形象的配置，分析陶俑在墓葬中的分布规律及功能，探求陶俑功能背后的"同类相感"思维和"气一元论"哲学思想。并对俳优俑、成汉俑、陶俑的生产与销售等专题进行讨论。

除上述成果外，从考古发现与研究成果整体来看，由于成都地区六朝墓葬相对较少，相关研究非常薄弱。限于资料发表较少等原因，研究者对该区域的六朝时期墓葬相关问题大多采取回避的态度，故成都两晋南朝墓葬研究仍处于学术"拓荒"阶段，至今未能建立有效的时空序列，基础研究的缺失严重阻碍了该时段成都墓葬考古研究的进一步发展。

（二）遗址考古

随着基本建设的火热进行，这一时期遗址发掘数量大大增加，其发掘技术手段、理念及课题意识大大增强，如成都汉代城市聚落考古。主动性考古调查、发掘也同步增多，如郫县指路村汉代一般聚落考古发掘、成都平原冶铁遗址调查与发掘。

1. 高等级遗迹

高等级遗迹主要分布于天府广场周围。2012～2013年，成都文物考古研究所对天府广场东北侧进行了大规模考古发现，发现两汉、蜀汉、两晋、南朝时期的文化遗存。遗迹有建筑台基、井、灰坑、排水沟等，出土丰富的各类陶瓷器物，对于确定大城具体位置及分布具有重要价值。建筑台基F2规模大，出土大量涂朱瓦当、花纹铺地砖等文物，发掘者推测与东汉末、蜀汉之际大城内的某个官署或宫廷机构有关[7]。

①　马晓亮：《汉代翠鸟铜饰研究》，《考古》2011年第9期。

②　苏奎：《成都跃进村汉墓出土的人马陶灯》，《中国历史文物》2009年第1期。

③　索德浩、刘雨茂：《汉代胡人形象面具考——从成都金堂李家梁子M23出土一件胡人形象面具谈起》，《考古与文物》2011年第5期；张晓杰：《汉代巴蜀吹笛胡人形象研究》，中央民族大学硕士学位论文，2012年；刘文锁：《巴蜀"胡人"图像札记》，《四川文物》2005年第4期。

④　魏启鹏：《新都廖家坡东汉崖墓〈石门关〉铭刻考释》，《四川文物》2002年第3期；连劭名：《成都新都东汉墓〈石门关〉铭刻考释》，《文博》2004年第1期；索德浩：《汉代"大官"铭文考——从邛崃羊安汉墓M36出土"大官"漆器谈起》，《南方民族考古》第九辑，科学出版社，2013年。

⑤　傅娟：《川渝地区东汉墓出土吐舌陶塑造像初探》，《四川文物》2006年第4期；宾娟：《吐舌状镇墓兽及其意义的探讨》，《四川文物》2013年第6期。

⑥　索德浩：《四川汉代陶俑与汉代社会》，文物出版社，2020年。

⑦　成都文物考古研究所：《成都天府广场东北侧古遗址发掘报告》，文物出版社，2016年，第260、261页。

天府广场附近发现 2 座汉碑，从碑文来看，很有可能附近存在东汉的官府相关机构[1]。

2. 交通设施

该遗迹发现不多。金沙遗址发现 1 座汉代廊桥，整体由桥两端河床上的桥台、基础的桥柱、水上的桥面、承桥面的桥梁及桥上的廊房构成。廊桥全长约 42、宽 6.8～8.8 米。廊桥为 5 跨，每跨长约 6.4 米。桥柱网布局横向为 10 排，纵向为 6 柱一排，间距约 1.2 米。始建年代为在东汉时期，废弃的年代约在两晋时期，毁于火灾[2]。对于研究成都桥梁、交通具有重要价值。

3. 一般遗迹

正式报道的汉代遗迹并不多，但从勘探和发掘情况来看，成都城内绝大部分地区都有两汉三国南北朝时期地层发现，但多未细致发掘或者报道。成都电子科技大学清水河校区实验楼和宿舍楼区[3]、锦通路[4]等地都发现汉代遗迹，并出土了丰富的建筑构件，很有可能是居民生活区。

4. 地方城市聚落

白虎夷王城位于彭州致和镇复兴村一组，是近年为数不多开展考古工作的城址。城址平面近正方形，边长 150 米，总面积约 22500 平方米。城址范围内大部被农家院落及农田占据，其西北及东南边际尚有土埂（原城墙墙基）残留，高约 1、厚约 4、长约 40 米。遗址内曾出土陶片、陶器等[5]。2014 年，成都文物考古研究所曾对城墙进行了解剖，确认城址时代为东汉、蜀汉时期。根据《隶续》记载的《繁长张禅等题名》[6]，该城址很有可能是蜀汉政府为了安抚迁入新繁的川东巴人——白虎夷，封其王侯，允许其筑城聚居[7]。

5. 乡里及一般自然村落

该遗迹考古发现不多。青白江区城厢镇古城桥遗址面积近 10 万平方米，保存较好。1998 年发掘了 415 平方米。发现丰富的遗迹，有灰坑 43 个、柱洞 5 个和水沟 6 条，并出土了丰富的器物[8]。2019 年 6 月又对城厢镇茶花村遗址进行了发掘，发掘面积 4000 平方米，年代在战国晚期到蜀汉，以西汉早中期遗存为主体。发现了房址、水井、墓葬及道路。出土了陶圜底釜、豆、盆、瓮、钵、瓦当以及半两、五铢等遗物，对研究汉代城厢古镇意义重大[9]。

① 成都文物考古研究所：《成都天府广场东御街汉代石碑发掘简报》，《南方民族考古》第八辑，科学出版社，2012 年，第 1～8 页。

② 成都文物考古研究所：《成都市青羊区金沙村汉代廊桥遗址发掘简报》，《成都考古发现》（2008），科学出版社，2010 年，第 249～270 页。

③ 成都文物考古研究所：《成都电子科技大学清水河校区实验楼地点古遗址发掘简报》，《成都考古发现》（2006），科学出版社，2008 年，第 140～189 页；成都文物考古研究所：《成都市电子科技大学清水河校区学生宿舍地点汉代遗址发掘简报》，《成都考古发现》（2005），科学出版社，2007 年，第 233～243 页。

④ 成都文物考古研究院：《成都市通锦路汉代遗址发掘简报》，《成都考古发现》（2015），科学出版社，2017 年，第 507～534 页。

⑤ 感谢彭州博物馆肖礼颖副馆长提供调查资料。

⑥ （宋）洪适：《隶释·隶续》，中华书局，1985 年，第 429、430 页。

⑦ 索德浩：《成都蜀汉遗存概述》，《诸葛亮与三国文化》（九），科学出版社，2018 年，第 125～136 页。

⑧ 市文物考古工作队：《成都市一九九九年田野考古工作概述》，《成都文物》2000 年第 1 期。

⑨ 资料由杨洋提供，现存于成都文物考古研究院。

郫县指路村遗址也是近年重要发现。指路村遗址分布很广，面积约 30 万平方米。2017 年国家文物局批准发掘面积为 600 平方米，发现了丰富的遗迹，有房址 2 处、水井 2 口、路 1 条、窑址 1 座、灶 1 座、瓮棺 2 具、灰坑 52 个、灰沟 10 条，并出土了大量器物，日用陶器主要有罐、瓮、盆、钵、釜、豆、甑、釜形鼎等，其中以罐、钵和釜形鼎数量为大宗。建筑构件主要有筒瓦、板瓦和瓦当，瓦当纹饰可以分成几何纹和卷云纹两大类。铜器数量不多，以钱币为主，也偶见铜镜和盖弓帽等。此外，还发现了竹木器和铅器。其中，J2 中发现的一块双耳罐残片上刻"□子乡"的字样，确切地表明了指路村遗址的性质是乡一级的基层聚落，为类似遗址级别的判断提供了依据。

新津桥津上街汉、六朝遗址，也是近年较为重要的发现。该遗址位于江边，上面厚厚的淤积层对汉、六朝遗存起到了很好的保护作用。2017～2018 年进行了初步发掘，发现灰坑 20 余个、灰沟 8 条、房址 9 座、卵石堆积 4 处、水井 1 口、古河沟和河道 5 条。遗址主体时代为西汉时期，发现了西汉时期典型器物，如釜形鼎、折腹钵、釜、瓮、凸棱纹盆、甑、卷云纹瓦当以及半两、五铢铜钱等。从目前出土的汉代遗迹和遗物来看，此处应为一处较大规模的汉代居址，等级与乡里相匹配。同时，该遗址的发掘对于找到直线距离约 2 千米的宝资山汉代墓群的开凿和使用人群提供了重要证据和指向。

郫县波罗村发现与农业灌溉有关的沟渠遗迹，G51 由南北向的 23 条组成，每条宽 10～30、深约 15 厘米。G50 由东西向的 14 条沟组成，每条宽 10～60、深约 20 厘米。以上水渠群存在多次挖凿的痕迹[①]。

邛崃平乐发现了汉代道路遗迹，包括道路和两侧挡墙。两边高，中间低，呈凹陷状。时代为西汉[②]。

成都高新西区万景峰小区发现晋代窑址 1 座，该窑平面形状近马蹄形，由窑室、火门、操作坑三部分组成。窑砖上有"永熙元年"（290 年）铭文，时代大概为西晋或略晚[③]。

其他遗址还有青白江五勤村汉代遗址[④]、彭州胡家坟遗址[⑤]、双流华阳镇骑龙村[⑥]、新都界牌村[⑦]、大邑斜江学校[⑧] 等汉代遗址。

① 王蔚：《论四川郫县波罗村遗址发现的汉代农业水利设施》，《文物鉴定与鉴赏》2019 年第 16 期。

② 成都文物考古研究所、邛崃市文物保护管理所：《邛崃市平乐镇古道遗址调查与试掘简报》，《成都考古发现》（2005），科学出版社，2007 年，第 353～364 页。

③ 成都文物考古研究所：《成都高新西区万景峰地点晋代窑址发掘简报》，《成都考古发现》（2007），科学出版社，2009 年，第 282～288 页。

④ 成都文物考古研究所、青白江区文物保护管理所：《成都市青白江区五勤村汉代遗存试掘简报》，《成都考古发现》（2014），科学出版社，2016 年，第 257～276 页。

⑤ 成都文物考古研究所、彭州文物保护管理所：《彭州市三尺村胡家坟汉代遗址发掘简报》，《成都考古发现》（2011），科学出版社，2013 年，第 418～430 页。

⑥ 成都文物考古研究所、双流县文物管理所：《双流县骑龙村"四川社会科学馆"汉代遗址发掘简报》，《成都考古发现》（2014），科学出版社，2016 年，第 249～256 页。

⑦ 成都文物考古研究所、新都区文物保护管理所、彭州市文物保护管理所：《四川成都市新都区界牌村汉代遗址发掘简报》，《成都考古发现》（2009），科学出版社，2011 年，第 526～543 页。

⑧ 成都文物考古研究所、大邑文物保护管理所：《大邑斜江学校遗址发掘简报》，《成都考古发现》（2008），科学出版社，2010 年，第 271～291 页。

6. 冶铁遗址

冶铁遗址主要集中于蒲江、邛崃地区。2006年9月、2007年1月由成都文物考古研究所和蒲江县文物保护管理所及成都市文物处组成的联合调查队对蒲江和邛崃、大邑等县市境内的冶铁遗址进行了初步的调查[①]。其中，古石山、铁牛村、许鞋匾、铁屎坝等遗址发现汉代遗存。后来又分别对这几个点进行了试掘。铁牛村发现西汉晚期至东汉晚期的炉、灰坑、柱洞、灰沟、牛形生铁等遗迹。古石山发现1座铁炉、3座炭窑，发掘者认为时代为汉代。许鞋匾发现了1座炼炉（L1）和1个灰坑，并出土了大量铁渣、矿石等遗物[②]。通过此次调查和发掘，开启了成都平原冶铁考古的科学调查与研究，为了解成都平原早期冶铁遗址的年代、冶铁技术的源流、工艺、特点，西汉时期冶铁炉的结构、形制、类型与变迁及与冶铁关联的建筑设施和不同遗迹的分布、形制及其演变，复原西汉冶铁的制作工艺，保护与展示古代冶铁技术提供了新的资料，同时对于研究铁器在古代西南地区社会文明发展进程中的作用及对古代中国西南与东南亚地区的铁器传播和对生产力的影响等都具有十分重要的学术意义。

2019年四川大学历史文化学院、成都文物考古研究院等单位在这批资料的基础上，对汉代冶铁过程进行了复原实验，进一步了解了当时的冶铁过程及工艺[③]。

7. 盐业遗迹

第三次全国文物普查在蒲江、邛崃、双流发现一批盐业遗址。双流景山村盐井在2019年进行了试掘，该盐井虽然主体使用年代在唐宋及以后，但是发现了汉代陶片。由于盐井未发掘到底，所以目前还不能完全确认该盐井使用的上限是否到两汉六朝时期[④]。

8. 碑刻、造像遗存

2010年11月，成都天府广场东御街发现2块汉碑，分别为"李君碑""裴君碑"。根据碑文可知，"李君碑"初立于东汉顺帝阳嘉二年（133年）十二月二十五日，质帝本初元年（146年）六月下旬因遭水灾而冲毁，后由蜀郡太守裴君重立。"裴君碑"初立于顺帝汉安三年（144年），八年后桓帝元嘉二年（152年）重立[⑤]。

2005、2013~2014年，都江堰市文物局等在都江堰渠首进行了考古发掘和调查，共发现1通汉碑、3尊石人像及100余件石构件等文物[⑥]。这些石刻均与都江堰水利工程有关。

2014年成都下同仁路遗址H3、H6共发现127件石造像，主要包括佛像、菩萨像、天王像、阿

① 成都文物考古研究所、成都市文物处：《成都平原古代冶铁与盐业遗址调查与研究》（内部资料）。

② 成都文物考古研究所、日本爱媛大学东亚古铁研究中心、蒲江县文物管理所等：《2007年度蒲江县铁牛村冶铁遗址发掘简报》，《成都考古发现》（2009），科学出版社，2011年，第302~328页；成都文物考古研究所、蒲江文物管理所：《2007年蒲江冶铁遗址调查试掘简报》，《成都考古发现》（2006），科学出版社，2008年，第209~227页。

③ 资料现存于四川大学历史文化学院。

④ 资料由双流区文物保护管理所李国提供。

⑤ 成都文物考古研究所：《成都天府广场东御街汉代石碑发掘简报》，《南方民族考古》第八辑，科学出版社，2012年，第1~8页。

⑥ 成都文物考古研究院、都江堰市文物局：《四川都江堰渠首2005、2014年的发掘与调查》，《四川文物》2018年第6期。

育王像、背屏式组合造像等①。2017 年成都实业街原实业宾馆地点发现了大规模石刻造像和上千块石刻经版，有"福感寺"铭文②。

由于考古报道资料不多，相应的研究也很少。易立对蜀汉宫城位置等问题进行了探讨③。索德浩对成都地区蜀汉遗存进行了梳理④。韦莉果、易立主要利用成都地区材料对四川汉、六朝瓦当进行了讨论⑤。

其中，碑刻研究比较集中。宋治民⑥、方北辰⑦、何崝⑧、罗开玉⑨、赵超、赵久湘⑩、张勋燎⑪、袁延胜、史泰豪⑫ 等从教育、碑中人物身份等方面对天府广场汉碑进行了讨论。宋治民⑬、林向⑭、冯广宏⑮、罗开玉⑯ 等对都江堰新出土碑刻进行了研究。

这一时期考古学研究存在的问题主要是对两汉三国南北朝时期遗存不重视，最主要原因是该时期遗存报道少；研究缺乏系统的梳理，往往集中于个别问题，当然这也与资料发表不足有密切关系；考古发掘往往只注意到发掘区域，遗址的面积、分布、演变及与周边墓葬关系等问题关注不多。

总之，成都汉六朝时期遗址的研究处于起步阶段，对这些遗存的研究不仅能弥补文献对下层百姓生活记载不足，更能进一步讨论当时社会生活的状态。遗址发掘与研究要积极引入聚落考古等理论、方法，提高汉六朝时期遗址研究的广度和深度，为讨论社会演变、居民生活信息提供更可靠的基础资料。

（索德浩　陈云洪　左志强）

第四节　唐宋考古发现与研究

一、城　市　考　古

隋唐以来，随着全国经济重心的南移，加之社会安定，物产丰足，成都逐渐发展为除两京以外

---

① 成都文物考古研究院：《成都下同仁路——佛教造像坑及城市生活遗址发掘报告》，文物出版社，2017 年。

② 资料现存于成都文物考古研究院。

③ 易立：《蜀汉宫城位置及相关问题初探》，《南方民族考古》第十一辑，科学出版社，2015 年。

④ 索德浩：《成都蜀汉遗存概述》，《诸葛亮与三国文化》（九），科学出版社，2018 年，第 125～136 页。

⑤ 韦莉果：《四川地区出土汉代瓦当的类型与年代》，《四川文物》2013 年第 5 期；易立：《四川出土六朝瓦当初步研究》，《考古》2014 年第 3 期。

⑥ 宋治民：《成都天府广场出土汉碑的初步研究》，《南方民族考古》第八辑，科学出版社，2012 年。

⑦ 方北辰：《"裴君"当为东汉度辽将军裴晔——成都市区新近出土汉碑碑主考证》，《南方民族考古》第八辑，科学出版社，2012 年。

⑧ 何崝：《成都天府广场出土二汉碑考释》，《南方民族考古》第八辑，科学出版社，2012 年。

⑨ 罗开玉：《成都天府广场出土石犀、汉碑为秦汉三国蜀郡府衙遗珍说》，《四川文物》2013 年第 3 期。

⑩ 赵超、赵久湘：《成都新出汉碑两种释读》，《文物》2012 年第 9 期。

⑪ 张勋燎：《成都东御街出土汉碑为汉代文翁石室学堂遗存考——从文翁石室、周公礼殿到锦江书院发展史简论》，《南方民族考古》第八辑，科学出版社，2012 年。

⑫ 袁延胜、史泰豪：《成都天府广场出土〈李君碑〉简论》，《四川文物》2018 年第 4 期。

⑬ 宋治民：《都江堰渠首新出土汉碑及相关问题》，《四川文物》2007 年第 4 期。

⑭ 林向：《都江堰渠首外江新出土汉碑的初步考察》，《中华文化论坛》2007 年第 3 期。

⑮ 冯广宏：《〈监北江堋守史碑〉的发现及其重要意义》，《西华大学学报》（哲学社会科学版）2011 年第 5 期。

⑯ 罗开玉：《关于〈建安四年北江堋碑〉的几点认识》，《四川文物》2011 年第 3 期。

最繁荣和最富庶的城市之一，得与长江下游的扬州齐名，而享有"扬一益二"的美誉。五代之际，成都偏安一隅，贵为前、后蜀两个短暂王朝的国都。及至两宋，又为成都府路、成都府、成都县及华阳县的治所，尽管受北宋初年战乱频繁的影响，社会经济和城市建筑均遭受不同程度的破坏，但很快得以恢复、重建和发展，史载"古为奥区，今尤壮观"①，"繁盛与京师同"②。正是基于这些背景，唐宋时期才可称作成都城市史上最具亮点的阶段。

在现代历史学与考古学研究方法出现以前，有关唐宋成都城的历史面貌基本只能从史料文献中去寻找，数量有限且零散，夹杂于正史、方志、笔记、小说、诗词、歌赋等各种体裁的文本中。以《旧唐书》《新唐书》《宋史》《资治通鉴》《续资治通鉴长编》为例，其中有关唐末至北宋初年围绕成都开展的一系列城市攻防战，对了解这一时期成都城池的建设活动和形制布局状况颇具参考价值。北宋张唐英所著的《蜀梼杌》，采用编年体记述了立国于成都的前、后蜀两代割据政权的历史，尤其在宫廷生活方面着墨甚多，是了解当时宫城制度、城市风貌的关键证据。在其他一些全国性的地理史籍中，也记载着成都城池的建制沿革、地理方位、名胜古迹、风土人情等，如唐代李吉甫《元和郡县图志》、北宋乐史《太平寰宇记》、北宋王存《元丰九域志》、南宋祝穆《方舆胜览》、清代《读史方舆纪要》等。《成都文类》《全蜀艺文志》等地区性文献，其主要内容是历代骚人墨客歌咏蜀地山川之灵秀、文物古迹之繁盛，作者或系蜀人，或曾担任蜀地官吏，且保存了大量涉及古代成都城市空间和建筑单元形态布局的原始信息，为我们开展相关复原研究亦提供了必要的可靠线索。此外，明清及民国年间的成都地方志书，如天启《成都府志》、康熙《成都府志》、嘉庆《华阳县志》、同治《成都县志》、《民国华阳县志》等，同样不乏对城市文物古迹的记载和考证，《民国华阳县志·古迹卷》更是列举出了城镇、门楼、乡里、驿顿、街坊、市集、宅井、园池、津渡、书院、官署、陵墓、祠庙、寺观等众多城市要素，包罗已相当完备，书首还附修志者林思进所撰的唐宋以来华阳县境变迁考证的文章，实属难能可贵。1909～1910年，四川简阳籍学者傅崇矩编纂了《成都通览》一书，这是一部关于清末成都的百科全书，书中亦辟出少量篇幅考述了汉唐以来的成都城垣、池苑、桥梁、宅院、寺观、陵墓等古迹③。

从20世纪30年代开始，与唐宋成都城相关的历史学、考古学研究工作逐步开启，其历程大致可以划分为以下三个阶段。

（一）第一阶段：20世纪30～70年代

本阶段主要是以蒙思明、龚熙台、冯汉骥、刘琳、李劼人、李思纯等为代表的老一辈学者开展的工作，个别外籍学者也参与其中，尽管成果较少，但实质性地开创了学术先河，不少观点和认识至今仍有不可低估的启示意义。

1936年蒙思明发表的《成都城池沿革》，论述了秦汉以来成都的"大城""皇城""满城""锦城"等城池的沿革和修筑问题，同时关注了金河、御河等城内河道④。

1937年龚熙台发表的《成都历代沿革考》，考证内容除城池修筑、城垣四至、城门设置外，还

① （宋）刘锡：《至道圣德颂》，《成都文类》卷四十八，中华书局，2011年，第944页。
② （宋）周密撰，吴企明点校：《癸辛杂识·癸辛杂识续集上》，中华书局，1988年，第141页。
③ 傅崇矩：《成都通览》，天地出版社，2014年，第24～31页。
④ 蒙思明：《成都城池沿革》，《禹贡》1936年第5卷第12期。

涉及河道、桥梁、堤堰、学舍、楼阁等一批市政设施①。

琉璃厂窑与唐宋时期成都的城市生活密不可分。20 世纪 30 年代前后，时任华西协合大学古物博物馆馆长的美国学者葛维汉注意到这座位于成都城郊东南的古代窑址，与副馆长林名均等开始着力收集相关遗物和文献资料，并于 1933 年 3 月组织开展了一次短期的发掘活动，资料发表于 1939 年出版的《华西边疆研究学会杂志》（*Journal of the West China Border Research Society*）第十一卷上。这次发掘出土的瓷器十分丰富，有碗、碟、壶、坛、罐、盆、瓶、砚台、玩具模型、"纺锤球" 等，并且还采集到带南宋"隆兴"年号的砖块，葛维汉经分析后认为该窑的年代应较邛窑为晚，"当在北宋初，经历南宋，下至元朝前半期"②。

1942～1943 年，中央研究院历史语言研究所、四川博物馆、中央博物院筹备处等单位联合发掘了成都老西门外的前蜀王建墓（光天元年，918 年），冯汉骥整理编写了墓葬发掘报告，书中除对墓葬结构、雕刻和出土遗物等做了详尽叙述外，还就墓室内的某些细部结构做了适当复原。同时，更结合古代文献，对一部分雕刻和遗物做了细致考证，是研究成都地区唐宋考古的重要参考资料③。

1948 年冯汉骥发表的《元八思巴蒙文圣旨碑发现记》，对唐宋时期的成都城垣历史沿革做了简要梳理，并结合城垣拆除过程中所见的遗址现状，推测"余曾察视现在所辟临时疏散等缺口，往往于版筑土中见有矮小之砖墙，此或系唐城也"④。

1956 年冯汉骥发表的《相如琴台与王建永陵》，结合文献史料梳理了相如琴台与王建永陵的关系，解释了相如琴台方位讹传的源流，并讨论了晚唐以前郫江的流向及成都七桥的方位问题⑤。

1957 年冯汉骥发表的《记唐印本陀罗尼经咒的发现》，论述了唐代成都府、成都县的建置沿革状况，并对经咒中所称"龙池坊"的方位做了初步推定⑥。

1978 年刘琳发表的《成都城池变迁史考述》，对唐末罗城的修筑和郫江的改道问题予以了关注，提出创筑罗城是成都城池史上的一大变迁，就罗城城垣和郫江改道后的具体走向和范围做了初步推定，还附带讨论了历史上著名的石牛寺和江渎池。该文同时简要论述了五代羊马城和宋代成都城，认为宋代成都城是在高骈罗城的基础上修筑的，这一点无疑是很有见地的⑦。

除上述外，著名文学大师李劼人于 20 世纪 40 年代末创作了约 15 万字的《说成都》，分为说大城、说少城、说皇城、说河流、说街道沟渠及名胜古迹，当中包括了对唐宋时期成都建置沿革的系统梳理，并详述了五代以来成都之别名——芙蓉城及唐末五代宫室苑囿——摩诃池的来龙去脉⑧。然此书稿现仅存部分章节，其余大部分已在 20 世纪六七十年代下落不明。历史学家李思纯考证了唐

---

① 龚熙台：《成都历代沿革考》，《华西学报》1937 年第 5 期。

② David Crockett Graham, The Liu Li Chang kilnsite, *Journal of the West China Border Research Society*, Vol. XI（1939），pp.36-45. 另见〔美〕葛维汉著，成恩元译：《琉璃厂窑址》，《四川古陶瓷研究》（一），四川省社会科学院出版社，1984 年，第 154～168 页。

③ 冯汉骥：《前蜀王建墓发掘报告》，文物出版社，2002 年，第 63、64 页。

④ 冯汉骥：《元八思巴蒙文圣旨碑发现记》，原载于《四川博物馆》单刊之二（1948 年）；后收入张勋燎、白彬编：《川大史学·冯汉骥卷》，四川大学出版社，2006 年，第 357 页。

⑤ 冯汉骥：《相如琴台与王建永陵》，《史学论丛（四川大学）》，四川大学史学系，1956 年；后收入张勋燎、白彬编：《川大史学·冯汉骥卷》，四川大学出版社，2006 年，第 357 页。

⑥ 冯汉骥：《记唐印本陀罗尼经咒的发现》，《文物参考资料》1957 年第 5 期。

⑦ 刘琳：《成都城池变迁史考述》，《四川大学学报》（哲学社会科学版）1978 年第 2 期。

⑧ 曾智中、尤德彦：《李劼人说成都》，四川文艺出版社，2007 年，第 3～29 页。

宋时期的成都城垣、河川桥梁及寺院、祠堂、道观、官署、苑囿等各类建筑设施，并制作了史迹总表和大事年表，对当代的城市考古工作有重要的参考价值①。尤其他对唐宋成都之著名佛教寺院——大慈寺的研究着力良多，内容涉及建置沿革、寺址变迁及四至范围、院落布置、壁画艺术、名僧轶事、游宴活动、解玉溪故道等，是迄今为止探索大慈寺历史面貌最有分量的学术资料②。

这一阶段的考古工作开展得极为薄弱，主要涉及城区周边发现的墓葬、宗教及手工业遗存：除前述琉璃厂窑和前蜀王建墓外，1953年，城西万佛寺旧址建筑工地出土南朝至唐代石刻造像100余件，冯汉骥对这批造像做了初步整理，并总结了南朝以来四川造像艺术发展的基本脉络③。后刘志远、刘廷璧再次对万佛寺清末以来出土、保存的200余件造像加以系统整理和研究，讨论了万佛寺的历史沿革和石刻艺术价值④。1956年，在城西百花潭锦江河道内出土了一批石刻造像和经幢，部分经幢上有"中和""光启""通政""乾德""广政""天汉"等唐末及五代十国年号⑤。1954～1958年，考古工作者对城西青羊宫、省医院一带的青羊宫窑址开展了调查和试掘，初步掌握了窑址的时代和文化面貌，并确认了青羊宫三清殿后的唐王殿、三清台、降生台三个土丘，实际为窑场废品堆积形成的窑包⑥。1972年，再次对南校场、西校场、成都中医学院、省农展馆等地的青羊宫窑址进行了清理发掘，进一步证明了以青羊宫为中心、方圆三四平方千米的地带都属于窑址范围⑦。20世纪50年代以后，考古工作者又多次对琉璃厂窑址开展调查和勘测工作，采集到大量实物标本，对其产品类型、制作与装烧工艺及时代问题有了更为全面的认识⑧。此外，1974～1978年在旧城中心的人民中路、斌升街、方池街、文殊院街等地都出土过唐代钱币窖藏，钱币种类以"开元通宝""乾元重宝"为多⑨。

（二）第二阶段：20世纪80～90年代初

本阶段里，学术氛围极为活跃，相关成果呈爆发性增长。

1. 综合研究

1981年发表的严耕望《唐五代时期之成都》，首先概述了唐宋时期成都的发展历程，指出在唐末五代长安、洛阳和扬州相继衰落的背景下，成都已成为当时全国的第一大都市，政治军事地位十分突出。随后利用大量的文献史料，相继考证了城郭公署、里坊与四季市集、工商业面貌、寺观与佛道二教、文学艺术与民风、都市户口数额等。此外，文末还附"唐五代成都城郭江流示意图"，

---

① 李思纯：《成都史迹考》，《李思纯文集·未刊论著卷》，巴蜀书社，2009年，第499～642页。

② 李思纯：《大慈寺考》，《李思纯文集·未刊论著卷》，巴蜀书社，2009年，第643～762页。

③ 冯汉骥：《成都万佛寺石刻造像——全国基建出土文物展览会西南区展览品之一》，《文物参考资料》1954年第9期。

④ 刘志远、刘廷璧编：《成都万佛寺石刻艺术》，中国古典艺术出版社，1958年。

⑤ 袁明森：《成都西郊发现唐代石刻》，《考古》1959年第9期。

⑥ 江学礼、陈建中：《青羊宫古窑址试掘简报》，《文物参考资料》1956年第6期；黎佳：《青羊宫隋唐瓷窑遗址》，《成都文物》1983年第1期。

⑦ 黎佳：《青羊宫隋唐瓷窑遗址》，《成都文物》1983年第1期。

⑧ 林坤雪：《四川华阳县琉璃厂调查记》，《文物参考资料》1956年第9期；丁祖春：《成都胜利公社琉璃厂古窑》，《四川古陶瓷研究》（一），四川省社会科学院出版社，1984年，第171～180页。

⑨ 王黎明：《我市东通顺街发现唐代钱币窖藏》，《成都文物》1985年第1期；成都市文物考古工作队：《成都市人民中路发现的唐代钱币窖藏》，《成都考古发现》（2001），科学出版社，2003年，第236～263页。

对于系统复原唐五代成都城市格局提供了参考图像①。

1980 年发表的魏炯若《陆游诗中的成都》②和 1981 年发表的常崇宜《陆游诗文中的南宋成都初探》③，皆以陆游《剑南诗稿》和《老学庵笔记》为基础，对南宋早期成都的花卉种植状况、庙宇塔刹、名胜古迹、城墙轮廓、坊市、社会经济、生活习俗等问题展开论述。

1984 年发表的陈世松《马可波罗笔下的成都》，以《马可波罗游记》为基础，部分还原了宋元之际成都的城市面貌，认为《马可波罗游记》提到的城中有三城，分别对应宋代设置于成都城内的四川安抚制置司、成都路安抚司和成都府三级地方行政官署④。

1984 年发表的刘琳《高骈与成都罗城》，指出唐末高骈修筑罗城在成都城市史上具有深远影响，奠定了此后 1000 多年里城市的基本格局，讨论了修筑罗城的历史背景、施工过程、城垣配置和面貌、城壕和城内的给排水设施等，提出"宋元明清四代的成都城，大抵都是沿袭罗城的规模……罗城的四至与清城相差不远"⑤。

1985 年发表的任乃强《成都城址变迁考（续）》，关注了唐代成都城，认为唐城的形制和大小不同于秦汉成都城，其基本格局在隋蜀王杨秀时已奠定，并讨论了城门、张仪楼、宣华苑、金马碧鸡坊、万里桥等设施的方位及相关问题，文末还附"成都唐城平面示意图"⑥。

1985 年发表的刘新生《唐代诗人岑参笔下的成都》，以唐代诗人岑参客居成都期间留下的诗文作为基础，考证了先主庙、武侯祠、文翁讲堂、草玄台、司马相如琴台、升仙桥、严君平卜肆、张仪楼、万里桥、石犀、龙女祠等一大批著名史迹的方位和面貌问题⑦。

1986 年出版的王文才《成都城坊考》，对包括唐宋时期在内的历代成都城郭、宫苑、城门、江河、桥梁及坊市街巷的布局、方位、沿革等做了详细辑录和考证，并附"成都大小城及罗城图"⑧。

1987 年出版的四川省文史馆《成都城坊古迹考》，对包括唐宋时期在内的历代成都的建置、城垣、水道、街坊和其他重要史迹、宗教寺庙等开展了全面、系统的分析讨论。但总体而言，其研究方法与结构框架与《唐五代时期之成都》和《成都城坊考》类似，仍以文献史料为基础，将城市各组成要素分门别类作为研究对象，但已经开始注意对地下出土资料的收集和运用，如"水道篇"中就利用当时城市道路施工发现的木桩和旧河床遗址，分别考证了市桥的方位及金水河的走向⑨。

1987 年发表的谭继和《成都城市历史概述》，在"唐宋时期成都城市经济与文化的发展"一节中，关注了农业、手工业、商业和城市文化四个方面的因素，认为唐宋时期是成都古典城市文化的鼎盛阶段，出现文化艺术与游赏习俗相结合的新趋势⑩。

---

① 严耕望：《唐五代时期之成都》，《严耕望史学论文选集》，中华书局，2006 年，第 175～231 页。

② 魏炯若：《陆游诗中的成都》（上），《四川师院学报》1980 年第 3 期；魏炯若：《陆游诗中的成都》（下），《四川师院学报》1980 年第 4 期。

③ 常崇宜：《陆游诗文中的南宋成都初探》，《成都大学学报》1981 年第 1 期。

④ 陈世松：《马可波罗笔下的成都》，《成都文物》1984 年第 1 期。

⑤ 刘琳：《高骈与成都罗城》，《成都文物》1984 年第 3 期。

⑥ 任乃强：《成都城址变迁考（续）》，《成都文物》1985 年第 1 期。

⑦ 刘新生：《唐代诗人岑参笔下的成都》，《成都文物》1985 年第 2 期。

⑧ 王文才：《成都城坊考》，巴蜀书社，1986 年，第 1～111 页。

⑨ 四川省文史馆：《成都城坊古迹考》，四川人民出版社，1987 年，第 4～410 页。

⑩ 谭继和：《成都城市历史概述》，原载《成都经济年鉴 1987》，后收入《成都城市研究》，四川大学出版社，1989 年，第 517～521 页。

1987年发表的温少锋、林延年《名城成都的历史文化特征》，总结了包括唐宋时期在内的2500余年间，成都的城市地位、城市格局、城市景致、文化教育贡献等多方面的情况[1]。

1987年发表的温少锋、孙卫瑄《成都古城址的复原标定与论证》，对隋唐大城（子城）的结构、尺寸和位置进行了复原标定，认为其城圈利用了秦大城的北、东两段墙体，并有所扩大，平面呈正方形，面积约为当今旧城区的1/10，同时分析了摩诃池、玉局化、草堂寺等一些重要史迹的位置问题。随后，作者还关注了唐末罗城的范围，认为罗城周长与后来的清城约同，四周位置亦与清城大体一致[2]。

1988年发表的陈世松《宋元争夺中的成都》，关注了南宋末年成都城所受到的战乱破坏，对于还原宋末元初成都的城市面貌和政治、经济、军事状况具有较为重要的参考价值[3]。

1993年出版的张学君、张莉红《成都城市史》，以"扬一益二"为中心，阐述了隋唐五代至两宋时期成都城市商品经济的发展和城市商业的活跃，并总结了这一阶段里成都城市建设的成就，包括罗城、子城、宫城及街坊市集、名胜古迹、祠庙阁亭、池苑园林等[4]。

2. 专题研究

这方面的成果十分丰富，所涉及的专题包括桥梁河道、宫室衙署、寺观祠庙、池沼苑囿、楼阁亭台、街巷坊市等各类型史迹或建筑设施。

（1）桥梁河道

熊达成回顾了唐宋时期成都城内外河流、沟渠的开凿和改道历史，认为成都水利环境除具有自然条件之优势外，还必须辅以人工开拓才能受益[5]。绍风、石湍征引大量史料结合出土遗迹，考证了唐末以前郫江的走向问题，认为今天的金河即为郫江故道，同时讨论了江渎池、解玉溪等一批重要史迹[6]。

（2）宫室衙署

王文才利用《蜀梼杌》等文献对前、后蜀宫室苑囿的布局、建筑配置及名称等开展了较为深入的研究[7]，在当时相关考古实物极为贫乏的背景下，尤其显得难能可贵。绍风、石湍对南宋陆游诗词中所述的燕王宫进行了详细考证，认为此燕王宫为后蜀皇室成员孟贻邺位于成都碧鸡坊的官邸[8]。

（3）寺观祠庙

林向回顾了隋唐益州名寺——福感寺的建塔历史，推测寺址约在今同仁路以东、长顺街一带，并认为1980年发掘的长顺中街82号隋代塔基应是福感寺的塔基遗址，同时指出唐代刘禹锡所记

① 温少锋、林延年：《名城成都的历史文化特征》，《成都文物》1987年第4期。

② 温少锋、孙卫瑄：《成都古城址的复原标定与论证》，1987年6月4日印刷（内部资料）。

③ 陈世松：《宋元争夺中的成都——元代成都史之一》，《成都文物》1988年第1期；陈世松：《宋元争夺中的成都（续）——元代成都史之二》，《成都文物》1988年第2期。

④ 张学君、张莉红：《成都城市史》，成都出版社，1993年，第36～87页。

⑤ 熊达成：《浅谈成都的水利与水害（上）》，《成都文物》1983年第1期。

⑥ 绍风、石湍：《"金河"为"郫江"故道说（上）》，《成都文物》1983年第1期；邵风、石湍：《"金河"为"郫江"故道说（下）》，《成都文物》1984年第1期。

⑦ 王文才：《前后蜀宫苑考释》，《成都文物》1984年第3期。

⑧ 绍风、石湍：《蜀燕王与燕王宫——成都史零札之一》，《成都文物》1986年第3期。

"福成寺"为"福感寺"之误①。黄世炎收集了成都大秦寺的相关史料，认为其寺址与福感寺相距不远，在子城西门外，约相当于今天的黄瓦街和商业街之间②。万佛寺是唐宋时期成都城西著名的佛教圣地，勃扬、刘廷璧先后梳理了它的兴建和存续历史，并讨论了出土造像的艺术特色与文化价值③。草堂寺亦为益州名寺，曾亚兰论述了草堂寺在南朝至唐代的历史，指出晚建的杜甫草堂并非因草堂寺而名，二者虽地近却各自有别④。濮禾章梳理了草堂寺从南北朝至宋代的沿革状况，指出宋代以后草堂寺改名为梵安寺，并论证了草堂寺与杜甫草堂的关系，认为杜甫草堂之得名与其紧邻草堂寺无关，乃是唐代文人的时尚⑤。

（4）池沼苑囿

宣华苑是于前蜀王衍时期在隋唐摩诃池基础上营建的宫苑区，杨伟立利用文献史料，对宣华苑的沿革、地理方位、建筑设施及布局状况、苑内的宴饮娱乐场景展开了系统研究⑥。江渎池也是唐宋时期成都城内的一大池苑胜景，陶元甘认为池之成因与唐末创筑罗城后、郫江的改道与断流有关，五代以后官宦权贵在此建宅、植圃、宴饮娱乐者颇多而逐步兴盛⑦。

（5）楼阁亭台

陈光表注意到传世的南宋成都《西楼苏帖》刻石拓本，认为书帖中所称西楼与张仪楼或望妃楼无关，实为唐代节度使之会仙楼，后在前、后蜀宫城和宋代府治内⑧。绍风梳理了从南朝至南宋有关相如琴台的10余条史料记载，对各时期琴台的性质和方位加以考证，还原了宋代以后琴台说法逐渐混乱迷失、牵强附会的过程⑨。

（6）街巷坊市

蚕市是古代成都具有浓厚地方特色的商贸活动场所之一，武建国认为其最早见于史载是唐代中叶以后，是唐宋时期成都物产丰饶、经济繁荣和商品交换活跃的真实写照⑩。碧鸡坊为成都古代的名坊，累见于唐宋人的诗文，绍风研究了关于成都碧鸡坊的大量文献史料，得出坊址在城北西面、武担山的东南、距北城墙不远的金丝街一带的结论⑪。

总体而言，上述综合性和专题性成果无一例外地是以历代文献中的相关资料为基础，运用史学考证方法开展研究，对于地下出土资料的利用却很少，有些结论或意见也存在明显讹误，这一方面是由于当时学者的治学生涯大多只具有史学背景，另一方面则是受制于城市考古工作的极端滞后，难有出土实物与古文献记载相互印证。

① 林向：《隋唐益州福感寺塔遗址考》，《成都文物》1984年第2期。

② 黄世炎：《成都大秦寺位置考》，《成都文物》1984年第3期。

③ 勃扬：《有关成都万佛寺的几个问题》，《成都文物》1985年第1期；刘廷璧：《成都万佛寺石刻造像》，《成都文物》1987年第1期。

④ 曾亚兰：《成都草堂寺与杜甫草堂》，《成都文物》1986年第2期。

⑤ 濮禾章：《草堂寺和浣花祠》，《四川文物》1988年第4期。

⑥ 杨伟立：《宣华苑与王衍》，《成都文物》1988年第1期；杨伟立：《宣华苑与王衍（续）》，《成都文物》1988年第3期；杨伟立：《前蜀后蜀史》，四川省社会科学院出版社，1986年，第85～91页。

⑦ 陶元甘：《锦城千年荷花池》，《成都文物》1986年第4期。

⑧ 陈光表：《成都〈西楼苏帖〉考》，《成都文物》1985年第2期；陈光表：《成都西楼考辨》，《成都文物》1986年第1期。

⑨ 绍风：《琴台考实——相如琴台今尚存》，《成都文物》1987年第1期。

⑩ 武建国：《古代成都的"蚕市"》，《成都文物》1984年第4期。

⑪ 绍风：《碧鸡坊故址考——附论金马坊所在》，《成都文物》1986年第4期。

3. 考古发现与相关研究

这一阶段的考古工作大多是在配合旧城改造建设中所做的零星点位调查和发掘，涉及遗存类型有塔基、窑址、窖藏、房屋、水井、灰坑等，主要材料有：1980 年，长顺中街 82 号基建工地发掘了 1 座隋代塔基，塔基地宫为红砂石板构筑的石室，石室中心放置青石匣，出土五铢钱、带盖船形铜棺、小银罐等遗物 ①。1982～1983 年，一环路东侧西干道居民点、中医学院、省农干校等基建工地内的青羊宫窑清理发掘了 9 座隋唐时期龙窑和馒头窑，出土陶瓷器、窑具、建筑构件等大量遗物 ②。1984 年，东通顺街 33 号省交通厅航运楼宿舍工地清理了 1 座唐代钱币窖藏，出土"开元通宝""乾元重宝"等钱币重百余斤 ③。1985 年，新一村小区发掘了 1 处隋唐青羊宫窑的窑业堆积，出土较多完整的陶瓷器和窑具 ④；陕西街省劳动人事厅、川西电力局等工地均发现了唐宋时期的生活聚落，出土少量陶瓷器 ⑤；金河街市电力研究所工地清理 1 段唐代河道及同时期文化堆积，出土物以瓷器、钱币为主 ⑥；人民东路省物资局工地发现唐宋文化堆积，出土筒瓦、瓦当、瓷器等 ⑦。1986 年，指挥街省人大宿舍工地发掘 1 处唐宋生活聚落址，清理房屋 2 座、水井 2 口及灰坑 9 个，出土陶瓷器、漆器、金属器、骨器、木器、石器、棕竹器及兽骨、植物种子、果核等，种类十分丰富 ⑧；后来发掘者罗二虎以出土瓷器、钱币等为依据，讨论了遗址的分期问题，并归纳总结了瓷器演变的主要特征 ⑨。1985～1986 年，十二桥遗址发掘了部分隋唐青羊宫窑的窑业遗存，包括作坊建筑、水井、灰坑等，出土大量陶瓷生活器具、建筑构件和窑具 ⑩。1990 年，外南人民路 135 号发掘了唐宋罗城西南的笮桥门，其中 1 号门址修筑于唐代晚期，推测为砖砌券拱结构，北宋早期因战火而被废弃，2 号门址在 1 号门址封堵后修筑，为带排叉柱的过梁式结构，沿用至南宋或更晚 ⑪；后来发掘者蒋成对门址的具体性质、年代、修筑背景、工程技术等问题做了细致分析 ⑫。1991 年，上汪家拐街道办事处及派出所基建工地发掘一处先秦至唐宋时期遗址，其中唐宋部分有灰坑、灰沟等

成都

考古史

---

① 李思雄、冯先诚、王黎明：《成都发现隋唐小型铜棺》，《考古与文物》1983 年第 3 期。

② 四川省文管会、成都市文管会：《成都青羊宫窑发掘简报》，《四川古陶瓷研究》（二），四川省社会科学院出版社，1984 年，第 113～154 页。

③ 王黎明：《我市东通顺街发现唐代钱币窖藏》，《成都文物》1985 年第 1 期。

④ 成都市博物馆考古队曾咏霞整理：《成都市博物馆考古队一九八五年全年考古发掘清理简况》，《成都文物》1986 年第 1 期。

⑤ 成都市博物馆考古队曾咏霞整理：《成都市博物馆考古队一九八五年全年考古发掘清理简况》，《成都文物》1986 年第 1 期。

⑥ 成都市博物馆考古队曾咏霞整理：《成都市博物馆考古队一九八五年全年考古发掘清理简况》，《成都文物》1986 年第 1 期。

⑦ 成都市博物馆考古队曾咏霞整理：《成都市博物馆考古队一九八五年全年考古发掘清理简况》，《成都文物》1986 年第 1 期。

⑧ 成都市博物馆、四川大学博物馆：《成都指挥街唐宋遗址发掘报告》，《南方民族考古》第二辑，四川科学技术出版社，1990 年，第 233～298 页。

⑨ 罗二虎：《成都指挥街唐宋遗址分期》，《成都文物》1991 年第 4 期。

⑩ 四川省文物考古研究院、成都文物考古研究所：《成都十二桥》，文物出版社，2009 年，第 163～205 页。

⑪ 成都市博物馆考古队：《成都罗城 1、2 号门址发掘简报》，《南方民族考古》第三辑，四川科学技术出版社，1991 年，第 369～379 页。

⑫ 蒋成：《论成都唐宋罗城 1、2 号门址》，《文物考古研究》，成都出版社，1993 年，第 263～271 页。

遗迹，出土大量陶瓷生活用具、建筑构件及钱币，年代从隋末延续至五代北宋①。

在运用考古学方法开展研究方面，最重要的成果是宿白对隋唐城址类型问题的讨论，他注意到成都旧城东部残留的唐代里坊痕迹，认为成都即为大都督府所在，府城面积亦相当于16个坊，应属于唐代州府中最大的一种类型。并指出，成都城西半部的北部在唐代是宫室和地方衙署驻地，所以没有留下坊的痕迹，这种于城西北隅设置衙署的做法应为地方城制②。宿先生的这些观点，对于复原唐代成都城的内部格局，具有突出的指导意义。

（三）第三阶段：20世纪90年代中期至今

相比于前一阶段，本阶段里随着旧城改造进程的加快和文博事业的蓬勃发展，重要的城市考古发现层出不穷，基于新发现、新材料所催生的学术作品逐步增多，考古学方法与手段开始在城市史研究领域占据主导地位。大体而言，这一阶段的发现与研究成果可分为以下几个方面。

1. 城垣

城垣考古方面，重点是唐末以来修筑的罗城，多是在20世纪90年代配合府南河河道整治改造工程背景下开展的：除北城垣外，东城垣勘探和发掘了清安街大众地产工地③、清安街恒锦项目工地④、东安南路长富地产工地⑤、东安南路成都晚报工地⑥、天仙桥南街131号川宾公寓工地⑦、迎曦下街（后划入东安南路）锦江公安分局住宅楼工地⑧等点位；南城垣勘探和发掘了滨江路滨江饭店工地⑨、外南人民路（今锦里西路）8号高发地产工地⑩、外南人民路125号工地⑪、外南人民路130号工地⑫、外南人民路135号工地⑬、羊皮坝街（今锦里中路）36号工地⑭、王家坝街"府南河改造工程"项目工地等点位⑮；西城垣勘探和发掘了中同仁路豪斯项目工地⑯、中同仁路

① 成都市文物考古队、四川大学历史系：《成都市上汪家拐街遗址发掘报告》，《南方民族考古》第五辑，四川科学技术出版社，1993年，第325～358页。

② 宿白：《隋唐城址类型初探》，《纪念北京大学考古专业三十周年论文集》，文物出版社，1990年，第279～285页。

③ 成都市文物考古工作队：《一九九四年成都市田野考古工作概况》，《成都文物》1995年第2期。

④ 成都文物考古研究所：《成都市清安街城墙遗址发掘简报》，《成都考古发现》（2008），科学出版社，2010年，第411～435页。

⑤ 谢涛：《成都市1994～1995年城垣考古》，《四川文物》2001年第1期。

⑥ 谢涛：《成都市1994～1995年城垣考古》，《四川文物》2001年第1期。

⑦ 雷玉华：《唐宋明清时期的成都城垣考》，《四川文物》1998年第1期。

⑧ 成都市文物考古工作队：《成都市一九九八年田野考古工作概述》，《成都文物》1999年第1期；尹建华、王正明：《成都迎曦下街古城墙的保护》，《中国古城墙保护研究》，文物出版社，2001年，第163～165页。

⑨ 谢涛：《府南河沿岸城垣遗址分布状况》，《成都文物》1994年第4期。

⑩ 雷玉华：《唐宋明清时期的成都城垣考》，《四川文物》1998年第1期。

⑪ 谢涛：《成都市1994～1995年城垣考古》，《四川文物》2001年第1期。

⑫ 谢涛：《成都市1994～1995年城垣考古》，《四川文物》2001年第1期。

⑬ 谢涛：《成都市1994～1995年城垣考古》，《四川文物》2001年第1期。

⑭ 谢涛：《成都市1994～1995年城垣考古》，《四川文物》2001年第1期。

⑮ 雷玉华：《唐宋明清时期的成都城垣考》，《四川文物》1998年第1期。

⑯ 成都市文物考古研究所：《成都市中同仁路城墙遗址发掘简报》，《成都考古发现》（2002），科学出版社，2004年，第266～276页。

市国税局工地[①]、中同仁路汉星项目工地[②]、下同仁路市水表厂工地[③]、通锦桥西城角边街芙华地产工地[④]等点位。

　　基于上述考古发现，雷玉华分析指出唐宋成都的罗城城垣并不是直线延伸，而是随地势或退或进，有一定弧度，并且从唐代到清代的城垣位置没有发生大的变化，彼此之间有重叠或交错现象[⑤]。冯汉镛梳理了唐宋时期有关罗城城垣长度的几种不同说法，认为其各有所据，并推断二十五里之说是《资治通鉴》本着王徽《创筑罗城记》，既没计算拥门曲角，更没算上旧城的数据[⑥]。孙华亦持有相同意见，并解释了罗城西北角城垣内收的形成原因，还对城门位置和布局进行了细致讨论[⑦]。谢涛以勘探和发掘情况为依据，认为罗城的周长与史载"周二十五里"基本相合，并总结了唐宋罗城城垣的具体构筑方式[⑧]。张蓉认为成都罗城城垣的建造除要考虑军事威胁外，还与唐末筑罗城之风和"重城心态"、唐末强化里坊的政策等因素有关，并从建筑学角度分析其建造过程、筑城技术、位置范围等问题[⑨]。李明斌综合文献记载和考古发现，重点论证了罗城城垣的基础营建方式、夯土选取与建造、墙体包砖等，指出罗城城垣整体内外包砖，异于同时期其他城池，但城垣包砖的来源、建造工期尚未有合理解释[⑩]。此外，曲英杰对罗城城垣和城门的主要发现情况做了简要总结[⑪]。

　　隋唐子城是在秦汉大城的基础上修建的，五代以后改为皇城，但相关考古工作至今未有突破性进展，出土遗迹现象十分罕见。孙华认为，隋代杨秀镇蜀期间扩展了大城的东、北二面，奠定了后代成都内城的规制，依据文献并以个别重要史迹为地理坐标，初步复原了大城（子城）的范围和主要城门位置，勾画出了城郭的大致轮廓[⑫]。此外，张蓉从建筑规划理念着手，对前蜀皇城的范围和城门布局开展了复原分析[⑬]。

　　唐代晚期创筑罗城以前，已在子城的西侧形成了外郭，孙华认为这个西郭是由原先的少城扩展而来，其西墙和北墙可能都主要沿用了原来少城的墙体，南墙则应在今南河北岸沿线[⑭]。张蓉

① 雷玉华：《唐宋明清时期的成都城垣考》，《四川文物》1998 年第 1 期。

② 成都市文物考古研究所：《成都市中同仁路城墙遗址第二次发掘简报》，《成都考古发现》（2003），科学出版社，2005 年，第 418～425 页。

③ 成都文物考古研究所：《成都市下同仁路城墙遗址发掘简报》，《成都考古发现》（2012），科学出版社，2014 年，第 492～506 页。

④ 雷玉华：《唐宋明清时期的成都城垣考》，《四川文物》1998 年第 1 期。

⑤ 雷玉华：《唐宋明清时期的成都城垣考》，《四川文物》1998 年第 1 期。

⑥ 冯汉镛：《高骈扩展的成都城墙》，《文史杂志》1998 年第 6 期。

⑦ 孙华：《唐末五代的成都城》，《宿白先生八秩华诞纪念文集》，文物出版社，2002 年，第 273～277 页。

⑧ 谢涛：《成都唐宋时期城市考古》，《中国古都研究（第十九辑）——中国古都学会 2002 年年会暨长江上游城市文明起源学术研讨会论文集》，四川大学出版社，2004 年，第 158、159 页。

⑨ 张蓉：《先秦至五代成都古城形态变迁研究》，中国建筑工业出版社，2010 年，第 230～247 页。

⑩ 李明斌：《唐末成都罗城城垣的考古学观察》，《中国国家博物馆馆刊》2017 年第 9 期。

⑪ 曲英杰：《古代城市》，文物出版社，2003 年，第 183、184 页。

⑫ 孙华：《秦汉时期的成都》，《中国古都研究（第十九辑）——中国古都学会 2002 年年会暨长江上游城市文明起源学术研讨会论文集》，四川大学出版社，2004 年，第 131～138 页。

⑬ 张蓉：《先秦至五代成都古城形态变迁研究》，中国建筑工业出版社，2010 年，第 266～268 页。

⑭ 孙华：《秦汉时期的成都》，《中国古都研究（第十九辑）——中国古都学会 2002 年年会暨长江上游城市文明起源学术研讨会论文集》，四川大学出版社，2004 年，第 132、133 页。

成都

考古史

亦持有类似观点，认为文献中的西郭与外郭实际为同一郭城，是指隋代扩展的、位于子城西边的少城①。

羊马城是五代后蜀时期加筑于罗城外、增加防御纵深的一圈矮墙，考古发掘尚无迹可寻。孙华依据文献中留下的成都羊马城线索，参考羊马城制度，认为城垣当围绕在罗城之外，处在环城河内不远的位置②。马剑的意见有所不同，他认为成都的羊马城只包围了罗城的北墙，位于清远江（今府河）与罗城之间，这一形制与当时的军事威胁主要来自北方密切相关③。李明斌指出羊马城的城垣为土筑，高及肩，加之历时久远，故出土概率甚低，今后应开展多学科、精细化作业来寻找考古线索④。

2. 街道

1996 年，在内姜街星光商住楼工地发掘了 2 条东西向的街道，其中 L1 为夯土路基上加铺砖路面，两侧附设砖砌排水沟，修建于宋代，废弃于元代；L2 叠压于 L1 下，为夯土路基加夯土路面，修建于唐末，沿用至宋代⑤。从方位看，这两条街道应为连接大东门与大西门之间的城市干道。同年，在大科甲巷南侧、利都商城对面的省房产公司营业用房工地发掘了一段东西向的宋代街道⑥。2007～2008 年，在江南馆街唐宋街坊遗址发掘了砖砌街道和泥土街道各 4 条，主要修筑年代在南宋，砖砌街道有主、次之分，其中主街道 L2 与次街道 L3、L5 交叉连接形成十字街口。此外，在局部砖砌街道下还解剖发现了唐末至北宋时期的夯土路面⑦。2008 年，下东大街英菲尼地产项目工地发掘 1 条南北向的南宋时期街道，路面铺砖多不存，两侧残存砖砌路沿和排水沟⑧。2012 年，天府广场东北侧的四川大剧院项目工地发掘 1 条南北向的唐末五代时期街道，路面以泥土和瓦砾夯筑，两侧带砖砌排水沟⑨。2014 年，在正科甲巷蓝润地产项目工地发掘了 1 条东西向街道，由于地处工地边缘，仅揭露局部，其中发现了唐末五代的泥土夹瓦砾路面和南宋的砖砌路面⑩。从方位看，这条街道应与上述 1996 年发掘的宋代街道和江南馆街 L3、L5 属同段，为连接小东门与小西门之间的城市干道。2016 年，在实业街实业宾馆项目工地发掘 1 条南北向的街道，主体修筑于唐末，由路基、主路面、辅路面、路沿等部分组成，南宋时期曾大规模修补，至明初废弃，为连接罗城西南笮桥门的城市干道⑪。2017～2018 年，在鼓楼北街文化宫五号项目工地发掘 1 条东西向的街道，共

① 张蓉：《先秦至五代成都古城形态变迁研究》，中国建筑工业出版社，2010 年，第 213～218 页。

② 孙华：《唐末五代的成都城》，《宿白先生八秩华诞纪念文集》，文物出版社，2002 年，第 277～280 页；孙华：《羊马城与一字城》，《考古与文物》2011 年第 1 期。

③ 马剑：《羊马城考——兼考成都羊马城》，《中国历史地理论丛》2011 年第 26 卷第 2 辑。

④ 李明斌：《唐末成都罗城城垣的考古学观察》，《中国国家博物馆馆刊》2017 年第 9 期。

⑤ 成都文物考古研究所：《成都市内姜街遗址发掘报告》，《成都考古发现》（2004），科学出版社，2006 年，第 364～391 页。

⑥ 成都市文物考古队：《1996 年成都田野考古概述》，《成都文物》1997 年第 1 期。

⑦ 成都市文物考古研究所：《成都江南馆街唐宋时期街坊遗址》，《2008 中国重要考古发现》，文物出版社，2009 年，第 150～155 页；成都市文物考古研究所：《成都江南馆街唐宋时期街坊遗址》，《成都文物》2009 年第 3 期。

⑧ 成都文物考古研究所：《成都市下东大街遗址考古发掘报告》，《成都考古发现》（2007），科学出版社，2009 年，第 452～539 页。

⑨ 成都文物考古研究所：《成都天府广场东北侧古遗址发掘报告》，文物出版社，2016 年，第 150、151 页。

⑩ 资料现存于成都文物考古研究院。

⑪ 资料现存于成都文物考古研究院。

揭露出唐末至元代5个时期的路面和附属设施。从方位看，其与上述1996年发掘的内姜街唐末至宋代街道属同段，为连接大东门与大西门之间的城市干道①。

3. 水利系统

城市水利系统大体由河流、沟渠、水井等组成。沟渠尤其是干渠，既为主要的市政给排水设施，又由于往往与主街道或城垣相配套，故也可以归属于城市的轴线性设施，相关的重要考古发现较多：1994年，在外南人民路125号和135号工地分别清理出1条砖砌券拱式暗渠，水渠呈南北走向，与罗城南墙垂直交叉，为先建水渠，再筑城墙，其中城墙外侧的水渠部分还发现水闸遗址②。1995年，在大科甲巷利都商城工地发掘了1条东西走向的大型砖砌券拱式暗渠，沿用时间从唐末至南宋，为当时重要的市政干渠设施③。1996年，在内姜街星光商住楼工地发掘了1条砖砌券拱式暗渠，水渠呈南北走向，与主街道垂直交叉，沿用时间从唐代至宋元之际④。1998年，在迎曦下街锦江公安分局住宅楼工地清理出1条宋代砖砌券拱暗渠，为南北走向，与城墙平行向北延伸至城外⑤。2007～2008年，在江南馆街唐宋街坊遗址发掘了1条东西走向的砖砌券拱式暗渠，两侧还连接着数条规模较小的支渠（支沟），主体年代在南宋⑥。2014年，在正科甲巷蓝润地产项目工地发掘1条东西走向的大型砖砌券拱式暗渠，沿用时间从唐末至元明之际。从方位看，其与上述1995年发掘的大科甲巷水渠属同段⑦。2017～2018年，在鼓楼北街文化宫五号项目工地发掘1条东西向的砖砌水渠，沿用时间从五代宋初至元代，为当时大东门至大西门之间的市政干渠设施⑧。此外，在上述这些干渠附近的街巷坊市内，还纵横交错地分布着密集的小型排水沟，与众多的水井一起组成了较为完备的城市给排水系统。

有关城市水利系统，最有代表性的研究成果是《成都市志·水利志》一书，其在"唐宋时期的工程设施"一节，对这一时期里城市内外的河道变迁、沟渠修建及维护等问题开展了较为深入的考察，认为唐宋时期是成都城市水利体系的完善阶段，近代的格局即在此基础上奠定，这一体系在建设的同时，还十分注意维修管理，绘图立说，并且建立了必要的规章制度⑨。

4. 宫署池苑及园林

宫署池苑的考古发现主要围绕摩诃池展开：2008年，在天府广场西侧的成都博物馆新址基建工地发掘到宋代大型坑状堆积的边缘，推测为摩诃池南端的一部分，并且出土了与宋代衙署机构有

① 资料现存于成都文物考古研究院。

② 谢涛：《成都市1994～1995年城垣考古》，《四川文物》2001年第1期。

③ 成都市文物考古工作队：《成都市一九九五年田野考古工作概述》，《成都文物》1996年第1期。

④ 成都文物考古研究所：《成都市内姜街遗址发掘报告》，《成都考古发现》（2004），科学出版社，2006年，第364～391页。

⑤ 成都市文物考古工作队：《成都市一九九八年田野考古工作概述》，《成都文物》1999年第1期。

⑥ 成都市文物考古研究所：《成都江南馆街唐宋时期街坊遗址》，《2008中国重要考古发现》，文物出版社，2009年，第150～155页；成都市文物考古研究所：《成都江南馆街唐宋时期街坊遗址》，《成都文物》2009年第3期。

⑦ 资料现存于成都文物考古研究院。

⑧ 资料现存于成都文物考古研究院。

⑨ 成都市地方志编纂委员会：《成都市志·水利志》，四川辞书出版社，2001年，第344～347页。

关的权范和建筑遗迹①。2013～2017年，在成都体育中心一带的东华门遗址发掘了隋唐至两宋时期摩诃池的东岸及沿岸建筑群，包括池岸、房屋基址、庭院、道路、排水沟、水井等，其中主体建筑设施沿用至五代前后蜀时期，应属于当时皇家园林——龙跃池和宣华苑的组成部分②。此外，2007年于金河路"美邦时代广场"项目工地发掘了1处池苑遗址，由池塘、亭台等建筑组成，推测为唐末五代郫江沿岸一处等级较高的园林或亭榭设施③。

李浩考证了唐代剑南道成都府的几处园林别业，并讨论了其方位问题④。孙华认为，摩诃池位于隋唐子城的北部，挖池目的除了取土筑城外，还有利用取土形成的池塘作为宫苑，以为游观之用⑤。马文彬利用文献史料，关注了以摩诃池为核心的前后蜀宫苑，对苑区内的景象与风貌做了一定程度的推测和复原⑥。陈渭忠梳理了唐宋时期有关摩诃池的各种文献记载，对池之兴废历史做了详尽考证⑦。张蓉利用《蜀梼杌》《益州重修公宇记》等文献，对五代蜀国宫城和宋代成都府署的布局与建筑配置状况开展了复原研究，并从建筑规划学角度出发，讨论了蜀宫的中轴线序列问题⑧。此外，王小红还对前、后蜀及两宋以园林为代表的成都城市景观特色开展了研究，认为这一时期是成都古典城市发展的最鼎盛阶段⑨。

5. 教育机构

有关学校等教育机构最重要的成果，当属张勋燎对文翁石室学堂遗存的研究，他以史料考证为基础，结合地下出土物，系统梳理了西汉景帝末年以来成都兴学的历史进程，包括隋代对文翁学堂内画像和文字题记的记录、唐五代对成都府学文庙和文翁学堂石室的修缮、北宋成都府学范围的几次大规模扩展延伸、南宋对成都府学校舍的维修和扩建、宋蒙战争对文翁石室等建筑的损毁等多个方面的情况⑩，其考察工作之全面和细致，对成都城市史研究起到了积极的推动作用。此外，舒大刚、任利荣对包括文翁石室在内的蜀学三事进行了综合考察，阐述了其文化价值、学术意义及在儒学发展进程中的历史地位和重大影响⑪。李志嘉、樊一概述了蜀石经的镌刻与流传始末，并对其特

① 成都文物考古研究所：《成都市博物馆新址发掘简报》，《成都考古发现》（2009），科学出版社，2011年，第330～416页。

② 易立、张雪芬、江滔：《四川成都东华门遗址》，《2014中国重要考古发现》，文物出版社，2015年，第108～111页。

③ 成都文物考古研究院：《成都金河路古遗址发掘报告》，《成都考古发现》（2015），科学出版社，2017年，第320～416页。

④ 李浩：《唐代园林别业考论》（修订版），西北大学出版社，1996年，第314、315页。

⑤ 孙华：《秦汉时期的成都》，《中国古都研究（第十九辑）——中国古都学会2002年年会暨长江上游城市文明起源学术研讨会论文集》，四川大学出版社，2004年，第134～139页。

⑥ 马文彬：《前后蜀苑囿刍议》，《四川文物》2000年第3期。

⑦ 陈渭忠：《摩诃池的兴与废》，《四川水利》2006年第5期。

⑧ 张蓉：《先秦至五代成都古城形态变迁研究》，中国建筑工业出版社，2010年，第276～295页。

⑨ 王小红：《五代两宋时期成都城市景观特色研究》，《川大史学》第二辑《城市史卷》，四川大学出版社，2016年，第195～216页。

⑩ 张勋燎：《成都东御街出土汉碑为汉代文翁石室遗存考——从文翁石室、周公礼殿到锦江书院发展史简论》，《南方民族考古》第八辑，科学出版社，2012年，第107～172页。

⑪ 舒大刚、任利荣：《成都文翁石室丛考》，《国学》第一集，巴蜀书社，2014年，第120～142页。

点、拓本、原石等进行了分析①。

6. 民居里坊与集市

民居里坊内的生活设施遗存主要包括房屋、水井、灰坑（垃圾坑）及连接主街道和干渠的支路、巷道、支渠（支沟）等，出土物数量类型庞杂，以陶瓷类日用生活器具和建筑构件为主，发掘点位多而分散。较重要的遗址点有江南馆街遗址②、下东大街遗址③、正科甲巷遗址④、江汉路遗址⑤、东丁字街遗址⑥、内姜街遗址⑦、灯笼街遗址⑧、宾隆街遗址⑨、鼓楼北街遗址⑩、城守街遗址⑪、西珠市街遗址⑫、汪家拐小学遗址⑬、金丝街遗址⑭、宁夏街遗址⑮、君平街遗址⑯等。

孙华对唐末五代成都的里坊制度及布局状况予以了关注，他认为按照唐代标准的坊来划分，成都旧城内至少存在12个较为整齐的坊，另在城南或城东靠近罗城城垣的位置，可能还有一些周围坊墙不甚整齐的坊，因此他基本同意宿白提出的成都为16坊的观点。在此基础上，他还对部分坊的位置和范围做了推定和复原⑰。此外，袁维玉以考古材料为依据，对宋代成都城内、外的居住遗址开展了较为系统的研究，分析了各类生活设施的分布、格局与功能等问题⑱。宋代成都药市为巴蜀药市的代表，刘术认为成都药市主要有观街药市、大慈寺药市和玉局观药市，其当时已成为一个以买

① 李志嘉、樊一：《蜀石经述略》，《文献》1989年第2期。

② 成都市文物考古工作队：《成都市江南馆街唐宋遗址发掘简报》，《成都考古发现》（1999），科学出版社，2001年，第260～277页；成都市文物考古研究所：《成都江南馆街唐宋时期街坊遗址》，《2008中国重要考古发现》，文物出版社，2009年，第150～155页；成都市文物考古研究所：《成都江南馆街唐宋时期街坊遗址》，《成都文物》2009年第3期。

③ 成都文物考古研究所：《成都市下东大街遗址考古发掘报告》，《成都考古发现》（2007），科学出版社，2009年，第452～539页。

④ 资料现存于成都文物考古研究院。

⑤ 成都文物考古研究所：《成都市江汉路古遗址发掘简报》，《成都考古发现》（2014），科学出版社，2016年，第389～419页。

⑥ 成都文物考古研究所：《成都市东丁字街古遗址发掘简报》，《成都考古发现》（2014），科学出版社，2016年，第321～388页。

⑦ 成都文物考古研究所：《成都市内姜街遗址发掘报告》，《成都考古发现》（2004），科学出版社，2006年，第364～391页。

⑧ 资料现存于成都文物考古研究院。

⑨ 张擎：《成都市人民商场二期工地汉唐宋及明清遗址》，《中国考古学年鉴2010》，文物出版社，2011年，第372、373页。

⑩ 资料现存于成都文物考古研究院。

⑪ 资料现存于成都文物考古研究院。

⑫ 资料现存于成都文物考古研究院。

⑬ 成都文物考古研究所：《成都市汪家拐小学古遗址发掘简报》，《成都考古发现》（2007），科学出版社，2009年，第310～321页。

⑭ 成都市文物考古工作队：《成都市一九九五年田野考古工作概述》，《成都文物》1996年第1期。

⑮ 成都市文物考古队：《1996年成都田野考古概述》，《成都文物》1997年第1期。

⑯ 成都市文物考古队：《1996年成都田野考古概述》，《成都文物》1997年第1期。

⑰ 孙华：《唐末五代的成都城》，《宿白先生八秩华诞纪念文集》，文物出版社，2002年，第280～283页。

⑱ 袁维玉：《宋代成都城市形态考古学研究》，四川大学硕士学位论文，2014年，第21～51页。

卖药材为主，同时进行百物贸易的交易市场，也是一个具有很大吸引力的游乐场所[1]。刘桂海对《资治通鉴》胡注"成都三市"问题做了细致考辨，认为"三市"应为唐代成都的北市、西市和南市[2]。

7. 寺庙祠观及其他宗教遗存

此一部分的考古发现几乎都与佛教有关，主要涉及寺院遗址和造像坑两类：1997年，在东门大桥西岸桥墩出土1件石质佛顶尊胜陀罗尼经幢，题记年代为前蜀永平五年（915年）[3]。2002年，在杜甫草堂博物馆北大门附近发掘了1处唐五代寺院遗址，包括房屋、亭台、水井、排水沟、灶坑、窖坑、灰坑等各类遗迹，出土大量陶瓷类生活器具[4]。2014年，在下同仁路市水表厂旧址工地发掘2座造像坑，出土石质佛像、菩萨像、天王像、阿育王像、背屏式组合造像及各类造像残块120余件，制作年代从南朝至唐代[5]。2015年，在通锦路中铁通锦坊项目工地发掘1处唐代寺院园林遗址，由池塘、沟渠、亭台、水井等建筑设施组成，还出土了大量的陶瓷生活用具和建筑构件，以及少量的石质造像和经幢残件[6]。2016～2017年，在实业街实业宾馆项目工地发掘多处六朝至隋唐时期造像坑及房屋（殿堂）、塔基、沟渠等各类寺院建筑设施，出土佛像、菩萨立像、菩萨头、天王像、千佛造像碑、蟠龙碑首等众多石质文物[7]。

雷玉华探讨了成都大慈寺的佛教渊源，认为大慈寺是唐代新经典和图像的发源地，并总结了其在唐宋佛教史上的影响[8]。李芳民梳理了唐五代时期成都的佛教寺院资料，对其兴替沿革、名称变化、方位等问题做了简要考证[9]。张子开考察了成都净众寺的前身及其在五代以前的历次修葺活动，并利用文献梳理和还原了唐五代至宋元时期净众寺的具体面貌[10]。陈玮注意到西川节度使与唐代成都宗教信仰和神祇崇拜之间的关系，认为地方统治阶层也是推动唐代成都佛教兴盛繁荣的一股重要力量[11]。段玉明等学者在《成都佛教史》一书中专门论述了隋唐五代和宋元两个时期成都佛教的发展状况，涉及佛教影响力提高、寺院兴建与扩建、艺术成就、信向转变及佛教与社会生活等多方面问题[12]。董华锋等学者关注了成都市区等地出土的一批晚唐五代小型经幢，探讨了这类经幢的形制和使用方式，认为其特别注重对"河伯水官""水族之类""溺死者"的救度，反映了晚唐五代成都等地

---

① 刘术：《宋代成都药市考》，《农业考古》2015年第6期。

② 刘桂海：《〈通鉴〉胡注"成都三市"考辨》，《唐史论丛》第二十六辑，三秦出版社，2018年，第371～373页。

③ 成都市文物考古研究所：《成都东门大桥出土佛顶尊胜陀罗尼石经幢》，《文物》2000年第8期。

④ 成都市文物考古研究所、成都杜甫草堂博物馆：《成都杜甫草堂唐宋遗址发掘报告》，《成都考古发现》（2002），科学出版社，2004年，第209～265页。

⑤ 成都文物考古研究所：《成都市下同仁路遗址南朝至唐代佛教造像坑》，《考古》2016年第6期；成都文物考古研究院：《成都同仁路——佛教造像坑及城市生活遗址发掘报告》，文物出版社，2017年。

⑥ 易立、张雪芬、江滔：《四川成都通锦路唐、五代园林建筑址》，《2015中国重要考古发现》，文物出版社，2016年，第132～135页。

⑦ 资料现存于成都文物考古研究院。

⑧ 雷玉华：《成都大慈寺在佛教史上的地位》，《成都文物》2006年第4期。

⑨ 李芳民：《唐五代佛寺辑考》，商务印书馆，2006年，第259～265页。

⑩ 张子开：《唐代成都府净众寺历史沿革考》，《新国学》第一卷，巴蜀书社，1999年，第289～301页。

⑪ 陈玮：《剑南西川节度使与唐代成都城市文化》，《长江文明》第四辑，河南人民出版社，2010年，第34～37页。

⑫ 成都市佛教协会编，段玉明等著：《成都佛教史》，宗教文化出版社，2017年，第58～188页。

的水患问题，题刻文字还可能与水陆法会有关①。

此外，谢元鲁在《成都通史·两晋南北朝隋唐时期》一书中，通过对成都从秦城到隋城再到晚唐罗城修筑活动的梳理，探讨了城市格局由二江抱城的临水型城市到二江环城、溪水穿城的亲水型城市的变化趋势与动因，同时利用诗词文献尽可能地复原了当时城市的河流、湖泊和建筑风貌景观②。粟品孝在《成都通史·五代（前后蜀）两宋时期》一书中，从成都城的改建与整修、城市交通的进步、坊市制度的变化、园林等城市景观的发展等角度出发，结合城市性质经历了从割据政权首都到地方州府的转变，总结了这一时期城市风貌的新动向③。何一民、王毅的《成都简史》一书，也涉及隋唐至两宋成都的城市建设问题，如摩诃池、佛寺禅林、街道、河渠、坊市制度等④。四川师范大学硕士研究生甄娜研究了唐宋时期成都的生态环境，认为该时期总体处于良性循环的状态，为成都农业、手工业和商业的繁荣及城市建设的扩大和完善提供了优越条件，但其中也存在不良的环境因素，如水旱灾害、人口激增、土地资源过度利用等，为社会的可持续发展埋下了隐患⑤。

纵观这一阶段的发现与研究，有若干令人瞩目的突破和成就，尤其对唐宋成都的城墙、城门、街道、江桥、里坊、街巷等的研究取得了长足的进展，但仍存在诸多不足之处。首先，对城市遗存的关注存在失衡现象，如特别侧重于对现存于地表、走向和范围较清晰的罗城城墙开展发掘和研究工作，其他如子城、宫城（牙城）、羊马城的城墙问题却少有涉及，有关城圈内部格局、区划和组织架构的研究也显得十分薄弱。其次，对发掘资料的整理和公布十分滞后，许多重要遗址仅有简单报道或概况介绍，基础材料的整理和系统性研究之间存在脱节，前者进一步制约后者，后者在没有前者作导向的前提下，也极容易产生错误判断，最终形成恶性循环。再次，思维模式僵化，以一个标准或一个视角看待问题，人云亦云、以点概面的情况较为突出，这一点尤其表现在对城内里坊制度的研究上。

除成都外，崇州、大邑、邛崃、蒲江、新津、双流、金堂、简阳、都江堰等地也开展过零星的城市考古工作，如 1956 年，四川省文物管理委员会调查了崇庆西门外古城、大邑安仁古城、邛崃油榨乡火井故城、邛崃永丰镇（今牟礼镇）依政故城、蒲江东北乡蒲江故城、新津旧县坝新津故城、华阳永兴乡（今属龙泉驿区）灵泉故城、华阳中兴乡广都故城等⑥；20 世纪 70 年代，胡昭曦通过实地踏查与走访，确认了灌县徐渡公社的杜家墩子应是北宋永康军青城县的旧址所在⑦；1983 年，四川省文物管理委员会与大邑县文物管理所在大邑县城中心十字口附近清理了一处有灰坑、水井的生活居址，出土了类型多样的邛窑、琉璃厂窑、磁峰窑瓷器⑧；2009 年，成都文物考古研究所等单位对大邑新场镇石虎村遗址开展了小规模试掘工作，发现排水沟、房址、炼铁熔炉、灰坑等遗迹，年代跨度从晚唐五代至南宋，推测其性质与宋代文献中记载的军事城寨——思安寨

成都

考古史

① 董华锋、何先红、朱寒冰：《川渝地区晚唐五代小型经幢及其反映的民间信仰》，《考古》2018 年第 6 期。
② 谢元鲁：《成都通史·两晋南北朝隋唐时期》，四川人民出版社，2011 年，第 112～155 页。
③ 粟品孝：《成都通史·五代（前后蜀）两宋时期》，四川人民出版社，2011 年，第 128～184 页。
④ 何一民、王毅：《成都简史》，四川人民出版社，2018 年，第 157～228 页。
⑤ 甄娜：《唐宋成都生态环境研究》，四川师范大学硕士学位论文，2005 年，第 12～84 页。
⑥ 徐鹏章：《川西古代瓷器调查记》，《文物参考资料》1958 年第 2 期。
⑦ 胡昭曦：《王小波李顺起义的发祥地——永康军青城县》，《四川大学学报》（哲学社会版）1975 年第 4 期；后收入胡昭曦：《胡昭曦宋史论集》，西南师范大学出版社，1998 年，第 411～421 页。
⑧ 赵殿增、胡亮：《大邑县城唐宋遗址出土的瓷器》，《四川古陶瓷研究》（二），四川省社会科学院出版社，1984 年，第 155～178 页。

有关①；2000 年，成都文物考古研究所在邛崃旧城内发掘了南街遗址，虽仅见少量灰坑，但出土遗物众多，可辨瓷器、陶器、石器、骨器、铜器五大类，尤其是瓷器十分丰富，推测应是当时城内一处重要的生活区②；1998 年，成都文物考古研究所与双流县文物管理所在双流华阳镇的古城村一带调查了唐代广都县城遗址，发现北、东两条疑似城垣的土埂③，2016 年再次复查，解决了城址的范围、结构、性质、修筑年代、使用年代等问题④；2006、2010 年，成都文物考古研究所两次对蒲江西来镇白马村的残城址遗址开展了调查、钻探和试掘工作，确认其性质为西魏至北宋时期的临溪县城，并获取了地层堆积、遗址分布范围等信息⑤；1988 年，成都市博物馆考古队对金堂云顶山宋代石城开展了局部发掘，弄清了"地城门"的基本结构，确认其应为云顶山石城的瓮城城门，是整个山城的重要组成部分⑥；位于金堂淮口镇沱江西岸的怀安军遗址是南宋四川境内重要的抗蒙军事要塞，早在 20 世纪 70～80 年代已开展过多次实地考察工作⑦，2007 年以来由成都文物考古研究院等单位开展了大规模考古发掘，揭露出保存较好的城墙、城门、街道、民居、寺庙、排水系统等设施，同时还出土大量瓷器、陶器、石刻、钱币、印章、铁质工具及兵器等遗物，时代以南宋为主，为进一步掌握该遗址的沿革、变迁、布局、性质、功能分区等问题，提供了实证依据；2017 年，成都文物考古研究院与简阳市文物管理所在简阳市草池镇的绛溪河台地调查发现了平泉坝遗址，采集到唐宋时期的瓷器和建筑砖瓦等，推测为隋以后更名的平泉县城所在⑧。另外，还有学者利用史料和出土墓券等，考证了灵池（泉）县城、临溪县城的地望问题⑨。尽管上述工作取得了一些成果，但总体上仍缺乏系统性和针对性。

二、墓 葬 考 古

成都地区唐宋时期墓葬的考古工作肇始于 1942 年对前蜀王建墓的发掘，1944 年冯汉骥又在四川大学附近清理了 4 座唐宋墓，其后直至中华人民共和国成立，考古工作基本陷于停滞状态。中华人民共和国成立后隋唐五代宋墓的考古工作可以分三个阶段。

---

① 成都文物考古研究所、大邑县文物管理所：《四川大邑县新场石虎村唐宋遗址试掘简报》，《成都考古发现》（2009），科学出版社，2011 年，第 417～454 页。

② 成都市文物考古研究所、邛崃市文物保护管理所：《成都邛崃市南街唐宋遗址发掘简报》，《成都考古发现》（2000），科学出版社，2002 年，第 323～339 页。

③ 市考古工作队、双流县文管所：《双流县广都遗址调查报告》，《成都文物》1999 年第 1 期。

④ 成都文物考古研究院：《唐广都城遗址调查简报》，《成都考古发现》（2015），科学出版社，2017 年，第 583～590 页。

⑤ 成都文物考古研究所、蒲江县文物保护管理所：《蒲江"残城址"遗址试掘简报》，《成都考古发现》（2006），科学出版社，2008 年，第 279～298 页；成都文物考古研究所、蒲江县文物保护管理所：《四川蒲江"残城址"2010 年度发掘简报》，《成都考古发现》（2010），科学出版社，2012 年，第 396～414 页。

⑥ 市博考古队：《成都市一九八八年田野考古工作纪要》，《成都文物》1989 年第 1 期。

⑦ 胡昭曦：《巴蜀历史考察研究》，巴蜀书社，2007 年，第 113 页；薛玉树：《怀安军故城初探》，《成都志通讯》1991 年第 3 期；索德浩：《"怀安军"城的调查与发掘》，《中国文化遗产》2015 年第 6 期。

⑧ 成都文物考古研究院、简阳市文物管理所：《简阳市平泉坝遗址调查简报》，《成都考古发现》（2017），科学出版社，2019 年，第 276～288 页。

⑨ 薛登：《灵泉故址今何在》，《成都文物》1986 年第 4 期；龙腾：《临溪县城城址考》，《成都文物》2009 年第 1 期。

（一）第一阶段：中华人民共和国成立～20世纪60年代中期

随着中华人民共和国成立，全国基础建设工程大范围开展，考古工作也随之如火如荼地开展起来，主要是筑路、修渠工程的推动，政府相关单位及学术团体组成专门调查小组积极开展调查勘探工作，如西南文教部文物调查组等对宝成铁路、天成铁路沿线[①]及温江[②]等地的调查工作，在配合基础建设过程中，陆续发现和清理了一批墓葬。这个时期比较重要的材料有新津普兴乡隋墓3座[③]、前蜀高晖墓[④]、后蜀李韡墓[⑤]等，宋代墓葬发现近70座[⑥]，其中华阳[⑦]及金堂[⑧]部分墓葬发表了简报。冯汉骥将1944年发掘的四川大学4座唐宋墓资料发表[⑨]，并公布了在整理资料时发现的唐印本陀罗尼经咒。1955年及以后的几年，相关学者开展了对王建墓的研究，其中冯汉骥对王建墓出土文物开展了一系列的研究，如《驾头考》《前蜀王建墓内石刻伎乐考》《王建墓内出土"大带"考》《论南唐二陵中的玉册》等[⑩]；1964年《前蜀王建墓发掘报告》[⑪]出版，详细报告了王建墓的发掘信息。

总体说来，此期隋唐墓葬并没有受到足够的重视，一方面由于墓葬保存状况有些较差，一方面也是当时的工作者对四川墓葬没有足够的认识。对墓葬的研究几乎没有，仅有一篇对于本阶段发现隋唐墓葬的概要性介绍[⑫]，多数简报结尾附对墓葬的初步认识等，也只能算作工作小结之类，不能称为真正意义上的研究。本阶段一些学者开始注意到五代、北宋、南宋墓葬之间的区别，列举了地券、真文券等组合关系及陶器特征等[⑬]。还注意到了石室墓与南宋砖室墓形制和随葬品反映出的一致性[⑭]。少部分学者尝试对五代至南宋墓葬形制进行初步归纳[⑮]。由于近70座小型宋墓的发现，该段

---

① 西南博物院筹备处：《宝成铁路修筑工程中发现的文物简介》，《文物参考资料》1954年第3期；《天成铁路筑路工程中发现有重要价值的历史文物和古迹》，《文物参考资料》1953年第4期。

② 陆德良：《温江专区地下文物普查小组普查归来》，《文物参考资料》1957年第1期。

③ 四川省博物馆：《四川牧马山灌溉渠古墓清理简报》，《考古》1959年第8期。

④ 徐鹏章、陈永恒、何德滋：《成都北郊站东乡高晖墓清理简报》，《考古通讯》1955年第6期。

⑤ 任锡光：《四川华阳县发现五代后蜀墓》，《考古通讯》1957年第4期。

⑥ 刘志远、坚石：《川西的小型宋墓》，《文物参考资料》1955年第9期。

⑦ 四川省文物管理委员会：《四川华阳县北宋墓清理简报》，《文物参考资料》1956年第12期。

⑧ 陆德良：《四川金堂县的宋代石室墓》，《考古通讯》1957年第6期。

⑨ 冯汉骥：《记唐印本陀罗尼经咒的发现》，《文物参考资料》1957年第5期。

⑩ 冯汉骥：《驾头考》，《史学论丛（四川大学）》，四川大学史学系，1956年，第1～15页；冯汉骥：《前蜀王建墓内石刻伎乐考》，《四川大学学报》（社会科学版）1957年第1期；冯汉骥：《王建墓内出土"大带"考》，《考古》1959年第8期；冯汉骥：《论南唐二陵中的玉册》，《考古通讯》1958年第9期；冯汉骥：《相如琴台与王建永陵》，《史学论丛（四川大学）》，四川大学史学系，1956年，第1～8页。其他学者的相关研究型文章有：杨有润：《王建墓石刻》，《文物参考资料》1955年第3期；杨有润：《五代前蜀王建墓地宫门作复原》，《考古通讯》1955年第3期。

⑪ 冯汉骥：《前蜀王建墓发掘报告》，文物出版社，1964年。

⑫ 四川省博物馆：《四川古代墓葬清理简况》，《考古》1959年第8期。

⑬ 四川省文物管理委员会：《四川华阳县北宋墓清理简报》，《文物参考资料》1956年第12期。

⑭ 陆德良：《四川金堂县的宋代石室墓》，《考古通讯》1957年第6期。

⑮ 洪剑民：《略谈成都近郊五代至南宋的墓葬形制》，《考古》1959年第1期；王家祐：《四川宋墓扎记》，《考古》1959年第8期。按："扎"应为"札"。

对南宋火葬墓的研究成为学术热点，探讨了墓葬的形制与结构、出土遗物[1]。王家祐的《四川宋墓扎记》[2]探讨了石室墓的装饰、砖室墓的结构特征、陶俑、铜镜、铭刻材料等方面，特别是在讨论陶俑时虽然涉及俑类的文字不多，但是较早地对四川地区出土宋俑的种类和名称进行归纳和总结的研究，并提及了俑的施釉问题。徐苹芳利用《大汉原陵秘葬经》来解读四川宋墓出土神怪俑及其摆放位置，将宋墓研究深入到丧葬观念层次，具有划时代意义[3]。

（二）第二阶段：20世纪70～80年代

随着经济建设的恢复和发展，这一阶段配合基建的田野考古发现逐渐丰富起来，成都地区发现的隋唐五代考古材料有成都化工厂隋墓[4]、大邑唐墓[5]及张虔钊墓[6]、孙汉韶墓[7]、徐铎夫妇墓[8]、双流籍田徐公夫妇墓[9]、蒲江后蜀李才墓[10]等，其中大部分都是比较重要的前后蜀时期墓葬。成都东郊发现的北宋张确夫妇墓[11]是具明确纪年的士族墓葬，墓葬形制特殊，价值较高。

研究方面开始出现涉及四川盆地唐墓的综合性研究，如秦浩的《南方唐墓的形制与随葬品》[12]一文，作者即对南方唐墓墓葬形制、随葬品的演变及分期做了较为系统的研究。五代墓的研究主要集中在帝陵的研究上，如前蜀王建墓出土伎乐图[13]、后室石像[14]、十二抬棺武士[15]等的研究，亦有部分学者对前后蜀墓葬棺台[16]及墓志[17]进行研究。张肖马在该段新材料基础上对前后蜀墓葬封土、结构、棺床、随葬品进行了初步梳理[18]。徐苹芳开始对全国宋墓进行时空构建工作[19]，霍巍则敏锐地意识到宋墓与道教的关系[20]。

---

① 刘志远、坚石：《川西的小型宋墓》，《文物参考资料》1955年第9期；洪剑民：《我对〈川西的小型宋墓〉一文的意见》，《文物参考资料》1956年第10期；刘志远：《再谈川西的小型宋墓》，《文物参考资料》1957年第1期。

② 王家祐：《四川宋墓扎记》，《考古》1959年第8期。

③ 徐苹芳：《宋元时代的火葬墓》，《文物参考资料》1956年第9期。

④ 罗伟先：《成都化工厂隋墓清理简报》，《四川文物》1986年第4期。

⑤ 大邑县文化馆：《大邑县出土唐代墓葬》，《四川文物》1985年第2期。

⑥ 翁善良：《成都市东郊后蜀张虔钊墓》，《文物》1982年第3期。

⑦ 毛求学、刘平：《五代后蜀孙汉韶墓》，《文物》1991年第5期。

⑧ 毛求学、王黎明：《成都无缝钢管厂发现五代后蜀墓》，《四川文物》1991年第3期；年公、黎明：《五代徐铎墓清理记》，《成都文物》1990年第2期。

⑨ 成都市文物考古研究所、双流县文物管理所：《成都双流籍田竹林村五代后蜀双室合葬墓》，《成都考古发现》（2004），科学出版社，2006年，第323～363页。

⑩ 龙腾、李平：《蒲江发现后蜀李才和北宋魏训买地券》，《四川文物》1990年第2期。

⑪ 翁善良、罗伟先：《成都东郊北宋张确夫妇墓》，《文物》1990年第3期。

⑫ 秦浩：《南方唐墓的形制与随葬品》，《南京大学学报：哲学.人文科学.社会科学》1982年第1期。

⑬ 秦方瑜：《王建墓石刻伎乐与霓裳羽衣舞》，《四川文物》1986年第2期。

⑭ 秦方瑜：《王建墓后室石像像主质疑》，《成都大学学报》（哲学社会版）1989年第12期。

⑮ 王援朝：《王建墓十二武士辨：兼谈十二神》，《史学月刊》1987年第6期。

⑯ 沈仲常：《王建、孟知祥墓的棺床为佛座说试证》，《成都文物》1989年第4期；翁善良：《后蜀张虔钊、孙汉韶墓棺床石刻内容初探》，《文物考古研究》，成都出版社，1993年。

⑰ 袁曙光：《前蜀晋晖墓志铭考释》，《四川文物》1989年第6期。

⑱ 张肖马：《前后蜀墓葬制度浅论》，《成都文物》1990年第2期。

⑲ 徐苹芳：《宋墓的分区与分期》，《中国大百科全书·考古学》，中国大百科全书出版社，1986年。

⑳ 霍巍：《谈四川宋墓中的几种道教刻石》，《四川文物》1988年第3期。

（三）第三阶段：20世纪90年代至今

随着改革开放的深入，成都地区基础建设迅猛发展，配合基建进行的抢救性发掘亦随之激增。因成都城区建设速度最快，所以发掘的隋至宋时期墓葬亦多集中在城区和近郊。隋墓发现较少，有通锦路净众寺遗址①M1、M7；可确认的唐墓50余座，其中爨公墓②、王怀珍墓③、鲜腾墓④为纪年墓，另外发现了一批如梁家巷⑤、西郊清江路⑥、西窑村⑦、西郊外化成⑧、西郊化成村⑨等墓葬排列有序的唐代墓群。其他墓群有西郊金沙堰村⑩、西郊土桥村筒车田⑪、光华小区⑫、高新区紫荆路⑬、金沙遗址中环西岸观邸⑭、金沙遗址红色村小学⑮、金堂赵镇李家梁子⑯、青白江区艾切斯工地唐墓⑰、邛崃羊安工业区唐五代墓⑱、金牛区城乡一体化5号A地点⑲、青羊区唐代砖

① 成都文物考古研究院：《成都市通锦路遗址隋唐至明代墓葬清理简报》，《成都考古发现》（2015），科学出版社，2017年，第642~681页。

② 王方等：《成都市南郊桐梓林村唐代爨公墓发掘》，《成都考古发现》（1999），科学出版社，2001年，第202~210页。

③ 成都文物考古研究所：《成都市西郊红色村唐代王怀珍墓》，《成都考古发现》（2005），科学出版社，2007年，第301~307页。

④ 成都文物考古研究所：《成都市金沙村唐墓发掘简报》，《成都考古发现》（2004），科学出版社，2006年，第312~322页。

⑤ 成都文物考古研究所：《成都梁家巷唐宋墓葬发掘简报》，《四川文物》1999年第3期。

⑥ 王仲雄、程远福、张丙奎：《成都西郊清江路唐宋墓葬发掘简报》，《成都考古发现》（2000），科学出版社，2002年，第340~358页。

⑦ 成都市文物考古研究所：《成都西郊西窑村唐宋墓葬发掘简报》，《东南文化》2003年第7期。

⑧ 程远福：《成都市西郊外化成小区唐宋墓葬的清理》，《考古》2005年第10期。

⑨ 成都市文物考古工作队：《四川成都市西郊化成村唐墓的清理》，《考古》2000年第3期。

⑩ 成都市文物考古研究所：《成都市西郊金沙堰村唐宋墓葬发掘简报》，《成都考古发现》（2001），科学出版社，2003年。

⑪ 成都市文物考古工作队：《成都市西郊土桥村筒车田唐墓》，《四川文物》1990年第3期。

⑫ 成都市文物考古工作队：《成都光华小区唐宋墓葬发掘简报》，《成都文物》2000年第1期。

⑬ 王方、王仲雄、王丙奎等：《成都市高新区紫荆路唐宋墓发掘简报》，《成都考古发现》（1999），科学出版社，2001年，第193~201页。

⑭ 成都文物考古研究所：《成都金沙遗址中环西岸观邸地点唐代砖室墓发掘简报》，《成都考古发现》（2009），科学出版社，2011年，第466~475页。

⑮ 成都文物考古研究所：《成都金沙遗址红色村小学地点唐宋砖室墓发掘简报》，《成都考古发现》（2009），科学出版社，2011年，第455~465页。

⑯ 成都文物考古研究所、金堂县文物保护管理所：《金堂赵镇李家梁子唐宋墓发掘简报》，《成都考古发现》（2007），科学出版社，2009年，第564~580页。

⑰ 成都文物考古研究所、青白江区文物保护管理所：《成都青白江区艾切斯工地唐、宋墓葬发掘简报》，《成都考古发现》（2006），科学出版社，2008年，第228~251页。

⑱ 成都文物考古研究所、邛崃文化局：《成都邛崃羊安工业区墓群唐宋墓发掘简报》，《成都考古发现》（2009），科学出版社，2011年，第515~525页。

⑲ 成都文物考古研究所：《成都金牛区城乡一体化拆迁安置房5号A地点唐—五代墓葬、水井发掘简报》，《成都考古发现》（2007），科学出版社，2009年。

室墓[①]。该段发现的五代墓有 10 余座，有光华小区唐宋墓群 M3[②]、西郊清江路唐宋墓群 M2 和 M4[③]、前蜀王宗侃墓[④]、西窑村 M11 和 M21（957 年）[⑤]、洪河大道南延线 M1 和 M12[⑥]、新津美好老君山 185 基建工地 M1[⑦]、后蜀宋王赵廷隐墓[⑧]等。其中，后蜀宋王赵廷隐墓墓葬结构较完整、随葬器物精美，为全面研究前、后蜀墓葬提供了丰富的信息。发现的宋墓近 400 座，其中纪年墓葬 60 余座，包括谢定夫妇墓[⑨]、石墙村宋墓[⑩]、博瑞都市花园宋墓[⑪]、高新紫荆路宋墓[⑫]、花果村宋墓[⑬]、东桂村宋墓[⑭]、成华广场宋墓[⑮]、艾切斯工地宋墓[⑯]、富通光缆通信有限公司宋墓[⑰]、电子科大清水河校区宋墓[⑱]、金沙遗址红色村小学宋墓[⑲]、东林花园 21 线道路西段宋墓[⑳]、二仙桥南宋

① 成都文物考古研究院：《成都市青羊区唐代砖室墓》，《考古学集刊》第 21 集，社会科学文献出版社，2018 年，第 59～71 页。

② 成都市文物考古工作队：《成都光华小区唐宋墓葬发掘简报》，《成都文物》2000 年第 1 期。

③ 王仲雄、程远福、张丙奎：《成都西郊清江路唐宋墓葬发掘简报》，《成都考古发现》（2000），科学出版社，2002 年，第 340～358 页。

④ 薛登：《五代前蜀魏王墓》，《成都文物》2000 年第 2 期；成都文物考古研究所、龙泉驿区文物保护管理所：《成都市龙泉驿五代前蜀王宗侃夫妇墓》，《考古》2011 年第 6 期。

⑤ 成都市文物考古研究所：《成都西郊西窑村唐宋墓葬发掘简报》，《东南文化》2003 年第 7 期。

⑥ 成都市文物考古研究所、龙泉驿区文物保管所：《成都市龙泉驿区洪河大道南延线唐宋墓葬发掘简报》，《成都考古发现》（2001），科学出版社，2003 年，第 163～177 页。

⑦ 新津县文管所：《新津美好老君山 185 基建工地唐末五代时期砖石墓发掘简报》，《成都文物》2010 年第 3 期。

⑧ 王毅、谢涛、龚扬民：《四川后蜀宋王赵廷隐墓发掘记》，《中国社会科学报》2011 年 5 月 26 日第 8 版。

⑨ 刘骏：《成都东郊北宋谢定夫妇墓清理简报》，《成都文物》1995 年第 2 期。

⑩ 张擎：《成都市高新区石墙村宋墓发掘简报》，《成都考古发现》（2001），科学出版社，2003 年，第 252～259 页。

⑪ 成都市文物考古工作队：《成都博瑞"都市花园"汉、宋墓葬发掘报告》，《成都考古发现》（2001），科学出版社，2003 年，第 120～162 页。

⑫ 成都市文物考古工作队：《成都市高新区紫荆路唐宋墓发掘简报》，《成都考古发现》（2001），科学出版社，2003 年，第 193～201 页。

⑬ 成都市文物考古工作队：《成都市成华区三圣乡花果村宋墓发掘简报》，《成都考古发现》（2001），科学出版社，2003 年，第 200～235 页。

⑭ 成都文物考古研究所：《成都市保和乡东桂村宋墓发掘简报》，《成都考古发现》（2002），科学出版社，2004 年，第 359～383 页。

⑮ 成都文物考古研究院：《成都市成华区成华广场宋墓发掘简报》，《成都考古发现》（2015），科学出版社，2017 年，第 694～714 页。

⑯ 成都文物考古研究所、青白江区文物保护管理所：《成都青白江区艾切斯工地唐、宋墓葬发掘简报》，《成都考古发现》（2006），科学出版社，2008 年，第 228～251 页。

⑰ 成都文物考古研究所：《成都市高新西区富通光缆通信有限公司地点宋墓发掘简报》，《成都考古发现》（2010），科学出版社，2012 年，第 562～579 页。

⑱ 成都文物考古研究所：《成都市电子科技大学清水河校区宋墓清理简报》，《成都考古发现》（2010），科学出版社，2012 年，第 589～597 页。

⑲ 成都文物考古研究所：《成都金沙遗址红色村小学地点唐宋砖室墓发掘简报》，《成都考古发现》（2009），科学出版社，2011 年，第 455～465 页。

⑳ 成都文物考古研究所：《成都青龙乡东林花园 21 线道路西段墓葬发掘简报》，《成都考古发现》（2006），科学出版社，2008 年，第 270～278 页。

墓^①、红松村宋墓^②、欢乐谷宋墓^③、沙河堡宋墓^④、青龙村宋墓^⑤、双柏村宋墓^⑥、任家碾 M4^⑦、南三环路北宋墓^⑧、二河村宋墓^⑨、海滨村宋墓^⑩、石岭村宋墓^⑪、新加坡工业园区宋墓^⑫、群众路宋墓^⑬、学府尚郡宋墓^⑭、沙湾宋墓^⑮、紫荆路宋墓^⑯、洪河大道南延线宋墓^⑰、川音大厦工地宋墓^⑱、二仙桥公园宋墓^⑲等，可基本建立完整的宋墓时代序列，二仙桥公园宋墓是目前已公布材料最晚的南宋纪年墓。宋代墓葬材料在本阶段重要突破是出现一大批家族墓地^⑳，其为从墓群的角度研究宋代墓葬奠定了

① 成都市文物考古研究所、成都市文物考古工作队：《成都市二仙桥南宋墓发掘简报》，《考古》2004 年第 5 期。

② 成都文物考古研究院、双流县文物管理所：《成都市高新南区中和街道红松村宋墓群发掘简报》，《成都考古发现》（2017），科学出版社，2019 年，第 307～333 页。

③ 成都文物考古研究所：《成都市金牛区欢乐谷宋墓发掘简报》，《成都考古发现》（2010），科学出版社，2012 年，第 580～588 页。

④ 成都文物考古研究院：《成都市锦江区沙河堡宋墓发掘简报》，《成都考古发现》（2017），科学出版社，2019 年，第 379～414 页。

⑤ 朱章义、刘雨茂、毛求学等：《成都市龙泉驿区青龙村宋墓发掘简报》，《成都考古发现》（1999），科学出版社，2001 年，第 278～294 页。

⑥ 成都文物考古研究所：《成都市高新西区双柏村宋、明墓发掘简报》，《成都考古发现》（2013），科学出版社，2015 年，第 605～643 页。。

⑦ 成都文物考古研究院：《成都市金牛区任家碾墓地 M4 发掘简报》，《成都考古发现》（2015），科学出版社，2017 年，第 682～693 页。

⑧ 张擎、程远福：《成都市南三环路发现北宋砖室墓》，《成都考古发现》（1999），科学出版社，2001 年，第 236～241 页。

⑨ 成都文物考古研究所、龙泉驿区文物保护管理所：《成都市龙泉驿区二河村墓地发掘简报》，《成都考古发现》（2014），科学出版社，2016 年，第 300～320 页。

⑩ 成都市文物考古研究所：《成都市青龙乡海滨村墓葬发掘简报》，《成都考古发现》（2003），科学出版社，2005 年，第 266～307 页。

⑪ 成都市文物考古研究所：《成都市青龙乡石岭村宋墓发掘简报》，《成都考古发现》（2003），科学出版社，2005 年，第 397～417 页。

⑫ 成都市文物考古工作队：《成都市石羊乡新加坡工业园区宋墓发掘简报》，《四川文物》1999 年第 3 期。

⑬ 成都市文物考古研究院：《成都市武侯区群众路唐宋墓地发掘简报》，《成都考古发现》（2016），科学出版社，2018 年，第 319～344 页。

⑭ 成都文物考古研究所、温江区文物保护管理所：《成都温江区"学府尚郡"工地五代及宋代墓葬发掘简报》，《成都考古发现》（2006），科学出版社，2008 年，第 305～334 页。

⑮ 成都市文物考古队：《成都西郊沙湾宋墓清理简报》，《成都文物》1999 年第 1 期。

⑯ 王方、王仲雄、王丙奎等：《成都市高新区紫荆路唐宋墓发掘简报》，《成都考古发现》（1999），科学出版社，2001 年，第 193～201 页。

⑰ 成都市文物考古研究所、龙泉驿区文物保管所：《成都市龙泉驿区洪河大道南延线唐宋墓葬发掘简报》，《成都考古发现》（2001），科学出版社，2003 年，第 163～177 页。

⑱ 成都文物考古研究院：《成都市武侯区川音大厦工地唐宋墓葬发掘简报》，《成都考古发现》（2015），科学出版社，2017 年，第 591～641 页。

⑲ 成都文物考古研究院：《成都市二仙桥公园宋墓发掘简报》，《成都考古发现》（2017），科学出版社，2019 年，第 289～306 页。

⑳ 刘雨茂、荣远大：《北宋宋构夫妇墓葬的发现与初步研究》，《四川文物》1999 年第 3 期；李绪成、刘雨茂、荣远大等：《四川成都北宋宋京夫妇墓》，《文物》2006 年第 12 期等。

材料基础。

20 世纪 90 年代以后出现不少对于四川地区墓葬的综述总结性研究，如罗开玉的《成都地区历代古墓概况》①、王毅等的《成都地区近年考古综述》②、赵殿增的《四川考古的世纪回顾与展望》③。这些文章一般不涉及或只是简略提出作者自己的研究观点，属于对发掘工作的整理汇报类文章。

由于隋唐墓资料的积累，部分学者尝试对已发现成都平原唐墓进行时空框架构建，权奎山在对南方地区隋唐墓进行区系划分时将四川地区唐墓单独划出，并进行粗略的类型学分析④。刘雨茂、朱章义则据已发表的唐墓材料对墓葬类型和随葬器物进行系统的类型学研究⑤。李蜀蕾在十国研究的过程中单独划分出前、后蜀进行研究⑥，并对其特征进行了初步梳理⑦。邱艳的硕士学位论文《四川盆地隋唐五代墓葬研究》是一篇基于整个四川盆地隋唐五代墓葬的综合研究⑧。

关于墓葬中的遗物，学者关注的方向较多。部分学者则对新出土墓志进行深入研究⑨。齐东方据文献资料系统梳理唐代丧葬观念的发展转变⑩，对于指导唐墓的研究意义重大。霍巍梳理了唐宋墓葬中出土的陀罗尼经咒，认为它在唐宋之际墓葬中的出现，一方面是密教仪轨与中国传统方术的结合，另一方面是持明密教传入成都和佛教不断世俗化的趋向⑪。王建墓棺床上伎乐图像、十二武士持续成为研究热点⑫，后蜀墓主人石像亦持续受学术界关注⑬。部分学者亦展开对其他前、后蜀墓葬结构⑭、墓主人身份⑮及出土器物的深入研究⑯。张勋燎开始系统地对王建墓道教因素进行考古学研究，开启唐宋时期墓葬道教考古研究的序幕，为认识和研究唐宋墓葬提供了一种新的理论方法⑰。王瑾对

---

① 罗开玉：《成都地区历代古墓概况》，《四川文物》1990 年第 3 期。

② 王毅、蒋成、江章华：《成都地区近年考古综述》，《四川文物》1999 年第 3 期。

③ 赵殿增：《四川考古的世纪回顾与展望》，《考古》2004 年第 10 期。

④ 权奎山：《中国南方隋唐墓的分区分期》，《考古学报》1992 年第 4 期。

⑤ 刘雨茂、朱章义：《四川地区唐代砖室墓分期研究初论》《四川文物》1999 年第 3 期。

⑥ 李蜀蕾：《十国墓葬初步研究》，吉林大学硕士学位论文，2004 年。

⑦ 李蜀蕾：《前后蜀墓葬略论》，《东方博物》2012 年第 3 期。

⑧ 邱艳：《四川盆地隋唐五代墓葬研究》，四川大学硕士学位论文，2010 年。

⑨ 陈玮：《成都出土王怀珍墓志考》，《四川文物》2015 年第 1 期；张熊：《〈太原郡故王怀珍墓志〉考释——以刘辟事件后的剑南西川形势为重点》，《中华文化论坛》2014 年第 4 期；陈玮：《唐成都府助教鲜腾墓志铭考释》，《四川文物》2011 年第 4 期；何山：《〈鲜腾墓志〉释文校证》，《安康学院学报》2013 年第 25 卷第 4 期；龙腾：《成都出土唐爨守忠墓志铭的探讨》，《成都文物》2002 年第 3 期。

⑩ 齐东方：《唐代的丧葬观念习俗与礼仪制度》，《考古学报》2006 年第 1 期。

⑪ 霍巍：《唐宋墓葬出土陀罗尼经咒及其民间信仰》，《考古》2011 年第 5 期。

⑫ 秦方瑜、朱舟：《试论王建墓乐舞石刻的史学价值》，《社会科学研究》1994 年第 2 期；杨荣新：《王建墓及其棺床伎乐石刻》，《文史杂志》1998 年第 2 期；迟乃鹏：《王建墓棺床石刻乐伎弄佛曲说探证》，《四川文物》1997 年第 3 期；郑以墨：《往生净土——前蜀王建墓棺床雕刻和十二半身像研究》，《四川文物》2012 年第 6 期；李清泉：《墓主像与唐宋墓葬风气之变——以五代十国时期的考古发现为中心》，《美术学报》2014 年第 4 期。

⑬ 秦方瑜：《王建墓后室石像像主再质疑》，《成都大学学报》（哲学社会版）1992 年第 4 期；李清泉：《墓主像与唐宋墓葬风气之变——以五代十国时期的考古发现为中心》，《美术学报》2014 年第 4 期。

⑭ 张勋燎、黄伟：《论后蜀和陵的特征及其相关问题》，《成都文物》1993 年第 1 期。

⑮ 张亚平：《前蜀后妃墓应为前蜀周皇后墓》，《四川文物》2003 年第 1 期。

⑯ 朱章义：《试论成都化成村五代墓出土的尊胜陀罗尼石刻》，《四川文物》1999 年第 3 期；刘雨茂、刘平：《孙汉韶墓出土陶房考识》，《四川文物》2000 年第 3 期。

⑰ 张勋燎：《试说前蜀王建永陵发掘材料中的道教遗迹》，《四川考古论文集》，文物出版社，1996 年。

群众路唐墓出土佛教纸本真言及相关问题进行了讨论①。

由于宋墓新材料的涌现，本阶段宋墓研究热度、深度和广度进一步拓展。秦大树概述了宋代墓葬的变革及其社会意义②，对宋墓研究具有总体认识上的指导意义。在区系研究上，陈云洪据已发表宋墓材料对四川地区宋墓的分区分期进行研究③。吴敬在对南方地区宋墓进行系统研究时把以成都平原为中心的四川地区划分为一独立区域进行比较研究，系统研究了成都地区宋墓分期分区、丧葬习俗、年代学研究方法、陶俑等方面问题④。同时，宋墓出土丰富的墓志和买地券材料引起大量学者关注⑤，朱章义关注到宋墓中较普遍的合葬问题⑥，雷玉华则在关注南宋火葬墓⑦基础上对成都地区宋代丧葬习俗及其背景进行深入研究⑧。张勋燎、白彬对宋墓中道教石刻的研究，特别是《中国道教考古》中关于镇墓兽、神怪俑等章节的研究将宋墓研究提升至丧葬和宗教观念层次，对认识和研究宋墓随葬器物、丧葬习俗有积极指导意义⑨。颜劲松对成都地区宋代墓葬出土陶俑服饰进行了研究⑩，闫琰对后蜀赵廷隐墓出土的花冠舞俑的属性进行了识别，认为其表现的是唐宋文献中所记载的柘枝舞⑪。余天将四川地区出土的宋代陶俑进行了分区和分期研究，分析了陶俑的明器神煞的功能作用⑫。章红梅对二仙桥南宋墓出土墓券进行了释录补校⑬。

综合可知，成都平原唐墓的研究基本处于停滞状态，区域综合性研究成果仅有 2 篇，而关于墓葬本身的研究亦仅限于墓志考释。近 20 年新增唐墓材料可支撑对成都平原唐代墓葬更科学的分期

① 王瑾：《成都市群众路唐墓出土佛教纸本真言及相关问题》，《考古》2020 年第 9 期。

② 秦大树：《宋代丧葬习俗的变革与其体现的社会意义》，《唐研究》第十一卷，北京大学出版社，2005 年。

③ 陈云洪：《四川宋墓初探》，《成都文物》1995 年第 4 期；陈云洪：《试论四川宋墓》，《四川文物》1999 年第 3 期。

④ 吴敬：《南方地区宋代墓葬研究》，社会科学文献出版社，2015 年；吴敬：《成都地区宋代砖室墓的分期研究》，《四川文物》2009 年第 4 期；吴敬：《试论南方宋墓的群体差异》，《宋史研究论丛》（10），河北大学出版社，2009 年；吴敬：《宋代厚丧薄葬和葬期过长的考古学观察》，《贵州社会科学》2010 年第 8 期；吴敬：《宋代墓葬年代学研究方法初探》，《南方文物》2010 年第 4 期；吴敬：《关于成都地区宋代墓葬出土陶俑的几点认识》，《四川文物》2010 年第 6 期；吴敬：《宋代川陕四路墓葬特征的区域性研究》，《考古与文物》2011 年第 3 期；吴敬：《论南方宋墓的共性特征及其成因》，《考古与文物》2014 年第 1 期。

⑤ 曹岳森：《四川出土买地券的初步研究》，《四川文物》1999 年第 6 期；薛登：《成都龙泉出土部分买地券汇辑》，《成都文物》2008 年第 1 期；薛登：《成都龙泉出土部分买地券汇辑》（续），《成都文物》2008 年第 2 期；刘隽一：《北宋宋京夫妇墓志铭考释》，《中国典籍与文化》2013 年第 4 期；章红梅：《成都市二仙桥南宋墓出土道教碑铭释文补正》，《宗教学研究》2012 年第 1 期；黄敏：《〈成都市二仙桥南宋墓发掘简报〉券文校补》，《中国国家博物馆馆刊》2013 年第 9 期；章红梅：《〈成都市二仙桥南宋墓发掘简报〉释录校补》，《考古与文物》2015 年第 3 期；鲁西奇：《中国古代买地券研究》，厦门大学出版社，2014 年。

⑥ 朱章义：《四川宋代合葬墓的两个问题》，《成都文物》1992 年第 3 期。

⑦ 雷玉华：《成都宋代小型墓葬初析》，《成都文物》1992 年第 3 期。

⑧ 雷玉华：《唐宋丧期考——兼论风水术对唐宋时期丧葬习俗的影响》，《四川文物》1999 年第 3 期。

⑨ 张勋燎：《川西宋墓和陕西、河南唐墓出土镇墓文石刻之研究——道教考古专题研究之三》，《南方民族考古》第五辑，四川科学技术出版社，1993 年；张勋燎、白彬：《成都宋墓出土真文石刻与"太上真元大道"》，《考古》2004 年第 9 期；张勋燎、白彬：《中国道教考古》，线装书局，2006 年。

⑩ 颜劲松：《成都地区宋代墓葬出土陶俑服饰研究》，《四川文物》2006 年第 1 期。

⑪ 闫琰：《后蜀赵廷隐墓出土花冠舞俑与柘枝舞》，《江汉考古》2017 年第 4 期。

⑫ 余天：《四川地区宋俑研究》，吉林大学硕士学位论文，2019 年。

⑬ 章红梅：《〈成都市二仙桥南宋墓发掘简报〉释录校补》，《考古与文物》2015 年第 3 期。

成都
考古史

分区研究，特别是一批唐代墓群的发现对研究唐墓分布规律、墓葬形制演变、随葬器物演化等方面具重要意义，亦为研究魏晋薄葬之风对唐墓变革的影响提供了材料基础。

已科学发掘前、后蜀墓葬材料近 30 座，其中大部分记录了明确纪年和墓主人身份，对其进行总体检讨研究时机已基本成熟。而学术界关注点多集中于前蜀王建墓出土器物研究，极少对其他前、后蜀墓葬本身和总体特征进行细致梳理。此外，近年成都平原发现大量纪年宋墓，总数近百座，从北宋早期持续至南宋晚期，这批墓葬可支撑更精确的分区分期研究。

三、宗 教 考 古

成都地区的宗教考古主要包括佛教考古、道教考古及其他涉及伊斯兰教、大秦教等宗教的考古，其中佛教、道教的成果相对丰富。

从历史发展来看，四川地区早在汉晋之际的墓葬材料中，已经发现佛教传入的迹象，如各地出土摇钱树座（或树干）上及乐山麻浩崖墓中出现的坐像，但这些图像尚不属于真正蕴含佛教教义的偶像，而是汉地对外来的佛像进行本土"神仙化"解读的结果。真正的佛教传入四川则到了东晋晚期，并率先出现在作为区域政治中心的成都。

成都佛教的开端目前并无实证，较为可信的是东晋高僧法和、昙翼、慧持等来蜀驻锡传法[①]；南北朝时期在都城建康的强烈影响下，成都地区佛教迎来大发展，一时间伽蓝林立、高僧辈出，这种浓郁的佛教文化氛围一直延续至五代北宋以后才趋于平淡。最早成都地区与佛教有关的成就主要集中在金石学方面，成都地区较为正式的佛教考古及调查工作则晚至 20 世纪 80 年代才正式发展起来，主要包括寺院遗址调查及发掘、佛像埋藏坑的发现和野外佛教石窟寺调查等，并在此基础上开展相关研究工作，此外也有部分遗址及墓葬中零星出土与佛教相关的遗迹、遗物。2000 年以后，成果开始逐渐丰富，国内外学者从多角度持续发力，对成都地区摩崖造像、考古出土单体造像等展开全面的讨论研究，成都地区佛教遗存的重要性亦获得了突显。

南宋时期，洪适曾对四川境内汉代道教石刻有过金石学方面的考证，但真正的道教考古发端较晚，主要由当代学者发起。受限于材料数量，研究相对佛教考古而言较为薄弱。其他宗教考古情况与道教考古类似，甚至更不乐观。

（一）第一阶段：中华人民共和国成立以前

1. 佛教考古

这一阶段佛教考古相关成果主要是基于金石学基础上的撰录与考证，亦有少量墓葬出土材料。早期受关注较多的主要是龙泉驿区的《北周文王碑》及成都万佛寺出土佛教石刻造像。

早在南宋时王象之著《舆地纪胜》时已收录龙泉驿（南宋时属简州）《北周文王碑》，但介绍极为简略，仅涉及北周在简州的县治变革；清代《金石苑》《金石萃编》等始抄录《北周文王碑》全文。20 世纪 30 年代刘节著文对《北周文王碑》涉及的历史做了比较详述考证[②]，通过碑文与《资治

---

① （梁）释慧皎撰，汤用彤校注：《高僧传》卷五《义解二》、卷六《义解三》，中华书局，1992 年，第 178、198、230 页。

② 刘节：《北周强独乐为文王造佛道二像碑记跋》，原载于《金陵学报》第十卷第一、二期，后又转载于《成都文物》1987 年第 3 期。

通鉴》《周书》等比较，纠正了《资治通鉴》中部分与历史不符之处，刘氏认为碑文所言与西魏末北周初史料大体吻合，基本认可了北周文王碑内容真实可信。

清光绪八年（1882 年），成都市西门外万佛寺遗址曾出土 100 余件石刻佛教造像，将这座古老的寺院拉回世人视线。此事被当时的成都县令之子王廉生记于《天壤阁笔记》中："乡人掘土，出残石佛像，大者如屋，小才卷石，皆无首或有首无身，无一完者。……凡百余……乃拣得有字像三：一元嘉，一开皇，一无纪元。"[①]1937 年同一地点又发现佛像 12 尊、佛头 26 个，均大如人身，其中包括现藏于四川博物院的中大通元年（529 年）释迦立像及北周阿育王立像。1945～1946 年，在四川理学院修建校舍中亦传出土了佛像多件，但均被砸毁或埋于房基下[②]。据王廉生言，清光绪八年三身有字像被王廉生携出川，其余残像置于新建"小万佛寺"中，此后寺毁像佚，不知所终。而元嘉年造像据多数人认为被王氏后人卖给了法国人，下落不明；国内目前有所谓拓片存留，然而拓片上并未发现"元嘉"纪年。清末金石学家叶昌炽在对成都万佛寺出土南朝佛像的论述中，首次提到当时四川已开始出现南朝造像伪品，"余曾见蜀人携梁造像数十通，皆赝记"[③]。

20 世纪 40 年代，华西协合大学在新津收集到画像砖等一批文物，其中有 1 件天监五年（506 年）萧渊藻背屏式造像，高 36、宽 38 厘米，背面上部为一佛及左右各四身供养人及其侍从，下部铭文为："天监五年太岁在丙戌二月朔丙申益州刺史萧渊藻为削平乱贼上秉国永隆，北不幸丧亡群生，愿腾游诸佛之所，永□□因，并现世眷属，敬造石神像□区，普同供养。原造像已不知所踪。"[④]

1944 年，四川大学在修筑校内道路时，在一座小型唐墓中出土 1 件纸本陀罗尼经咒。此经咒被装置在墓主人右上臂臂钏中，纸为唐代茧纸（以茧、桑皮、麻加檀木浆制成），印本中部有一方框，方框内一六臂菩萨坐于莲座上，手执法器；方框外围绕梵文；纸本四角各有菩萨像一、每边各有菩萨像三，像之间间以佛教供品。最为重要的是印本右边有题记"成都府成都县□龙池坊□□□近下□□印卖咒本□□□……"，这是成都首次发现唐代纸本密教经咒。冯汉骥曾撰文介绍了此次发掘情况，并就出土经咒涉及的地名沿革、纸本经咒的宗教涵义、唐宋时期雕版印刷等方面展开研究[⑤]。

1958 年，成都市百花潭附近南河中出土 6 件唐五代时期的佛顶尊胜陀罗尼经幢[⑥]，幢身高多为 30～50 厘米，幢身上除了经咒，亦有造像题记，据此可知这些经幢多是为水中鱼鳖之类而造，幢主期望以此功德，将来可以"往生净土"。

这一时期也有少量文章对成都境内其他佛教遗迹进行关注。例如，20 世纪 30 年代建筑学家叶济澜曾著文讨论彭州龙兴寺塔分裂为两半但未倒塌的原因[⑦]；1943 年庄巨川《重建古益州龙兴舍利塔缘起》对龙兴寺古塔建造年代进行考证，并认为古塔年代约与阿育王时代相近[⑧]。单从龙兴寺塔为

---

① 转引自四川博物院、成都文物考古研究所、四川大学博物馆：《四川出土南朝佛教造像》，中华书局，2013 年，第 6 页。

② 刘廷璧：《成都万佛寺石刻造像》，《成都文物》1987 年第 1 期。

③ （清）叶昌炽撰，柯昌泗评：《语石·语石异同评》卷五，中华书局，1994 年，第 312 页。

④ 游寿：《梁天监五年造像跋尾》，《图书月刊》1943 年第 3 卷第 1 期，第 10、11 页。

⑤ 冯汉骥：《记唐印本陀罗尼经咒的发现》，《文物参考资料》1957 年第 5 期。

⑥ 袁明森：《成都西郊发现唐代石刻》，《考古》1959 年第 9 期。

⑦ 《东方杂志》第二十五卷第十七号，1918 年 9 月 10 日出版。笔者未见到此文，而是据庄巨川先生《关于龙兴寺塔建筑年代的探讨》一文注释所转，庄氏文刊于《成都文物》1985 年第 1 期。

⑧ 转引自庄巨川：《关于龙兴寺塔建筑年代的探讨》，《成都文物》1985 年第 1 期。

密檐式砖塔且用砖多为六朝花纹砖即可知此论不可取信。

2. 道教考古

1949 年以前，成都地区道教考古的研究成果相对较少。早在南宋时期，洪适曾从道教发展史的角度对四川境内东汉熹平二年（173 年）米巫祭酒张普题字石刻进行过研究 [1]。

3. 其他宗教（伊斯兰教、基督教）

受佛教、道教发展影响，成都地区相关考古工作成果比较丰富，而其他宗教则相对薄弱，成果非常少。有关伊斯兰教的古代遗迹以存留至今的数座清真寺为主。1941 年 5 月，古建筑学家刘致平对鼓楼南街清真寺建筑进行考察、测绘，并对这座清真寺的建筑风格、特点做了详细论述 [2]。

（二）第二阶段：1949～2000 年

1. 佛教考古

这一阶段涌现出大量成果，尤其 1980 年以后，四川本地学者开始大量关注成都佛教相关遗迹、遗物，从内容看涉及古代寺院创建年代考证、摩崖造像调查、造像（含壁画、塑像、建筑等）综合研究等。尤其值得说明的是，这一阶段多数成果均发表于成都市文物保护管理委员会办公室编写的《成都文物》，集中展示了这一时期成都本土佛教考古人才辈出、成果斐然的盛况。这一时期，地方文化工作者的工作内容一方面是介绍古代寺院的基本情况，对寺院相关遗迹、遗物作初步研究；另一方面基于考古、调查新发现开展如历史沿革、年代学分析、宗教、题材、艺术等多角度讨论；此外，对佛教摩崖造像的调查亦呈现比较积极的态度，成果比较显著。

从全国范围看，直至 20 世纪 90 年代国家文物局主编《佛教石窟考古概要》时，对于成都佛教遗存的关注还停留在万佛寺及茂汶出土南朝造像上 [3]，反映出当时省外学者对成都佛教相关遗存的了解还不深入，这与此时成都佛教石窟造像尚未采用科学考古调查并公布资料的背景有关。

（1）古代寺院及相关遗迹

成都市辖区内古代寺院林立，几乎每个区（县）都有不少遗存。早期学者讨论比较多的主要有彭州龙兴寺塔、成都万佛寺、邛崃龙兴寺、成都福感寺等，亦有部分文章对新津观音寺、龙泉石经寺、新都宝光寺、崇州大明寺、成都文殊院、成都大慈寺等相关情况展开介绍性撰述。现择其要者略述如下。

1）彭州龙兴寺塔及出土造像

龙兴寺位于彭州市区北部，本属南北朝旧寺，原名大空寺，天授二年（691 年）改名大云寺，开元中改为龙兴寺。据唐宣宗时彭州刺史陈会《彭州再建龙兴寺碑》知，寺院一度毁于"会昌灭佛"，大中年间（847～859 年）获重建，"创浮图、建宝刹"。重建的寺院废弃于何时尚无定论，而学术界对其讨论的重点主要是寺内一座古塔，即龙兴寺塔，该塔为十七层密檐式，明代弘治年间（1488～1505 年）由地震引发崩裂，塌去一角；清乾隆五十一年（1786 年）泸定地震，残塔裂开为"双峰"，并未倒塌；1922 年其中一"峰"崩塌；1981 年 4 月残塔为人所破坏，被拆除六层半，仅

① （宋）洪适：《隶释·隶续》卷三，中华书局，1985 年，第 309 页。
② 刘致平：《成都清真寺并论战后建筑一原则》，《中国营造学社汇刊》第七卷第二期，1954 年。
③ 国家文物局教育处：《佛教石窟考古概要》，文物出版社，1993 年，第 151、152 页。

余十层半。如前所述，早在20世纪30年代已有学者开始对其"双峰不倒"及兴建年代进行讨论；20世纪80年代四川大学林向教授等对古塔进行考察，依据塔的外形、结构、风格及用砖，结合文献认为属唐代建筑，塔顶朱雀衔铃（有"大同九年"铭）等则为梁代遗物，为建塔时旧物利用[①]。这一观点引发了彭州当地学者不同看法，周述烈撰文将古塔年代判断为后蜀广政二十七年（964年）[②]；庄巨川则认为古塔建于唐大中年间[③]。1994年8月，四川省彭州市佛教协会经批准拆除龙兴寺古塔，并于塔体及地宫中发现数十件石刻佛教造像，其中地宫中出土的6件纪年造像之一为南朝梁中大通五年（533年）尹文宣造释迦双身像[④]，极其珍贵。其他纪年造像包括隋开皇十一年（591年）谯贾奴造道教造像、景龙元年（707年）何善道造救苦菩萨像、圣历元年（698年）王弘礼造释迦像、久视元年（700年）孙道其造救苦观世音菩萨像残座及开元二十五年（737年）杨氏造立像[⑤]。据公开资料显示，1994年拆除古塔时发现的造像数量远不止简报所公开的情况[⑥]。

2）成都万佛寺遗址及出土造像

万佛寺位于成都市西门外，始建年代不详。自清光绪年间（1875～1908年）发现石刻佛像以来，对万佛寺的相关探究便已开始。明代黄辉《重建万佛寺碑记》称万佛寺"相传创于汉延熹（158～167年）"，此说并不可信。现存文献记载显示，四川最早的佛教僧侣传法活动约兴起于东晋，南朝时受建康影响，南梁时蜀中佛教已比较兴盛。从出土南朝佛造像的数量及体量看，南朝时万佛寺寺院规模较大，僧徒信众造像活动频繁，已然是蜀中名寺。1937年万佛寺出土1件景光及景焕母子造像，题记中有"中大通元年（529年）太岁己酉籍/莫姥道献与见景光及景焕母子侍从鄱阳世子西/止于安浦寺敬造释迦像一躯"，据此一般认为当时万佛寺名"安浦寺"，又据《续高僧传》卷六《慧韶传》"又当终夕有安浦寺尼"[⑦]，可知安浦寺当时为一尼寺。

20世纪50年代开始，学者在关注万佛寺出土造像的同时开始讨论寺院的沿革、佛教造像艺术特征等问题，以冯汉骥在《文物参考资料》1954年第9期上发表的《成都万佛寺石刻造像——全国基建出土文物展览会西南区展览品之一》为代表，稍后刘志远、刘廷壁出版《成都万佛寺石刻艺术》[⑧]以图录形式公布了四川省博物馆藏万佛寺出土石刻造像，并介绍了寺院沿革、造像出土状况、艺术价值等，这本图录对早期学术界研究南朝造像提供了极为重要的资料。由于南朝造像存世者极少，可移动造像只有少量传世金铜造像，万佛寺发现的40余件南朝造像触发了学术界对南朝造像进行多维度研究，成为讨论南朝佛教艺术最重要的实物资料。不少学者从其雕刻题材、佛教思想、艺术风格、渊源及传播等角度出发，对这批南朝造像进行了大量讨论。

早期学术界比较关注万佛寺出土南朝造像的佛教故事画和经变画浮雕，这当中以日本和中国学

① 林向：《天彭文物考察散记》，《四川文物》1986年第3期。

② 周述烈：《龙兴寺古塔始创年代考》，《成都文物》1984年第3期；周述烈：《彭州龙兴寺古塔建成年代再探》，《成都文物》2002年第2期。

③ 庄巨川：《关于龙兴寺塔建筑年代的讨论》，《成都文物》1985年第1期。

④ 2001年彭州市博物馆与成都市文物考古研究所联合对龙兴寺地宫出土佛教造像整理时，此件造像已"未见到实物"。

⑤ 沈洪民：《彭州龙兴寺塔始建溯源》，《成都文物》1999年第3期；彭州市博物馆、成都市文物考古研究所：《四川彭州龙兴寺出土石造像》，《文物》2003年第9期。

⑥ 沈洪民：《彭州龙兴寺塔始建溯源》，《成都文物》1999年第3期。

⑦ （唐）道宣：《续高僧传》卷六《慧韶传》，《大正藏》，新文丰出版公司，1990年，第50册，第471页。

⑧ 刘志远、刘廷壁编：《成都万佛寺石刻艺术》，中国古典艺术出版社，1958年，第1～7页。

者成果较为丰富，代表学者有杨泓、长广敏雄[①]、吉村怜[②]等，杨泓主要是从浮雕图像的文本依据、艺术风格、表现手法等方面探讨[③]；日本两位学者主要对传世元嘉二年（425年）造像碑背面浮雕图像进行题材研究，分别提出《六度集经》《菩萨本缘经》经变相和《法华经·观世音菩萨普门品》经变相等不同意见。

3）邛崃龙兴寺遗址

1947年6月，邛崃西河（当时称㮈江）洪水暴涨，冲垮了县城西北隅东岸河堤，冲出了大量唐代石刻佛像和经版。1947～1948年，华西协合大学古物博物馆成恩元曾五次前往收集，同时在出土造像的河边地带进行清理，收集和发掘到大量碑碣、经幢、佛像等，这批材料现收藏于现四川大学博物馆。此外，另有部分出土造像散落。对于出土造像的数量及保存情况有两种说法，一是邛崃龙兴寺遗址前后出土文物近300件，其中20%在群众手中，5%收藏于邛崃民教馆，75%收藏于四川大学博物馆[④]。二是有资料认为，这里先后出土遗物总数有六七百件之多[⑤]。这一阶段收集的遗物中除了精美的造像，还有不少大小不等的陀罗尼经幢，其中很多刻着唐代年号，据统计有贞元十一年、太和二年、开成五年、会昌二年、会昌三年、大中三年、大中十二年、大中十三年、咸通五年、咸通八年等。在收集的经版残块中，有一块刻"……□经一卷镇龙兴寺愿合家□……"铭文，据此成恩元提出此即唐代邛州龙兴寺遗物，并对寺名进行了初步考证[⑥]，杨蕺谷、成恩元等亦撰文介绍了石刻收集过程及相关情况[⑦]，冯国定撰文评价了这批新出土石刻造像的艺术水平[⑧]，任海在介绍龙兴寺出土石刻的基础上，对它们年代、性质及与周围地区同时期石刻的关系等做了尝试性分析[⑨]；另有部分学者针对龙兴寺历史沿革及出土物展开专题研究，如成恩元等通过出土遗物及文献，基本厘清了龙兴寺沿革，并对寺院废毁时间及背景做了有益的探讨[⑩]，并对龙兴寺出土贞元十一年（795年）带铭文灯台着重进行介绍及研究[⑪]。

4）益州福感寺遗址

益州福感寺遗址位于今成都市青羊区实业街北侧，南北朝时名大石寺，唐初更名福感寺。唐高僧道宣《集神州三宝感通录》（成书于唐麟德元年，664年）卷上有载："益州郭下福感寺者，在州郭下城西。本名大石，相传云，是鬼神奉育王教，西山取大石为塔基，舍利在其中，故名大石

① 〔日〕长广敏雄：《南朝の佛教的刻画》，《六朝时代美术の研究》，东京美术出版社，1969年，第59～66页。

② 〔日〕吉村怜：《南朝的法华经普门品变相——论刘宋元嘉二年铭石刻画像的内容》，《天人诞生图研究》，上海古籍出版社，2009年，第368～382页。

③ 杨泓：《南朝的佛本行故事雕刻》，《现代佛学》1964年第4期；后又收入杨泓：《汉唐美术考古和佛教艺术》，科学出版社，2000年，第305～308页。

④ 成恩元：《邛崃龙兴寺遗物的发现与研究》（节要），《邛崃县文物志》（内刊），1981年，第24页。

⑤ 成都市地方志委员会编：《成都市志·文物志》，四川辞书出版社，2000年，第232页。

⑥ 成恩元：《邛崃大佛院为唐龙兴寺考》，《华西文物》1951年创刊号。

⑦ 杨蕺谷：《邛崃发掘唐代龙兴寺残石报告》，《狂飙月刊》1949年第3期；成恩元：《邛崃唐代石刻纪略》，成都《西方日报》1949年3月8日。转引自成都文物考古研究所、邛崃市文物管理局：《四川邛崃龙兴寺2005～2006年考古发掘报告》，文物出版社，2011年，第6页，注释14。

⑧ 冯国定：《邛崃唐代龙兴寺石刻概述》，《四川邛崃唐代龙兴寺石刻》，中国古典艺术出版社，1958年。

⑨ 任海：《试论四川邛崃唐代龙兴寺石刻》，《成都文物》1987年第1期。

⑩ 成恩元：《邛崃龙兴寺遗物的发现与研究》（节要），《邛崃县文物志》（内刊），1981年，第24～34页。

⑪ 邓佐平：《四川邛崃县出土的唐灯台及其他》，《考古通讯》1957年第5期；成恩元：《四川邛崃唐代龙兴寺灯台赞原文实录》，《考古通讯》1958年第2期；黄微曦：《唐龙兴寺灯台石刻》，《成都文物》1986年第4期。

也。……隋初有诜律师见此古迹，于上起九级木浮图，今见在。益州旱涝年，宫人祈雨必于此塔，祈而有应，特有感征，故又名福感。余尝至焉，诚如所述。"①1980 年，成都市文物管理处在成都市西城长顺中街 82 号基建工地清理了 1 座地下石室，出土青石函 1 件，内盛铜棺 1 件、银瓶 1 件，石函内残留少许绿色粉末，石函盖上有 27 枚隋代五铢钱。四川大学林向教授认为出土塔基的位置正当隋唐少城西门附近，与杜甫《石笋行》"君不见益州城西门，陌上石笋双高蹲"、晚唐刘禹锡《成都府新修福成寺记》"……石笋街，街之北有……福成（应为"感"，笔者注）寺"所载福感寺位置相符，因此，此塔基应是福感寺塔基遗址②。该判断对于我们研究隋唐佛教寺庙的布局和成都城市史具有重要的参考价值。

成都地区还有部分寺院，据文献知其创建年代较早，现存实物亦可上溯至唐宋或明清，本土学者对这些古代寺院及相关遗迹、遗物亦有不少有益讨论，如有讨论寺院古代壁画、塑像等的题材、艺术技法等③；有讨论寺院建筑艺术及其兴建由来等④；有介绍寺院藏古代碑刻、佛教文物等⑤；此外也有对本地佛教寺院进行简略综合介绍者⑥。值得注意的是，这一阶段尽管各方面条件有限，但已经开始重视对成都古代佛教寺院的保护、利用工作⑦。

（2）佛教摩崖造像调查及研究情况

近代学者对成都地区摩崖造像的集中关注约开始于 20 世纪 80 年代。整体来看，受限于这一时期国内佛教考古尚处于初期发展阶段，基础资料公布少，研究方法亦在探索当中，学术界对成都地区摩崖造像的认识与讨论亦呈现相同情形。就公开发表的资料看大体可分为两类，一类是以考察为基础，对成都个别摩崖造像点作简略、概述性的介绍，涉及少量的题材辨识，研究部分比较粗浅，以公布材料为主；另一类对涉及造像的年代、题材、分期、渊源等展开学术性讨论，这一点在龙泉驿《北周文王碑》的相关讨论上表现尤为明显。

邛崃、蒲江两地是成都佛教摩崖造像分布点较为密集的区域，境内有石笋山、磐陀寺、花置寺、飞仙阁等众多中晚唐开始雕凿的精美摩崖造像。从 20 世纪 80 年代开始莫洪贵、黄微曦、魏尧

① （唐）道宣：《集神州三宝感通录》卷上，《大正藏·史传部四》，新文丰出版公司，2016 年，第 52 册，第 408 页。

② 林向：《隋唐益州福感寺塔遗址考》，《成都文物》1984 年第 2 期。

③ 黄微曦：《磐陀寺的塑像与壁画》，《成都文物》1984 年第 4 期；颜开明：《新津观音寺的明代壁画》，《成都文物》1985 年第 2 期；李中华：《新津观音寺的"飘海观音"塑像》，《成都文物》1985 年第 2 期；华胄：《新津观音寺的罗汉塑像》，《成都文物》1985 年第 2 期；冯修齐：《新繁龙藏寺的明代壁画》，《成都文物》1985 年第 3 期；胡宏：《新都宝光寺的竹禅书画》，《成都文物》1985 年第 3 期；周群华：《唐宋成都大慈寺壁画散论》，《成都文物》1988 年第 4 期。

④ 胡明：《大邑县罗汉寺的明代建筑》，《成都文物》1985 年第 1 期；李治河：《瑞光塔究竟建于何年》，《成都文物》1987 年第 3 期；李义让：《龙藏寺碑亭的由来》，《成都文物》1988 年第 2 期；胡立嘉《三教合流的"兴贤塔"》，《成都文物》1994 年第 1 期。

⑤ 陈廷乐：《新都龙藏寺碑刻》，《成都文物》1984 年第 2 期；皋兰：《精美的发绣"水月观音"》，《成都文物》1985 年第 1 期；杜辛：《新津修觉寺诗碑》，《成都文物》1985 年第 2 期；攸文：《新繁龙藏寺朝鲜使者碑考释》，《成都文物》1985 年第 3 期；薛玉树：《金堂县三学寺宋碑考》，《成都文物》1988 年第 1 期；颜开明：《新津发现清代保护观音寺告示牌》，《成都文物》1989 年第 2 期。

⑥ 宗濂：《千年古刹三学寺》，《成都文物》1987 年第 3 期；梁玉文：《成都文殊院》，《成都文物》1991 年第 2 期；金堂县文管所：《炮台山灵开寺》，《成都文物》1990 年第 1 期。

⑦ 龙泉驿区文管所：《燃灯古刹原貌移地保护》，《成都文物》1988 年第 2 期。

西、胡文和、古元忠、骆奇南、杨晓杰、王家祐、周香洪、丁祖春、龙腾等撰文对部分造像点情况进行初步调查并公布相关资料①，大多数文章在对重点造像窟龛的内容进行考查的同时，还依据文献、佛教经典等对相关造像题材进行解读，为外界认识和了解成都摩崖造像情况奠定了基础，但由于缺乏系统性与科学性，这些资料尚不属于正式的调查简报。

　　1987年，成都市文物管理委员会办公室与龙泉驿区文物管理所联合发布《石佛寺石刻简目》，这是成都地区首次对佛教摩崖造像点开展系统性调查，起因是《文物》1986年第3期刊登了丁明夷《从强独乐建周文王佛道碑看北朝道教造像》一文，丁先生在讨论北朝道教造像艺术的分期与发展时，引用的龙泉驿《北周文王碑》相关资料存在一定偏差；随后成都市文物管理委员会办公室和龙泉驿区文物管理所共同组织相关人员对《北周文王碑》及周边摩崖造像进行考察，并以《成都文物》1987年第3期为阵地，形成了一系列成果。一是发表《石佛寺石刻简目》《北周文王碑考查报告》②，对北周文王碑所在崖面的雕刻内容进行编号、记录，测绘了部分重要龛像、碑刻，抄录了《北周文王碑》全文，将相关资料予以尽可能详尽地公布；二是基于考查资料，对北周文王碑的真伪、年代、与周边造像龛和碑的关系、碑额与碑文的矛盾解读、碑文记载的佛道造像内容、造像现存与否等问题进行考证和研究，以薛登《北周文王碑及其造像问题新探》③为代表。尽管早在1983年胡文敬、李胜已分别撰文介绍了北周文王碑和《三教道场文》碑的史学价值④，但1987年这次对龙泉驿北周文王碑进行的调查及综合研究相当于拉开了成都地区摩崖造像调查研究工作的帷幕，对成都佛教考古发展而言意义重大。此后，薛登等对龙泉山元堡摩崖造像及观音岩摩崖造像亦开展了相关调查并发表简报⑤。1990年高文、高成刚在其著作当中亦发布了《北周文王碑》拓片局部及全文录文，并对碑文进行了文字校勘⑥。

　　除了上述蒲江、邛崃、龙泉驿等地外，成都其他区域亦有零星摩崖造像点。这些区域开展的工作相对较弱，其中比较好的以大邑药师岩为代表。药师岩位于大邑县斜源乡盘石村境内的凤凰山凤凰禅院背后，是大邑地区佛教摩崖造像主要集中点，造像雕凿于唐迄明700年间。20世纪80年代，林向教授曾因从事地震考古调查到过大邑西部山地的药师岩考察，据其回忆，"该处石窟风化、损坏严重，且很多唐宋石窟的原状为明清以来的改装所掩盖"⑦。1985年，谢思道首次在《成都文物》较为详细地介绍了药师岩摩崖造像的初步调查情况，并对部分龛像题材做出初步辨识及考证⑧。

　　① 莫洪贵：《蒲江飞仙阁摩崖造像》，《四川文物》1985年第3期；黄微曦：《花置寺石刻造像》，《成都文物》1987年第1期；魏尧西：《邛崃石笋山摩崖造像》，《成都文物》1984年第1期；胡文和：《邛崃石笋山摩崖造像艺术》，《成都文物》1987年第1期；古元忠、骆奇南：《邛崃鹤山弥勒造像》，《成都文物》1989年第3期；杨晓杰、王家祐：《蒲江县二郎滩摩崖造像》，《成都文物》1987年第1期；周香洪、丁祖春：《蒲江飞仙阁摩崖造像琐议》，《成都文物》1988年第2期；龙腾：《蒲江看灯山唐代十六罗汉造像》，《成都文物》1996年第4期。

　　② 成都市文管会办公室、龙泉驿区文管所：《石佛寺石刻简目》，《成都文物》1987年第3期；赵纯义、王家祐：《北周文王碑考查报告》，《成都文物》1987年第3期；薛登：《〈文王碑〉录文标点》，《成都文物》1987年第3期；小文：《〈唐三教道场碑〉琐谈》，《成都文物》1987年第3期。

　　③ 薛登：《北周文王碑及其造像问题新探》，《成都文物》1987年第3期。

　　④ 胡文敬：《北周文王碑》，《成都文物》1983年第1期；李胜：《唐三教道场文碑》，《成都文物》1983年第1期。

　　⑤ 薛登：《龙泉山元堡摩崖造像》，《成都文物》1987年第4期；薛登：《观音岩摩崖造像》，《成都文物》1991年第2期。

　　⑥ 高文、高成刚编：《四川历代碑刻》，四川大学出版社，1990年，第89～94页。

　　⑦ 林向：《序言》，《四川大邑县药师岩石窟寺和摩崖造像考古报告》，四川科学技术出版社，2014年。

　　⑧ 谢思道：《大邑药师岩的摩崖造像》，《成都文物》1985年第1期。

（3）考古发现与造像综合研究

受整体考古发展有限的影响，这一阶段与佛教有关的考古收获比较零星，但亦有一些重要发现，尤其是佛教埋藏坑的发现，对于成都南朝造像的研究与发展意义重大。

这一时期成都发现的佛教埋藏坑集中在少城范围内，主要包括西安路和商业街两个地点。1995年成都市西安路发现了一批窖藏石刻造像，这批造像出土于西安路中段东侧的一个近椭圆形不规则坑中，坑内填土分上、下两层，石刻造像主要出土于下层，共有10件南北朝石刻造像，除1件为道教造像外，其余9件为佛教造像。这批造像中5件有南朝齐梁时的铭文，包括永明八年（490年）释法海造弥勒成佛像、天监三年（504年）释法海造无量寿佛、中大通二年（530年）晃藏造释迦像、大同十一年（545年）张元造释迦多宝像、太清五年（551年）[1]柱僧逸造阿育王像。其余5件虽无明确纪年，但通过样式风格判断亦同属南北朝时期遗物[2]。

1990年成都市商业街共清理出土造像9尊，均为南朝石刻佛教造像，其中2件有纪年，分别为齐建武二年（495年）释法明造观音成佛像、梁天监十年（511年）王州子造释迦像[3]。

在西安路与商业街南朝造像发现之前，仅有成都万佛寺遗址出土造像供学术界探讨南朝造像样式，由于数量少，相关研究一直难以有更大突破。随着西安路与商业街两处埋藏坑的发现，尤其是纪年造像数量的增加，使得学术界对齐梁之际、梁中期及梁后期造像艺术风格之演变有了更为全面的认识，并促成成都南朝造像分期研究的出现。

1998年，成都宽巷子基建施工过程中曾发现3件南朝大型佛头像，均为螺髻，嘴角有胡须，颈下有插孔[4]。其中一件佛头残高82厘米，整身造像复原后高5米左右。据此可知南朝时期益州寺院佛殿规模之宏大。

1995～1996年，蒲江五星乡元觉村和松华乡松花村陆续出土两批石刻。据调查简报，元觉村出土石刻为明代圆觉寺所有，寺院始建于北宋淳化元年（990年），毁于20世纪六七十年代；松花村出土宋代石刻属古祇园寺，寺院建于南宋绍兴三十一年（1161年），宋末毁。从简报内容看，松花村出土造像中部分菩萨像年代可早到中晚唐，从照片看出土经幢年代也不会晚于五代至北宋初；简报称"这批石刻……埋藏于竹林之下约1米深的泥土中，比较集中，但系杂乱堆积"[5]，亦说明造像为埋藏坑出土。由于出土材料少且受限于佛教造像年代学研究成果不丰富，对这些出土造像年代的认识还可进一步讨论。这些新材料发现后第一时间即被公布，这是当地文物工作者对发展初期的成都佛教考古做出的重要贡献。

1995年以来成都市区陆续发现不少佛顶尊胜陀罗尼经、咒等石刻[6]，年代以晚唐五代为主。由于佛教宣扬信奉佛顶尊胜陀罗尼经咒有多种益处，于是唐五代时期修建、供养行为蔚然成风，这些

---

① 梁"太清"年号只有三年（547～549年），此处的太清五年是因为南朝梁武帝太清二年（548年）侯景之乱爆发，许多割据一方的萧氏宗族并不执行中央的号令，当时萧纪在成都一直使用太清纪年直至太清五年（551年）其称帝，才改元天正，所以在成都地区才出现了"太清五年"的题刻。

② 成都市文物考古工作队、成都市文物考古研究所：《成都市西安路南朝石刻造像清理简报》，《文物》1998年第11期。

③ 张肖马、雷玉华：《成都市商业街南朝石刻造像》，《文物》2001年第10期。

④ 雷玉华：《成都地区的南朝佛教造像》，《魏晋南北朝史论文集》，巴蜀书社，2006年，第273、274页。

⑤ 龙腾：《蒲江县出土一批明代石刻》，《成都文物》1995年第3期；龙腾：《蒲江出土一批宋代石刻》，《成都文物》1996年第2期。

⑥ 朱章义：《成都出土的尊胜陀罗尼经石刻》，《成都文物》1999年第1期。

实物资料的出土亦证明了当时这一信仰在成都地区的广泛流行。

引人注目的是，尽管这一时期全国佛教考古工作重心仍在几大石窟上，成都乃至整个四川并未受到大多数国内外学者关注，但成都本土学者对佛教遗物的综合研究已然开启，其中以胡文和最有代表性。自 1987 年开始，胡文和对四川包括成都地区在内的佛教造像艺术展开多角度的综合研究，包括"成都地区南朝佛教石刻艺术""四川摩崖石刻造像分期""四川石窟佛教建筑"等①，为外界学者系统认识和探讨四川包括成都地区佛教造像提供了较为翔实、准确的资料。这一时期，高文、高成刚在其著作当中亦发布了少量南朝有纪年背屏造像的拓片，并收录了个别造像铭文②。

除了对具体对象进行专门研究外，胡文和对整个四川地区的佛教摩崖造像开展了普查形式的调查，对相关题材、造像艺术、源流等亦进行了有益的讨论③。尽管报告仅对每处造像点主要窟龛内容进行介绍，缺乏对该点系统性、全面公布，但仍为国内外学者深度认识和了解四川佛教艺术奠定了基础，亦属成都佛教摩崖造像调查开山之作，意义重大，尤其是其首次采用以河流为脉络、按水系分区的思路对四川摩崖造像进行划分，重视中古时期水路对摩崖造像选点开凿的影响，至今仍有十分重要的学术参考价值。

2. 道教考古

中国的宗教考古学，无论从考古学还是宗教学的角度讲，也都不能不包括道教考古的内容。古代道教史的研究偏重于理论思想，对宗教活动方面的问题重视不够。正如葛兆光教授在 20 世纪 80 年代所指出的那样："人们在研究宗教时往往只注意到了那些宗教思想家的思想，却忽略了宗教的神谱、仪式、方法。"④ 成都地区的道教考古开展得相对较晚，集中在道观遗址、造像调查、墓葬出土材料及相关研究等。

（1）古代道观及相关遗迹

成都地区著名的道教宫观非常多，有青羊宫、纯阳观、建福宫等。早在 1956 年，青城山建福宫区域施工过程中曾出土《□□山会庆建福宫飞轮道藏记》碑，原碑不存，仅留拓片；1991 年，王家祐对该拓片进行了校录⑤。1990 年，中国社会科学院考古研究所四川工作队等单位对都江堰市青城山宋代建福宫开展了试掘工作⑥，基本确定了该地点的时代和基本范围，这是成都地区首次也是目前唯一一次对道教宫观遗址开展的科学发掘工作。

（2）道教造像的发现与调查

20 世纪 80 年代以来，伴随着相关学者对成都周边摩崖造像的调查，道教石刻造像的材料开始涌现出来。调查活动主要集中于成都周边丘陵、山地中，市区有零星道教单体造像出土。胡文和曾对四

---

① 胡文和：《成都地区南朝的佛教石刻艺术》，《成都文物》1987 年第 3 期；胡文和：《成都地区南朝的佛教石刻艺术（续）》，《成都文物》1987 年第 4 期；胡文和：《四川摩崖石刻造像分期试论》，《成都文物》1988 年第 2 期；胡文和：《四川唐代石窟中的佛教建筑》，《成都文物》1990 年第 1 期。

② 高文、高成刚编：《四川历代碑刻》，四川大学出版社，1990 年，第 84~88 页。

③ 胡文和：《四川道教佛教石窟艺术》，四川人民出版社，1994 年。

④ 葛兆光：《道教与中国文化》，上海人民出版社，1987 年，第 323 页。

⑤ 王家祐：《〈青城山道藏记〉校录记》，《成都文物》1991 年第 2 期。

⑥ 中国社会科学院考古研究所四川工作队、成都市文管会、都江堰市文物局：《四川都江堰市青城山宋代建福宫遗址试掘》，《考古》1993 年第 10 期；叶茂林：《青城山建福宫遗址试掘收获及其意义》，《成都文物》1993 年第 4 期。

川地区摩崖造像进行过系统性的梳理，单纯的道教造像数量非常少，如蒲江长秋山太清观附近龙拖湾和飞仙阁[1]。此外，其他地区还有佛道合龛，如龙泉大佛寺第 34 龛[2]等。1995 年，成都市西安路出土了 1 件道教造像[3]，略有残损。《中国西南石窟艺术》[4]中对四川石窟与摩崖造像地点进行了罗列，包括大佛崖石窟（北周文王碑）、玉皇顶石刻造像、天师洞石刻造像、三学山摩崖造像、飞仙阁石窟、老君洞摩崖造像、龙拖湾摩崖造像、灵官堂摩崖造像、太清池摩崖造像、石马沟摩崖造像等，比较遗憾的是该书并未公布这些点位的具体材料。从公开发表的资料看，这些造像点多以考察为基础，以公布材料为主，个别摩崖造像点作简略、概述性的介绍，涉及少量的题材辨识，研究部分比较粗浅。

（3）墓葬出土道教材料的发现

中华人民共和国成立后在配合基本建设的过程中发现了大量的墓葬，有跳蹬河[5]、华阳上河村[6]等地点，主要为宋墓。其中一些墓葬出土的墓券材料被认为是压胜石[7]，随着更多材料的发现，有学者开始注意到墓葬中出土墓券有定名上的错误，并列举了几种明确的材料[8]，根据券文内容确定了券的名称。20 世纪 80 年代清理了成都东郊张确夫妇墓，出土了与道教相关的"真文券"，简报作者并指出尚无人对此进行系统整理与释读[9]。

（4）道教遗存的相关研究

成都地区道教的研究，以往都为道教史的研究，20 世纪 80 年代以来，四川大学考古学系教授张勋燎确定了"道教考古"的研究方向和建立"道教考古学"的课题，并开展了相关道教考古专题的研究，和成都地区相关的研究文章为《川西宋墓和陕西、河南唐墓出土镇墓文石刻之研究——道教考古专题研究之三》[10]，对成都地区发现的两宋墓葬中出土的大量属于道教上清派的"天帝救告文""华盖宫文"和灵宝派的"八威真文""消灾真文""炼度真文"等镇墓券文的经系、源流和教派关系等进行论述，通过对材料的梳理，他认为这两个派系的镇墓文在唐代的界限还十分清楚，宗派观念还很强；在北宋末年发生了较大的变化。此外，霍巍也讨论了宋墓中石刻与道教的关系[11]。这个阶段重要的成果之一当属龙显昭、黄海德主编的《巴蜀道教碑文集成》[12]的问世，作者从浩繁的历代文集、总集、地方志和其他有关文献中钩沉辑佚，更是对部分遗存碑文进行了实地考察与

① 胡文和：《四川隋唐时期的道教摩崖造像》，《成都文物》1989 年第 2 期；胡文和：《四川道教佛教石窟艺术》，四川人民出版社，1994 年，第 19~23 页。

② 丁明夷：《从强独乐建周文王佛道造像碑看北朝道教造像》，《文物》1986 年第 3 期；薛登：《强独乐建周文王佛道造像碑未佚》，《文物》1987 年第 8 期。

③ 成都市文物考古工作队、成都市文物考古研究所：《成都市西安路南朝石刻造像清理简报》，《文物》1998 年第 11 期。

④ 刘长久：《中国西南石窟艺术》，四川人民出版社，1998 年，第 97~99 页。

⑤ 傅汉良：《成都外东跳蹬河发现宋代墓葬》，《考古通讯》1956 年第 6 期。

⑥ 四川省文物管理委员会：《四川华阳县北宋墓清理简报》，《文物参考资料》1956 年第 12 期。

⑦ 刘志远、坚石：《川西的小型宋墓》，《文物参考资料》1955 年第 9 期；四川省文物管理委员会：《四川官埝渠唐、宋、明墓清理简报》，《考古通讯》1956 年第 5 期。

⑧ 洪剑民：《略谈成都近郊五代至南宋的墓葬形制》，《考古通讯》1959 年第 1 期。

⑨ 翁善良、罗伟先：《成都东郊北宋张确夫妇墓》，《文物》1990 年第 3 期。

⑩ 张勋燎：《川西宋墓和陕西、河南唐墓出土镇墓文石刻之研究——道教考古专题研究之三》，《南方民族考古》第五辑，四川科学技术出版社，1993 年，第 119~148 页。

⑪ 霍巍：《谈四川宋墓中的几种道教刻石》，《四川文物》1988 年第 3 期。

⑫ 龙显昭、黄海德主编：《巴蜀道教碑文集成》，四川大学出版社，1997 年。

校录，但是所收材料有的真伪和性质存在问题。涉及成都地区的有《成都府玉局观新建五符幢记》《成都府朝真观记》《成都府灵应观赐号记》《西川青羊宫碑铭》《改玄中观为青羊宫诏》等史料，弥补了巴蜀道教史研究上的一些空缺。

总的来讲，此期道教考古的材料和研究迅速增加，但是仍有不足之处。道教材料未引起广泛的重视，除少数墓地的专项调查发掘之外，大部分属于一般性的田野工作中附带的偶然发现。由于对它们的性质意义和学术价值认识不足，许多材料报道过于简略，研究者很难加以利用。道教考古研究比较零星，没有形成像佛教考古那样的规模。

3. 其他宗教（伊斯兰教、基督教）

相较于中华人民共和国成立前，这一阶段其他宗教相关遗存的调查、研究略有增加。1983年皋兰撰文介绍了鼓楼南街清真寺。这座建筑初创于明初，毁于明末，重建于清康熙、雍正年间（1662～1735年），后经清乾隆七年（1742年）修葺，以建筑奇特而著称于世①。刘敦桢在主编《中国古代建筑史》时亦将此寺礼拜殿的"重檐工字形屋顶"列为一种较为独特的古代建筑屋顶类型加以列举②。1984年，武丁撰文介绍了西御街清真寺的建筑特点。该寺俗称清真西寺，据传建于清康熙五十七年（1718年），原址为回民马忠义的别墅，由他捐建西寺。该处清真寺保存了部分清代建筑原貌，斗拱形制及细部作法的比例与清代官式建筑又有不同，保留了一些古法，是研究成都古代建筑技术、形制、艺术风格等不可多得的珍贵实物③。有关基督教古代遗存的研究不多，主要见于1984年黄世炎对成都大秦寺位置的考证④。唐太宗贞观九年（635年），聂斯托利派教徒阿罗本在波斯王的支持下，进入长安传教，为了传教方便，他借用佛教的名词，自称大秦景教。据黄世炎考证，大秦寺的位置和唐代福感寺旧址相近，更靠近成都城西门，"当在今天的黄瓦街和商业街之间一带"。

（三）第三阶段：2000年以后至今

1. 佛教考古

这一阶段由成都文物考古研究所主持开始对成都地区寺院遗址开展正式考古发掘，对蒲江、邛崃等地摩崖造像点展开全面、系统、科学的调查，并在此基础上取得了一些重要收获，属于成都地区佛教考古调查及研究的成熟期。

（1）佛教寺院遗址的考古发掘及收获

这一阶段对前期已经开展部分工作的古代寺院进行了更为科学、细致的发掘，包括成都万佛寺遗址、邛崃龙兴寺遗址及成都福感寺遗址等，收获丰富，其成果对于研究成都城市考古、古代佛寺布局、建筑结构、南北朝至唐代佛教造像艺术均有重要参考价值。2015年成都市文物考古工作队对成都万佛寺遗址开展相关考古发掘，该区域建筑群主要是寺院园囿景观区，以造型独特的沟渠、池塘为代表，水沟蜿蜒曲折、急转回流，构建出"曲水流觞"、松涛夹岸的园林场所，成为成都地区古代寺院园林建筑设计独具匠心的代表；遗址中还出土了大量生活日用陶瓷器，瓷器主要产自成都附近的青羊宫窑、琉璃厂窑、邛窑，器形以碗、盏所占比较大，可能是寺院僧侣及信众日常生活所

---

① 皋兰：《鼓楼南街清真寺》，《成都文物》1983年第1期。
② 刘敦桢主编：《中国古代建筑史》（第二版），中国建筑工业出版社，1984年，第16页。
③ 武丁：《西御街清真寺》，《成都文物》1984年第3期。
④ 黄世炎：《成都大秦寺位置考》，《成都文物》1984年第3期。

用之器，个别瓷器如钟、碗的残片书写"静众寺""□寺"等文字，为确认该地寺院遗址为唐代益州名寺净众寺提供了重要证据。净众寺，俗称"万佛寺"，明清两代方志中明确记载位于成都西北，与遗址发现位置也相吻合。

又，2000、2005～2006年成都市文物考古工作队两次对邛崃大佛院（龙兴寺旧址）进行了发掘，初步确认唐代邛州龙兴寺遗址位置。发掘收获主要表现在以下三个方面：一是收获了一批雕刻精美的唐代石刻佛教造像及刻经；二是弄清了龙兴寺生活区及宋代藏经楼、罗汉殿等主体建筑的基本位置，对于进一步讨论唐代佛寺平面布局提供了重要资料；三是在寺院范围外发现一处南宋时期规模较大的四合院建筑，包括两侧厢房、前院天井、上房、厨房、后院厢房及天井等，布局规整、结构合理，天井及上房门槛局部雕刻精美装饰图案，应为当时权势之家或富庶之家所有，堪称南宋川西民居的代表之作。

2016年成都市文物考古工作队在实业街30号（原实业宾馆）发现了唐代益州名寺——福感寺遗址。福感寺创建年代不确，有文献记载其始创于东晋，南北朝时寺院名大石寺，高僧云集，香火鼎盛；隋初蜀王杨秀王妃曾资助寺院扩建；唐代仍属蜀中名寺。此次发掘范围主要位于寺院的西南，发现了佛殿建筑基础、塔基、水渠及大量灰坑等遗迹，出土石刻造像、石构件、石经版、陶瓷器、铜钱等大量遗物。尽管福感寺常见于各类古代诗词、历史典籍及佛教僧传，但由于福感寺位置及寺院情况并无太多翔实资料，以往对其关注不多[1]。此次发掘收获对于这座古代益州名寺重回大众视野、增添成都古代历史文化名城分量发挥了重要作用。此外，成都市文物考古工作队联合蒲江县文物保护管理所开展对蒲江大悲寺、大梵寺等古代寺院的发掘工作，也收获了大批相关资料[2]。

（2）佛教遗存的考古发现及佛教摩崖造像的调查

2014年成都青羊区下同仁路发现一处佛教造像埋藏坑，出土南北朝至唐代佛教造像127件[3]，其中包括5件南北朝纪年造像，形式有背屏式造像和单体造像，除了常见的佛像与菩萨像外，还出土了2件南北朝时期的单体天王坐像，其中一件双手托塔，为毗沙门天王（又称北方天王），属国内首次发现。此次发现的造像中还包括大量北周时期菩萨像，极大地补充了成都地区北朝造像数量，为学术界掌握成都北朝造像样式、梳理南北朝造像之间的相互影响及渊源提供了宝贵资料。

2016年，成都福感寺遗址发掘中出土了数百件南北朝至隋唐佛教造像残石及千余块唐代刻经残石，其中有"福感寺"铭文，为确认福感寺遗址位置提供了依据[4]。

此外，这一时期在考古发掘中亦有零星与佛教有关的新材料出土，如成都市区东华门遗址出土菩萨残像[5]、群众路唐墓出土唐代纸本密教写经[6]、城守东大街出土石刻经幢[7]等，天府新区宋墓中亦

发现浮雕经幡及佛像^①等。

2001年11月，成都市文物考古研究所与彭州市博物馆对彭州龙兴寺塔地宫出土造像进行了编号整理工作，成果公布在《文物》2003年第9期^②。遗憾的是，2001年在对龙兴寺出土石造像进行整理时未见到南朝梁中大通五年（533年）造像的实物，2013年四川博物院、成都文物考古研究所、四川大学博物馆联合编著《四川出土南朝佛教造像》时，亦未见到实物^③。我们期待龙兴寺古塔塔身及地宫出土所有造像今后能公开展示，从而推动成都地区古代佛教造像艺术研究的进一步深入。

这一阶段对成都辖区内摩崖造像的调查工作以蒲江、邛崃两地开展较早。2002～2003年，成都市文物考古工作队与四川大学艺术学院、日本早稻田大学组成联合考察队，对蒲江、邛崃两地唐代摩崖造像展开科学调查，并汇总出版了相关调查报告^④。这本报告首次较为全面地介绍了蒲江、邛崃两地主要唐代摩崖造像窟龛数量、形制、雕刻内容等，为学术界认识、了解邛崃、蒲江两地窟龛造像情况提供了较为翔实的调查资料，为外界开展成都地区佛教造像研究助力甚大，遗憾的是报告对窟龛造像的分期、断代、开凿背景等历史研究相对薄弱。

2013年，成都市文化局（市文物局）等对成都大邑县境内的药师岩和佛子岩两处窟龛进行了系统调查，2014年出版《四川大邑县药师岩石窟寺和摩崖造像考古报告》，以唐末五代和明代摩崖造像为主^⑤。

此外，都江堰市文物局对其辖内三佛洞摩崖造像进行了调查，该处共保存了9龛造像^⑥。成都文物考古研究院对新津县老虎山摩崖造像进行了调查，该处共保存了6龛明代造像^⑦。龙腾、夏晖亦开展了对看灯山摩崖造像的考察工作^⑧，该处造像点现已划入雅安名山县管辖。

（3）佛教遗存的相关研究

随着材料的不断丰富，相关研究成果也随之大量出现。以研究对象时代为坐标的话，大体可以分为南北朝造像和唐五代两部分。

这一阶段，有关南北朝造像的讨论比较瞩目。从梳理情况看，对成都南北朝造像的研究主要集中在造像艺术风格、渊源及传播路线、造像题材等三大问题上。在解决这些问题之前，首先需要解决年代学问题。李裕群、雷玉华依据出土材料，分别对成都地区南朝造像展开考古学综合研究，二者的研究角度和方法颇为接近，采用考古类型学方法对造像进行分期、断代，随后展开对其渊源、传播路线、造像题材及信仰等方面的综合讨论。不同的是，李裕群将成都地区历来发现的南北朝

---

① 成都文物考古研究院、简阳市文物管理所：《简阳市石板凳甘蔗嘴宋代家族墓发掘简报》，《文物》待刊。

② 彭州市博物馆、成都市文物考古研究所：《四川彭州龙兴寺出土石造像》，《文物》2003年第9期。

③ 四川博物院、成都文物考古研究所、四川大学博物馆：《四川出土南朝佛教造像》，中华书局，2013年，第174页。

④ 卢丁、雷玉华、〔日〕肥田路美主编：《中国四川唐代摩崖造像：蒲江、邛崃地区调查研究报告》，重庆出版社，2006年。

⑤ 成都市文化局（市文物局）、成都市文物管理办公室、成都文物考古研究所等：《四川大邑县药师岩石窟寺和摩崖造像考古报告》，四川科学技术出版社，2014年。

⑥ 都江堰市文物局：《四川都江堰市三佛洞摩崖造像调查简报》，《四川文物》2019年第3期。

⑦ 成都文物考古研究院：《新津县老虎山摩崖造像调查简报》，《成都考古发现》（2015），科学出版社，2017年，第742～748页。

⑧ 龙腾、夏晖：《蒲江看灯山摩崖造像考察》，《成都文物》2005年第1期。

造像划分为三期[①]，对于成都南朝造像的渊源则与宿白观点比较一致，重视建康对成都南朝造像的影响；雷玉华在对成都地区南朝佛教造像进行初步分析和研究时，将造像划分为三期4段，受李静杰[②]、杨泓[③]等学者影响，雷玉华对成都早期（第一期）造像渊源的判断，特别强调与西北甘陇地区之间的关联[④]，这与1995年日本学者山名伸生提出的看法比较接近[⑤]，四川大学霍巍教授也持同样观点[⑥]。陈悦新、费泳、八木春生等均撰文讨论成都出土南朝造像服饰演变及其风格特征[⑦]；吉村怜、赵声良、王静芬、董华锋等对万佛寺出土造像碑背面浮雕内容、图像来源分别进行了不同的解读[⑧]，与20世纪90年代李静杰"佛本生本行故事"的观点[⑨]亦完全不同，足见这一问题的复杂。孙晓峰认为成都南朝造像对麦积山北魏晚期龛像直接影响较大[⑩]。部分学者在讨论成都以外造像时，涉及与成都南朝部分造像的比较研究，如Hyun-sook Jung Lee在讨论龙门古阳洞供养人像演变时，对成都万佛寺出土的造像碑背面浮雕图像亦有涉及[⑪]。除了佛教造像本身，由于还涉及古代交通、政治、佛教史、僧传等其他方面，有关成都地区南朝佛教造像渊源及传播路线问题的讨论者甚众。目前有三种主要观点，相互间分歧明显。一是北来说，日本学者长广敏雄最早提出此说[⑫]，四川学者胡文和亦赞同此观点[⑬]；二是建康东来说，即经长江通道自中下游传至成都，此观点接受者比较多，以杨泓[⑭]、宿白[⑮]、

① 李裕群：《试论成都地区出土的南朝佛教石造像》，《文物》2000年第2期，此文后略作补充删改后又收录于四川博物院、成都文物考古研究所、四川大学博物馆编著《四川出土南朝佛教造像》（中华书局，2013年，第228～242页）一书中，观点未作大的变动，特此说明。

② 李静杰：《早期金铜佛谱系研究》，《考古》1995年第5期。

③ 杨泓：《试论南北朝前期佛像服饰的主要变化》，《考古》1963年第6期。

④ 雷玉华：《成都地区南朝佛教造像研究》，《少林文化研究论文集》，宗教文化出版社，2001年，第199～229页；此文在作适当增补、修改后，于2013年以《四川南北朝造像的分期及渊源诸问题》发表于四川博物院、成都文物考古研究所、四川大学博物馆编著《四川出土南朝佛教造像》（中华书局，2013年，第210～227页）一书中，特此说明。

⑤ 〔日〕山名伸生：《吐谷浑と成都の佛像》，《佛教艺术》第218期。

⑥ 霍巍：《齐梁之变：成都南朝纪年造像风格与范式源流》，《考古学报》2018年第3期。

⑦ 陈悦新：《5～8世纪汉地佛像着衣法式》，社会科学文献出版社，2014年，第52～74页；费泳：《论南北朝后期佛像服饰的演变》，《敦煌研究》2002年第2期；〔日〕八木春生著，顾虹译，赵声良审校：《关于中国成都地区的南朝佛教造像——以520～540年为中心》，《敦煌研究》2003年第3期。

⑧ 〔日〕吉村怜：《南朝の法华经普门品变相》，《佛教艺术》第162期；赵声良：《成都南朝浮雕弥勒经变与法华经变考论》，《敦煌研究》2001年第1期；王静芬著，郭春萍译：《四件四川佛教石雕和净土图像在中国的起源》，《敦煌研究》2002年第1、2期；董华锋：《四川地区的南朝佛教故事与佛教经变浮雕》，《四川出土南朝佛教造像》，中华书局，2013年，第243～251页。

⑨ 李静杰：《造像碑佛本生本行故事雕刻》，《故宫博物院院刊》1996年第4期；李静杰：《四川南朝浮雕佛传图像考察》，《石窟寺研究》第一辑，科学出版社，2010年，第100～118页。

⑩ 孙晓峰：《论麦积山石窟北魏造像中的"龙门因素"》，《龙门石窟石窟文集·2004年龙门石窟国际学术研讨会文集》，河南人民出版社，2006年，第62页。

⑪ 〔美〕Hyun-sook Jung Lee著，高俊苹译：《龙门古阳洞供养人像的演变》，《龙门石窟石窟文集·2004年龙门石窟国际学术研讨会文集》，河南人民出版社，2006年，第48、49页。

⑫ 〔日〕长广敏雄：《云冈石窟におけるしみ佛像の服制》，《东方学报》（京都）1947年第15卷第4期。

⑬ 胡文和：《成都地区南朝的佛教石刻艺术》，《成都文物》1987年第3期；胡文和：《成都地区南朝的佛教石刻艺术（续）》，《成都文物》1987年第4期。

⑭ 杨泓：《试论南北朝前期佛像服饰的主要变化》，《考古》1963年第6期。

⑮ 宿白：《南朝佛教龛像遗迹初探》，《考古学报》1989年第4期。

李裕群^①等为代表；三是西来说，即经过青海、川西，借助"河南道"传至成都。提出此观点者以吴焯^②、袁曙光^③、霍巍^④、山名伸生、姚崇新^⑤、雷玉华为代表。

摩崖造像主要涉及龙泉驿北周文王碑。继 20 世纪 80～90 年代大讨论之后，荣远大、刘雨茂于 2000 年以"北周文王碑真伪考"为题，提出北周文王碑为宋人伪造的看法^⑥，并引发新的讨论。薛登认同荣远大、刘雨茂《北周文王碑真伪考》一文中碑为后续补刻的观点，不同意补刻时代为宋代，认为碑与一侧的第 34 号龛佛道合龛造像均为中唐时期一并雕刻^⑦。台湾学者曹启德亦曾对北周文王碑及其周边造像展开过详细考证，他认为崖壁上的碑为北周原碑，仅碑额为后世篡改，而佛道合龛造像为唐大历年间（766～779 年）叱干公主持开凿的三教道场^⑧。温玉成、张雪芬、刘雨茂 2016 年撰文认为碑文中提及的强独乐为文王所造佛道二尊像正是被编为第 34 号龛佛道合龛造像^⑨，该龛是成都地区最早的摩崖造像、也是全国最早的北周造像，雷玉华采纳了此观点，并对碑上的一些细节进行了补充考证^⑩。

目前，对成都地区唐代佛教造像的研究依旧比较散乱，不大成系统，尤其是缺少综合性研究，大多是针对其一题材，或从某一角度展开局部讨论；此外，专门针对成都地区佛教造像的研究也很少，大多数是在对四川或全国同一研究对象的讨论中夹杂成都地区个别内容，可见成都本土唐代佛教造像研究尚有大量探索空间。卢丁对成都周边地区的唐代石窟造像样式的来源及相关问题进行了探讨，他推测初唐时期成都周边开龛造像的做法来自中原和川北，但是造像样式或受成都寺院造像、绘画样式的影响^⑪。蒲江、邛崃两地摩崖造像调查结束后，日本学者肥田路美曾撰文对蒲江飞仙阁第 9、19、36～38 号等龛的雕凿年代进行探讨^⑫。这一阶段，成都摩崖窟龛中出现的一种造像引起诸多学者兴趣。依据调查中收集的铭刻材料，雷玉华、王剑平对四川摩崖造像中的"菩提瑞像"先后四次撰文讨论，其中涉及成都蒲江、邛崃两地数尊"头戴宝冠、穿袒右肩袈裟、颈戴项圈、右臂戴臂钏、左手腹前仰掌、右手持降魔印、结跏趺坐"形象的造像^⑬；日本学者北进一也对蒲江飞仙

① 李裕群：《试论成都地区出土的南朝佛教石造像》，《文物》2000 年第 2 期。

② 吴焯：《四川早期佛教遗物及其年代与传播途径的考察》，《文物》1992 年第 11 期。

③ 袁曙光：《四川茂汶南齐永明造像碑及有关问题》，《文物》1992 年第 2 期。

④ 霍巍：《岷江上游新出南朝石刻造像及相关问题》，《文物》2001 年第 5 期；霍巍：《南齐永明元年造像碑的再研究》，《南方民族考古》第二十辑，科学出版社，2020 年，第 211～245 页。

⑤ 姚崇新：《成都地区出土南朝造像中的外来风格渊源》，《中古艺术宗教与西域历史论稿》，商务印书馆，2011 年，第 42～62 页。

⑥ 荣远大、刘雨茂：《北周文王碑真伪考》，《成都文物》2000 年第 1 期。

⑦ 薛登：《〈北周文王碑〉及相关遗迹辨正》，《成都文物》2003 年第 3 期。

⑧ 曹启德：《典范的复制与挪用——初探北周〈文王碑〉与唐叱干公三教道场之融摄》，《古今论衡》第 26 期，第 35～70 页。

⑨ 温玉成、张雪芬、刘雨茂：《成都龙泉驿区北周强独乐造像考察记》，《中原文物》2016 年第 2 期。

⑩ 雷玉华：《成都龙泉区北周文王碑再调查》，《敦煌学辑刊》2020 年第 2 期。

⑪ 卢丁：《成都周边地区唐代石窟造像样式形成的相关问题》，《四川文物》2014 年第 3 期。

⑫ 〔日〕肥田路美：《蒲江飞仙阁摩崖造像考》，《中国四川唐代摩崖造像：蒲江、邛崃地区调查研究报告》"附录编"，重庆出版社，2006 年，第 1～9 页。

⑬ 雷玉华、王剑平：《试论四川的"菩提瑞像"》，《四川文物》2004 年第 1 期；雷玉华、王剑平：《再论四川的菩提瑞像》，《故宫博物院刊》2005 年第 6 期；雷玉华、王剑平：《四川菩提瑞像研究》，《龙门石窟石窟文集·2004 年龙门石窟国际学术研讨会文集》，河南人民出版社，2006 年，第 492～501 页；王剑平、雷玉华：《四川唐代摩崖造像中部分瑞像的辨识》，《敦煌学辑刊》2009 年第 1 期。

阁这一题材表现出浓厚兴趣①；实际上，早在 20 世纪八九十年代，一些学者曾对四川广元出现的这类造像进行过讨论，并将这种形象的佛像与王玄策带回瑞像图样关联②；2013 年董华锋对"菩提瑞像"与"毗卢遮那佛"之间的渊源关系进行了相关探讨，认为二者之间存在演化关系③。针对美国学者安吉拉对蒲江飞仙阁第 9 号龛的年代判断及题材认识④，2014 年胡文和发表了不同看法⑤。肥田路美也对蒲江飞仙阁第 9、60 号龛中"菩提瑞像"龛的开凿次第提出看法，认为第 9 号龛比第 60 号龛晚⑥。董华锋、何先红、朱寒冰对成都市区出土的一批晚唐五代小型经幢进行探讨，认为其特别注重对"河伯水官""水族之类""溺死者"的救度，反映了晚唐五代成都等地的水患问题⑦。段玉明等利用成都出土南北朝至唐代造像及寺院遗存，对成都佛教的发展状况等多方面问题进行梳理与讨论⑧。

2004 年，《巴蜀佛教碑文集成》收录了大量成都地区出土碑铭材料并进行录文，包括北周文王碑、三教道场文碑及成都万佛寺出土造像题记等⑨。

（4）成都佛教考古前景展望与思考

当前佛教考古或者说石窟寺考古迎来了重大机遇。面对这样千载难逢的机会，成都佛教考古如何开展相关工作、迎接挑战，亦值得思考。

尽管前人以往的调查、考古、研究成果均有很大收获，但不难发现，关于成都地区石窟寺摩崖造像的调查（尤其是蒲江、邛崃、龙泉等地）还存在很大缺陷，尤其是没有正式的考古学调查报告。一本科学调查报告，除了包括雕刻内容的文字描述及照片，还应该具备考古测绘、各种数据、窟龛造像周边崖壁情况及周围地理水文等更丰富的客观记录；除此之外，应该在调查基础上开展窟龛造像的分期断代研究，并以此为依据，展开历史学研究，包括当地政治历史背景的梳理、古代交通、古代建筑、雕刻、绘画、宗教文化的传播路线、影响范围、僧侣的活动轨迹、造像艺术的渊源及影响；具备条件的情况下，还可将视野范围扩展到当地古代手工业、商业贸易、战争、族群迁移等外延问题的分析讨论，通过多学科的交叉思考与综合研究，力求以最大可能从窟龛造像材料出发，阐释地方历史文化面貌。同样的研究策略，亦可体现在佛教寺院考古中，尤其是位于都市中的古代佛教寺院，与城市考古结合紧密，保留下来的历史文献也比较多，对寺院遗址的科学发掘及研究，亦可为当前成都城市考古提供极大助力。

2. 道教考古

（1）道教造像的发现与调查

2000 年以来，随着调查等活动的减少，道教造像的发现很有限，学者对一些重要龛窟进行了

① 〔日〕北进一：《关于在四川石窟的菩提瑞像——以飞仙阁第六〇号龛为中心》，《奈良美术研究》第 1 号，2003 年。

② 〔日〕肥田路美：《关于唐代佛陀伽耶金刚座真容像的流行》，《论丛佛教美术史》，吉川弘文馆，1986 年；罗世平：《广元千佛崖菩提瑞像考》，《美术研究》1991 年第 1 期。

③ 董华锋：《从菩提瑞像到毗卢遮那：信仰变迁与造像的重生》，《四川大学学报》（哲学社会科学版）2013 年第 4 期。

④ 〔美〕安吉拉著，李松译：《蒲江飞仙阁造像》，《敦煌研究》1998 年第 4 期。

⑤ 胡文和：《蒲江飞仙阁 9 号窟相关问题考释》，《成都文物》2014 年第 1 期。

⑥ 〔日〕肥田路美：《四川地区触地印如来坐像的造像次第——简论摩崖造像的三维数码摄影技术》，《龙门石窟石窟文集·2004 年龙门石窟国际学术研讨会文集》，河南人民出版社，2006 年，第 435 页。

⑦ 董华锋、何先红、朱寒冰：《川渝地区晚唐五代小型经幢及其反映的民间信仰》，《考古》2018 年第 6 期。

⑧ 成都市佛教协会编，段玉明等著：《成都佛教史》，宗教文化出版社，2017 年，第 58～188 页。

⑨ 龙显昭主编：《巴蜀佛教碑文集成》，巴蜀书社，2004 年。

重点调查并开展了讨论，如龙泉驿大佛寺第34号龛佛道合龛。荣远大、刘雨茂《北周文王碑真伪考》一文，提出北周文王碑为宋人伪造的看法[1]，并引发新的讨论。薛登认同荣远大、刘雨茂《北周文王碑真伪考》一文中碑为后续补刻的观点，不同意补刻时代为宋代，认为碑与一侧的第34号龛佛道合龛造像均为中唐时期一并雕刻[2]。温玉成等[3]认为该龛是成都地区最早的摩崖造像，也是全国最早的北周造像。台湾学者曹德启则认为崖壁上的碑为北周原碑，仅碑额为后世篡改，而佛道合龛造像为唐大历年间（766～779年）叱干公主持开凿的三教道场[4]。雷玉华[5]撰文认为该龛开凿于北周，但经过后代改刻。

（2）墓葬出土道教材料的发现

21世纪以来，墓葬材料大量增加，墓葬中的道教因素被学者逐渐辨识出来，对认识唐宋时期墓葬随葬器物、丧葬习俗有积极指导意义。例如，成都周边花果村宋墓[6]、东桂村宋墓[7]、成华广场宋墓[8]、二仙桥南宋墓[9]、欢乐谷宋墓[10]、沙河堡宋墓[11]、青龙村宋墓[12]、南三环路北宋墓[13]、海滨村墓葬[14]、石岭村宋墓[15]、新加坡工业园区宋墓[16]、群众路墓地[17]、学府尚郡墓地[18]、沙湾宋

---

① 荣远大、刘雨茂：《北周文王碑真伪考》，《成都文物》2000年第1期。

② 薛登：《〈北周文王碑〉及相关遗迹辨正》，《成都文物》2003年第3期。

③ 温玉成、张雪芬、刘雨茂：《成都龙泉驿北周强独乐造像考察记》，《中原文物》2016年第2期。

④ 曹启德：《典范的复制与挪用——初探北周〈文王碑〉与唐叱干公三教道场之融摄》，《古今论衡》第26期，第35～70页。

⑤ 雷玉华：《成都龙泉区北周文王碑再调查》，《敦煌学辑刊》2020年第2期。

⑥ 成都市文物考古工作队：《成都市成华区三圣乡花果村宋墓发掘简报》，《成都考古发现》（2001），科学出版社，2003年，第200～235页。

⑦ 成都文物考古研究所：《成都市保和乡东桂村宋墓发掘简报》，《成都考古发现》（2002），科学出版社，2004年，第359～383页。

⑧ 成都文物考古研究院：《成都市成华区成华广场宋墓发掘简报》，《成都考古发现》（2015），科学出版社，2017年，第694～714页。

⑨ 成都市文物考古研究所、成都市文物考古工作队：《成都市二仙桥南宋墓发掘简报》，《考古》2004年第5期。

⑩ 成都市文物考古研究所：《成都市金牛区欢乐谷宋墓发掘简报》，《成都考古发现》（2010），科学出版社，2012年，第580～588页。

⑪ 成都文物考古研究院：《成都市锦江区沙河堡宋墓发掘简报》，《成都考古发现》（2017），科学出版社，2019年，第379～414页。

⑫ 朱章义、刘雨茂、毛求学等：《成都市龙泉驿区青龙村宋墓发掘简报》，《成都考古发现》（1999），科学出版社，2001年，第278～294页。

⑬ 张擎、程远福：《成都市南三环路发现北宋砖室墓》，《成都考古发现》（1999），科学出版社，2001年，第236～241页。

⑭ 成都市文物考古研究所：《成都市青龙乡海滨村墓葬发掘简报》，《成都考古发现》（2003），科学出版社，2005年，第266～307页。

⑮ 成都市文物考古研究所：《成都市青龙乡石岭村宋墓发掘简报》，《成都考古发现》（2003），科学出版社，2005年，第397～417页。

⑯ 成都市文物考古工作队：《成都市石羊乡新加坡工业园区宋墓发掘简报》，《四川文物》1999年第3期。

⑰ 成都文物考古研究院：《成都市武侯区群众路唐宋墓地发掘简报》，《成都考古发现》（2016），科学出版社，2018年，第319～344页。

⑱ 成都文物考古研究所、温江区文物保护管理所：《成都温江区"学府尚郡"工地五代及宋代墓葬发掘简报》，《成都考古发现》（2006），科学出版社，2008年，第305～334页。

墓^①、紫荆路墓葬^②、洪河大道南延线墓葬^③、青羊区唐代砖室墓^④、川音大厦墓地^⑤等出土了与道教相关的墓券等遗物。

（3）道教遗存的相关研究

21世纪以后，张勋燎与白彬对成都地区新发现的"太上真元大道"石刻新材料进行了研究，并结合文献等材料论述了"太上真元大道"和"上方真元妙道"的关系^⑥。胡文和出版了专著《中国道教石刻艺术史》^⑦，书中收录了蒲江县的三处道教石刻造像，并结合四川地区其他道教造像，进行了分期、题材、相关历史背景等方面的研究。2006年出版的《中国道教考古》^⑧为目前研究道教考古的集大成者。书中《江西、四川发现的九天玄女材料和有关记载的考察》讨论了文献记载的九天玄女和九天玄女考古材料的性质、九天玄女考古材料的意义和反映的道教史诸问题；《前蜀王建永陵发掘材料中的道教遗迹》一文，从四个方面展开了讨论，指出永陵的道教遗迹，包括了王建生前和死后两个阶段，以实物史料印证和补充了文献中的有关记载；《四川都江堰市青城山南宋建福宫藏殿遗址试掘材料的考察》解释了何谓"藏殿"、"藏殿"的不同类型与"飞天法轮藏"；《墓葬出土道教代人的"木人"和"石真"》列举了成都地区出土的木人和石人，并结合其他地区出土遗物，对器物文字进行了考释，探讨了这些材料的道教性质及渊源和流变；《隋唐五代宋元墓葬出土神怪俑与道教》对神怪俑进行了分区与分期研究，对部分神怪俑的名称、性质及用途进行了考证，并对其反映的道教史有关问题开展了讨论；《三件唐代道教石刻与唐代佛道之争》中举例了都江堰青城山《常道观敕并表》等，研究了唐代道教活动的情况，对当时围绕佛、道宗教关系为中心的社会历史做了更加深入的分析。《中国道教考古》的研究，通过不同类型的相关考古材料的识别和诠释，探索道教起源的时间、地点、活动内容，考察不同教派的传播路线、范围、行为方式和相互关系，揭示了所产生的社会影响、盛衰变化的原因等方面的种种历史信息，具有划时代的意义。此外，白彬《四川五代两宋墓葬中的猪首人身俑》一文对四川地区的猪首人身俑进行了研究，涉及成都地区出土的材料^⑨，认为猪首人身俑尽管在五代已有零星出土，但其流行确实在南宋乾道年间（1165～1173年）以后，与道教雷神信仰相关。《试从考古材料看〈女青鬼律〉的成书年代和流行地域》^⑩一文依据成都等地出土的铭刻材料，提出《女青鬼律》的成书年代应为东晋中期，唐以前基本上只在江南地区流行，对丧葬制度的影响主要局限在南方地区，唐宋元明时期，其流行地域和影响仍主要在南方地区而不是北方地区。

① 成都市文物考古队：《成都西郊沙湾宋墓清理简报》，《成都文物》1999年第1期。

② 王方、王仲雄、王丙奎等：《成都市高新区紫荆路唐宋墓发掘简报》，《成都考古发现》（1999），科学出版社，2001年，第193～201页。

③ 成都市文物考古研究所、龙泉驿区文物保管所：《成都市龙泉驿区洪河大道南延线唐宋墓葬发掘简报》，《成都考古发现》（2001），科学出版社，2003年，第163～177页。

④ 成都文物考古研究院：《成都市青羊区唐代砖室墓》，《考古学集刊》第21集，社会科学文献出版社，2018年，第59～71页。

⑤ 成都文物考古研究院：《成都市武侯区川音大厦工地唐宋墓葬发掘简报》，《成都考古发现》（2015），科学出版社，2017年，第591～641页。

⑥ 张勋燎、白彬：《成都宋墓出土真文石刻与"太上真元大道"》，《考古》2004年第9期。

⑦ 胡文和：《中国道教石刻艺术史》，高等教育出版社，2004年，下册，第28～30页。

⑧ 张勋燎、白彬：《中国道教考古》，线装书局，2006年。

⑨ 白彬：《四川五代两宋墓葬中的猪首人身俑》，《四川文物》2007年第3期。

⑩ 白彬、代丽娟：《试从考古材料看〈女青鬼律〉的成书年代和流行地域》，《宗教学研究》2007年第1期。

四、陶瓷考古

成都平原是国内著名的古瓷窑址分布区之一，其兴烧约始于六朝早期，至明清时期仍有大规模生产，拥有超过 1500 年的技术传承和文化积淀。唐宋时期是该地区制瓷业的鼎盛阶段，大体形成了三大产品体系：以青羊宫窑、邛窑、琉璃厂窑为代表的青釉和青釉彩绘瓷器；以磁峰窑、玉堂窑为代表的白釉瓷器；以金凤窑、瓦缸坝窑为代表的黑釉瓷器。

关于唐宋时期成都地区的制瓷业面貌，文献史料极其匮乏。唐代诗人杜甫（712～770 年）在《又于韦处乞大邑瓷碗》诗中提到："大邑烧瓷轻且坚，扣如哀玉锦城传。君家白碗胜霜雪，急送茅斋也可怜。"[①] 所谓的"大邑白瓷"虽在各窑址的实地调查和发掘中未获直接证据，但因"大邑"地望与成都、临邛等地毗邻，故历来为古陶瓷学者所重视。另有两则史料是南宋诗人陆游（1125～1210 年）笔记中提到的省油灯，如《斋居纪事》："书灯勿用铜盏，唯瓷盏最省油。蜀有夹瓷盏，注水于盏唇窍中，可省油之半。"[②]《老学庵笔记》又云：《宋文安公集》中有省油灯盏诗，今汉嘉有之，盖夹灯盏也。一端作小窍，注清冷水于其中，每夕一易之。寻常盏为火所灼而燥，故速干。此独不然，其省油几半。邵公济牧汉嘉时，数以遗中朝士大夫。按：文安亦尝为玉津令，则汉嘉出此物，几三百年矣。"[③] 尽管目前学术界对"汉嘉"这个地名的解释尚存争议，但鉴于在邛窑的十方堂等地出土过不少宋代省油灯标本，因此不排除陆氏所言之省油灯有产自成都平原的可能。

从 20 世纪 30 年代开始，成都地区的陶瓷考古工作逐步开启，其历程大致可以划分为以下三个阶段。

（一）第一阶段：20 世纪 30～40 年代

这一阶段，川内军阀混战，社会动荡，成都地区的多处古瓷窑址身处被盗掘和破坏的境地。

1922 年刊行的《邛崃县志·山水》载："十方堂，佛庙也。在南河崖岸，夷上洒下，水泻沙崩，多出窑器，未见文雅。"[④] 又《民国华阳县志·山水》载："马家坡之东南约二里曰祝王山，山下多蜀王墓……而北山之北即琉璃厂，明世官烧琉璃地也。"[⑤] 遗憾的是，这两座古窑址随后相继遭到四川军阀的大肆盗掘，尤以邛窑为甚。例如，罗希成在 1936 年《美术生活》上发表的《唐邛窑奇品》云："不意去岁邛崃县掘出唐代废窑数处。"[⑥] 罗氏提到的意外事件应是 1935 年邛崃驻军对邛窑的疯狂盗掘，魏尧西《邛窑》有进一步揭示："民国二十四年（1935 年），有军人陈某于十方堂发现此残碎瓷片，乃大事发掘，有出土者，皆归陈手。"[⑦] 然而，也许是军队内部对此事件严加保密或移驻他处的缘故，陈氏的这次挖掘行为并不广为人知。到 1936 年，川军唐式遵部的盗掘活动更使得邛窑遭受了惨重破坏，其事件的负面影响亦最大。《邛窑志略》对此亦有记载："（民国）二十五

---

① （清）彭定求编：《全唐诗》卷二百二十六，中华书局，1960 年，第 2448 页。

② （宋）陆游：《斋居纪事》，《全宋笔记》，大象出版社，2003 年，第 5 编第 8 册，第 270、271 页。

③ （宋）陆游撰，李剑雄、刘德权点校：《老学庵笔记》卷十，中华书局，1979 年，第 130 页。

④ 洪宣禄：《民国邛崃县志》，邛崃市地方志办公室重刊，2006 年，第 113 页。

⑤ 陈法驾、叶大锵等修，曾鉴、林思进等纂，王晓波、王会豪、郭建强点校：《民国华阳县志》卷二（1934 年刻本），《成都旧志》（16），成都时代出版社，2008 年，第 54 页。

⑥ 罗希成：《唐邛窑奇品》，《四川古陶瓷研究》（一），四川省社会科学院出版社，1984 年，第 96 页。

⑦ 魏尧西：《邛窑》，《四川古陶瓷研究》（一），四川省社会科学院出版社，1984 年，第 115 页。

年，唐式遵驻防邛崃，更作大规模之挖掘。军民齐集三四百人，争先恐后，日夜挖掘，所收甚多；且运到上海市博物馆公开展览，并设专肆售卖，至残碎瓷片，有购归嵌饰庐宇，每斤售洋三角。有彩色及图案者，倍其值。省垣古董商人，竞图渔利，往来不绝。亦有好古之人，专车赴邛崃参观。旧日荒烟漫草之墟，竞繁华若市矣。"① 杨枝高所作《访邛崃十方堂古窑记》云："本年（1936 年）夏季，天稍旱，军民等约三、四百，争先恐后，昼夜挖掘，冀得珍奇。省中古董商，往来不绝于道。所售之银约计万余元。"② 无疑，唐式遵成为当时掠夺邛窑瓷器最多的人，据传在其成都的公馆内就有一条专门用邛窑瓷片铺筑的路面。

在窑址遭到破坏的同时，部分中外有识之士开始对邛窑的发现予以重视，纷纷前往开展实地调查和研究工作。特别是全面抗战爆发后，四川作为大后方，随着国民政府的西撤，多家大学和其他研究机构迁入四川，随之而来的学者促进了古陶瓷标本的收集和发掘研究，这是成都地区陶瓷考古工作的开端。

1. 邛窑

1936 年 6 月，华西协合大学古物博物馆葛维汉、贝德福及郑德坤一行前往十方堂窑址进行调查研究，这是最早的一批由中外专家组成的邛窑遗址调查队。三人调查归来后，都先后撰写了相关报道、研究和简介性的文章，葛维汉还一度向当时的国民政府中央研究院写信请求正式发掘，但未获批准③。1936 年 8 月，成都加拿大教会医院的杨枝高通过对十方堂一带进行调查走访，写作了《访邛崃十方堂古窑记》一文。文中收录了一批杨氏采集及当地绅耆商贾的收藏品，其中包括若干件唐代"天宝九年""长庆三年""乾符"题记的造像、瓷盏等器物，成为目前研究邛窑烧造历史十分珍贵的纪年材料。他没有直接推测窑址的年代下限，但得出了"宋以后无证可考"的结论。此外，他在器物分类中列出了"砖瓦"一栏，这在其他文章中通常是容易被忽视的④。1936 年冬，贝德福以当年 6 月的调查资料为基础，写作了《四川邛州古窑址》（An ancient kiln site at Chiungchou, Szechwan）一文，发表于《中国杂志》（The China Journal）1937 年第 1 卷。这是第一篇向国外介绍邛窑遗址的外文报道，并且保存了最早的窑址照片，同时第一次附录了一张成都平原的宋代窑址分布示意图。文章对邛窑的废弃原因也做了一些探讨，否定了当时流行的"洪水论"说法，认为根本原因可能在于"原料的不足"⑤。1936 年 12 月，罗希成在上海的《美术生活》画报上刊发了《唐邛窑奇品》一文，这是最早一篇附录大量邛窑彩色器物照片的文章⑥。1939 年，葛维汉根据1936 年的调查资料，在《华西边疆研究学会杂志》第 11 卷上刊发了《邛崃陶器》（The pottery of

① 魏尧西：《邛窑》，《四川古陶瓷研究》（一），四川省社会科学院出版社，1984 年，第 115 页。

② 杨枝高：《访邛崃十方堂古窑记》，《四川古陶瓷研究》（一），四川省社会科学院出版社，1984 年，第97 页。

③ 英文原文见 D. C. Graham, The pottery of Chiunglai, *Journal of the West China Border Research Society*, Vol. XI(1939)；中译文见葛维汉著，成恩元译：《邛崃陶器》，《四川古陶瓷研究》（一），四川省社会科学院出版社，1984 年，第 101～113 页。

④ 杨枝高：《访邛崃十方堂古窑记》，《四川古陶瓷研究》（一），四川省社会科学院出版社，1984 年，第97～100 页。

⑤ 英文原文见 O. H. Bedford, An ancient kiln site at Chiungchou, Szechwan, *The China Journal*, Vol.1(1937)；中译文见贝福德著，成恩元译：《四川邛州古窑址》，《四川古陶瓷研究》（一），四川省社会科学院出版社，1984 年，第92～95 页。

⑥ 罗希成：《唐邛窑奇品》，《四川古陶瓷研究》（一），四川省社会科学院出版社，1984 年，第 96 页。

Chiunglai）一文。文中附录了 453 件邛窑器物的照片和插图，并首次公布了窑址出土的一些重要生产工具，尤其是龙、凤和人物纹印模，肯定了邛窑瓷器在制作过程中使用化妆土、釉上彩和釉下彩的技术，并将其与钧窑、龙泉窑、定窑、建窑瓷器作了风格特点的比较。此外，该文还首次对邛窑瓷器的硬度和釉色进行了科学的测试[1]。1939 年，华西协合大学化学系的高毓灵对邛窑瓷器的胎釉成分进行了化学分析，相关数据收录于《四川瓷器的化学分析鉴定》（Identification of Szechwan porcelains by chemical analysis）一文，发表在《华西边疆研究学会杂志》第十一卷上。分析结果首次表明邛窑瓷器的釉料有含铅和无铅两种[2]。1946 年，自称"生长是邦，耳目所经，不知凡几"的本土学者魏尧西在《东方杂志》上发表了《邛窑》一文，全文分为器具、造像、砖瓦、乐器、胎骨、釉水、图案、款识、年代等方面，魏氏提出邛窑"创始于唐以前"[3]。此外，华西协合大学古物博物馆、重庆古今文物馆（卫聚贤创办）、上海博物馆等机构在此期间还开展了对邛窑瓷器标本的收购工作，其中华西协合大学古物博物馆到 1942 年时，已在该馆陶瓷室有系统地展出了多个邛窑专柜。这些文物的收藏和展出，对当时邛窑古陶瓷文化的宣传和研究起到了一定的推动作用。

2. 琉璃厂窑

早在 20 世纪 20～30 年代，葛维汉已注意到窑址的存在，与林名均等开始着力收集相关遗物和文献资料，并于 1933 年 3 月组织开展了一次短期的发掘活动，资料发表于 1939 年出版的《华西边疆研究学会杂志》第十一卷上。这次发掘出土的器物十分丰富，共计有碗、碟、壶、坛、罐、盆、瓶、砚台、玩具模型、"纺锤球"等，并且还采集到带南宋"隆兴"年号的砖块，经分析后葛维汉认为该窑的年代应较邛窑为晚，"当在北宋初，经历南宋，下至元朝前半期"[4]。1939 年，高毓灵运用科技检测手段，分析了琉璃厂窑瓷器的釉面成分，结论指出其釉似长石类，并且没有铅的存在[5]。1942～1943 年，中央研究院历史语言研究所、四川博物馆、中央博物院筹备处等单位联合发掘了成都老西门外的前蜀王建墓（光天元年，918 年），墓内出土了碗、盆、四系罐等几件瓷器[6]；1944 年 4 月，四川大学望江校区唐墓出土了碗、盏、双系罐等一批瓷器[7]，冯汉骥在这两座墓葬的正式报告（简报）中，均将出土瓷器判断为琉璃厂窑的产品，琉璃厂窑的烧造历史首次被提早到晚唐五代时期。1957 年，郑德坤在其所著的《四川考古研究》（Archaeological Studies in Szechwan）一书中，

①　英文原文见 D. C. Graham, The pottery of Chiunglai, *Journal of the West China Border Research Society*, Vol. XI(1939); 中译文见葛维汉著，成恩元译：《邛崃陶器》，《四川古陶瓷研究》（一），四川省社会科学院出版社，1984 年，第 101～113 页。

②　英文原文见 Kao yu-lin, Identification of Szechwan porcelains by chemical analysis, *Journal of the West China Border Research Society*, Vol.XI(1939) pp.54-65; 中译文见高毓灵著，曾中懋译，秦学圣校：《四川瓷器的化学分析鉴定》，《四川古陶瓷研究》（一），四川省社会科学院出版社，1984 年，第 1～15 页。

③　魏尧西：《邛窑》，《四川古陶瓷研究》（一），四川省社会科学院出版社，1984 年，第 114～118 页。

④　英文原文见 D. C. Graham, The Liu Li Chang kilnsite, *Journal of the West China Border Research Society*, Vol. XI(1939), pp.36-45; 中译文见〔美〕葛维汉著，成恩元译：《琉璃厂窑址》，《四川古陶瓷研究》（一），四川省社会科学院出版社，1984 年，第 154～168 页。

⑤　英文原文见 Kao yu-lin, Identification of Szechwan porcelains by chemical analysis, *Journal of the West China Border Research Society*, Vol.XI(1939), pp.54-65; 中译文见高毓灵著，曾中懋译，秦学圣校：《四川瓷器的化学分析鉴定》，《四川古陶瓷研究》（一），四川省社会科学院出版社，1984 年，第 1～15 页。

⑥　冯汉骥：《前蜀王建墓发掘报告》，文物出版社，2002 年，第 63、64 页。

⑦　冯汉骥：《记唐印本陀罗尼经咒的发现》，《文物参考资料》1957 年第 5 期。

亦提到早年私人收藏的琉璃厂窑瓷器中，有政和七年（1117年）、绍兴十年（1140年）、嘉定十二年（1219年）等宋代纪年款[1]。

（二）第二阶段：20世纪50～70年代

这一阶段的陶瓷考古工作主要围绕青羊宫窑、邛窑、琉璃厂窑、磁峰窑开展，尽管工作内容仅以初步的地面调查和小范围试掘为主，但实质性地开创了成都地区的陶瓷考古事业，同时也积累了大批珍贵的一手资料。

1. 青羊宫窑

1954～1958年，四川省文物管理委员会对城西青羊宫、省医院一带的青羊宫窑址开展了调查和试掘，初步掌握了其时代和文化面貌，并确认了青羊宫三清殿后的唐王殿、三清台、降生台三个传说的道教土台，实际为窑场生产过程中废品堆积形成的窑包[2]。1972年，成都市文物管理处再次对南校场、西校场、成都中医学院、省农展馆等地的青羊宫窑址进行了清理发掘，进一步证明了以青羊宫为中心、方圆三四平方千米的地带都属于窑址范围[3]。

2. 邛窑

1956年，四川省文物管理委员会分别调查了邛崃境内的十方堂窑址、尖山子窑址、瓦窑山窑址和柴冲土粑桥窑址，采集了一批重要的瓷器和窑具标本，初步推测邛窑的年代上限可以早到隋代[4]，但从有限的文字描述看，柴冲土粑桥窑址的年代明显晚于唐宋时期，是否属于邛窑系统有待商榷。此外，故宫博物院陈万里、冯先铭也在20世纪50年代对十方堂、瓦窑山窑址进行了考古调查，初步认为瓦窑山窑址的时代与成都青羊宫窑相当，为四川典型的早期青瓷窑场[5]。1976～1981年，四川省博物馆、重庆市博物馆、四川陶瓷史资料编写组、四川大学历史系考古专业及邛崃县文化馆等多家单位先后五次对邛窑遗址进行了考古调查，除采集一些典型标本外，在有些窑址的局部还做了小范围试掘，对窑址间的叠压关系、烧造时代、器物的装饰特点与工艺技术等有了进一步的掌握，这些基础工作为后来大规模的考古发掘起到了很好的铺垫作用[6]。

3. 琉璃厂窑

1955年，四川省文物管理委员会傅汉良、袁明森、林坤雪一行在胜利乡一带清理明墓时，对琉璃厂窑做了初步的考古调查和勘测，当时测量窑址占地面积约340亩，共发现大小窑包21处[7]。

---

① 英文原文见 Cheng te-kun, *Archaeological Studies in Szechwan*, Cambridge University Press, 1957, pp.160-166; 中译文见郑德坤著，成恩元译：《邛窑、琉璃厂窑遗址》，《四川古陶瓷研究》（一），四川省社会科学院出版社，1984年，第33页。

② 江学礼、陈建中：《青羊宫古窑址试掘简报》，《文物参考资料》1956年第6期；黎佳：《青羊宫隋唐瓷窑遗址》，《成都文物》1983年第1期。

③ 黎佳：《青羊宫隋唐瓷窑遗址》，《成都文物》1983年第1期。

④ 徐鹏章：《川西古代瓷器调查记》，《文物参考资料》1958年第2期。

⑤ 陈万里、冯先铭：《故宫博物院十年来对古窑址的调查》，《故宫博物院院刊》1960年（总第2期）。

⑥ 丁祖春：《四川邛崃十方堂古窑》，《四川古陶瓷研究》（一），四川省社会科学院出版社，1984年，第120～130页。

⑦ 林坤雪：《四川华阳县琉璃厂调查记》，《文物参考资料》1956年第9期。

1960 年，国内著名陶瓷考古学家陈万里、冯先铭在介绍十年来故宫博物院开展的古窑址调查情况时，也涉及了琉璃厂窑的情况，他们认为该窑"从晚唐至明代一直没有停烧过"[①]。至 20 世纪 70 年代末，四川陶瓷史资料编写组（丁祖春等）又先后四次对琉璃厂窑址展开田野调查，采集到大量的实物标本，对该窑的产品类型、制作技术、装烧工艺及烧造时代等问题有了更为全面的认识[②]。

4. 磁峰窑

窑址位于彭州磁峰镇的龙门山东南麓，1974 年首次发现，1977～1978 年，四川陶瓷史资料编写组、彭县文化馆、重庆市博物馆等机构开展了调查和试掘工作，在瓷库坪、土溪河金水桥、高龙门等地点发现窑炉残迹 17 处，同时清理了瓷库坪地点的 2 座馒头窑和废品堆积，进而通过整理认为该窑的烧造时间约在北宋初至南宋末年，并总结了各阶段的产品特征和装烧工艺[③]。1978 年 12 月，四川省文物管理委员会、彭县文化馆再次对磁峰窑遗址开展了地面调查，获取了较多白釉和少量的黑釉、褐黄釉瓷器，并采集到 5 件陶印花碗模，对研究该窑印花碗的生产工艺技术有重要参考价值[④]。

除上述以外，还有一些古窑址开展了零星工作：1955 年，四川省文物管理委员会调查了当时崇宁县（后并入郫县）西北部的横山子窑址，采集到瓷碗、盘、罐等遗物[⑤]；1964 年，四川大学历史系考古专门组调查了双流牧马山窑址和郫县横山子窑址，采集到较多青瓷碗、盘、罐、壶、砚台及支钉、垫板等窑具标本，并推测牧马山窑址的年代约在唐宋之间，或可能早到南朝晚期；横山子窑址的主体年代约在南朝至唐五代时期[⑥]；1977 年，四川省文物管理委员会和灌县文物管理所联合对都江堰玉堂窑址的罗家窑包和何家窑包进行了小范围试掘，清理龙窑 1 座，还获得了大量瓷器和窑具标本，并据此将该窑的烧造时间划分为三期，其中第一期为唐代，第二期约在晚唐至北宋初，第三期相当于北宋中晚期[⑦]；金锁桥窑址位于金堂玉虹乡的毗河北岸（今属青白江区城厢镇），四川陶瓷史资料编写组于 1978 年进行了初步调查，采集到青瓷碗、碟和窑具等少量标本，推定年代为南北朝至隋唐时期[⑧]。

（三）第三阶段：20 世纪 80 年代至今

在文博事业蓬勃发展的大背景下，本阶段的陶瓷考古工作取得了颇为辉煌的成就，针对重点窑址的田野考古工作层出不穷，相关研究报告和论著的数量亦呈爆发性增长。

1. 青羊宫窑

该窑毗邻成都旧城区，随着城市建设步伐的加快，文物工作者分别于 1980～1981、1982～

---

① 陈万里、冯先铭：《故宫博物院十年来对古窑址的调查》，《故宫博物院院刊》1960 年（总第 2 期）。

② 丁祖春：《成都胜利公社琉璃厂古窑》，《四川陶瓷史资料》第 1 辑，内部资料，1979 年。

③ 陈丽琼、魏达议、丁祖春：《四川彭县瓷峰窑调查与试掘的收获》，《中国古代窑址调查发掘报告集》，文物出版社，1984 年，第 292～309 页。

④ 刘钊：《四川彭县磁峰窑址调查记》，《考古》1983 年第 1 期。

⑤ 支沅洪：《四川崇宁县铁砧山的古窑址》，《文物参考资料》1956 年第 3 期。

⑥ 林向：《成都附近古窑址调查记略》，《文物》1966 年第 2 期。

⑦ 四川省文物管理委员会、灌县文物管理所：《四川灌县古瓷窑遗址试掘简报》，《中国古代窑址调查发掘报告集》，文物出版社，1984 年，第 276～291 页。

⑧ 陈丽琼：《成都金堂县金锁桥古窑址》，《四川陶瓷史资料》第 1 辑，内部资料，1979 年。

1983、1985～1986、1992、1997 年，对这一带的窑址堆积开展了多次调查和发掘工作，清理揭露出两晋至隋唐时期的废品堆积、窑炉和作坊建筑群，获得大量瓷器、陶器、窑具和建筑材料，其中1997 年发掘的中医学院地点还出土了约 50 枚汉兴钱，十分罕见[①]。

2. 邛窑

1984～1989 年，四川省文物管理委员会对邛窑的南河十方堂第 3、5 号窑包及固驿瓦窑山第 1 号窑包开展了为期六年的考古发掘，揭露总面积 3500 多平方米，清理出从隋代到五代的窑炉 9 座，其中有 7 座龙窑和 2 座马蹄形窑，并发现了一处唐代居址和一处五代作坊遗址，出土遗物包括生活用具、文具、工具、玩具、建筑材料等，数量以万计[②]。2005～2007 年，成都文物考古研究所、邛崃市文物保护管理所再次对邛窑遗址进行正式发掘，此次发掘的区域集中在十方堂遗址的第 1 号窑包及其周围的平地、台地上，发掘面积近 2000 平方米，清理出五代至宋代的窑炉 1 座，作坊遗迹 6 处，并发现了 9 道围绕第 1 号窑包的挡墙遗迹[③]。2006 年，国务院将四川邛崃的十方堂窑址、瓦窑山窑址和大渔村窑址合并，以"邛窑遗址"名称公布为国家重点文物保护单位。在这当中，大渔村窑址是唯一没有开展过考古工作的地点。为制定邛窑遗址的保护规划，进一步弄清大渔村窑址的文化面貌，成都文物考古研究所、北京大学考古文博学院等单位联合对该窑址开展了考古调查，共发现 3 处窑包，明确了其烧造时代在整个邛窑范围内是相对较早的，其中第 1 号窑包大约始于隋代稍晚的时期，第 2、3 号窑包大约始于唐代前期，三处窑包都延烧至中唐时期[④]。2013 年，为配合邛窑大遗址保护规划的制定与实施，揭示尖山子窑址的文化面貌与内涵，成都文物考古研究所与邛崃市文物局联合对该窑址开展了考古调查工作，发现 2 座窑包，采集到一批瓷器和窑具，初步判断尖山子窑的烧造年代约在盛唐时期，即 7 世纪后半叶至 8 世纪中叶[⑤]。2019 年，为配合邛窑文化主题酒店的项目论证，成都文物考古研究院与邛崃市文物局在邛窑遗址公园东南侧的二类建设控制地带开展了全面勘探和局部试掘工作，清理出五代至北宋时期的砖瓦窑炉 12 座、灰坑 2 个，初步判断该区域是一处以烧造砖瓦制品为主的作坊区，与邛窑主体存在一定程度的功能划分和生产关联。目前，邛窑遗址已经与三星堆遗址、金沙遗址并列为四川三大考古遗址公园，被列入国家大遗址保护名录。

① 江学礼、陈建中：《青羊宫古窑址试掘简报》，《文物参考资料》1956 年第 6 期；黎佳：《青羊宫隋唐瓷窑遗址》，《成都文物》1983 年第 1 期；翁善良：《成都青羊宫窑址调查》，《景德镇陶瓷》1984 年（总第 26 期）；四川省文管会、成都市文管会：《成都青羊宫窑发掘简报》，《四川古陶瓷研究》（二），四川省社会科学院出版社，1984 年，第 113～154 页；翁善良：《试论近年来青羊宫窑址的发现》，《成都文物》1988 年第 4 期；王黎明、冯先成：《成都新一村小区试掘简报》，《成都文物》1988 年第 4 期；成都市文物考古工作队：《成都市一九九二年田野考古工作概况》，《成都文物》1993 年第 1 期；刘雨茂：《成都中医药大学晋至唐代烧瓷遗址》，《中国考古学年鉴 1998》，文物出版社，2000 年，第 223 页；四川省文物考古研究院、成都文物考古研究所：《成都十二桥》，文物出版社，2009 年，第 163～203 页。

② 陈显双等：《邛窑古陶瓷研究——考古发掘简报》，《邛窑古陶瓷研究》，中国科学技术大学出版社，2002 年，第 135～221 页。

③ 黄晓枫：《四川邛崃邛窑什邡堂遗址》，《2006 中国重要考古发现》，文物出版社，2007 年，第 145～150 页。

④ 成都文物考古研究所、北京大学考古文博学院、邛崃市文物保护管理所：《四川省邛崃市大渔村窑址调查报告》，《成都考古发现》（2005），科学出版社，2007 年，第 308～336 页。

⑤ 成都文物考古研究所、邛崃市文物局：《邛崃市尖山子窑址 2013 年调查简报》，《成都考古发现》（2012），科学出版社，2014 年，第 403～419 页。

成都

考古史

3. 琉璃厂窑

1997 年 9 月，成都市文物考古研究所在配合琉璃场镇供销社的修建过程中，对该窑开展了局部试掘。2010 年 7～9 月，成都文物考古研究所对市针织器材厂的窑址区开展了小规模试掘，清理出土五代至两宋时期的窑炉、挡墙、取土坑等，以及大量的瓷器和窑具标本[1]。除专业人士外，一些业余爱好者也通过实地走访窑址，获取了相当多的遗物标本，如 1998～2002 年，蒲存忠在三环路琉璃立交段附近采集到 5200 余件圈足碗底残片，对其中的窑工印记符号进行了细致的分类和统计，为探索两宋时期琉璃厂窑的窑户组织结构及商品化进程提供了重要的参考依据[2]。2018 年 5 月至 2019 年 7 月，成都文物考古研究院在配合城市建设的过程中，再次对成都市区东南的琉璃厂窑址开展了调查和发掘工作，清理揭露了五代至宋元时期的窑炉、作坊建筑、取土坑、挡墙、墓葬等遗迹，同时还出土丰富的瓷器和窑具等各类标本。窑炉均为斜坡式龙窑，窑顶为拱券结构，使用耐火砖和窑具等材料砌筑，但大多已坍塌。作坊建筑的墙体使用窑具和残砖砌筑，局部铺垫红砂石柱础，室内活动面用泥土和瓦砾铺垫。取土坑多位于作坊区挡墙之外，平面大小、形状不一，后改作废弃瓷器的填埋坑。墓葬中 M2 较特殊，为三室并列的砖室火葬墓，随葬北宋宣和七年（1125 年）买地券，据文字内容，推测墓主人可能为当地窑工。此次发掘进一步了解和揭示琉璃厂窑的烧造历史、产品面貌、制作工艺等内涵，为今后促进和加强对窑址区域的文物保护工作，提供了科学依据和珍贵资料[3]。

4. 磁峰窑

2000 年 11～12 月，成都市文物考古研究所与彭州市博物馆对磁峰窑遗址开展了考古发掘，发掘工作主要集中在瓷库坪区域，清理出烧制成品瓷器的馒头炉 3 座、预烧小窑 2 座、作坊 3 处，并且出土了大量瓷器和窑具标本，以白瓷为主，极少数为黑瓷，器形可辨大碗、小碗、盘、碟、小罐等，窑具有匣钵、匣钵盖、支顶钵、垫圈、印模等。出土器物和遗迹大致可分作三期：第一期为北宋中期，第二期为北宋晚期至南宋早期，第三期为南宋中晚期，比较完整地揭示了该窑的发展脉络[4]。

5. 金凤窑

1999 年 12 月至 2000 年 5 月，成都市文物考古研究所与都江堰市文物局在配合都江堰市拉法基水泥厂的建设中，发掘了一处保存完好的宋代窑址，因窑址坐落在一座名为窑沙坡的小山丘上，背靠金凤山，故命名作金凤窑。此次发掘面积近万平方米，揭露出 33 座馒头窑、1 座斜坡式龙窑、10 处作坊区、6 处废品堆积场，出土瓷器分为黑瓷和白瓷两大类，器形以生活用具和陈设用具最常见，窑具有匣钵、匣钵盖、托座、支圈、支顶钵、荡箍等。通过整理研究，其窑业遗存可分作三期：第一期为北宋晚期至南宋前期，第二期为南宋中晚期，第三期为南宋末至元代。其产品以黑釉

① 成都文物考古研究所：《成都市琉璃厂古窑址 2010 年试掘报告》，《成都考古发现》（2010），科学出版社，2012 年，第 352～395 页。

② 蒲存忠：《成都琉璃厂窑北宋窑工印记》，《四川文物》2004 年第 6 期。

③ 易立、王瑾、侯晓宁：《四川成都琉璃厂五代至宋元时期瓷窑遗址》，《2019 中国重要考古发现》，文物出版社，2020 年，第 139～143 页；易立、王瑾：《四川成都五代至宋元琉璃厂窑遗址》，《大众考古》2019 年第 8 期。

④ 成都文物考古研究所、彭州市博物馆：《2000 年磁峰窑发掘报告》，《成都考古发现》（2000），科学出版社，2002 年，第 167～221 页。

瓷盏最为流行，可能与该地区宋元时期茶叶生产、贸易活动发达有关①。

6. 瓦缸坝窑

窑址位于都江堰市金凤乡虎形村，背靠龙背山，西南距金凤窑仅 500 米左右，1988 年被都江堰市人民政府定为市级文物保护单位，1994 年 1～3 月，成都市文物考古研究所与都江堰市文物局为配合白果岗水电站的施工建设，对窑址区开展了考古发掘，清理了馒头窑 13 座及作坊 1 处，出土瓷器分为黑瓷和白瓷两大类，器形可辨碗、盘、盏、碟、盏托、瓶、罐、香炉、盒、洗、器盖等，窑具主要发现匣钵和支垫具。通过整理研究，其窑业遗存可分作三期：第一期为北宋早中期，第二期为北宋晚期至南宋早期，第三期为南宋中晚期。从生产工艺和产品特色看，瓦缸坝窑与金凤窑和磁峰窑都存在较为密切的联系，它们的兴烧与发展，应当都与玉垒山东麓地区蕴藏瓷土、釉料、石英、耐火土、原煤等矿产资源和出产茶叶、饮茶之风盛行等息息相关②。

7. 玉堂窑

2007 年 5～7 月，为配合环青城山旅游环线的规划和修建，成都文物考古研究所与都江堰市文物局对玉堂窑遗址开展了全面的考古调查，主要目的在于明确遗址区窑包的分布和保存状况，并对各窑包采集遗物进行对比分析和断代研究。通过整理研究，调查者将遗址区发现的 17 座窑包划分为 4 组，其中最早的一组年代可到唐代中期至五代，最晚的一组年代下限至南宋末，并且指出玉堂窑在产品面貌和装烧方式上，既有自身特色，又透露出其与周边的邛窑、金凤窑、磁峰窑等存在种种联系，充分体现了这些窑场在生产、贸易过程中的相互交流与影响③。在前期调查成果基础上，两家单位又分别试掘了第 6、17 号窑包，其中第 6 号窑包的产品以青釉、酱釉、绿釉、白釉瓷器为主，装烧方式流行以支钉作间隔具，烧造年代从唐代中晚期至南宋，跨度较长④；第 17 号窑包的产品以白釉和绿釉瓷器最丰富，装烧方式流行以石英砂堆作间隔，烧造年代集中在北宋中期至南宋⑤。2013 年 7 月，为制定玉堂窑的大遗址保护工作规划，积累考古资料，成都文物考古研究所与都江堰市文物局再次试掘了第 6 号窑包，试掘面积 28 平方米，揭露了一处带活动面的疑似作坊建筑及灰坑、灰沟等，出土大量陶瓷器、窑具和建筑材料。通过整理资料，研究者认为第 6 号窑包的第一期（北宋晚期）遗存应与十方堂一带的邛窑有关，第二期（南宋）遗存则与都江堰金凤窑、彭州磁峰窑、成都琉璃厂窑存在联系和交流⑥。

① 成都市文物考古工作队、成都市文物考古研究所：《都江堰市金凤窑址发掘简报》，《文物》2002 年第 2 期；成都市文物考古研究所、都江堰市文物局：《都江堰市金凤窑发掘报告》，《成都考古发现》（2000），科学出版社，2002 年，第 222～287 页。

② 成都市文物考古研究所、都江堰市文物局：《都江堰市金凤乡瓦缸坝窑发掘报告》，《成都考古发现》（2001），科学出版社，2003 年，第 262～305 页。

③ 成都文物考古研究所、都江堰市文物局：《2007 年玉堂窑遗址调查报告》，《成都考古发现》（2007），科学出版社，2009 年，第 322～392 页。

④ 成都文物考古研究所、都江堰市文物局：《2007 年玉堂窑遗址六号窑包试掘简报》，《成都考古发现》（2007），科学出版社，2009 年，第 393～451 页。

⑤ 成都文物考古研究所、都江堰市文物局：《2007 年四川都江堰玉堂窑遗址 17 号窑包试掘简报》，《南方民族考古》第六辑，科学出版社，2010 年，第 409～456 页。

⑥ 成都文物考古研究所、都江堰市文物局：《都江堰市玉堂窑遗址马家窑包（6 号）2013 年试掘简报》，《成都考古发现》（2012），科学出版社，2014 年，第 418～448 页。

8. 天福窑

窑址位于崇州市公议镇天福村以西、邛崃山余脉的无根山东麓，1987年于第二次全国文物普查中首次发现，当时仅做了初步勘测和记录。1997年，成都文物考古研究所在开展文井江流域考古调查过程中再次对其开展了实地勘察，采集到部分遗物，大致判断时代为隋唐之际[①]。2009年6月，为配合第三次全国文物普查工作，成都文物考古研究所与崇州市文物管理所联合对窑址区域进行了考古调查，发现窑包2座，采集到一批瓷器和窑具。前者器形可辨碗、杯、盆、高足盘、盘口壶、带系罐等，后者有支钉、支柱、垫圈、垫板等，并推测其烧造年代主要在初唐和盛唐时期，相当于7~8世纪初，对于研究成都平原早期青瓷窑业的创建与发展轨迹，各窑场间的传承与相互影响等问题，提供了不可多得的珍贵材料[②]。

得益于一手资料的大量刊布，相关研究论著亦逐渐丰富起来，如颜劲松收集了包括成都在内的四川地区唐宋时期馒头窑发掘资料，运用类型学方法分析了窑炉形制，归纳出各时期窑炉结构的特点和发展变化规律，同时讨论了窑具类型和装烧技术[③]；黄晓枫以考古发现的宋代瓷器作为研究对象，对两宋时期四川地区生产的瓷器进行了全面的考古学类型学研究，并结合四川本地的窑址考古资料、社会经济背景和宋代全国的瓷业生产环境，探索了四川地区宋代的窑业技术及其发展变化的原因，从产品形态、生产技术和社会经济背景等方面进一步还原了四川地区宋代的瓷业发展状况[④]；安剑华考察了四川盆地唐宋时期的制瓷工艺，简要叙述了四川盆地唐宋时期青瓷、白瓷和黑瓷窑址的发现概况，对目前发现的作坊遗迹、生产工具、窑炉和窑具进行系统梳理，分析了青瓷、白瓷和黑瓷三大瓷系的成型工艺、装饰方法和装烧技术，由此认识到四川盆地唐宋时期三大瓷系制瓷工艺之间的异同，在此基础上对瓷器生产技术进行分期讨论[⑤]。入宋以后，成都平原的瓷业生产取得了长足发展，窑场众多，产量巨大。黄晓枫通过对历年考古资料的梳理，汇集了成都平原反映瓷业生产状况的窑址资料，认为"窑户"是成都平原宋代窑场生产的具体组织者，并通过与同时期南北方窑场的比较，对成都平原各窑场的生产规模进行了初步推定。此外，他还结合宋代商业税的相关史料，重新认识了本地瓷业税的组成状况[⑥]。青羊宫窑方面，刘雨茂通过对青羊宫窑发掘资料的系统整理，探讨了该窑的制作工艺和装饰技术、与外地青瓷窑场（越窑、长沙窑等）的关系、兴旺与衰落原因等几个问题，并认为青羊宫窑在前、后蜀时期可能具备官窑或官搭民烧的生产性质[⑦]；方圆远回顾了青羊宫窑的发掘历程，从产品分期、制作工艺、技术源流等几个方面开展了分析研究，同时还关注了成都城市建设与青羊宫窑兴衰的关系问题，最后总结了窑场衰亡的原因与时代背景[⑧]。邛窑方面，黄晓枫[⑨]和易立[⑩]分别依据考古出土资料，概述了邛窑各时期的产品特征，构建了

① 陈剑：《文井江考古侧记》，《成都文物》2001年第4期。

② 成都文物考古研究所、崇州市文物管理所：《四川崇州公议镇天福窑址考古调查简报》，《成都考古发现》（2008），科学出版社，2010年，第436~454页。

③ 颜劲松：《唐宋时期四川馒头窑及其装烧技术的探讨》，《考古与文物》2004年增刊。

④ 黄晓枫：《四川出土宋代瓷器初步研究》，四川大学硕士学位论文，2002年。

⑤ 安剑华：《四川盆地唐宋时期制瓷工艺初步研究》，四川大学硕士学位论文，2005年，第15~77页。

⑥ 黄晓枫：《成都平原宋代瓷业生产形态与瓷业税初识》，《江汉考古》2013年第1期。

⑦ 刘雨茂：《青羊宫窑初探》，《文物考古研究》，成都出版社，1993年，第300~312页。

⑧ 方圆远：《成都青羊宫窑初步研究》，重庆师范大学硕士学位论文，2013年，第14~98页。

⑨ 黄晓枫：《从考古发现看邛窑的文化特征》，《成都文物》2007年第2期。

⑩ 易立：《邛窑：成都平原大型窑址群的杰出代表》，《中国文化遗产》2015年第6期。

窑场比较完整的发展脉络；黄晓枫等还总结了邛窑瓷业的生产成就，集中展示了一批有代表性的餐饮、文房和香事用品，并回顾了邛窑的考古发现史[1]；刘家琳介绍了中国国家博物馆收藏的 2 件带道教内容的邛窑纪年彩绘瓷碗，对于研究唐代蜀地的道教文化与邛窑瓷器面貌，具有重要参考价值[2]。省油灯是以邛窑为代表的川西瓷窑特色产品之一，主要流行于五代至北宋时期，姚军根据出土资料，结合文献记载，并通过实验测定，对邛窑省油灯的使用原理，以及传播地带和影响，提出了较有见地的看法[3]；伍秋鹏梳理了邛窑遗址出土的各时期窑具资料，对其形制、功能及其配合应用的装烧工艺开展了分析，从而总结出不同时期邛窑瓷器的特征及其演变、发展规律[4]；黄晓枫收集和介绍了 1984～1989 年发掘的邛窑十方堂第 5 号窑包房屋建筑、作坊建筑、窑炉及排水沟等遗迹材料，对不同的遗迹进行了描述与分类，判断其年代为唐至五代时期。指出第 5 号窑包丰富的建筑、窑炉遗迹，充分展示了十方堂窑在唐五代时期的兴盛，其中唐代早中期的台基式建筑更是研究该时期窑业生产状况与制度的关键资料[5]；杨宁波通过系统地梳理和比较邛窑与长沙窑的器物形制、成型工艺、装饰工艺、装烧工艺等，结合安史之乱之际北人南迁等历史背景，探究了长沙窑和邛窑及两者与北方窑口的关系，指出长沙窑和邛窑虽有诸多共同点，但更多的差异之处不容忽视，相似之处很可能是两个窑口分别与北方唐三彩窑口交流的体现，而差异之处则更多是陶瓷技术的区域性特征[6]；易立注意到邛窑烧造的一批低温釉瓷器，认为它们是属于供应给前、后蜀宫廷或官府机构使用的高档器具，考古出土范围大致以四川成都一带为限，其中生活类遗址最常见，墓葬中只有零星的发现。这类瓷器在制作和装烧工艺上与北方地区（主要是黄河流域）的瓷窑业技术关系密切，特别是唐代三彩器的生产对其影响尤为显著。其在前、后蜀灭亡后突然消失，除受社会经济衰退和战乱影响外，最直接的因素可能与北宋统治后行政手段的干预有关[7]；邛窑的始烧年代长期以来存在争议，易立在既有发掘成果的基础上，运用类型学的方法，结合文献史料，得出了邛窑始烧于隋至初唐的结论，并在该地区的时空背景下分析了相关原因[8]。琉璃厂窑方面，陈德富通过观察成都太平横街南宋墓出土釉陶俑的胎釉特征，并比对四川大学博物馆早年收藏的一批南宋釉陶器标本，认为这类产品几乎全部是成都琉璃厂窑烧造的[9]；易立根据考古与历史地理资料，认为《元丰九域志》《成都文类》等宋代文献提及的"均窑"或"埧窑"，实际上就是成都市东南郊的琉璃厂窑在北宋时期的称谓，宋代政府于此设镇，除却人口密集、交通便捷等因素外，征收瓷业税可能也是一大考量[10]。除本地瓷窑外，还有一些学者关注了成都地区出土的部分外来瓷器产品，如刘雨茂和谭红兵对截至 1990 年底川内发现的 14 座宋代窖藏出土的瓷器进行了辨识和统计，发现其中有相当比

① 成都文物考古研究所、邛崃市文物管理局：《邛窑》，四川人民出版社，2017 年，第 8～247 页。

② 刘家琳：《两件反映道教内容的邛窑瓷碗》，《文物》1984 年第 10 期。

③ 姚军：《关于邛窑省油灯问题的探讨》，《四川文物》2001 年第 3 期。

④ 伍秋鹏：《邛窑陶瓷窑具与装烧工艺初探》，《四川文物》2005 年第 1 期。

⑤ 黄晓枫：《邛窑十方堂窑遗址五号窑包的建筑、窑炉遗迹》，《江汉考古》2012 年第 4 期。

⑥ 杨宁波：《长沙窑与邛窑关系考》，《湖南考古辑刊》第 10 集，岳麓书社，2014 年，第 209～217 页。

⑦ 易立：《试论邛窑低温釉瓷器的几个问题》，《边疆考古研究》第 18 辑，科学出版社，2015 年，第 247～263 页。

⑧ 易立：《邛窑始烧年代考论》，《边疆考古研究》第 23 辑，科学出版社，2018 年，第 235～250 页。

⑨ 陈德富：《成都太平横街南宋墓出土陶器浅析》，《景德镇陶瓷》1984 年（总第 26 期）。

⑩ 易立：《衡山镇、均（埧）窑镇与琉璃厂窑》，《边疆考古研究》第 13 辑，科学出版社，2013 年，第 255～262 页。

例属于浙江龙泉窑的青瓷和江西景德镇窑的影青瓷，特别是碗、盘两类瓷器均有超过 50% 为外来产品，并阐释了产生这种现象的社会原因①；作为 10 世纪前后北方窑场烧造且属当时社会高档用具的"官"款白瓷器，其在四川地区的出土极为罕见，具有较高的考古价值。易立以三台、成都等地的出土物为例，结合各地的相关发现，进而对这类瓷器的时代、窑属、使用情况及"官"字的含义作以分析，随后论述了四川地区所出"官"款白瓷的有关问题②。

（易立　张雪芬　江滔）

第五节　明清考古发现与研究

中华人民共和国成立以来成都地区明清时期的考古工作大多缘于基本建设、农业生产及主动性调查发掘，其中绝大多数为近年来配合基本建设的考古工作。20 世纪 90 年代以前，由于各种原因，明清时期考古工作一直在学术界未引起重视，相比其他时期，学术研究和考古发掘工作做得较少。20 世纪 90 年代后，由于明蜀王家族墓葬、宦官墓葬及明蜀王宫遗址的发现，相关研究工作得到了较大发展。考古工作开展大多集中于成都主城区及周边较近的双流、温江、新都等地，其他地区考古工作开展较少。

一、城　市　考　古

在现代历史学与考古学研究方法出现以前，有关明清成都城的历史面貌基本只能从史料文献中去寻找，数量有限且零散，夹杂于正史、方志、笔记、小说、诗词、歌赋等各种体裁的文本中。以史书为例，天启《成都府志》、《明史》、万历《四川总志》、嘉庆《四川通志》、康熙《成都府志》、嘉庆《华阳县志》、同治《成都县志》、《民国华阳县志》等，同样不乏对城市文物古迹的记载和考证，从洪武初年成都新城之筑开始，到明代中期在全川各地陆续掀起高潮。经战争的摧毁和破坏，城垣大都倒塌，清朝大多延续明代的规模。《民国华阳县志·古迹卷》更是列举出了城镇、门楼、乡里、驿顿、街坊、市集、宅井、园池、津渡、书院、官署、陵墓、祠庙、寺观等众多城市要素。1909～1910 年，四川简阳籍学者傅崇矩编纂了《成都通览》一书，这是一部关于清末成都的百科全书，书中亦辟出少量篇幅考述了汉唐以来的成都城垣、池苑、桥梁、宅院、寺观、陵墓等古迹③。

从 20 世纪 30 年代开始，与成都城相关的历史学、考古学研究工作逐步开启，其历程大致可以划分为以下两个阶段。

（一）第一阶段：20 世纪 30～80 年代

本阶段主要是以蒙思明、龚熙台、王文才等为代表的老一辈学者开展的工作，尽管成果较少，但实质性地开创了学术先河，不少观点和认识至今仍有不可低估的启示意义。

1936 年蒙思明发表的《成都城池沿革》一文，论述了秦汉以来成都的"大城""皇城""满

①　刘雨茂、谭红兵：《四川宋代窖藏瓷器的发现和研究》，《文物考古研究》，成都出版社，1993 年，第 313～322 页。

②　易立：《关于四川三台出土"官"款白瓷的几个问题》，《四川文物》2009 年第 1 期。

③　傅崇矩：《成都通览》，天地出版社，2014 年，第 24～31 页。

城"、"锦城"等城池的沿革和修筑问题，同时关注了金河、御河等城内河道[1]。

1937年龚熙台发表的《成都历代沿革考》一文，考证内容除城池修筑、城垣四至、城门设置外，还涉及河道、桥梁、堤堰、学舍、楼阁等一批市政设施[2]。

1986年出版的王文才《成都城坊考》一书，对包括明清时期在内的历代成都城郭、宫苑、城门、江河、桥梁及坊市街巷的布局、方位、沿革等做了详细辑录和考证[3]。

1987年出版的四川省文史馆《成都城坊古迹考》一书，对包括明清时期在内的历代成都的建置、城垣、水道、街坊和其他重要史迹、宗教寺庙等开展了全面、系统的分析讨论[4]。

1987年发表的温少锋、林延年《名城成都的历史文化特征》一文，总结了从古蜀至明清时期成都的城市地位、城市格局、城市景致、文化教育贡献等多方面的情况[5]。

（二）第二阶段：20世纪90年代中期至今

相比于前一阶段，本阶段里随着旧城改造进程的加快和文博事业的蓬勃发展，重要的城市考古发现层出不穷，基于新发现、新材料所催生的学术作品逐步增多，考古学方法与手段开始在城市史研究领域占据主导地位。大体而言，这一阶段的发现与研究成果可分作以下几个方面。

1. 城垣

至20世纪90年代成都旧城改造前，成都城墙还保留较多，旧城改造后，现成都城还残留古城墙9段，主要分布在青羊区、锦江区。青羊区现存古城墙共5段，分为位于北较场西路、中同仁路、下同仁路、锦都3期、锦里西路一带。锦江区现存古城墙共4段，分别位于青莲池下街、武成大道街、华星路一带。

城垣考古方面，重点是唐末以来修筑的罗城，多是在20世纪90年代配合府南河河道整治改造工程背景下开展的：除北城垣外，东城垣勘探和发掘了清安街大众地产工地[6]、清安街恒锦项目工地[7]、东安南路长富地产工地[8]、东安南路成都晚报工地[9]、天仙桥南街131号川宾公寓工地[10]、迎曦下街（后划入东安南路）锦江公安分局住宅楼工地[11]等点位；南城垣勘探和发掘了滨江路滨江饭店工地[12]、外南人民路（今锦里西路）8号高发地产工地[13]、外南人民路125号工地[14]、外南人民路130号工

① 蒙思明：《成都城池沿革》，《禹贡》1936年第5卷第12期。

② 龚熙台：《成都历代沿革考》，《华西学报》1937年第5期。

③ 王文才：《成都城坊考》，巴蜀书社，1986年，第1～111页。

④ 四川省文史馆：《成都城坊古迹考》，四川人民出版社，1987年，第4～410页。

⑤ 温少锋、林延年：《名城成都的历史文化特征》，《成都文物》1987年第4期。

⑥ 成都市文物考古工作队：《一九九四年成都市田野考古工作概况》，《成都文物》1995年第2期。

⑦ 成都文物考古研究所：《成都市清安街城墙遗址发掘简报》，《成都考古发现》（2008），科学出版社，2010年，第411～435页。

⑧ 谢涛：《成都市1994～1995年城垣考古》，《四川文物》2001年第1期。

⑨ 谢涛：《成都市1994～1995年城垣考古》，《四川文物》2001年第1期。

⑩ 雷玉华：《唐宋明清时期的成都城垣考》，《四川文物》1998年第1期。

⑪ 成都市文物考古工作队：《成都市一九九八年田野考古工作概述》，《成都文物》1999年第1期；尹建华、王正明：《成都迎曦下街古城墙的保护》，《中国古城墙保护研究》，文物出版社，2001年，第163～165页。

⑫ 谢涛：《府南河沿岸城垣遗址分布状况》，《成都文物》1994年第4期。

⑬ 雷玉华：《唐宋明清时期的成都城垣考》，《四川文物》1998年第1期。

⑭ 谢涛：《成都市1994～1995年城垣考古》，《四川文物》2001年第1期。

成都
考古史

地[1]、外南人民路 135 号工地[2]、羊皮坝街（今锦里中路）36 号工地[3]、王家坝街"府南河改造工程"项目工地等点位[4]；西城垣勘探和发掘了中同仁路豪斯项目工地[5]、中同仁路市国税局工地[6]、中同仁路汉星项目工地[7]、下同仁路市水表厂工地[8]、通锦桥西城角边街芙华地产工地[9] 等点位。

基于上述考古发现，雷玉华分析指出唐宋成都的罗城城垣并不是直线延伸，而是随地势或退或进，有一定弧度，并且从唐代到清代的城垣位置没有发生大的变化，彼此之间有重叠或交错现象[10]。陈世松分析指出成都宋代、明代、清代的城墙都是在唐代城墙的旧址上增筑而成的，它们有非常清楚的叠压关系，而且随着时代的变迁，城墙越筑越宽，规模越来越大[11]。

2. 宫署、池苑及园林

宫署、池苑的考古发现主要围绕明蜀王府展开，自 20 世纪 90 年代在配合旧城改造的过程中逐步开展，主要发掘了宫墙和部分区域的殿基、台基等。

1995 年在人民中路和东御河沿街相交的成都科技交易交流中心工地清理了一段宫城北垣，墙体部分长 100、宽 25、最高处 2.2 米，基槽部分上宽 22、下宽 15、深 1.6 米，同时还发掘了宫城北门——广智门东侧门墩的一部分[12]。2001 年天府广场以北的四川省展览馆基建工地清理出一段明代城墙及城内的多处排水沟、天井、房屋等建筑遗址，城墙由外包砖和墙体两部分组成，墙体为黄褐黏土平夯而成，墙面包砖呈朱红色[13]。2008 年，天府广场以西的成都市博物馆新址基建工地发掘一处明代早期的夯土台基，台基呈正南北走向，东南转角处近直角，发掘者推测可能为蜀王府萧墙内西南隅的三川社稷坛基址[14]。2013 年，天府广场以北，成都市体育中心南侧的东华门古代遗址清理了一条砖石砌筑的河道，揭露部分平面呈"L"形，南段长约 70、宽 6～16.5、残深 1.5 米，从发掘情况看，这条人工河道位于蜀王宫宫城中部，约修建于明代早期，可能属于类似北京故宫内金水河

---

① 谢涛：《成都市 1994～1995 年城垣考古》，《四川文物》2001 年第 1 期。

② 谢涛：《成都市 1994～1995 年城垣考古》，《四川文物》2001 年第 1 期。

③ 谢涛：《成都市 1994～1995 年城垣考古》，《四川文物》2001 年第 1 期。

④ 雷玉华：《唐宋明清时期的成都城垣考》，《四川文物》1998 年第 1 期。

⑤ 成都市文物考古研究所：《成都市中同仁路城墙遗址发掘简报》，《成都考古发现》（2002），科学出版社，2004 年，第 266～276 页。

⑥ 雷玉华：《唐宋明清时期的成都城垣考》，《四川文物》1998 年第 1 期。

⑦ 成都市文物考古研究所：《成都市中同仁路城墙遗址第二次发掘简报》，《成都考古发现》（2003），科学出版社，2005 年，第 418～425 页。

⑧ 成都文物考古研究所：《成都市下同仁路城墙遗址发掘简报》，《成都考古发现》（2012），科学出版社，2014 年，第 492～506 页。

⑨ 雷玉华：《唐宋明清时期的成都城垣考》，《四川文物》1998 年第 1 期。

⑩ 雷玉华：《唐宋明清时期的成都城垣考》，《四川文物》1998 年第 1 期。

⑪ 陈世松：《明代成都城郭营造与城市布局》，《成都大学学报》（社会科学版）2010 年第 2 期。

⑫ 成都市文物考古工作队：《成都明蜀王府北城垣发掘简报》，《成都文物》1997 年第 4 期；成都市文物考古工作队：《明"蜀王府"城城垣考古发掘》，《中华人民共和国地方志·四川省·成都市勘测志》，中国建筑工业出版社，1997 年，第 314、315 页

⑬ 成都市文物考古研究所：《成都市 2001 年田野考古工作述要》，《成都文物》2002 年第 1 期。

⑭ 成都文物考古研究所：《成都市博物馆新址发掘简报》，《成都考古发现》（2009），科学出版社，2011 年，第 329～416 页。

的人工设施，至明末清初遭废弃回填，回填原因或与明代以后在蜀王府基址上改建的贡院有关①。东华门遗址发掘的蜀王府建筑群，主要由城墙、道路、河道、凸台、踏道、桥梁、木构建筑、水池、台榭、码头等各类设施组成，功能上主要是宫城内的园囿区，总面积超过 24000 平方米。出土遗物包括陶瓷器皿、建筑构件、铁器、木料、动物骨骼、植物果核等，其中几件"大明宣德年制"款青花瓷器，为明代宫廷瓷中罕见的精品②。2013 年，天府广场东北侧原成都电信大楼工地清理了明代城墙与城内的房址、水井等，城墙为宫城的东垣和南垣，墙体的结构与夯筑方式与 1995 年清理的蜀王府宫城十分接近③。2015 年发掘的成都市东丁字街古遗址，发掘者通过出土的建筑构件推断这一带在明代时可能存在等级较高的官府衙署建筑④。2014 年在成都市青羊区江汉路 150 号发掘的江汉路古遗址出土了少量明代的灰陶和琉璃建筑构件，出土的瓷器有"典""膳"铭记，对研究明代成都城内蜀藩宫室府邸的分布状况提供了重要的考古线索⑤。2016 年在成都市锦江区宾隆街 29 号发掘的古遗址有大量明清时期的地层堆积，出土大量的瓷器、建筑构件，发掘者推测该遗址位于明代蜀王府萧墙范围内的东南角，出土的建筑构件与蜀王府宫殿建筑有关⑥。2019 年发掘的青羊区政府街遗址，发现了明代郡王庆符王府相关建筑遗址，该建筑群至少存在东、西两座院落，分布规整，皆为正南北向。出土了大量仿木建筑构件，包括琉璃龙纹瓦当、琉璃凤纹滴水等脊梁构件及龙、狮子、麒麟、天马等屋脊走兽⑦。

1996 年在成都大科甲巷南侧丽都商城对面发掘了清代"正心堂"遗址，"正心堂"遗址下面还有一明至清代的夯土建筑遗址，向东西向延伸，同年，在成都商业场侧王府井商城二期工程也发现明至清初夯土建筑遗址⑧。

陈世松从政治空间、宗教空间、公共空间、市民空间等角度对明代成都城市空间布局进行了论述⑨，对蜀王宫殿的布局也进行了论证研究⑩。

3. 窖藏、酒窖、桥梁等

1984 年在后子门东二巷发现明代瓷器窖藏，出土瓷器 150 余件，主要为青花瓷碗、碟、杯、盘等，同时出土了铜香炉、铜饰件，石器均为明代宣德、成化年间所造⑪。1984 年县粮食局教学楼工地出土明代银锭窖藏，共 30 锭，其中 8 锭有錾刻铭文，年代为明正德年间（1506～1521 年），

① 成都市文物考古研究所：《成都市东华门古遗址 2013～2014 年度发掘收获》，《成都文物》2015 年第 1 期。
② 成都市文物考古工作队：《成都市 2019 年田野考古工作纪要》，《成都文物》2020 年第 1 期。
③ 成都文物考古研究所：《成都天府广场东北侧古遗址发掘报告》，文物出版社，2016 年，第 244～259 页。
④ 成都文物考古研究所：《成都市东丁字街古遗址发掘简报》，《成都考古发现》（2014），科学出版社，2016 年，第 321～388 页。
⑤ 成都文物考古研究所：《成都市江汉路古遗址发掘简报》，《成都考古发现》（2014），科学出版社，2016 年，第 389～419 页。
⑥ 成都文物考古研究院：《成都市锦江区宾隆街古遗址发掘简报》，《成都考古发现》（2016），科学出版社，2018 年，第 268～318 页。
⑦ 成都市文物考古工作队：《成都市 2019 年田野考古工作纪要》，《成都文物》2020 年第 1 期。
⑧ 成都市文物考古队：《1996 年成都田野考古概述》，《成都文物》1997 年第 1 期。
⑨ 陈世松：《明代成都城郭营造与城市布局》，《成都大学学报》（社会科学版）2010 年第 2 期。
⑩ 陈世松：《明代蜀藩宗室考》，《西华大学学报》（哲学社会科学版）2011 年第 2 期。
⑪ 曾咏霞：《我市一九八四年第四季度出土文物概述》，《成都文物》1985 年第 2 期。

可能与杨升庵家族有一定关系[1]。1986年在彭县南街成都师范专科学校发现清代银锭窖藏，共出土银锭23个，其中部分有铭文，为清光绪、宣统年间（1875～1911年）广元、绵州等地上交的库银[2]。1975年成都望江楼河下出土张献忠"大顺通宝"1500余枚，1977年成都市区两次出土"大顺通宝"数十斤，1987年在成都王家坝街附近出土大量清代钱币[3]。1995年蒲江县五星乡元觉村出土明代石刻30余件，均为佛教石刻，重要发现有"南川王府所属圆觉寺"题记[4]。2005年发掘清理了蒲江县大塘镇大碑村大悲寺莲池，出土石刻佛像共29身，其中18身座侧有楷书题记刻字，纪年为明嘉靖十九年（1540年）、二十年（1541年），陶质佛像及龙头8件，木质佛像1件，青花瓷缸、青花瓷碗、青花瓷杯等[5]。2000年邛崃市临邛镇久居三组发现清代瓷器窖藏，为一陶罐内12件青花瓷碗和12件青花瓷碟[6]。

1999年，成都市锦江区水井街15～23号，原为四川省成都全兴酒厂的曲酒生产车间，发掘清理了水井街酒坊遗址，发掘了一批酒窖、晾堂、灶等专用酿酒设施，发掘者将这些遗迹分为三期，其年代为明代早期至清代晚期[7]。1995年对位于成都市老南门的万里桥进行了发掘，清理出了明代桥梁木质基础、桥墩等[8]。2002年，扩建青龙街至花牌坊街的过程中发现明代砖石结构的券拱桥梁，由桥基、桥拱、桥面三部分组成，发掘总长13.8、宽7.75米，现存桥高5.1米。发掘者认为这是明代嘉靖年间（1522～1566年）四川巡抚刘大谟创建的"浣花桥"[9]。

荣远大、陈剑从水井街酒坊遗址布局的角度解读成都平原都市酒文化，认为其布局特征是典型的烧酒作坊，表明当时成都已有成熟的酿造蒸馏酒的工艺，是迄今为止最为完整、最古老、最全面的具有民族独创的前店后坊式生产的古代酿酒作坊[10]。李明斌对晾堂、酒窖、平面布局、年代对相关问题进行了探讨[11]。也有研究者认为成都水井坊遗址是朝廷官府作坊[12]。有研究者把水井坊遗址与蒸馏酒的起源问题做了相关研究[13]。陈德富研究了水井街酒坊遗址出土青花瓷的相关问题，认为酒坊在明代已较为兴盛，酒坊主人已跻身社会中上层[14]。黄剑华把水井坊遗址与四川酒文化进行了相关研究，把四川地区考古发现的与酒相关的器物、图像从早至晚进行了梳理[15]。

成都地区还发现的一般明清时期遗址有：1985年在二十四中学校门附近发现清代冶铁遗址，

① 新都县文管所：《新都县文物考古的新收获》，《成都文物》1985年第3期。

② 丹古：《成都师专发现银锭窖藏》，《成都文物》1986年第4期。

③ 张善熙：《漫谈成都地区出土的历代钱币》，《成都文物》1994年第3期。

④ 龙腾：《蒲江县出土一批明代石刻》，《成都文物》1995年第3期。

⑤ 成都文物考古研究所、蒲江县文物保护管理所：《蒲江大悲寺莲池发掘简报》，《成都文物》2006年第4期。

⑥ 成都市文物考古研究所：《成都市2000年田野考古工作述要》，《成都文物》2001年第1期。

⑦ 成都文物考古研究所、四川省文物考古研究院、四川省博物馆：《水井街酒坊遗址发掘报告》，文物出版社，2013年。

⑧ 成都市文物考古工作队：《成都市一九九五年田野考古工作概述》，《成都文物》1996年第1期。

⑨ 成都市文物考古研究所：《成都市老西门明代桥址发掘简报》，《四川文物》2004年第6期。

⑩ 荣远大、陈剑：《成都明清时期的酒业》，《成都文物》2009年第2期。

⑪ 李明斌：《关于水井街酒坊遗址的几个问题》，《成都文物》2000年第2期。

⑫ 利文骅：《成都水井街酒坊遗址的研究探讨》，《四川文物》2001年第6期，第57～60页。

⑬ 王炎：《水井街酒坊遗址与蒸馏酒起源研究》，《四川文物》2001年第6期，第26～30页。

⑭ 陈德富：《成都水井街酒坊遗址出土青花瓷及相关问题初探》，《四川文物》2001年第6期。

⑮ 黄剑华：《蜀酒文化与水井坊遗址》，《四川文物》2001年第6期。

发现冶铁炉 3 座[①]。2007 年成都市青羊区汪家拐小学发现明清时期地层[②]。2008 年成都市锦江区下东大街出土的明代晚期至清代瓷器有明显的佛教文化色彩，出土了零星的柱础等大型建筑材料，可能与寺院有一定关系[③]。2005 年邛崃平乐镇平乐古道遗址发现了明清时期的道路[④]。2012 年在彭州濛阳镇濛江北路发掘清理清咸丰年间（1851～1861 年）举人曾文辅神道碑[⑤]。2007 年在蒲江发掘的冶铁遗址废弃时代也有可能晚至明清，是目前西南地区唯一经过科学发掘，并且具有明确时代特征的冶铁遗址[⑥]。1996 年在成都苏坡乡西窑村清理 3 座明代砖窑[⑦]。1999 年在成都李家沱小区清理 1 座明代砖窑[⑧]。2004 年在成都杜甫草堂博物馆东侧楠木林中发掘清理了清代万福楼建筑遗址[⑨]。

二、墓 葬 考 古

成都明清时期墓葬考古始于 20 世纪初，均只有零星墓葬发现的报道。至今学术界对这一时期的研究也不重视，研究者主要还是对高等级的如亲王、亲王妃等墓葬有一些研究，对一般墓葬的相关研究基本没有。有关明代蜀藩王家族墓葬的情况，史料文献中有零散记载，如明天顺《明一统志》、明正德《四川志》、明嘉靖《四川总志》、明天启《天启新修成都府志》、清乾隆《四川通志》、清同治《重修成都县志》等。

这一时期考古工作主要为一些明蜀藩王家族及宦官墓葬的发现，其他一般墓葬发现报道的较少，这是由于对这一时期考古工作的不重视，很多明清时期的墓葬发现后一般未进行考古发掘清理，部分清理了的墓葬材料很多也未整理发表，因此形成了这一时期材料匮乏的现象。

（一）明蜀藩王家族墓葬

1970 年发掘了明蜀王世子朱悦燫墓，蜀藩始封献王朱椿之世子、蜀悼庄世子朱悦燫，葬于成都北郊凤凰山。墓葬为砖石混筑，墓葬全长 33、室内最宽处 10.5 米，由三个砖筑纵列拱券并连而成，前有石门，石门外两侧为"八字墙"。前券比较矮小，发掘者称之为"前庭"。中券规模最大，

①　成都市博物馆考古队曾咏霞整理：《成都市博物馆考古队一九八五年全年考古发掘清理简况》，《成都文物》1986 年第 1 期。

②　成都文物考古研究所：《成都市汪家拐小学古遗址发掘简报》，《成都考古发现》（2007），科学出版社，2009 年，第 310～321 页。

③　成都文物考古研究所：《成都市下东大街遗址考古发掘报告》，《成都考古发现》（2007），科学出版社，2009 年，第 452～539 页。

④　成都文物考古研究所、邛崃市文物保护管理所：《邛崃市平乐镇古道遗址调查与试掘简报》，《成都考古发现》（2005），科学出版社，2007 年，第 353～364 页。

⑤　成都文物考古研究所、彭州市文物保护管理所：《彭州市濛阳镇出土曾文辅碑》，《成都考古发现》（2011），科学出版社，2013 年，第 595～597 页。

⑥　成都文物考古研究所、蒲江文物管理所：《2007 年蒲江冶铁遗址调查试掘简报》，《成都考古发现》（2006），科学出版社，2008 年，第 209～227 页；成都文物考古研究所、日本爱媛大学东亚古铁研究中心、蒲江县文物管理所等：《2007 年度蒲江县铁牛村冶铁遗址发掘简报》，《成都考古发现》（2009），科学出版社，2011 年，第 302～328 页。

⑦　成都市文物考古队：《1996 年成都田野考古概述》，《成都文物》1997 年第 1 期。

⑧　市文物考古工作队：《成都市一九九九年田野考古工作概述》，《成都文物》2000 年第 1 期。

⑨　成都市文物考古研究所：《成都市 2004 年田野考古工作述要》，《成都文物》2005 年第 1 期。

以并排的三座宫门分为前、后两部分，发掘者称为"正庭""中庭"，前后两庭的两侧壁前均搭出硬山顶厢房各五间。"中庭"的正中偏前还有石构正方形小亭一座，称为"圜殿"。在"中庭"厢房之后左右壁各有一小耳室。后券内分隔为左、中、右三室，每室之前各有格子门通向"中庭"，其中中间一室较大，设棺床，两旁有直棂窗与左右两室相通，后壁正中有壁龛痕迹，已被盗墓者破坏①。

1979年发掘了明蜀僖王陵，蜀僖王朱友壎，其墓在今成都东郊十陵镇南。墓葬为砖石混筑，通长27.8、最宽处6.14米。发掘者将墓葬分为"前庭""前室""正庭""正室""中庭""后室"。整个玄宫由两个纵列式筒拱券组成，"前庭"自用一券，后面三室共用一券。"中庭"内无"圜殿"之设，而代以雕龙纹红砂石宝座一副。中室后部的两个小耳室呈长方形。后室分为三室，中室中央设石棺床，单人葬。两耳室面积狭小，各有小门与后室主室相通，而无门自通于"中庭"。出土随葬品500余件，有陶瓷器、铜器、铁器等，陶瓷器主要为陶俑及日常用具模型，其中陶俑400余件，有将军俑、仪仗俑、文官俑、侍俑等，日常用具模型有床、箱、桌、凳、轿、仓、灶等，还随葬釉陶器碗、碟、罐、盘、执壶、灯、盒、瓶、杯、桶、盆等②。

1979年发掘了罗江王妃陵，为蜀僖王初封罗江郡王时的原配王妃赵氏的墓葬。其墓在今龙泉驿区十陵镇正觉山，陵园为长方形，长约90、宽约50米，墓葬为砖石拱券结构，券内进深14、宽5、高4.5米。由前庭、正殿、后庭、后殿、棺室组成。出土随葬品100余件③。

1991年发掘了明蜀昭王陵，蜀昭王朱宾瀚，其墓在今龙泉驿区洪河镇白鹤村与十陵镇千弓村交界处，陵园为长方形，通长约240、宽122米。墓葬为砖石拱券结构，券内进深16.5、宽4.7～5米。后室为棺室，以墙体分隔为左右两室，每室各置一棺。"前庭""正庭""中庭""后室"纵向串联，其中"中庭"和"后室"前各有并排两座石门前中后相对。出土随葬品160余件，有琉璃陶房及箱、笼、桌、案模型，绿釉陶罐、青花瓷碗及杯盘之类，彩釉琉璃兵器仪仗俑、仪卫骑俑、胡骑军乐鼓吹俑、马俑、太监宫女琴师鼓乐俑、侍婢什役供奉俑、近卫随从俑、宫官执事俑、儒生书吏俑、凤轿模型及轿夫俑、彩釉琉璃乐队俑等，还有昭王及王妃墓志④。

1995年对龙泉驿区十陵镇的明代蜀王墓群进行了较全面的考古调查与勘探，根据调查，对10座陵墓有关情况明确或基本明确，报告执笔者徐学书等分别介绍了僖王陵、罗江王妃陵、僖王继妃陵、黔江畅悼怀王陵、怀王陵、惠王陵、昭王陵、香花寺蜀王陵、青龙村王妃陵、无名郡王陵各陵墓陵园、墓室建筑⑤。

1997年发掘了明蜀端王及妃子陵，蜀端王朱宣圻，其墓在成都市锦江区琉璃乡。墓葬为砖石混筑，结构为三套墓室横向并列，M1（东）、M2（中）两墓结构和大小完全一致，以石门分隔为纵向串联的前室、中室、后室和棺室，全长12.2、宽1.95米，棺室进深3.6、宽1.2米，后壁有一壁龛。M3（西）规模比较小，全长8.9、宽1.8米，由前室、后室、棺室三部分构成。M1中室石门外有圹志，书"皇明显妣蜀王妃史氏之墓"。M2亦有圹志，书"皇明显考蜀王之圹"。M3墓主

① 中国社会科学院考古研究所、四川省博物馆成都明墓发掘队：《成都凤凰山明墓》，《考古》1978年第5期。
② 成都市文物考古研究所：《成都明代蜀僖王陵发掘简报》，《文物》2002年第4期。
③ 成都市文物考古工作队、明蜀王陵博物馆：《成都明代十陵综述》，《成都文物》1996年第1期。
④ 雷玉华：《一九九一年成都市田野考古工作纪要》，《成都文物》1992年第1期；王毅、蒋成、江章华：《成都地区近年考古综述》，《四川文物》1999年第3期；薛登、方全明：《明蜀王和明蜀王陵》，《四川文物》2000年第5期。
⑤ 成都市文物考古工作队、明蜀王陵博物馆：《成都明代十陵综述》，《成都文物》1996年第1期。

身份应比史妃略低，可能是继妃或次妃。出土随葬品 300 余件，有陶瓷器、铜器、铁器等，陶器主要为陶俑及日常用具模型，其中陶俑 200 余件，有将军俑、仪仗俑、文官俑、侍俑等，日常用具模型有床、箱、凳、轿等，还随葬釉陶器碗、碟、罐、盘、执壶、灯等[①]。

1998 年发掘了蜀定王次妃墓，定王次妃王氏，其墓在成都市锦江区琉璃乡潘家沟村十二组。陵园呈长方形，坐北朝南，长 250、宽 60 米。墓葬为砖石混筑，地宫呈长方形，由前室、中室、后室、棺室组成，进深 17.52、内空宽 2.12、高 5.12 米。出土随葬品 300 余件，有铜器、陶器。铜器有瓶、瓜形器，陶器类陶俑较多，有武士俑、乐俑、侍俑等，日常用具模型有床、凳子、仓、轿等，釉陶器有碟、杯、碗、罐、灯等，石质墓志 1 方[②]。

2004 年发掘了明蜀怀王及妃子陵，蜀怀王朱申鈘，其墓在成都市锦江区三圣乡粉堰村四组。陵园呈长方形，坐北朝南，长 277、宽 132 米。墓葬为砖石混筑，地宫呈长方梯形，由前庭、正庭、中庭、左右后庭、左右棺室组成，进深 34.6、内空宽 5.6、高 5.89 米。较为特殊的是，棺室为二次改建。出土随葬品 200 余件，有金银器、玉器、锡器、陶瓷器、铜器、铁器等，金银器主要为首饰类，玉器有玉圭及一些小玉饰，铜铁器主要有镜、钥匙和一些小兵器，锡器主要有执壶、碗、罐、三足炉、三足罐、灯等，瓷器主要为青花碗，陶俑较多，有武士俑、仪仗俑、文官俑、侍俑等，日常用具模型有案、轿、柜等，釉陶器有香炉、瓶、盆、盒、碗、罐、灯等，石质墓志 2 方[③]。

2007 年发掘了明蜀献王正妃蓝妃墓，墓葬位于成都市金牛区凤凰山。陵园呈长方形，坐北朝南，长 240、宽 100 米。墓葬为砖石混筑，地宫呈长方形，由前庭、中庭、后庭、耳室组成，进深 24、内空宽 7.5、高 6.5 米。较为特殊的是出土随葬品很少，只有 3 件铜器，分别是铜鼎、铜瓶、铜镜。发掘者推测墓主为一世献王正妃蓝妃[④]。

2012 年对位于双流县黄龙溪镇明蜀藩王墓群做了勘探工作。皇坟村明墓，位于黄龙溪镇黄坟村五组，陵园呈长方形，坐西北朝东南，南北长 310、东西宽 175 米，呈三级台阶状。大河村明墓，位于黄龙溪镇大河村三组谢家巷子，陵园大致呈马蹄形，坐东朝西，东西长 170、南北宽 118 米，呈二级台阶状，墓葬平面呈长方形，坐东朝西，东西长约 31.8、南北宽 8.2 米。发掘者认为大河村明墓墓主可能为和王或定王[⑤]。川江村明墓，位于黄龙溪镇川江村二组，陵园情况不明，墓葬平面呈长方形，长 36.6、宽 14 米。

沈洪明在《彭州明蜀藩王宗室墓述略》[⑥]中，对"崇宁王墓""永川庄简王墓""蜀府江津郡主墓""蒲江郡主墓""新都县主墓""宜宾县主墓""太子坟"等的发现情况、位置、大小尺寸等进行了介绍，但这些墓葬均无考古材料，资料的准确性待查。

① 谢涛：《成都市潘家沟村明蜀王、王妃墓》，《中国考古学年鉴 1998》，文物出版社，2000 年，第 224、225 页；市考古队：《成都市一九九七年田野考古概述》，《成都文物》1998 年第 1 期。

② 刘俊、朱章义：《明蜀定王次妃王氏墓》，《成都考古发现》（1999），科学出版社，2001 年，第 295~314 页。

③ 成都文物考古研究所：《成都市三圣乡明蜀"怀王"墓》，《成都考古发现》（2005），科学出版社，2007 年，第 382~428 页。

④ 成都文物考古研究所、金牛区文物管理所：《成都凤凰山明蜀王妃墓》，《成都考古发现》（2008），科学出版社，2010 年，第 489~495 页。

⑤ 成都文物考古研究所、双流县文物管理所《双流县黄龙溪镇明蜀藩王墓调查与试掘报告》，《成都考古发现》（2011），科学出版社，2013 年，第 521~561 页。

⑥ 沈洪明：《彭州明蜀藩王宗室墓述略》，《成都文物》2003 年第 2 期。

成都

考古史

（二）明蜀藩宦官墓葬

1979 年在成都市西郊金沙庵清理明代墓葬 1 座。墓葬为石室墓，分为前、后两室，总长 6.4、高 1.9、宽 1.8 米。出土随葬品有俑、瓷器、墓志等，俑有骑马俑、侍俑、武士俑等，瓷器有青花瓷瓶、罐等。从出土墓志可知，墓葬年代为明正德年间（1506～1521 年），墓主为腾英[①]。

1986 年在成都草堂路金银制品厂（旧名"五子堆"）发掘明代墓葬 3 座，墓葬为石室墓，分为前、后两室，总长 5.9、宽 1.6、高 1.88 米。出土随葬品有陶俑、墓志等[②]。

80 年代后期，成都市营门口三座坟清理明代墓葬 7 座，其中 6 座石室墓、1 座砖室墓。墓葬呈一字形排列，长约 6 米，其中两座墓葬共用一个券顶。石室墓多为三室，只 1 座两室，砖室墓为单室。墓葬多有壁画装饰。出土随葬品有俑、陶器、瓷器、玉器、金器、铜器等。俑有陶、瓷两类质地，多为侍俑，另有三彩瓷马模型。陶器有鼎、烛台、罐。瓷器有碗、瓶、香炉、烛台、轿模型等。金器和玉器都为饰件，主要为珠类、钗类、牌饰类，玉器还有杯、小屏风等。铜器有镜、爵杯。从出土的墓碑、墓志、买地券等可知墓葬的年代为明嘉靖年间（1522～1566 年）[③]。

1989 年，成都市博物馆考古队在成都市双流县机投乡沙堰村三组清理明代墓葬 1 座。墓葬为石室墓，分前、中、后三室，总长 9.1、宽 2.1、高 1.98 米。墓室内用浅浮雕及彩绘装饰。出土陶俑、陶器、墓志、钱币等随葬品 14 件。俑有骑马俑、侍俑，陶器为谷仓罐。从出土墓志可知，墓葬年代为明弘治年间（1488～1505 年），墓主为杨旭[④]。

1991 年在成都市南郊桂溪乡高攀村一组清理明代墓葬 1 座。墓葬为石室墓，分为前、后两室。墓室内用浅浮雕及彩绘装饰。出土俑、墓志等随葬品。俑有骑马俑、侍俑、武士俑等。从出土墓志可知，墓葬年代为明正德年间（1506～1521 年），墓主为苏荣[⑤]。

1995 年在成都市琉璃乡原电管站发掘明代墓葬 8 座，呈一字形排列，均为砖石结构，分为前、后两室。出土的随葬品较少[⑥]。

2003 年在成都市武侯区永丰乡肖家村一组发掘明代墓葬 9 座。墓葬坐东朝西，呈一字形排列，均为砖石结构，5 座双室墓，长约 5、宽约 2 米；4 座三室墓，长 8～9、宽约 2 米。墓内有大量的壁画及石刻。出土随葬器物 100 余件，有金银器、青铜器、瓷器、陶器、各类饰品及石质买地券、石质明器等。陶俑有武士俑、文吏俑、侍俑、骑马俑，动物模型有羊、狮、虎等，青花瓷器有盘、碗、罐、瓶、缸、炉等，以及青铜爵、石瓶、石炉、石烛台等。墓葬年代为明弘治至万历年间（1488～1620 年），较为重要的是出土的青花瓷器有嘉靖和隆庆年款，墓主也多为谷姓[⑦]。

2003 年成都市金牛区五块石五福村八组清理明代墓葬 20 座，墓葬可分为三组，均为砖石结构，分双室墓和三室墓两类。出土随葬品丰富，有金器、铜器、玉器、陶器、瓷器、石器、木器、

① 王黎明：《成都明蜀藩门副腾英墓清理简报》，《成都文物》1993 年第 3 期。

② 成都市博物馆考古队曾咏霞执笔：《成都市博物馆考古队 1986 年考古发掘简况》，《成都文物》1987 年第 1 期。

③ 刘致远：《成都三座坟明墓第一次清理报告》，《成都文物》1988 年第 2 期。

④ 成都市博物馆考古队：《明代杨旭墓清理发掘简况》，《成都文物》1989 年第 2 期。

⑤ 蒋成、王黎明：《明代苏荣墓清理记略》，《成都文物》1992 年第 1 期。

⑥ 成都市文物考古工作队：《成都市一九九五年田野考古工作概述》，《成都文物》1996 年第 1 期。

⑦ 成都市文物考古研究所：《成都市红牌楼明蜀太监墓群发掘简报》，《成都考古发现》（2003），科学出版社，2005 年，第 426～488 页。

丝织品等，有金簪、玉佩、玉项链、玉带钩、玉首饰、铜丝、铜瓶、铜香炉、铜镜、陶罐、陶骑马俑、瓷瓶、瓷爵、石狮、买地券、墓志铭等①。

2005 年在新北小区内清理 6 座明代墓葬，报告只发表了 M1、M3 两座墓葬的资料。墓葬上有底部直径约 50、高约 13 米的封土堆，方向一致，以 M3 为中心向东西两侧排开。墓葬之间有打破关系。墓葬结构有三室、双室、单室三类。出土随葬品有青花瓷器 11 件，器形有碗、香炉、瓶、爵、梅瓶、罐等，还有琉璃罐、包银皮带具、玉簪、金簪、铜簪、玛瑙珠等。4 座墓葬有明确的纪年，均为"万历"年。较为重要的是从墓志中可以知道明代宦官的收养情况，如 M6 墓主宵起蛟，是 M3 墓主宵武的第二义子②。

2006 年在成都市金牛区营门口乡红色村四、五组发掘明代墓葬 17 座。墓葬分为三排，每排呈一字形排列，14 座石室墓，3 座石灰墓。每墓前均有墓碑基座，出土随葬品有陶器、瓷器，陶器主要为谷仓罐、杯、香炉等，瓷器为青花碗，墓葬出土了墓碑文字材料③。

2008 年在成都市武侯区五大花园地区清理明代墓葬 4 座，均为正南北向，一字形排开。1 座为前、中、后三室的石室墓，长约 6、宽约 1.4 米。3 座为前、后双室同穴合葬墓，长约 4.5、宽 1.5～1.8 米。出土瓷器、釉陶器、铜器、墓志铭和买地券等。瓷器有罐、熏炉、盘、器盖、高足杯、碗，铜器为器座，釉陶器为谷仓罐。从出土墓志铭和买地券可知墓葬年代为明代早、中期④。

2013 年在成都市龙泉驿区大面镇五星村二组明代墓葬 1 座，南北向，平面呈长方形。出土随葬品 4 件，有谷仓罐、梅瓶等。年代为明成化十五年（1479 年），与道教信仰密切联系⑤。

2014～2016 年在成都市锦江区成龙街道狮子山金像寺社区发掘明代墓葬 42 座，墓葬分为多组，每组呈一字形排列，多为砖石结构，多为由前室、中室、后室（棺室）构成的三室墓，少量前、后室组成的双室墓。出土随葬品 400 余件，有陶器、瓷器、铜器、铁器、金银器、玉石器、买地券、墓志等。墓葬年代多为明正德至万历年间（1506～1620 年）⑥。

2016 年在成都市锦江区成龙街道盛辉社区清理明代墓葬 29 座。均为东西向，分为多组，每组呈一字排列。砖石结构，多为由前室、中室、后室（棺室）构成的三室墓。出土随葬品 100 余件，有陶器、瓷器、铜器、铁器、金银器、玉石器、买地券、墓志等。墓葬年代从明嘉靖年间到清顺治年间（1522～1661 年）⑦。

1989 年在成都阀门厂五块石工地清理秦嵩、刘洵等三墓，出土钱币约 50 枚，墓志铭、铜爵、瓷瓶、瓷碗等随葬品 10 多件⑧。

① 成都市文物考古研究所：《成都市 2003 年田野考古工作述要》，《成都文物》2004 年第 1 期。

② 成都文物考古研究所：《成都"新北小区四期"明代太监墓群发掘简报》，《成都考古发现》（2006），科学出版社，2008 年，第 335～351 页。

③ 何一民、王苹主编：《成都历史文化大辞典》，社会科学文献出版社，2018 年，第 935 页。

④ 成都文物考古研究所：《成都武侯区"沙竹苑"明代太监墓发掘简报》，《成都考古发现》（2007），科学出版社，2009 年，第 593～607 页。

⑤ 成都市文物考古工作队：《成都市 2013 年田野考古工作纪要》，《成都文物》2014 年第 1 期；何一民、王苹主编：《成都历史文化大辞典》，社会科学文献出版社，2018 年，第 936 页。

⑥ 何一民、王苹主编：《成都历史文化大辞典》，社会科学文献出版社，2018 年，第 935 页。

⑦ 向导、谢涛：《成都市锦江区农科院科研楼汉代及明代墓地》，《中国考古学年鉴 2017》，中国社会科学出版社，2018 年，第 410 页。

⑧ 市博考古队：《成都市一九八九年田野考古工作纪要》，《成都文物》1990 年第 1 期。

2000 年成都市锦江区琉璃乡皇经楼村发现明代墓葬 22 座，部分墓葬破坏较为严重，呈东西向一字形排列，南北向，均为砖石混建，双室①。2005 年，在同一区域皇经楼村三组发掘清理了 19 座明代墓葬，砖石结构，随葬品有陶器、瓷器，年代为明万历年间（1573～1620 年）②。

（三）一般墓葬

1996 年在成都市北郊青龙乡海滨村发掘明代墓葬 2 座。墓葬为砖石结构，大小相近，长约 5.2、宽约 2.4、高约 4 米。墓葬为双室墓，分为前、后两室。出土随葬品有瓷器、玉器、金器、石器、墓志等。瓷器为青花方瓶，玉器有带、钗，金器为钗，石器有香炉、烛台。为一家族墓地，年代为明万历年间（1573～1620 年）③。

1996 年在新都县五星啤酒厂第二宿舍工地清理明代墓葬 4 座。石灰墓 2 座，一座为单室墓，另一座为双室墓；砖室墓 2 座，均为单室墓。单室墓一般长约 2.5、宽 0.6～0.8 米，双室墓长约 3、宽 2.5 米。出土随葬品有陶器、瓷器、铁器。陶器有谷仓罐、四耳罐、碟等，瓷器有碗、碟，铁器疑似镇墓兽。从出土墓志可知为杨升庵的家族墓地④。

2005 年在成都市温江区万春镇清理明代石室墓 1 座。墓葬为双室墓，分为南北两室，均用石板构筑，平面呈长方形，长约 2.5、宽约 1 米。出土随葬品 12 件，有釉陶无耳罐、陶谷仓罐、陶器盖、陶碟、银簪、铜镜等，另有钱币 70 枚。较为特殊的是在墓葬中出土了较多唐宋时期的钱币，有开元通宝、崇宁通宝、大观通宝等。发掘者认为这是墓主人有意为之，与四川地区的民间习俗及宗教信仰有关。墓葬的年代为明弘治五年（1492 年）⑤。

2006 年在成都市温江区海峡科技园发掘明代墓葬 23 座，其中 5 座砖室墓、18 座石灰椁室墓，均分为单室和双室两类。砖室墓一般由封门墙、墓室、后龛、棺台等几部分组成，长 2.5～4 米；石灰椁室墓长 2.3～2.9 米，石灰作椁，椁内有木棺，人骨架大部分保存完整，均为仰身直肢葬，头部有青瓦作支垫。出土随葬器物有钱币 5 枚、釉陶器 21 件、铜器 4 件、墓券 3 方。釉陶器有盏、碗、双耳罐、执壶、带盖罐、器盖，铜器有镜、簪。从出土墓志可知为明正德年间（1506～1521 年）赵氏家族墓地⑥。

2009 年在邛崃市羊安镇清理两处明墓群。一处为 30 号文物点，清理明代 14 座，3 座长方形竖穴瓦室墓、9 座长方形竖穴砖室墓、1 座长方形竖石板墓、1 座长方形石灰椁墓。出土随葬品以瓷器为主，有双耳罐、直口罐、碗、龙纹罐、仓谷罐、器盖等。墓葬年代为明代中期偏早⑦。另一处为 24 号文物点，清理明墓 6 座，2 座为用汉代砖修建的长方形砖室墓、3 座长方形砖室墓、1 座长方形瓦室墓。汉代砖修建墓扰乱严重，无出土随葬品。其余墓葬出土随葬品为瓷器，有罐、碗、器盖

① 成都市文物考古研究所：《成都市 2000 年田野考古工作述要》，《成都文物》2001 年第 1 期。

② 市考古队：《成都市 2005 年田野考古工作纪要》，《成都文物》2006 年第 1 期。

③ 成都市文物考古工作队：《成都青龙场明墓发掘简报》，《成都文物》1997 年第 3 期。

④ 田春春、陈云洪、李跃：《新都五星啤酒厂工地宋明墓发掘简报》，《成都文物》1998 年第 3 期。

⑤ 成都文物考古研究所、温江区文物保护管理所：《成都市温江区万春镇明墓发掘简报》，《成都考古发现》（2005），科学出版社，2007 年，第 429～439 页。

⑥ 成都文物考古研究所、温江区文物保护管理所：《成都市温江区中粮包装厂明墓发掘简报》，《成都考古发现》（2005），科学出版社，2007 年，第 440～457 页。

⑦ 成都文物考古研究所、邛崃市文物局：《邛崃市羊安区工业区明墓发掘简报》，《成都考古发现》（2011），科学出版社，2013 年，第 569～594 页。

等，瓦室墓出土玛瑙珠。报告编写者未对墓葬年代作出判断①。

2009年在彭州市三界镇刘家村十四组红豆树附近清理明代3座。其中2座保存较好，形制一致，一座为长方形竖穴砖室墓，发掘者认为可能是夫妻异穴合葬墓，另一座破坏严重。出土随葬品均为瓷器，有罐、碗、盏等。墓葬年代为明代早期②。

2011年在成都市青白江区包家梁子清理明墓10座。墓葬形制基本一致，平面呈长方形或梯形，四壁用汉代残砖和宋代残砖错缝平铺砌筑而成，长约2.7、宽约1米。出土随葬品为瓷器、陶器两大类。瓷器有碗、器盖、龙纹罐，陶器有罐、器盖、碗、壶。墓葬年代为明代中期偏早，为贫民墓③。

2011年在成都市龙泉驿区柏合镇新光村四组发掘清理明代墓葬10座，其中2座保存较好，均为双室并列石室合葬墓，由封门、甬道、墓门、墓室组成，长3～4.6、宽2.2～2.8米。出土随葬品有陶器、铜器、银器。陶器有带盖罐、碗，铜器为簪，银器为指环。发掘者推测为一家族合葬墓地④。

2012年在成都市青白江区城厢镇和平村清理明代墓葬14座，砖石混筑墓5座、石灰墓8座、瓦室墓1座。砖石混筑墓直墙用砖，顶盖石板，平面为长方形。石灰墓分为双室和单室墓，均用石灰建成，平面呈梯形。瓦室墓均用青瓦建成，平面呈梯形。出土随葬品有瓷器、银器、铜器、钱币。瓷器有盏、碗、直系罐、谷仓罐、四系罐、执壶等，铜器有簪、饰件等，银器为簪，钱币为崇祯通宝⑤。

2013年在成都市高新区双柏村清理明墓3座。均为夫妻合葬墓，分为砖室墓和石室墓两类。石室墓有人物、动物、瑞兽、花卉雕刻。砖室墓为双室墓，出土随葬品有瓷器、铜器、金银器等几大类，瓷器有碗、盆、盏、带盖罐、双耳罐等，金银器有金钱、银簪、银戒指、银饰件等，铜器有铜镜、铜牌、铜簪、铜盏等。墓葬有准确的纪年，均为明代中期正德年间（1508～1521年）⑥。

2013年在新津县邓双镇金龙村十组老虎山清理明、清墓葬21座。其中，明代墓葬20座、清代墓葬1座。明代墓葬种类较多，有石室墓16座、砖室墓2座、砖石混筑墓1座、岩坑墓1座。石室墓可分长方形单石室墓5座、长方形双石室墓3座、多边形单石室墓5座、多边形双石室墓2座、多边形三石室墓1座。清代墓葬为单石室墓，石灰封顶。出土随葬品有瓷器、铜器、锡器、银器几大类。瓷器有仓谷罐、高领罐、束颈罐、执壶、盖、碗、杯、盘、枕、熏炉等，另有铜镜、锡罐、银环等。石室墓为明代早中期，其余明代墓葬未划分时代，清代墓葬有准确题记"清故慈母

① 成都文物考古研究所、邛崃市文物局：《四川邛崃市羊安墓群24号点宋明墓发掘简报》，《成都考古发现》（2010），科学出版社，2012年，第598～612页。

② 成都文物考古研究所、彭州市文物保护管理所：《四川彭州市红豆树墓群发掘简报》，《成都考古发现》（2010），科学出版社，2012年，第415～446页。

③ 成都文物考古研究所、青白江区文物保护管理所：《成都市青白江包家梁子宋明墓发掘简报》，《成都考古发现》（2010），科学出版社，2012年，第613～643页。

④ 龙泉驿区文物管理所：《成都市龙泉驿区新光村墓群M1、M2发掘简报》，《成都文物》2011年第3期。

⑤ 成都文物考古研究所、青白江区文物保护管理所：《成都市青白江区和平村墓群发掘简报》，《成都考古发现》（2011），科学出版社，2013年，第489～520页。

⑥ 成都文物考古研究所：《成都市高新西区双柏村宋、明墓发掘简报》，《成都考古发现》（2013），科学出版社，2015年，第605～643页。

成都
考古史

张□□之墓"①。

2015 年在成都市金牛区通锦路 20 号清理明代墓葬 11 座。墓葬均为土坑墓，分为有椁、无椁两类，椁室由石灰浇筑而成。出土随葬品有瓷器、铜器、墓券等。瓷器有谷仓罐、高领罐、碗、器盖等，铜器有钗、簪等饰品，采集有陶盏。出土的 3 方买地券表明墓主人均与明代蜀王府的下属机构有关，年代为明代中期②。

2015 年在成都市龙泉驿区柏合镇东二河村十二组清理明代墓葬 9 座。分布规律，分为砖石混筑的单室墓、石构双室墓、砖构双室墓，墓室长 2.5～3.5、宽 1～1.5 米。出土随葬品数十件，主要为瓷器、铜器，瓷器有罐、壶、盘、碗、杯、器盖，铜器主要为簪、耳环等首饰类。发掘者认为该墓地为一家族墓地，年代为明代中晚期③。

2017 年在成都市龙泉驿区洪安镇红光村清理明代墓葬 6 座。均为石室墓，墓葬方向一致，南北向排列，分为双室和三室两类，墓室长约 3、宽约 1.5 米。出土随葬品共 20 余件瓷罐。该墓地为一家族墓地，年代为明代中晚期④。

2018 年在简阳市玉成乡秀才沟村二组清理明代墓葬 16 座，均为砖石结构。发掘者将墓葬分为两类，一类为多室墓，共 8 座，有八室墓 2 座、四室墓 2 座、双室墓 4 座，单个墓室长约 4、宽约 1 米。另一类为单室墓，共 8 座，又分为叠涩顶和平顶，墓室长约 1.8～3.5、宽约 0.5 米。出土随葬品 63 件，分为瓷器、铜器、锡器等，以瓷器为主，有各类瓷罐、瓷碗、铜簪、锡罐等。出土买地券明确墓葬年代为明代中期⑤。

2018 年在新津县邓双镇金龙村宝资山发掘明代墓葬 54 座，其中石室墓 52 座、土坑墓 2 座。石室墓中长方形双室墓 4 座、长方形单室墓 25 座、多边形单室墓 23 座，墓室一般长 2.5～3、宽 1～1.5 米。出土随葬品逾 60 件，瓷器主要为谷仓罐、龙纹罐，少量的瓷器盖、铜簪等。墓葬年代为明代中期⑥。

成都地区的其他明清时期墓葬考古发现还有：1979 年在王建墓附近发现 1 座明墓，出土了"落花流水锦"纹样衣物⑦。1983 年在四川省邮电工业公司基建工地发现清代墓葬，出土了陶器、汉白玉墓碑及完整的八品文官袍服⑧。1982 年在新津县顺江乡文武村发现"清代朝议大夫汉中府周淦

① 成都文物考古研究所、新津县文物管理所：《新津县老虎山宋明墓葬发掘简报》，《成都考古发现》（2013），科学出版社，2015 年，第 561～604 页。

② 成都文物考古研究院：《成都市通锦路遗址隋唐至明代墓葬清理简报》，《成都考古发现》（2015），科学出版社，2017 年，第 642～681 页。

③ 成都文物考古研究所、龙泉驿区文物保护管理所：《成都市龙泉驿区二河村墓地发掘简报》，《成都考古发现》（2014），科学出版社，2016 年，第 300～320 页。

④ 成都市文物考古工作队、龙泉驿区文物保护管理所：《成都市龙泉驿区洪安镇红光村明墓群发掘简报》，《成都考古发现》（2017），科学出版社，2019 年，第 502～521 页。

⑤ 成都文物考古研究院、简阳市文物管理所：《简阳市朱家湾墓地发掘简报》，《成都考古发现》（2017），科学出版社，2019 年，第 423～453 页。

⑥ 重庆师范大学历史与社会学院、成都文物考古研究院：《新津县宝资山墓地Ⅲ区明代石室墓发掘简报》，《成都考古发现》（2017），科学出版社，2019 年，第 454～479 页；成都文物考古研究院、新津县文物保护管理所：《新津县宝资山墓地Ⅰ、Ⅱ区明代石室墓发掘简报》，《成都考古发现》（2017），科学出版社，2019 年，第 480～501 页。

⑦ 王君平：《浅析成都明墓出土的"落花流水锦"》，《成都文物》1986 年第 3 期。

⑧ 黎佳：《1983 年我市出土文物概述》，《成都文物》1984 年第 1 期。

墓碑"[1]。1984 年在成都东郊的成都火柴厂发现明代砖石结构墓葬，未出土随葬品[2]；在东郊建设路附近成都宏明无线电器材厂发现明代土坑墓 1 座，出土了买地券、青花瓷瓶[3]；在成都市裘衣厂发现明代墓葬 3 座，破坏较严重，出土了瓷谷仓罐、瓷龙纹罐及买地券[4]；在东郊沙河堡附近省农科院发现明代土坑墓 2 座，出土了瓷谷仓罐、瓷龙纹罐及明正德四年（1509 年）纪年的买地券[5]。1985 年在郫县望丛祠发现明代墓葬 9 座，出土买地券 3 方[6]；在无缝钢管厂发现明代墓葬 1 座[7]。1986 年在成都罗家碾原省人口普查办公室工地发现明代墓葬 1 座，出土"洪武通宝"；在金牛区簇桥乡愿土桥粮店发现明代墓葬 1 座，出土墓志 1 方[8]。1987 年在成都东郊塔子山成都液压机厂发现明代墓葬 4 座，均为砖石结构，墓葬长 3～8、宽约 1.5 米，墓内浅浮雕仿木结构雕刻，出土随葬品有瓷谷仓罐、铜镜、陶碗、买地券、墓志铭等[9]。1989 年在郫县五九八厂工地、成都火车站东站峰下工地、温江县城关电讯公司宿舍工地各清理 1 座明代墓葬[10]。1990 年在成都市北郊川陕公路左侧成都军区汽车仓库 5626 部队住宅楼工地发掘明代砖室墓 1 座[11]。1992 年在新都电缆厂一期扩建工程中发现明墓 1 座；在成都峨影乐团工地发现明代墓志铭 2 方[12]。1993 年在成都市区清理了 3 座明代墓葬和 1 座清代墓葬，明代墓葬分为砖石结构和土坑两类，出土随葬品为瓷谷仓罐；清代墓葬为一座夫妻合葬墓[13]。1994 年在郫县安靖乡杜家院子发现明代墓葬 3 座，均为石灰墓，无随葬品[14]。1995 年在成都龙泉驿区十陵镇发掘明代墓葬 1 座[15]。1996 年在大邑县斜江乡静惠山发掘 1 座明代墓葬，墓葬被毁严重，从出土墓志判断为明正德年间（1506～1521 年）的夫妻合葬墓[16]。1996 年在成都神仙树核动力研究所住宅楼清理 1 座明代土坑墓，出土随葬品有瓷龙纹罐、小瓷碟；在人民北路省测绘局也发现了明墓，毁坏严重；在圣灯乡八星九组发现 2 座明代砖室墓，夫妻合葬，随葬品仅有钱币[17]。

（四）墓葬研究

关于陵墓及出土文物的考古学研究，薛登、方全明利用考古材料与文献资料对成都区域内[18]及

---

① 颜开明：《清代汉中知府周淦墓碑》，《成都文物》1993 年第 3 期。

② 成都市博物馆：《1984 年第一季度文物与考古工作简讯》，《成都文物》1984 年第 2 期。

③ 成都市博物馆：《1984 年第二季度文物与考古工作简讯》，《成都文物》1984 年第 3 期。

④ 曾咏霞：《我市一九八四年第四季度出土文物概述》，《成都文物》1985 年第 2 期。

⑤ 曾咏霞：《我市一九八四年第四季度出土文物概述》，《成都文物》1985 年第 2 期。

⑥ 卫志中：《郫县的明代买地券小考》，《成都文物》1985 年第 4 期。

⑦ 成都市博物馆考古队曾咏霞整理：《成都市博物馆考古队一九八五年全年考古发掘清理简况》，《成都文物》1986 年第 1 期。

⑧ 成都市博物馆考古队曾咏霞执笔：《成都市博物馆考古队 1986 年考古发掘简况》，《成都文物》1987 年第 1 期。

⑨ 曾咏霞整理：《成都市博物馆考古队一九八七年工作简况》，《成都文物》1988 年第 1 期。

⑩ 市博考古队：《成都市一九八九年田野考古工作纪要》，《成都文物》1990 年第 1 期。

⑪ 成都市博物馆考古队：《成都市 1990 年田野考古工作纪要》，《成都文物》1991 年第 1 期。

⑫ 成都市文物考古工作队：《成都市一九九二年田野考古工作概况》，《成都文物》1993 年第 1 期。

⑬ 成都市文物考古工作队：《成都市一九九三年田野考古纪要》，《成都文物》1994 年第 1 期。

⑭ 成都市文物考古工作队：《一九九四年成都市田野考古工作概况》，《成都文物》1995 年第 2 期。

⑮ 成都市文物考古工作队：《成都市一九九五年田野考古工作概述》，《成都文物》1996 年第 1 期。

⑯ 郭仕文：《大邑发现明姚葵夫妇墓志铭》，《成都文物》1997 年第 1 期。

⑰ 成都市文物考古队：《1996 年成都田野考古概述》，《成都文物》1997 年第 1 期。

⑱ 薛登、方全明：《明蜀王和明蜀王陵》，《四川文物》2000 年第 5 期。

龙泉驿区[①] 明蜀王陵进行了系统的介绍与研究。刘毅在明代亲王陵墓玄宫制度的研究中对全国已发掘的明代亲王陵墓进行了分类研究，其中包括成都地区发掘的蜀王陵墓[②]。也有学者对僖王陵出土的石刻进行了专门的考释与研究[③]。

史占扬是较早关注成都地区明代宦官墓葬的学者，他对 20 世纪 80 年代中期前出土的宦官墓葬集中进行了介绍，并从墓葬形制、出土器物及史料记载等方面进行了一些探讨[④]。蒋成等对明蜀藩太监腾英等墓志进行了初步研究和释读[⑤]。薛登在介绍成都龙泉驿出土部分买地券时，也涉及了部分明代的买地券，注明出土地点及券石形制之类凡例，再加上解说与疏释[⑥]。卫志中对郫县出土的明代买地券进行了考证[⑦]。曹岳森对四川出土的买地券进行了格式分类和内容释析，但涉及明代的买地券分类较为粗略[⑧]。姜同绚、文静进一步对成都出土的明代买地券进行了详细的分类释析[⑨]。其他涉及单个墓葬墓志考证的文章有龙腾的《蒲江出土明奉直大夫孙礼墓志铭》(《四川文物》1998 年第 6 期)、朱韬的《成都市新都区出土明代杨恒墓志考释》(《四川文物》2007 年第 1 期) 等。

涉及其他一些明代墓葬文化的相关研究有胡朝晖的《漫话大邑县的明代牌坊和照壁》(《四川文物》1999 年第 4 期)、魏朗的《明代掌印妇官石坊》(《成都文物》1992 年第 3 期)、张茂华的《成都地区明墓中的对联文化》(《四川文物》2002 年第 5 期)、夏寒的《浅议明墓中的古钱》(《四川文物》2006 年第 2 期) 等。

关于蜀藩宗世系考证及其与四川地方社会之关系的研究，早在 20 世纪 80 年代中期就有学者根据考古材料及文献资料对明蜀藩王墓群进行了简要的考证[⑩]，程娟较早以文献材料对蜀王谱系进行了梳理[⑪]，刘慧敏则简要地介绍了明代蜀藩的世系、王府、相关附属部门、陵墓及其与四川地方社会的关系[⑫]。马士训的硕士学位论文《明代蜀藩研究》是目前为止最为详尽的蜀藩研究报告[⑬]。

科技考古方面，杨颖东等对黄龙溪镇明蜀藩王墓与琉璃厂窑出土釉陶进行了分析研究，认为藩王墓出土的釉陶在琉璃厂窑烧造的可能性非常大，研究表明直到明代琉璃厂窑还在烧造[⑭]。肖璘对定王次妃墓的空气质量及汞的含量进行了测试，提出了考古发掘中的防护建议[⑮]。

（谢涛）

---

① 薛登：《成都明蜀王陵》，《成都文物》1999 年第 2～4 期。

② 刘毅：《明代亲王陵墓玄宫制度研究》，《华夏考古》2010 年第 3 期。

③ 任新建：《明蜀僖王陵藏式石刻考释》，《四川文物》1995 年第 3 期。

④ 史占扬：《成都明代石廓墓杂述》，《成都文物》1987 年第 1 期。

⑤ 蒋成、王黎明、荣远大：《明蜀藩太监墓志集释》，《四川文物》2001 年第 4 期。

⑥ 薛登：《成都龙泉出土部分买地券汇辑》，《成都文物》2008 年第 1 期。

⑦ 卫志中：《郫县的明代买地券小考》，《成都文物》1985 年第 4 期。

⑧ 曹岳森：《四川出土买地券的初步研究》，《四川文物》1999 年第 6 期。

⑨ 姜同绚、文静：《成都出土明代买地券的分类释析》，《西华师范大学学报》（哲学社会科学版）2019 年第 5 期。

⑩ 薛文：《明僖王陵及明蜀藩墓群简介》，《成都文物》1986 年第 4 期。

⑪ 程娟：《明朝历代蜀藩王》，《成都文物》1996 年第 3 期。

⑫ 刘慧敏：《明代蜀王府与四川地方社会》，《绵阳师范学院学报》2013 年第 6 期。

⑬ 马士训：《明代蜀藩研究》，广西师范大学硕士学位论文，2015 年。

⑭ 杨颖东、罗武干、易力：《成都市黄龙溪镇明蜀藩王墓与琉璃厂窑出土釉陶分析研究》，《成都考古发现》（2011），科学出版社，2013 年，第 562～568 页。

⑮ 肖璘：《成都市琉璃乡明蜀定王次妃墓内空气质量及汞的测试与防护》，《四川文物》1999 年第 6 期。

第三章

科技考古、文物保护、古建研究

第一节　科技考古研究

一、空　间　考　古

（一）空间考古

20 世纪 60 年代左右，伴随着科技的日新月异，国际考古研究进入一个新的变革时期[1]。考古学研究相继引入了全球定位系统（Global Positioning System, GPS）、遥感技术（Remote Sensing, RS）、地理信息系统（Geographic Information System, GIS）、地球物理勘探技术（后称"物探技术"）等[2]。我国也从 20 世纪 90 年代逐渐有高校及科研机构开始组建专业实验室开展考古测绘、考古勘探、遥感与航空考古及在考古中应用 GIS 技术等一系列与空间信息相关的考古研究工作，并取得了一定的成就。自 21 世纪以来，40 余所科研机构和高校配备了专门的从事与空间信息考古相关的研究和教学人员[3]。

空间信息考古是遥感考古的继承与发展，研究对象是地球表层包含人类活动遗存与生活环境的人文 – 自然综合体，研究方法是空间信息技术在对这个复杂研究对象的应用研究中，有关考古信息获取、解释与重构的一个创新性过程，并通过建立"数字文化遗产圈"（Digital Cultural-heritage Sphere），实现三维动态的虚拟重建。因其"星—空—地"一体化的空间信息技术与现代考古学的时空特性结合使用尤为紧密，在考古中调查、勘探、发掘、资料整理与考古解释中的作用越来越大、越来越明显，空间信息技术已经成为支撑考古学研究工作的技术体系之一，体现在考古研究工作的各个方面。2014 年 4 月，在北京召开的以"文化遗产空间观测与认知"为主题的第 487 次香山科学会议上，郭华东研究员作了《文化遗产信息的空间观测机理与科学认知：构建"空间考古学"》的报告，对"空间考古学"的国内外发展及所涉及学科的理论和应用案例等做了介绍，并提出了建

---

[1]　张海：《GIS 与考古学空间分析》，北京大学出版社，2014 年，第 10～13 页。
[2]　毛锋：《空间信息技术考古学应用方法》，电子工业出版社，2016 年，第 3～5 页。
[3]　袁靖：《中国科技考古导论》，复旦大学出版社，2018 年，第 16～25 页。

立"空间考古学"的建议与措施[①]。

（二）发展阶段

空间信息相关技术在我国起步较晚，相关技术在成都平原考古工作中的应用从时间上大概可以分为以下两个阶段。

1. 第一阶段：2010 年以前

本阶段主要是"空间考古"的萌芽阶段，主要包括王毅、江章华等前辈工作者，以及四川大学、早稻田大学、哈佛大学、北京大学、成都理工大学等高校开展的工作。所获成果虽不甚丰富，但为后期空间考古工作的全面展开奠定了基础。

2000 年以前，随着宝墩古城遗址调查和试掘，使用全站仪测绘遗址平面图、布设探方等，并布设永久测绘基点（控制点）。

2001 年，金沙遗址问世，开始培养专业技术工人使用全站仪布设探方和测绘遗址图、遗迹图。

2004 年，在金沙遗址使用物探方法，尝试在不开挖的情况下了解地下文物埋藏情况。

2006 年，宋家河坝联合考古调查中，大面积使用物探方法进行考古调查工作。

2009 年，"指南针计划"，应用 GIS 和 VR 技术于都江堰水利工程虚拟展示[②]，邀请中国社会科学院考古研究所刘建国老师对考古业务人员进行"GIS 专题"内部培训。

2. 第二阶段：2010 年至今

2010 年，引入测绘专业人员，全面开展考古测绘工作。

2011 年，大遗址保护工作中，新都片区应用 GIS 技术和建立数据库。

2012 年，黄龙溪镇明蜀藩王墓调查，通过遥感影像解译发现的城垣和三层平台[③]。同年发现老官山汉墓，在中国社会科学院考古研究所钟建老师的帮助下，再次将物探技术应用于考古调查[④]。

2013 年，通过实践总结，根据考古测绘特点及数字测图方法，利用全站仪和 CASS 绘图软件，对青白江汉墓群进行快速测量成图[⑤]，解决大批量墓葬测绘快速成图的问题。并引进物探设备，随后开展大量物探培训和实践。

2014 年，引入无人机，逐步实现了绝大部分工地无人机航拍，构建三维模型。

2015 年，运用遥感影像对唐广都城遗址进行调查研究[⑥]。利用 GIS 技术对高山古城遗址进行空

---

① 潘峰：《香山科学会议——构建"空间考古学"时机已成熟》，《中国科学报》2014 年 9 月 30 日第 4 版；王心源、郭华东：《空间考古学：对象、性质、方法及任务》，《中国科学院院刊》2015 年第 3 期。

② 相关资料现存于成都文物考古研究院。

③ 成都文物考古研究所、双流县文物管理所：《双流县黄龙溪镇明蜀藩王墓调查与试掘报告》，《成都考古发现》（2011），科学出版社，2013 年，第 521~561 页。

④ 成都文物考古研究所、荆州文物保护中心：《成都市天回镇老官山汉墓》，《考古》2014 年第 7 期。

⑤ 白铁勇、钱素芳：《简码法数字化测图技术在田野考古中的应用》，《中国文物报》2013 年 3 月 15 日第 7 版。

⑥ 成都文物考古研究院：《唐广都城遗址调查简报》，《成都考古发现》（2015），科学出版社，2017 年，第 583~590 页。

间和地形分析，掌握古城内部的地势变换，提取河网分析城址消亡与水的关系[①]。

2017 年，大规模开展物探工作，筹建"空间信息数据库系统"。

2018 年之后，随着多学科交叉融合，空间信息技术在考古中应用越来越广泛，如环境考古中，运用现代高程和遗址距地表深度，求解遗址地表高程，研究遗址原生地表的起伏[②]等。并扩展到一些合作项目，包括达州城坝、宣汉罗家坝[③]、广汉三星堆[④]、宜宾五粮液酒厂[⑤]等项目。

在实践传统考古的过程中不断探索创新，寻求多领域、多学科的交叉融合，促进考古工作和研究全新突破。近十年的时间里成都市文物考古工作队经历了从最初需要外援的无到"空间考古实验室"组建完成的有。现阶段，空间考古实验室已初步具备"基础考古测绘"、无人机航拍、遥感、物探和 GIS 等技术应用于田野考古工作和研究的综合能力。

（三）重点应用

1. 宝墩古城遗址

宝墩古城遗址自 1995 年由成都市文物考古研究所、四川大学考古学系及日本早稻田大学联合调查发现，并进行试掘[⑥]。2010 年发现在原来的城垣外还有一圈城垣，通过高分辨率遥感影像可以清晰看到内外城墙的分布情况。在宝墩古城遗址建立独立测绘体系，埋设永久控制点，保证宝墩古城遗址多次发掘的空间数据是同一坐标系，方便田野考古工作的统一布方，特别是不能大面积连续布设探方的情况下有绝对优势。

2010、2011 年，随着外城的发现、钻探和发掘，多学科、多技术参与到宝墩古城遗址的考古研究工作中，用 GPS 和全站仪进行区域钻探和重点发掘测绘，以及运用 GIS 软件将钻探数据按照堆积状态标绘到遗址平面图上[⑦]，可以清晰展示古城遗址的内部各种类型的堆积分布。并引入无人机航拍技术对重点区域和重点遗迹进行拍摄、建模[⑧]。

2019 年 9 月，对宝墩遗址内城、外城及周边 7 平方千米进行航拍测绘，为宝墩遗址的考古研究及后期展览做好基础工作，提供宝墩遗址的航拍图、地形图、数字高程模型。测区位于新津县新平镇，成果包含 DOM、DSM、DEM、DLG，比例尺均为 1：500[⑨]。

① 周志清、陈剑、刘祥宇等：《区域系统调查方法在成都平原大遗址聚落考古中的实践与收获——以高山古城遗址为例》，《中国文化遗产》2015 年第 6 期。

② 成都文物考古研究所、南京大学地理与海洋科学学院：《成都平原马街遗址古洪水事件遗存考古发现与研究》，《地学前缘》2021 年第 2 期。

③ 合作项目，已提交报告。

④ 合作项目，已提交报告。

⑤ 合作项目，已提交报告。

⑥ 成都市文物考古工作队、四川联合大学考古教研室、新津县文管所：《四川新津县宝墩遗址调查与试掘》，《考古》1997 年第 1 期。

⑦ 成都文物考古研究所、新津县文物管理所：《宝墩遗址聚落考古取得重要进展》，《中国文物报》2012 年 8 月17 日第 8 版。

⑧ 成都文物考古研究所、新津县文物管理所：《新津县宝墩遗址鼓墩子 2010 年发掘报告》，《成都考古发现》（2012），科学出版社，2014 年，第 1～63 页。

⑨ 资料现存于成都文物考古研究院。

目前正在建立"宝墩遗址数据库"存储、管理宝墩古城遗址空间数据，逐步形成全数字化的宝墩古城遗址。

2. 金沙遗址

金沙遗址的时代大概在商代晚期到西周时期，2004 年成都市文物考古工作队联合成都理工大学地球探测与信息技术重点实验室王绪本教授等对金沙遗址使用物探技术无损探测，应用主要对深埋地下的遗迹、遗存的热剩磁，或者不同沉积物的化学性质，以及有机物的腐化诱导作用等不同因素进行高精度磁法和激发极化法探测[1]。结果表明，高精度磁法对大面积动物骸骨、腐化象牙、古河道有机质的淤积物质等堆积有较好的反应[2]，但激发极化法对探测区环境要求高，探测的时候恰逢祭祀区展棚施工期间，受金属钢架、自来水管等影响，对祭祀区青铜器的分布探测效果不明显[3]。

3. 郫县域调查

宋家河坝遗址位于郫县三道堰镇三大队，西距柏条河约 100 米，由成都市文物考古工作队、哈佛大学和北京大学等组成的盐业区域联合调查队在野外调查时发现，并在 2006～2007 年度的调查工作中使用电流法（电阻法）、磁力法（磁力计）及电磁法或 EM 法（探地雷达 GPR）等地球物理探测技术[4]。尝试用物探技术研究遗址大小与结构，结果表明含烧土和大量陶片的遗迹单位会产生出足以被探测到的正异常磁性，而磁性的形状则与来源的遗迹现象相关。地磁仪对于勘探灰坑遗存特别行之有效。而墓葬所在位置，由于不能产生先后明显的磁异常，故难以辨认。同时地磁仪可以对地理现象产生反应，有助于提供地下埋藏的地貌特征，可以为研究遗址的地貌形成提供资料。利用地球物理方法在范围较大的已知遗址内进行高分辨率的无损探测，可以确定考古遗存的几何形态及空间分布状况。郫县古城遗址内在磁力计探测过程中出现许多线性信号和离散信号，通过与1996～1997 年发掘区域对比分析，这些线性信号可能与地下埋藏遗迹有关，而另外若干分布有规律的信号结合钻探出的砖块，基本确定是来自汉墓。宋家河坝调查区域，信号显著。西北区域地表因取土造成凹凸不平的土坑，对信号干扰严重。但通过数据处理，提取噪音后，在土坑中发现遗迹现象，可能是汉砖[5]。

4. 老官山汉墓

老官山汉墓位于成都市金牛区天回镇土门社区卫生站东侧，当地俗称"老官山"。2012 年成都

---

① 曹礼刚：《基于 GML 的考古探测 WebGIS 研究与实践》，成都理工大学硕士学位论文，2005 年，第 51～53 页。

② 杨利容：《高密度电阻率法在考古探测中的应用研究》，成都理工大学硕士学位论文，2005 年，第 39、40 页。

③ 胡清龙、王绪本、江玉乐：《激发极化法在金沙遗址青铜器文物探测中的应用研究》，《工程地球物理学报》2008 年第 2 期。

④ 成都平原国际考古调查队：《成都平原区域考古调查（2005—2007）》，《南方民族考古》第六辑，科学出版社，2010 年，第 255～278 页。

⑤ 提莫西·郝思利著，陈伯桢译：《地球物理技术在成都平原考古工作中的应用》，《南方民族考古》第六辑，科学出版社，2010 年，第 279～294 页。

地铁三号线施工时发现，随后进行抢救性发掘，出土大批宝贵文物[①]。因地铁施工，于 2012 年年底进行了大面积的物探工作，因外界干扰较大，部分物探手段效果很不明显。此次物探工作是使用物探方法最为全面的一次，包括地震、雷达、磁法、电法等，相互配合印证，在不损害地下文物的前提下，尽量了解墓葬埋藏情况。虽然结果不尽人意，但明确了电法设备抗干扰性较好，可探测出砖室墓、土坑墓。

5. 罗家坝遗址

罗家坝遗址位于四川盆地东北大巴山南麓的宣汉县普光镇进化村，勘探区域环境复杂[②]。主要应用磁法、多频电磁法、探地雷达、网络 RTK、无人机等技术进行综合探测。主要影响电、磁及电磁信号异常的为陶片、瓦片、砖的烧制器物和部分金属炼渣。通过大面积的物探及对异常区域的钻探，绘制遗址区各类堆积的分布状况。

6. 三星堆遗址

2020 年 3 月，成都文物考古研究院受邀对三星堆遗址地下文物埋藏进行地球物理勘探，主要使用磁法和电磁法进行普探，然后通过多频电磁法、高精度磁法、探地雷达等多种探测手段对重点区域进行详探。通过多种探测结果的相互验证，识别地下大型金属埋藏物。此次探测对祭祀区埋藏物有一定的了解，为前期考古发掘提供了重要的参考信息。此外，还总结了丰富的探测经验，如电磁法用于识别青铜器，高密度电阻率法以剖面的形式展现祭祀坑深度等信息。

（白铁勇　钱素芳　牛安寅）

二、环 境 考 古

成都平原地区的环境考古工作开始于 20 世纪 80 年代[③]，这与周昆叔开始向国内引入"环境考古"概念处于同一时期[④]。成都平原地区的环境考古工作多集中于先秦时期，结合成都平原环境考古研究历史及研究特点，总体上可以分为三个研究阶段。

（一）第一阶段：20 世纪 80 年代至 21 世纪初

这一阶段是成都平原环境考古工作的开端。20 世纪 80 年代，随着十二桥遗址、指挥街遗址等一批重要考古遗址的发现，这些遗址中的间歇层和疑似古洪水的遗迹现象引起考古人员的重视，并针对这些现象进行了相关讨论，认为当时的先民多受洪水侵袭，并采取了相关的防洪避水措施[⑤]。20世纪 90 年代，考古人员在成都平原发现了以宝墩遗址为代表的 8 座史前古城址群，围绕这些古城

---

① 成都文物考古研究所、荆州文物保护中心：《成都天回镇老官山汉墓发掘简报》，《南方民族考古》第十二辑，四川大学出版社，2016 年，第 215～218 页。
② 资料现存于成都文物考古研究院。
③ 黄明、马春梅、朱诚：《成都平原中—晚全新世环境考古研究进展》，《古地理学报》2017 年第 6 期。
④ 夏正楷编著：《环境考古学——理论与实践》，北京大学出版社，2012 年，第 7～10 页。
⑤ 四川省文物管理委员会、四川省文物考古研究所、成都市博物馆：《成都十二桥商代建筑遗址第一期发掘简报》，《文物》1987 年第 12 期；四川大学博物馆、成都市博物馆：《成都指挥街周代遗址发掘报告》，《南方民族考古》第一辑，四川大学出版社，1987 年，第 172～201 页。

的修建、使用和废弃以及与自然环境的关系，一些学者也多有讨论。例如，刘兴诗从古气候的角度认为成都平原史前古城的兴废与全新世灾变气候背景下洪水频发有密切关系[1]。更多的学者则是从地理环境角度讨论史前古城址的选址问题[2]。成都平原史前城址群的出现与当时的地理环境应有很大关系，城址位置的选择呈现出一定的避水和方便用水的考量。这种选址特点也与黄河流域一些早期城址在地形的选择方面有相似之处，都是充分利用台地和河流，既便于筑城又易于发挥城墙功能，为古人生活提供便利[3]，这也从侧面反映出古人对成都平原多水环境生活的适应和改造。

本阶段一些常用的古环境代用指标也开始应用到环境考古研究中。例如，指挥街遗址中已经通过孢粉分析方法大致勾画出遗址所在地区大约3000年以来自然环境变化的轮廓[4]。总体而言，本阶段环境考古工作主要是围绕成都平原的史前古城址和古洪水遗迹来讨论人地关系，研究手段较为单一。

（二）第二阶段：大致21世纪前10年

这一阶段以金沙遗址的发现和研究为代表，成都平原环境考古工作有了很大的突破。其主要表现在两个方面：第一，从研究方法上来讲，自然科学的方法大量引入，多学科交叉综合研究是这一时期成都平原环境考古研究的一大亮点；第二，从研究内容上来讲，依托金沙遗址的研究材料所开展的成都平原全新世气候与古蜀文明发展关系的研究成为这一时期环境考古研究的主要内容。

本阶段，地球化学、孢粉分析、磁化率分析、粒度分析等古环境分析方法已经大量运用到环境考古研究中。例如，罗丽萍等通过孢粉和磁化率分析对成都平原4000年以来的古气候变化进行了研究[5]。同样，罗虹、陈碧辉、文星跃等基于地球化学方法也恢复了成都平原4000年以来的古气候演变特征，认为这一阶段古气候总体呈现温凉偏干和温暖潮湿交替的特征[6]。刘建通过动物考古、孢粉分析和元素分析的方法对金沙遗址的古环境进行了探讨[7]。何锟宇则通过动物考古的方法对十二桥商周遗址的动物遗存进行了研究，并推测商周时期成都平原以温暖湿润的气候为主[8]。

本阶段有关成都平原中晚全新世古环境演变与古文化关系的研究成果总体较多，这对于我们

---

① 刘兴诗：《成都平原古城群兴废与古气候问题》，《四川文物》1998年第4期。

② 陈云洪、颜劲松：《成都平原宝墩文化史前城址群初步分析》，《文明起源与城市发展研究》，四川大学出版社，2004年，第49～60页；姜世碧：《长江上游文明的起源、形成与发展——兼论成都平原先秦文化的发现及意义》，《农业考古》2003年第1期。

③ 黄剑华：《古蜀王都与早期古城遗址探讨》，《四川文物》2002年第5期。

④ 四川大学博物馆、成都市博物馆：《成都指挥街周代遗址发掘报告》，《南方民族考古》第一辑，四川大学出版社，1987年，第172～201页。

⑤ 罗丽萍、朱利东、杨文光等：《成都平原4 ka以来地层磁化率特征及气候变化意义》，《成都理工大学学报》（自然科学版）2007年第3期；罗丽萍、朱利东、向芳：《成都平原4000aBP以来的孢粉记录与环境变化》，《古生物学报》2008年第2期。

⑥ 陈碧辉、李巨初、李奎等：《成都金沙古人类遗址亚粘土层的元素特征及其环境意义》，《成都理工大学学报》（自然科学版）2003年第6期；罗虹、朱利东、张擎：《成都平原4 kaBP以来黏土矿物记录的古气候变化》，《海洋地质与第四纪地质》2007年第4期；文星跃、曾娜、黄成敏等：《成都金沙遗址沉积物微量元素特征及环境意义》，《西南大学学报》（自然科学版）2011年第8期。

⑦ 刘建：《成都金沙遗址脊椎动物及古环境研究》，成都理工大学硕士学位论文，2004年，第8～52页。

⑧ 何锟宇：《十二桥遗址出土动物骨骼及其相关问题研究》，《四川文物》2007年第4期。

了解十二桥文化时期成都平原环境背景（主要是古气候背景），探讨文化变迁与生业模式具有重要意义。但受限于研究材料，上述研究普遍存在着两个问题：一是研究材料主要集中在金沙遗址，缺乏与同时期其他遗址的对比性研究；二是金沙遗址的研究材料涉及 IT6814、IT8305、WT7908、H2313 等不同剖面和遗迹单位，但仅有 IT6814 剖面有明确的 ^{14}C 测年结果，其余研究材料多依据该剖面的测年结果或者考古断代进行讨论[1]。本阶段不同研究者对成都平原4000年以来的古环境变化的结论并不完全一致[2]，这一方面可能与上述所说的两个问题有关，同时也可能与不同古环境代用指标本身分辨率的差异有关。

除金沙遗址外，宝墩遗址也开展了新一阶段的环境考古工作。2009年，宝墩遗址开始了新一轮的考古发掘工作，工作重点之一就是在内城开展系统的钻探工作，其主要目的便是了解城内遗存分布状况，以及古地貌、古水文等环境信息，进而探讨地貌环境与生业形态、聚落变迁之间的关系。本次钻孔坐标的记录采取全站仪和GPS两种仪器相结合的模式，以尽可能减少误差，共获得659个钻孔数据。钻探结果分为5种堆积类型，并通过地理信息系统标绘至遗址平面图。通过此次系统钻探工作，我们对宝墩内城的地层堆积、聚落空间分布及沉积环境有了更深入的了解，为后期探讨古环境与聚落变迁的关系奠定了基础[3]。

除单个遗址的环境考古研究外，本阶段也出现了有关古蜀文明与古环境关系的综合研究成果。例如，付顺基于岷江上游营盘山遗址和成都平原宝墩遗址、三星堆遗址、金沙遗址的考古和自然环境资料，系统分析了不同环境要素及其演变对古蜀文化变迁的作用机制，认为古蜀文明的发展是成都平原环境变冷干事件、洪水事件、古河流频繁改道事件、新构造运动抬升事件等多种因素作用的结果[4]。

（三）第三阶段：2010年至今

本阶段是成都平原环境考古工作蓬勃发展的时期，成都平原环境考古工作在内容和方法上都有重要的转变。在研究内容上，随着考古材料的丰富，研究重点已由单个遗址扩展至整个平原的人地关系综合研究，呈现出点面结合的趋势。

在重要遗址点上，成都文物考古研究院依托与成都理工大学、四川大学、南京大学、中国社会科学院考古研究所等高校及科研单位的环境考古科研项目，先后在宝墩遗址、红桥村遗址、三星村遗址等开展了较为系统的环境考古研究工作。工作的主要目的是开展聚落环境考古，了解聚落形态、聚落布局、生业模式等与古环境的关系。其研究思路是基于这些遗址的典型剖面及周围微环境调查，了解成都平原古气候背景及不同遗址的微观古环境对聚落布局及生业模式的影响。

在宝墩遗址，基于2009～2010年遗址内城钻探调查数据和典型剖面的古环境分析，我们对宝墩遗址内城的沉积环境、古地理特征与遗址分布关系有了初步了解[5]。2014年以来，先后在遗址内城区域的两处湖沼沉积地层采样，基于孢粉、地球化学、沉积学等方法，结合 ^{14}C 测年和考古断

① 罗丽萍、朱利东、向芳等：《成都平原4000aBP以来的孢粉记录与环境变化》，《古生物学报》2008年第2期。

② 黄明、马春梅、朱诚：《成都平原中—晚全新世环境考古研究进展》，《古地理学报》2017年第6期。

③ 成都文物考古研究所、新津县文管所：《新津宝墩遗址调查与试掘简报（2009～2010年）》，《成都考古发现》（2009），科学出版社，2011年，第1～67页。

④ 付顺：《古蜀区域环境演变与古蜀文化关系研究》，成都理工大学博士学位论文，2006年，第106～108页。

⑤ 黄明：《新津宝墩遗址古地理变迁的初步研究》，成都理工大学硕士学位论文，2013年，第18～43页。

代，系统恢复了遗址区距今约 6000 年以来的古环境演变情况。古环境综合指标显示，距今 4700 年之后遗址区湖沼面积进一步减少，更多台地暴露出地表，为宝墩文化人群到遗址区生活提供了更多的生存空间，同时湖沼区的继续存在也可能为古人的生活与农业种植活动提供了方便[①]。李兰、何锟宇对宝墩遗址典型剖面土壤进行了粒度、地球化学元素、酸碱度等分析测试工作，系统讨论了遗址土壤理化性质及其环境意义，认为文化层中一些元素含量的变化可能与古人的农业种植活动有关，同时一些地化指标也可以反映遗址古气候的变化情况[②]。

为进一步了解宝墩遗址微观古环境与聚落布局、聚落变迁的关系，在 2009 年野外调查成果的基础上，2017～2018 年成都文物考古研究院对宝墩遗址内城开展了以下有针对性的微观古环境调查工作。其主要工作有两个部分，一是针对内城东西向 T8 一线的系统钻探。主要是想透过沉积环境变化较大、地势起伏明显的这一条线，了解遗址区地层堆积、地貌变化及其与聚落布局的关系。二是遗址内城古河道调查。通过发掘探沟和地层对比，初步判断内城范围所调查的古河道总体可分为两类：早于宝墩文化时期的古河道和历史时期古河道。通过此次调查，我们对宝墩遗址的微地貌特征有了更为深刻的理解。河流对于塑造现今遗址区微地貌环境起到至关重要的作用，其中早期河流的侵蚀对于形成古墩子以南区域大面积的低洼地带起着决定性的作用，而大面积低洼地带的存在可能为当时古人提供了用水的条件。2019～2020 年继续在宝墩遗址开展更大范围的系统古环境钻探调查工作，共获得 400 余个钻孔数据，基本了解了内城区域宝墩文化时期微地貌和微观沉积环境，为探讨宝墩遗址生业方式、聚落布局与微观古环境的关系奠定了基础，也为今后成都平原聚落环境考古的开展积累了经验。

红桥村遗址位于成都市温江区公平街红桥村一组，该遗址于 2008 年发现并进行了初步试掘，之后为了配合"丰隆城市综合体"和"蓝润光华春天"房地产项目建设，2011～2016 年连续多年对其展开了系统性的考古调查与发掘。2013 年成都文物考古研究所在温江红桥村宝墩文化遗址发掘过程中发现了宝墩文化时期的墓地、大面积人工夯土及史前水利工程等重要遗迹现象，初步推断该遗址是一处以宝墩文化第三期遗存为主的大型聚落址，保存较好，遗迹丰富，遗物众多，在成都平原新石器时代考古研究中具有十分重要的地位[③]。为了解该遗址周边古环境状况与聚落分布的特点，2013～2014 年我们对红桥村遗址及其周边五六平方千米范围内进行了系统的调查工作。本次野外调查工作采取的方法以钻探调查为主，同时在重点区域挖掘探沟以了解沉积环境及微地貌环境对成都平原腹地史前聚落的选址、变迁的影响。

经过上述调查工作，初步了解到遗址周边古地貌主要可以分为河流相沉积区域及河道间台地。调查区共发现 7 处不规则形台地，其中红桥村遗址所在台地面积最大，各台地之间均为不同时期的古河床或漫滩沉积区。台地多呈西北—东南向分布，应与河流侵蚀有关，据此推测该区域古河道多呈西北—东南走向，与现今成都平原河流水系走向基本一致。这也可能是成都平原腹地古地理的重要特征，而宝墩文化晚期之后史前聚落规模普遍较小的原因可能与当时这一古地理特征有关。

① 徐佳佳：《成都平原中晚全新世典型遗址环境考古研究》，南京大学博士学位论文，2017 年，第 40～57 页；黄明：《成都平原中晚全新世古环境演变与人类活动耦合关系研究》，南京大学博士学位论文，2019 年，第 98～104 页。

② 李兰、何锟宇：《成都平原宝墩遗址土壤理化特征及其环境意义》，《南方民族考古》第二十辑，科学出版社，2020 年，第 385～387 页。

③ 杨占风：《防洪的台地型聚落——红桥村遗址》，《中国文物报》2016 年 6 月 3 日第 6、7 版。

三星村遗址位于成都平原偏北区域的青白江流域，地理位置接近三星堆文化的分布区，是目前成都平原地区不可多得的宝墩文化第四期—三星堆文化时期的遗址。鉴于该遗址的重要性，我们在遗址地层中采集了古环境样品，通过孢粉、地球化学、粒度等实验室分析方法并结合考古断代，推测大约在距今3700年前后的宝墩文化晚期，研究区正处于古气候恶化之后开始好转的阶段，遗址周边水域面积逐渐减少，沉积环境开始趋于稳定，在此背景下古人开始来到遗址周边生活[①]。

　　除聚焦典型遗址微观古环境以外，成都平原古气候背景的研究依然是本阶段环境考古研究的重要内容之一。这一方面是因为古蜀文明发展时期正处于全新世中晚期古气候灾变最为严重的阶段，气候变化与古蜀文明的发展关系密切；另一方面，虽然在金沙遗址的环境考古研究中古气候即已成为其研究重点，但依然存在诸多问题，如遗址点单一、测年数据有限、无法进行区域古气候对比分析等。本阶段，得益于测年技术的进步及研究材料的多样化，关于成都平原中晚全新世古气候的研究成果颇丰。但由于代用指标和研究地点的差异，不同学者的研究结果不尽相同，总体来看中晚全新世成都平原古气候朝着偏凉偏干的方向发展，但也会出现阶段性的波动[②]。古气候是如何影响古蜀文明发展的？关于这一问题，部分学者也给出了一些答案。对于宝墩文化来源问题，诸多考古学证据表明其与岷江上游以营盘山遗址为代表的史前遗址有密切关系[③]。目前，甘青地区与成都平原地区古气候资料的对比研究也支持这一判断。距今4600年前后，气候恶化导致的降水减少、农业减产可能是影响岷江上游人群迁徙至成都平原地区的重要因素[④]。相同地，在宝墩文化时期，古蜀先民也不断地迁徙，调整农业种植方式、增强防洪技术，以适应气候恶化背景下成都平原多水的自然环境[⑤]。

　　随着成都平原考古资料的积累和聚落考古研究的需要，本阶段除了上述重要遗址点外，已有不少学者将目光聚焦到成都平原聚落变迁与古环境的关系上。江章华基于近年来的考古发现系统梳理

---

① 黄明：《成都平原中晚全新世古环境演变与人类活动耦合关系研究》，南京大学博士学位论文，2019年，第107～109页。

② 贾天骄：《成都平原新石器时代以来地震与古洪水等事件环境考古研究》，南京大学博士学位论文，2016年，第99、100页；徐佳佳：《成都平原中晚全新世典型遗址环境考古研究》，南京大学博士学位论文，2017年，第126、127页；曾蒙秀：《四川西部晚冰期以来植被和气候变化及其对人类活动的影响》，南京大学博士学位论文，2017年，第153、154页；黄明：《成都平原中晚全新世古环境演变与人类活动耦合关系研究》，南京大学博士学位论文，2019年，第143～146页。

③ 蒋成、陈剑：《岷江上游考古新发现述析》，《中华文化论坛》2001年第3期；江章华：《岷江上游新石器时代遗存新发现的几点思考》，《四川文物》2004年第3期；辛中华：《岷江上游新石器时代遗存及相关问题探讨》，《四川文物》2005年第1期；陈剑：《四川盆地西北缘龙山时代考古新发现述析》，《中华文化论坛》2007年第2期；赵志军、陈剑：《四川茂县营盘山遗址浮选结果及分析》，《南方文物》2011年第3期；何锟宇：《试论宝墩文化的源头》，《南方民族考古》第十二辑，科学出版社，2016年，第11～26页。

④ 周爱锋、孙惠玲、陈发虎：《黄土高原六盘山天池记录的中晚全新世高分辨率气候变化及其意义》，《科学通报》2010年第22期；董广辉：《甘青地区新石器文化演化及其环境动力研究进展与展望》，《海洋地质与第四纪地质》2013年第4期；Dong G H, Wang L, Cui Y F, et al., The spatiotemporal pattern of the Majiayao cultural evolution and its relation to climate change and variety of subsistence strategy during late Neolithic period in Gansu and Qinghai Provinces, northwest China, *Quaternary International*, Vol.316(2013), pp.155-161; Ming Huang, Cheng Zhu, Chunmei Ma, et al., Paleoenvironmental context of the origin of the Baodun Culture at Chengdu Plain, Sichuan Province, China, *The Holocene*, Vol.29: 11(2019), pp.1731-1742.

⑤ Zeng Mengxiu, Ma Chunmei, Zhu Cheng, et al., Influence of climate change on the evolution of ancient culture from 4500 to 3700 cal. yr BP in the Chengdu Plain, upper reaches of the Yangtze River, China, *Catena*, Vol.147(2017), pp.742-754.

了成都平原先秦聚落的分布特征、聚落密度与规模、聚落结构，并结合环境、生业、考古学文化的源流等对史前聚落变迁的原因进行了分析[①]。王涛利用考古发掘及相关研究资料，尝试建立了成都平原先秦时期可感的自然环境状态，同时利用 ArcGIS 分析了先秦时期不同阶段遗址点的空间属性，探讨了古蜀先民聚落选择的特点，考察了古人是如何塑造自己居住空间及其适应方式。通过上述人地关系的研究，他认为成都平原先秦时期人群活动对自然环境的适应性主要表现在对水环境的适应上[②]。徐佳佳同样基于 ArcGIS 技术，对成都平原先秦时期的聚落遗址进行了地貌特征分析。研究发现，不同考古学文化阶段，史前聚落的海拔略有区别，但多集中在海拔 450～550 米的范围内，这可能与成都平原当时的河流分布、冲积扇的地貌条件有关。从坡向角度讲，大多数遗址的坡向是朝南、朝东（包括东北、东南、西南），尤以东南和正南向为主，反映出古人聚落选址趋阳的特征。多数遗址分布在坡度小于 3°的区域，则反映出古人倾向于选择更为平坦的区域生活[③]。古蜀文明发展的不同阶段，影响其聚落变迁的环境因素也略有不同。在宝墩文化来源时期，气候变冷可能是影响甘青地区、岷江上游及成都平原乃至四川盆地的人群迁徙和文化交流的主要环境因素。宝墩文化第三、四期以后，随着人口的增多、稻作农业的发展及古人对河流环境适应能力、防洪技术的提高，先民开始从山前地带迁徙到平原腹地。从微地貌角度观察，自 600 米等高线以下的都江堰—郫县—成都沿线及其两侧，由于地势相对较高，加之河流众多，这些区域成为古人的理想栖息之地。三星堆文化时期，虽然遗址数量较少，但通过三星堆遗址的地理位置推测，其城址修建与这一时期的古气候、微地貌环境、河流及矿产资源等因素密切相关。十二桥文化时期遗址的空间分布特征与宝墩文化晚期类似，也应与上述环境因素有关，但这一时期遗址的数量与密度都大于宝墩文化晚期，一方面反映了人口的增加，另一方面也说明古人对平原腹地的环境适应能力更强[④]。

灾变事件的环境考古研究也是本阶段环境考古研究的重点之一。成都平原是由岷江水系与沱江水系冲洪积而成的冲积扇平原，由于其特殊的地貌格局及水系展布形式，极易发生洪涝灾害[⑤]。另外，成都平原地处龙门山推覆构造带与龙泉山褶断带之间，而这两个构造带则是地震多发区，历史上发生过多次大的地震[⑥]，因此成都平原灾变事件的研究多集中在古洪水和古地震方面。

早在 20 世纪 80 年代，成都平原的考古发掘中就发现了多处与洪水有关的地层或遗迹现象，但受限于当时的研究条件，并未对这些遗迹现象进行更多的多学科研究工作。本阶段，考古人员在一些典型遗址点发现了古洪水的现象，并开展了相关环境考古的研究工作。宝墩遗址外城附近一处古河道剖面的沉积学研究表明在宝墩文化晚期，该地点经历了一次明显的河流泛滥过程，该古河道上游指向游埂子和碾墩子之间的城墙缺口，推测该段城墙的毁坏很可能与此次河流泛滥有关[⑦]；红桥村遗址附近古河道剖面的 OSL 测年、粒度、地球化学和锆石微形态等研究显示在距今 4000 年前后

① 江章华：《成都平原先秦聚落变迁分析》，《考古》2015 年第 4 期。

② 王涛：《成都平原先秦时期的文化发展与人地关系研究》，吉林大学博士学位论文，2015 年，第 147～155 页。

③ 徐佳佳：《成都平原中晚全新世典型遗址环境考古研究》，南京大学博士学位论文，2017 年，第 102～107 页。

④ 黄明：《成都平原中晚全新世古环境演变与人类活动耦合关系研究》，南京大学博士学位论文，2019 年，第 126～132 页。

⑤ 刘尚忠：《成都平原水患治理方向的探讨》，《四川地质学报》1990 年第 2 期。

⑥ 梁斌、朱兵、王全伟等：《成都平原第四纪地质与环境》，科学出版社，2014 年，第 1～57 页；贾天骄：《成都平原新石器时代以来地震与古洪水等事件环境考古研究》，南京大学博士学位论文，2016 年，第 2～6 页。

⑦ 黄明、朱诚、刘德成等：《成都宝墩遗址刘林盘地点古河道沉积物分析及其环境影响初探》，《南方民族考古》第十八辑，科学出版社，2020 年，第 139～151 页。

平原内是洪水频发期，遗址水利设施的修筑应与此有关①；金沙遗址 IT8007 剖面的相关研究证据也表明遗址在距今 4000～3600 年属于洪水频发期②。成都平原史前古洪水的发生主要与成都平原地理水文要素及晚全新世古气候波动加剧有关。

成都平原考古发现的古地震的遗迹现象并不多，现有的研究多集中在金沙遗址。何碧等在金沙遗址的全新统地层中发现了震积岩的证据，并认为金沙遗址构造活动受控于盆地边界断层的发育并与地震活动有关③。由于成都平原发生的地震多为波及地震④，加之砂卵石层对地震波的减弱作用，推测龙门山地区在古代虽地震频发，但对成都平原的直接影响应该不大。然而，不能排除岷江上游地震所引起的次生灾害会对古蜀文明造成影响。《今本竹书纪年》中有记载"商帝乙三年六月，周地震"⑤，商帝乙三年即公元前 1099 年。范念念等通过对岷江、沱江、湔江上游的河流地貌调查，并结合 3S 技术和考古资料，认为此次地震震中可能在龙门山一带，而此次地震所导致的河流改道可能与古蜀文明的变迁有关⑥。朱诚等认为该观点还需要沉积学和地震年代学等证据的支撑⑦。陈宁生等基于汶川地震所造成的山洪泥石流等次生灾害的影响研究，认为古蜀文明时期龙门山地区地震所引起的次生灾害可能对金沙遗址造成了破坏，同时也可能对古人群的迁徙造成了影响⑧。

本阶段除上述环境考古工作以外，成都文物考古研究院还与四川农业大学合作对蒲江飞虎村船棺的埋藏环境进行了相关研究。通过对飞虎村战国墓地 40 座船棺保存情况的调查和统计，结合对典型船棺葬埋藏土壤的实验数据分析，发现船棺保存情况与船棺的埋藏深度、船棺埋藏土壤的理化性质、墓葬区微地貌及距离河流远近等因素有关。其中，埋藏深度是影响船棺保存的主要因素。由于墓葬区船棺埋藏土壤孔隙度、容重、pH 等指标基本相似，故这些指标不是影响棺木保存好坏的主要因素。综合来看，合适的埋藏深度，稳定、密闭和饱水的赋存环境是飞虎村战国船棺保存完好的根本条件⑨。

（黄明）

三、植 物 考 古

植物考古是考古学的一个分支，它以考古出土的植物遗存作为研究对象，因为采用了一套专业

---

① Ming Huang, Cheng Zhu, Chunmei Ma, et al., The Hongqiaocun site: The earliest evidence of ancient flood sedimentation of the water conservancy facilities in the Chengdu Plain, China, *Catena*, Vol.185(2020), p.185.

② Jia T J, Ma C M, Zhu C, et al., Depositional evidence of palaeofloods during 4.0–3.6 ka BP at the Jinsha site, Chengdu Plain, China, *Quaternary International*, Vol.440(2016), pp.78-89.

③ 何碧、朱利东、杨文光等：《成都金沙遗址区全新统震积岩的发现及其地质意义》，《沉积与特提斯地质》2016 年第 1 期。

④ 刘顺：《成都平原的地下地质结构与地震》，《四川省情》2008 年第 6 期。

⑤ 袁祖亮主编，刘继刚著：《中国灾害通史·先秦卷》，郑州大学出版社，2008 年，第 62～67 页。

⑥ 范念念、吴保生、刘乐：《地震导致河流改道与古蜀文明的变迁》，《山地学报》2010 年第 4 期。

⑦ 朱诚、郑朝贵、吴立等：《长江流域新石器时代以来环境考古》，科学出版社，2015 年，第 93～95 页。

⑧ Chen N S, Li J, Liu L H, et al., Post-earthquake denudation and its impacts on ancient civilizations in the Chengdu Longmenshan region, China, *Geomorphology*, Vol.309(2018), pp.51-59.

⑨ 成都文物考古研究院、四川农业大学资源学院：《蒲江飞虎村战国墓地船棺赋存环境初步研究》，《成都考古发现》（2018），科学出版社，2020 年，第 344～351 页。

的工作方法，有别于传统考古，从而被纳入科技考古的范畴。但植物考古学的研究目的与传统考古学是一致的，即探讨古代人类文化史，复原古代人类生活方式，解释人类文化的发展与过程[①]，它主要研究四大方面的内容，即古代人类食物结构、古代社会经济形态、古代社会政治结构、古代生态环境[②]。

目前，国内纳入植物考古研究的植物遗存主要有植物种子、果实、木材、炭屑、植硅石、孢粉、淀粉粒等。

从工作方法的系统性、研究材料的丰富程度、研究的深入程度等方面加以考量，成都地区的植物考古研究可划分为两个大的发展阶段。

（一）第一阶段：2001 年以前

本阶段的植物遗存大都属于偶然所得，并不是为了植物考古而去主动寻找，且大多仅公布了发现的植物遗存材料，少有进一步的研究。

本阶段获取到的植物种子、果实，大多出自墓葬，少量来自遗址地层或遗迹单位，为研究一定时期内的丧葬习俗、古人食谱提供了新材料。

属于本阶段的植物考古发现有：1958 年凤凰山西汉木椁墓出土 1 枚疑似李核和较多稻谷[③]；1983 年凤凰山西汉木椁墓出土桃、石榴（？）、杏（？）、板栗等果实和水稻[④]；1980 年新都马家公社大墓出土 10 枚桃核[⑤]；1982 年蒲江东北公社土坑独木棺墓出土 24 枚桃核[⑥]；2000 年商业街船棺葬墓地发掘出土大量的梅、桃、薄皮甜瓜[⑦]；1990 年蒲江朝阳乡船棺墓中出土一堆疑似荞子种子[⑧]；1986 年指挥街遗址出土了板栗、木瓜、西瓜子、苦楝子、杏、梅、桃、樱桃、李、蓖麻子、酸枣、核桃[⑨]。

1983 年发掘的凤凰山西汉木椁墓，因为发现了尚能开花结果的番茄种子，引起了轰动，发掘者徐鹏章专门发文探讨，但仍留下了不少疑团[⑩]；发掘者还对发现数量较多的水稻进行探讨，考证了炭化水稻出土的自然环境、年代，介绍了水稻发现现场的状况，并与同时期其他区域发现的古稻种尺寸进行了比较，认为这是一种小圆粒形品种[⑪]。

除种子、果实外，这一时期，高规格墓葬使用的木质葬具用材也受到关注。早期的葬具鉴定工

① 赵志军：《植物考古学概述》，《植物考古学：理论、方法和实践》，科学出版社，2010 年，第 11～18 页。

② 赵志军：《植物考古学的学科定位与研究内容》，《植物考古学：理论、方法和实践》，科学出版社，2010 年，第 19～28 页。

③ 四川省博物馆：《成都凤凰山西汉木椁墓》，《考古》1959 年第 8 期。

④ 徐鹏章：《成都凤凰山西汉木椁墓》，《考古》1991 年第 5 期；徐鹏章：《四川成都凤凰山出土的西汉炭化水稻及有关遗物》，《农业考古》1998 年第 3 期。

⑤ 四川省博物馆、新都县文物管理所：《四川新都战国木椁墓》，《文物》1981 年第 6 期。

⑥ 四川省文物管理委员会、蒲江县文物管理所：《蒲江县战国土坑墓》，《文物》1985 年第 5 期。

⑦ 成都文物考古研究所：《成都商业街船棺葬》，文物出版社，2009 年，第 41、168、169 页。报告中仅提及了少量植物遗存，仍有大量果核实物存放于成都文物考古研究院库房内。

⑧ 龙腾、李平：《蒲江朝阳乡发现古代巴蜀船棺》，《四川文物》1991 年第 3 期。

⑨ 成都市博物馆、四川大学博物馆：《成都指挥街唐宋遗址发掘报告》，《南方民族考古》第二辑，四川科学技术出版社，1990 年，第 233～298、312～313 页。

⑩ 徐鹏章：《"西汉番茄"的发现、培育和初步研究》，《农业考古》1988 年第 1 期。

⑪ 徐鹏章：《四川成都凤凰山出土的西汉炭化水稻及有关遗物》，《农业考古》1998 年第 3 期。

作为了解社会上层人群葬具用材选择提供了线索，并积累了关于古人丧葬礼俗的植物证据。

1980 年发现的新都战国木椁墓是一座带斜坡墓道的长方形土坑木椁墓，墓底有腰坑。该墓椁室由木材垒砌而成，椁室中部放置独木棺。椁室和腰坑随葬青铜礼器、兵器、工具等近 200 件，另有漆木器、陶器等 10 余件。墓葬规格显示出墓主人地位很高，很可能是古蜀国的蜀王。该墓木椁结构宏大，用 34 根长枋和 12 根短枋叠砌而成。发掘报告中提及这些木椁用材全是楠木 ①。

（二）第二阶段：2001 年至今

本阶段以浮选法在成都平原的应用为主要标志，通过系统采样，从发掘工地获取到大量的植物遗存。研究对象集中在植物种子、果实和木材、炭屑上，并扩展到植硅石。不仅较为详细地公布了发现的植物遗存材料，还有较为深入的个案探讨和综合研究。

按照取样目的的差异，本阶段又可以进一步细分为两个小阶段。

1. 第一个小阶段：2001～2008 年

以金沙遗址祭祀区地点的发掘为标志。此时，浮选法这一植物考古工作的主要田野工作方法在国内尚处于起步阶段 ②，尚未在成都平原的考古工作中普及。

在金沙遗址祭祀区的发掘过程中，因大量珍贵文物的发现，引起发掘者高度重视，引入了多种科技手段对遗址或出土物进行探测、检测。在这个过程中，发掘者采集了大量土壤样品，寄希望于日后科技手段发达时再行检测。后来，这批土壤样品从 2009 年开始被浮选，最终被用于植物考古的检测分析。

在此期间，除金沙遗址祭祀区外，发掘者还在金沙遗址"阳光地带二期"地点、金沙遗址金牛城乡一体化 5 号 C 地点、中海国际社区遗址等处也采集了土壤样品。这些土样在采集之初并未确定用于何种检测，从 2009 年开始浮选法在成都平原大规模应用后，这些土样最终被用于植物考古的研究工作中。

金沙遗址雍锦湾地点在 2005 年的发掘中也采集了土样，并在工地现场进行了浮选工作。

2. 第二个小阶段：2009 年至今

以浮选法的大规模应用为主要标志，成都地区的植物考古研究步入了快速发展时期。这一时期，绝大多数先秦时期的遗址都采集了植物浮选样品，研究的重点内容包括两个方面：一是研究成都平原的生业与社会：以植物遗存为依据，探讨农业的发生和发展，研究人与植物的互动关系，从植物考古角度为社会复杂化进程与动因提供解释；二是为人群的迁徙和文化的传播提供植物遗存方面的证据。

作为"古蜀农耕文化的起源与演进：蚕丛与瞿上学术论坛"的成果之一，《中华文化论坛》2009 年第 11 期增刊组织了一系列文章。部分学者在金沙遗址祭祀区浮选样品阶段性鉴定成果的基础上，开展了一些探讨。有学者认为，成都平原宝墩文化时期主要种植小米，从宝墩文化第三期开始，可能从长江中游学习了稻米种植技术，开始种植稻米，从三星堆文化开始，逐渐以种植稻米为主 ③。有学者认为，在新石器时代中期，四川盆地东部平行岭谷地区的人们已经开始了稻作农业；从

① 四川省博物馆、新都县文物管理所：《四川新都战国木椁墓》，《文物》1981 年第 6 期。
② 赵志军：《植物考古学简史》，《植物考古学：理论、方法和实践》，科学出版社，2010 年，第 3～10 页。
③ 江章华：《成都平原先秦时期农业的转型与聚落变迁》，《中华文化论坛》2009 年第 11 期增刊。

新石器时代晚期开始，随着西北甘青地区的人们涌入四川盆地，来自黄河流域的粟作农业成为四川盆地人们的主业；经过长期的传统和环境的冲突和调整，四川盆地的农业类型在青铜时代逐步从粟作开始向稻作转变，到了秦灭巴蜀前后，稻谷已经成为四川盆地的最主要的谷物种类[①]。有学者结合相关文献史料加以分析，认为成都平原史前农业以粟、稻两种作物并存，其中一方面有文化传播的因素，如粟的传播以岷江和长江水道为通道，而水稻作物也是从外地引入，反映出这个区域史前农业与周边地区的密切联系；另一方面，气候变化与环境变迁也是成都平原形成多种作物并存的重要因素之一[②]。

受限于当时植物考古数据较少，关于成都平原早期农业结构的判断与实际情况有所出入，后来已被新的考古证据所修正，但此次会议所讨论的成都平原农业结构、农业来源等问题是近十几年来成都植物考古研究的重要方向。

2009 年至今的植物考古研究可分为个案研究和综合性研究两类。

（1）个案研究

1）宝墩遗址

新津宝墩遗址是一处新石器时代晚期的大型古城遗址，外城面积高达 276 万平方米，是目前发现面积最大的具有内、外双重城墙的龙山时代城址之一[③]。

2009 年 11 月～2010 年 1 月，成都文物考古研究所与新津县文物保护管理所联合调查与试掘了新津宝墩遗址，采集了一批浮选土样。鉴定结果显示，发现的植物种子有水稻、粟、薏苡属、野豌豆属和豇豆属这几种食物类种子，以及莎草科、飘拂草属、藨草属、马唐属等杂草类种子。从数量百分比来和出土概率来看，宝墩遗址的农业形态可能为：无论是宝墩文化阶段，还是到了汉代，此处都以水稻的种植为主；而粟的种植，在宝墩文化第一期占少量比例，到后期逐渐趋向绝迹；随着农田管理水平的提高，田间杂草到了汉代已经得到很好的控制。在与周边的植物考古发现进行比较之后，研究者认为宝墩遗址应是西南地区最早发现有水稻的遗址之一，且在新石器时代，粟的栽培已经在中国南方扩散开来[④]。

2010 年 10 月，成都文物考古研究所对宝墩遗址田角林地点进行了发掘，陈涛等采集了一批植硅石样品，石涛等采集了一批浮选样品，分别开展植物考古研究。植硅石研究结果表明，该地区的土壤环境能够较好地保存古代植硅体，为研究古代农业和环境问题提供了一种有效的分析手段，也为以后在该地区开展类似的工作奠定了基础。宝墩文化第一、二期先民的经济形态是以稻作农业为主，所栽培的稻种可能属于粳稻类型，同时兼有粟作农业[⑤]。浮选结果的分析显示，无论从出土的绝对数量还是由出土概率反映的食用的普遍性上，都显示出稻在宝墩文化第一期到第二期的生业经济中占据了主导地位；从宝墩文化第一期到第二期，绝对数量和食用的普遍性上都反映粟的地位似乎在逐渐降低；从宝墩文化第一期到第二期，黍应该在生业经济中都只占据了极小的比例；宝墩遗址

① 孙华：《四川盆地史前谷物种类的演变——主要来自考古学文化交互作用方面的信息》，《中华文化论坛》2009 年第 11 期增刊。

② 霍巍：《成都平原史前农业考古新发现及其启示》，《中华文化论坛》2009 年第 11 期增刊。

③ 成都文物考古研究所、新津县文管所：《新津宝墩遗址调查与试掘简报（2009～2010 年）》，《成都考古发现》（2009），科学出版社，2011 年，第 1～67 页。

④ 姜铭、耿玉、何锟宇等：《新津宝墩遗址 2009 年度考古试掘浮选结果分析简报》，《成都考古发现》（2009），科学出版社，2011 年，第 68～82 页。

⑤ 陈涛、江章华、何锟宇等：《四川新津宝墩遗址的植硅体分析》，《人类学学报》2015 年第 2 期。

中出土的杂草类所占比例远高于谷物类，显示了在宝墩文化第一、二期时，农业田间管理水平较后期还显得较为落后，杂草组合则显示宝墩地区的农业生境是以湿润为主；穗轴和稻粒的形态都显示了成都平原稻作农业是以驯化为主的形态传入的，农业形态已经非常成熟；在传入的路线上，石涛等认为长江三峡地区应该是最主要的传播路线，成都平原的粟作农业的来源可能并不单一，可能来自以营盘山遗存为代表的川西北地区及长江中游地区[1]。

2013年冬～2014年春，成都文物考古研究所对鼓墩子西北地点进行了发掘，并开展了植物考古研究工作。在整合该遗址多个地点植物考古工作资料的基础上，研究者再次证实了宝墩文化第一期时的农业结构以稻作为主，兼植少量粟、黍，提出即使统计方法一致，仍会得出稻谷在某些地点的作物结构中占绝对优势、而在另一些地点中稻谷的优势并不明显的结论，这一现象值得深思；不排除宝墩先民食用并栽培藜科和野豌豆属植物；根据作物与杂草数量之比、成熟与未成熟粟数量之比，分析了它们的数值比差异明显的原因，认为是在不同地点作物处于扬场、脱粒、储藏等不同的加工阶段，以及作物加工地点及人类生活区之间的功能分区差异导致的；可能体现了宝墩遗址内部存在多个聚落[2]。同时，在成都文物考古研究所的支持下，四川大学历史文化学院考古学系2011级本科生在宝墩遗址田角林地点开展考古实习，采集到了一批浮选样品。根据对这批样品的鉴定、分析，结果显示宝墩遗址稻作为主、粟为辅的农业结构特点；粟作在该地的延续时间很长，一直到唐宋时期，尽管唐宋时期样品数量较少，植物种子数量不多，仍可以看出此期稻作、粟作、麦作农业并存的农业结构。除常见的农作物外，紫苏、葡萄属、野豌豆属和豇豆属可能也是宝墩先民利用的食物资源。杂草生态分析显示，宝墩遗址宝墩文化时期的稻作农业可能为比较简单的水田农业。通过与以往浮选数据的对比分析，发现田角林地点的作物加工模式不同于鼓墩子地点，至于形成这种差异的原因，还需要结合遗址考古背景在后续工作中进一步分析[3]。

2）金沙遗址

金沙遗址是一个分布面积高达5平方千米的大型遗址，主体堆积时代为商末周初，从2001年开始至今，被分成数十处地点进行发掘。其中，在祭祀区地点、雍锦湾地点、金牛区城乡一体化5号C地点和阳光地带二期地点等处采集了土样，后来开展了植物考古研究。

2007年10月～2008年1月，在成都文物考古研究所的支持下，四川大学历史文化学院考古学系2005级本科生在金沙遗址金牛区城乡一体化5号C地点开展考古实习。在此期间，从商末至西周中晚期的灰坑中采集了一批土样。这批土样后来通过浮选法处理后，被送往中国社会科学院考古研究所植物考古实验室进行分类、植物种属鉴定和分析。结合宝墩遗址2009年度的浮选结果[4]，研究者认为至迟从新石器时代晚期开始，成都平原就已经有了以种植水稻为主、兼种粟的农业形态，典型田间杂草的发现，表明谷物应该是在本地栽培的，并根据发现的稻谷基盘和小穗轴，认为这批

① 北京大学考古文博学院、成都文物考古研究所：《新津县宝墩遗址2010～2011年出土植物遗存分析报告》，《成都考古发现》（2013），科学出版社，2015年，第66～87页。

② 成都文物考古研究所：《新津县宝墩遗址2013～2014年出土植物遗存分析报告》，《成都考古发现》（2013），科学出版社，2015年，第88～103页。

③ 宋吉香、游雅玮、姜铭等：《成都市新津县宝墩遗址田角林地点2013年度浮选结果初步分析》，《南方民族考古》第二十辑，科学出版社，2020年，第375～383页。

④ 姜铭、玳玉、何锟宇等：《新津宝墩遗址2009年度考古试掘浮选结果分析简报》，《成都考古发现》（2009），科学出版社，2011年，第68～82页。

稻谷当是在本地被收割后，在当地进行了人工脱粒[①]。

对 2003 年 12 月～2004 年 5 月发掘的金沙遗址阳光地带二期地点获得的植物遗存进行分析后，闫雪等认为虽然粟在数量上占有优势地位，但是并不能仅依此判定粟是该地点西周早、中期的主要粮食作物，该地的粮食作物在储藏前进行了加工处理，可能体现了一种相对较大规模的劳力组织方式[②]。

2016 年，金沙遗址祭祀区的浮选样品全部鉴定完毕，从而得以更全面地了解到该地点的植物遗存信息。从金沙遗址祭祀区采集到的土样中，浮选出了十分丰富的种子或果实，很多种类在成都平原同时期的其他地点中难得一见。从新石器时代晚期到商末周初时期，该地点的农业结构与成都平原同时期其他地点一样，以稻谷为主，兼种粟和黍，但因为该地点为祭祀区，性质较为特殊，这种一致性是否为一种巧合，还需谨慎对待。金沙遗址祭祀区的炭屑含量非常高，其平均值远高于成都平原同时期的其他地点，且大部分的炭屑来自地层，表明其用火十分频繁，可能反映了该地点在商周时期祭祀活动比较频繁，其中，在第二期第三段和第三期中段出现了炭屑含量的高峰值，且树木种子、杂草种子的类别和数量与之显示出较强的同步性，显示这两个时段可能存在着"燎祭"活动[③]。

3）其他遗址

对 2004 年 12 月～2005 年 10 月发掘的中海国际社区遗址获取到的植物遗存进行分析后，闫雪等认为该地在宝墩文化晚期阶段和商代中期可能均以稻谷为主要粮食作物，其次为粟，兼食少量黍，商代中期也食用少量小麦；商代稻粒的粒长有明显增长，但是粒宽变化不大；宝墩文化晚期阶段聚落内较多作物加工早期阶段的副产品，说明谷物从收获到进入储藏所投入的劳动力较少，谷物收获后直接进行储藏，食用前才进行加工，可能反映了小规模的核心家庭式的劳动力组织方式；商代中期聚落内较多作物加工后期阶段的副产品，说明谷物储藏前已集中劳力进行了作物的加工。这种劳动力组织方式的改变是否意味着当时社会组织结构发生变化值得进一步讨论[④]。

对 2011 年发掘的郫县郫筒镇波罗村遗址"宽锦"地点的商末周初时期样品的浮选结果进行分析后发现，该地点在商末周初时是以稻作为主、辅以粟作的农业形态，其中，稻秆作为稻作农业的副产品之一，可能为当时的烧窑作业的引火之物或燃料，而这批稻谷的尺寸明显大于成都平原其他地点的稻谷尺寸，十分引人注目，推测当地优越的微环境及高水平的田间管理促成了稻粒尺寸的突变，进而引发了当地人群的来源可能异于周边地点的猜测。虽然发现了果壳碎块及猕猴桃种子，但是数量太少，推断波罗村遗址有果树的栽培还为时尚早[⑤]。

2013 年，成都市文物考古工作队发掘了大邑县高山古城遗址的赵庵村地点和成功村地点，采

①　姜铭、赵德云、黄伟等：《四川成都城乡一体化工程金牛区 5 号 C 地点考古出土植物遗存分析报告》，《南方文物》2011 年第 3 期。

②　成都文物考古研究所：《成都市金沙遗址"阳光地带二期"地点浮选结果及初步分析》，《成都考古发现》(2012)，科学出版社，2014 年，第 233～239 页。

③　成都文物考古研究院、中国社会科学考古研究所：《金沙遗址祭祀区植物大遗存浮选结果及分析》，《成都考古发现》(2015)，科学出版社，2017 年，第 295～313 页。

④　成都文物考古研究所：《成都市中海国际社区遗址浮选结果及初步分析》，《成都考古发现》(2012)，科学出版社，2014 年，第 240～252 页。

⑤　成都文物考古研究所：《郫县菠萝村遗址"宽锦"地点 2011 年浮选结果及分析》，《成都考古发现》(2012)，科学出版社，2014 年，第 218～232 页。

集了一批宝墩文化早期和十二桥文化早期的浮选土样。根据这批浮选样品的鉴定结果，发现在距今4500～4200年，此处先民的粮食作物以稻谷为主，兼种很少量的粟和黍，这一状况和成都平原先秦时期一以贯之的农业结构形态是高度吻合的。高山古城遗址发现的磨制穿孔石刀，很可能是谷物收割的工具；另外，通过对谷物和杂草种子在数量百分比、出土概率这两个指标上的比较，发现谷物众多而杂草贫乏，除了反映田间管理水平较高外，还可能是因为主要采用了"摘穗"法收割谷物而呈现出的结果①。

根据从2009～2010年发掘的新津县花源遗址中采集到的浮选样品鉴定结果，研究者认为在宝墩第三至第四期，花源遗址是以粟、黍为代表的旱作农业为主，稻作农业在农业系统中也应该占有重要的地位，紫苏在可食性资源中亦占有一定的比例②。

四川省文物古研究院等单位于2009年在成都平原北部的什邡市发现了桂圆桥遗址这一成都平原最早的新石器时代遗址③，并采集了一批浮选样品。发掘者在对该遗址的初步研究中提及了这批浮选样品的鉴定结果，认为黍、苋科和粟这三种作物应该构成了桂圆桥第一期采集或种植的食物来源，水稻出现得较早，出现在桂圆桥第一、二期之交，但此时并未占据优势地位，直到第二期偏晚阶段才占据了绝对优势。作物种类的变化，既反映了栽培技术的变化，同时也反映了生活习惯的变化，这种变化是由生活在这一地区人的变化导致的，这种变化指示的方向与陶器和遗迹变化指示的方向是相同的④。2011年后，详细的浮选结果及分析被公布，研究者认为桂圆桥第一期的样本显示成都平原生业形态与川西高原相近，是粟、黍搭配种植的农业结构，粟作农业从川西高原传入成都平原。而三星堆第一期（宝墩）文化时期成都平原居民转而倚重稻作农业。三星堆第一期（宝墩）文化时期形成的以稻作农业为主、粟作为辅的农业系统是一个可持续发展的农业系统，最终推动成都平原迈入青铜时代的复杂社会⑤。

（2）综合性研究

成都地区植物考古的综合研究近年来越发受到关注，参与研究的不仅有本地学者，而且省外甚至国外也有学者参与探讨，主要以硕、博士论文及专题论文的形式发表。

2012年，石涛在其硕士学位论文中，通过对成都平原先秦时期8个遗址出土的植物遗存的鉴定、分析，认为：①成都平原先秦时期农业可分为三个发展阶段：宝墩早期、宝墩晚期—十二桥早期和晚期巴蜀时期。三个时期均以稻、粟混作为特点，宝墩早期以稻作农业为主，宝墩晚期—十二桥早期是两者相当，晚期巴蜀时期则又重新回到以稻作为主。②通过对稻米粒形进行的研究，认为成都平原由于环境较为封闭，文化发展较为独立，从宝墩早期到晚期巴蜀时期的粒形均没什么变化，一直保持小粒形的特点，显示出稳定性。③成都平原的农业系统整体上都是从长江中游传入的，时间大致上是在宝墩早期或稍早阶段。农业是以非常成熟的形态进入成都平原的，传播的路线最大可能应是从三峡地区进入成都平原，当然，也不排除由长江中游进入陕南汉水流域，然后南下

---

① 成都文物考古研究院：《大邑县高山古城遗址2013年度植物遗存浮选结果及分析》，《成都考古发现》（2016），科学出版社，2018年，第390～402页。

② 石涛、姜铭、谢林：《成都市新津县花源镇联合公社十组铁路遗址出土植物遗存分析》，《南方民族考古》第二十辑，科学出版社，2020年，第364～374页。

③ 四川省文物考古研究院、德阳市博物馆、什邡市博物馆：《四川什邡桂圆桥新石器时代遗址发掘简报》，《文物》2013年第9期。

④ 万娇、雷雨：《桂圆桥遗址与成都平原新石器文化发展脉络》，《文物》2013年第9期。

⑤ 〔美〕玭玉、万娇：《四川什邡市桂圆桥遗址浮选结果与分析》，《四川文物》2015年第5期。

192

成都

考古史

进入成都平原或从贵州地区进入的可能。麦作农业始终未能进入成都平原，这是与成都平原和西部关系紧张，西部文化因素始终未能进入成都平原相关。④成都平原宝墩早期的农业结构与长江中游相同，而与西部山地、关中地区有较大差别。⑤成都平原农业形态的变化与成都平原及周边地区的文化发展是有联系的①。

2014年，韦丽果在其硕士学位论文中，以成都平原已发表的植物种子浮选材料为基础，从生业形态和技术系统的角度考察了成都平原先秦时期的农业，认为可能从宝墩文化晚期聚落大发展时期起，成都平原的聚落群就面临着种植农业发展、人口增殖与可控资源之间的压力。宝墩文化时期成都平原以稻作为主、兼营粟作的种植农业形态，是自然环境和人群交往互动的选择结果，与此对应的，成都平原的收割技术，也是稻作和粟作兼而有之，并结合生业形态与技术系统探讨了宝墩人群的来源②。

2015年，姜铭在其硕士学位论文中，收集了成都平原先秦时期18个遗址或地点的植物遗存资料进行分析，认为可将成都平原先秦时期的农业分为5个发展阶段：桂圆桥一期、宝墩文化早期、宝墩文化晚期—三星堆文化时期、十二桥文化时期、晚期蜀文化时期。在第二个发展阶段，成都平原的农业发生了由旱作传统向稻作农业的转变，此后一直保持着以稻谷为主、兼种粟类作物的局面，麦类作物曾在十二桥文化时期出现过，但是其重要性非常低。成都平原先秦时期的农业之所以呈现这样一种面貌，是因为最初的人群来自传统粟作区，面对成都平原陌生的生态环境，他们采取了相对保守但又稳妥有效的农业生产策略：一是继续沿用他们熟悉的粟作农业，二是停留在距离山地不远的山前地带，以同时获取平原和山地两种不同生态环境的食物资源。等到从长江中游传入的稻作农业兴起之后，此时的他们也已经积累了应对平原环境的足够经验，并且也拥有了比较雄厚的物质基础，使得他们有能力向平原腹心地带挺进，开拓出更多的聚落③。

有学者从更广阔的地域背景中观察成都平原的农业，获得了一些关于成都平原农业特点、农业来源的认识。

2013年，玭玉发表的博士学位论文是一篇关于中国西南地区早期农业的研究成果，主要讨论了在农业向西南地区的扩散过程中，人类如何调整他们的农业生产策略或发明合适的技术，以应对西南地区复杂的生态环境所带来的挑战。具体到成都平原，玭玉认为在新石器时代和青铜时代，水稻的稳定和集约化生产能够在成都平原的生态环境中实现，这刺激了人口的增长并最终导致该地的社会复杂化。而由水稻和小米组成的双重农业系统能够缓冲环境变化带来的风险。相似的陶器和城墙建造方式暗示了宝墩文化与长江中游文化的密切联系。宝墩文化也许是从长江中游迁徙至此地的农人所创造的。这些农人的迁徙路线目前尚不确定，存在可能性的路线有三条：一是经峡江地区，二是经汉水盆地，三是经贵州乌江流域④。

于孟洲、罗运兵等分别将成都平原置于四川盆地、长江上游的空间背景中，讨论了在复杂的地域文化和地理环境下农业种植的统一性与特殊性问题。于孟洲、夏微于2015年通过对四川先秦时

---

①　石涛：《成都平原先秦时期植物遗存研究》，北京大学硕士学位论文，2012年。

②　韦丽果：《成都平原先秦时期农业研究》，四川大学硕士学位论文，2014年。

③　姜铭：《成都平原先秦时期农业的植物考古学观察》，四川大学硕士学位论文，2015年。

④　Jade d'Alpoim Guedes, *Adaptation and Invention during the Spread of Agriculture to Southwest China*, Cambridge: Harvard University, 2013；部分观点也见于 Jade d'Alpoim Guedes, Ming Jiang, Kunyu He, et al., Site of Baodun yields earliest evidence for the spread of rice and foxtail millet agriculture to South-West China, *Antiquity*, Vol.87(2013), pp.758-771.

期农业考古发现和研究成果的梳理，探讨了四川盆地早期农业的发生背景与开始时间、农作物种类、农业种植的发展进程与区域性特点等问题[1]。罗运兵、姚凌、袁靖于 2018 年通过对西藏高原、云贵高原、川西北高原与川西南山地、成都平原、川东岭谷五个区域先秦时期动植物考古资料的系统梳理，对长江上游先秦时期的取食经济开发过程形成了框架性认识[2]。

赵志军于 2020 年讨论新石器时代植物考古与农业起源时，将成都平原作为长江上游地区代表，与西辽河流域、黄河上游、黄河中游、黄河下游、长江中游、长江下游 6 个区系的植物考古研究成果一并进行了梳理、对比，认为中国古代农业在新石器时代晚期形成了几个不同的发展模式和生产特点，具体到成都平原，认为其古代农业是传入的，距今 5000 年前后的桂圆桥文化时期受到甘青地区马家窑文化的影响，表现为以旱作为主的农业生产特点，距今 4500 年前后的宝墩文化时期受到长江中游地区的影响，改变为以稻作为主的农业生产体系[3]。三星堆文化时期的农业生产延续了以种植水稻为主的特点，并发展至今。

在木材考古研究方面，除继续关注墓葬中葬具木材外，这一时期对遗址出土的木炭、木材也开展了鉴定、研究，尝试复原与遗址同期的古植被，并讨论人类对于森林资源的开发、利用。这些研究扩展了关于古人生存环境、生计策略等讨论的维度。

成都商业街船棺葬是一处大型长方形竖穴土坑多棺合葬墓，墓坑长 30.5、宽 20.3、残深 2.5米，距离地表 3.8～4.5 米，残存船棺和独木棺 17 具，随葬了礼器漆案、漆鼓等，另有漆木器杂件、青铜兵器、青铜工具、青铜装饰品和陶容器等。虽早期被盗掘，但出土各类随葬品仍有 200 余件，且其地面有供祭祀用的礼仪建筑，均显示出该墓葬墓主人身份显赫，很可能是古蜀国王族甚至蜀王。商业街船棺葬 6 个棺木和垫木的抽样检测结果显示，其树种均为桢楠（Phoebe zhennan）[4]。

王树芝等通过鉴定金沙遗址祭祀区出土的木材，确认了在距今 4000 年左右，遗址附近河边生长着秋枫属林木。结合古地貌、气候和秋枫属木材埋藏特点，推测这一时期洪水灾害频发，河边的秋枫树被冲倒后淤积于河道回水漫滩处[5]。闫雪等鉴定了 2013～2014 年度宝墩遗址出土的木炭，结果表明宝墩文化早期阶段宝墩聚落周围分布着常绿落叶阔叶混交林和竹林。这一时期竹子是先民重要的生产、生活原材料，除用作燃料外，应较广泛用于建筑、制造生产生活工具[6]。

姜铭和闫雪以宝墩古城遗址和高山古城遗址为例，于 2017 年对成都平原史前时期的植物考古实践进行了回顾，简要介绍了植物考古的田野工作方法和实验室方法，并介绍了这两个遗址的植物考古收获，并提出了一些思考，认为不仅农业的起源研究很重要，农业的传播研究也很重要；植物

① 于孟洲、夏微：《四川盆地先秦时期农业考古研究述论》，《西华大学学报》（哲学社会科学版）2015 年第 34 卷第 1 期。

② 罗运兵、姚凌、袁靖：《长江上游地区先秦时期的生业经济》，《南方文物》2018 年第 4 期。

③ 赵志军：《新石器时代植物考古与农业起源研究》，《中国农史》2020 年第 3 期；赵志军：《新石器时代植物考古与农业起源研究（续）》，《中国农史》2020 年第 4 期。

④ 成都市文物考古研究所：《成都市商业街船棺、独木棺墓葬发掘报告》，《成都考古发现》（2000），科学出版社，2002 年，第 78～136 页；四川省技术监督局林产品及家具质量监督检验站：《成都商业街船棺葬出土棺木及垫木树种检验报告》，《成都商业街船棺葬》，文物出版社，2009 年，第 170 页。

⑤ 成都文物考古研究所：《成都金沙遗址祭祀区古河道出土古树的鉴定报告》，《成都考古发现》（2015），科学出版社，2017 年，第 314～319 页。

⑥ 闫雪、王树芝、姜铭等：《2013～2014 年度宝墩遗址出土木炭遗存的初步研究》，《南方民族考古》第十三辑，科学出版社，2017 年，第 311～328 页。

考古的学科属性仍落在"考古"二字上，还是需要回到人类行为的研究上来，需要回答考古关心的问题[1]。

（姜铭　闫雪）

四、冶金考古

冶金考古是考古学研究的一个重要专题，是科技考古的重要组成部分，其内容包含古代采矿遗址和冶铸遗址的考察和发掘，以及对各类遗址中出土的金属遗物分析和研究，往往采用自然科学方法的手段，获取古代各类冶金技术的创造和发展及地区间冶金制品、原料和技术的交流等多方面考古信息。古人使用的金属主要为铜、锡、铁、铅、金、银和汞等。金属器是成都地区出土古代文物的重要类别之一，它是伴随着中华人民共和国成立，成都考古工作不断开展陆陆续续被发现。其中，铁器和铜器是主要的两类，所以本节以铁器和铜器的发现和研究史（部分侧重科技方面）作为成都冶金考古史的主要内容进行梳理。大致可分为两个阶段。

（一）第一阶段：1949～2000 年

该阶段主要以铁器的发现和实物资料积累为主，对冶铁遗址关注较少，仅限于初步文献资料梳理和少量遗址踏查，冶铁考古处于发展的初期阶段。铜器方面以发现三星堆祭祀坑并对出土铜器进行科学检测分析为最重要标志。

1. 铁器的考古发掘和发现

本阶段，没有专门针对铁器的考古发掘，铁器一般都是伴随墓葬或遗址发掘清理、基本建设项目发掘陆陆续续被发现，每次出土铁器件数不定，但总体上数量不多，少则一两件、多则二三十件，也可能达到上百件。前后主要由四川省文物管理委员会、四川省博物馆、成都市文物管理委员会、成都市文物考古工作队及成都区市县文物管理部门发掘完成。

铁器出土资料非常零散琐碎，没有经过系统研究，我们通过梳理众多简报或报告将成都平原铁器的历史发展脉络进行呈现。

成都平原的铁器最早从战国时期开始出现，历经秦、汉、唐、宋等各个朝代，一直延续到明清。战国时期，如大邑五龙战国巴蜀墓[2]、金牛区战国墓[3]、荥经曾家沟战国墓群[4]、荥经巴蜀船棺葬[5]等出土铁器，数量相对较少。伴随着公元前 316 年秦并巴蜀带来北方冶铁技术，成都平原铁器生产开始进入快速发展时期，秦代铁器逐渐增多，如大邑五龙乡墓地[6]、大邑五龙机砖厂古墓

---

① 姜铭、闫雪：《成都平原史前时期植物考古的实践与思考——以宝墩古城遗址和高山古城遗址为例》，《中国文化遗产》2017 年第 6 期。

② 四川省文管会、大邑县文化馆：《四川大邑五龙战国巴蜀墓葬》，《文物》1985 年第 5 期。

③ 成都市文物管理处：《成都市金牛区发现两座战国墓葬》，《文物》1985 年第 5 期。

④ 四川省文管会、雅安地区文化馆、荥经县文化馆：《四川荥经曾家沟战国墓群第一、二次发掘》，《考古》1984 年第 12 期。

⑤ 四川省文物考古研究所、荥经严道古城遗址博物馆：《荥经县同心村巴蜀船棺葬发掘报告》，《四川考古报告集》，文物出版社，1998 年，第 212～280 页。

⑥ 四川省文管会、大邑县文化馆：《四川大邑县五龙乡土坑墓清理简报》，《考古》1987 年第 7 期。

群①和荥经巴蜀船棺墓②等均有发现。至两汉铁器真正盛行和普及，在考古工作中时常有较多发现，如成都东北郊西汉墓③、洪家包西汉墓④、天回山崖墓⑤、肖家村汉墓⑥、凤凰山西汉木椁墓⑦、彭山汉代崖墓⑧、牧马山古墓⑨等发现数量众多。两宋时期，川蜀用铁钱，其专行时间最长、流通量最大、品种最全居全国之冠。蜀地铸造铁钱非常兴盛，先后设置雅州百丈监、嘉州丰远监、邛州惠民监、兴州济众监、益州监、利州绍兴监六个铸钱铁监⑩。除青白江宋墓⑪、成都西郊沙湾宋墓⑫等发现少量铁钱之外，铁钱在窖藏中也大量出土。中华人民共和国成立以来，安县出土铁钱约300千克，金堂出土铁钱约150千克。1982年12月，资中出土宋代铁钱36千克。1984年3月，绵竹出土宋代铁钱1200多千克⑬。1988年10月，雅安市中区出土铁钱1000多千克⑭。1990年10月，百丈监铸地联江乡凉水村挖掘出两宋铁钱1000多千克⑮。1993年，蒲江大兴乡水口村发现窖藏铁钱25千克、2800多枚⑯。1998年12月，蒲江县城南门外西河边发现窖藏铁钱100千克、8000余枚⑰。当月又在蒲江县鹤山镇防疫站基建工地发现南宋窖藏铁钱约150千克⑱。历年出土于全川的两宋窖藏铁钱总量有数万千克，两宋时期四川铸造的铁钱数量达全国之半⑲。之后各个时期各种铁器都有出土和发现。

中华人民共和国成立后50余年以来发现的铁器种类主要是生产工具、生活用具和兵器、钱币等，器形包括铁矛、剑、刀、锸、犁、削、凿、锄、镰、釜、三脚架、棺钉等，反映了该区域在不同时代使用铁器的情况。2000年之后尽管也不断出土铁器，但基本都是数量上的增多，一般器形和种类没有大的变化，所以在第一阶段就确定了成都铁器的发展面貌和年代框架，奠定了冶铁考古的实物资料基础。

2. 冶铁遗址的调查

该阶段成都平原的冶铁遗址只有少数人关注，调查工作实际开展得比较少。

---

① 胡亮：《大邑县五龙机砖厂古墓群综述》，《成都文物》1990年第2期。

② 四川省文物考古研究所、荥经严道古城遗址博物馆：《荥经县同心村巴蜀船棺葬发掘报告》，《四川考古报告集》，文物出版社，1998年，第212～280页。

③ 四川省文物管理委员会：《成都东北郊西汉墓葬发掘简报》，《考古通讯》1958年第2期。

④ 四川省文物管理委员会：《成都北郊西汉墓清理简报》，《考古通讯》1957年第2期。

⑤ 刘志远：《成都天回山崖墓清理记》，《考古学报》1958年第1期。

⑥ 江章华、张肖马：《成都肖家村汉墓发掘纪要》，《成都文物》1990年第4期。

⑦ 徐鹏章：《成都凤凰山西汉木椁墓》，《考古》1991年第5期。

⑧ 南京博物院：《四川彭山汉代崖墓》，文物出版社，1991年，第92～94页。

⑨ 四川省博物馆：《四川牧马山灌溉区古墓清理简报》，《考古》1959年第8期。

⑩ 李清兰：《宋代四川铁钱监及所铸铁钱》，《四川文物》1990年第5期。

⑪ 成都青白江区文物管理所：《青白江出土宋代钱币》，《成都文物》1983年第1期。

⑫ 成都市文物考古队：《成都西郊沙湾宋墓清理简报》，《成都文物》1991年第1期。

⑬ 朱活：《谈两宋川峡铁钱》，《四川文物》1990年第5期。

⑭ 余永恒、李一都：《雅安发现宋代铁钱窖藏》，《四川文物》1992年第5期。

⑮ 邓黎民、雨永恒：《雅州百丈监初探》，《四川文物》1993年第2期。

⑯ 龙腾、陈志勇：《四川蒲江惠民监遗址出土宋代窖藏铁钱》，《四川文物》1994年第1期。

⑰ 四川省文化和旅游资源普查：蒲江县之铸钱工程与生产遗迹。

⑱ 曾咏霞、霍宏伟：《成都蒲江县南宋窖藏铁钱及相关问题》，《四川文物》2008年第2期。

⑲ 史占扬：《重要的考古成果珍贵的出土文物——四川古代窖藏琐记》，《四川文物》2002年第4期。

1986 年，何平山撰文《蒲江县秦汉以来的炼铁遗址》[1]，专门对蒲江县 10 个乡镇 35 个村 57 处冶铁遗址进行了考察，列出了详细分布情况，并对蒲江从秦汉至明清以来有关冶铁文献史料、冶铁机构等进行了梳理，基本呈现了蒲江冶铁史的全貌。

1989 年，李旭葵、冯星辰撰文《卓王孙与临邛冶铁业的兴起》，对邛崃县古代冶铁历史、冶铁资源等方面进行梳理，指出临邛冶铁从战国时期就十分兴盛，发展到西汉时期达到灿烂的顶峰。卓氏冶铁遗址生产规模庞大，技术先进，产品销往滇蜀，在国内冶铁工商业中屈指可数[2]。

四川大学冯汉骥教授于 20 世纪 60 年代在邛崃县城西铁屎坝调查到宋代冶铁遗址，因当时主要是为了寻找汉代冶铁遗址，因此未开展进一步工作，不过这当属成都平原最早针对冶铁遗址的调查实践活动[3]。

蒲江和邛崃具有悠久的采矿冶铁历史，史书和文献均有明确记载。例如，《史记·货殖列传》载："蜀卓氏之先，赵人也，用铁冶富。秦破赵，迁卓氏……致之临邛，大喜，即铁山鼓铸，运筹策，倾滇蜀之民，富至僮千人。……程郑，山东迁虏也，亦冶铸，贾椎髻之民，富埒卓氏，俱居临邛。"[4]《汉书·地理志》《续汉书·郡国志》载：在全国 49 个郡邑设置了"铁官"，主要在山东、河南、江苏、河北，四川有 3 处（临邛、武阳、南安），临邛设置了铁官、盐官[5]。《华阳国志·蜀志》载："有古石山，有石矿，大如蒜子，火烧合之，成流支铁，甚刚，因置铁官，有铁祖庙祠。"[6]南北朝，置广定县、临溪县，至隋朝改广定县为蒲江县，属邛州。北宋，在蒲江大塘镇八角井村设置惠民监，铸铁钱，隶属邛州，南宋罢惠民监，又复置惠民监铸铁钱至宋末[7]。以上各种文献资料，结合司马相如和卓文君的爱情故事为旋律，为近年来打造成都冶铁文化及旅游提供了重要支持。

该阶段时间跨度长，冶铁考古发展缓慢。铁器发现较多，但是研究比较基础，多限于器物基本描述、年代判定、用途等基本信息方面，成果一般见诸考古发掘简报和新闻报道，缺乏深入性、系统性研究成果，科技手段尚未介入铁器的研究当中。倒是钱币研究者对四川两宋铁钱产生了浓厚兴趣，研究者众多。总的来说，第一阶段经过 50 多年来的漫长积累，在实物资料和历史文献方面都有丰富收获，已经清晰呈现出古代成都铁器发展基本面貌和冶铁考古研究的初步态势，为下一阶段专门针对冶铁遗址进行考古调查、发掘及冶铁复原奠定了良好基础。

3. 冶铜考古

本阶段最轰动的考古发现是 1986 年发现了三星堆一、二号祭祀坑，吸引了众多考古学家的目光，也刺激了冶金考古学家们的思维神经，由此开启了古蜀冶金考古研究之门。

1987 年 12 月，曾中懋第一次对三星堆一、二号祭祀坑出土铜器共计 7 类 24 件取样进行成分分析，采用金相组织观察、电子探针等方法，分析成分结果有红铜、铜锡、铜铅、铜铅锡、铜锡铅五类，类型较多，铅锡含量变化范围较大，大多数铸件存在着气孔和铸造缺陷。并指出巴蜀地区在

---

① 何平山：《蒲江县秦汉以来的炼铁遗址》，《成都文物》1986 年第 2 期。

② 李旭葵、冯星辰：《卓王孙与临邛冶铁业的兴起》，《成都文物》1989 年第 3 期。

③ 成都文物考古研究所、日本爱媛大学法文学部：《中日铁器合作研究报告·2006 年度》，内部资料。以下相同。

④ （汉）司马迁：《史记》卷一百二十九，中华书局，2013 年，第 3948、3949 页。

⑤ 路甬祥主编：《中国古代金属矿和煤矿开采工程技术史》，山西教育出版社，2007 年，第 140～144 页。

⑥ （晋）常璩撰，刘琳校注：《华阳国志》（校注）（修订版），成都时代出版社，2007 年，第 125 页。

⑦ 四川省蒲江县志编纂委员会编纂：《蒲江县志》，四川人民出版社，1992 年，第 47～49 页。

殷商后期青铜冶铸和浇铸技术上的落后和不成熟。同时根据铅、磷元素含量情况，指出选用了不同产地的铜料[①]。

1989 年 6 月，曾中懋第二次对三星堆二号祭祀坑出土铜器和泥芯取样 13 件进行成分分析，采用电子显微镜能谱、金相组织观察法。结果仍表明祭祀坑出土铜器在冶铸、铸造时原料配方随意性较大。金相分为三种类型：磷青铜激冷铸态组织、长时间均匀化退火态组织、经过锻打加工的铜合金组织。另外，还在铜神树底座样品中发现首例含有钙元素的青铜，推测可能是作为杂质随冶铜原料矿石混入[②]。

1995 年，金正耀等在三星堆两个坑出土的青铜器中选取包括面具、立人像、头像、神树、容器、武器、瑗等近 50 件器物，取样测定了其铅同位素比值数据，并测定了其中 13 件铜器的化学组成。发现三星堆祭祀坑青铜器所含铅属一种十分罕见的高放射成因铅类型，主要来自某一独特属高放射成因铅的铅矿产地，结合青铜器化学成分认为，三星堆青铜铸造所用的金属原料，包括铜、锡和铅，可能来自同一处多金属共生矿。最后结合当时现有地质科学研究资料，指明滇东黔西地区这一可能特定区域，即"西南说"观点。与新干大洋洲商墓青铜器的铅同位素比较并指出，这种高放射性成因的特殊铅普遍存于商代青铜器之中，中原地区殷墟末期器物和西周以后器物含这种铅的已经是零星个别的。在三星堆、新干和殷墟这三个商代重要遗址出土的器物中，通过铅同位素研究所获得的这种特殊铅的发现，揭示了黄河流域青铜文明和长江流域及西南地区青铜文明之间的某种深层联系，同时它也提出了一些我们不得不认真思考的新问题[③]。金正耀"西南说"观点在当时具有首创性，也极具大胆。后来金正耀教授对自己这一观点一直进行着小心求证。

除三星堆之外，本段以曾中懋为代表的本地学者对巴蜀青铜兵器合金成分及特殊装饰工艺等进行了研究，先后发表多篇研究成果：《试探新都战国墓出土青铜器不锈之原因》[④]《磷——巴蜀式青铜兵器中特有的合金成分》[⑤]《鎏锡——铜戈上圆斑纹的制作工艺》[⑥]《出土巴蜀铜器成份的分析》[⑦]《巴蜀式青铜剑虎斑纹的铸造工艺》[⑧]，曾中懋也翻译国外学者的《中国古代巴蜀式青铜剑上的虎斑纹装饰——古代锡汞齐的证据》[⑨]。另外，何堂坤也进行了研究，发表了《部分四川青铜器的科学分析》[⑩]。以上研究结果显示巴蜀铜兵器合金成分主要是铜、锡、铅，剑、戈、矛锡含量多处于 13%～15%，金相分析显示为铸态特征。斑纹处铜低锡高并含有少量的铁，工艺采用锡汞齐涂抹后加热驱汞的方法，甚至有的通过两道镀锡工序才完成，还有其他很多种解释，但学者关于这一时期的斑纹镀锡类研究结论都有待进一步验证。

① 曾中懋：《广汉三星堆一、二号祭祀坑出土铜器成分的分析》，《四川文物》1989 年增刊。

② 曾中懋：《广汉三星堆二号祭祀坑出土铜器成分的分析》，《四川文物》1991 年第 1 期。

③ 金正耀、马渊久夫、Tom Chase 等：《广汉三星堆遗物坑青铜器的铅同位素比值研究》，《文物》1995 年第 2 期；金正耀、马渊久夫、Tom chase 等：《广汉三星堆祭祀坑青铜器的化学组成和铅同位素比值研究》，《三星堆祭祀坑》，文物出版社，1999 年，第 490～499 页。

④ 曾中懋：《试探新都战国墓出土青铜器不锈之原因》，《考古与文物》1982 年第 3 期。

⑤ 曾中懋：《磷——巴蜀式青铜兵器中特有的合金成分》，《四川文物》1987 年第 4 期。

⑥ 曾中懋：《鎏锡——铜戈上圆斑纹的制作工艺》，《四川文物》1989 年第 6 期。

⑦ 曾中懋：《出土巴蜀铜器成份的分析》，《四川文物》1992 年第 3 期。

⑧ 曾中懋：《巴蜀式青铜剑虎斑纹的铸造工艺》，《四川文物》1993 年第 5 期。

⑨ 亚历山大·科索拉波茨、约翰·特威利著，曾中懋译：《中国古代巴蜀式青铜剑上的虎斑纹装饰——古代锡汞齐的证据》，《四川文物》1999 年第 5 期。

⑩ 何堂坤：《部分四川青铜器的科学分析》，《四川文物》1987 年第 4 期。

相比较于冶铁考古，该阶段冶铜考古介入的科学手段较多，如电子探针、电镜能谱、ICP-MS、金相显微镜等都有运用。从铜器成分、特殊装饰工艺、矿料来源等方面进行了多角度研究，取得许多有效的数据和有价值的成果，特别是关于三星堆铜器矿料来源的研究具有强烈的探索意义，这就完全拉开了古蜀铜器冶金研究之序幕。

（二）第二阶段：2001 年至今

该阶段是成都冶金考古蓬勃发展的时期。是以 21 世纪第一个重大考古发现，即 2001 年发现成都金沙遗址，对其出土金属器进行科学研究开头，进而以从 2005 年开始，持续 10 多年之久对成都蒲江、邛崃冶铁遗址进行专项调查，以 2018、2019 年两次冶铁实验考古暨国际学术研讨会为高潮。该阶段研究队伍和力量明显壮大，大专院校的师生参与了工作，研究手段出现多样化，研究广度和深度都有长足的发展，并取得了许多重要成果，引起国内外冶金专家的高度关注。传统媒体与新媒体都广泛宣传，公众对冶金考古乃至整个成都考古的认知度大幅提升。

1. 铁器冶金考古研究

该阶段，多位学者包括四川大学、四川师范大学的师生对成都铁器乃至西南区域冶铁进行了较为系统的梳理和研究，涉及铁器起源、制作工艺、铁器贸易传播、铁器生产与社会等多个层面。

2000 年，李明斌发表《中国早期铁器的几个问题》，从考古材料的角度探讨了冶铁起源，并梳理了从商代至战国早期各地出土铁器，包括陨铁器情况，还阐述了铁器使用的社会意义[①]。2011 年，刘前凤发表《浅谈成都平原的东周铁器》，结合考古发掘材料和文献资料，初步对成都平原早期铁器的器形进行分类，探索其冶铁技术来源与周边地区铁器文化的关系，以及铁器的出现对"天府之国"经济文化形成的意义[②]。2016 年，王瑾对战国秦汉时期蜀地出土的铁质生产工具及生活用器的发现做一摭要介绍，并对已有的研究进行梳理，展现 60 年来蜀地铁器考古的整体面貌[③]。2020 年，陈思琪通过对战国秦汉时期蜀地铁矿资源、古冶铁遗址分布、蜀地铁官和工官的设置、铁器类型学、铁器贸易传播等的综合研究，揭示出这一时期蜀地冶铁业发展及演变规律，包括蜀地铁器对西南夷社会转型、发展的影响[④]。

对铁器的科学检测也开始了实践。2013 年，杨颖东等对老官山汉墓出土铁釜、铁釜支架的材质及铸造方法进行研究，发现铁釜用麻口铁浑铸而成，共用 2 块范和 2 个泥芯，支架为炒钢和铸铁脱碳钢锻打而成，反映了西汉时期灵活、规范、成熟的生铁铸造和钢铁锻制技术[⑤]。2015 年，李映福等对发现于 2007 年 2 月，我国迄今为止体量最大的汉代铸铁——石亭江汉代铁桥桥墩进行了金相学和铸造工艺方面考察，确认构件"雒江桥墩"成分含铁、碳、氧元素，金相结果为珠光体基体的灰口铸铁，抗拉强度为 180Mpa，接近现代灰口铁强度。桥墩采用"地坑立式倒浇法"一次性明浇成型。此大型铸件，显示了成都平原自秦汉初年以来积累的冶铁技术为桥墩建设提供了充分技术保障。"雒江桥墩"的出土，见证了 2000 多年前汉代巴蜀居民为改变"蜀道难"所付出的巨大努力

---

① 李明斌：《中国早期铁器的几个问题》，《成都文物》2000 年第 4 期。
② 刘前凤：《浅谈成都平原的东周铁器》，《三峡论坛》2011 年第 1 期。
③ 王瑾：《简述战国秦汉时期蜀地铁器的发现与研究》，《艺术品鉴》2016 年第 5 期。
④ 陈思琪：《战国秦汉时期蜀地铁器与社会发展研究》，四川师范大学硕士学位论文，2020 年，第 1～64 页。
⑤ 成都文物考古研究所科技考古中心：《成都市天回镇西汉墓葬出土铁釜分析报告》，《成都考古发现》（2011），科学出版社，2013 年，第 431～434 页。

和创造出的伟大技术[1]。

铁器科学检测方面，目前来看学术成果还比较有限，受限于铁器自身保存客观条件以及人员设备，但该项工作仍有开展的必要和意义，有待加强。

2. 古代冶铁遗址调查和研究

该阶段冶铁考古最大亮点是在成都平原蒲江、邛崃开展冶铁遗址专门调查和发掘（包括部分成都其他市县），并取得大量实质性成果。参加单位主要有成都文物考古研究院（成都市文物考古工作队）、四川大学历史文化学院、蒲江县文物管理所、邛崃市文物保护管理所及日本爱媛大学。

2005年，成都文物考古研究所和邛崃市文物保护管理所联合开展调查和试掘工作，发现邛崃市平乐镇铁屎坝冶铁遗址[2]，出土与炼铁有关的熔炉2个，一号炉平面呈椭圆形，外径68、内径22、深16厘米，炉内尚残留一块生铁；二号炉呈圆形，西部略缺，外径70～80、内径34～42、深18厘米，炉底有一圆孔，直径约6厘米，可能是下漏铁液的设施。还发现大量铁渣、铁矿石及少量铁块、瓷器等遗物。判定冶铁遗址最早运作的年代为唐代晚期，盛行于两宋时期，并延续至晚明。至此，揭开了成都平原冶铁遗址轰轰烈烈调查的序幕。

2006年6月，成都文物考古研究所与日本爱媛大学法文学部签订意向性合作研究协议，拟从馆藏铁器研究、冶铁遗址调查发掘、出土铁器技术保护处理、冶铁技术复原、古代冶铁技术的再利用等领域开展实质合作，以期建立成都平原乃至整个西南地区铁器考古研究—保护—利用的学科体系。并同时向国家文物局提交联合开展《早期铁器与中国西南古代社会的发展——以成都平原为中心》的申请报告。同年10月，得到国家文物局批复同意（批准号［2006］1091）[3]。这标志着专门针对成都平原冶铁遗址开展专项调查研究工作的正式启动。

2007年，成都文物考古研究所、日本爱媛大学法文学部联合发布《中日铁器合作研究报告·2006年度》[4]，公布在蒲江、邛崃合作开展冶铁遗址调查的初期成果。首先调查蒲江古石山、铁牛村、许鞋匾等遗址及长秋山古矿洞等58处冶铁相关遗址，了解遗址的分布特点和年代范围。截至2019年，成都文物考古研究院、四川大学考古学系、日本爱媛大学、邛崃市文物局、蒲江县文物保护管理所等机构在临邛故地调查发现74处冶铁遗址[5]。

2007年6月，成都文物考古研究所、蒲江县文物管理所对蒲江古石山、铁牛村、许鞋匾冶铁遗址进行调查试掘。同年12月，成都文物考古研究所、日本爱媛大学东亚古铁研究中心、蒲江县文物管理所、四川大学考古学系联合对蒲江铁牛村冶铁遗址正式发掘。均取得重要发现和收获。

（1）古石山冶铁遗址，位于蒲江县西来镇马湖村十六组三角堰，发现铁炉1座、炭窑3座及炉砖、铁渣、木炭、陶片等。铁炉悬挂在陡坎断面上，依山而建，平面形状呈圆形，口径0.9～1.1、炉体残高1.5米。四周炉壁由耐火砖砌成，壁面宽0.4～0.8米，壁面粘附铁渣浮游物。炉底有残高0.3米的青灰色黏土层，用来放木炭。炉底之下生土面上发现一圈红烧土，圆形，长约1.3、深约0.6米，为炉子的防潮设施。炉体基本保存完整，除顶部缺失，其余都有部分遗留。日本爱媛大学

① 李映福、杨盛、马春燕等：《四川广汉石亭江汉代铁桥墩相关问题研究》，《考古》2015年第9期。
② 成都文物考古研究所、邛崃市文物保护管理所：《邛崃市平乐镇冶铁遗址调查与试掘简报》，《成都考古发现》（2005），科学出版社，2007年，第365～381页。
③ 成都文物考古研究所、日本爱媛大学法文学部：《中日铁器合作研究报告·2006年度》，内部资料。
④ 此报告为内部资料。
⑤ 邛崃十方堂邛窑遗址冶铁实验考古临展厅资料。

村上恭通教授从炉子建造特点和形制，并与中原地区同类材料比较，认为该炉属于汉代典型形制，时代可能早到汉代，废弃年代至少不晚于宋代。该炉后来被作为成都邛崃冶铁实验考古复原冶铁炉的原始模型[①]。

（2）铁牛村冶铁遗址，位于蒲江县西来镇铁牛村三、七组，先后经过多次调查，2007年6月试掘和2007年12月正式发掘，发现丰富的冶炼遗迹和遗物，是蒲江一处非常重要的古代冶铁遗址。2007年6月试掘发现"铁牛"大积铁块，大量炉砖、铁砂、木炭、铁矿石、陶碗等。"铁牛"全长1.67、宽0.5～1.07、高0.37～0.92米，可能为炼炉冶炼过程中形成的铁水沉积[②]。2007年12月正式进行考古发掘，主要发现炉子8个（L1～L8）、灰坑3个、灰沟1条和多处地层堆积，发现大量炉砖、铁渣、铁块、矿石、瓷片、陶片、木炭等。8个炉子均仅残存底部，炉底用泥涂抹烘烤而成，经过火烧之后，周围形成一圈烧结面。L1火膛直径0.8～0.82、深0.15～0.2米，炉壁厚0.05～0.08米。L2火膛直径0.8～0.92、深0.08～0.28米，炉壁厚0.06～0.08米。L3火膛被破坏，残深0.02～0.14米，炉壁厚0.05～0.07米。L4火膛直径0.78～1.06、深0.1～0.24米，炉壁厚0.06～0.1米。L5火膛直径0.5～0.63、深0.04～0.1米，炉壁厚0.05～0.08米。L6火膛直径0.76～0.88、深0.1～0.24米，炉壁厚0.05～0.1米。L7火膛直径0.56～0.68、深0.04～0.1米，炉壁厚0.04～0.08米。L8火膛直径0.72～1.1、深0.08～0.16米，炉壁厚0.03～0.06米。有学者认为8座炉子是炒钢炉，但发掘者认为证据不够充分，尚需要进一步考古材料证明[③]。

2009年12月，成都文物考古研究所、北京大学考古文博学院、日本爱媛大学东亚古铁研究中心联合对铁牛村冶铁遗址出土冶炼遗物进行科学分析，利用金相显微镜、XRF、XRD、SEM-EDX、ICP-AES和AMS-^{14}C等多种分析方法，对该遗址出土铁矿石、炉渣、铁块、铁器及木炭等冶炼遗物进行金相观察、成分检测、木炭树种鉴定及^{14}C测年等综合研究。最后认为遗址冶铁活动主要集中在东汉中晚期，是集生铁冶炼及生铁制钢为一体的钢铁冶炼遗址；使用磁铁矿和赤铁矿为主，用石灰石作为助熔剂，TFe大多为40%～55%；木炭作为燃料，烧制木炭的树木种类有黄桐、乌桕、苦槠类。分析结果初步判明铁牛村冶铁遗址的技术面貌，为研究汉晋时期该地区冶铁技术发展历程提供了重要科学资料[④]。2011年12月，成都文物考古研究所、日本爱媛大学东亚古铁研究中心、蒲江县文物管理所、四川大学考古学系共同发表简报，简报中增加5个^{14}C数据，并进一步结合地层关系、出土陶器等遗物综合断代，将年代上限推定在西汉中晚期、下限推定在东汉晚期[⑤]。铁牛村冶铁遗址成为当时西南地区唯一经过科学发掘和深入研究，并且具有明确时代特征的冶铁遗址。其丰富的冶铁遗迹和遗物，对研究成都平原早期冶铁的兴起乃至铁器在西南地区的发展进程都有极大的促进作用。

---

① 成都文物考古研究所、蒲江文物管理所：《2007年蒲江冶铁遗址调查试掘简报》，《成都考古发现》（2006），科学出版社，2008年，第209～227页。

② 成都文物考古研究所、蒲江文物管理所：《2007年蒲江冶铁遗址调查试掘简报》，《成都考古发现》（2006），科学出版社，2008年，第209～227页。

③ 成都文物考古研究所、日本爱媛大学东亚古铁研究中心、蒲江县文物管理所等：《2007年度蒲江县铁牛村冶铁遗址发掘简报》，《成都考古发现》（2009），科学出版社，2011年，第302～328页。

④ 成都文物考古研究所、北京大学考古文博学院、日本爱媛大学东亚古铁文化研究中心：《四川蒲江铁牛村冶铁遗址出土冶炼遗物的初步分析》，《成都考古发现》（2007），科学出版社，2009年，第260～270页。

⑤ 成都文物考古研究所、日本爱媛大学东亚古铁研究中心、蒲江县文物管理所等：《2007年度蒲江县铁牛村冶铁遗址发掘简报》，《成都考古发现》（2009），科学出版社，2011年，第302～328页。

（3）许鞋匾冶铁遗址[①]，位于蒲江县寿安镇（原松华乡）马南村七组，2007年发现一座冶铁炉1座（L1）、灰坑1个（H1），大量铁渣、炉砖、铁矿石和陶片、瓷碗等。L1平面呈圆形，口部直径1.08～1.11米，四壁由耐火黏土砌成，厚0.08～0.12米，炉壁内侧覆盖坚硬铁渣，炉壁四周有厚0.06～0.08米的红烧土结面，底部呈锅底状，直径约0.6、厚0.06～0.08米，炉残深0.56米。判断可能为炒钢或脱碳所用。李玉牛等对许鞋匾冶铁遗址出土铁渣[②]及遗址年代等进行了研究，认为其为东汉时期的钢铁冶炼遗址[③]。

2009年，成都文物考古研究所、大邑县文物管理所在大邑县新场镇发现宋代炼铁熔炉2座[④]。一座RL1结构简单，仅剩炉膛部分，顶部遭破坏，具体形制不明。外径1.45、内径1.1、壁厚约0.35、残深约0.65米，内壁有黑灰色铁溶液凝结面，有少量铁渣、炭屑、陶瓷片等。另一座RL2平面近似椭圆形，外径1、内径0.7、壁厚0.3、残深0.3米。从两座熔炉结构判断其功能应是熔炼铁液，用于生产铁锭或者直接浇铸铁器。

2010年11～12月，成都文物考古研究所、蒲江县文物管理所在蒲江县西来镇敦厚社区砂子塘冶铁遗址发掘冶铁炉1座。

2011年12月～2012年1月，成都文物考古研究所、邛崃市文物管理所在邛崃市平乐镇禹王村15组铁屎坝发掘冶铁炉1座[⑤]。

2012年12月8日，成都文物考古研究所、四川大学历史文化学院等多家单位在锦江宾馆举办"四川盆地及中国古代早期冶铁与中国古代社会"国际学术研讨会，邀请到日本、韩国、丹麦、英国等学者及中国社会科学院、北京大学、北京科技大学、重庆文化遗产研究院等研究机构和高校的专家参加。此次会议总结汇报了中日铁器合作项目的阶段性工作，至此成都平原冶铁工作受到国内外冶金考古工作者的广泛关注。

2018年6～12月，成都市文物考古工作队为配合成都市第三绕城高速公路（西段）项目建设，于蒲江县鹤山镇铁溪村一组抢救发掘了一处保存较好的宋代冶铁遗址，该遗址由冶铁炉、炒钢炉、燃料窑、房址、灰坑、排水沟和废料堆积层等组成。其中，冶铁炉2座，由窑壁、窑床、火膛、排渣沟组成，窑炉平面形制多为椭圆形，内径2～2.1、外径2.2～2.4米，炉壁烧结面厚10～24厘米。炒钢炉共13座，分布于冶铁炉周边，平面多呈椭圆形，内圈直径40～54、外圈直径60～75、烧结面厚5～14厘米，附壁铁水厚2～7厘米，大部分炉底残留铁块，部分炒钢炉内填满铁块。燃料窑1座，由窑顶、窑壁、窑床、窑门、烟道和工作面组成，平面形制呈马蹄形，长6.3、宽2.1、高1.2～1.8米。窑顶呈穹隆形，窑壁较竖直，其上存人工修整和烟熏痕迹，窑床底部存一层厚约0.5米的炭渣，其内填土中含卵石块、木炭渣和少量铁渣。房址共3座。初步推断该遗址为一处宋代集

---

①　成都文物考古研究所、蒲江文物管理所：《2007年蒲江冶铁遗址调查试掘简报》，《成都考古发现》（2006），科学出版社，2008年，第209～227页。

②　Li Yuniu, Microstructural and elemental analyses of the slags excavated from the Xuxiebian iron smelting site, Sichuan, China, *Archaeometry*, Vol.61: 6(2019), pp.1353-1365.

③　Li Yuniu, Cast iron smelting and fining: An iron smelting site of the Eastern Han dynasty at Xuxiebian, Sichuan, China, *Sungkyun Journal of East Asian Studies*, Vol.19: 1(2019), pp.91-111.

④　成都文物考古研究所、大邑县文物管理所：《四川大邑县新场石虎村唐宋遗址试掘简报》，《成都考古发现》（2009），科学出版社，2011年，第417～454页。

⑤　笔者参与了2010砂子塘冶铁遗址、2011年铁屎坝冶铁遗址的两次发掘。限于多种原因，发掘资料目前均未公开发表。

燃料烧制、生铁冶炼及生铁制钢为一体的较大型钢铁冶炼遗址。发掘者推测可能与惠民监铸造铁钱有关系。蒲江铁溪村宋代冶铁遗址为中日铁器合作调查项目结束之后，近年来发现的一处较大规模、功能单元较为齐全的古代冶铁遗址。

2020年，成都文物考古研究院在蒲江县鹤山镇南街发现炒钢炉1座[①]。炒钢炉平面约为马蹄形，上半壁破坏，弧壁，锅底，内壁铁灰色，较坚硬，外壁有红烧土层。南北宽110、东西宽120、残深26厘米。推测该区域在唐宋时期可能存在冶铁作坊。

自2005年以来，成都冶铁遗址专项调查和发掘工作有声有色地开展，多学科人员参与，新的科技手段广泛应用，取得显著成绩。至此，关于成都冶铁的历史文献、成都造铁器、能够直接证明在成都本地进行冶铁活动的冶铁炉，三方面资料全部齐备。这些成果使成都平原自汉代至明清不同时期的冶铁面貌和技术得到完整体现，不但印证了历史文献的记载，也见证了成都在不同时期作为冶铁中心辐射整个西南，带动区域经济社会发展的历史。

3. 冶铁实验考古

为了解决手工业考古中遇到的一些重要问题，同时验证考古成果，复原古代社会，近年来，实验考古成为国内外学术界普遍推行的一种手段。基于各方多年来对成都平原冶铁遗址调查和研究所获取的冶铁资料及丰硕成果，成都文物考古研究院联合多家单位共同进行了冶铁实验考古，目前共进行了两次，均取得成功，并被多家主流媒体报道，产生了较大影响，引起社会各界的广泛关注。

2018年12月8日，四川大学历史文化学院、成都文物考古研究院、邛崃市人民政府在邛窑考古遗址公园举办首届"临邛汉代冶铁实验考古"国际研讨会。标志着成都冶铁考古开始进入实验、模拟、复原阶段。

2019年11月15~17日，四川大学历史文化学院、四川省文物考古研究院、成都文物考古研究院、日本爱媛大学亚洲古代产业考古学研究中心、邛崃市人民政府联合在邛崃市主办"中国西南与东南亚冶金技术的起源与传播暨临邛冶铁实验考古"国际学术研讨会，来自中国、丹麦、英国、俄罗斯、泰国、加拿大等高校和科研机构百余位学者出席了研讨会[②]。此为第二届成都冶铁实验考古活动，与会专家学者在活动现场深入探讨临邛汉代冶铁技术各个环节的问题并交流国内外冶金方面的最新成果。活动取得圆满成功并被广泛宣传报道，产生很大影响，表明成都冶铁实验考古进入新阶段。

4. 冶铜考古

该阶段，继续延续三星堆祭祀坑古蜀铜器的研究，重点增加金沙遗址出土铜器的研究内容以及成都平原西北缘彭州龙门山早期矿冶遗址的探索调查，依旧关注了巴蜀铜兵器方面的研究。

（1）三星堆祭祀坑铜器

这一阶段，对三星堆铜器的研究一直在持续，但是有不少新的学者加入，从不同研究视角、不同研究内容带来新的研究成果。

2006年，江章华从考古类型学角度对三星堆两座器物坑出土的青铜容器，尤其是尊、罍与湖

---

① 邱艳、姜铭、鲜燕雨等：《蒲江县南街唐代—清代遗址》，《中国考古学年鉴2021》，待刊。

② 曾宇、刘芳：《"中国西南与东南亚地区冶金技术的起源与传播暨临邛冶铁实验考古"国际学术研讨会综述》，《四川文物》2020年第2期。

南、湖北、安徽、陕西、重庆等地出土的相同器物进行对比研究，其观点为：第一，三星堆出土的青铜容器其制作水平并不比湖南、湖北差；第二，三星堆出土商代青铜容器很有可能是从陕西城固一带传入的；第三，不排除长江中游地区出土的青铜容器为三星堆铸造的可能性[①]。所以提出了三星堆青铜容器本地铸造的观点。

2012年，马江波等继续从科技分析角度对取自三星堆一、二号祭祀坑的30件铜器样品的合金成分和金相进行研究，采用电感耦合等离子体发射光谱仪（ICP—OES）和电感耦合等离子体质谱法（ICP—MS）进行了主量和微量元素分析，结合成分数据结果和器物类型特点，选取部分典型铜器进行了金相观察。研究表明：三星堆铜器不同器类的合金配比存在差异；与金沙、汉中和新干铜器群的比较显示，三星堆铜器与其他铜器群的合金成分在不同程度上存在差异，值得注意的是三星堆铜器铅含量普遍较高[②]。

2013年，崔剑锋、吴小红重新对三星堆遗址祭祀坑出土的部分青铜器采用金相学、元素组成和铅同位素比值法进行科学分析，并将分析结果同以前发表的数据进行了对比，结果显示所有青铜器都是铸造成型的，同时显微结构又显示在埋藏后都经过了焚烧。两种文化特色风格的铜器都是使用殷商时期最普遍的铅锡青铜合金铸造，二者的铅锡含量不同，本地风格的铜器铅含量普遍高于中原特色的铜容器，而锡含量则相对低于后者。铅同位素比值的分析则揭示出两种文化的铜器可能拥有同一个来源，而铜像和面具等大量三星堆文化的铜器很可能是在非常短暂的时间内铸造并埋葬的[③]。崔剑锋等金相学的研究结果能够与遗址发掘过程中发现的火烧遗迹现象对应。

2019年11月，郭建波、谢振斌对三星堆祭祀坑出土青铜器从矿料来源、产地、化学成分、制作工艺、科学保护修复五方面进行科技研究综述，期望以后深入各方面研究、加大科技研究力度，让更多的研究者参与，解决三星堆文化的来源以及其与中原、长江中下游文化的关联性问题[④]。

三星堆铜器研究冶金方面目前在铜器成分上表现的大多数器物高含铅、成分波动大、铜器埋藏后被火烧的观点基本一致。产地方面存在本地铸造生产和在外地生产或利用外来技术在本地铸造生产的分歧，笔者认为解决此分歧最好的证据莫过于在三星堆遗址或附近发现铸铜作坊，这寄希望于新发现的6个祭祀坑和未来继续开展的考古工作。矿料来源则是焦点和难点问题，以金正耀代表的"西南说"观点，即来自云南东北部金沙江沿岸矿源区的观点在很长一段时间似乎被认同，或者其他人包括金正耀本人也未找到更可能的矿源区。直到2017年，金正耀教授的研究终于取得了突破性进展，否定了自己坚持了近40年的"西南说"，确定商代青铜器中高放射成因铅铅矿来源于豫西地区（南阳盆地北缘矿山），历史的谜团终于解开[⑤]。但这一研究成果最终能否被共同认定仍需要未来更多的工作予以支撑和验证。

（2）金沙遗址铜器

金沙遗址于2001年被发现，是继三星堆之后成都平原又一重要的古蜀都城遗址。研究者先后对金沙出土铜器的合金成分、加工制作工艺、生产组织、矿料来源等进行了广泛深入的研究，主要

① 江章华：《三星堆系青铜容器产地问题》，《四川文物》2006年第6期。

② 马江波、金正耀、田建花等：《三星堆铜器的合金成分和金相研究》，《四川文物》2012年第2期。

③ 崔剑锋、吴小红：《三星堆遗址祭祀坑中出土部分青铜器的金属学和铅同位素比值再分析——对三星堆青铜文化的一些新认识》，《南方民族考古》第九辑，科学出版社，2013年，第237~250页。

④ 郭建波、谢振斌：《三星堆祭祀坑出土青铜器科技研究综述》，《中国文物报》2019年11月19日综合版。

⑤ 金正耀：《铅同位素考古——创新与坚守》，2019年4月27日，金正耀教授在日照做客山东大学苏家村遗址考古队的演讲报告。

有金正耀、肖璘、向芳、黎海超、魏国峰、杨颖东等。

2004 年，肖璘等对金沙遗址祭祀区即 I 区"梅苑"地点于 2001 年机械施工时挖出的采集器物，共计 13 件铜器样品和 13 件金器样品进行表面合金成分、金相检验、显微镜下纹饰观察研究，确定其合金化学成分和加工工艺。结果为 13 件铜器样品中 10 件为铜锡铅三元合金，2 件为铜锡二元合金，1 件为铜锡砷青铜合金。2 件铸造成型，11 件热锻成型。从成分上看，这 10 件样品铜、锡、铅含量波动较大，但其金相组织相同，为等轴晶和孪晶，而且晶内存在滑移带，反映出加工工艺比较成熟稳定。金箔片金、银、铜含量波动较大，可能采用自然金加工而成，但工艺均为热锻成型，金器纹饰经刻划形成，根据需要对表面有选择地进行抛光[①]。这是对金沙遗址出土器物的首次科学检测，包含了后来成为中国文化遗产标志的"太阳神鸟"金箔。

2004 年，金正耀等对金沙遗址 54 件铜器取样，采用等离子体发射光谱分析化学成分、合金技术及铅同位素。研究结果表明，在合金配比方面金沙铜器基本上继承了三星堆时期的技术传统，用铅较多，铅、锡、青铜为主要材质类型；大约 2/3 的金沙铜器含与三星堆铜器在铅同位素组成上高度一致的高放射成因铅，约 1/3 的铜器属于多个产地来源的普通铅。由此可见，金沙时期一方面继续开采利用三星堆时期的高放射成因铅青铜原料矿区，另外也开始利用新的原料矿产地。最后并将金沙遗址使用的高放射成因铅青铜原料的产地源区大致范围划定在西南地区[②]。即继续沿用其"西南说"观点。

2007 年，魏国峰等对金沙遗址出土的 2 件铜片取样，采用 X 射线荧光仪、金相显微镜和扫描电镜等现代检测手段，分析铜片的元素成分和金相组织，探讨其加工工艺。结果表明，铜片为高温热锻成型，其热锻温度范围为 500～700℃，符合现代金属学原理。铜片表面的树形纹饰是用预先制作的树模在铜片上压印而成。可以看出金沙居民冶金技术和青铜加工工艺已经达到很高水平，对锡、青铜的机械性能已有充分认识。这一研究结果对进一步了解成都平原的青铜加工技术有重要意义[③]。

2010 年，向芳等对金沙遗址出土的 10 件铜器进行了铅同位素分析，并测定其中 7 件铜器的主要金属元素（Cu、Pb、Sn、Ag、Zn）。在总结前人对商周遗址青铜器研究的基础上，分析讨论了金沙青铜器的化学特征及可能的矿质来源。结果认为在青铜器的冶炼过程中人为进行铜、铅、锡含量配比的迹象并不明显，更多体现出直接利用多金属矿；金沙遗址中青铜器的铅同位素比值大部分异常高，表现出 $N(^{206}Pb)/N(^{204}Pb)$ 大于 20。根据区域地质资料和前人对多金属矿床的研究结果，认为金沙青铜器的铜矿石极有可能来自距离较近的会理拉拉厂铜矿[④]。向芳等的研究结论与金正耀虽稍有区别，但实际上印证和支持了金正耀"西南说"的观点。

2018 年，黎海超等对金沙遗址星河路地点春秋末期至战国早期的一处家族墓地铜兵器的生产问题进行研究，将铜兵器的考古学特征与科技检测的数据特征进行对应分析，采用主量、微量元素分组及铅同位素分析方法。发现 2 座高等级墓葬 M2722 和 M2725 中大部分铜兵器质量较低，是专门为随葬定制，短时间内利用大致相同的原料多批次生产。这两座墓中仅有少量高质量铜兵器，而

① 肖璘、杨军昌、韩汝玢：《成都金沙遗址出土金属器的实验分析与研究》，《文物》2004 年第 4 期。

② 金正耀、朱炳泉、常向阳等：《成都金沙遗址铜器研究》，《文物》2004 年第 7 期。

③ 魏国锋、毛振伟、秦颍：《金沙遗址出土铜片的加工工艺研究》，《有色金属》2007 年第 1 期。

④ 向芳、蒋镇东、张擎：《成都金沙遗址青铜器的化学特征及矿质来源》，《地球科学与环境学报》2010 年第 32 卷第 2 期。

其他等级相对较低的墓葬随葬的铜兵器质量均较高。这些高质量铜兵器个体间的成分和铅同位素数据多有差别，并非同一批次的产品。来源的分散性表明这些高质量铜兵器可能是墓主生前自用的实用器。可见，随葬专为丧葬而制的低质量铜兵器或者明器性质的兵器，应当具有等级或分层意义。铜兵器也使用了本地特征的铜料进行生产，无论高质量还是低质量的铜器均为当地制作。这种现象可能与当时铜器商业化生产模式相关[①]。

2018年，杨颖东对金沙遗址兴城建地点出土的1件铜簋金相结构和材质成分进行了分析，分析结果为红铜铸造组织，其垫片亦为红铜铸造结构。金沙遗址出土的铜簋是目前成都平原商周时期遗存中唯一1件经过正式考古发掘出土的铜簋，它的发现对于研究成都平原商周时期复杂的文化面貌和冶铸技术系统有着重要意义。此簋有可能为本地铸造，但形制和纹饰却渊源于关中地区，而关中地区商周时期遗存中也发现了成都平原的十二桥文化因素，这显示出商周时期成都平原与关中地区之间有着密切的文化联系[②]。同年，杨颖东等又对金沙遗址阳光地带二期出土3件铜块采用电镜能谱、金相显微镜观察等方法进行研究，分析结果表明2件为红铜、1件为高铅青铜，其合金配比方式与金沙遗址已经出土的部分铜器的合金配比一致，显示出从原料到产品材质上的对应关系。多件红铜器的发现，体现红铜技术在金沙时期仍占重要地位，同时铜器材质上的差异也显示矿源的多样性，印证了金正耀提出的关于金沙时期老旧矿业开采活动有变化这一观点。这几件铜块，包括带范土的铜块残件反映了阳光地带二期存在铸铜的迹象[③]。

2019年，黎海超等对金沙遗址祭祀区经科学发掘出土的35件铜器取样，采用主量、微量元素分组和铅同位素分析，以系统的考古与科技考古方法讨论铜器的生产问题。创新性利用"形""料"结合的思路，判断铜器的生产地点。认为成都平原在早商时期可能已经开始独立的铜器生产活动，且已经对具有本地特征的原料有所利用。金沙晚商时期成都平原的铜器生产可能较为复杂。商末至西周时期包括春秋早、中期，金沙"祭祀区"铜器集中使用具有本地特征的某些原料，但铅同位素数据与中原地区商末西周时期的铜器数据基本处于同一范围。铜器微量元素分组和铅同位素结果的差异表明金沙"祭祀区"铜器所用的铜料、铅料可能有不同来源。研究同时提出了成都平原铜器生产具有复杂性，单纯地用本地和外来思路进行概括较为困难，只有梳理清楚铜器生产中技术、原料、风格等不同层次的问题，才能给出确定性结论这一方向性见解[④]。

近年来，杨颖东等对金沙遗址祭祀区出土的84件铜器及残片进行了成分和金相分析，发现金沙祭祀区铜器的合金种类非常复杂，包含6种合金类型，分别是红铜（Cu）、砷铜（CuAs）、砷青铜（CuSnPbAs）、锡青铜（CuSn）、铅青铜（CuPb）、锡铅青铜（CuSnPb），从单一类型的红铜到铜锡铅砷四元合金类型都存在。锡铅青铜是最主要的合金类型，还存在着较多数量的红铜器及部分含砷铜器。以上说明金沙还有着早期铜器的合金技术特征及与西北地区的技术交流传播。但是一个重要的技术信号是古蜀从三星堆青铜文明发展到金沙时期，以铅锡为主要合金元素的技术格局已经形成，以锡为主导的合金技术思想已经确立，已经改变了在三星堆时期以铅为主导的合金技术面貌，

① 黎海超、崔剑锋、周志清等：《成都金沙遗址星河路地点东周墓葬铜兵器的生产问题》，《考古》2018年第7期。

② 刘祥宇、周志清、王占魁：《成都金沙遗址出土铜簋》，《文物》2018年第9期。

③ 杨颖东、周志清：《成都金沙遗址阳光地带二期出土铜块分析》，《成都考古发现》（2016），科学出版社，2018年，第408～417页。

④ 黎海超、崔剑锋、周志清：《金沙遗址"祭祀区"出土铜器的生产问题研究》，《边疆考古研究》第25辑，科学出版社，2019年，第335～348页。

代表着技术的发展与进步。加工技术与肖璘等人之前的分析类似，存在铸造、热锻、局部冷加工、铸后受热的技术工艺，主要以铸造和热锻为主，制作技术灵活，圆形方孔器、较厚的铜器残片、容器残片、部分兵工器等皆为铸造成型，而薄片形铜器则普遍使用了热锻的工艺技术，结合以往对金沙金器类薄片形器物的工艺分析，可以看出当时在不能通过范铸法铸造出更薄的器物时，热锻成为最常用的技术手段，这反映出金沙铜器手工业加工技术已经达到较高的水平[1]。

综合金沙遗址铜器冶金方面的学术研究成果，合金技术方面，学者普遍认为金沙铜器合金种类复杂、材质多样、成分波动大，尚未形成较为统一的合金配比规范。尽管与三星堆一样都同处低水平阶段，但是从三星堆到金沙，合金技术的发展仍有进步。加工技术方面，金沙铜器水平较高，存在铸造、热锻和局部冷加工工艺并能将其灵活应用，特别是薄片形铜器（包括金箔片）采用热锻工艺比较普遍。产地及制作、组织方面，存在利用本地原料在本地独立商业生产的可能。矿料探索上，金沙在商末周初老旧矿业开采活动有了变化，金正耀教授"西南说"情况如同三星堆一样经历着众多考古人员的"拷问"和其本人的求证探索。近几年，对金沙遗址铜器的研究内容越来越丰富全面，检测数据大量公布，研究成果不断涌现。

（3）其他巴蜀青铜兵器

该阶段，学者依旧对巴蜀青铜兵器研究充满热情，大致可分为以下两个阶段。

前段为2000～2017年，研究者主要有姚智辉、肖璘、白玉龙等。2005年，姚智辉等对成都市博物馆所藏的青铜兵器做了分析研究[2]。2006年6月，姚智辉出版专著，对晚期巴蜀青铜器技术研究及兵器斑纹工艺探讨，发表大量成都出土器的成分数据，并对兵器上的热镀锡工艺进行了研究和模拟[3]。2007年，姚智辉等再次对巴蜀青铜兵器表面"虎斑纹"进行考察、分析与研究[4]。2009年白玉龙等对成都商业街船棺葬出土的青铜器做了初步检测分析[5]。与第一阶段相比，研究者仍旧关注了铜器合金成分这一基本内容，装饰工艺特别是巴蜀兵器上的斑纹研究成为一直持续关注的问题，但是检测分析文物件数大量增加，公布的数据明显增多，研究方法上出现了镀锡工艺的模拟环节。

后段为2018年至今。包括前面黎海超等对金沙遗址出土铜器的研究，2020年，王晓婷等对成都双元村东周墓出土不同类型的铜矛进行研究，测定合金成分和铅同位素，对不同文化风格铜矛使用相同铜器原料的现象进行了探讨分析[6]。后段的研究，除了单纯揭示器物本身制作工艺技术特征，还大量运用主、微量元素和铅同位素聚类分组法，将器物的考古类型或风格与科技分析数据紧密结合，阐释考古学家关注的诸如产地、文化交流、使用等级、模仿与自我生产等更深层次社会问题。

① 杨颖东、周志清、王占魁：《金沙遗址祭祀区出土铜器科技分析报告》，《金沙遗址祭祀区发掘报告》，待出版。

② 姚智辉、孙淑云、肖璘等：《成都市博物院几件院藏青铜兵器的分析研究》，《文物保护与考古科学》2005年第17卷第2期，第19页。

③ 姚智辉：《晚期巴蜀青铜器技术研究及兵器斑纹工艺探讨》，科学出版社，2006年，第44～48、50～82、153～159页。

④ 姚智辉、孙淑云、肖璘等：《巴蜀青铜兵器表面"虎斑纹"的考察、分析与研究》，《文物》2007年第2期。

⑤ 白玉龙、王宁、肖璘：《成都商业街船棺葬出土青铜器的初步检测分析》，《成都商业街船棺葬》，科学出版社，2009年，第171页。

⑥ Xiaoting Wang, Yingdong Yang, Tianyou Wang, et al., How can archaeological scientist integrate the typological and stylistic characteristics with scientific results: A case study on bronze spearheads unearthed from the Shuangyuan village, Chengdu city, Southwest China, *Current Analytical Chemistry*, Vol.17(2021), pp.1-10.

这种研究模式将逐渐成为趋势。

（4）彭州矿冶遗址及资源调查

古蜀时期古人会不会就近取材，进行采矿和冶炼获取铸铜原料？本着该学术目的，2016 年 3、12 月，成都文物考古研究所、四川大学历史文化学院、彭州市博物馆组成联合考古调查队，分两次在彭州龙门山镇宝山村一带进行了矿冶遗址实地调查，先后调查玉石沟、铜厂坡、铜厂湾、回龙沟、燕子洞等地点，发现玉矿带及晚期的铜矿洞，最有价值的是在回龙沟与燕子洞区域发现一处明确的冶炼遗址，其位于山谷的河岸边台地，面积约 400 平方米，有炼渣堆积，可能为炼铜炼铁使用，年代可能较晚，推测应为唐宋以后，未发现早期的遗迹和遗物。在彭州调查的目的是就近寻找古蜀时期冶铜原料及开采、冶炼痕迹，破解三星堆和金沙铸铜矿料的来源问题，提供考古学的实物证据。虽然未达到预期目的，但也算两次有意义的尝试和探索。由于 5·12 地震对地貌改变较大，加之农耕和农村房屋建设的破坏和覆盖，调查困难较大。该地区山体酥松，岩体滑坡塌方频发，矿冶考古常常需要钻进深山沟，人员安全是最大问题，鉴于此之后工作未继续开展，但是从学术的角度，很明显仍有继续探索的必要。

（杨颖东）

第二节　文物保护发展述略

一、不可移动文物保护

（一）政策保障和管理运行

不可移动文物包括具有历史、艺术、科学价值的古遗址、古墓葬、古建筑、石窟寺和石刻等；与重大历史事件、革命运动或者著名人物有关的及具有重要纪念意义、教育意义或者史料价值的近代现代重要史迹、代表性建筑等[①]。

成都地区不可移动文物的保护，始于 20 世纪 50 年代。20 世纪 50 年代，市政府陆续拨出专款对杜甫草堂、武侯祠、望江楼、人民公园辛亥秋保路死事纪念碑、昭觉寺、大慈寺、文殊院、青羊宫等著名的文物古迹进行了整修，并对外开放。这一阶段还开展了全市地面文物的普查登记、保护工作。

20 世纪 60 年代初至 70 年代中期，市地志博物馆撤销，各文博单位的文物征集、宣传和研究陷于停顿，许多重要文物古迹遭到破坏。

党的十一届三中全会以后，文博事业重新得到恢复和发展。1982 年国家颁布了《中华人民共和国文物保护法》，成都市被国务院批准公布为全国首批的 24 个历史文化名城之一。从此，成都市文博事业发生了根本性的变化。各级政府把文物保护、博物馆事业的建设纳入工作议程。成都市文物保护管理委员会也于 1982 年成立，在市政府的直接领导下，统一管理全市的文博工作，各区、县由一名区、县主要领导人主管这方面的工作。到 1986 年底，全市 17 个区、县成立了 13 个文物管理所。

20 世纪 90 年代，为了加强文物的保护管理，结合成都市的实际情况，《成都市文物保护管理

① 国家文物局：《不可移动文物认定导则（试行）》，2018 年。

条例》于 1993 年首次由四川省人大常委会批准实施。之后又于 1999、2006、2020 年多次修订批准，适用于成都市行政区域内的文物保护管理活动。

进入 21 世纪，我国文化遗产保护事业进入了新的发展阶段，国家制定了一系列促进文化遗产保护事业发展的法律、法规，包括 2003 年《文物保护法实施条例》《文物保护工程管理办法》及 2005 年的《文物保护法实施细则》、2006 年《世界文化遗产保护管理办法》等法律文件，《成都市文物保护管理条例》也于 2006 年通过了第二次修订。"十二五"期间，成都市从政策层面上加大了对大遗址的保护力度。2010 年，国家文物局与四川省人民政府签订了《共建大遗址保护成都片区框架协议书》，2013 年，成都市在全国率先颁布实施针对大遗址保护的综合性管理办法——《成都市大遗址保护管理办法》。"十三五"期间，成都市公布了《成都市历史建筑与文化街区保护条例》，修编了《成都市历史文化名城保护规划》和《成都市文物保护管理条例》。

2010 年底，成都市进行机构改革，成都市文物保护管理委员会办公室（成都市文化局文物处）更名为成都市文物管理办公室，并继续管理全市文物和博物馆事业，承担全市文物保护、考古等重大项目的指导和管理工作，以及文物考古和全市博物馆的审批工作；承办各级文物保护单位、历史文化名城（镇、村、街）及文化遗产保护规划、维修方案的审核报批工作，协调处理城市建设与文物保护事务；指导全市博物馆建设、科研、馆际交流及人才培训工作；负责组织馆藏及社会文物的鉴定工作；编制文物保护和考古发掘等事业经费预算；监督管理文物商品市场，开展文物安全督察工作，配合公安部门查处文物违法犯罪活动。

2020 年，成都市在 20 个区（市）县共设立文物管理局 2 个（即都江堰市文物局、邛崃市文物管理局）、文物保护管理所 15 个（即温江区、青羊区、金牛区、龙泉驿区、新都区、新津区、蒲江县、青白江区、郫都区、崇州市、彭州市、简阳市、金堂县、大邑县、双流区文物保护管理所）、文化文物科 3 个（即武侯区文化体育旅游局文化文物科、成华区文化体育和旅游局文化文物科、锦江区文化广播电视和新闻出版局文化科）。

（二）文物普查和文物保护单位名录

成都市历史上进行过三次不可移动文物的普查工作，第一次是在 20 世纪 50 年代，全市进行了地面文物的普查登记、保护工作。第二次是在 20 世纪 80 年代又进行了较深入的普查工作，当时按照《中华人民共和国文物保护法》的要求，对其中有较高历史、艺术、科学价值的则公布为各级文物保护单位，并按照"四有"的要求，竖立了保护标志，确定专人管理，划定了保护范围，建立了资料档案。

第三次不可移动文物普查工作启动于 2007 年 7 月，按照国务院、四川省人民政府的要求，成都市于 2007 年 11 月成立第三次全国文物普查领导小组，组建成都市文物普查工作队，编制了《成都市第三次全国文物普查实施方案》，全面启动第三次全国文物普查工作。2008 年虽然经历了 5·12 汶川地震，但一线普查工作者仍克服重重困难，按照计划进行实地文物调查工作。本次普查，成都市各区（市）县 21 个文物普查工作队（组）共调查了 20 个区（市）县域内的 315 个乡镇（街道办事处）、3223 个行政村（社区），调查镇村覆盖率达 100%。截至 2010 年 10 月 27 日，成都市普查文物点总计 9371 处（其中新发现 6795 处、复查 1464 处、消失 1112 处），调查发现总量位居四川省之首；在尚存的文物点中共包括古遗址 766 处、古墓葬 2884 处、古建筑 2390 处、石窟寺及石刻 304 处、近现代重要史迹及代表性建筑 1823 处、其他类文物点 92 处。

2011 年，成都市的普查数据顺利通过国家文物局第三次全国文物普查办公室验收，文物普查工作全面完成。通过文物普查,成都市摸清了不可移动文物的家底,掌握了历史文化遗产资源的现状和基础信息,加强了地方文物保护管理机构建设,培养了一大批基层专业人员,进一步巩固了成都文物大市的地位,极大地提高了成都市文化遗产保护的社会关注度和吸引力,为成都市文化遗产事业大发展大繁荣创造了更为有利的基础条件。

在普查工作中,成都市不可移动文物调查总量共计 7413 处,位居全省首位,不仅包含传统意义上的文化类型,还囊括文化线路、近现代重要史迹及代表性建筑、工业遗产、农业遗产、乡土建筑等文化遗产新类型,完整地展示了 4000 多年来成都市的发展年轮,是广大民众对城市尊严、乡土情感、历史厚度进行认识与再认识的最为重要的实物资源。在完成普查数据报送后,成都市第三次全国文物普查领导小组办公室积极组织人员,编辑出版《成都市第三次全国文物普查重要新发现》[①],在全省率先建立基于地理信息系统平台的不可移动文物数据库系统,进一步突出和展示成都市"三普"的丰硕成果,为全面完成第三次全国文物普查工作画上圆满句号。

根据《中华人民共和国文物保护法》,各类不可移动文物,根据它们的历史、艺术、科学价值,可以分别确定为国家级、省级或市(县)级文物保护单位。不可移动文物所在地的文物管理部门负责本区域内文物保护单位的申报和管理。

从 20 世纪 60 年代至今,全国陆续公布过八批全国重点文物保护单位,截至 2020 年,成都市的全国重点文物保护单位共计 41 处,按批次分述如下。

第一批:王建墓、武侯祠、杜甫草堂,公布时间 1961 年。

第二批:都江堰,公布时间 1982 年。

第三批:辛亥秋保路死事纪念碑、十方堂邛窑遗址,公布时间 1988 年。

第四批:明蜀王陵、杨升庵祠及桂湖、大邑刘氏庄园,公布时间 1996 年。

第五批:成都水井街酒坊遗址、成都十二桥遗址、成都古蜀船棺合葬墓、新都宝光寺、成都平原史前城址、邛崃石塔寺石塔、崇州罨画池、新津观音寺,公布时间 2001 年。

第六批:金沙遗址、望江楼古建筑群、孟知祥墓、洛带会馆建筑群(含广东、江西、湖广、川北会馆)、领报修院、彭州佛塔、邛崃石窟、淮口瑞光塔、蒲江石窟、圣德寺塔,公布时间 2006 年。

第七批:江南馆街街坊遗址、平安桥天主教堂、四川大学早期建筑、北周文王碑及摩崖造像、寿安陈家大院、玉堂窑址、灵岩寺及千佛塔、灌口城隍庙、奎光塔、青城山古建筑群、茶马古道(都江堰段、邛崃段、蒲江段)、新场川王宫,公布时间 2013 年。

第八批:龙藏寺、高山古城遗址(大邑),公布时间 2019 年。

20 世纪 60 年代至 2020 年,四川省公布了九批省级文物保护单位,其中成都市的四川省文物保护单位共计 110 处,其中古建筑 53 处,近现代重要史迹及代表性建筑 32 处,石窟寺及石刻 10 处,古遗址 7 处,古墓葬 5 处,其他 2 处,革命文物 1 处。

截至 2020 年,成都市公布了六批市级文物保护单位,共计 129 处,其中古建筑 49 处,近现代重要史迹及代表性建筑 40 处,石窟寺及石刻 11 处,古遗址 17 处,古墓葬 8 处,其他 4 处。

此外,在成都市行政区域内尚未公布为文物保护单位的具有一定保护价值、能够反映历史风貌和地方特色的建筑物、构筑物,由市政府公布为文物建筑或历史建筑。成都市先后公布了一批文物建筑、八批历史建筑及两批近现代优秀建筑。部分较为有价值的建筑如邱家祠、华西协合大学校长

---

① 成都市文物局编:《成都市第三次全国文物普查重要新发现》,四川美术出版社,2011 年。

楼、恩光堂等同时也是市级文物保护单位。

（三）文物保护单位的保护与修复

根据文物保护法规条例，文物管理部门一方面要为文物保护单位完善"四有"工作（即划定必要的保护范围、作出标志说明、建立记录档案、设置专门机构或指定专人负责管理），另一方面还要对不可移动文物实施本体的保护和修复。

成都市在20世纪50年代修复并开放了一批著名的文物古迹，包括了杜甫草堂、武侯祠、望江楼、昭觉寺、大慈寺、文殊院、青羊宫等。20世纪六七十年代，文物保护工作趋于全面停滞。

从20世纪80年代开始，保护修复工作重启，武侯祠、杜甫草堂和王建墓作为重点保护单位，除古建筑修缮外，保护工作还包括了环境的提升、陈列展示的布置和配套服务设施的完善。在这一时期里，武侯祠内整修了听鹂苑、刘备殿、照壁和盆景小院；对刘备墓进行了整治，修筑了护墓保坎，落架维修墓前门厅古建筑，陵墓前道路两侧新安置了翁仲、石兽等石刻，重新绿化了环境；改建了三国历史文化陈列馆，对三顾园进行了内部装修改造。这一阶段的杜甫草堂也逐年进行了若干维修和改造：维修了西厢房、杜甫草堂陈列室、观堂、清代拱桥、第一陈列室和草堂寺天王殿；新建了展示杜甫流寓成都时生活环境的茅屋景区、杜甫草堂北大门游览区及北大门综合文化服务设施，并与派出所、办事处共同加强对杜甫草堂周边环境的整治和维护工作。王建墓在这一阶段对墓冢进行了维修，新建了仿五代古建筑"蜀永楼"作为陈列展厅，并修建了门厅和综合服务设施。

1997年，成都市委市政府对杜甫草堂、武侯祠、王建墓、明蜀王陵4个国家重点文物保护单位提出了"一年一个样，三年大变样"的要求。从1997年到2000年的三年时间里，武侯祠博物馆修建了蜀汉书画盆景艺术中心，完成了三义庙搬迁重建，建设了古戏楼、盆景奇石馆和新园林，规划了内容丰富的"锦里一条街"；杜甫草堂博物馆维修了南大门、天王殿、水竹居、恰受航轩、杜诗艺术殿堂和大雄宝殿，进行大规模园林整治，抢救保护古树名木，提升周边生态环境保护；王建墓于1998年更名为永陵博物馆。

除了上述国家重点文物保护单位的保护和修复之外，从20世纪80年代至2000年，成都市陆续对都江堰二王庙、崇州文庙和陆游祠、成都隋唐窑址、龙泉驿区北周文王碑和成都明蜀王陵、新津黄鹤楼、新津纯阳观忠孝二亭、大邑地主庄园陈列馆、鼓楼南街清真寺、新都桂湖古城墙、邛崃十方堂窑址、新津纯阳观厢房、龙泉驿区石经寺大殿、邛崃石笋山唐代摩崖造像、邛崃回澜塔、李劼人故居等文物保护单位进行了维修。此外，还配合市政府的府南河整治工程，在沿岸进行了全面文物普查，对其中29处文物点进行了勘查测绘，提出了保护利用的方案，完成了万里桥、九眼桥的测绘和异地搬迁保护。

2000年开始至2008年5·12地震前，成都市的文物保护工程继续稳步推进，完成的项目有：明蜀定王次妃墓、刘湘墓园建筑群、新津观音寺、青白江区彭大将军专祠、邛崃回澜塔和明代石牌坊、金堂关圣宫、龙泉驿区唯仁山庄、锦江区青莲上街古城墙等的保护维修工程；都江堰奎光塔、新津观音寺、双流卧云寺、郫县望丛祠、金堂禹宫、明蜀王陵、新都桂湖古建筑群等的文物抢险保护工程；都江堰宋瓷窑址搬迁保护工程、成汉墓复原保护工程及青城山古建筑群安防系统改造等项目。除保护工程外，保护规划的编制、评审和公布也是工作一大重点。2000～2008年，成都市先后完成了直属文博单位"十五"期间文物保护维修规划，以及多处重要文物古迹的保护规划，包括新津观音寺、新都宝光寺、崇州罨画池、邛崃石塔寺、金沙遗址、武侯祠、杜甫草堂、永陵、明蜀王陵墓群、杨升庵祠及桂湖、成都水井街酒坊遗址、邛窑遗址、邛崃龙兴寺遗址、邛崃石窟、蒲江石窟等国家级、省级文物保护单位。

2008年，受5·12汶川大地震影响，成都市不可移动文物损毁严重，共计187处各级文物保护单位受损，其中世界文化遗产1处、全国重点文物保护单位20处、省级文物保护单位49处、市级文物保护单位32处、区（市）县级文物保护单位85处不同程度受损；都江堰市、彭州市、崇州市、大邑县四个地区受灾情况最为严重。中央和地方政府高度重视文物的灾后修复、重建工作，中央财政拨付了抢救修复资金，四个极重灾区被纳入对口援建项目，国家文物局确定了一批重点文物保护单位灾后重建对口技术援建单位。世界文化遗产地都江堰二王庙、伏龙观古建筑群在国家文物局和四川省文物局的直接帮助下进展迅速，省、市级财政也对各级文物保护单位投入灾后重建资金，文物恢复重建工作有力、有序、有效开展。

2008年，伏龙观、二王庙的灾后现场清理工作完成，抢救维修灾后重建工程启动；新津观音寺保护维修工程第一标段的古建维修工程通过验收，第二标段壁画、泥塑、石刻彩绘病害治理工程基本完成；市级文物保护单位崇州街子镇字库塔抢救维修工程启动实施；县级文物保护单位范家祠的抢救维修工程竣工。

2009年，伏龙观古建筑修复工程于11月28日举行竣工仪式；二王庙场地加固工程于11月30日竣工；上海援建的青城山天师洞黄帝殿竣工并对外开放；全国重点文物保护单位宝光寺，四川省级文物保护单位双流金华庵、双流三县衙门、温江陈家桅杆、都江堰奎光塔、蒲江文庙大成殿、四川大学文物建筑群，成都市级文物保护单位崇州朝阳村字库、邛崃兴贤塔，区（市）县级文物保护单位成华区范家祠、客家碉楼11处灾后重建抢救保护维修工程竣工。

2010年，伏龙观于1月30日正式对外开放。彭州市的领报修院滑坡体防治及地基处理与基础加固工程与法藏寺维修工程于6月开工，云居院塔临时紧急支扶工作已完成；崇州市的罨画池、杨遇春宫保府已分别于7月和8月进场施工；大邑县的赵子龙祠墓完成招、投标工作进场施工。二王庙古建筑群区域内的文物本体维修于9月30日全面完成，11月18日举行文物本体维修竣工典礼。奎光塔加固维修工程通过四川省文物局验收。市级文物保护单位邛崃兴贤塔，金堂大成殿、正心堂、土桥南华宫，龙泉驿燃灯寺，温江鱼凫王墓，郫县文庙，蒲江龙泉寺摩崖造像8处市级文物灾后抢救保护修复项目完工。

2011年，截至4月底，四川、甘肃、陕西三省列入国家《汶川地震灾后恢复重建公共服务设施建设专项规划》的294个灾后文化遗产抢救保护项目中，完成项目237项，完成率为80.6%；完成投资额为23.09亿元，占国家核定资金的87%，基本完成了中央提出的"用三年左右时间完成恢复重建的主要任务"的目标。5月，全国文物系统5·12汶川特大地震灾后抢救保护工作总结大会在成都召开。为表彰在汶川地震灾后文物抢救保护工作中做出突出贡献的先进集体和先进个人，弘扬抗震救灾精神，国家文物局授予四川省成都市文物局等43个单位"文物系统汶川地震灾后文物抢救保护工作先进集体"荣誉称号，授予樊拓宇等49人"文物系统汶川地震灾后文物抢救保护工作先进个人"荣誉称号。

（四）大遗址保护

"十二五"和"十三五"期间，大遗址保护成为成都不可移动保护工作的重要组成部分。大遗址保护工作启动于2010年末，2010年11月17日，国家文物局局长单霁翔和四川省人民政府省长蒋巨峰签署共建大遗址保护成都片区框架协议。2011年，大遗址保护成都片区被纳入国家文物博物馆事业发展"十二五"规划。

大遗址保护成都片区在成都市范围内的遗址群包括以下六类，共计 24 处遗址，如下。

（1）成都平原史前城址群：新津宝墩遗址、郫县古城遗址、温江鱼凫村遗址、都江堰芒城遗址、崇州双河遗址、崇州紫竹遗址、大邑盐店古城遗址、大邑高山古城遗址。

（2）古蜀文化遗址群：成都十二桥遗址、成都金沙遗址、成都古蜀船棺合葬墓。

（3）宋元遗址群：金堂怀安军遗址、金堂云顶山遗址。

（4）古窑址群：青羊区青羊宫窑址、邛崃瓦窑山窑址、邛崃十方堂邛窑遗址、都江堰玉堂窑址、彭州磁峰窑址。

（5）大型墓葬群：青羊区王建墓、金牛区朱悦燫墓、金牛区孟知祥墓、双流黄龙溪明代墓群，以及分布在金牛区、成华区、锦江区和龙泉驿区的明蜀王陵。

（6）酒坊遗址：锦江区水井街酒坊遗址。

按照《共建大遗址保护成都片区框架协议书》要求，国家文物局和四川省人民政府确定在2011～2015 年努力建成以"成都片区"为中心、辐射西南的大遗址保护示范区和长江上游生态文化旅游中心的共建目标，为此将重点做好三个方面工作的合作：一是加强成都金沙遗址和广汉三星堆遗址等大遗址的考古、保护、展示、利用，推动"古蜀文化遗址"联合申报世界文化遗产的前期工作；二是加快推进三星堆遗址和金沙遗址等大遗址考古资料整理基地、文物保护修复研究中心、重点实验室等项目的建设；三是优先支持四川省承办文化遗产日主场城市活动和大遗址高峰论坛，宣传四川文化遗产保护成果和经验。

在机构建设方面，国家文物局与四川省人民政府于 2011 年 12 月共同成立"大遗址保护成都片区共建合作委员会"；为加快推进大遗址保护成都片区各项工作，成都市文物局率先成立大遗址保护推进工作办公室，并发文要求涉及该项目工作的各区（市）县文化（文物）行政主管部门和相关单位积极配合市大遗址保护推进工作办公室科学、规范、有序地推动大遗址保护成都片区项目，做好机构设置、人员配备、资料收集整理等前期相关准备。2012 年 8 月，成都市成立了以市长任组长、分管副市长任常务副组长，市政府副秘书长、市文化局（市文物局）局长任副组长的成都市大遗址保护工作协调小组，市级有关部门为领导小组成员单位。协调小组办公室设在市文化局（市文物局）。

在法律法规建设方面，成都市政府将制定大遗址保护管理办法列入 2011 年政府工作目标；成都市文物局积极调研，认真谋划，2012 年成都市文化局（成都市文物局）制定完成草拟稿，会同成都市人民政府法制办公室认真调查、研究，征求相关部门意见，协调论证，多次修改，形成成熟、完善的送审稿。2013 年 5 月，经成都市政府常务会通过，成都市在全国率先颁布施行针对大遗址保护的综合性管理办法——《成都市大遗址保护管理办法》，将全市 24 处遗址纳入成都片区大遗址保护名录。根据《成都市大遗址保护管理办法》，成都市文物行政管理部门是成都市大遗址保护管理工作的主管部门，区（市）县人民政府负责本行政区域内市大遗址的保护工作，区（市）县文物行政管理部门对本行政区域内的市大遗址保护实施监督管理工作。

在经费保障方面，根据《成都市大遗址保护管理办法》规定，成都市人民政府将市大遗址保护经费纳入成都市财政年度预算，并按规定及时拨付，用于市大遗址保护和管理体系建设。自 2011年以来，成都市累计申请国家大遗址保护相关经费 1.3 亿余元，以开展大遗址保护培训、调查、成果编纂等相关基础工作，科学规范有序地推进大遗址保护各项工作。

在规划编制方面，成都市结合《成都市城市总体规划》《成都市历史文化名城保护规划》等规划内容，积极推进大遗址成都片区总体规划及多项遗址专项保护规划和环境整治方案编制工作。2016 年，《大遗址保护成都片区总体规划》报国家文物局评审，2017 年通过评审，由四川省文物局指导规划编制单位，根据修改意见对规划做进一步修改和完善。其他遗址专项保护规划也在"十二五"和"十三五"期间陆续编制完成，并陆续通过评审，2010年4月，《王建墓保护规划》《水井街酒坊遗址保护规划》经四川省人民政府公布实施；2020年4月，《成都平原史前城址——郫县古城遗址保护规划》《成都平原史前城址——宝墩遗址保护规划》《什邡堂邛窑遗址保护规划》经四川省人民政府公布实施；截至2020年，《金沙遗址保护规划（修编）》《孟知祥墓保护规划》《朱悦燫墓保护规划》已通过国家文物局审批，《明蜀王陵保护规划》已编制完成。2016年，《邛窑遗址保护规划》荣获首届中国考古学大会"金尊奖"。这一系列专项保护规划提高了成都市大遗址保护管理水平，促进大遗址更好地与地方经济发展相结合、与城乡建设相结合、与改善环境相结合，充分发挥大遗址保护惠及民生的积极作用。

在遗址公园建设方面，成都市投入3.98亿元专项建设资金建成金沙遗址博物馆，博物馆有遗迹馆、陈列馆、文物保护中心、园林区，总占地面积约30公顷，于2007年正式开馆运行。2010年，金沙遗址考古公园进入我国第一批国家考古遗址公园名单。"十二五"和"十三五"期间，成都市积极推进邛窑遗址考古公园的建设工作。2011年，根据《邛窑什邡堂遗址防护加固工程设计方案》，完成邛窑遗址河堤加固工程；2012年，开展一号窑包龙窑遗址、作坊遗址保护展示大棚项目周边环境整治、绿化、游览交通线路规划；2013~2014年，开展了居民搬迁、环境整治、文物本体加固等工作，《邛窑遗址一号窑包保护展示工程设计方案》通过国家文物局的评审；2015~2017年，完成邛窑遗址周边区域考古发掘工作，积极推进邛窑遗址考古公园建设工作，2017年邛窑遗址公园进入全国第三批国家考古遗址公园立项名单。2018年5月18日，邛窑考古遗址公园正式对外开放。在其他遗址的保护工作方面，成都市开展了成都古蜀船棺遗址出土大型船棺、漆木器脱水防护保护和技术性修复，完善了金沙遗址及金沙遗址博物馆的安全防护和展示服务设施、文物保护中心建设，在宝墩遗址范围内启动"拆院并院"项目，将遗址保护区内宝墩村、双石村拆迁后村民集中安置在万街新型社区，并在宝墩遗址建成了考古工作站。

在大遗址的考古调查、勘探、测绘方面，制定了成都市大遗址考古工作计划，对成都市辖区内大遗址进行了全面的调查勘探，同时结合多学科综合研究，辅以有针对性的、带有课题性质的小规模发掘。完成了宝墩遗址内城区域的大面积勘探，对城墙东北缺口处进行发掘，取得较为重要发现。继续在金沙遗址文物保护区域和遗迹可能分布区进行文物勘探工作，发现了新的商周时期遗存，完成了一批金沙遗址出土文物的修复、绘图和摄像工作。对各大遗址进行了地形图测绘，开展基础数据采集和加工工作，为大遗址数字化管理、展示和利用提供了基础数据支撑。

在大遗址的学术研究和交流方面，成都文物考古研究院成功申请国家社会科学基金重大项目"金沙遗址祭祀区考古发掘研究报告"；参加了国家文物局行业标准《不可移动文物分类》的编制工作；参与国家社会科学基金西部项目"成都平原先秦时期人口与社会、环境、资源研究"，完成国家文物局重大招标课题"金沙祭祀区出土铜器成分及金相研究报告"；先后在国家、省级、市级刊物上发表有关宝墩遗址和金沙遗址的研究论文和简报10余篇。支持召开"中国古都学研究高峰论坛"和"中国古都学会第七届会员代表大会暨成都古都文化学术研讨会"，协助中国考古学会、四川省文物考古研究院举办第二届中国考古学大会。

在公众宣传展览方面，金沙遗址博物馆在"文化和自然遗产日"举办"考古成都——新世纪成都地区考古成果展"，完成展品的保护修复、布置和宣传工作，展览期间同时举办了系列公共学术讲座；举办"金色记忆——中国14世纪前出土金器特展"。成都博物馆为讲述"国之重器"青铜背后的故事，举办"秦蜀之路青铜文明展"，并安排公共讲座免费向公众开放。

在申报世界遗产方面，成都文物考古研究院配合四川省蜀道世界自然与文化遗产申报工作领导小组办公室、成都市城乡建设委员会世界遗产管理办公室推进蜀道遗产申报工作；成都金沙遗址、古蜀船棺合葬墓与广汉三星堆遗址作为古蜀国重要遗存列入《中国世界文化遗产预备名单》。成都市文物局通过申遗工作，开展遗产调研，编制申遗文本，进行周边环境整治，进一步推动了成都片区大遗址的保护管理工作，使大遗址保护工作再上新台阶。

（陈晓宁　余书敏）

二、可移动文物保护发展述略

学术界一般将 20 世纪 20 年代初安特生在河南渑池仰韶村遗址的调查、采集和发掘活动作为我国科学考古的开端，作为其主要助手的白万玉从仰韶村开始，通过参与众多中国考古学史上著名的学术活动，见证了中国考古学的起步与初期发展①。中华人民共和国成立后，白万玉与夏鼐、苏秉琦、宿白、裴文中等业内知名学者一起，为被誉为新中国考古"黄埔四期"的全国考古工作人员培训班讲授课程，并配合《考古学基础》一书，撰写了"器物的整理和修复"部分②。由此可见，出土文物保护修复一直是现代考古学的重要组成部分。

中国考古学发展至今，伴随着数以千万计的重要考古发现，一部部考古发掘报告和研究专著陆续面世，一本本考古学家的文集和传记接踵出版，可以说这些成果都是在出土文物保护与修复的基础上获得的。此外，通过对出土文物的精细清理、科学提取及有效保护与精心修复，得以确立的重大考古发现更是不胜枚举。因此，针对出土文物保护与修复技术的研究、发展与应用，对于考古学科的健康发展起着举足轻重的作用。

出土文物保护修复工作的开展离不开相关专业技术人员的配备和业务机构的设置，根据专业技术人员的有无及业务机构的建制化与规模化，可以将成都地区出土文物保护与修复工作的发展分为以下三个阶段。

（一）第一阶段：1995 年以前

1973 年，成都市文物管理处（成都市文物考古工作队的前身）组建之前，成都地区的考古发掘工作主要由原西南博物院、四川省文物管理委员会和四川省博物馆等机构负责，相应的出土文物保护与修复工作也主要由上述单位承担。

1953 年，四川省博物馆设立文物保护修复技术室，由传统工匠黄茂林主持青铜器修复工作③。20 世纪 50～80 年代初，在成都地区的墓葬和窖藏中陆续出土了一批西周至战国秦汉时期的青铜器，其中较为重要的青铜器窖藏和墓葬有彭县竹瓦街西周早期窖藏④、成都百花潭战国墓⑤、新都马家

---

① 陈星灿：《安特生与中国史前考古学的早期研究——为纪念仰韶文化发现七十周年而作》，《华夏考古》1991 年第 4 期。

② 白万玉：《器物的整理和修复》，《考古学基础》，科学出版社，1958 年，第 373～384 页。

③ 谢振斌、王冲：《薪火相传——四川省文物考古研究院文物保护修复六十年》，《四川文物》2013 年第 3 期。

④ 王家祐：《记四川彭县竹瓦街出土的铜器》，《文物》1961 年第 11 期；四川省博物馆、新都县文物管理所：《四川彭县西周窖藏铜器》，《文物》1981 年第 6 期。

⑤ 四川省博物馆：《成都百花潭中学十号墓发掘记》，《文物》1976 年第 3 期。

九联墩战国木椁墓[①]等，四川省博物馆主要采用传统修复技法对部分出土青铜器进行了修复。

1964年，四川省博物馆接收大学化学专业毕业生马家郁、曾中懋到技术室工作，后又调入黄维贤，组建起文物保护化学实验室，为四川省文物保护与修复技术的科学化奠定了基础[②]。此后，曾中懋利用现代分析仪器，分别对新都战国木椁墓腰坑埋藏环境[③]、椁板颜料[④]、铜戈表面圆斑纹制作工艺[⑤]及成都罗家碾、新都马家九联墩、成都枣子巷等地出土巴蜀铜器表面成分[⑥]进行了检测。

成都市文物管理处组建后，逐步开始独立负责成都地区的考古发掘工作。1984年，成都市文物管理处并入新成立的成都市博物馆。1985年，成都市博物馆考古队与四川省文物管理委员会、四川省文物考古研究所联合对十二桥商周建筑遗址进行考古发掘，面对大面积的出土饱水木构件，技术人员在发掘现场采用聚乙二醇和丙三醇（甘油）进行喷淋保湿等技术保护措施[⑦]，暂时延缓了木构件失水变形，取得了一定成效。1992年，成都市博物馆考古队独立，成立成都市文物考古工作队，出土文物保护与修复相关专业技术人员的配备与相应业务机构的设置也随之提上日程。

（二）第二阶段：1995～2012年

1995年，成都市文物考古工作队从中国科学院成都分院调入四川大学化学系分析化学专业毕业的肖璘同志，组建化保室，开启了成都地区出土文物保护与修复业务机构的建制化进程。经过较短时间的准备，1997年10月～1998年1月，化保室技术人员配合郫县古城乡汉墓发掘与整理，开展了出土钱币化学除锈等技术处理工作[⑧]。

1998～1999年，化保室技术人员在国内率先开展了古墓中的有害物质及其防护措施[⑨]的理论探讨。同时，为配合明蜀定王次妃王氏墓发掘，邀请四川省环保监测中心对墓室内气体和墓底淤土中有害物质进行检测，根据检测结果，在开启墓门前，做好了相应的准备工作；墓门开启后，采用墓内大面积施撒硫黄粉等方法降低空气中汞的浓度，为古墓中有害物质研究获得了第一手资料[⑩]。

1999～2000年，化保室技术人员在承担"微生物对永陵（王建墓）地宫石刻文物腐蚀原因及治理的研究"课题（国家文物局文化遗产保护科学和技术研究课题）的过程中，对文物保护中的环境问题[⑪]进行了初步思考。之后，对永陵（王建墓）地宫风化石刻局部进行了有害生物采样、分离培养及类群鉴定工作，确定造成石质文物风化的主要有害生物类群，并提出有害生物治理的重点应放在自养生物（即各种藻类）上，针对自养生物生长、繁殖需要光照、水分及其他营养物质（二氧化碳、无机盐），可通过调节地宫内的光照强度，降低空气中水分含量等治理措施来抑制其生长、繁殖；通过将原安装的日光灯改成低照度的白炽灯，加装抽湿机、定期清除鼠粪等有机污染源等一

① 四川省博物馆、新都县文物管理所：《四川新都战国木椁墓》，《文物》1981年第6期。
② 谢振斌、王冲：《薪火相传——四川省文物考古研究院文物保护修复六十年》，《四川文物》2013年第3期。
③ 曾中懋：《试探新都战国墓出土青铜器不锈之原因》，《考古与文物》1982年第3期。
④ 曾中懋：《四川新都战国墓椁板颜料鉴定》，《考古与文物》1983年第6期。
⑤ 曾中懋：《鎏锡——铜戈上圆斑纹的制作工艺》，《四川文物》1989年第6期。
⑥ 曾中懋：《出土巴蜀铜器成份的分析》，《四川文物》1992年第3期。
⑦ 魏绍蔺、武晓勤：《成都十二桥遗址在考古发掘现场的保护技术措施》，《成都文物》1989年第3期。
⑧ 成都市文物考古研究所、郫县博物馆：《四川郫县古城乡汉墓》，《考古》2004年第1期。
⑨ 萧璘：《古墓中的有害物质及其防护措施》，《四川文物》1998年第5期。
⑩ 肖璘：《成都市琉璃乡明蜀定王次妃墓内空气质量及汞的测试与防护》，《四川文物》1999年第6期。
⑪ 肖璘：《略述环境与文物保护》，《四川文物》1999年第3期。

系列措施，使永陵（王建墓）地宫内的湿度得到控制，相对湿度降低并基本达到恒定，有害生物种类明显减少[①]。

2000～2007年，伴随着商业街船棺葬的发掘与原址保护及金沙遗址的发现、持续发掘与博物馆建设，多位西北大学文物保护技术专业毕业生先后进入化保室（后更名为文物保护与修复中心）工作，出土文物保护与修复技术团队初见雏形。这期间，针对出土饱水竹木漆器类文物和出土象牙及骨角质文物，相关技术人员锐意进取、开拓创新，逐步形成了极具地方特色的专业技术优势。

商业街船棺葬出土棺木是迄今为止世界上体量最大的出土饱水木构件，古蜀船棺合葬墓（商业街船棺葬）经国务院批准公布为国家重点文物保护单位后，按要求对棺木原址保护。相关技术人员通过细致的调研，充分借鉴瑞典瓦萨号沉船（The 'Vasa'）的保护经验，在进行了棺木树种、绝对含水率等必要分析检测的基础上，制定了以低分子量聚乙二醇喷淋保湿配合硼化物防腐的临时保护方案，有效控制了重度糟朽、极高含水率的木质文物在大气环境中的失水变形[②]。同时，通过参与"遗址大型饱水木构件原址保护技术研究"课题（"十五"国家科技攻关计划课题），针对遗址大型饱水木构件原址保护中极易爆发的微生物病害，通过对遗址现场及棺木、枕木上微生物样品的采集、培养、分离、鉴定，确定了棺木及土壤中的有害微生物种类，并通过抑菌试验，与常用杀菌剂在遗址现场及棺木表面的杀菌效果进行了对比[③]。此外，积极探索出土饱水木构件脱水保护技术，与湖北省博物馆合作研发的"采用PEG（聚乙二醇）复合液脱水加固定型出土饱水木构件"，荣获2005年度湖北省科技进步三等奖；与日本京都造型艺术大学、日本吉田生物研究所合作，采用甲醇（或乙醇）置换脱水、高级醇渗透加固，成功对金沙遗址出土木耜进行了脱水保护[④]。

1986年，三星堆"祭祀坑"的数十根象牙在出土后不到一年的时间里，绝大部分彻底粉化[⑤]。如何避免金沙遗址祭祀区（梅苑地点）出土的上千根象牙发生类似的情况，成为相关技术人员迫切需要解决的问题。为寻找一种切合可行、安全可靠的出土象牙、骨角质文物现场加固保护方法，技术人员通过渗透加固试验，对几种常用加固材料在象牙等样品上的应用效果进行对比，筛选出效果相对较好的聚乙烯醇缩丁醛加固剂，在考古发掘现场起到了临时加固效果[⑥]。由于现有材料均无法有效解决象牙本体加固问题，技术人员决定转变思路，从环境调控入手，通过创造与象牙埋藏环境近似的保存环境，实现临时封存保护。与中蓝晨光化工研究设计院有限公司（国家有机硅工程技术研究中心）合作，通过联合承担"有机硅材料用于成都金沙遗址出土象牙及象牙器封存保护的研究"课题（国家文物局文化遗产保护科学和技术研究课题），根据对象牙的成分分析和脱水试验研究，选择用改性的有机硅材料把象牙嵌封保存起来，可以减缓象牙的失水速度，又不影响直接观看，是

① 肖磷、赵振镶：《永陵地宫石刻风化原因研究及治理初报》，《成都考古发现》（1999），科学出版社，2001年，第315～317页。

② 王毅、肖璘、白玉龙：《成都商业街大型船棺葬棺木及枕木的保护工作初报》，《成都考古发现》（2000），科学出版社，2002年，第137～141页。

③ 赵振镶、肖璘、孙杰：《成都商业街船棺、独木棺遗址微生物研究》，《中国文物保护技术协会第四次学术年会论文集》，科学出版社，2007年，第381～393页。

④ 肖璘、白玉龙、孙杰等：《金沙遗址出土木耜的修复》，《文物修复研究》（4），民族出版社，2007年，第214～218页。

⑤ 黄维贤：《丙烯酸树脂在三星堆出土象牙保护中的应用》，《四川文物》1991年第1期。

⑥ 肖璘、孙杰：《金沙遗址出土象牙、骨角质文物现场临时保护研究》，《文物保护与考古科学》2002年第2期。

一种相对安全有效的临时性保护方法[1]。2004 年，"有机硅材料用于金沙遗址出土象牙器的封存保护"入选中华人民共和国成立五十五周年文物科学和技术成果；经有机硅封存保护的金沙遗址出土象牙，参加了在中华世纪坛举办的"历史文化遗产保护科学和技术成果展"。此外，技术人员还与成都理工大学合作，通过联合承担"文物保护关键技术研究"项目（"十五"国家科技攻关计划项目），对出土象牙的赋存环境[2]、物相及结晶特征[3] 等进行了分析；与西安交通大学等机构合作，采用金属配合物溶胶对出土象牙本体加固进行了探索性研究[4]；在中国社会科学院考古研究所王振江先生的指导下，运用现代修复理念，结合传统修复技艺对金沙遗址出土卜甲进行了修复[5]。

伴随着商业街船棺葬与金沙遗址的发掘与保护，文物保护与修复中心除了逐渐形成出土饱水竹木漆器类文物保护和出土象牙及骨角质文物保护两大特色与优势研究领域外，部分技术人员通过持续参与田野考古发掘，有力提升了出土文物的精细清理与科学提取技术水平，与考古紧密联系的发掘现场文物保护工作理念进一步成为全单位的共识。

此外，面对成都平原先秦时期独具特色的古蜀青铜器，技术人员有意识地开展了古代金属技术研究及出土金属器保护修复实践，先后对彭州出土窖藏银器的锈蚀物[6]、金沙遗址出土金属器（包括金器和铜器两类）的合金成分和制作工艺[7]、金沙遗址出土铜条和方孔形器表面锈层膜的元素及其化学状态[8]、商业街船棺葬出土青铜器表面成分[9] 进行了科技分析。特别是肖璘、白玉龙与北京科技大学冶金与材料史研究所合作，通过联合承担"巴蜀带斑纹青铜兵器的锈蚀机理及表面工艺研究"课题（国家文物局文化遗产保护科学和技术研究课题），采用金相显微镜、扫描电子显微镜及 X 射线能谱、X 射线衍射等技术手段，对成都平原及峡江流域 10 余处遗址出土的 100 余件器物进行了截面或表面成分及金相、矿相研究，并通过宏观观察、微观形貌分析及模拟试验等方法，对巴蜀兵器上独具特色的虎斑纹进行了工艺上的探讨，进一步证明了在春秋战国时期巴蜀青铜文化已形成了自己的特色，达到了其成熟与鼎盛时期，巴蜀文化虽然受到外来文化的一定影响，但不同于周边文化的自身发展仍是其主流，而表面斑纹则可能是热镀锡及镀锡后退火处理形成的[10]；并对带斑纹兵器

① 肖璘、白玉龙、孙杰：《金沙遗址出土古象牙的现场清理加固保护》，《文物保护与考古科学》2004 年第 3 期。

② 旦辉、汪灵、叶巧明等：《成都金沙出土古象牙赋存环境研究》，《成都理工大学学报》（自然科学版）2006 年第 5 期。

③ 樊华、汪灵、邓苗等：《三星堆及金沙出土古象牙的物相及其结晶特征》，《硅酸盐学报》2006 年第 6 期。

④ 陈家昌、柴东朗、周敬恩等：《金属配合物溶胶对金沙遗址出土潮湿古象牙加固的研究》，《材料导报》2010 年第 20 期。

⑤ 孙杰：《金沙遗址出土卜甲的修复》，《文物保护与考古科学》2013 年第 1 期。

⑥ 肖璘、白玉龙：《彭州出土窖藏银器的锈蚀物分析和保护方法浅谈》，《四川彭州宋代金银器窖藏》，科学出版社，2003 年，第 268～280 页。

⑦ 肖璘、杨军昌、韩汝玢：《成都金沙遗址出土金属器的实验分析与研究》，《文物》2004 年第 4 期。

⑧ 陈善华、刘思维、孙杰：《青铜文物光电子能谱分析》，《材料工程》2006 年增刊。

⑨ 白玉龙、王宁、肖璘：《成都商业街船棺葬出土青铜器的初步检测分析》，《成都商业街船棺葬》，文物出版社，2009 年，第 171～175 页。

⑩ 姚智辉：《巴蜀青铜器工艺研究综述》，《四川文物》2004 年第 3 期；姚智辉、孙淑云、肖璘等：《成都市博物院几件院藏青铜兵器的分析研究》，《文物保护与考古科学》2005 年第 2 期；姚智辉、孙淑云、肖璘：《战国巴蜀兵器表面斑纹工艺研究》，第五届中日机械技术史及机械设计国际学术会议；姚智辉、孙淑云、肖璘：《巴蜀青铜兵器表面"虎斑纹"的考察、分析与研究》，《文物》2007 年第 2 期；姚智辉、孙淑云：《巴蜀青铜兵器热镀锡工艺》，《北京科技大学学报》2007 年第 10 期；孙淑云、李晓岑、姚智辉等：《中国青铜器表面镀锡技术研究》，《文物保护与考古科学》2008 年增刊。

的表面与截面锈蚀产物进行分析，与非斑纹锈蚀进行比较，从而对斑纹与非斑纹的锈蚀机理进行了探讨，认为斑纹的锈蚀产物主要是二氧化锡，其在兵器斑纹表面形成钝性保护膜，防止其进一步腐蚀，对斑纹下面的基体有一定的保护作用，非斑纹层锈蚀向斑纹层下面的基体扩展、膨胀是造成斑纹层凸起甚至脱落的主要原因，对斑纹兵器保护的关键是控制非斑纹层锈蚀的进一步发展[①]。

（三）第三阶段：2012年至今

为了整体提升我国馆藏文物与出土文物修复能力、提高馆藏文物与出土文物保护修复的水平和质量，促进文物保护修复技术的发展和专业人员的培养，财政部与国家文物局联合启动了"馆藏文物、出土文物修复能力提升"项目（"十二五"规划中馆藏珍贵文物保护修复的重点工作之一）。为此，文物保护与修复中心组织编写了《成都博物院文物保护修复技术能力提升方案》，获得国家文物局批复同意（文物博函〔2012〕988号）。根据国家文物局的批复要求，以出土饱水竹木漆器类文物、出土象牙及骨角质文物和考古发掘现场文物保护为重点发展方向，开展基础条件建设和修复能力提升工作。

2010年，经国家文物局批准，商业街船棺葬采取原址回填保护，部分船棺搬迁异地开展脱水保护。由于船棺体量巨大，脱水保护难度前所未有。为此，成都博物院（成都文物考古研究所）、荆州文物保护中心（出土木漆器保护国家文物局重点科研基地）组成项目组联合攻关，在科学分析棺木材质和病害成因的基础上，制定了详细的保护技术方案，研发了棺木定形加固保护材料和工艺，目前已完成4件棺木的保护处理。2015年12月，"成都商业街船棺葬棺木保护修复项目"通过了中国文物保护技术协会组织的中期评审。与此同时，筹建多年的出土木漆器保护国家文物局重点科研基地成都工作站举行了揭牌仪式，成都地区数以千计亟待保护修复的竹木漆器类文物将依托这一平台得到有效保护。

2011年，成都博物院（成都文物考古研究所）、荆州文物保护中心（出土木漆器保护国家文物局重点科研基地）联合编制了《成都商业街船棺葬竹木漆器保护修复方案》，获得国家文物局批复同意（文物博函〔2011〕790号）。经费下达后，2012～2016年，商业街船棺葬出土饱水竹木漆器类文物基本完成脱水保护，进入修复环节。由于商业街船棺葬出土的多数漆器是由数量不等的构件组合而成，下葬时又被拆成了散件随葬，且历史上曾遭遇了严重的盗掘和破坏。因此，拼对修复与组装复原在商业街船棺葬出土竹木漆器类文物整理与保护修复过程中显得尤为重要。经过数年的不懈努力，项目组从数以千计的散乱、残破构件中，根据残件拼对、修复及构件上的榫卯结构关系、刻划符号对应关系，并结合已发表的相关资料，成功复原了一大批弥足珍贵的随葬漆器，特别是针对B型漆床的组装复原取得了重要收获，修正并完善了发掘报告中的复原方案，成功复原了迄今为止唯一的一组先秦时期床帐实物，对发掘报告中的认识进行了极大的丰富和有益的补充。2017年底，"成都商业街船棺葬棺木保护修复项目"和"成都商业街船棺葬竹木漆器保护修复项目"顺利通过四川省文物局组织的专家验收。

2012年7月～2013年8月，为配合成都地铁施工，成都博物院（成都文物考古研究所）和荆州文物保护中心（出土木漆器保护国家文物局重点科研基地）联合对天回镇老官山汉墓进行了抢救性发掘，其中M1和M3中发现了千余枚竹简、数十枚木牍和1件经穴髹漆人像，M2中出土了

① 肖璘、姚智辉、白玉龙等：《巴蜀带斑纹兵器的锈蚀产物分析及机理探讨》，《文物保护与考古科学》2006年第2期。

4台织机模型^①，先后被评为"中国社会科学院考古学论坛·2013中国考古新发现"和"2013年度全国十大考古新发现"。竹简内容主要为医书，文物保护专业技术人员在实验室考古清理过程中，正射影像制图、红外摄影与红外扫描等技术手段贯穿整个流程。根据实验室考古清理获取的形制和内容，研究人员将医书分别定名为《脉书·上经》《脉书·下经》《治六十病和齐汤法》《刺数》《逆顺五色脉臧验精神》《尺简》《医马书》，主体部分抄录于西汉吕后至文帝时期，《脉书·上经》所见残文中出现"敝昔曰"，医书主要内容与仓公所传古医经相类，可证明天回医简所载医书传自扁鹊、仓公^②。4台织机模型，是第一次出土完整的西汉织机模型，提供了古代多综织机的实物证据，填补了中国丝绸纺织技术的考古空白。4台织机模型都采用一样的移动齿梁选综机构，提综机构却有所不同，一台织机采用一个旋转踏板提升滑框，滑框再提升多片纹综；另外三台采用一个旋转踏板提升连杆，连杆再提升多片纹综^③。这是"成都博物院文物保护修复技术能力提升项目"启动后，考古发掘现场文物保护和出土饱水竹木漆器类文物两大重点方向上技术水平的一次集中展示。

2013年，成都博物院（成都文物考古研究所）、荆州文物保护中心（出土木漆器保护国家文物局重点科研基地）针对天回镇老官山汉墓出土简牍和竹木漆器，联合编制了《成都天回镇汉墓群竹木漆器保护修复方案》《成都天回镇汉墓群简牍保护修复方案》，获得国家文物局批复同意（文物博函〔2013〕730号）。至2016年初，老官山汉墓出土的部分饱水竹木漆器类文物完成脱水保护，进入修复环节；2018年底，在商业街船棺葬出土B型漆床组装复原积累的实践经验基础上，老官山汉墓出土的4台织机模型顺利完成了保护修复和组装复原，顺利通过四川省文物局组织的专家验收。

2015年，随着"成都博物院文物保护修复技术能力提升项目"的实施，文物保护与修复中心硬件条件得到了极大改善，与此同时，成都博物馆建设也进入最后的突击攻坚环节。面对近千件亟待修复的拟上展文物，囊括陶瓷器、青铜器、铁器、玉石器等多种材质，文物保护与修复中心组织相关技术人员，编制了《成都博物馆馆藏文物保护修复方案》《成都博物馆馆藏西周兽头铜罍保护修复方案》《成都博物馆馆藏出土金属文物保护修复方案》，分别获得国家文物局批复同意（文物博函〔2015〕1644号、文物博函〔2017〕213号）。项目组经过较为全面的价值评估、认真细致的现状调查与科学的病害评测，严格按照国家文物局批复的保护修复方案实施，在修复工艺的规范性、修复材料使用的合理性、修复实施的科学性、传统方法与现代工艺的结合性等方面进行了效果自评估，项目实施过程中为每件（套）文物建立了修复档案。2019年底，"成都博物馆馆藏西周兽头铜罍和出土金属文物保护修复"项目顺利通过四川省文物局组织的专家验收；2020年底，"成都博物馆馆藏文物保护修复"项目顺利通过四川省文物局组织的专家验收。

2016年6月，成都博物馆新馆建成开放，与此同时，撤销成都博物院，分别设立成都博物馆

---

① 成都文物考古研究所、荆州文物保护中心：《成都市天回镇老官山汉墓》，《考古》2014年第7期；成都文物考古研究所、荆州文物保护中心：《成都天回镇老官山汉墓发掘简报》，《南方民族考古》第十二辑，科学出版社，2016年，第215～246页。

② 中国中医科学院中国医史文献研究所、成都文物考古研究院、荆州文物保护中心：《四川成都天回汉墓医简整理简报》，《文物》2017年第12期；柳长华、顾漫、周琦等：《四川成都天回汉墓医简的命名与学术源流考》，《文物》2017年第12期。

③ Feng Zhao, Yi Wang, Qun Luo, et al., The earliest evidence of pattern looms: Han Dynasty tomb models from Chengdu, China, *Antiquity*, Vol.91: 356(2017), pp.360-374; 罗群：《成都老官山汉墓出土织机复原研究》，《文物保护与考古科学》2017年第5期。

和成都金沙遗址博物馆，文物保护与修复中心整建制划归成都市文物考古工作队（成都文物考古研究所）。因此，文物保护与修复中心进一步强化了服务考古发掘的角色定位，在出土饱水竹木漆器类文物、出土象牙及骨角质文物和考古发掘现场文物保护三大方向基础上，针对出土频率较高的陶瓷器、青铜器和砖石质文物，着力开展基础条件建设和修复能力提升工作。

2016 年，针对十陵镇后蜀赵廷隐墓重要考古发现，文物保护与修复中心组织相关技术人员，编制了《成都十陵镇后蜀赵廷隐墓出土陶质文物保护修复方案》，获得国家文物局批复同意（文物博函〔2017〕400 号）。赵廷隐墓由于盗扰及毁墓等后期破坏，出土陶质文物破损严重，经过修复师长达数年的清理、甄别、拼对和预粘接，基本厘清了待修复文物数量。通过超景深显微观察、扫描电子显微镜 –X 射线能谱分析、X 射线衍射分析、激光共聚焦显微拉曼分析、偏光显微分析、热膨胀分析、X 射线探伤等多种科技手段的运用，对彩绘陶俑的成型工艺、烧成温度、矿物颜料种类等有了较为明确的认识。在此基础上，采用成熟的陶质彩绘文物保护材料和工艺，完成了 101 件（套）陶质彩绘文物的保护与修复，其中包括组装复原了一组彩绘陶质院落模型。2020 年底，项目顺利通过四川省文物局组织的专家验收。

2017 年 6 月，成都市文物考古工作队机构编制事项进行了调整，由成都文物考古研究所升格为成都文物考古研究院，文物保护与修复中心也随之更名为文物保护研究所。随着机构编制调整，"科学研究贯穿于文物保护与修复全过程"的理念得以强化，专业技术人员充分认识到文物的修复过程就是对文物价值的再认知过程，只有加强科学研究，才能保障文物保护修复工作的科学性和合理性。

2018～2019 年，针对邛崃羊安汉墓出土铜车马的保护修复与组装复原，文物保护研究所组织相关技术人员，采用超景深三维视频显微观察、金相显微分析、扫描电子显微镜 –X 射线能谱分析、X 射线衍射分析、X 射线探伤和 X 射线断层成像等检测手段，更大限度地获取并保全了文物信息，科学地分析确定了文物病害，为修复方案的制订提供了重要依据。在铜车马各部件科学修复的基础上，根据出土时铜车马间的叠压关系、车舆各部件上的残留痕迹及古代车马形制研究成果，进行较为合理的组装复原。

随着商业街船棺葬出土 B 型漆床、老官山汉墓出土织机模型、后蜀赵廷隐墓出土彩绘陶质院落模型和羊安汉墓出土铜车马等一系列具有组合关系文物的顺利复原，成都文物保护研究所在这一领域积累了丰富的实践经验，逐渐形成了新的优势方向。

2019 年至今，在新的历史时期，成都文物考古研究院文物保护研究所将努力为"建设中国特色、中国风格、中国气派的考古学"提供"成都智慧"，争取在考古发掘现场文物保护、出土象牙及骨角质文物保护、出土饱水竹木漆器类文物保护等特色与优势领域实现新的跨越。

（文物保护研究所）

第三节　古建筑的调查与研究

从 20 世纪初至今，中国建筑史学的研究对象包括了中国各个历史时期的古建筑，这其中既包括地面现存的古建筑，也包括了考古中发现的古建筑遗存和建筑遗址。根据本书的专题设置，后者宗教考古和城市考古部分另有篇幅，本节主要着重于地面现存古建筑的学术研究史。根据学术发展的历程，成都乃至四川省的古建筑调查与研究可以分为几个不同的历史阶段。

一、第一阶段：20 世纪 30 年代以前

这一阶段主要是一些外国汉学家对包括成都在内的四川地区进行学术考察。其中，以日本学者伊东忠太最早。伊东忠太于 1902 年 3 月开始对中国各省进行了长达一年多的考察。当年 10 月由陕西进入四川，一路南下，进入成都平原。在成都期间，伊东忠太调查了新都宝光寺，成都武侯祠、宝云庵、青羊宫、草堂寺、杜公祠、望江楼、金花桥关帝庙，新津文庙等，大致记录了建筑的规模布局和主要特点，对部分建筑进行了摄影并绘制了一些局部手稿。伊东忠太在中国各省广泛地采集资料和旅行，为其日后撰写关于中国古建筑的著作积累了素材。其关于成都的文字记录收入《中国纪行——伊东忠太建筑学考察手记》① 一书中，其他的手稿和照片在《中国古建筑装饰》② 的各章节中有零星的收录。

另一位对成都乃至四川古建筑有过较为详细调查的外国汉学家是德国建筑学家恩斯特·伯施曼。伯施曼于 1906～1909 年在中国进行古建筑调查，同样经陕西入川，调查了成都文殊院、青羊宫、武侯祠、昭觉寺、杜甫草堂以及大邑赵子龙祠墓等处的古建筑。此外，伯施曼还到访过都江堰和青城山古建筑群，并在伏龙观、二王庙、天师洞、灌县城隍庙、灌县文庙等地拍摄了若干照片。这些照片收录于他撰写的《中国的建筑与景观》③《中国祠堂》④《普陀山建筑艺术与宗教文化》⑤ 等著作中，他以一个建筑师的身份和专业的眼光，对四川的古建筑有过高度的赞誉。其中，二王庙作为重要个案出现在《中国祠堂》一书中，作者对其历史文化背景、建筑本体及与之相关的民间信仰进行了详细研究。

19～20 世纪外国学者对四川古建筑的研究集中于两个机构：英国在上海的公共文化机构——皇家亚洲文会北华支会和四川本土的华西边疆研究学会。皇家亚洲文会北华支会是近代中国重要的汉学组织之一，最早研究中国建筑的大部分汉学家都是该组织成员。在皇家亚洲文会北华支会发行的年刊《皇家亚洲文会北华支会会刊》⑥（ *Journal of the North China Branch of the Royal Asiatic Society* ）中，关于四川古建筑及建筑遗产的文章有内地会传教士斐焕章（Vale. Joshua）的《成都平原灌溉系统》（Irrigation of the Cheng-tu Plain）和《再论成都平原的灌溉系统》（Irrigation of the Cheng-tu Plain and beyond），医生兼教师 E. T. Shields 的《华西圣山峨眉山》（Omei san: The scared mountain of West China），陶然士（Thomas Torrance）的《成都平原水利工程的起源和历史》（The origin and history of the irrigation work of the Chengtu Plain），叶常青（J. Huston Edgar）的《藏民及其生存环境》（The Tibetan and his environment: An interpretation）等。这批论文最早向外国读者介绍

① 〔日〕伊东忠太著，薛雅明、王铁钧译：《中国纪行——伊东忠太建筑学考察手记》，中国画报出版社，2017 年。

② 〔日〕伊东忠太原著，中国建筑工业出版社改编，刘云俊、张晖、胡连荣等翻译：《中国古建筑装饰》，中国建筑工业出版社，2006 年。

③ Ernst Boerschmann, Picturesque China: Architecture and Landscape, The Studio Ltd., 1923.

④ 〔德〕恩斯特·伯施曼著，赵省伟编，贾金明译：《中国祠堂》，重庆出版社，2020 年。

⑤ 〔德〕恩斯特·柏石曼著，史良、张希眣译：《普陀山建筑艺术与宗教文化》，商务印书馆，2017 年。

⑥ 上海图书馆编：《皇家亚洲文会北华支会会刊》，上海科学技术文献出版社，2013 年。

了四川的传统建筑、水利工程、宗教信仰等，是不可多得的基础材料 ^①。

其时，华西协合大学成立的"华西边疆研究学会"是研究四川的主体，其在川出版发行的两本英文杂志《华西教会新闻》和《华西边疆研究学会杂志》刊登了大量关于四川建筑的专题研究。其中，华西协合大学美籍教授、博物馆馆长戴谦和运用西方的研究方法，完成了《中国建筑学要素及四川建筑特色》《1899 年以来的中国窗格研究》《中国艺术的转换：花卉图案的个案研究》《中国建筑格构研究：以四川古遗文物为例》《华西博物馆：华西人和华西文明》等文。此外，戴谦和还历时 40 年收集图案 6000 多种，完成了国际汉学界研究中国窗格图案的权威之作 ^②。陶然士是羌族研究的先行者，其英文著作《青衣羌——羌族的历史习俗和宗教》^③ 对羌民历史、习俗和宗教进行了系统的阐述。1911 年来华的葛维汉熟悉汉语，曾在四川叙府（今宜宾）传教，调查过彝族、纳西族、藏族、苗族的历史、宗教、文化，先后撰写发表过《羌人的习俗》《峨眉山寺庙的新近变化》《川西出土的汉砖和瓦当》《川南苗族》《四川的"倮倮"》等学术论文 ^④。华西边疆研究学会将四川建筑的研究领域从佛塔、宗教名山、水利设施等扩展到了更为广大的少数民族地区，首次运用人类学的调研方法研究"藏彝走廊"地区的少数民族建筑，为 20 世纪 80 年代四川的民居调查提供了基本工作方法和研究框架。

1937 年美国学者鲁道夫出版了《手艺中国——中国手工业调查图录（1921—1930）》^⑤（*China at Work*），他曾在 20 世纪 20 年代旅居中国 8 年。该书的调查对象包括中国各种传统劳动工具，其中有对古建筑建造工具的详细调查记录。自 1977 年起美国地理学家那仲良在中国开展民居调查，其著作《中国传统乡土建筑：普通住宅的文化地理研究》^⑥《图说中国民居》^⑦ 等部分章节涉及成都平原的民居。

---

① 该书中的部分游记也涉及四川建筑，如伟烈亚力（Wylie Alexander）的《湖北、四川和陕西三省旅行记》（Itinerary of a journey through the provinces of Hoo-pih, Sze-chuen and Shense），立德（Archibald J. Little）的《四川及长江峡谷小记》（Notes on Szechuen and the Yangtse Valley），谢立山（Alex. Hosie）的《华西商路》（Trade routes to Western China），商人花苏（W. C. Haines Watson）的《松潘行纪》（Journey to Sungp'an）等。

② Daniel Sheets Dye, *A Grammar of Chinese Lattice*（《中国窗棂的语法》）, Harvard University Press, 1949; Daniel Sheets Dye, *Chinese Lattice Designs*（《中国窗棂设计》）, Dover Publications, 2012.

③ 陶然士著，陈惠斯译：《青衣羌——羌族的历史习俗和宗教》（*The History, Customs and Religion of the Ch'iang*），内部发行资料，汶川县档案馆，1987 年。中华人民共和国成立后，汶川县档案馆请威州中学的陈斯惠老师将该著作翻译成汉语，全文共 45 页。

④ 葛维汉：《羌人的习俗》（The customs of the Ch'iang），《华西边疆研究学会杂志》第十四卷 A，1942 年，第 3531～3562 页；葛维汉：《峨眉山寺庙的新近变化》（Recent changes among the temples of Mt. Omei），《华西边疆研究学会杂志》第八卷，1936 年，第 1805～1807 页；葛维汉：《川西出土的汉砖和瓦当》（Ornamented bricks and tiles from Western Szechwan），《华西边疆研究学会杂志》第十卷，1938 年，第 2521、2544 页；葛维汉：《川南苗族》（The Ch'uan Miao of Southern Szechwan），《华西边疆研究学会杂志》第一卷，1922、1923 年，第 80、81 页；葛维汉：《四川的"倮倮"》（The Lolos of Szechwan），《华西边疆研究学会杂志》第三卷，1926～1929 年，第 308～311 页。

⑤ 鲁道夫·P·霍梅尔著，藏吾三等译：《手艺中国——中国手工业调查图录（1921—1930）》，北京理工大学出版社，2012 年。

⑥ Ronald G. Knapp, *China's Traditional Rural Architecture: A Cultural Geography of the Common House*, University of Hawaii Press, 1986.

⑦ 〔美〕那仲良著，〔菲〕王行富摄影，任羽楠译：《图说中国民居》，生活·读书·新知三联书店，2018 年，第 298～312 页。

总体上看，国外学者多是将中国古代建筑或中国古代建筑中的某一类型作为一个整体进行调查、论述，对成都乃至四川地方建筑的研究是从属于这个整体的。由于当时对中国古建筑的研究刚刚起步，因此这些著作不够深刻、全面。但不论如何，他们留下的照片和记录，具有相当珍贵的史料价值。20世纪30年代，中国营造学社曾与他们有过学术上的交流，21世纪初逐渐有国内学者对这些研究进行重新的翻译和梳理。

二、第二阶段：20 世纪 30～40 年代

1929 年，中国营造学社在北京成立，其核心成员朱启钤、梁思成、刘敦桢等日后都成为对中国建筑学和建筑史影响深远的奠基人和开拓者。1937 年以前，学社的调研范围集中于中国华北地区。全面抗战爆发后，学社跟随其他学术团体一起南迁，先暂居昆明，后迁至四川宜宾李庄。1939年，学社开始对四川的调查研究，并于当年 9 月从云南出发，经重庆进入四川，开始了为期 4 个月的川康古建筑调查，这其中也包括了成都地区的古建筑调查。

通过学社成员刘敦桢的调查日记，整理出营造学社此次在成都的调查大概分为如下几个方面[①]。

（1）对地面现存古建筑的调查和测绘：参观少城公园、青羊宫、草堂寺、安顺桥、崇丽阁及昭觉寺；调查文殊院、成都市内民居，都江堰伏龙观、离堆、奎光塔，青城山天师洞、常道观、灵岩寺；测绘都江堰安澜桥、二王庙总平面。

（2）与古建筑相关的遗迹和遗物调查：调查明代蜀王府基址，并拍摄照片；在华西协合大学古物博物馆测量并拍摄汉代明器；此外，学社在四川其他地区还调查了不少墓葬、崖墓[②]，着重留意其中的仿木结构设计。

（3）大量调研川西民居，寻访成都、广汉地区的传统建筑工匠，和木工一起调查文殊院，收集、记录、整理成都本地乃至整个四川地区的建筑术语、营造工艺[③]。

以上三个方面并举的系统性调查是营造学社极具开创性的工作，说明当时学社已经有了正确、完善的学术规划，并在积极为之努力。此次川康古建筑调查，是营造学社的最后一次集中田野调查。

回顾这一历史阶段，中国营造学社搭建了中国建筑史研究的基本框架，收集了大量珍贵的历史资料，但因为战争，这些成果的整理和发表却历经坎坷。因为学社的解散，当时集体调研的资料只能跟随着离开的成员分散各处，在梁思成一行回迁北平的时候还丢失了两箱资料，尤为可惜。尽管如此，在 21 世纪初，这些有关成都的古建筑调查资料，陆续得到了出版，以下是相关的出版情况。

（1）由梁思成等人带回北平的资料，收藏于清华大学资料室，《梁思成全集》中有收录，后又有《梁思成西南建筑图说》[④]一书出版，内有丰富的照片和影印文字手稿。《梁思成西南建筑图说》

① 刘敦桢：《川、康古建筑调查日记》，《刘敦桢全集》第三卷，中国建筑工业出版社，2007 年，271～291页。在写于 1942 年的《西南古建筑调查概况》中，刘敦桢用简练的文字对四川地区的古建筑进行了总结和概括。

② 莫宗江：《宜宾旧州坝白塔宋墓》，《中国营造学社汇刊》第七卷第一期，知识产权出版社，2006 年，第95～110 页；王世襄：《四川南溪李庄宋墓》，《中国营造学社汇刊》第七卷第一期，知识产权出版社，2006 年，第129～139 页。

③ 刘致平：《四川住宅建筑》，《中国居住建筑简史——城市、住宅、园林》（第二版），中国建筑工业出版社，2000 年，248～366 页。

④ 梁思成著，林洙整理：《梁思成西南建筑图说》，人民文学出版社，2014 年。

一书按川内各区县划分，每县一节，选取几处调查过的文物点，以图为主，辅以简洁的文字说明。成都范围内的条目包括明蜀王府故基、鼓楼南街清真寺大殿[①]、文殊院、民居之门、民众教育馆梁造像，郫县土地庙、灌县二郎庙、珠浦桥，新都寂光寺大殿、宝光寺无垢塔及经幢、正因寺梁千佛碑。

从条目的选取上看，营造学社当时的研究对象并不局限于木构建筑，建筑遗址、南北朝时期的佛教造像、砖石结构的塔和经幢，均是研究的对象。这些不可移动文物的时代跨度也很大，从南北朝到近现代均有选取，这也体现了营造学社当时的学术理想正是完成一本具有通史意义的中国建筑史著作。

（2）营造学社绘制的川、滇测绘图手稿收藏于清华大学资料室，于2007年集结成《未完成的测绘图》[②]出版。与成都相关的内容包括了鼓楼南街清真寺（仪器草图）、成都某民居（仪器草图）、灌县安澜桥（仪器草图）和王建墓测绘图（仪器草图、墨线稿及相关文物资料临摹图）、广汉县的寺庙和会馆等[③]。以上这些测绘图，虽然大多还只是铅笔线稿，没有来得及上墨线，但仍体现了学社绘图精准、严谨的特点。

（3）学社解散后，刘致平跟随梁思成进入清华大学任教，继续着中国传统住宅建筑的研究整理工作，最终写成《中国居住建筑简史——城市、住宅、园林》一书。书中收录的《四川住宅建筑》[④]一文完成于1954年，资料来源于全面抗战时期学社的调查。此文涉及调查大小住宅近200所，详细测绘住宅60余所，以宜宾、自贡、荣县、威远、乐山、夹江、彭山、灌县、广汉、成都等地的实例进行佐证。在内容上，结合自然环境和大历史文化背景，详细介绍了四川民居建筑的间架类型、大小木作工艺。刘致平在关注汉族建筑的同时，也讨论藏、羌、彝等少数民族建筑；在研究住宅的同时，论及会馆、园林、清真寺等各类建筑；除关注施工步骤外，还首次系统梳理了"四川地区建筑营造名词术语"，并将其与云南、清官式、宋营造法式进行比较，为其后的四川传统建筑工艺研究建立了框架。

三、第三阶段：20世纪50～70年代

这一阶段，是中华人民共和国成立以后四川省内古建筑研究的起步探索阶段。

1953年四川省文物管理委员会办公室成立，办公地点设在成都小天竺街，在文物管理机构下又设立业务部门——地面文物队。20世纪50～80年代初，全省（包括今重庆市）的地面文物相关工作都是由地面文物队完成。例如，参加全国第一次文物普查工作，并在全面普查的基础上，完成四川省第一批全国重点文物保护单位的申报工作。省级文物保护单位的申报也是由地面文物队在此

---

① 刘致平：《成都清真寺》，《中国营造学社汇刊》第七卷第二期，知识产权出版社，2006年，第1～25页。该文是成都地区有史以来的第一篇古建筑调查报告，报告遵循营造学社开创的科学调查方法，对鼓楼南街清真寺的历史沿革、文献记载和建筑实物都进行了调查和分析，并附测绘图纸，是一篇体例完整、科学严谨的调查报告。

② 梁思成等：《未完成的测绘图》，清华大学出版社，2007年。

③ 受戴季陶委托，为编撰《广汉县志》，营造学社刘致平、梁思成等对广汉县城的建筑进行了测绘和调查。开启了用现代建筑摄影、测绘制图编撰县志的首例。具体成果详见梁思成等：《未完成的测绘图》，清华大学出版社，2007年，第43、63～72页。

④ 刘致平：《四川住宅建筑》，《中国居住建筑简史——城市、住宅、园林》（第二版），中国建筑工业出版社，2000年，第248～366页。

基础上完成的[①]。

重庆建筑工程学院是这一阶段四川省内古建筑研究的重要阵地，核心成员有辜其一、叶启燊、邵俊仪等。辜其一毕业于国立中央大学，1935～1955 年在成都工作，参与过一些现代建筑的设计，同时也在进行建筑史的研究。1951 年，在《文物参考资料》上发表了《麦积山石窟及窟檐纪略》[②]。1955 年，辜其一被调入重庆建筑工程学院，主持开展省内古建筑和传统民居的调查研究工作；1959 年起担任建筑理论及历史研究室重庆分室主任[③]。

作为当时西南地区唯一的建筑工程学院，重庆建筑工程学院从 20 世纪 50 年代开始的一系列的调研工作，主要有以下三个方面。

（一）古代寺观（石窟）、会馆、祠庙等公共建筑的调查研究[④]

自 1951 年，辜其一带领陈振声、周文谦两人在四川省内广泛调查了崖墓、汉阙、摩崖石刻等石质文物，调查范围包括乐山、邛崃、大足、安岳、雅安、忠县、渠县等地。

1957～1958 年，辜其一带队的调查组对成渝路沿线的会馆祠庙建筑记录拍照，并绘制了建筑平面图，其中包括了成都地区的简阳县广东会馆[⑤]。在调查过程中还逐步总结当地古建筑材料、构造、装修方面的经验，归纳有关平面、造型等的设计方法。该阶段的成果主要在《四川成渝路祠庙会馆建筑调查》[⑥]中。

1960 年 3 月辜其一写成《四川唐代摩崖中反映的建筑形式》一文，1961 年发表于《文物》[⑦]，所举实例包括几处位于邛崃的唐代摩崖造像；1963 年写成《乐山、彭山和内江东汉崖墓建筑初探》[⑧]。

1962 年，辜其一开始关注四川宋元建筑，由辜其一、陈振声、周文谦调查四川的元代庙宇，于 1963 年完成了四川 5 处元代庙宇的调查报告。

1963 年暑期，辜其一、陈振声、周文谦调查组在外调查时，发现了 1 处位于邛崃高何镇的宋代石塔，塔下四周有廊道，辜其一等人认为具有较高的价值，后由陈振声整理为《四川邛崃石塔寺宋塔》，1982 年发表于《文物》[⑨]。

1964 年暑期，为补充调查报告数据，由辜其一带队进行江油窦团山的测绘，这次参与测绘工

① 四川省文物考古研究院古建筑石窟保护研究所：《构木镂石，一脉相承——四川省文物考古研究院古建筑石窟保护 60 年》，《四川文物》2013 年第 4 期。

② 辜其一：《麦积山石窟及窟檐纪略》，《文物参考资料》1951 年第 10 期。

③ 杨宇振、张天：《辜其一初步研究——写在东南大学建筑学院建院 90 周年及重庆大学建筑城规学院建院 65 周年》，《建筑师》2017 年第 5 期。

④ 张著灵：《建筑理论及历史研究室重庆分室研究（1959～1965）》，重庆大学硕士学位论文，2017 年。

⑤ 该阶段调查测绘的建筑有：荣昌县罗氏宗祠、内江市朱氏宗祠、隆昌县罗氏宗祠、隆昌县彭氏宗祠、内江市团结街王爷庙、资中县王爷庙、资阳县火神庙、资阳县文庙、资中县文庙、内江市文庙、资阳县关帝庙、荣昌县安富镇湖广会馆、隆昌县湖广会馆、简阳县广东会馆、资中县广东会馆、内江市湖光会馆等。详见张著灵：《建筑理论及历史研究室重庆分室研究（1959～1965）》，重庆大学硕士学位论文，2017 年，第 32 页。

⑥ 辜其一：《四川成渝路祠庙会馆建筑调查》，重庆建筑工程学院油印，内部资料。该次调查成果曾在 1958 年北京建筑科学研究院建筑历史学术讨论会报告。

⑦ 辜其一：《四川唐代摩崖中反映的建筑形式》，《文物》1961 年第 11 期。

⑧ 辜其一：《乐山、彭山和内江东汉崖墓建筑初探》，《中华古建筑》，中国科学技术出版社，1990 年，第 169～172 页。

⑨ 陈振声：《四川邛崃石塔寺宋塔》，《文物》1982 年第 3 期。

作的除了有长期配合辜其一工作的专职助理研究员周文谦，还有历史教研室的尹培桐老师。对江油窦团山飞天藏的调查最终形成《江油县圌山云岩寺飞天藏及藏殿勘查记略》一文，1986年发表于《四川文物》[①]。

（二）民居住宅及少数民族建筑的调查研究

1957～1958年，叶启燊、邵俊仪带队的调查组重点调查了成、渝两市的住宅，收集了住户的使用意见，总结了技术经验，并于1958年全国建筑历史学术讨论会提交了《四川成渝路上的民间住宅初步调查报告》[②]。该报告在考察平面布局、功能组合、绿化特点、设计手法、构造技术的同时，关注民居建筑对地形的处理，首次总结出山地民居"台、挑、吊、拖、坡、梭"的六种设计手法，以期为建筑设计作参考。

1958年12月，建筑理论及历史研究室重庆分室启动了四川周边少数民族建筑的调查，原计划分三路开展[③]，预计1959年1月返回。由于当年西藏地区的动乱，叶启燊带领的调查组未能进入西藏地区即折返，但这次调查的照片被编制为档案集，为后续研究留存了宝贵的基础资料。

1960年，建筑理论及历史研究室重庆分室开展藏族建筑调查，同年7月，叶启燊、邵俊仪、王继伦、彭基民到甘孜、阿坝两个藏族自治州调查民居；9～12月，叶启燊、邵俊仪到羌族地区进行建筑调查。1961年，叶启燊写成《四川藏族民居》一文，同年，在重庆建筑工程学院春季科学讨论会上报告提要。1964年，叶启燊写成《四川藏族民居调查报告（提要）》，并在全国少数民族住宅经验交流会上报告。同年专著《四川藏族住宅》定稿，1992年最终出版[④]。该书详细分析了高原干冷气候建筑的形态、构造、抗震等特点，研究了建筑工艺与地域气候、材料、地质的关联。

1961年3月，结合重庆市部分住宅设计任务，叶启燊继续推进民居调查，建筑理论及历史研究室重庆分室开始进行"重庆民居的调查研究"专题。同年5～7月，建筑理论及历史研究室重庆分室集中全部力量深入调查重庆地区的民居。叶启燊、辜其一等完成了《重庆近代民居》一文的写作，从构造、造型、类型、规划、平面、通风等角度进行研究。同年，四川省建设厅与四川省土建协会在成都召开建筑理论座谈会，辜其一完成了《四川传统建筑的地方风格如何在建筑创作中体现》，并在会上进行交流汇报[⑤]。

在1964年的少数民族住宅经验交流会上，西南工业设计院提交的《羌族民居调查图集》《藏族民居调查报告——阿坝藏族自治州部分》《阿坝藏族自治州藏族民居调查图集》《四川省凉山彝族自

① 辜其一：《江油县圌山云岩寺飞天藏及藏殿勘查记略》，《四川文物》1986年第4期。

② 叶启燊：《四川成渝路上的民间住宅初步调查报告》，重庆建筑工程学院油印，内部资料，1958年。

③ 原计划的三条线路是：第一路，调查阿坝藏族自治州及川西北各县，由邵俊仪、余卓群等组成调查组；第二路，调查甘孜藏族自治州、昌都地区和川中区（包括大巴山），由叶启燊、白佐民等组成调查组；第三路，调查凉山彝族自治州及川东南各县，由辜其一、张世政等组成调查组。三路调查组外出调查的照片，分别被编制为"雅安、康定、甘孜（道孚、西昌、自贡、泸州、重庆、荣县、美姑、巴普、宜宾）建筑调查（照片）""重庆、内江、成都等地建筑调查（照片）""重庆、阿坝州近现代建筑（照片）""甘孜州、凉山、雅安、西昌建筑（照片）""阿坝州、绵阳专区、灌县建筑（照片）""自贡、宜宾、泸州、荣县、重庆、内江（照片）"等档案集。详见张著灵：《建筑理论及历史研究室重庆分室研究（1959～1965）》，重庆大学硕士学位论文，2017年，第34、35页。

④ 叶启燊：《四川藏族住宅》，四川民族出版社，1992年。该书是该时期建筑理论及历史研究室重庆分室关于四川少数民族建筑调查的代表成果，由叶启燊主编，周显祖、康森、李先逵等参与图纸绘制。

⑤ 《重庆近代民居》《四川传统建筑的地方风格如何在建筑创作中体现》仅油印做内部交流。张著灵：《建筑理论及历史研究室重庆分室研究（1959～1965）》，重庆大学硕士学位论文，2017年，第191页。

治州住宅调查报告》几份报告[①]，也是该阶段四川民居普查的代表成果。

总体来说，20世纪50～70年代的民居研究更注重提炼、总结民居的设计手法，倡导当代建筑创作从民居中汲取营养；力求探究民居的文化特性、地理环境适应性，同时关注中下层民众的居住问题[②]。

（三）古代园林调查研究

1959年冬至1960年5月，建筑理论及历史研究室重庆分室成员外出调查成渝地区的传统园林，辜其一、叶启燊、白佐民、廖远明等分别调查了重庆的礼园（位于现在的鹅岭公园），成都的武侯祠、草堂寺（杜甫草堂）。之后完成的学术论文有：白佐民《重庆礼园的园林》；叶启燊《成都祠庙建筑的园林绿化》；廖远明《新都桂湖的园林》；辜其一、廖远明《重庆南北温泉风景区园林绿化的研究》。从研究成果来看，各研究成员都注意到了在园林布局及景观要素配置时的视线控制，叶启燊在其《成都祠庙建筑的园林绿化》一文中尤其强调了这一点[③]。

在1959年底集中开展西南园林调查研究之后，建筑理论及历史研究室重庆分室再没有进行过相关的调查研究工作。20世纪60年代生活物资匮乏的时代背景要求研究具有实用价值的内容，而主要用于观赏游乐的园林自然没有了继续深入研究的价值，建筑理论及历史研究室重庆分室转而研究其他建筑类型。

四、第四阶段：20世纪80年代～21世纪

（一）概述

20世纪60年代以后，建筑历史研究停滞、学术活动的中断、资料手稿丢失等情况，导致20世纪80年代初积压了大量的整理工作。因此，在20世纪80年代初期，不论是建筑师还是文史专家，都纷纷开始整理过去未发表的成果，重新投入研究工作。这一阶段，有关成都乃至四川的古建筑研究在多个方面取得了成果，研究机构从过去单一的团体扩展到文物研究机构、建设规划单位及国内高校；研究内容从寺观、石窟、会馆、祠庙、民居、园林等扩展到传统聚落、历史街区、名城保护等领域。

---

① 《羌族民居调查图集》，中国建筑设计研究室建筑历史研究所档案室藏，档案编号0604；《藏族民居调查报告——阿坝藏族自治州部分》，中国建筑设计研究室建筑历史研究所档案室藏，档案编号0605；《阿坝藏族自治州藏族民居调查图集》《四川省凉山彝族自治州住宅调查报告》，中国科学院民族研究所藏，编号不详。参见陈磊：《中国建筑研究室（1953～1965年）初步研究》，南京大学硕士学位论文，2011年，第245、246页。

② 关注民居设计手法的论文如叶启燊的《四川成渝路上的民间住宅初步调查报告》，内部资料，重庆建筑工程学院油印，1958年；徐尚志、冯良檀、潘充启等：《雪山草地的藏族民居》，《建筑学报》1963年第7期；徐尚志、冯良檀、潘充启等：《阿坝草地藏族牧民定居建筑探讨》，《建筑学报》1964年第8期。探究民居文化地理特性的如叶启燊《四川藏族住宅》（四川民族出版社，1992年）。该书从居住建筑的社会属性着手，探讨居住者的宗教信仰、所处阶层及生活要求对建筑空间形制、功能布局、室内陈设的影响，剖析高原干冷气候下所形成的建筑形态、构造特点以及抗震技术措施。关注居住问题的如唐璞的《山地住宅建筑》（科学出版社，1994年）；余卓群的《山地民居空间环境剖析》（《建筑学报》1983年第11期）。

③ 建筑理论及历史研究室重庆分室的园林研究成果在完成后仅油印做内部交流，并未公开发表。张著灵：《建筑理论及历史研究室重庆分室研究（1959～1965）》，重庆大学硕士学位论文，2017年，第119页。

（二）主要出版物介绍

《四川古建筑》①《四川民居》②是本时期的两本重要著作。1987 年，四川省建设委员会、四川省勘察设计协会和四川省土木建筑学会联合成立了《四川古建筑》《四川民居》编辑委员会，开始启动两书的编纂工作，此项工作全省参与、历时 7 年。由省内各市、地、州、县建设委员会、建筑设计院所和部分建筑专业学校、文博部门共 500 多个单位参与，2000 多人次投入了此项工作，收集项目近千项，图纸、照片上万张，从中选入《四川古建筑》200 余项，选入《四川民居》300 余项。1992 年《四川古建筑》正式出版，1996 年《四川民居》正式出版（此外，两书编辑组还与当时的阆中县建设委员会合编了《阆中古建筑》一书）。

《四川古建筑》一书以建筑类型划分章节，除地面建筑外，还收录"建筑遗址、陶房、画像砖""墓、阙、牌坊""石窟寺"等几个大类，每一大类中遴选若干代表性建筑进行介绍，根据现有资料和建筑类型的不同，有详有略。有的仅以简要文字和彩图说明，如"新津观音寺"；有的除文字、彩图外，辅以建筑群总体分布图、总平面图和总剖面图，如"青城山道观"；个别案例还配手绘的鸟瞰图、透视图，如"新都宝光寺"。在"成都羊子山祭坛建筑遗址"和"成都市十二桥商代建筑遗址"这两处遗址案例中，配复原示意图。除上述几例外，成都范围内的其他重要古建筑群也都加以收录，加上砖石塔（宝光寺）、墓葬（王建墓）、桥梁（都江堰安澜桥）等类型，共计 20 余个案例。

《四川古建筑》的出版，实现了四川省内古建筑专业图集出版零的突破，是一本难得的巴蜀建筑文化遗产的大型汇编，虽然限于篇幅未能深入探讨每个案例，但无疑给全省的文物工作者和建筑师提供了一份比较全面的、宝贵的参考资料。

1996 年出版的《四川民居》是四川省建设委员会组织全省力量，经数年的调查、测绘和研究取得的又一成果。该书从城镇和民居两个层面展开，民居部分又根据民族划分为汉、藏、彝、羌、土家和纳西族几类；汉族民居内又细分为府第、庄园、宅院、店居、农宅五个部分。各类民居先以综述介绍概要，然后实例部分以若干代表性建筑，结合平、立、剖面图及手绘草图、现场照片进行介绍。该书的"四川传统建筑构造与装饰细部"一章将收集的细部照片按照壁、山门、宅门、脊饰、檐部、斗拱、天花、藻井、格门窗棂、栏杆、柱础、砖石木雕汇编，为不可多得的一手资料。此外，附录部分还收录了 8 篇论文，就四川各类民居的历史演变及建筑特点进行介绍③。《四川民居》是关于四川建筑不可多得的大型图集汇编，虽然针对个案的讨论并不深入，但就四川民居进行了全面、整体、系统的记录，留下了宝贵的资料。

除著作外，该时期的研究成果主要以学位论文、期刊论文等形式发表。关于成都地区古建筑的

---

① 四川省建设委员会、四川省勘察设计协会、四川省土木建筑学会编：《四川古建筑》，四川科学技术出版社，1992 年。

② 四川省建设委员会、四川省勘察设计协会、四川省土木建筑学会编：《四川民居》，四川人民出版社，1996 年。

③ 四川省建设委员会、四川省勘察设计协会、四川省土木建筑学会编：《四川民居》，四川人民出版社，1996 年，第 205～236 页。这八篇论文及其主要内容大致是：庄裕光的《四川民居之演变》，详细介绍了远古至明清四川民居的演变发展；曹怀经的《庭院民居》、胡国增的《农宅》、黄诚朴的《山地民居》、罗兴骙的《碉楼与住宅建筑》，对选址、平面组合、空间功能、结构构造、材料做法、立面外观等方面进行了研究；尚培均的《阿坝藏族民居》、杨威的《羌族民居》、冉光大的《土家族民居》就各少数民族的自然社会概况、村寨、建筑单体、建房习俗及施工特点等方面进行了介绍。

研究主要刊载在《成都文物》《四川文物》《文物》《建筑史论文集》《建筑学报》《古建园林技术》等期刊上。

创刊于 1983 年的《成都文物》和创刊于 1984 年的《四川文物》是四川本地的期刊。《成都文物》下设文物研究和遗产保护两个栏目，刊登文物一线工作者撰写的古建筑介绍类文章；《四川文物》下设的文化遗产、文物保护、古建筑研究与保护等栏目刊登古建筑方面的文章。

这一阶段，全国性的期刊主要有《文物》《建筑史论文集》《古建园林技术》《建筑学报》。《文物》杂志上每期都会刊登一篇古建筑相关论文，范围涉及全国，单独有关成都地区古建筑的论文则非常少①。专注于建筑史领域的《建筑史论文集》（后更名为《建筑史》）由清华大学建筑学院创办于 1964 年，经历过两次停刊和复刊，前期刊登论文多为清华建筑史专业师生论文，后来逐渐加入各高校、研究机构的学者论文，在同期期刊中有着很高的学术水平。此外，该时期刊登四川建筑的杂志还有侧重建筑工艺的《古建园林技术》及主要面向建筑设计的《建筑学报》。

（三）古建筑的普查与基础性研究

该研究包括早期古建筑的单体调查、历史沿革考证、建筑年代的探析等内容。四川省地域广阔，很多古建筑在之前都没有来得及进行调查和整理，有的古建筑在过去虽有过调查，但成果仍处于未刊发或丢失状态。"文化大革命"结束以后的当务之急就是摸清家底，进行大规模的普查和资料整理。

20 世纪 80 年代，四川省文物管理委员会地面文物工作队在李显文的带领下，在当时交通、住宿、工作环境都很艰苦的情况下，开展了对四川重要古建筑的调查、实测，先后完成了江油窦团山转轮藏殿、仪陇朱德故居、泸县龙脑桥、叙永春秋祠、屏山万寿观、屏山万寿寺、宜宾旧州白塔、渠县汉阙、达县真佛山、都江堰二王庙、遂宁广德寺、剑阁觉苑寺等重要古建筑的首次测绘。地面文物工作队在保护、测绘和修缮的过程中，还培养了一批四川省的古建筑保护的专业人员，同时也积累了对这些古建筑结构、时代特点等方面的认识。

四川本地的刊物《成都文物》②和《四川文物》③发表了不少以古建筑为主题的论文，内容涉及民居、园林、古建筑单体、桥梁、塔等各个类型。这些文章大多是四川省内一线文博工作者撰写，通常是针对某一处古建筑的简要介绍，也有一些是考证建筑的历史沿革，还有的是在保护修缮过程中的认识和发现。但这些文章中，除少量配较丰富的测绘图和照片外，多数文章都比较简略，

---

① 陈振声：《四川邛崃石塔寺宋塔》，《文物》1982 年第 3 期。该文也是基于 20 世纪 60 年代调查成果整理而成。

② 在《成都文物》上刊发的文章中，介绍古建筑单体的如张诚毅：《青白江区明教寺觉皇殿》，《成都文物》2004 年第 1 期；卞再斌：《青城山琅环仙馆》，《成都文物》2005 年第 4 期。介绍园林的如张渝新：《新繁东湖缘起续考》，《成都文物》2007 年第 1 期；张哲乐：《综合艺术对古典园林影响浅析——成都与扬州园林对比》，《成都文物》2007 年第 1 期。介绍桥梁的如李化、王正明：《双流县通济桥的保护维修》，《成都文物》2007 年第 4 期。介绍塔的如杨渝泉：《四川地区的古塔楼阁》，《成都文物》2006 年第 2 期。

③ 在《四川文物》上刊发的文章中，关于古代砖石塔的有辛玉：《彭县龙兴舍利宝塔》，《四川文物》1988 年第 5 期；胡立嘉：《邛崃大悲院石塔建筑艺术》，《四川文物》1995 年第 1 期。也有介绍木结构古建筑的如王正明、方全明：《历史文化名城成都的标志——崇丽阁》，《四川文物》2001 年第 2 期；冯林：《成都鼓楼南街清真寺礼拜殿》，《四川文物》2008 年第 1 期；王正明、方全民：《成都川北会馆的搬迁保护》，《四川文物》2000 年第 4 期。还有介绍近现代建筑的如李兆成：《成都南郊刘湘墓》，《四川文物》1987 年第 2 期；郝宁邻：《四川近代史上的重要史迹和代表性建筑大邑刘氏庄园》，《四川文物》2000 年第 5 期；朱绍文：《刘湘公馆建筑的时代特征》，《四川文物》1999 年第 6 期；王正明、尹建华：《试论成都文物建筑的保护》，《四川文物》2001 年第 2 期等。

未能达到当年《中国营造学社汇刊》中同类文章的详尽程度。尽管如此，两份期刊仍为四川省内文物保护工作者提供了学术讨论和交流的平台，也为公众了解成都乃至四川的文物古迹起到了很好的科普作用。

1981 年《建筑史论文集》刊载李维信的《四川灌县青城山风景区寺庙建筑》，是其在硕士学位论文的基础上整理而成 ①。该文论及二王庙、伏龙观、城隍庙、古常道观、上清宫、圆明宫、建福宫等十几处都江堰较为重要的道教宫观，从总体选址、建筑布局、组群空间构图、建筑艺术特色等方面进行论述，首次较为全面、系统地介绍了都江堰地区的古建筑群，同时从建筑空间理论和艺术特色上进行了分析和解读，体现了较高的学术水准。

（四）传统民居及聚落的调查与研究

该阶段，传统民居之所以能够独立于其他建筑类型得到专门的关注和研究，得益于上一阶段较为充分的调查积累。民居与人的生产生活息息相关，在研究民居的过程中，建筑师能得到很大启发，传统民居中的设计理念有很多值得现代建筑借鉴的地方。

1979 年起，叶启燊带领其研究生李先逵、张兴国对川东南场镇、凉山彝族、川西羌族、渝东南土家族等民居聚落进行调查研究。20 世纪 80 年代起，民居的研究从建筑本体拓展到聚落层面，该阶段的代表成果有张兴国的硕士学位论文《川东南丘陵地区传统场镇研究》②、李先逵的硕士学位论文《贵州干栏式苗居》等。2005 年，李先逵在其硕士学位论文研究的基础上整理并增加了附录"干栏式建筑及其历史地位"，形成《干栏式苗居建筑》③ 一书。

由于 20 世纪 70 年代调查的停滞，20 世纪 80 年代基本无民居著作出版；直至 20 世纪 90 年代才出现了大量有关四川民居的著作。西南交通大学的季富政教授是该阶段研究四川民居的主力，自 1988 年起，他踏遍巴山蜀水，运用钢笔画、速写等独特的方式记录了很多业已消失的民居，先后出版了《四川小镇民居精选》④《四川民居散论》⑤《巴蜀城镇与民居》⑥ 等著作。其中，《巴蜀城镇与民居》一书是其代表作，在分析 20 多个场镇、民居案例的基础上，对巴蜀场镇和民居进行了不同类型的概括和分析，提炼出了巴蜀场镇和民居在建筑文化上的意义。

该阶段还出版了两本关于四川民居的重要著作《老房子·四川民居》⑦ 和《四川民居》。《老房子·四川民居》一书是"老房子"系列图集中的一本，照片为主，文字为辅，分汉族民居、少数民族民居两类按城、镇、乡村聚落、民居及细部编排，该书量大面广，为不可多得的一手资料。四川省建设委员会、四川省勘察设计协会、四川省土木建筑学会编写的《四川民居》详细内容见前文"主要出版物介绍"部分。

1988 年中国民居学术会议开始举办，至今已历时 30 余载。2000 年之前，会议论文集《中国传

① 李维信：《四川灌县青城山风景区寺庙建筑》，《建筑史论文集》第 5 辑，清华大学出版社，1981 年，第 15、16 页。

② 张兴国：《川东南丘陵地区传统场镇研究》，重庆大学硕士学位论文，1985 年。

③ 李先逵：《干栏式苗居建筑》，中国建筑工业出版社，2005 年。

④ 季富政、庄裕光编著：《四川小镇民居精选》，四川科学技术出版社，1994 年。

⑤ 季富政：《四川民居散论》，成都出版社，1995 年。

⑥ 季富政：《巴蜀城镇与民居》，西南交通大学出版社，2000 年。

⑦ 王其钧撰文，李玉祥、黄建鹏、朱馥艺摄影：《老房子·四川民居》，江苏美术出版社，2000 年。

统民居与文化》共刊登了 12 篇关于四川民居的论文，其中庄裕光的《巴蜀民居源流初探》①、李先逵的《西南地区干栏式民居形态特征与文脉机制》②是比较重要的成果。该阶段《四川建筑》③《建筑学报》④《古建园林技术》⑤等杂志上也刊登了不少关于四川民居的文章。

总体来说，该阶段的四川民居研究取得了显著进展，著作实现了零的突破，在调查建筑、聚落的同时，分析其背后的源流、文脉，从共时性特点、历时性转变两个层面研究民居；此外，该阶段的研究对象从民居扩大到聚落，研究视角从建筑实体扩展到气候、文化、资源等各个方面。

（五）古典园林调查研究

20 世纪 80 年代成都地区的古典园林开始进入学者视野，王绍增是园林界较早关注四川园林的研究者，其论文《西蜀名园——新繁东湖》⑥介绍了新繁东湖的历史沿革和园林特色，为其后众多研究者所参考。该阶段对成都平原的园林研究以个案研究、资料汇编为主，偶有部分综合性研究。个案研究多关注新繁东湖⑦、新都桂湖⑧、崇州罨画池⑨、都江堰⑩、成都浣花溪⑪、青羊宫⑫、武侯祠⑬、杜甫草堂⑭等；资料汇编类著作有以精美摄影图片为主的《成都风景园林》⑮，有对成都园林建设和

① 庄裕光：《巴蜀民居源流初探》，《中华文化论坛》1994 年第 4 期。

② 李先逵：《西南地区干栏式民居形态特征与文脉机制》，《中国传统民居与文化——中国民居第二次学术会议论文集》第 2 辑，中国建筑工业出版社，1992 年，第 37～49 页。

③ 在《四川建筑》上刊发的文章，关于少数民族建筑的有李嘉华：《彝族文化习俗影响下的传统彝居风貌》，《四川建筑》1998 年第 4 期；陈大乾：《从羌族文化，民风民俗看羌族建筑》，《四川建筑》1995 年第 4 期。关于场镇、聚落的有叶启燊：《从肖溪场看四川廊坊式场镇》，《四川建筑》1988 年第 1 期。关于民居的有季富政：《飘逸论——兼述峨眉民居》，《四川建筑》1995 年第 4 期。

④ 在《建筑学报》上刊发的文章更关注民居和建筑创作的关系，如江道元：《彝族民居》，《建筑学报》1981 年第 11 期；成诚、何于新：《四川"天井"民居》，《建筑学报》1983 年第 1 期；王寿龄：《成都传统建筑探讨》，《建筑学报》1981 年第 11 期；成城、何干新：《川南三个小城镇——五通桥、罗城、金水井》，《建筑学报》1981 年第 10 期。

⑤ 《古建园林技术》的文章更侧重实际工程，如杨中智：《百年木构换新颜——四川南充奎阁修复记》，《古建园林技术》1995 年第 4 期；李亚林、柳明国、朱翠华：《刚柔相济 既崇且丽——成都爱道堂改扩建工程设计浅谈》，《古建园林技术》2002 年第 4 期；李先逵：《深山名刹平武报恩寺》，《古建园林技术》1994 年第 2 期；楼庆西：《四川云阳县高阳乡夏黄氏节孝牌坊》，《古建园林技术》1996 年第 2 期。

⑥ 王绍增：《西蜀名园——新繁东湖》，《中国园林》1985 年第 3 期。

⑦ 曹弘：《川西名胜"东湖"古今谈》，《风景名胜》1997 年第 11 期。

⑧ 张渝新：《新都桂湖的起源、沿革及园林特征》，《四川文物》1999 年第 5 期。

⑨ 邓云乡：《蜀中园林呈异彩——游四川崇庆〈罨画池〉散记》，《文史杂志》1987 年第 2 期；于仁：《罨画池——川西名园一奇葩》，《四川统一战线》1995 年第 1 期。

⑩ 赵长庚：《论都江堰市山水、堰城、寺庙与园林》，《规划师》1994 年第 3 期。

⑪ 周建忠：《成都西郊浣花溪风景区总体规划》，《中国园林》1988 年第 4 期；成都市城市规划设计院：《成都浣花溪风景名胜区规划》，《城市规划》1988 年第 6 期。

⑫ 岳春恩：《文化公园——青羊宫》，《四川林勘设计》1999 年第 3 期。

⑬ 李诗琦、严贤春：《成都武侯祠植物配置与评价》，《大众科技》2019 年第 10 期；岳春恩：《武侯祠与南郊公园》，《四川林勘设计》1996 年第 4 期；张宗荣：《武侯祠建筑艺术与园林景观》，《四川建筑》1995 年第 1 期；成都武侯祠文物保管所：《武侯祠》，《文物》1977 年第 9 期。

⑭ 成都杜甫草堂文管处：《杜甫草堂》，《文物》1977 年第 2 期；成都杜甫草堂管理处：《成都杜甫草堂》，《文物》1959 年第 8 期；倪根金：《从杜诗看草堂绿化》，《广东园林》1994 年第 4 期。

⑮ 成都市园林局、四川大学编：《成都风景园林》，四川大学出版社，1993 年。

现存状况进行整理的《成都市园林志》①。综合性研究比较少，但其中赵长庚的《西蜀历史文化名人纪念园林》②就四川 8 个名人纪念园的历史典故、园林设计手法、园林文化等进行详细分析，是不可多得的佳作。此外，古元忠的《成都公园史话》③论述了成都近代公园尤其是人民公园的发展演变，张先进的《四川古典园林初探》④较为系统地论述了四川园林自先秦以来的发展产生过程，文中园林除了大众耳熟能详的名园外，还涉及史书中曾出现的部分园林，是四川园林发展研究中少有的研究成果。曾宇、王乃香对四川园林产生的自然人文背景、发展情况进行了梳理，并对巴蜀园林的设计手法及几所著名园林进行了分析⑤。

（六）传统街区、名城保护与研究

1982 年，国务院公布了第一批国家级历史文化名城，成都也在名单之内。之后省内一共公布了国家级历史文化名城 7 个，省级历史文化名镇（村）46 个。20 世纪八九十年代，如何处理好古城保护和经济发展的矛盾，一直是城市规划和文物保护工作者面临的重大课题。

1998 年 6 月，四川省建设委员会牵头，四川省城乡规划设计研究院开始主持编辑《四川历史文化名城》⑥一书，2000 年得以正式出版。该书是首次从四川省各级历史文化名城（镇）中，选录了 44 个城镇汇编入书，每个城市为一章，内容反映了城市沿革、形态变迁、名胜古迹、传统风貌、历次城市规划等情况。全书 45 万字，插图 238 幅，照片 634 幅。

成都，是四川省内最早被公布为国家级历史文化名城的城市，也是《四川历史文化名城》中首先介绍的城市。过去对成都的城市历史研究，都只停留在文献探讨阶段，即使有复原图，也只是示意性的，未能在城市实测地形图上进行推演。《四川历史文化名城》中的"成都"一章，则有所突破，首次将复原猜想和城市的实际地图相结合，绘制了更为准确的复原示意图⑦。

以图的形式来清晰展现古城（镇）的历史和未来规划的重点，是该书的一大特点。除成都中心城区外，都江堰、崇州、邛崃、新都、黄龙溪、新繁和安仁等古城镇在书中也各有一章，遵循体例撰文。在每个案例里，都能看到古代方志里的城图，有的案例里还有晚清或民国时期根据现代地图测绘制作的城市地图。即使是古镇，也会尽可能配现状的地形图和编纂时的总体规划图。《四川历史文化名城》一书，对研究四川城市规划、城市历史、城市建设及教学科研，都有重要的参考和收藏价值。

2000 年出版的《建筑史论文集》第 13 辑，收录了两篇关于成都城市历史街区保护的论文。《名城成都历史文化遗产保护与展现的基本构想》⑧一文主要介绍了当时成都历史文化名城规划的一些核心内容，以城市规划的专业角度进行了论述。《成都市老皇城坝区历史演变及现状分析》⑨是由

---

① 成都市园林志编纂委员会编纂：《成都市园林志》，四川人民出版社，1998 年。

② 赵长庚：《西蜀历史文化名人纪念园林》，四川科学技术出版社，1989 年。

③ 古元忠：《成都公园史话》，《四川文物》1989 年第 2 期。

④ 张先进：《四川古典园林初探》，《四川建筑》1995 年第 1 期。

⑤ 曾宇、王乃香编著：《巴蜀园林艺术》，天津大学出版社，2000 年。

⑥ 应金华、樊丙庚主编：《四川历史文化名城》，四川人民出版社，2000 年。

⑦ 应金华：《天府首邑——成都》，《四川历史文化名城》，四川人民出版社，2000 年，第 14～51 页。

⑧ 郑小明（成都市规划设计研究院）：《名城成都历史文化遗产保护与展现的基本构想》，《建筑史论文集》第 13 辑，清华大学出版社，2000 年。

⑨ 杨小奕（中国建筑西南设计研究院）：《成都市老皇城坝区历史演变及现状分析》，《建筑史论文集》第 13 辑，清华大学出版社，2000 年。

作者的硕士学位论文部分章节摘选而成，将位于成都市中心的皇城坝作为研究对象，以复原图、测绘图和老照片等方式展现了皇城坝的历史变迁，并真实呈现了20世纪后半期城市规划对这里的改变以及20世纪90年代旧皇城清真寺的拆除、重建之争。

五、第五阶段：2000 年至今

进入 21 世纪，随着国家对文化遗产保护事业的关注度进一步提升和文物保护工作实际需求的增多，参与成都地区古建筑调查与研究的机构和团体在上一阶段的基础上有了进一步的增加。在考古研究机构方面，2004 年四川省文物考古研究所改"所"成立"院"，由以前的地面文物工作队成立了"古建筑石窟保护研究所"；同年，成都文物考古研究所也成立了古建部，开始专注于古建筑的研究与保护工作。在高校方面，参与四川古建筑研究的大学在原来的重庆大学、西南交通大学基础之上，又增加了四川大学、四川农业大学等学校。

在这一阶段，四川古建界有两件大事，一是"十一五"期间的第三次全国文物普查工作，二是 2008 年的 5·12 汶川大地震和 2013 年的 4·20 雅安芦山大地震。历时将近 5 年的第三次全国文物普查是一次深入基层的文物调查工作，促进了基层的文物保护工作，建立了四川省内各类不可移动文物古迹点的数据库。汶川地震和雅安芦山地震中，地震带上的众多古建筑遭受了不同程度的损坏，但灾后重建也带来了不少研究、修缮受损古建筑的契机。

学术出版方面，这一阶段取得了可喜的成果，包括专著、测绘图集、专项研究、建筑通史等类型。高校硕、博士学位论文从数量上也远超前面几个阶段，论文选题广泛而丰富，但高质量的出版物和学术论文仍是少数。现将较有影响力和学术价值的调查、研究成果分类整理如下。

（一）古建筑的普查和基础性研究

四川省内的第三次全国文物普查工作启动于 2007 年 7 月，根据国家文物局的要求，全省随后积极开展了普查人员的培训、试点工作，为普查工作的全面展开做好了充分准备。2007 年 10 月，普查进入实地文物调查阶段。2008 年虽然经历了 5·12 汶川地震，但一线普查工作者仍克服重重困难，按时圆满完成了实地文物调查工作。2011 年，普查工作结束，全省共登记不可移动文物 65231 处，其中新发现不可移动文物 51836 处，复查不可移动文物 13395 处。本次普查除传统的不可移动文物之外，还新增了文化线路、近现代重要史迹及代表性建筑、工业遗产、农业遗产、乡土建筑等文化遗产新类型。第三次全国文物普查，大大拓展了成都地区文物建筑的数量和内涵。

2012 年，《四川省第三次全国文物普查重要新发现》①出版，该书中限于篇幅对每处新发现只有一些简略的文字介绍，也无法将所有新增调查点全部列出，但每种类型的文物点都有列举，比较直观地展现了第三次全国文物普查所取得的成果。在该书中，收录的新型文化遗产中也包括了一些成都地区的地面文物建筑。例如，文化线路中的茶马古道邛崃段、工业遗产中的四川机械总局白药厂旧址、乡土建筑中的金堂五凤镇小凤街民居及其他类别中的梨花溪古梨树群。

除第三次全国文物普查以外，该阶段发表的对成都地区建筑的个案研究并不多，一方面，各文物部门和研究机构在第三次全国文物普查期间调查积累的古建筑资料需要一定的整理时间；另一方

---

① 四川省第三次全国文物普查领导小组办公室：《四川省第三次全国文物普查重要新发现》，四川文艺出版社，2012 年。

面，不少研究者的选题更倾向于区域综合研究或类型研究。在这一阶段，以古建筑调查报告形式呈现的成果仅有 2011 年发表于《四川文物》上的《成都市青白江区明教寺觉皇殿调查报告》[①]；以硕士学位论文形式呈现的成果则有重庆大学硕士学位论文《二王庙建筑群研究》[②] 和《成都武侯祠建筑群研究》[③]。5·12 汶川地震中，世界文化遗产都江堰距离震中较近，重要文物点二王庙和伏龙观受损非常严重，国家文物局非常重视这两处古建筑群的灾后重建工作，从临时抢险到方案设计再到修缮施工，都由国内一流水平的团队来承担。在承担现场勘查和修缮设计的过程中，北京清华城市规划设计研究院文化遗产保护研究所团队对二王庙的历史沿革和原貌原状有了较为全面的调查和研究，并将成果汇编成《都江堰二王庙震后抢险保护勘察报告》[④]。值得一提的是，都江堰市受损的古建筑数量众多，有的局部损坏，有的损坏严重甚至垮塌，但在灾后重建的过程中，不论文物点的级别和受损程度，作为项目业主方的都江堰文物局，都要求勘察设计单位进行细致的现场勘察，在设计方案之前都尽可能梳理建筑的历史沿革、确定建筑的原貌并寻找合理的复原依据，在此基础之上再进行设计。因此对都江堰的文物建筑而言，一次修缮也是一次研究和保护相结合的过程。

（二）综合性研究的开展

"十二五"期间，建筑界和文物界计划出版一套分省的"中国古建筑丛书"，每省（直辖市、自治区）各成一册，丛书的主要特点：一是强调本省（直辖市、自治区）古建筑的民族特色和地方特色；二是编写不限于建筑艺术，而是对本省（直辖市、自治区）古建筑的全面叙述，着重在成就、价值、特色、技术和经验、规律等各个方面。每省（直辖市、自治区）分册由当地专业研究人员负责编纂，四川分册的主要作者为西南交通大学建筑与设计学院的陈颖、田凯和张先进等专家学者，四川省文物局专家朱小南参与了提纲拟定和文稿审阅。编写工作从 2011 年开始，2015 年《四川古建筑》正式出版[⑤]。

2015 年出版的《四川古建筑》与 1992 年四川省建设委员会等主编的《四川古建筑》相比，出版的定位不再只是一本图集，而是在专题研究的深度上有了很大的进步。全书按建筑类型划分章节，绪论部分总述，接下来的章节是城镇与村落、祠庙建筑、宗教建筑、文教建筑、会馆建筑、园林、居住建筑及其他类型建筑。每一章节先有概述，再列出四川省内最具代表性的实例若干，图文并茂，使读者能够较为清晰明了地了解到四川省内各种类型建筑的不同特色。该书中最后一章为建筑营造与装饰，根据建筑文化的差异性，分为汉族、藏族和羌族三节分别论述，展现了四川古建筑的营造技术大致发展历程，是该书比较具有开创性的一个章节。尤其是汉族地区的营造与装饰部分，不再只是简单地罗列实例，而是在大量实例的基础上进行了归纳和总结。

从 2006 年开始，四川省文物考古研究院启动了"四川古建筑大系"这一长期出版计划。多年来，四川省文物考古研究院古建筑石窟保护研究所（原地面文物工作队）对四川省内地面建筑的保护、维修进行了大量的工作，积累了丰富的基础资料，"四川古建筑大系"正是计划将一系列的调查成果进行整理，将考古学的方法应用到建筑学研究上。2008 年，丛书中的第一册《四川文庙》

---

① 成都文物考古研究所：《成都市青白江区明教寺觉皇殿调查报告》，《四川文物》2011 年第 5 期。
② 汪智洋：《二王庙建筑群研究》，重庆大学硕士学位论文，2005 年。
③ 杨荣：《成都武侯祠建筑群研究》，重庆大学硕士学位论文，2009 年。
④ 北京清华城市规划设计研究院、清华大学建筑设计研究院文化遗产保护研究所：《都江堰二王庙震后抢险保护勘察报告》，文物出版社，2010 年。
⑤ 陈颖、田凯、张先进：《四川古建筑》，中国建筑工业出版社，2015 年。

出版。该书中的田野调查、摄影和文字均由姚军、唐飞完成，测绘由四川省文物考古研究院古建筑石窟保护研究所完成。该书概述部分总览了四川地区文庙的发展过程和保存现状，介绍了四川文庙的一般规制、建筑构造特点。实例部分选取了四川省内保存较为完整、较具代表性的德阳文庙、犍为文庙、富顺文庙和渠县文庙，按照古建筑田野调查的体例进行了详细的记录和描述。在该书的附录部分，则是四川文庙古代文献汇编，从各地古代方志中辑录出了全省文庙的相关文字记载，是一本集专题研究和资料汇编于一体的专门著作。成都地区的文庙虽然在这本书中没有单独的章节，但在现存文庙统计、图版和文献辑录中，均有涉及 ①。2017 年"四川古建筑大系"丛书出版了第二册《四川古代牌坊》②，在梳理牌坊源流、类型的同时，分类列举若干实例，图文并茂地进行了记述。该阶段，四川省文物考古研究院为了公布建筑的实测资料，还在维修设计方案编制后出版《四川古建筑测绘图集》③，至 2021 年已出版到第 6 辑，在国内形成了一定影响力。2020 年 11 月"四川传统建筑"丛书第一册《三台云台观》④ 出版，该书以文字、测绘图、照片结合，以面向大众兼顾学术的思路介绍四川建筑。

（三）专项研究（民居）

2000 年以后，四川民居的研究在深度和广度上均有所突破。

季富政和李先逵是该阶段比较重要的研究者。2000 年以后，季富政继续用手绘的方式完成了《乡土建筑钢笔画》《巴蜀城镇与民居》《采风乡土：巴蜀城镇与民居续集》《中国羌族建筑》《民居·聚落：西南地区乡土建筑文化》等著作 ⑤。李先逵 1966 年本科毕业于重庆建筑工程学院建筑系，1982 年于该校研究生毕业后留校任教，代表作有《四川民居》《干栏式苗居建筑》等 ⑥。

《四川民居》是"中国民居建筑丛书"之一，与前两本《四川民居》相比，该著作综合社会学、民俗学、民族学、心理学、行为学等人文学科及聚落规划学、人居环境学、建筑文化学等多种交叉学科的方法，对民居和聚落进行研究。内容包括对四川民居的历史探源、民居的基本形制、民居的类型研究、聚落研究、文化精神及民居的现代创作研究等。其中，着重对民居聚落与自然、人文历史环境之间的关系进行了剖析，并对聚落的选址分布、类型特征、平面组合关系、空间结构要素、景观构成、营建手法及文化品格进行了高度的概括总结。

① 四川省文物考古研究院：《四川文庙》，文物出版社，2008 年。
② 四川省文物考古研究院：《四川古代牌坊》，文物出版社，2017 年。
③ 四川省文物考古研究院：《四川古建筑测绘图集》第 1 辑，科学出版社，2010 年；四川省文物考古研究院：《四川古建筑测绘图集》第 2 辑，科学出版社，2012 年；四川省文物考古研究院：《四川古建筑测绘图集》第 3 辑，科学出版社，2013 年；四川省文物考古研究院：《四川古建筑测绘图集》第 4 辑，科学出版社，2017 年；四川省文物考古研究院：《四川古建筑测绘图集》第 5 辑，四川人民出版社，2020 年；四川省文物考古研究院：《四川古建筑测绘图集》第 6 辑，科学出版社，2021 年。
④ 四川省文物考古研究院、三台县文物保护管理所编：《三台云台观》，科学出版社，2020 年。
⑤ 季富政：《乡土建筑钢笔画》，四川美术出版社，2002 年；季富政：《巴蜀城镇与民居》，西南交通大学出版社，2000 年；季富政：《采风乡土：巴蜀城镇与民居续集》，西南交通大学出版社，2008 年；季富政：《中国羌族建筑》，西南交通大学出版社，2000 年；季富政：《民居·聚落：西南地区乡土建筑文化》，西南交通大学出版社，2020 年。
⑥ 李先逵：《四川民居》，中国建筑工业出版社，2010 年；李先逵：《干栏式苗居建筑》，中国建筑工业出版社，2005 年。

《干栏式苗居建筑》是李先逵的另一本重要著作，在分析自然环境、社会文化、民族风俗的基础上，就苗族地区的村寨选址、建筑布局、建筑类型、空间特征、构架体系、艺术特色等进行了介绍。此外，附录部分还专门梳理了干栏建筑的起源、发展，西南地区干栏建筑的分布及特点，同时将苗族建筑及西南干栏建筑置于南方建筑文化中进行定位。

此外，该阶段较为先锋的民居研究还有戴志中、杨宇振的《中国西南地域建筑文化》[①]，该著作从文化边界、地理空间、民族构成、文化信仰、交流廊道等层面剖析西南地域文化，综合地理空间、气候特征、生产生活方式、文化发展等因素将西南划分为以"巴蜀地区"为主的农耕文化、以"滇黔地区"为主的农耕－渔猎文化和以"川西滇西北高原"为主的农耕－游牧文化三种典型的文化区域，进而指出"邛笼""干栏""合院"是与三种文化区域相对应的建筑形式。接着运用动态、联系的观点，对这三类建筑的文化背景、构成特征、亚种差异及形成缘由等进行了探讨，并就"聚落模式与特征""移民与会馆建筑""摩崖石刻与摩崖建筑""山地与交通"等西南地区独特的建筑类型和现象进行了阐述分析。

该阶段期刊论文的数目大幅增长，除单体个案外，有不少综述性的文章对民居的研究方法、研究史学史进行回溯[②]。2000 年以后关于成都地区民居保护与更新的研究主要集中于大慈寺、明德坊两个区域[③]；关于民居设计方法与理论的研究主要集中于院落空间、地域特征等角度[④]；对民居本体的研究以会馆建筑、建筑特征及个案研究为主[⑤]；聚落场镇方面，个案研究集中于雅安上里、洛带

---

① 戴志中、杨宇振：《中国西南地域建筑文化》，湖北教育出版社，2003 年。

② 龙彬：《西南地区传统民居研究近二十年之状况》，《中国民族建筑论文集》，中国建筑工业出版社，2004 年，第 230~235 页；郭璇：《民间的意义——西南民居的研究历程及其当代启示》，《新建筑》2013 年第 3 期；李建华、张兴国：《从民居到聚落：中国地域建筑文化研究新走向——以西南地区为例》，《建筑学报》2010 年第 3 期。

③ 对大慈寺的研究有：金秋平：《成都大慈寺片区更新中传统民居群体空间营造的传承与创新》，《建筑设计管理》2015 年第 32 卷第 7 期；佘龙：《留下历史的足迹——大慈寺历史文化保护区现状分析》，《四川建筑科学研究》2004 年第 2 期。对明德坊的介绍有李亚林、朱翠华、李叙云：《"明德坊"建筑设计——民居保护与开发实践》，《古建园林技术》2001 年第 2 期；李亚林、柳国明：《民居保护区内的商住楼设计——"明德坊"设计有感》，《四川建筑》2001 年第 3 期。

④ 研究院落空间的论文有徐辉：《巴蜀传统民居院落空间的发展演变初探》，《建筑技艺》2014 年第 3 期；王道明：《四川民居天井的启迪》，《建筑工人》2003 年第 12 期；郭绯绯：《浅析四川民居庭院空间构成要素及意境营造》，《西部皮革》2018 年第 13 期。研究地域特征的论文有张兴国、冯棣：《西南地域文化与建筑创作的地域性》，《时代建筑》2006 年第 4 期；蓝勇：《中国西南地区传统建筑的历史人文特征》，《时代建筑》2006 年第 4 期。

⑤ 关于会馆建筑的研究有陈玮、胡江渝：《四川会馆建筑与移民文化》，《华中建筑》2001 年第 2 期；孙音：《会馆建筑》，《四川建筑》2003 年第 2 期；陈蔚、胡斌：《赏析巴蜀会馆建筑》，《四川建筑》2004 年第 3 期；黄友良：《四川同乡会馆的社区功能》，《中华文化论坛》2002 年第 3 期；傅红、罗谦：《剖析会馆文化 透视移民社会——从成都洛带镇会馆建筑谈起》，《西南民族大学学报》2004 年第 4 期；王莹、李晓峰：《行业神信仰下西秦会馆戏场仪式空间探讨》，《南方建筑》2017 年第 1 期。有关建筑特征的研究有何永之、田凯、何一民：《自然、灵动与因地制宜：清代西蜀住宅建筑文化研究》，《中华文化论坛》2016 年第 8 期；吴长根：《清代成都民居及其特色》，《乐山师范学院学报》2006 年第 10 期；季富政：《川西民居辩说》，《时代建筑》2006 年第 4 期。关于个案研究有陆琦：《成都文殊院》，《广东园林》2016 年第 5 期；邱月、邱长沛：《解读原生态的符号——走进宽窄巷子》，《装饰》2006 年第 1 期；王丽飒：《川西传统民居门窗装饰探析》，《科技风》2013 年第 6 期；李晶晶：《飞墨书锦绣，点彩写风流 记川西传统四合院的保护继承——成都画院》，《中华民居》2011 年第 11 期；李嘉华、戴志中：《西蜀遗韵——北川李家大院测绘研究》，《华中建筑》2004 年第 2 期。

等古镇，综合研究更关注蜀文化^①。

　　该时期高校成为成都平原及周边地区古建筑研究的主力军，学位论文数量呈井喷式增长，其中以地处巴蜀的西南交通大学和重庆大学尤甚。这些论文有的关注武侯祠、峨眉山、青城山等个案^②，有的研究客家民居、宗祠、文庙、戏场、楼阁、城楼、道教宫观等类型建筑^③，有的针对四川汉族民居、元代大木作、木构架的地域特色从营造技术的角度开展研究^④；有的关注传统场镇的民居形态、地域特色、屋顶及院落、场镇空间、林盘及滨水环境等^⑤。总的说来，这批硕、博学位论文极大地扩展了研究范围，丰富了测绘图、照片等一手资料。

<hr/>

① 关于雅安上里的研究有肖竞、曹珂：《文化景观视角下传统聚落风水格局解析——以四川雅安上里古镇为例》，《西部人居环境学刊》2014 年第 3 期。关于洛带的研究有陈蔚、胡斌：《四川洛带客家传统聚落与建筑研究》，《新建筑》2011 年第 5 期；吴斐、左辅强：《洛带客家文化与传统聚落空间互动研究》，《华中建筑》2014 年第 9 期。关注蜀文化的论文有姜世碧：《成都平原的环境对蜀文化聚落建筑与经济的影响》，《四川文物》2003 年第 2 期；彭邦本：《古城、酋邦与古蜀共主政治的起源——以川西平原古城群为例》，《四川文物》2003 年第 2 期；熊梅：《四川盆地传统民居的生成因素》，《西华师范大学学报》（哲学社会科学版）2018 年第 3 期。

② 杨荣：《成都武侯祠建筑群研究》，重庆大学硕士学位论文，2009 年；李晓卉：《峨眉山伏虎寺建筑群研究》，重庆大学硕士学位论文，2017 年；王雪凡：《青城山宫观建筑空间与环境特色研究》，重庆大学硕士学位论文，2017 年；汪智洋：《二王庙建筑群研究》，重庆大学硕士学位论文，2005 年。

③ 客家民居的研究有周密：《成都东山地区客家乡土建筑研究》，西南交通大学硕士学位论文，2002 年；李静：《四川客家民居建筑形态研究》，西南交通大学硕士学位论文，2012 年；郭建川：《四川客家民居与广东客家民居比较研究》，西南交通大学硕士学位论文，2005 年。宗祠的研究有范银典：《明清巴渝地区宗族祠堂建筑特色研究》，重庆大学硕士学位论文，2016 年；潘熙：《移民背景下的四川宗祠建筑研究》，西南交通大学硕士学位论文，2013 年；熊海龙：《沿江山地祠庙建筑》，重庆大学硕士学位论文，2001 年。文庙的研究如秦莉：《川西地区文庙建筑的装饰特点研究》，西南交通大学硕士学位论文，2010 年。戏场的研究有胡应红：《成都地区传统戏场建筑研究》，西南交通大学硕士学位论文，2009 年；肖晓丽：《巴蜀传统观演建筑》，重庆大学硕士学位论文，2002 年。楼阁、城楼、道教宫观的研究如徐炯炯：《巴蜀传统楼阁式建筑研究》，重庆大学硕士学位论文，2009 年；王文婧：《巴蜀城楼建筑特色研究》，重庆大学硕士学位论文，2012 年；李欣韵：《成都代表性道教宫观环境研究初探》，北京林业大学博士学位论文，2014 年。

④ 关于营造技术的研究有何龙：《四川汉族地区传统民居木作营建特点研究》，西南交通大学硕士学位论文，2016 年；柏呈：《四川现存元代木构建筑大木作研究》，西南交通大学硕士学位论文，2014 年；李长春：《川西木结构民居调查与建筑构造研究》，西安建筑科技大学硕士学位论文，2016 年；李启强：《成都地区传统民居建筑特色研究》，云南师范大学硕士学位论文，2015 年；曾宇：《川渝地区民居营造技术研究》，重庆大学硕士学位论文，2006 年；佘海超：《巴蜀传统建筑木构架地域特色研究》，重庆大学硕士学位论文，2015 年。

⑤ 关于民居形态的论文有薛劼：《成都平原场镇民居研究》，西南交通大学硕士学位论文，2008 年；童辉：《成都平原场镇民居形态研究》，西南交通大学硕士学位论文，2003 年；晋兆东：《巴渝传统夯筑建筑空间与环境特色研究》，重庆大学硕士学位论文，2018 年；张潇尹：《基于移民影响的巴渝传统民居形态演进研究》，重庆大学硕士学位论文，2015 年；蔡璐阳：《成都平原传统民居建筑装饰研究》，西南交通大学硕士学位论文，2007 年。关于民居地域特色的研究，如吴樱：《巴蜀传统建筑地域特色研究》，重庆大学硕士学位论文，2007 年。院落的研究如徐辉：《巴蜀传统民居院落空间特色研究》，重庆大学硕士学位论文，2012 年；周知：《西南传统建筑屋顶空间形态研究》，重庆大学硕士学位论文，2008 年。关于场镇空间的研究，如傅娅：《成都平原传统场镇研究》，西南交通大学硕士学位论文，2003 年；钟健：《四川传统场镇中心空间研究》，西南交通大学硕士学位论文，2002 年；姚青石：《川渝地区传统场镇空间环境特色及其保护策略研究》，重庆大学博士学位论文，2015 年。关于林盘和滨水环境的论文有樊俊杰：《川西古镇滨水休闲空间研究》，西南交通大学硕士论文，2010 年；方志戎：《川西林盘文化要义》，重庆大学博士学位论文，2012 年。

（四）其他专项（近现代建筑、园林）

进入 21 世纪，近现代建筑开始进入学者的视野，重庆大学、西南交通大学的学位论文都加强了西南近代城市建筑的研究。《巴蜀建筑史：近代》[①]在前人研究的基础上，将巴蜀近代最具代表性的建筑类型分为教会建筑、金融建筑、居住建筑、教育建筑、工业建筑。还有论文针对公馆、居住、教会等各类建筑展开研究。近代居住建筑方面有《成都地区近代公馆建筑形态研究》《成都市近代居住建筑保护现状研究》[②]；近代教育建筑方面有《成都近代教育建筑研究》[③]《华西协合大学近代建筑研究》[④]；近代教会建筑方面有《近代川西天主教教堂建筑》[⑤]；《中国近代教会大学建筑史研究》[⑥]与《相思华西坝：华西协合大学》[⑦]分别对教会开办的华西协合大学之历史和建筑做了评述。但整体来说关于成都地区近现代建筑的研究比较少。

关于近代城市的研究，1989 年出版的《成都城市研究》[⑧]是成都城市研究的第一本论文合集。随后出版的《成都城市史》[⑨]则对成都近代化尤其是经济活动对城市发展转型的影响进行了系统研究。《中国近代城市与建筑（1840～1949）》的第十一章"内地城市成都"涉及成都[⑩]；《中国近代不同类型城市综合研究》按特征将近代城市进行分类，就推动近代城市化最重要的特征因素进行论述，其中涉及重庆、昆明、自贡、贵阳、成都等西南城市[⑪]。马方进硕士学位论文《近代成都城市空间转型研究（1840—1949 年）》，分两个时期论述近代成都城市空间的演变[⑫]。

2000 年以后关于成都地区古典园林的研究数量大幅增长，其中西蜀园林在 1999 年被提出，其后作为中国古典园林四大体系之一备受关注，出现了大量相关研究成果。关于川派园林的综合研究，最深入的当属贾玲利的《四川园林发展研究》[⑬]。该论文通过史料和现存实例，系统论述了四川园林的起源及其在先秦、秦汉三国、两晋南北朝、隋唐五代、宋元、明至清初、清中期、近现代八个历史阶段的发展状况，得出了四川园林的发展分期。此外，还有很多研究者就四川园林的特色、

---

① 方芳：《巴蜀建筑史：近代》，重庆大学硕士学位论文，2010 年。

② 庞启航：《成都地区近代公馆建筑形态研究》，西南交通大学硕士学位论文，2008 年；何雨维：《成都市近代居住建筑保护现状研究》，西南交通大学硕士学位论文，2010 年。

③ 孙音：《成都近代教育建筑研究》，重庆大学硕士学位论文，2003 年。

④ 李晶晶：《华西协合大学近代建筑研究》，华侨大学硕士学位论文，2012 年。

⑤ 曹伦：《近代川西天主教教堂建筑》，西南交通大学硕士学位论文，2003 年。

⑥ 董黎：《中国近代教会大学建筑史研究》，科学出版社，2010 年。

⑦ 张丽萍编著：《相思华西坝：华西协合大学》，河北教育出版社，2004 年。

⑧ 成都市城市科学研究会编：《成都城市研究》，四川大学出版社，1989 年。

⑨ 张学君、张莉红：《成都城市史》，成都出版社，1993 年。

⑩ 《中国近代城市与建筑》编著组编著，杨秉德主编：《中国近代城市与建筑（1840～1949）》，中国建筑工业出版社，1993 年。

⑪ 隗瀛涛主编：《中国近代不同类型城市综合研究》，四川大学出版社，1998 年。

⑫ 马方进：《近代成都城市空间转型研究（1840—1949 年）》，西安建筑科技大学硕士学位论文，2009 年。

⑬ 贾玲利：《四川园林发展研究》，西南交通大学博士学位论文，2009 年。

发展史进行了不同程度的梳理①。成都作家谢伟的《川园子——品读成都园林》②，以文人的角度审视四川园林，以诗意的笔触描写成都园林美景，并记录了他细品川园子的心境，是四川园林文学化的一次尝试。

个案研究仍以成都易园、武侯祠、新繁东湖、新都桂湖为主③。其中，以张渝新对新繁东湖的研究最具代表性，他率先提出了四川官家园林的新类型，并撰文阐述了川派古典园林是中国官家园林的典型代表，以新繁东湖、新都桂湖等为例做了论证，是近年来四川园林类型学研究的一个突破④。易文清近年的一系列文章介绍由其亲自参与设计建造的易园，丰富了四川近现代园林的研究成果⑤。此外，针对四川园林设计手法，尤其是入口空间、总平布局、叠山置石、植物配置、建筑设计等专项也有大量研究涌现⑥。

（赵芸　蔡宇琨）

① 关于四川园林的特色、著名园林的简单综述有刘和椿：《淡妆浓抹总相宜——西蜀园林艺术与风格》，《成都教育学院学报》2000年第8期；张哲乐：《论成都园林的文化特色》，《中华文化论坛》2005年第4期；许志坚：《论川西古典园林》，《中华文化论坛》2003年第4期。蔡致洁较为系统地研究了川西名胜园林形成发展及特色，引经据典的同时注重实例研究，具有一定的学术价值，详见蔡致洁：《川西名胜园林形成发展及特色研究》，重庆大学硕士学位论文，2007年。潘明娟广泛引用史料，从历史学的角度概述了成都园林的发展历史，详见潘明娟：《成都古代园林初探》，《西安教育学院学报》2003年第3期。

② 谢伟：《川园子——品读成都园林》，成都时代出版社，2007年。

③ 李诗琦、严贤春：《成都武侯祠植物配置与评价》，《大众科技》2019年第10期；岳春恩：《武侯祠与南郊公园》，《四川林勘设计》1996年第4期；张宗荣：《武侯祠建筑艺术与园林景观》，《四川建筑》1995年第1期；成都武侯祠文物保管所：《武侯祠》，《文物》1977年第9期。

④ 张渝新：《川派古典园林是中国官家园林的典型代表》，《中国园林》2003年第4期；张渝新：《新繁东湖缘起考》，《四川文物》2001年第3期；张渝新：《新都桂湖的起源、沿革及园林特征》，《四川文物》1999年第5期；张渝新：《桂湖园林鉴赏》，巴蜀书社，2006年。

⑤ 易文清：《四川易园的生态与文化理念及其现实意义》，《四川建筑》2003年第2期；易文清、彭燮：《都市里的山林——易园》，《中国西部》2001年第5期；易文清：《易园：园林艺术与中国哲学的情合》，《中国西部》2002年第4期。

⑥ 对巴蜀传统山地园林入口空间及总平布局进行的研究详见李旭佳、崔英伟：《巴蜀传统山地园林入口空间浅析》，《四川建筑》2001年第3期；刘红红、吴薇：《川西纪念园林的建筑艺术特色》，《中外建筑》1999年第1期。对名人纪念园的设计手法进行一系列探讨的文章有陈寒阳：《四川名人纪念园林建筑布局与造景手法研究》，西南交通大学硕士学位论文，2019年；陶锦辉：《四川名人纪念园林的声景观研究》，西南交通大学硕士学位论文，2018年；陈姝嫱：《四川名人纪念园林布局与空间特色研究》，西南交通大学硕士学位论文，2016年。关于叠山置石的研究，详见高洁、贾玲利：《四川传统园林叠山置石艺术探析》，《南方建筑》2018年第1期；高洁：《四川古典园林山石理水艺术研究》，西南交通大学硕士学位论文，2017年。关于建筑设计及布置的研究详见彭兰惠：《四川古典园林亭的营造艺术研究》，西南交通大学硕士学位论文，2019年；宁鑫：《四川汉传佛教寺庙园林建筑装饰研究》，西南交通大学硕士学位论文，2018年。关于植物配置的文章详见刘洪志：《四川古典园林植物景观营造及传承研究》，西南交通大学硕士学位论文，2017年。

大 事 记

1902年，日本人伊东忠太开始对中国古建筑进行调查，其中包括成都地区的重要古建筑。

1906年，德国建筑学家恩斯特·伯施曼开始对中国古建筑进行调查，其中包括成都地区的重要古建筑。

1914年，华西协合大学筹建古物博物馆，这是成都最早开展考古工作的机构。该机构在戴谦和任古物博物馆馆长期间开始收集大量有关学术之古物。

1921年，美国学者鲁道夫开始对中国传统劳动工具进行调查和记录。

1922年，华西协合大学成立华西边疆研究学会，旨在对中国西部丘陵和多民族地区进行社会调查研究。同年《华西边疆研究学会杂志》创刊，该刊物迅速成为当时研究中国西南地区人文自然地理的世界性权威刊物。

1932年，美国学者葛维汉到成都接任古物博物馆馆长，并主持开展了一系列民族学、考古学调查研究工作。

1933年，葛维汉等发掘琉璃厂窑遗址，该窑址于20世纪50～70年代进行过多次田野调查。

1936年，葛维汉等组成的中外专家调查队前往十方堂窑址进行调查研究。20世纪50～70年代，在邛窑遗址群开展了数次调查和试掘工作。

1937年，成都市西门外万佛寺遗址出土若干佛像，该地点在清光绪八年（1882年）、1945年、1953年也分别出土数量众多的石刻佛教造像。

1939年，中国营造学社开始系统调查川康古建筑。

1942年，发掘前蜀王建永陵。

1944年，四川大学一座小型唐墓出土1件纸本陀罗尼经咒。

1947年，华西协合大学古物博物馆成恩元在邛崃县城西北的西河沿岸收集了大量唐代龙兴寺的佛教遗物。

1950年，成都市对全市进行了地面文物的普查登记、保护工作，成都市政府陆续拨出专款对杜甫草堂、武侯祠、大慈寺、青羊宫等著名的文物古迹进行整修，并对外开放。

1951年，辜其一等在四川省开展崖墓、汉阙、摩崖石刻等遗存的调查测绘工作。

1952年，发掘成都市金牛区青杠包东汉砖室墓群。

1952年，发掘成都北郊站东乡前蜀高晖墓。

1953 年，四川省文物管理委员会办公室成立。

1953 年，发掘成都北郊羊子山战国墓群，这是成都首次发掘的商周考古墓群，也是成都地区的首次考古发掘。

1954 年，发掘青羊宫古遗址，这是成都首次发掘的商周考古遗址，且是主动发掘。

1954 年，开始青羊宫窑址的调查和试掘工作，并于 20 世纪 70~90 年代多次发掘。

1955 年，发掘羊子山 172 号墓。

1955 年，调查崇宁横山子窑址，并于 1964 年再次调查。

1956 年，发掘羊子山土台遗址。

1956 年，城西百花潭锦江河道出土一批石刻造像和经幢，部分经幢上有"中和""光启""通政""乾德""广政""天汉"等唐末五代年号。

1957 年，发掘新繁水观音遗址，并于 1958 年再次发掘。

1957 年，发掘成都北郊天回山巫家坡东汉崖墓群。

1957 年，发掘新津普兴乡隋墓。

1957 年，发掘华阳后蜀李韡墓。

1957 年，辜其一等对成渝路沿线的会馆祠庙建筑进行调查。

1957 年，叶启燊、邵俊仪带队的调查组重点调查了成、渝两市的传统民居建筑。

1958 年，建筑理论及历史研究室重庆分室启动了四川周边少数民族建筑的调查。

1958 年，成都市地志博物馆筹备委员会成立，由著名作家、成都市副市长李劼人同志亲任筹委会主任，担负全市文物的征集、调查、发掘和保管工作。

1958 年，发掘成都北郊凤凰山龙家巷西汉杨氏木椁墓。

1959 年，完成全国第一次文物普查工作（四川区域），并在此基础上完成了四川省第一批全国重点文物保护单位、省级文物保护单位的申报工作。

1959 年，发掘彭县竹瓦街窖藏，该地点附近于 1980 年再次发现商周时期铜器窖藏。

1959 年，建筑理论及历史研究室重庆分室启动成渝地区传统园林的调查工作。

1960 年，建筑理论及历史研究室重庆分室开展藏族建筑调查。

1961 年，永陵（王建墓）、武侯祠、杜甫草堂被列为全国重点文物保护单位。

1962 年，辜其一等开始对四川宋元建筑（尤其是寺庙建筑）进行调查。

1963 年，辜其一等调查邛崃高何镇宋代石塔。

1964 年，四川大学历史系考古专门组调查双流牧马山窑址。

1964 年，调查江油窦团山云岩寺飞天藏。

1964 年，调查和试掘理县箭山寨遗址，并于 2000 年再次开展系统调查。

1966 年，发掘成都北郊昭觉寺青杠林画像砖墓。

1970 年，发掘成都北郊凤凰山明蜀悼庄世子朱悦燫墓。

1971 年，发掘成都北门外磨盘山后蜀孟知祥夫妇合葬墓。

1974 年，成都市文化局组建"成都市文物管理处"（内设考古组），办公地点设在文殊院内，恢复了原成都市地志博物馆的文博业务工作。

1974 年，在灌县城西都江堰渠首鱼嘴发现李冰石像，次年于该地点又发现 1 具持锸石人像。

1974 年，在彭州磁峰镇龙门山东南麓发现宋代磁峰窑址，并于 1977、1978、2000 年开展调查和试掘工作。

1975 年，发掘成都市金牛区曾家包东汉末至三国时期画像砖石室墓。

1975 年，成都望江楼河下出土张献忠"大顺通宝"1500 余枚，1977 年成都市区两次出土"大顺通宝"数十斤。

1977 年，发掘都江堰玉堂窑址，并于 2007 年进行全面调查和局部试掘，2013 年为制定大遗址保护规划再次开展试掘工作。

1977 年，发掘成都东郊保和公社五代后蜀张虔钊墓、蒲江县五代后蜀李才墓。

1977 年，美国地理学家那仲良开始在中国进行民居调查。

1978 年，调查金堂金锁桥窑址。

1979 年，发掘成都市龙泉驿区十陵镇正觉山明蜀僖王（朱友壎）陵墓、罗江王妃（赵氏）墓。

1979 年，发掘成都市西郊金沙庵明正德年间腾英墓。

1979 年，在王建墓附近一座明墓中发现"落花流水锦"纹样衣物。

1979 年，叶启燊等开始对川东南场镇以及凉山彝族、川西羌族、渝东南土家族等民居聚落进行调查研究。

1980 年，成都市开展第二次不可移动文物普查工作。

1980 年，发掘新都马家公社战国木椁墓。

1980 年，在蒲江天华镇发现"蜀汉五铢"钱币窖藏。

1980 年，发掘成都市青羊区长顺中街隋唐时期益州福感寺塔基。

1980 年，四川省文物管理委员会开始对四川省重要古建筑进行调查与测绘。

1980 年，开展武侯祠、杜甫草堂、王建墓等全国重点文物保护单位的修缮工作。

1982 年，成立成都市文物保护管理委员会，恢复"成都市博物馆"。

1982 年，成都市被国务院批准公布为全国首批的 24 个历史文化名城之一。

1982 年，都江堰被列为全国重点文物保护单位。

1982 年，发掘方池街商周遗址，该遗址发掘工作连续开展至 1987 年。

1982 年，在新津顺江乡文武村发现"清代朝议大夫汉中府周淦墓碑"。

1983 年，发掘成都北郊驷马桥化工厂隋墓。

1983 年，发掘成都市金牛区青龙乡五代后蜀孙汉韶墓。

1983 年，四川省邮电工业公司基建工地发现的清代墓葬出土有完整的八品文官袍服。

1983 年，《成都文物》创刊。

1984 年，《四川文物》创刊。

1984 年，成都市文物管理处并入成都博物馆（内设考古队），成都有了自己的考古专业队伍。

1984 年，在邛窑开始了为期六年的考古发掘工作。

1984 年，发掘成都市青羊区东通顺街唐代钱币窖藏。

1984 年，发掘成都市东郊圣灯乡北宋张确夫妇合葬墓、蒲江公议村北宋魏训墓。

1984 年，发掘成都市青羊区后子门明代瓷器窖藏。

1985 年，开始发掘成都市西郊十二桥商周遗址。

1985 年，发掘四川医学院附属医院附近的桓侯巷成汉墓。

1985 年，发掘成都市城东五桂桥五代后蜀徐铎夫妇墓。

1986 年，发掘指挥街商周遗址。

1986 年，在文物普查过程中，对蒲江县内的冶铁遗址进行系统调查。

1987 年，对成都市龙泉驿区的北周文王碑及周边摩崖造像进行考察，这是成都地区首次对佛教摩崖造像地点开展系统性调查。

1987 年，首次发现崇州天福窑址，并于 1997、2009 年分别进行调查。

1987 年，四川省建设委员会、四川省勘察设计协会和四川省土木建筑学会联合成立《四川古建筑》《四川民居》编辑委员会，两书分别于 1992、1996 年正式出版。

1988 年，发掘双流籍田五代后蜀徐公夫妇墓。

1988 年，对金堂云顶山宋代石城展开调查和局部试掘。

1988 年，季富政教授开始展开四川民居的调查研究。

1988 年，开始举办中国民居学术会议。

1988 年，辛亥秋保路死事纪念碑被列为全国重点文物保护单位。

1989 年，发掘成都阀门厂五块石明代刘洵等宦官墓。

1990 年，发掘唐宋时期成都罗城西南的笮桥门。

1990 年，对都江堰青城山宋代建福宫开展试掘工作，这是成都地区首次也是目前唯一一次对道教宫观遗址开展的科学发掘工作。该地点于 1956 年曾出土《□□山会庆建福宫飞轮道藏记》碑。

1990 年，蒲江凉水村原百丈监铸地发现两宋铁钱 1000 多千克。

1990 年，发掘成都市龙泉驿区明蜀昭王（朱宾瀚）陵墓。

1990 年，成都市青羊区商业街出土 9 件南朝石刻造像，其中 2 件有南朝齐梁时期的铭文。

1991 年，发掘成都市青羊区上汪家拐遗址，这是成都地区发现的首个战国时期遗址。

1991 年，发掘成都南郊桂溪乡明正德年间苏荣墓。

1992 年，成都市文物考古工作队从成都博物馆分离。

1992 年，发掘新都桂林乡商周遗址。

1992 年，发掘成都市青羊区大石东路 611 所东汉末至三国时期墓群。

1993 年，四川省人大常委会批准实施《成都市文物保护管理条例》，该条例于 1999、2006、2020 年等进行过多次修订。

1993 年，蒲江大兴乡水口村出土宋代窖藏铁钱 25 千克。

1994 年，彭州龙兴寺塔体及地宫中出土一批佛教造像，其中地宫出土 6 件南朝至隋唐时期带纪年铭刻的佛教造像。

1994 年，为配合府南河河道整治改造工程，对唐宋至明清时期成都城的东、南、西城垣进行勘探和试掘。

1994 年，发掘成都市成华区建设路北宋谢定夫妇墓。

1994 年，发掘都江堰瓦缸坝窑，该窑址于 1988 年被都江堰市人民政府定为市级文物保护单位。

1995 年，发现并确认新津宝墩古城遗址，开启了成都平原史前城址考古大发现的时期。开始在重要遗址发掘中使用全站仪开展布方和测绘工作。

1995 年，发掘成都十二桥遗址新一村地点，并于 2010 年再次进行发掘。

1995 年，发掘成都市金牛区黄忠村商周遗址，这是对金沙遗址进行的首次考古发掘。

1995 年，成都市金牛区西安路发现 9 件南朝石刻造像，其中 5 件有南朝齐梁时期的铭文。

1995 年，发掘成都市锦江区大科甲巷唐宋水渠遗址。

1995 年，发掘成都市青羊区东御河沿街明蜀王府宫城北垣及北门（广智门）遗址。

1995 年，发掘成都老南门明代万里桥遗址。

1995 年，系统调查成都市龙泉驿区十陵镇明蜀王墓群。

1995 年，蒲江五星乡元觉村出土一批明代圆觉寺石刻。

1995 年，成都市文物考古工作队组建化保室，开启了成都地区出土文物保护与修复业务机构的建制化进程。

1996 年，与日本早稻田大学、四川大学、中国社会科学院考古研究所等科研院校开展史前城址群联合调查项目，开启了成都考古对外开放合作的新篇章。同年，成都平原史前城址群荣获1996 年度全国十大考古新发现。

1996 年，发掘都江堰芒城遗址，并于 1997、1998、1999 年多次进行发掘。

1996 年，发掘郫县古城遗址，并于 1997～1999 年又进行两次较大规模的勘探与发掘。

1996 年，发掘温江鱼凫城遗址，并于 1999 年再次进行大规模钻探。

1996 年，发掘青白江跃进村汉墓群。

1996 年，发掘成都市青羊区内姜街唐宋街坊遗址。

1996 年，蒲江松华乡松花村出土一批宋代古祇园寺石刻。

1996 年，发掘新都明代杨升庵家族墓地。

1996 年，发掘成都市锦江区大科甲巷清代"正心堂"遗址。

1997 年，钻探、试掘崇州双河古城遗址。

1997 年，调查崇州紫竹古城遗址，并于次年进行小规模试掘。

1997 年，发掘成都市青白江区日新乡马坪村杨家山、老虎山汉晋至宋代墓群。

1997 年，成都东门大桥西岸桥墩出土 1 件前蜀永平五年（915 年）石质佛顶尊胜陀罗尼经幢。

1997 年，对成都市锦江区琉璃厂窑进行局部试掘，此后又分别于 2010、2018 年开展考古发掘工作。

1997 年，发掘成都市锦江区琉璃乡蜀端王（朱宣圻）及王妃（史氏等人）墓。

1997 年，为配合三峡库区考古工作，发掘巫山锁龙遗址。

1997 年 12 月 9 日，在成都召开"纪念王建墓科学发掘 55 周年暨五代历史文化座谈会"。

1998 年，郫县古城遗址获 1998 年度国家文物局田野考古奖三等奖，并被评为 1998 年度中国重要考古发现。

1998 年，发掘成都市武侯区岷江小区商周遗址。

1998 年，成都市青羊区宽巷子出土 3 件南朝时期大型佛头像。

1998 年，对双流华阳镇古城村进行调查，并于 2016 年再次复查，确定该区域乃唐广都县城所在。

1998 年，发掘成都市成华区迎曦下街唐宋街坊遗址。

1998 年，发掘成都市龙泉驿区五代前蜀王宗侃夫妇墓。

1998 年，发掘成都市龙泉驿区青龙村北宋墓群。

1998 年，对蒲江县内的盐井遗址进行专题调查和试掘。

1998 年，蒲江县城南门外西河边出土窖藏铁钱 100 千克。

1998 年，蒲江鹤山镇防疫站出土窖藏铁钱 150 千克。

1998 年，发掘成都市锦江区琉璃乡潘家沟村明蜀定王次妃（王氏）墓。

1998 年，调查、试掘巫山四龙嘴遗址。

1998 年 5 月中旬，在成都召开首届"西南片区考古工作协作会"。

1998 年，《四川新津县宝墩遗址调查与试掘》获四川省第八次哲学社会科学优秀科研成果二等奖。

1998 年，《人类共有的遗产：中日历史文化名城保护与发展——京都·成都的历史文化与现代化》获四川省第八次哲学社会科学优秀科研成果三等奖。

1999 年，发掘成都市金牛区黄忠村"三和花园"大型商周建筑遗存。

1999 年，发掘成都市武侯区桐梓林唐代爨公墓。

1999 年，发掘成都市金牛区外化成小区唐宋墓群。

1999 年，发掘成都市高新区石墙村宋墓群。

1999 年，发掘成都市成华区二仙桥南宋墓群。

1999 年，发掘都江堰金凤窑，该窑址被评为 2000 年度中国重要考古发现。

1999 年，发掘成都市锦江区水井街酒坊遗址，该遗址被评为 1999 年度全国十大考古新发现。

1999 年，我院主持的"微生物对永陵（王建墓）地宫石刻文物腐蚀原因及治理的研究"课题获国家文物局文化遗产保护科学和技术研究项目立项。

2000 年，发掘成都市青羊区商业街船棺墓地，该墓地被评为 2000 年度全国十大考古新发现。

2000 年，发掘邛崃大佛院（唐代龙兴寺旧址），并于 2005 年再次进行发掘。

2000 年，发掘成都市锦江区琉璃乡皇经楼村明代宦官墓群，该地点于 2005 年又发现一批明代万历年间的宦官墓群。

2000 年，在岷江上游地区开展系统性考古调查与勘探工作，共发现新石器时代文化遗址和遗物采集点达 82 处。2017～2020 年，为配合营盘山遗址保护规划的制定，继续深入推进岷江上游的系统考古工作。

2000 年，于 2000、2003、2005 年先后对大渡河上游脚木足河及其支流茶堡河两岸地区进行全面调查，发现和确认了孔龙村、白赊村及哈休村等 10 余处新石器时代至秦汉时期的古文化遗址。

2000 年，发掘茂县营盘山遗址，并于 2002～2004、2006 年多次进行发掘。

2000 年，发掘茂县下关子遗址，并于 2006 年再次进行发掘。

2000 年，参与耿马石佛洞遗址的发掘，并于 2003 年再次进行发掘。

2000 年，对巴中石窟进行系统考古调查。

2000 年，《四川温江县鱼凫村遗址分析》获四川省第九次哲学社会科学优秀成果奖。

2001 年，发掘成都市青羊区金沙遗址祭祀区，该发现被评为 2001 年度全国十大考古新发现。

2001 年，发掘成都青羊区西窑村唐宋墓群。

2001 年，发掘成都市龙泉驿区洪河大道南延线唐宋墓群。

2001 年，发掘成都市锦江区天府广场明代城墙遗址。

2001 年，对大渡河中游汉源县进行系统调查，发现和确认了 10 余处新石器时代至商周时期的古文化遗址，并对其中的麦坪村遗址、麻家山遗址、姜家屋基遗址等进行了试掘。

2001 年，对西昌市进行系统调查。

2001 年，对广元市的摩崖石刻进行系统性考古调查。

2001 年，为配合三峡库区考古工作，发掘忠县哨棚嘴遗址。

2001 年，为配合三峡库区考古工作，发掘忠县罗家桥墓地，并于 2002 年再次进行发掘。

2001 年，联合中国社会科学院考古研究所、云南省文物考古研究所在中缅、中越边境开展考古调查工作，并于 2002 年继续开展调查工作。

2001 年，参与永仁菜园子遗址、磨盘地遗址的发掘工作。

2001 年，随着金沙遗址的发现，成都市文物考古工作队开始培养专业技术工人使用全站仪布设探方、测绘遗址图和遗迹图，同时也开始注重植物考古中土样标本的采集。

2001 年，参与中华人民共和国科学技术部"十五"国家科技攻关计划"中华文明探源及其相关文物保护技术研究"子课题"遗址大型饱水木构件原址保护技术研究"。

2001 年，我院主持的"岷江上游新石器时代文化研究""四川地区宋代金银器研究""巴中石窟研究""有机硅材料用于金沙遗址出土象牙及象牙器封存保护的研究"四项课题获国家文物局文化遗产保护科学和技术研究项目立项。

2001 年，成都平原史前城址、成都十二桥遗址、成都古蜀船棺合葬墓、成都水井街酒坊遗址、新都宝光寺、邛崃石塔寺石塔、崇州罨画池、新津观音寺被国务院核定为第五批全国重点文物保护单位。

2002 年，发掘成都市青羊区金沙遗址"黄河"地点春秋战国墓群。

2002 年，发掘成都市青羊区金沙村汉代廊桥遗址。

2002 年，发掘成都市青羊区杜甫草堂北大门唐五代寺院遗址。

2002 年，与四川大学艺术学院、日本早稻田大学联合对蒲江、邛崃两地摩崖石刻造像进行全面调查。

2002 年，发掘成都市锦江区保和乡东桂村宋墓群。

2002 年，发掘成都市青羊区青龙街明代浣花桥遗址。

2002 年，发掘茂县波西遗址，并于 2003、2008 年继续进行发掘。

2002 年，发掘茂县沙乌都遗址，并于 2006 年再次进行发掘。

2002 年，发现安岳灵游院摩崖石刻，并于次年进行系统调查。

2002 年，对安岳庵堂寺摩崖石刻进行考古调查，并于 2008 年进行复查。

2002 年，对沱江中游（金堂县、简阳市、资阳市雁江区）进行系统考古调查，发现 10 余处新石器时代至商周时期遗址点。

2002 年，发掘泸县宋墓。

2002 年，为配合三峡库区考古工作，发掘忠县杜家院子遗址。

2002 年 6 月 23～26 日，在成都召开"长江上游城市文明起源学术研讨会暨中国古都学会 2002 年学术年会"。

2002 年 8 月 3～10 日，在成都召开"第七届全国考古与文物保护化学学术交流会"。

2002 年，我院主持的"巴蜀文化区的形成及其进一步整合的历史过程"课题获国家文物局文化遗产保护科学和技术研究项目立项。

2002 年，我院参与的"成都金沙遗址出土青铜器研究与青铜器保护"课题获成都市科技局立项。

2002 年，《成都平原早期城址及其考古学文化初论》获四川省第十次哲学社会科学优秀成果一等奖，《四川成都水井街酒坊遗址发掘简报》获四川省第十次哲学社会科学优秀成果奖。

2003 年，经中共成都市委机构编制委员会批准（成机编〔2003〕15 号），将成都博物馆、成都金沙遗址博物馆、成都船棺遗址博物馆、成都十二桥古蜀遗址博物馆、成都隋唐窑址博物馆整合组建了成都博物院，取消成都博物馆独立法人资格。成都博物院、成都市文物考古工作队具有独立法人资格，为独立核算单位。

2003 年，发掘成都市成华区青龙乡海滨村墓地。

2003 年，发掘成都市成华区青龙乡石岭村南宋纪年墓。

2003 年，发掘成都市武侯区永丰乡肖家村明代弘治至万历年间宦官墓群。

2003 年，发掘成都市金牛区五福村明代宦官墓群。

2003 年，发掘成都市金牛区五块石五福村明代墓群。

2003 年，我院主持的"巴蜀带斑纹青铜兵器的锈蚀机理及表面工艺研究"课题获国家文物局文化遗产保护科学和技术研究项目立项。

2004 年，发掘成都市金沙遗址"国际花园"地点春秋战国墓群。

2004 年，发掘成都市锦江区三圣乡粉堰村明蜀怀王（朱申鈘）及王妃（徐氏）墓。

2004 年，发掘成都市杜甫草堂博物馆东侧的清代万福楼建筑遗址。

2004 年，成都文物考古研究所成立古建部，开始专注于成都古建筑的研究与保护工作。

2004 年，在金沙遗址率先使用物探方法，尝试在不开挖的情况下了解地下文物埋藏情况。

2004 年，对西昌市横栏山进行调查和试掘，并于 2011、2014 年继续进行试掘。

2004 年 4 月 22～24 日，在成都召开"长江上游地区文明化进程学术研讨会"。

2004 年，我院参与的"长江上游古文化与中国文明的起源——从宝墩文化、三星堆文化到金沙遗址"课题获国家社科基金西部项目立项。

2004 年，我院参与中华人民共和国科学技术部"十五"国家科技攻关计划"文物保护关键技术研究"子课题"高新技术在文化遗存保护中的应用研究""高新技术在古环境及其与古蜀文化关系研究中的应用"。

2004 年，我院主持的"四川地区宋代瓷器的生产与销售""夜郎考古的发现与研究""岷江上游石棺葬的发现与研究""四川地区西汉土坑墓研究""四川地区 11—13 世纪青铜器研究"五项课题获教育部省属高校人文社会科学重点研究基地四川师范大学巴蜀文化研究中心重点资助项目立项。

2004 年，我院参与的"巴蜀文字资料的整理与研究"课题获成都市科技局立项。

2004 年，"有机硅材料用于金沙遗址出土象牙器的封存保护"入选中华人民共和国成立五十五周年文物科学和技术成果。

2004 年，《巴蜀佛教碑文集成》获四川省第十一次哲学社会科学优秀成果二等奖，《四川彭州宋代金银器窖藏》《四川茂县营盘山遗址试掘报告》获四川省第十一次哲学社会科学优秀成果三等奖。

2005 年，调查发掘都江堰渠首遗址，并于 2013、2014 年继续进行发掘。

2005 年，再次对邛窑十方堂窑址开展考古发掘工作。

2005 年，发掘邛崃平乐镇铁屎坝冶铁遗址，该遗址于 20 世纪 60 年代发现，2011 年又发掘 1 座冶铁炉。

2005 年，发掘成都金沙村唐代鲜腾墓。

2005 年，发掘蒲江大塘镇大碑村明代大悲寺莲池遗址。

2005 年，发掘成都市高新区新北小区明代万历年间宦官墓群。

2005 年，发掘成都市温江区万春镇明弘治五年石室墓。

2005 年，发掘西昌棲木沟遗址、马鞍山遗址、营盘山遗址，会理东咀遗址、雷家山一号墓，其中棲木沟遗址、东咀遗址于 2006 年再次进行发掘。

成都

考古史

2005 年，与中国社会科学院考古研究所、西藏自治区博物馆联合对西藏林芝地区进行考古调查。

2005 年，成都金沙遗址出土文物太阳神鸟金饰被选定为中国文化遗产标志。成都金沙遗址、商业街古蜀船棺合葬墓被列入国家《"十一五"期间大遗址保护总体规划》100 处重要大遗址名单。

2005 年 4 月 9、10 日，在成都举办"青藏高原东麓史前考古学术研讨会暨第二届西部考古协作会"。

2005 年，我院主持的"滇东黔西的青铜文化"课题获教育部人文社会科学重大项目普通高等学校人文社会科学重点研究基地北京大学中国考古学研究中心基地重大项目立项。

2005 年，我院主持的"绵阳地区隋唐佛教造像的调查与研究"课题获教育部省属高校人文社会科学重点研究基地四川师范大学巴蜀文化研究中心重点资助项目立项。

2005 年，与湖北省博物馆合作的《采用 PEG（聚乙二醇）复合液脱水加固定型出土饱水木构件》获湖北省人民政府科学进步奖三等奖。

2006 年，发掘蒲江鹤山镇飞龙村战国至秦代墓群。

2006 年，发掘金堂李家梁子汉唐至明清墓地。

2006 年，发掘蒲江西来镇白马村的残城子遗址，并于 2010 年再次发掘，确定为西魏至北宋时期的"临溪县城"。

2006 年，"邛窑遗址"（含十方堂窑址、瓦窑山窑址和大渔村窑址）被公布为国家重点文物保护单位。为配合邛窑遗址规划的编制与实施，分别于 2006、2013、2019 年对邛窑进行调查和局部试掘。

2006 年，发掘蒲江寿安镇金家村唐宋至明清时期大梵寺遗址。

2006 年，发掘成都市金牛区营门口乡红色村唐代王怀珍墓。

2006 年，发掘成都市金牛区营门口乡红色村明代宦官墓群。

2006 年，发掘成都市温江区海峡科技园明正德年间赵氏家族墓地。

2006 年，成都金沙遗址、商业街船棺遗址、水井街酒坊遗址列入《中国世界文化遗产预备名单》。

2006 年，成都金沙遗址、望江楼古建筑群、孟知祥墓、洛带会馆建筑群、领报修院、彭州佛塔、邛崃石窟、瑞光塔、蒲江石窟、圣德寺塔被国务院公布为第六批全国重点文物保护单位。

2006 年，与日本爱媛大学法文学部签订铁器考古意向性合作研究协议，标志着成都平原冶铁遗址专项调查研究工作的正式启动。截至 2019 年，联合调查队在蒲江县调查发现 58 处冶铁相关遗址，在临邛故地调查发现 74 处冶铁遗址。且于 2007 年对蒲江西来镇古石山、铁牛村、许鞋匾三个冶铁遗址进行试掘。

2006 年，发掘马尔康哈休遗址。

2006 年，发掘九龙查尔村石棺葬、调查康定力邱河古碉楼。

2006 年，对中江大旺摩崖石刻进行调查。

2006 年 5 月 20 日，在成都举办第三届"中国古代玉器与传统文化研讨会"。

2006 年，我院参与的"长江流域礼乐文明的起源和发展——从成组（成批）玉石璧的性能和功能研究入手"课题获国家社科基金西部项目立项。

2006 年，我院主持的"四川早期道教遗物的新发现与研究""四川漆器的早期发展概述"两项课题获教育部省属高校人文社会科学重点研究基地四川师范大学巴蜀文化研究中心重点资助项目立项。

2006年，《泸县宋墓》《试论鄂西地区商周时期考古学文化的变迁——兼谈早期巴文化》获四川省第十二次哲学社会科学优秀成果三等奖。

2006年，《长江上游的巴蜀文化》《试论鄂西地区商周时期考古学文化的变迁——兼谈早期巴文化》《大渡河中游先秦考古学文化的分期及相关问题》获成都市第八次哲学社会科学优秀科研成果二等奖。

2007年，我院参与筹备的成都金沙遗址博物馆开馆。

2007年，发掘成都江南馆街唐宋街坊遗址，该遗址被评为2008年度全国十大考古新发现。

2007年，发掘金堂淮口镇宋代怀安军遗址，此后又分别于2008、2010、2012年开展发掘工作。

2007年，发掘成都市青羊区金河路唐五代池苑遗址。

2007年，发掘成都市青白江区艾切斯工地唐宋墓地。

2007年，发掘成都市金牛区凤凰山明蜀献王王妃（蓝氏）墓。

2007年，第三次全国文物普查工作（四川省）启动，截至2011年，全省共登记不可移动文物65231处，其中新发现不可移动文物51836处，复查不可移动文物13395处。

2007年，发掘马尔康石达秋遗址。

2007年，为配合南水北调中线工程（湖北省丹江口区域）的建设工作，发掘十堰斜窝河遗址。

2007年，对安岳卧佛院石窟进行考古调查。

2007年，我院参与的安岳圆觉洞石窟中德合作保护项目正式启动，该遗址于2006年被国务院公布为全国重点文物保护单位。

2007年，我院主持的"成都——中国皮影博物馆馆藏皮影文物的保护研究"课题获国家文物局文化遗产保护科学和技术研究项目立项。

2008年，发掘成都天府广场博物馆新址遗址，其中的重要发现包括摩诃池局部、宋代衙署建筑以及明蜀王府三川社稷坛基址等。

2008年，发掘成都市武侯区五大花园明代嘉靖年间宦官墓群。

2008年，发掘德昌汪家坪遗址，这也是茨达河流域的第一次考古发掘。

2008年，对盐源县内的古代盐井进行系统考古调查，并于2016年进行复查。

2008年，为配合南水北调中线工程（湖北省丹江口区域）的建设工作，发掘丹江口潘家岭墓地。

2008年，受5·12汶川大地震影响，成都市不可移动文物损毁严重，中央和地方政府高度重视文物的灾后修复、重建工作，截至2011年4月底，四川、甘肃、陕西三省列入国家《汶川地震灾后恢复重建公共服务设施建设专项规划》的294个灾后文化遗产抢救保护项目中，完成项目237项，完成率为80.6%，基本完成了中央提出的"用三年左右时间完成恢复重建的主要任务"的目标。

2008年3月30日，在成都举办"文化遗产保护与考古学论坛"。

2008年，我院主持的"金沙出土石磬铜铃玉石璧音乐声学性能及考古学综合研究"课题获四川省科技支撑项目立项。

2008年，我院主持的"成都金沙遗址出土青铜器研究与青铜器保护"课题获四川省科技支撑项目立项。

2008年，《渝东地区商周时期考古学文化研究》获四川省第十三次哲学社会科学优秀成果三等奖、成都市第九次哲学社会科学优秀科研成果二等奖。

2008 年，《巴中石窟内容总录》《浅议滇东黔西地区与巴蜀的关系》《试论四川盆地的秦人墓》《川西彩陶的发现与初步研究》获成都市第九次哲学社会科学优秀科研成果三等奖。

2009 年，宝墩遗址被纳入"中华文明探源工程子项目"，宝墩遗址考古工作重新启动。

2009 年，发掘邛崃羊安工业区墓地。

2009 年，发掘大邑新场镇石虎村唐宋遗址，推测可能是宋代文献记载的"思安寨"。

2009 年，开始在宝墩遗址开展系统性环境考古调查工作，并于 2014、2017～2020 年继续开展系统性环境考古调查工作。

2009 年，植物考古浮选法开始在成都平原大规模应用。

2009 年，为配合南水北调中线工程（湖北省丹江口区域）的建设工作，发掘丹江口万家沟墓地，并于 2010 年再次进行发掘。

2009 年 2 月 9～13 日，在成都举办"中日文化遗产地震对策研讨会"。

2009 年 7 月 22～25 日，在西昌市举办"藏彝羌走廊暨中国西部石棺葬文化研讨会"。

2009 年，我院主持的"中国古代水利工程遗产科学价值挖掘研究与展示"课题获国家文物局"指南针计划——中国古代发明创造的价值挖掘与展示"专项立项。

2010 年，成都市进行机构改革，成都市文物保护管理委员会办公室（成都市文化局文物处）更名为成都市文物管理办公室，并继续管理全市文物和博物馆事业。

2010 年，成都天府广场东御街发现 2 块汉碑（"李君碑""裴君碑"）。

2010 年，发掘成都市龙泉驿区后蜀赵廷隐墓。

2010 年，调查成都市青白江区明教寺觉皇殿遗址。

2010 年，发掘德昌董家坡遗址，冕宁赵家湾遗址、高坡遗址，其中高坡遗址于 2011 年再次进行发掘。

2010 年，对眉山市进行系统性考古调查，并于次年继续深入开展调查工作，重点复查洪雅王华遗址、青神汉阳遗址、彭山武阳古城遗址。

2010 年，开始引入测绘专业人员，全面开展考古测绘工作。

2010 年，金沙考古遗址公园进入我国第一批国家考古遗址公园名单。

2010 年，签署共建大遗址保护成都片区框架协议，大遗址保护包括成都平原史前城址群、古蜀文化遗址群、宋元遗址群、古窑址群、大型墓葬群、酒坊遗址 6 类 24 处 35 个遗址点。

2010 年 11 月 18、19 日，国家文物局大遗址保护会议暨首批国家考古遗址公园授牌仪式在成都举行。

2010 年，为增进学术交流，提升学术水平，扩展学术视野，我院开始不定期举办学术沙龙活动，截至 2021 年，已举办约 40 余场。

2010 年，我院参与的国家科技支撑计划"中华文明探源及其相关文物保护技术研究"子课题"出土灰化纺织物保护关键技术研究"获中华人民共和国科学技术部项目立项。

2011 年，调查发掘成都市温江区红桥村遗址，该遗址至 2016 年连续开展发掘工作。

2011 年，发掘成都市青白江区包家梁子秦汉墓地。

2011 年，开始对安岳玄妙观摩崖石刻进行调查，并于 2012 年再次进行调查测绘。该遗址于 2006 年被公布为全国重点文物保护单位。

2011 年，调查眉山市出土铁器和古代酒坊遗址。

2011 年，与雅安市博物馆联合开展雅安市七县一区的考古调查及资料整理工作。

2011 年，调查盐亭花林寺大殿，并于 2012、2015 年两次进行复查。该遗址于 2012 年被公布为四川省第八批省级文物保护单位。

2011 年，大遗址保护成都片区被纳入国家文物博物馆事业发展"十二五"规划。

2011 年 5 月，在成都举办全国文物系统 5·12 汶川特大地震灾后抢救保护工作总结大会。

2011 年，我院参与的"三江源地区青海玉树藏族自治州古墓群考古与文物保护项目"课题获国家文物局文化遗产保护学和技术研究项目立项。

2011 年，我院参与的"中国古代酿酒技术的价值挖掘与展示研究"课题获国家文物局"指南针计划——中国古代发明创造的价值挖掘与展示"专项立项。

2011 年，与荆州文物保护中心联合编制的《成都商业街船棺葬竹木漆器保护修复方案》获得国家文物局批复同意，该项目于 2017 年通过四川省文物局组织的专家验收。

2012 年，开始了为期两年的高山古城遗址区域系统调查。

2012 年，发掘成都市金牛区天回镇老官山西汉墓群，该遗存被评为 2012 年度全国十大考古发现。

2012 年，发掘成都天府广场东北侧遗址。

2012 年，对双流黄龙溪镇明蜀藩王墓群进行系统勘探，其间使用遥感影像等新技术手段解译发现的城垣和三层平台。

2012 年，发掘彭州濛阳镇濛江北路清咸丰年间举人曾文辅神道碑。

2012 年，发掘会理饶家地新石器至青铜时代遗址。

2012 年，与青海省文物考古研究所、四川大学考古学系等组成联合考古队，于 2012～2014 年在青海玉树地区开展系统性考古调查和试掘工作。

2012 年，参与编制《雅安观音阁修缮设计方案》，2013 年观音阁被国家文物局补录为全国重点文物保护单位。

2012 年，调查蓬溪金仙寺藏殿。

2012 年 12 月 8 日，在成都锦江宾馆举办"四川盆地及中国古代早期冶铁与中国古代社会"国际学术研讨会。

2012 年，我院主持的"金沙遗址祭祀区考古发掘研究报告"课题获国家社科基金重大项目立项。

2012 年，《成都博物院文物保护修复技术能力提升方案》获得国家文物局批复同意。

2012 年，我院参与的"成都名城特色新认识与新构建研究——保护与建设对策研究"课题获成都市城市科学研究会立项。

2012 年，《金沙遗址的初步分析》《四川马尔康县哈休遗址 2006 年的试掘》获四川省第十五次哲学社会科学优秀成果三等奖。

2013 年，我院参与筹备的水井街酒坊遗址博物馆建成开馆。

2013 年，发掘成都市青羊区东华门遗址，该遗址于次年被评为 2014 年度中国重要考古发现，并于 2016 年被纳入全国大遗址保护"十三五"规划。

2013 年，发掘新津邓双镇老虎山汉晋墓地。

2013 年，发掘成都市成华区成华广场南宋纪年墓。

2013 年，发掘成都市高新区双柏村明正德年间墓群。

2013 年，调查新津老虎山明代摩崖造像。

2013 年，对大邑县内的药师岩和佛子岩两处窟龛进行系统调查。

2013 年，对阿坝藏族自治州壤塘县进行系统性考古调查，发现和确认了旧石器至秦汉时期遗址点约 15 处。

2013 年，对喜德县孙水河流域和越西县越西河流域进行系统性考古调查。

2013 年，对泸沽湖周边地区进行系统性考古调查，新发现和重新确认了舍夸村、格萨村、西番村等秦汉时期遗址。

2013 年，参与青海民和喇家遗址的发掘，并于 2014、2016、2018 年再次进行发掘。

2013 年，利用全站仪和 CASS 绘图软件，对青白江汉墓群进行快速测量成图，解决大批量墓葬测绘快速成图的问题。同时引进物探设备，随后开展大量物探培训和实践。

2013 年，在成都市温江区红桥村遗址开展系统性环境考古调查工作。

2013 年，江南馆街街坊遗址、平安桥天主教堂、四川大学早期建筑、北周文王碑及摩崖造像、寿安陈家大院、玉堂窑址、灵岩寺及千佛塔、灌口城隍庙、奎光塔、青城山古建筑群、茶马古道（都江堰段、邛崃段、蒲江段）、新场川王宫被国务院公布为全国重点文物保护单位。

2013 年，成都市在全国率先颁布实施针对大遗址保护的综合性管理办法——《成都市大遗址保护管理办法》，并在此框架下制定《王建墓保护规划》《水井街酒坊遗址保护规划》《邛窑遗址保护规划》等遗址的专项保护规划。

2013 年，成都老官山汉墓入选中国社会科学院"2013 年中国考古新发现"论坛六大成果之一、"2013 年度全国十大考古新发现"。

2013 年 9 月 14～16 日，"国家考古遗址公园创新发展学术研讨会暨第三届联席会议"在广汉三星堆遗址博物馆举行。

2013 年，"西南唐宋石窟寺遗存的调查与综合研究"课题获国家社科基金重大项目立项，我院参与该项目子课题"西南唐宋石窟寺遗存的考古调查"。

2013 年，我院参与的国家科技支撑计划"中华文明探源及其相关文物保护技术研究"子课题"中华文明起源过程中区域聚落与居民研究"获中华人民共和国科学技术部项目立项。

2013 年，我院参与的国家科技支撑计划"中华文明探源及其相关文物保护技术研究"子课题"出土有机质文物现场提取技术研究与应用示范"获中华人民共和国科学技术部项目立项。

2013 年，我院主持、参与的"四川省石刻佛经的考古调查与研究""潮湿地区古代墓葬中丝织品保存状况的预判研究"获国家文物局文物保护领域科学和技术研究一般课题立项。

2013 年，我院主持的"城市中大遗址保护与利用的探索及实践——以金沙国家考古遗址公园为例"获国家文物局文物保护领域科学和技术研究一般课题立项。

2013 年，与荆州文物保护中心联合编制的《成都天回镇汉墓群竹木漆器保护修复方案》《成都天回镇汉墓群简牍保护修复方案》获得国家文物局批复同意。2018 年底，老官山汉墓出土的 4 台织机模型顺利完成了保护修复组装复原，顺利通过四川省文物局组织的专家验收。

2013 年，《龙门山地区史前遗址分布的地质学观察——"5·12"大地震对四川省史前考古的几点启示》《巴中石窟研究》获成都市第十次社会科学优秀成果二等奖，《试论十二桥文化的生业方式》《再论温江鱼凫村遗址第三期文化遗存的性质》《金沙遗址的初步分析》《金沙遗址聚落形态的初步认识》获成都市第十次社会科学优秀成果三等奖。

2014 年，成都博物院被四川省人力资源与社会保障厅批准为博士后创新实践基地。

2014 年，发掘彭州市致和镇汉代白虎夷王城遗址。

2014 年，发掘成都市青羊区下同仁路南朝至唐代佛教造像坑。

2014年，发掘成都市锦江区正科甲巷唐宋至元明街坊遗址。

2014年，发掘成都市青羊区江汉路唐宋至明清遗址。

2014年，开始发掘成都市锦江区成龙街道金像寺社区明代宦官墓群。

2014年，发掘西昌沙坪站遗址，2015年再次进行发掘。

2014年，对安岳舍身岩、云峰寺、侯家湾、菩萨湾、大佛寺、社皇庙、雷神洞等地摩崖石刻进行调查，其中舍身岩摩崖石刻于2012年被公布为四川省文物保护单位。

2014年，对仁寿杀人槽摩崖石刻进行调查，该遗址发现于1987年。

2014年，我院成立科技考古中心，下设动物考古、植物考古、冶金考古、空间信息考古、环境考古五个实验室。

2014年，空间信息考古引入无人机，逐步实现了绝大部分工地无人机航拍，构建三维模型。

2014年，我院参与的"四川三星堆文明消失和金沙文明兴起成因的环境考古研究"课题获国家自然科学基金面上项目立项。

2014年，我院参与的"汉代提花技术复原研究与展示——以成都老官山汉墓出土织机为例"课题获国家文物局"指南针计划——中国古代发明创造的价值挖掘与展示"专项立项。

2014年，我院主持的"巴蜀考古研究要览"课题获教育部省属高校人文社会科学重点研究基地四川师范大学巴蜀文化研究中心重点资助项目立项。

2014年，我院开始与四川大学合作开展冯汉骥系列学术讲座，截至2021年，共举办约80余场。

2014年，《四川地区西汉土坑墓》《遂宁金鱼村南宋窖藏》《水井街酒坊遗址发掘报告》获四川省第十六次社会科学优秀成果三等奖。

2014年，《成都出土历代墓铭券文图录综释》获成都市第十一次社会科学优秀成果二等奖，《茂县牟托一号石棺墓》《茂县营盘山石棺葬墓地》《丹江口潘家岭墓地》《关于四川安岳卧佛院的几个问题》获成都市第十一次社会科学优秀成果三等奖。

2015年，经成都市委机构编制委员会批准（成机编〔2015〕43号），原成都博物院管理的成都隋唐窑址博物馆、成都十二桥遗址博物馆、成都船棺遗址博物馆划转成都市文物考古工作队（成都文物考古研究所），调整后，成都市文物考古工作队（成都文物考古研究所）为市文广新局所属正处级公益二类事业单位。

2015年，成都博物院被四川省人力资源与社会保障厅批准为博士后创新实践基地，成为当时成都市教科文卫系统唯一拥有博士后科研工作站的科研单位，也是国内继陕西省考古研究院之后第二家设立博士后科研工作站的考古研究机构。

2015年，出土木漆器保护国家文物局重点科研基地成都工作站举行揭牌仪式。

2015年，对高山古城遗址进行第一次正式发掘，该遗址被连续评为2015、2016年度中国重要考古发现。

2015年，发掘成都市青羊区张家墩战国至秦代墓地。

2015年，开始对成都市高新区新川创新科技园汉六朝墓群进行发掘，发掘工作一直延续至2021年。

2015年，发掘成都市锦江区东丁字街唐宋至明清时期遗址。

2015年，发掘成都市青羊区通锦路唐代寺院园林遗址。

2015年，对成都万佛寺（又称净众寺）唐宋至明清时期遗址开展局部试掘工作。

2015年，对盐源盆地进行系统性考古调查。

2015年，对安岳县上大佛摩崖造像进行调查，该造像于2007年被公布为四川省文物保护单位。

2015 年，成都文物考古工作队科技考古中心空间信息考古实验室组建完成。

2015 年 3 月 10～12 日，在雅安市举办"南方丝绸之路学术研讨会"。

2015 年．我院主持的"出土简牍微生物病害与防治研究（以成都老官山汉墓为例）"课题获成都市科技惠民技术研发项目立项。

2015 年，文物保护与修复中心编制的《成都博物馆馆藏文物保护修复方案》《成都博物馆馆藏西周兽头铜罍保护修复方案》获国家文物局批复同意。2019 年底，"成都博物馆馆藏西周兽头铜罍和出土金属文物保护修复"项目顺利通过四川省文物局组织的专家验收。2020 年底，"成都博物馆馆藏文物保护修复"项目顺利通过四川省文物局组织的专家验收。

2015 年，《成都平原都市酒文化与水井坊酒史考述》获成都市第十二次社会科学优秀成果二等奖，《四川大邑县药师岩石窟寺和摩崖造像考古报告》《成都平原先秦聚落变迁分析》获成都市第十二次社会科学优秀成果三等奖。

2016 年，我院参与筹备的成都博物馆新馆开馆。

2016 年，发掘蒲江鹤山镇飞虎村战国船棺墓群，该墓群出土有战国时期带"成都"铭文的矛，该矛系成都平原最早的有"成都"铭文的器物。

2016 年，发掘蒲江鹤山街道办蒲砚村战国船棺墓群。

2016 年，发掘成都市青羊区实业街东晋至隋唐时期福感寺遗址。

2016 年，在彭州龙门山镇宝山村一带进行矿冶遗址实地调查。

2016 年，发掘成都市锦江区宾隆街唐宋至明清遗址。

2016 年，发掘成都市武侯区川音大厦唐宋墓地。

2016 年，发掘成都市金牛区任家碾宋墓群。

2016 年，发掘成都市锦江区农科院明代中晚期宦官墓群。

2016 年，参与贵州省贵安新区招果洞遗址的发掘工作，并于 2017～2020 年连续开展发掘工作。

2016 年，对黑水县黑水河流域进行系统调查。

2016 年，对盐源皈家堡遗址进行发掘，并于 2017、2018 年再次进行发掘。

2016 年 10 月 22～25 日，在成都举办"中国古都学研究高峰论坛"和"中国古都学会第七届会员代表大会暨成都古都文化学术研讨会"。

2016 年，我院参与的"西藏史前时期农业的植物考古学研究"课题获国家社科基金一般项目立项。

2016 年，我院参与的"成都平原宝墩文化时期的聚落与环境研究"课题获国家社科基金青年项目立项。

2016 年，我院参与的"常态下出土木材干缩湿胀经时演变及其影响机制"课题获国家自然科学基金青年项目立项。

2016 年，成都市青羊区张家墩战国秦汉墓地入选 2016 年度中国重要考古发现。

2016 年，《邛窑遗址保护规划》获首届中国考古学大会"考古资产保护金尊奖"。

2017 年，成都市公布施行《成都市历史建筑与文化街区保护条例》。

2017 年，根据《中共成都市委机构编制委员会办公室关于调整成都市文物考古工作队机构编制事项的通知》（成机编〔2017〕70 号），同意成都市文物考古工作队不再挂成都文物考古研究所牌子，加挂成都文物考古研究院牌子，其他机构编制事项不变。

2017 年，发掘成都市青白江区双元村墓群，这是目前四川首次发现的规模最大、数量最多的一处春秋至战国时期墓葬群。

2017 年，发掘成都市青羊区光华村战国至南宋墓地。

2017 年，发掘郫县指路村汉代乡里遗址。

2017 年，发掘新津桥津上街汉、六朝时期乡里遗址。

2017 年，发掘金堂十里村汉晋崖墓群。

2017 年，发掘成都市青羊区鼓楼北街唐末至元代街坊遗址。

2017 年，发掘成都市青羊区光华街秦汉至南宋时期墓地。

2017 年，调查简阳草池镇平泉坝遗址，推测可能是唐宋时期的平泉县城所在地。

2017 年，调查都江堰三佛洞晚唐五代至明清时期摩崖造像，该造像于 2012 年被公布为第八批四川省文物保护单位。

2017 年，发掘成都市武侯区群众路唐宋墓地。

2017 年，发掘成都市龙泉驿区洪河村南宋高氏家族墓地。

2017 年，发掘成都市龙泉驿区洪安镇红光村明代家族墓群。

2017 年，大规模开展物探工作，筹建"空间信息数据库系统"。

2017 年，随着成都文物考古研究所升格为成都文物考古研究院，文物保护与修复中心也随之更名为文物保护研究所。

2017 年 9 月 24～26 日，在成都举办"夏商时期玉文化国际学术研讨会"。

2017 年，我院开始每年定期举办年度考古汇报会，对本年度重要发掘、研究成果进行汇报交流。

2017 年，我院参与的"成都平原先秦时期人口与社会、环境、资源研究"课题获国家社科基金西部项目立项。

2017 年，我院参与的"河西走廊史前文化互动与社会研究"课题获国家社科基金青年项目立项。

2017 年，我院参与的"金沙土遗址劣化过程中微生物群落结构演替研究"课题获国家自然科学基金青年项目立项。

2017 年，我院文物保护研究所编制的《成都博物馆馆藏出土金属文物保护修复方案》获国家文物局批复同意。

2017 年，我院文物保护研究所编制的《成都十陵镇后蜀赵廷隐墓出土陶质文物保护修复方案》获国家文物局批复同意，并于 2020 年底顺利通过四川省文物局组织的专家验收。

2017 年，《绵阳崖墓》《滇东黔西青铜时代的局面》获四川省第十七次社会科学优秀成果三等奖。

2017 年，《川北佛教石窟和摩崖造像研究》获成都市第十三次社会科学优秀成果一等奖，《成都郫县波罗村商周遗址发掘报告》获成都市第十三次社会科学优秀成果二等奖，《成都天府广场东北侧古遗址发掘报告》获成都市第十三次社会科学优秀成果三等奖。

2017 年，我院获成都市第一次全国可移动文物普查工作先进集体。

2018 年，发掘蒲江鹤山镇铁溪村宋代冶铁遗址。

2018 年，发掘简阳玉成乡秀才沟村明墓群。

2018 年，发掘新津邓双镇宝资山明墓群。

2018 年《意大利那不勒斯国家考古博物馆、坎皮佛莱格瑞考古公园与中国四川省文物局合作协议》在成都签约，将"2019 年东华门城市考古遗址保护开展本体保护与展示利用规划方案编制与实施"纳入中意两国文化遗产保护利用合作内容，双方将合作开展成都东华门城市考古遗址保护与利用项目。

2018 年 9 月 21 日，在成都举办"中意文物保护及博物馆规划与管理研讨会"。

2018 年 10 月 22～24 日，在成都举办"第二届中国考古学大会"。

2018 年 12 月 8 日，在邛窑考古遗址公园举办首届"临邛汉代冶铁实验考古"国际研讨会。

2018 年，"四川新出土南朝造像的整理与综合研究"课题获国家社科基金重大项目立项，我院主持参与的该项目子课题有"成都实业街南朝造像发掘报告及资料整合""四川出土南朝佛教造像的渊源及背景研究"。

2019 年，发掘成都市高新区中和街道双龙村战国墓地。

2019 年，发掘成都市青白江区城厢镇茶花村战国秦汉时期遗址。

2019 年，发掘双流景山村汉唐至明清时期盐井。

2019 年，发掘成都市金牛区柳家碾元墓。

2019 年，发掘成都市青羊区政府街明代郡王庆符王府遗址。

2019 年，发掘越西东大扎子遗址。

2019 年，调查冕宁嘉顺营明清时期遗址。

2019 年，龙藏寺被公布为全国重点文物保护单位。

2019 年，成都东华门遗址等 9 处成都文物保护单位入选四川省第九批省级文物保护单位。

2019 年，对金沙遗址保护厅内外大气中细颗粒物（PM2.5）和挥发性有机物（VOCs）进行了观测，并对各自化学组分进行了全面分析，同时，对金沙土遗址土壤细菌群落结构和推测的代谢特征进行检测分析。

2019 年 8 月 20～22 日，在广汉举办"茂县营盘山遗址与古蜀之源"学术研讨会。

2019 年 11 月 15～17 日，在邛崃市举办"中国西南与东南亚冶金技术的起源与传播暨临邛冶铁实验考古"国际学术研讨会。

2019 年，我院主持的"盐源皈家堡遗址的整理与研究"课题获国家社科基金一般项目立项。我院参与的"四川新津瑞麟寺山墓地发掘报告""高山古城宝墩文化人类骨骼考古研究"两项课题获国家社科基金一般项目立项。

2019 年，我院主持的"茶马古道（成都段）考古调查及研究"课题获国家社科基金后期资助一般项目立项。

2019 年，我院在站博士获中国博士后科学基金会第 65 批面上资助二等奖。

2019 年，《金沙遗址：阳光地点二期地点发掘报告》获四川省第十八次社会科学优秀成果二等奖，《成组玉石璧在"同律度量衡"改革中的作用——兼论中国礼乐文明的形成》获四川省第十八次社会科学优秀成果三等奖。

2020 年，发掘成都市成华区东林村战国至元明时期墓地。

2020 年，发掘成都市成华区五桂桥五代后蜀赵进墓。

2020 年，发掘简阳方家寺宋代画像石室墓。

2020 年，发掘成都市龙泉驿区太平村南宋杨氏家族墓地。

2020 年，发掘成都市锦江区东光村明代窑址。

2020 年，对盐源老龙头墓地进行抢救性发掘，该墓地自 20 世纪 80 年代以来先后开展过三次抢救性发掘。

2020 年，为配合三峡库区考古工作，发掘奉节王家包遗址。

2020 年 8 月 9、10 日，在成都举办"古蜀文明及周边考古"暨"考古发现与历史记录"学术会议。

2020 年 10 月 24 日，在北京举办《成都考古发现》出版 20 周年专家座谈研讨会。

2020 年，国家重点研发计划"中华文明形成进程中的生业、资源与技术研究"立项，我院主持的子课题有"宝墩遗址及成都平原文明起源进程中的生业经济研究""长江流域文明进程之宝墩高山古城研究"，参与的子课题有"中华文明起源过程中的古环境和人地关系研究"。

2020 年，我院获评"2019 年度成都国际化营商环境建设先进集体"。

2021 年，发掘成都市郫都区犀浦犀园村周代遗址。

2021 年，我院主持的"新津宝墩遗址聚落环境考古资料整理研究"课题获四川省社科规划项目立项。

2021 年，我院在站博士获中国博士后科学基金会第 69 批面上资助"地区专项支持计划"二等奖。

2021 年 9 月 27 日，"中国考古百年"系列活动之"纪念金沙遗址发现 20 周年国际学术会议"在成都召开。

2021 年 10 月 14 日，"2021 年度西南考古协作会暨古蜀文明与西南夷学术研讨会"在四川广汉召开。

2021 年，我院与贵州省文物考古研究所、四川大学考古文博学院共同发掘的贵州招果洞遗址入选 2020 年度全国十大考古新发现。

2021 年，我院参与编著的《中国古代物质文化史（铁器卷）》获四川省第十九次社会科学优秀成果奖一等奖，我院主持编著的《茂县营盘山新石器时代遗址》获四川省第十九次社会科学优秀成果奖二等奖，我院参与编著的《淅川泉眼沟汉代墓地》获四川省第十九次社会科学优秀成果奖三等奖。

早期调查

1958年成都市副市长、成都市地志博物馆筹委会主任李劼人（右一）与家人

1960年成都市地志博物馆工作
人员在龙泉进行文物调查

1987年成都市博物馆工作人员进行野外文物调查

早期调查

1958年成都市副市长、成都市地志博物馆筹委会主任李劼人（右一）与家人

1960年成都市地志博物馆工作
人员在龙泉进行文物调查

1987年成都市博物馆工作人员进行野外文物调查

遗址及代表性文物

1942年发掘前的王建墓

王建墓封门墙被破坏情形

王建墓中室与后室

1970年明蜀悼庄世子朱悦燫墓地宫厢房

明蜀悼庄世子朱悦燫墓出土谥宝拓片

明蜀悼庄世子朱悦燫墓出土陶象辂

1977年双流中兴场协和公社西汉木椁墓
发掘现场

1977年成都后蜀张虔钊墓发掘现场

1978年成都百花八队汉墓群外景

明蜀僖王（朱友壎）陵地宫

《大明蜀僖王圹志》墨拓

1979年明蜀僖王（朱友壎）陵发掘现场

1982年青羊宫窑址发掘现场

1983年青羊宫窑址发掘现场

1983年青羊宫窑址发掘现场

1983年成都市西一环路居民楼建设工地发掘现场

1983年成都市西一环路居民楼建设工地发掘现场

1983年成都市西一环路居民楼建设工地发掘现场

1983年成都市西一环路居民楼建设工地
发掘现场

1985年成都岷山饭店遗址发掘现场

1985年成都十二桥商周遗址Ⅰ区发掘现场全景

1995年严文明（中）、林向（右）、马继贤（左）先生考察成都十二桥商周遗址

1985年成都十二桥商周遗址Ⅰ区
发掘现场

1985年成都十二桥商周遗址ⅠT16
大圆木构件遗迹

1985年成都十二桥商周遗址ⅠT22～
ⅡT40木结构建筑遗迹

1985年成都市武侯区桓侯巷成汉墓发掘现场

1990年成都市青羊区商业街出土背屏造像

1990年成都市青羊区商业街出土释法明造观世音
成佛像

1990年明蜀昭王（朱宾瀚）陵地宫

明蜀昭王（朱宾瀚）陵出土釉陶俑

明蜀昭王（朱宾瀚）陵出土釉陶抚琴俑

1992年茂县牟托一号石棺墓墓地远景（从北往南）

茂县牟托一号石棺墓M1东北
部局部器物出土情况

茂县牟托一号石棺墓出土动物纹铜牌饰

茂县牟托一号石棺墓出土绿松石串饰

茂县牟托一号石棺墓出土铜镈钟

1995年成都市金牛区西安路出土释法海造弥勒像

1995年成都市金牛区西安路出土柱僧逸造阿育王像

1995年成都市金牛区西安路出土比丘晃藏造释迦像

2013年新津宝墩古城遗址航拍

2009年新津宝墩古城遗址发掘现场

2009年新津宝墩古城遗址发掘现场

2012年新津宝墩古城遗址发掘现场

2012年新津宝墩古城遗址野外钻探调查

2013年新津宝墩古城遗址沈林盘人工土台

2013年新津宝墩古城遗址游埂子西段剖面

2019年新津宝墩古城遗址发掘现场　　　　2019年新津宝墩古城遗址发掘现场

1995年俞伟超、朱启新、马继贤、陈振裕、　　2010年童明康先生视察新津宝墩古城遗址
王毅先生考察新津宝墩遗址

2010年严文明、赵辉、张弛先生考察新津宝墩　　2010年张忠培先生考察新津宝墩古城遗址
古城遗址

都江堰芒城遗址西城墙

都江堰芒城遗址竹骨泥墙房基

1997年郫县古城遗址发掘现场

2006年郫县古城遗址调查人员合影

郫县古城遗址F5

温江鱼凫城遗址南城墙

2018～2019年成都市锦江区
琉璃厂窑窑址发掘区航拍

2018～2019年成都市锦江区
琉璃厂窑发掘现场

2018～2019年成都市锦江区
琉璃厂窑调查勘探

成都市锦江区琉璃厂窑揭露窑炉

成都市锦江区琉璃厂窑第Ⅱ发掘区航拍

成都市锦江区琉璃厂窑作坊建筑区

2021年秦大树先生参观考察成都市锦江区
琉璃厂窑遗址发掘现场

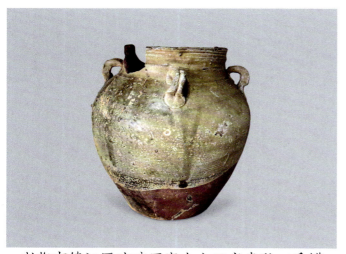

成都市锦江区琉璃厂窑出土五代青釉四系罐

成都市锦江区琉璃厂窑出土五代青釉绿彩注壶

成都市锦江区琉璃厂窑出土南宋白釉酱彩
玉壶春瓶

成都市锦江区琉璃厂窑出土南宋釉陶武士俑

成都市锦江区琉璃厂窑出土南宋青釉化妆土
装饰玉壶春瓶

成都市锦江区琉璃厂窑出土五代青釉刻花
彩绘盆

紫竹古城遗址北城墙

崇州紫竹古城遗址航拍

崇州紫竹古城遗址出土陶喇叭口高领罐　　　崇州双河古城遗址出土三孔石钺

明蜀定王次妃（王氏）墓墓门

明蜀定王次妃（王氏）墓中的鎏金彩绘石刻

成都市锦江区水井街酒坊遗址全景

成都市锦江区水井街酒坊遗址出土刻有
"锦﹙江﹚春"字样瓷盘

成都市锦江区水井街酒坊遗址出土瓷碗

成都市锦江区水井街酒坊遗址揭露酒窖、晾堂

1999年宿白、严文明、徐光冀先生考察
成都市锦江区水井街酒坊遗址发掘现场

1999年俞伟超等先生查看成都市
锦江区水井街酒坊遗址出土瓷器

1999年张文彬先生查看成都市锦江区
水井街酒坊遗址出土瓷器

1999年徐苹芳、张忠培、严文明、
徐光冀先生查看成都市锦江区
水井街酒坊遗址出土瓷器

成都市青羊区商业街船棺墓地全景

2000年成都市青羊区商业街船棺墓地发掘现场

2000年成都市青羊区商业街船棺墓地发掘现场

2000年俞伟超先生考察成都市青羊区商业街
船棺墓地发掘现场

成都市青羊区商业街船棺墓地出土船棺

2000年王军、关强先生考察成都市青羊区
商业街船棺墓地发掘现场

2001年张忠培、黄景略、徐苹芳、宋新潮等先生查看成都市青羊区商业街船棺墓地出土文物

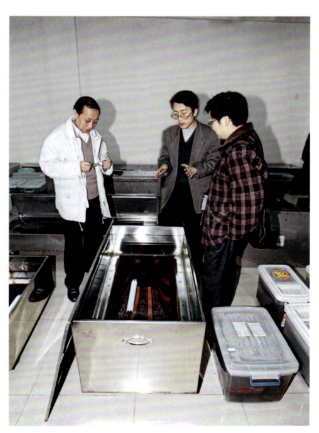

2001年李学勤先生查看成都市青羊区
商业街船棺墓地出土文物

成都市青羊区商业街船棺墓地出土漆床

成都市青羊区商业街船棺墓地出土漆豆

茂县营盘山新石器时代遗址外景

2003年茂县营盘山新石器时代遗址发掘现场

2003年茂县营盘山新石器时代遗址发掘现场

茂县营盘山新石器时代遗址人祭坑

茂县营盘山新石器时代遗址出土陶人面

茂县营盘山石棺葬出土陶尖底罐

2002年徐荣旋先生、王琼女士考察茂县营盘山
新石器时代遗址发掘现场

2002年张忠培先生查看茂县营盘山新石器时代
遗址出土文物

2002年严文明先生查看茂县营盘山新石器时代
遗址出土文物

2002年李伯谦先生查看茂县营盘山新石器时代
遗址出土文物

2006年成都金沙遗址金牛城乡一体化5号地块B地点全景

2002年张忠培先生考察成都金沙遗址祭祀区
发掘现场

2002年俞伟超先生考察成都金沙遗址祭祀区
发掘现场

2002年俞伟超先生考察成都金沙遗址金煜地点
G1

2008年单霁翔、吴良镛等先生考察成都金沙
遗址朗寓地点发掘现场

2001年成都金沙遗址祭祀区发现现场

2002年成都金沙遗址祭祀区L11清理现场

2002年成都金沙遗址祭祀区L11提取现场

2007年成都金沙遗址祭祀区L8清理现场

2001年成都金沙遗址兰苑地点发掘现场

2001年成都金沙遗址兰苑地点发掘现场

2001年成都金沙遗址兰苑地点发掘现场

2001年成都金沙遗址兰苑地点发掘现场

2002年成都金沙遗址黄河地点发掘现场

2002年成都金沙遗址祭祀区发掘现场卜甲套箱

2004年成都金沙遗址阳光二期地点发掘现场

成都金沙遗址祭祀区L65清理现场

成都金沙遗址祭祀区出土太阳神鸟金饰

成都金沙遗址祭祀区出土良渚文化十节青玉琮

成都金沙遗址祭祀区出土铜立人

金面具修复

金面具修复

云南耿马石佛洞遗址远景

云南耿马石佛洞遗址近景

云南耿马石佛洞遗址洞口

2003年云南耿马石佛洞遗址发掘现场

2003年云南耿马石佛洞遗址发掘现场

2003年云南耿马石佛洞遗址发掘现场

2003年云南耿马石佛洞遗址发掘现场

2003年云南耿马石佛洞遗址发掘现场

云南耿马石佛洞遗址出土陶釜

云南耿马石佛洞遗址出土陶釜身

云南耿马石佛洞遗址出土星形石器

云南耿马石佛洞遗址出土骨鱼钩

成都红牌楼明代蜀藩太监墓群出土琉璃厂窑
孔雀蓝釉鋬耳三足带盖炉

成都红牌楼明代蜀藩太监墓群出土景德镇嘉靖
官窑青花大缸

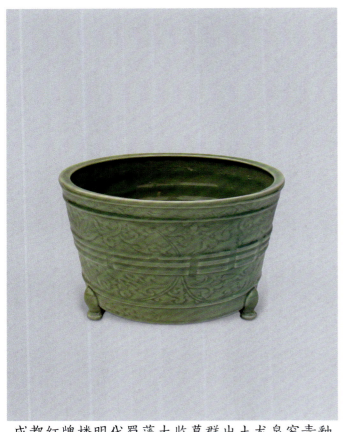

成都红牌楼明代蜀藩太监墓群出土龙泉窑青釉
刻划花三足炉

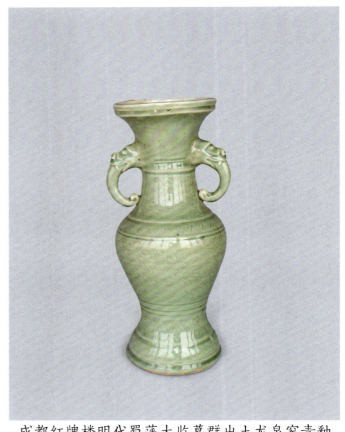

成都红牌楼明代蜀藩太监墓群出土龙泉窑青釉
刻划花象耳供瓶

成都市青白江区三星村遗址航拍

2017年成都市青白江区三星村遗址发掘现场

2018年成都市青白江区三星村遗址发掘现场

2018年成都市青白江区三星村遗址象牙器提取　　2018年成都市青白江区三星村遗址象牙簪套箱

成都市青白江区三星村遗址出土象牙簪　　　　成都市青白江区三星村遗址出土玉锛

成都市青白江区三星村遗址出土亚腰形穿孔象牙牌

成都新北小区明代蜀藩太监墓群出土景德镇青花带盖梅瓶

成都新北小区明代蜀藩太监墓群出土景德镇青花象耳供瓶

邛崃邛窑十方堂窑址航拍

邛崃邛窑十方堂窑址一号窑包

2005年邛崃大佛院发掘现场

2005年邛崃大佛院发掘现场

金堂李家梁子汉墓出土陶说唱俑

金堂李家梁子汉墓出土陶抚琴俑

2006年马尔康哈休遗址发掘现场

2006年马尔康哈休遗址发掘现场

2006年马尔康市沙尔宗乡学校师生参观马尔康哈休遗址发掘现场

2007年徐光冀、郭大顺、潘其凤等先生查看马尔康哈休遗址出土文物

2006年马尔康哈休遗址发掘现场考古试掘工作汇报会

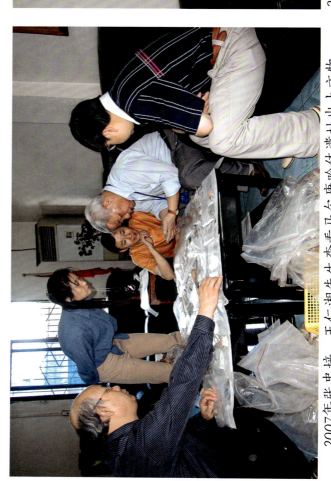

2007年张忠培、王仁湘先生查看马尔康哈休遗址出土文物

马尔康哈休遗址出土双孔涂朱石钺

马尔康哈休遗址出土陶塑人面像

马尔康哈休遗址出土陶尖底瓶

2007年安岳卧佛院调查

2007年安岳卧佛院调查

2007年安岳卧佛院调查

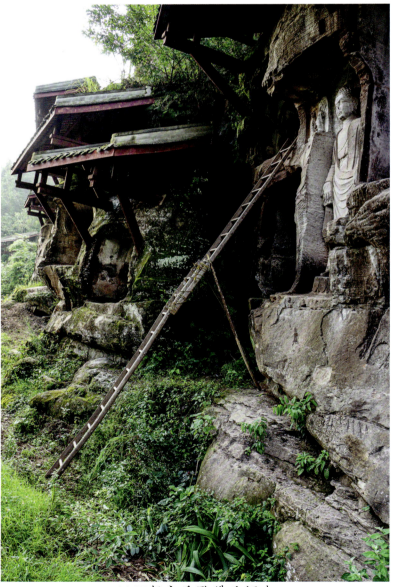

2007年安岳卧佛院调查

2007年安岳卧佛院调查

成都江南馆街唐宋街坊遗址全景

成都江南馆街唐宋街坊遗址揭露路面

成都江南馆街唐宋街坊遗址揭露路面

成都江南馆街唐宋街坊遗址F29

2008年吴良镛、单霁翔先生考察成都江南馆街
唐宋街坊遗址发掘现场

2008年童明康先生考察成都江南馆街唐宋街坊
遗址发掘现场

2008年傅罗文先生、玳玉女士考察成都江南馆街
唐宋街坊遗址发掘现场

2008年张忠培、徐光冀、徐苹芳等先生考察
成都江南馆街唐宋街坊遗址发掘现场

成都金河路唐宋遗址发掘全景

成都金河路唐宋遗址出土邛窑低温
黄绿釉堆贴莲瓣高足香熏

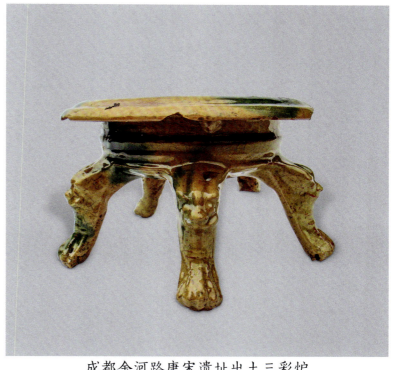

成都金河路唐宋遗址出土三彩炉

金堂淮口镇宋代怀安军遗址外景

2007年宋治民、马继贤、段渝等先生考察金堂淮口镇宋代怀安军遗址发掘现场

金堂淮口镇宋代怀安军遗址街道、台基上的建筑群

金堂淮口镇宋代怀安军遗址揭露城门以及相关遗迹

湖北丹江口潘家岭墓地全景

湖北丹江口万家沟墓地全景

2009年湖北丹江口万家沟墓地发掘现场

2009年湖北丹江口万家沟墓地发掘现场

成都后蜀赵廷隐墓全景

2011年成都后蜀赵廷隐墓发掘现场

成都后蜀赵廷隐墓西耳室

成都后蜀赵廷隐墓出土陶吹笙俑

成都后蜀赵廷隐墓出土陶吹箫俑

成都后蜀赵廷隐墓出土陶女舞俑

成都后蜀赵廷隐墓出土陶拨琵琶俑

德昌董家坡遗址远景

2012年成都天府广场东北侧遗址发掘现场

2013年张勋燎、林向、宋治民先生考察成都天府广场东北侧遗址

成都天府广场东北侧遗址揭露宫墙基槽底部的木桩

成都天府广场东北侧遗址揭露建筑基础及排水沟

成都天府广场东北侧遗址揭露庭院路面

成都天府广场东北侧遗址揭露水井

成都天府广场东北侧遗址出土石犀

大邑高山古城遗址航拍图

大邑高山古城遗址揭露人骨捆缚形态

大邑高山古城遗址揭露奠基人祭坑

2015年大邑高山古城遗址发掘现场

2015年大邑高山古城遗址发掘现场

2015年赵辉、张弛先生考察高山古城遗址发掘现场

大邑高山古城遗址出土陶敞口尊

大邑高山古城遗址出土陶澄滤器

大邑高山古城遗址出土象牙镯

2012年会理饶家地遗址发掘现场

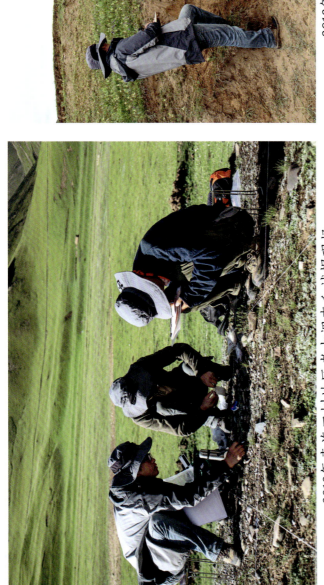

2012年青海玉树地区考古调查和试掘现场

2012年青海玉树地区考古调查和试掘现场

2012年青海玉树地区考古调查和试掘现场

成都市青羊区东华门遗址全景

成都市青羊区东华门遗址揭露摩诃池沿岸唐代庭院建筑

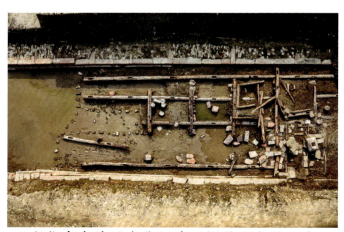

成都市青羊区东华门遗址揭露明代蜀王府苑囿区的河道及木构水榭建筑

成都市青羊区东华门遗址揭露摩诃池隋代池岸
护堤

2014年童明康先生考察成都市青羊区东华门
遗址发掘现场

2014年张忠培、霍巍等先生考察成都市青羊区
东华门遗址发掘现场

2014年闫亚林先生考察成都市青羊区东华门
遗址发掘现场

成都市青羊区东华门遗址出土五代绿釉兽面纹瓦当

2014年青海民和喇家遗址发掘现场

2014年青海民和喇家遗址发掘现场

2014年青海民和喇家遗址发掘人员合影

新津邓双镇老虎山汉晋墓地
全景

2013年新津邓双镇老虎山汉晋
墓地发掘现场

2013年新津邓双镇老虎山汉晋
墓地发掘现场

成都市锦江区成龙街道金像寺社区明代正德至崇祯年间宦官墓群A区全景

成都市锦江区成龙街道金像寺社区明代正德至崇祯年间宦官墓群B区全景

2015年孟宪民、王仁湘先生考察成都市锦江区成龙街道金像寺社区明代正德至崇祯年间宦官墓群发掘现场

成都市锦江区成龙街道金像寺社区明代正德至崇祯年间宦官墓群揭露彩绘石门

成都市锦江区成龙街道金像寺社区明代正德至崇祯年间宦官墓群M4中室顶部彩画

成都市锦江区成龙街道金像寺社区明代正德至崇祯年间宦官墓群揭露彩绘壁画

成都市锦江区成龙街道金像寺社区明代正德至崇祯年间宦官墓群揭露彩绘壁画

成都市青羊区正科甲巷唐宋至元明街坊遗址发掘区局部

成都市青羊区正科甲巷唐宋至元明街坊遗址揭露小型排水沟

成都市青羊区正科甲巷唐宋至元明街坊遗址揭露排水渠

成都市青羊区正科甲巷唐宋至元明街坊遗址揭露排水渠局部

2014年成都下同仁路佛教造像坑及城市生活
遗址发掘现场

2014年成都下同仁路佛教造像坑及城市生活
遗址发掘现场

2014年成都下同仁路佛教造像坑及城市生活
遗址发掘现场

2014年成都下同仁路佛教造像坑及城市生活
遗址发掘现场

2014年成都下同仁路佛教造像坑及城市生活
遗址发掘现场

2014年成都下同仁路佛教造像坑及城市生活
遗址发掘现场

2014年成都下同仁路佛教造像坑及城市生活
遗址发掘现场

2014年成都下同仁路佛教造像坑及城市生活
遗址发掘现场

成都下同仁路佛教造像坑及城市生活遗址揭露佛教造像坑

成都下同仁路佛教造像坑及城市生活遗址揭露佛教造像坑

成都下同仁路佛教造像坑及城市生活遗址出土
天监十五年蔡僧和造释迦背屏式像

成都下同仁路佛教造像坑及城市生活遗址出土
背屏式组合造像

成都下同仁路佛教造像坑及城市生活遗址出土
天王坐像

成都下同仁路佛教造像坑及城市生活遗址出土
菩萨立像

2013年大邑虎擘泉造像调查

2013年大邑药师岩造像调查

2014年成都市龙泉驿区大佛寺调查

成都市青羊区清江东路张家墩战国至秦代墓地航拍

2015年成都市青羊区清江东路张家墩战国至秦代墓地发掘现场

成都市青羊区清江东路张家墩战国至秦代墓地
出土器物组合

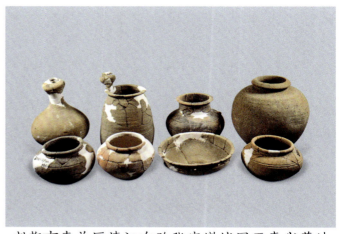

成都市青羊区清江东路张家墩战国至秦代墓地
出土器物组合

成都市青羊区清江东路张家墩战国至秦代墓地
出土铜弩机和箭镞

成都市青羊区清江东路张家墩战国至秦代墓地
出土铜鍪

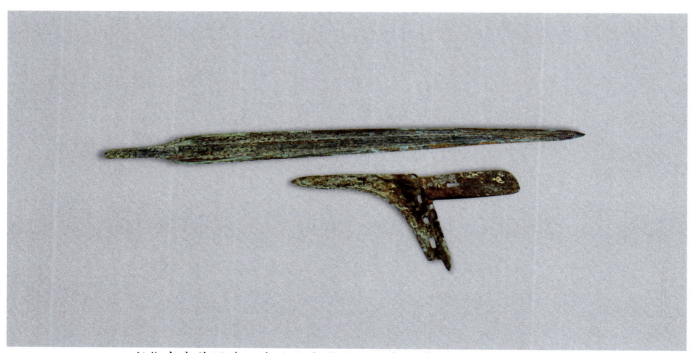

成都市青羊区清江东路张家墩战国至秦代墓地出土铜剑、铜戈

成都通锦路唐净众寺园林遗址发掘区北部航拍

成都通锦路唐净众寺园林遗址揭露建筑局部

成都通锦路唐净众寺园林遗址揭露池塘

成都通锦路唐净众寺园林遗址揭露沟渠

2015年徐光冀先生考察成都通锦路唐净众寺园林遗址发掘现场

2015年成都通锦路唐净众寺园林遗址发掘现场

2015年成都通锦路唐净众寺园林遗址发掘现场

2015年成都通锦路唐净众寺园林遗址发掘现场

2015年成都通锦路唐净众寺园林遗址发掘现场

2015年成都通锦路唐净众寺园林遗址发掘现场

成都通锦路唐净众寺园林遗址出土"静众"瓷钟残片

成都通锦路唐净众寺园林遗址出土石造像

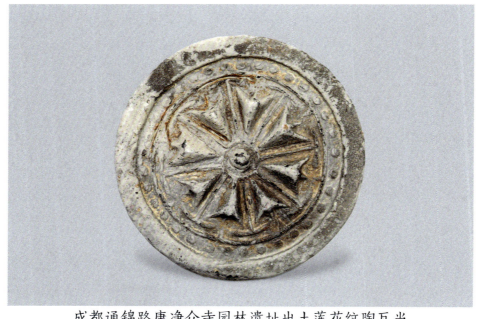

成都通锦路唐净众寺园林遗址出土莲花纹陶瓦当

成都新川创新科技园古代墓葬高高山地点航拍

2020年成都新川创新科技园古代墓葬发掘现场

2020年成都新川创新科技园古代墓葬发掘现场

2020年童明康先生考察成都新川创新科技园古代
墓葬发掘现场

2020年赵志军先生考察成都新川创新科技园古代
墓葬发掘现场

成都新川创新科技园古代墓葬五根松地点M94
出土彩绘陶楼

成都新川创新科技园古代墓葬五根松地点M94
出土陶说唱俑

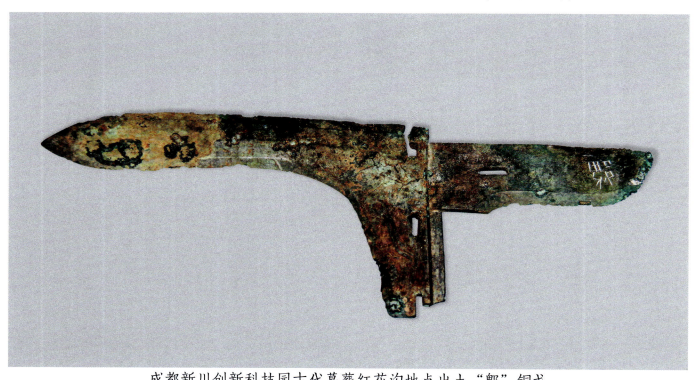

成都新川创新科技园古代墓葬红花沟地点出土"郫"铜戈

西昌沙坪站遗址航拍

蒲江鹤山镇飞虎村战国船棺墓群航拍

2016年蒲江鹤山镇飞虎村战国船棺墓群发掘现场

2016年蒲江鹤山镇飞虎村战国船棺墓群发掘现场

2016年蒲江鹤山镇飞虎村战国船棺墓群
发掘现场

2016年蒲江鹤山镇飞虎村战国船棺墓群发掘现场

蒲江鹤山镇飞虎村战国船棺墓群出土柳叶形铜剑

蒲江鹤山镇飞虎村战国船棺墓群出土"成都"
铜矛

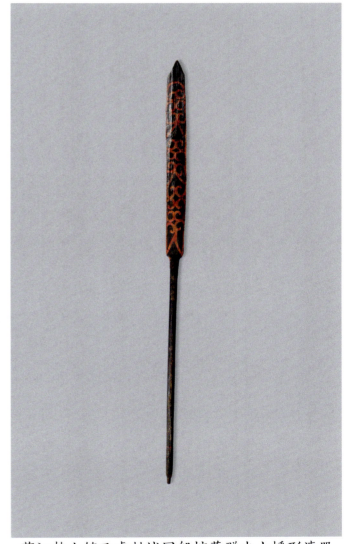

蒲江鹤山镇飞虎村战国船棺墓群出土幡形漆器

2016年成都市青羊区实业街东晋至隋唐时期
福感寺遗址发掘现场

2016年成都市青羊区实业街东晋至隋唐时期
福感寺遗址发掘现场

2016年成都市青羊区实业街东晋至隋唐时期
福感寺遗址发掘现场

2016年成都市青羊区实业街东晋至隋唐时期
福感寺遗址发掘现场

2016年成都市青羊区实业街东晋至隋唐时期
福感寺遗址发掘现场

成都市青羊区实业街东晋至隋唐时期福感寺
遗址出土佛头像

成都市青羊区实业街东晋至隋唐时期福感寺
遗址出土福感寺碑首

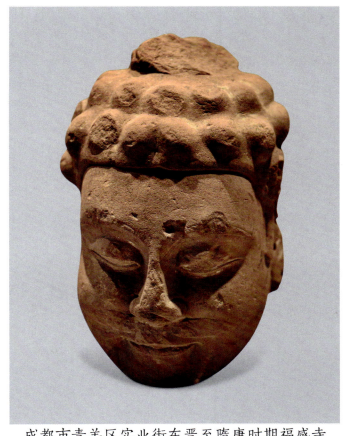

成都市青羊区实业街东晋至隋唐时期福感寺
遗址出土阿育王佛头像

成都市青羊区实业街东晋至隋唐时期福感寺
遗址出土菩萨头像

贵州省贵安新区招果洞遗址外景

2018年贵州省贵安新区招果洞遗址发掘现场

2016年贵州省贵安新区招果洞
遗址发掘现场

2017年贵州省贵安新区招果洞
遗址发掘现场

2020年高星、王社江等先生考
察贵州省贵安新区招果洞遗址
发掘现场

贵州省贵安新区招果洞遗址揭露墓葬

贵州省贵安新区招果洞遗址出土带赭石粉的石器

贵州省贵安新区招果洞遗址出土骨器

2017年盐源皈家堡遗址发掘现场

2017年盐源皈家堡遗址发掘人员合影

盐源皈家堡遗址出土石刀、石锛组合

盐源皈家堡遗址出土陶矮领罐

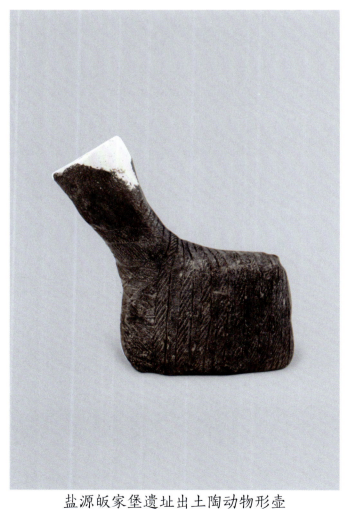

盐源皈家堡遗址出土陶动物形壶

盐源皈家堡遗址出土陶罐

2016年郫县指路村汉代乡里遗址航拍

郫县指路村汉代乡里遗址出土"口子乡"铭文陶片

成都市青白江区双元村东周墓群局部

2017年王毅、赵川荣先生考察成都市青白江区双元村东周墓群发掘现场

成都市青白江区双元村东周墓群M154腰坑

成都市青白江区双元村东周墓群出土铜双剑鞘

成都市青白江区双元村东周墓群出土铜戈

成都市青白江区双元村东周墓群出土铜盏

金堂赵镇中兴村崖墓群M206后室侧龛前天门雕刻

金堂赵镇中兴村崖墓群M206后室兵器架、楼阁等雕刻

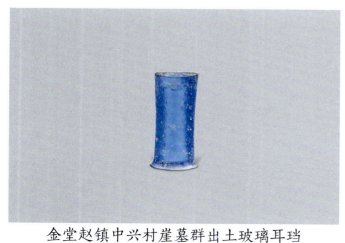

金堂赵镇中兴村崖墓群出土玻璃耳珰

金堂赵镇中兴村崖墓群出土玻璃耳珰

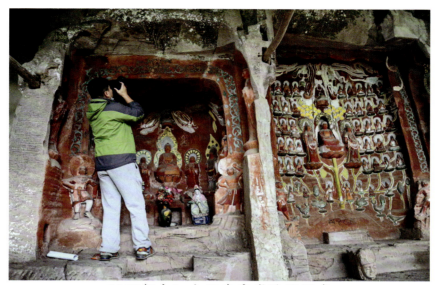

2020年中江大旺寺摩崖造像调查

2021年中江郑家庙摩崖造像调查

科技考古

2017年成都市青白江区双元村东周墓地考古探测（高精度垂直磁梯度仪）

2018年广汉三星堆遗址考古探测（多频电磁仪）

2019年宣汉罗家坝遗址考古探测（探地雷达）

2020年大邑子龙庙及周边地区地下文物调查（高密度电法仪）

2017年成都市龙泉驿区宋代墓地考古探测
（高精度光泵磁力仪）

2021年资阳半月山大佛考古探测
（三维探地雷达）

2018年新津宝墩遗址无人机航拍

2017年成都新川创新科技园墓地测绘
（实时动态全球定位系统RTK）

2017年贵州省贵安新区招果洞遗址测绘
（全站仪）

2017年成都市温江区金沙湖1号文物点
测绘（水准仪）

2014年成都市温江区红桥村遗址考古发掘项目负责人与环境考古专家现场讨论

2014年夏正楷、朱诚等先生考察成都市温江区红桥村遗址发掘现场

2014年夏正楷、朱诚等先生考察成都市温江区红桥村遗址发掘现场

2014年南京大学环境考古团队在新津宝墩古城遗址采样

成都金沙遗址祭祀区出土葡萄属种子

双流三官堂遗址出土稻谷

双流三官堂遗址出土稻谷基盘

双流三官堂遗址出土粟

双流三官堂遗址出土紫苏

2007年蒲江许鞋區冶铁遗址发掘现场

2007年蒲江古石山冶铁遗址发掘现场

2007年蒲江铁牛村冶铁遗址发掘现场

2019年"中国西南与东南亚冶金技术的起源与传播暨临邛冶铁实验考古国际学术研讨会"开幕式，颜劲松院长讲话

2016年彭州回龙沟冶炼遗址调查现场成分检测

2016年彭州回龙沟古矿洞调查

2016年彭州回龙沟冶炼遗址全貌

蒲江铁牛村冶铁遗址采集铁矿石

蒲江许鞋圚冶铁遗址出土鼓风构件

蒲江铁溪村冶铁遗址炭窑

蒲江铁牛村冶铁遗址"铁牛"大积铁

蒲江铁牛村冶铁遗址出土炒钢炉

用电镜能谱仪检测铜器成分

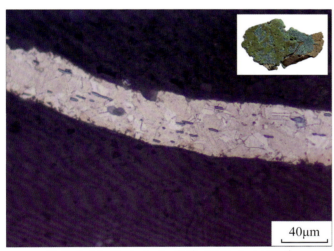

成都金沙遗址出土薄片铜器金相照片
（热锻组织）

成都金沙遗址出土锥形铜器金相照片
（铸造组织）

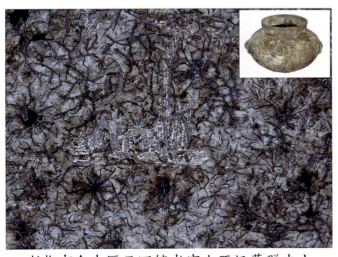

成都市金牛区天回镇老官山西汉墓群出土
铁釜金相结构（麻口铁）

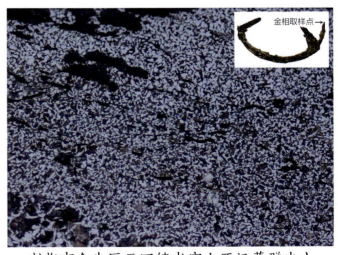

成都市金牛区天回镇老官山西汉墓群出土
铁三脚架金相结构（炒钢锻打）

古建筑的调查与研究

2008年都江堰二王庙震后考察

2008年都江堰伏龙观考察

2009年崇州文庙大成殿调查

2009年崇州文庙棂星门调查

2009年崇州罨画池调查

2009年崇州罨画池调查

2009年温江陈家桅杆调查

2009年温江陈家桅杆调查

2009年邛崃磐陀寺调查

2009年都江堰文庙测绘

2009年成都鼓楼南街清真寺调查

2010年新都宝光寺调查

2010年成都市龙泉驿区石经寺
大雄宝殿调查

2010年都江堰二王庙验收

2010年成都市青白江区明教寺觉皇殿测绘

2010年成都市青白江区明教寺觉皇殿测绘

2011年成都文化公园八角亭测绘

2012年成都同仁路城墙测绘

2014年朱悦燫墓保护规划调查

2015年杜甫草堂调查

2016年大邑新场李氏古宅调查

2016年大邑安仁刘文辉公馆调查

2016年大邑安仁杨孟高公馆调查

2016年成都平安桥天主教堂考察

2016年成都市新都区新繁龙藏寺测绘

2016年成都市新都区新繁龙藏寺测绘

2016年茶马古道邛崃段测绘

2017年都江堰城隍庙魁星殿施工调查

2017年青城山天师洞调查

2018年邛崃石塔寺测绘

2019年崇州宫保府调查

2019年崇州罨画池调查

2019年都江堰城隍庙调查

2020年青城山天师洞联合测绘

2020年新津观音寺观音殿测绘

2020年新津观音寺观音殿测绘

2020年新津观音寺观音殿测绘

2020年新津观音寺观音殿测绘

2021年成都市青白江区明教寺觉皇殿木样采集

2021年成都青羊宫八卦亭测绘

2021年成都市青白江区明教寺觉皇殿木样采集

2021年邛崃邛窑遗址考古公园调查

2021年邛崃邛窑遗址考古公园调查

学术交流与合作

1997年与日本早稻田大学合作发掘都江堰芒城遗址

1998年与日本早稻田大学合作发掘都江堰芒城遗址

1997年与日本早稻田大学合作发掘新津宝墩古城遗址

1997年与日本早稻田大学合作发掘新津宝墩古城遗址

2007年日本爱媛大学名誉教授夏條信行、四川大学李映福先生与蒲江西来镇铁牛村冶铁遗址发掘人员合影

2009年日本爱媛大学名誉教授夏條信行先生指导蒲江西来镇铁牛村冶铁遗址发掘

2009年蒲江西来镇铁牛村冶铁
遗址发掘现场

2009年蒲江西来镇敦厚社区
砂子塘遗址发掘现场

2009年蒲江西来镇敦厚社区
砂子塘遗址发掘现场

2010年邛崃平乐镇铁屎坝冶铁遗址发掘现场

2010年邛崃平乐镇铁屎坝冶铁遗址发掘现场

2010年日本爱媛大学名誉教授夏條信行先生指导邛崃平乐镇铁屎坝冶铁遗址发掘

2010年日本爱媛大学教授村上恭通先生指导邛崃平乐镇铁屎坝冶铁遗址发掘

2010年蒲江西来镇铁牛村冶铁遗址发掘现场

2010年蒲江西来镇铁牛村冶铁遗址发掘现场

2011年蒲江寿安镇许鞋匾冶铁
遗址发掘现场

2011年蒲江寿安镇许鞋匾冶铁
遗址发掘现场

2011年蒲江寿安镇许鞋匾冶铁
遗址发掘现场

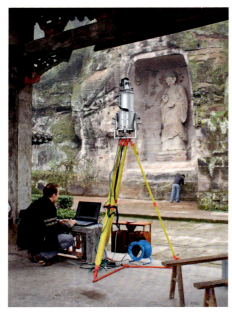

2007年安岳圆觉洞石窟中德合作
保护项目

2007年安岳圆觉洞石窟中德合作
保护项目

2007年安岳圆觉洞石窟中德合作
保护项目

2007年安岳圆觉洞石窟中德合作
保护项目

2007年安岳圆觉洞石窟中德合作
保护项目

2007年安岳圆觉洞石窟中德合作
保护项目

2018年成都东华门城市考古遗址
保护与利用项目方案讨论现场

2018年意大利专家考察成都文物
考古研究院文物保护与修复中心

2019年意大利专家考察成都
东华门遗址发掘现场